THE BOYS
SAGEN WIR MAL SO ...

STORY
GARTH ENNIS

ZEICHNUNGEN
DARICK ROBERTSON
JOHN McCREA
KEITH BURNS
CARLOS EZQUERRA

TUSCHE
DARICK ROBERTSON
JOHN McCREA
KEITH BURNS
HECTOR EZQUERRA

FARBEN
TONY AVIÑA

ÜBERSETZUNG
BERND KRONSBEIN

LETTERING
GIORGIO BARONI
STUDIO RAM

THE BOYS wurde erdacht von **GARTH ENNIS** und **DARICK ROBERTSON**

INHALT

THE BOYS erscheint bei **PANINI COMICS**, Schloßstraße 76, D-70176 Stuttgart. Druck: LEGO PRINT S.p.A. Pressevertrieb: Stella Distribution GmbH, D-22297 Hamburg. Direkt-Abos auf **www.paninicomics.de**. Geschäftsführer **Hermann Paul**, Publishing Director Europe **Marco M. Lupoi**, Finanzen/Logistik **Felix Bauer**, Marketing Director **Holger Wiest**, Marketing **Dr. Rebecca Haar**, Vertrieb **Alexander Bubenheimer**, PR/Presse **Steffen Volkmer**, Publishing Manager **Lisa Pancaldi**, Redaktion **Marlene Eggertsberger**, **Stephanie Jakob**, **Antonio Solinas**, **Nicola Soressi**, **Daniela Uhlmann**, Übersetzung **Bernd Kronsbein**, Proofreading **Marlene Eggertsberger**, Lettering **Giorgio Baroni, Studio RAM**, grafische Gestaltung **Marco Paroli** (coordinator), **Cinzia Morando**, Art Director **Alessandro Gucciardo**, Prepress **Cristina Bedini**, **Daniela Guidetti**, **Andrea Lusoli**, Repro/Packager **Alessandro Nalli** (coordinator), **Anna Boselli**, **Mario Da Rin Zanco**, **Valentina Esposito**, **Luca Ficarelli**, **Linda Leporati**. Published under license from Dynamite Entertainment. Originally published in single magazine form as The Boys: Herogasm & The Boys #31-38.

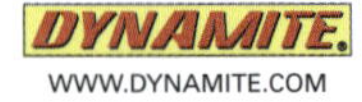

WWW.DYNAMITE.COM

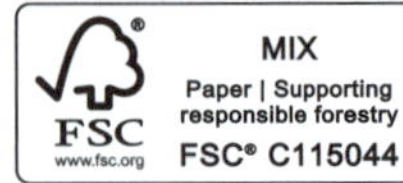

Bibliografische Information der Deutschen Nationalbibliothek
Die Deutsche Nationalbibliothek verzeichnet diese Publikation in der Deutschen Nationalbibliografie; detaillierte bibliografische Daten sind im Internet über dnb.d-nb.de abrufbar.

WAS BISHER GESCHAH …

Billy Butcher, ein mysteriöser Engländer mit Spionagevergangenheit, nutzt seine (sehr intime) Beziehung zur CIA-Direktorin **Susan L. Rayner**, um mit einem ganz bestimmten Ziel wieder in die Reihen der Agentur aufgenommen zu werden. Er möchte die **Boys** zusammenstellen, eine Gruppe von „Agenten", die sich der größten Bedrohung des Planeten stellen sollen: den Superhelden. Diese werden immer zahlreicher, ebenso wie die Probleme mit ihnen … Die Lösung? So viele Informationen wie möglich über sie sammeln, um sie zu erpressen oder im Extremfall gnadenlos auszuschalten. So kommt es, dass Butcher seine alten Gefährten zurückruft: **Mother's Milk**, den **Frenchman** und das **Weibchen**. Aber er braucht Verstärkung! Er wirft ein Auge auf **Hughie**, einen jungen Mann aus Schottland, dessen Verlobte durch die Unachtsamkeit eines Superhelden getötet wurde, und holt ihn in die USA.
Die mächtigste und beliebteste Superheldengruppe der Welt, die **Seven**, stellt ihrerseits ebenfalls einen Neuzugang vor: **Starlight**. Zu ihrem Pech verkörpert dieses Team alles, was die Helden an Korruption zu bieten haben. Das findet sie schnell heraus, als **Homelander** – der Anführer der Seven und ein besessener, machthungriger Wahnsinniger – sie sexuell missbraucht. Die Boys haben es in der Zwischenzeit auf die **Teenage Kix** abgesehen, eine Superheldengruppe unkonventioneller Punks, die sich verdorbenen Verhaltensweisen hingeben. Butcher und seine Männer spionieren eine ihrer Orgien aus, bei der Alkohol und Drogen in Strömen fließen, und zwingen sie dazu, die Homosexualität eines ihrer Mitglieder zu enthüllen. Homelander erkennt, dass Butcher hinter dieser Aktion steckt, und erklärt ihm den Krieg. Hughie sucht unterdessen nach Antworten. Und der Einzige, der sie ihm zu geben scheint, ist die **Legende** … die ihn auf die Spur einer jahrzehntelangen Verschwörung bringt! Wir tauchen ein in die Geschichte des Superheldenprogramms von **Vought-American**,

die von schmutzigen Tricks, zwielichtigen Geschäften und Sondereinsätzen während des Zweiten Weltkriegs geprägt sind. Die Boys treten schließlich am Ort des größten Superheldenversagens gegen die Seven an.

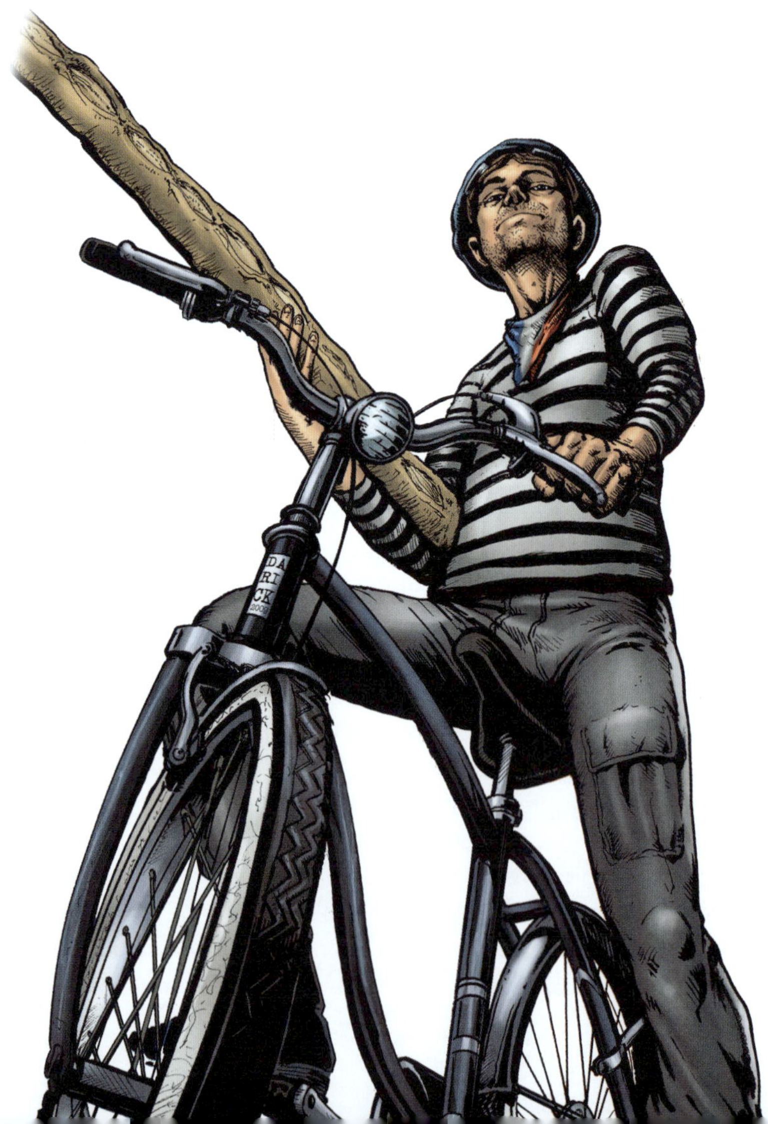

1: BABYLON

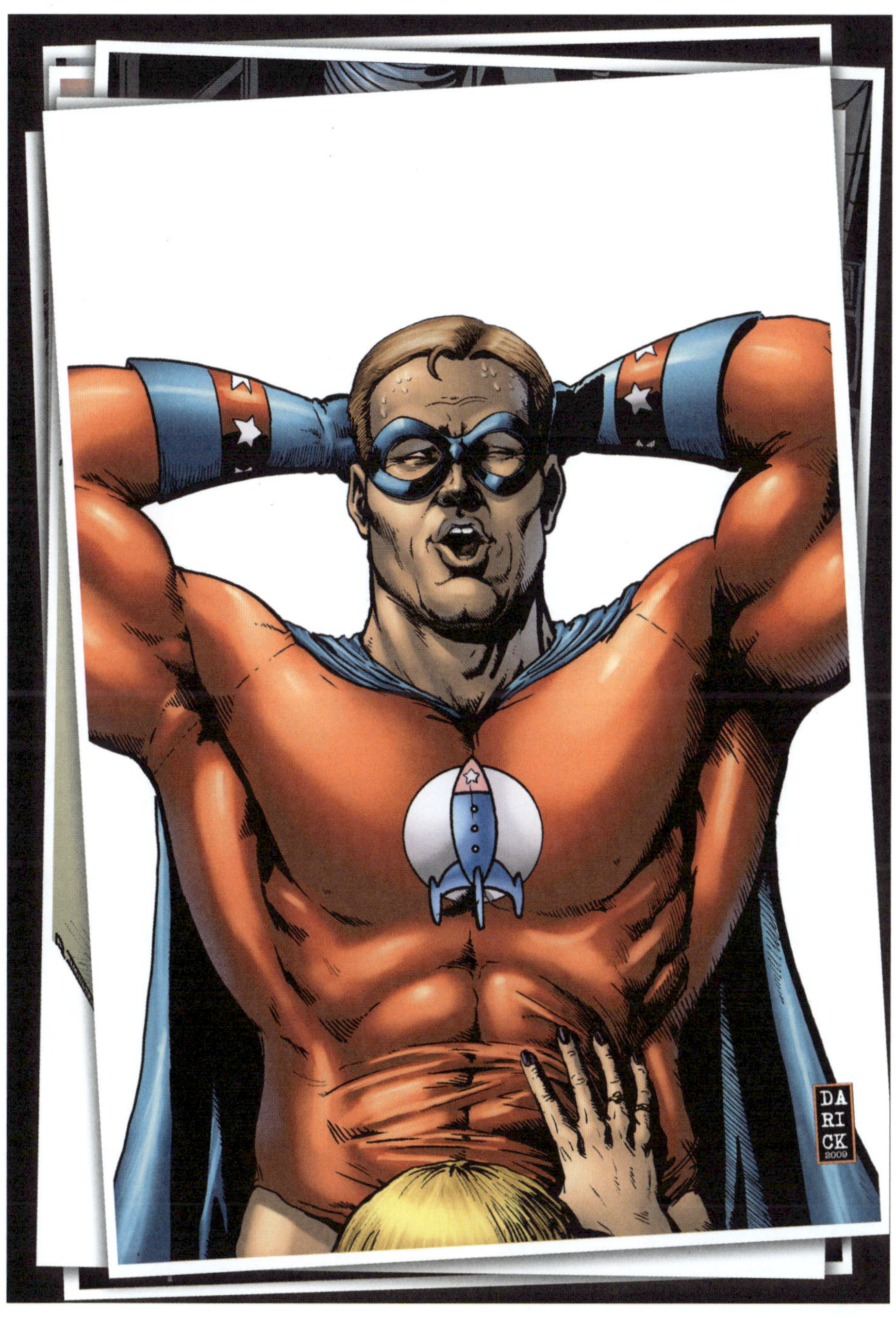

The Boys: Herogasm (2009) 1
Cover von **DARICK ROBERTSON**

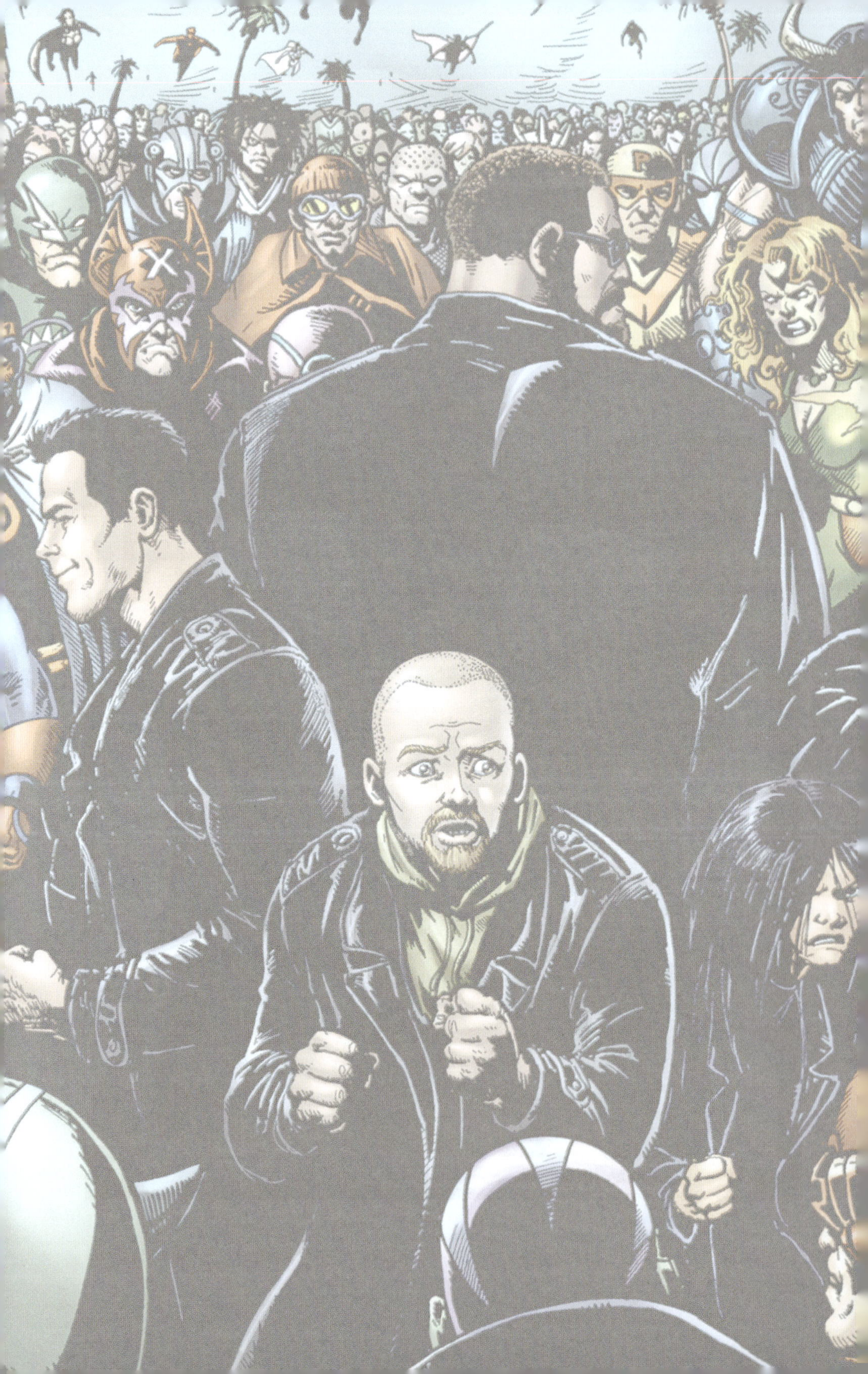

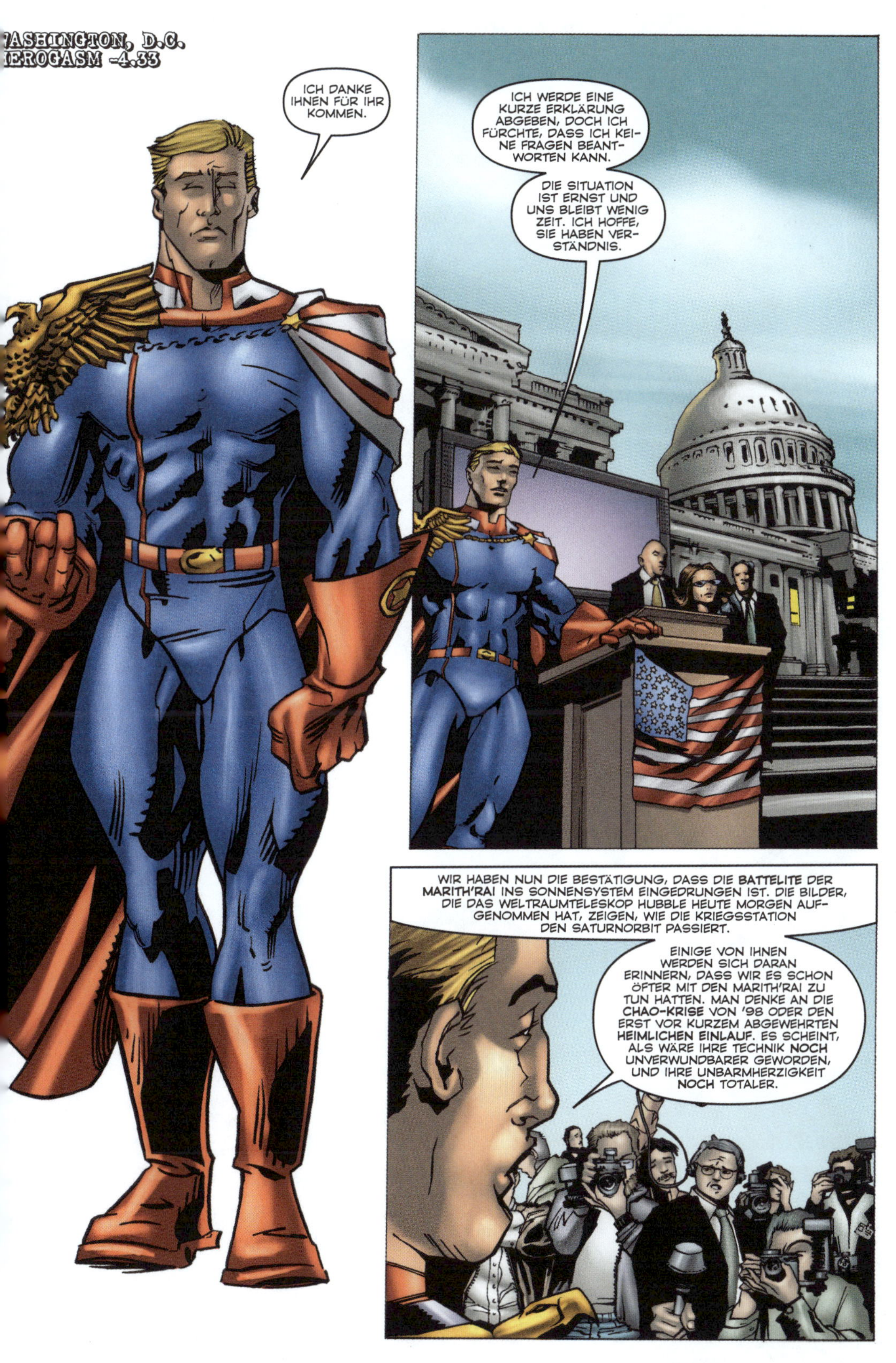

WASHINGTON, D.C.
HEROGASM -4.33
ICH DANKE IHNEN FÜR IHR KOMMEN.
ICH WERDE EINE KURZE ERKLÄRUNG ABGEBEN, DOCH ICH FÜRCHTE, DASS ICH KEINE FRAGEN BEANTWORTEN KANN.
DIE SITUATION IST ERNST UND UNS BLEIBT WENIG ZEIT. ICH HOFFE, SIE HABEN VERSTÄNDNIS.
WIR HABEN NUN DIE BESTÄTIGUNG, DASS DIE BATTELITE DER MARITH'RAI INS SONNENSYSTEM EINGEDRUNGEN IST. DIE BILDER, DIE DAS WELTRAUMTELESKOP HUBBLE HEUTE MORGEN AUFGENOMMEN HAT, ZEIGEN, WIE DIE KRIEGSSTATION DEN SATURNORBIT PASSIERT.
EINIGE VON IHNEN WERDEN SICH DARAN ERINNERN, DASS WIR ES SCHON ÖFTER MIT DEN MARITH'RAI ZU TUN HATTEN. MAN DENKE AN DIE CHAO-KRISE VON '98 ODER DEN ERST VOR KURZEM ABGEWEHRTEN HEIMLICHEN EINLAUF. ES SCHEINT, ALS WÄRE IHRE TECHNIK NOCH UNVERWUNDBARER GEWORDEN, UND IHRE UNBARMHERZIGKEIT NOCH TOTALER.

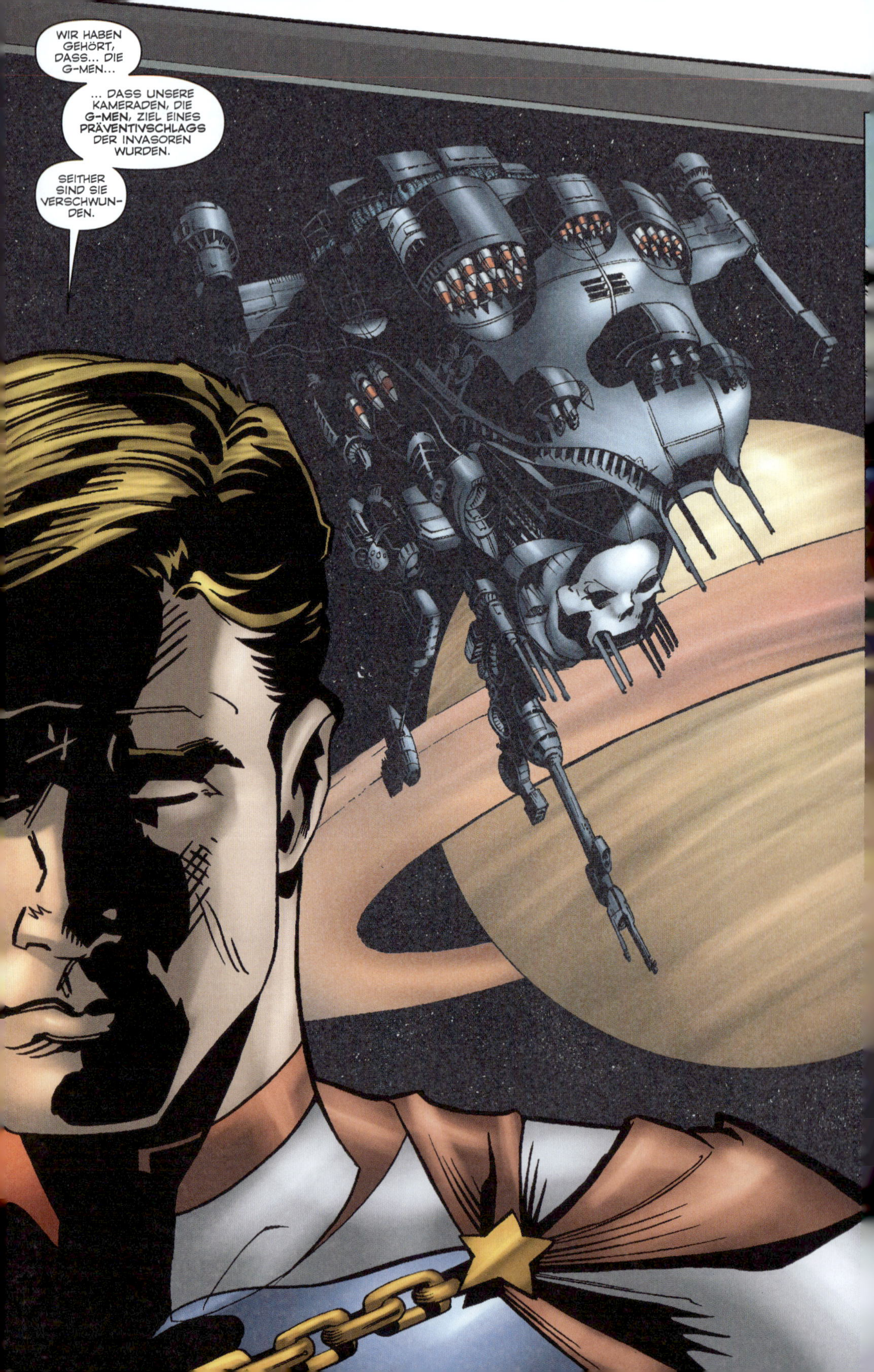
WIR HABEN GEHÖRT, DASS... DIE G-MEN...
... DASS UNSERE KAMERADEN, DIE G-MEN, ZIEL EINES PRÄVENTIVSCHLAGS DER INVASOREN WURDEN.
SEITHER SIND SIE VERSCHWUN-DEN.

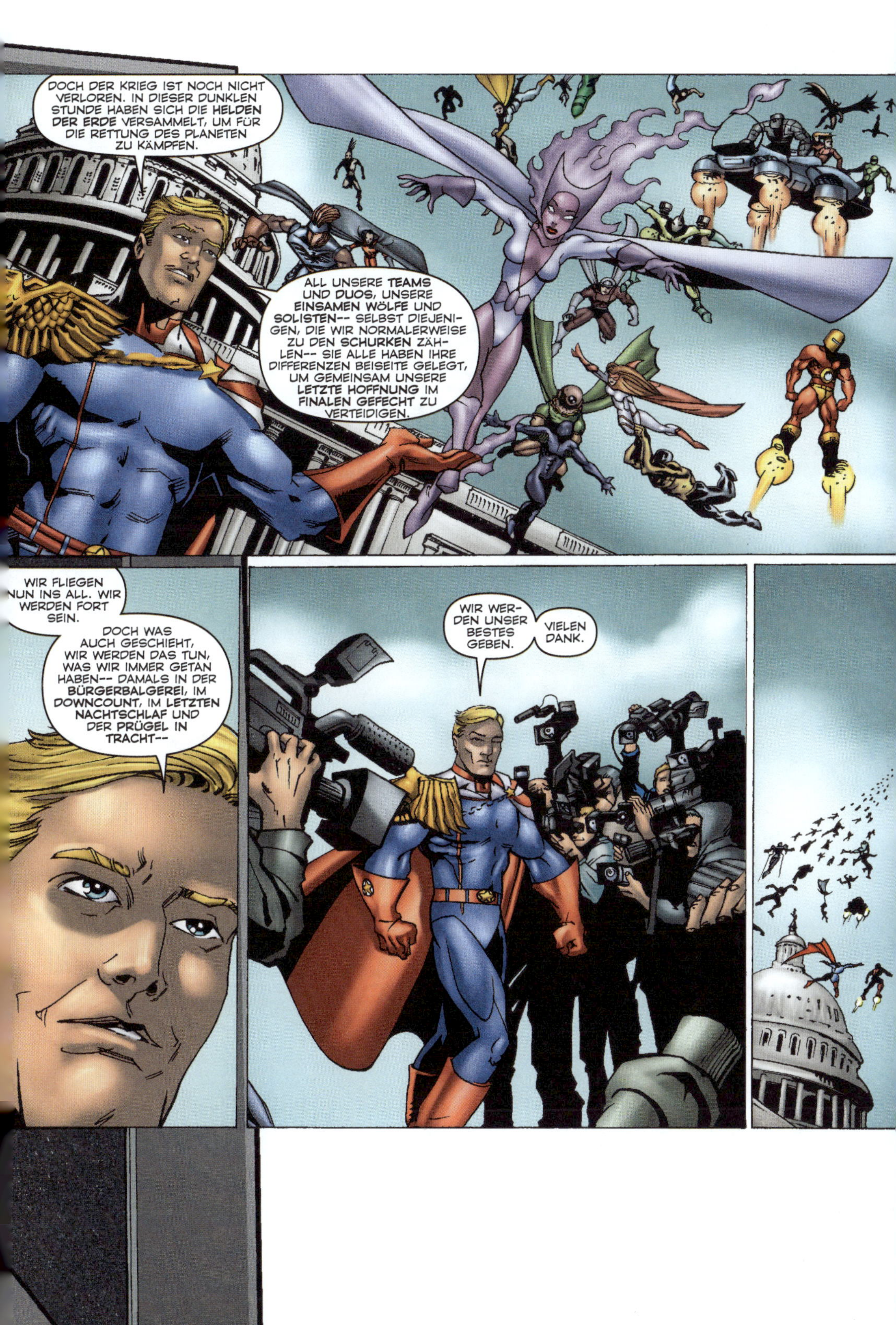
DOCH DER KRIEG IST NOCH NICHT VERLOREN. IN DIESER DUNKLEN STUNDE HABEN SICH DIE HELDEN DER ERDE VERSAMMELT, UM FÜR DIE RETTUNG DES PLANETEN ZU KÄMPFEN.
ALL UNSERE TEAMS UND DUOS, UNSERE EINSAMEN WÖLFE UND SOLISTEN-- SELBST DIEJENIGEN, DIE WIR NORMALERWEISE ZU DEN SCHURKEN ZÄHLEN-- SIE ALLE HABEN IHRE DIFFERENZEN BEISEITE GELEGT, UM GEMEINSAM UNSERE LETZTE HOFFNUNG IM FINALEN GEFECHT ZU VERTEIDIGEN.
WIR FLIEGEN NUN INS ALL. WIR WERDEN FORT SEIN.
DOCH WAS AUCH GESCHIEHT, WIR WERDEN DAS TUN, WAS WIR IMMER GETAN HABEN-- DAMALS IN DER BÜRGERBALGEREI, IM DOWNCOUNT, IM LETZTEN NACHTSCHLAF UND DER PRÜGEL IN TRACHT--
WIR WERDEN UNSER BESTES GEBEN.
VIELEN DANK.

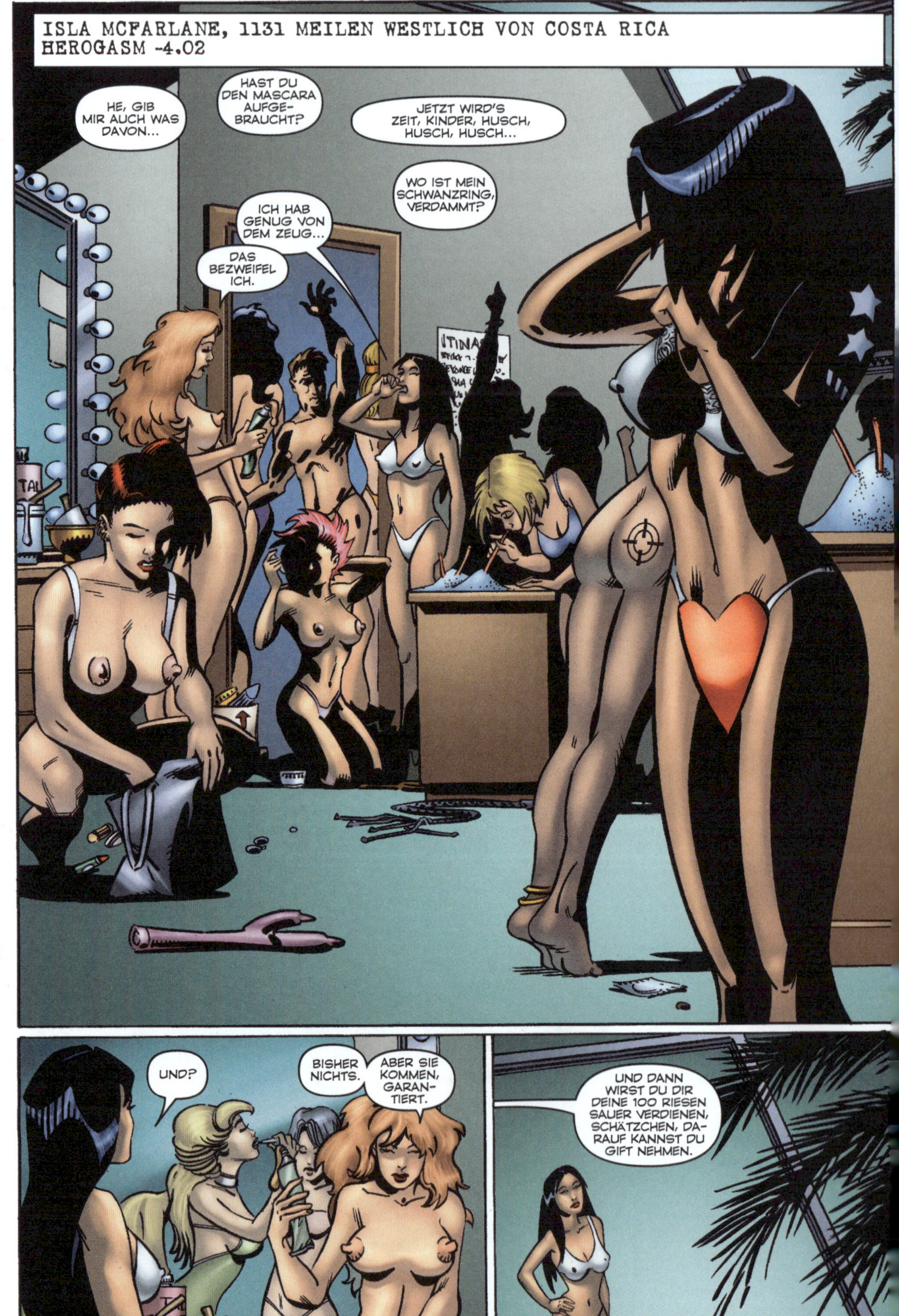
ISLA MCFARLANE, 1131 MEILEN WESTLICH VON COSTA RICA
HEROGASM -4.02
HE, GIB MIR AUCH WAS DAVON...
HAST DU DEN MASCARA AUFGE-BRAUCHT?
JETZT WIRD'S ZEIT, KINDER, HUSCH, HUSCH, HUSCH...
WO IST MEIN SCHWANZRING, VERDAMMT?
ICH HAB GENUG VON DEM ZEUG...
DAS BEZWEIFEL ICH.
UND?
BISHER NICHTS.
ABER SIE KOMMEN, GARAN-TIERT.
UND DANN WIRST DU DIR DEINE 100 RIESEN SAUER VERDIENEN, SCHÄTZCHEN, DA-RAUF KANNST DU GIFT NEHMEN.

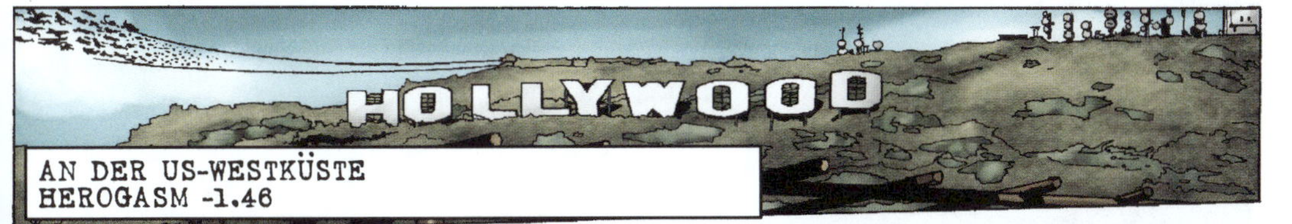
HOLLYWOOD
AN DER US-WESTKÜSTE
HEROGASM -1.46

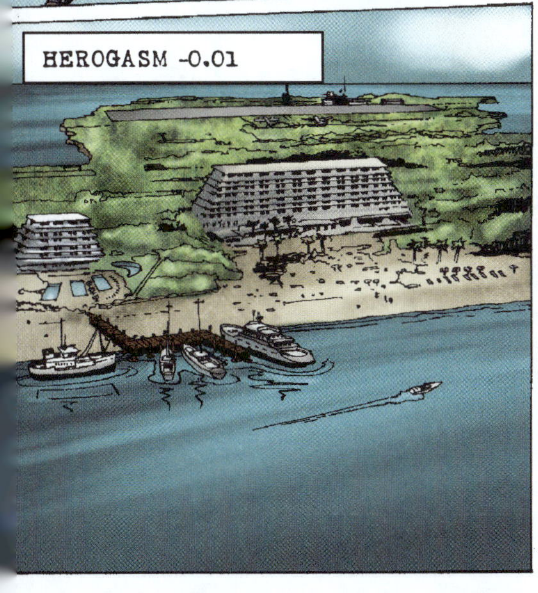
HEROGASM -0.01

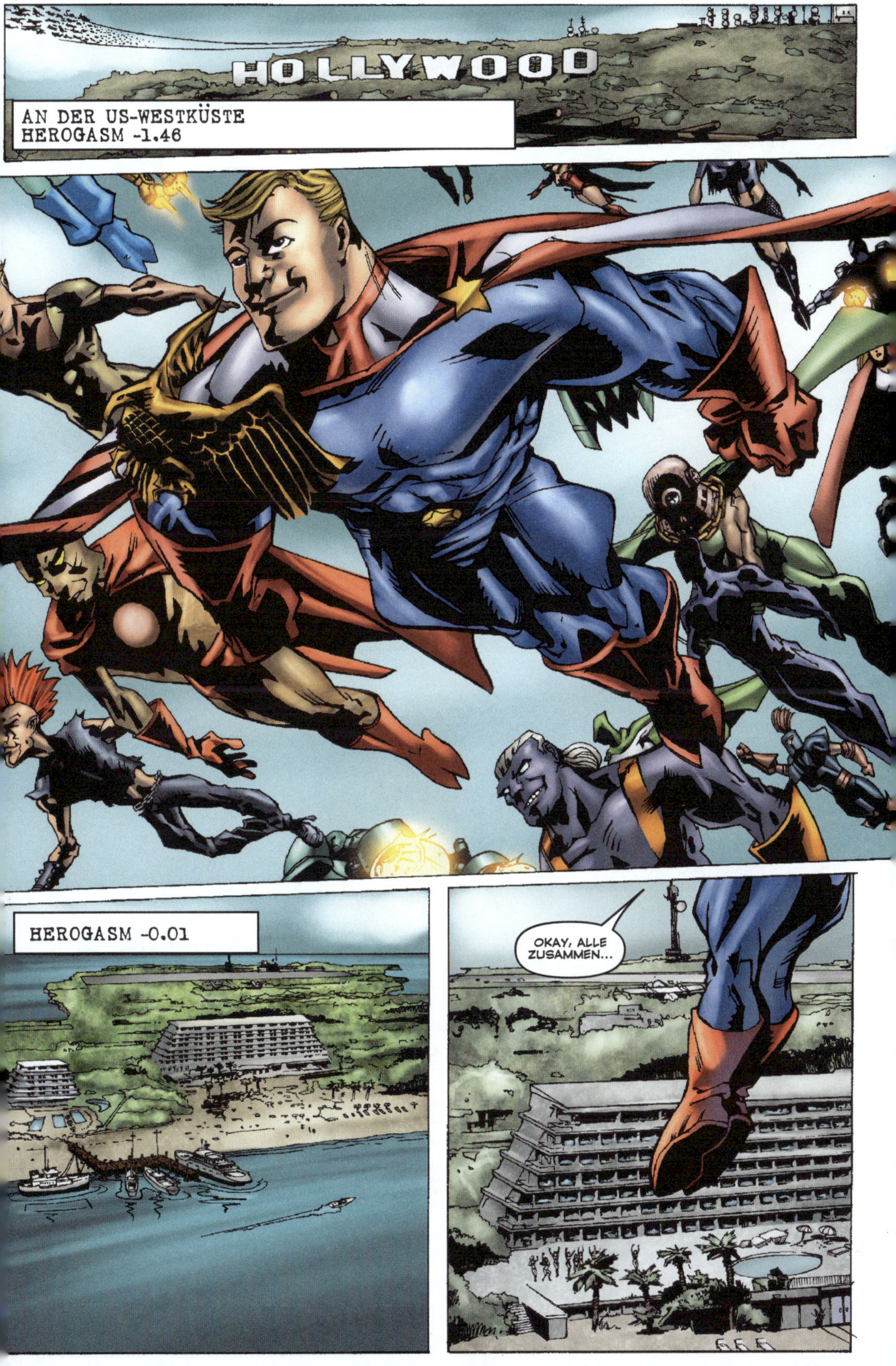

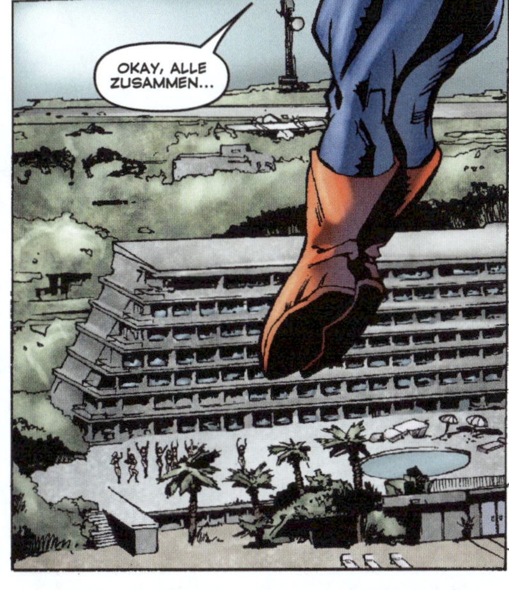
OKAY, ALLE ZUSAMMEN...

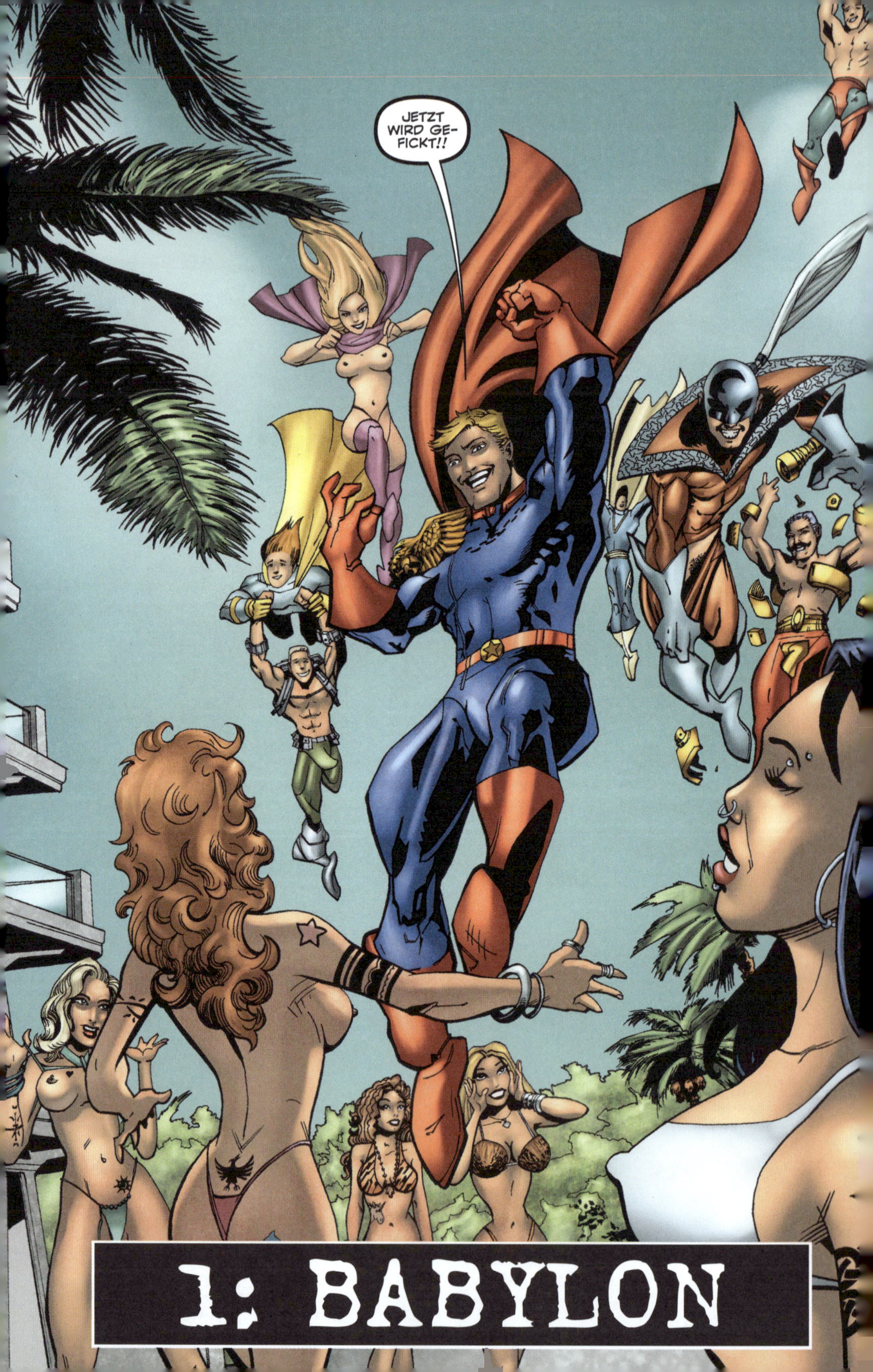
JETZT WIRD GE-FICKT!!
1: BABYLON

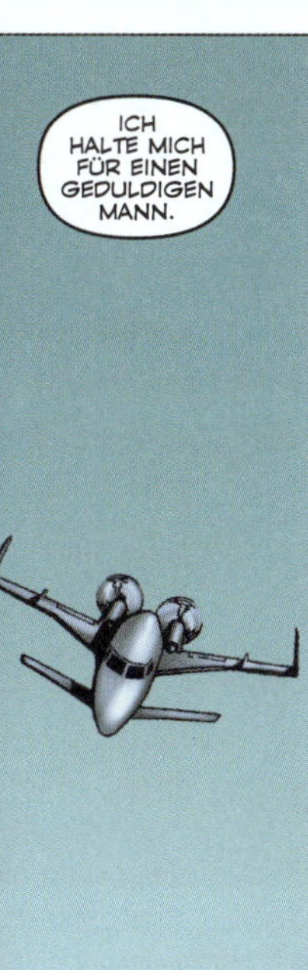
ICH HALTE MICH FÜR EINEN GEDULDIGEN MANN.

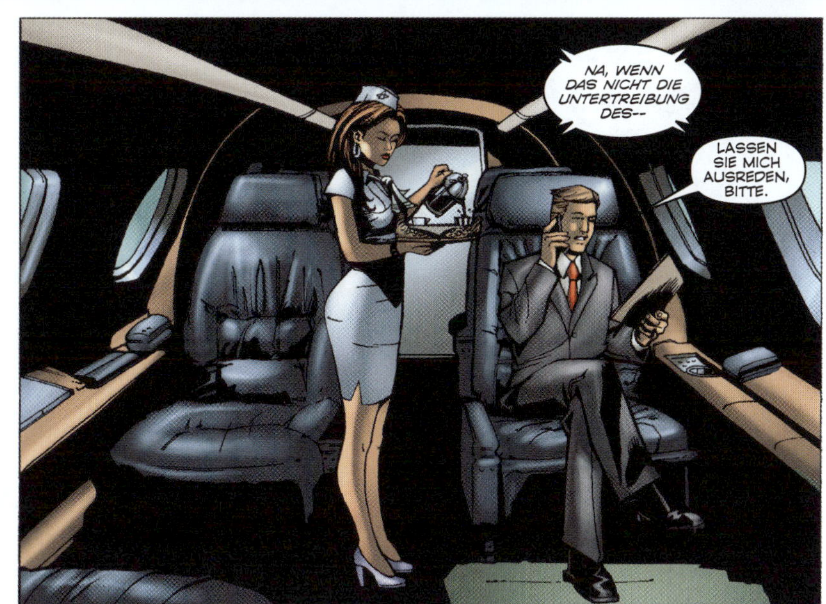
NA, WENN DAS NICHT DIE UNTERTREIBUNG DES--
LASSEN SIE MICH AUSREDEN, BITTE.

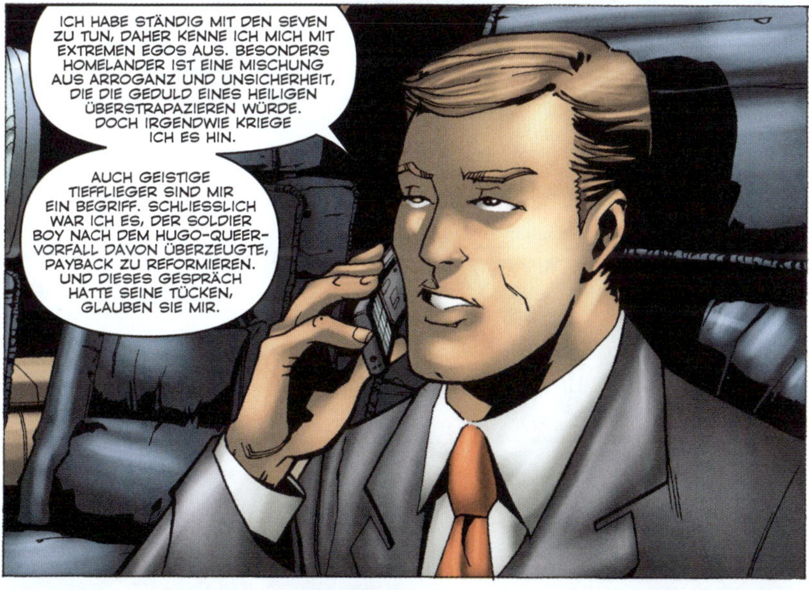
ICH HABE STÄNDIG MIT DEN SEVEN ZU TUN, DAHER KENNE ICH MICH MIT EXTREMEN EGOS AUS. BESONDERS HOMELANDER IST EINE MISCHUNG AUS ARROGANZ UND UNSICHERHEIT, DIE DIE GEDULD EINES HEILIGEN ÜBERSTRAPAZIEREN WÜRDE. DOCH IRGENDWIE KRIEGE ICH ES HIN.
AUCH GEISTIGE TIEFFLIEGER SIND MIR EIN BEGRIFF. SCHLIESSLICH WAR ICH ES, DER SOLDIER BOY NACH DEM HUGO-QUEER-VORFALL DAVON ÜBERZEUGTE, PAYBACK ZU REFORMIEREN. UND DIESES GESPRÄCH HATTE SEINE TÜCKEN, GLAUBEN SIE MIR.

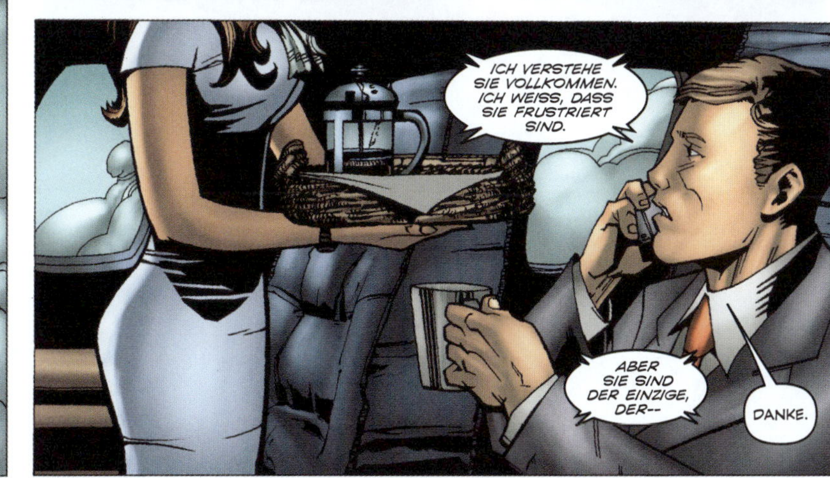
ICH VERSTEHE SIE VOLLKOMMEN. ICH WEISS, DASS SIE FRUSTRIERT SIND.
ABER SIE SIND DER EINZIGE, DER--
DANKE.

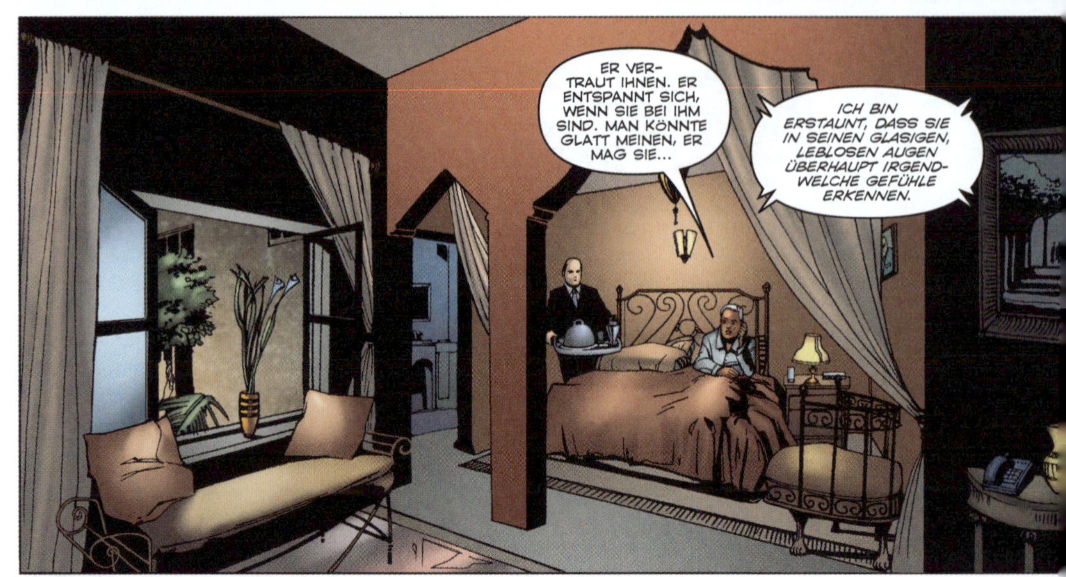
ER VERTRAUT IHNEN. ER ENTSPANNT SICH, WENN SIE BEI IHM SIND. MAN KÖNNTE GLATT MEINEN, ER MAG SIE...
ICH BIN ERSTAUNT, DASS SIE IN SEINEN GLASIGEN, LEBLOSEN AUGEN ÜBERHAUPT IRGENDWELCHE GEFÜHLE ERKENNEN.

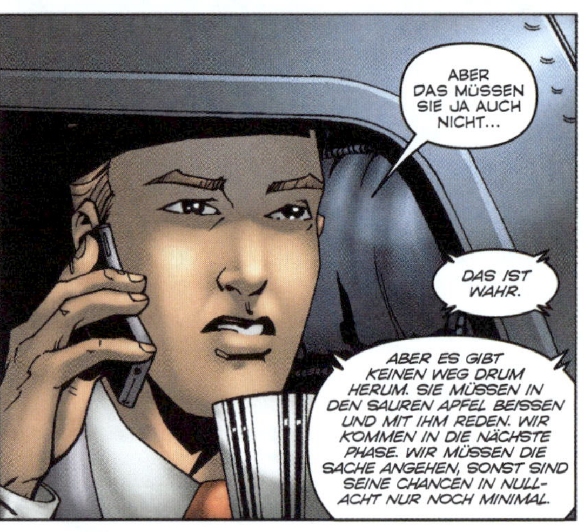
ABER DAS MÜSSEN SIE JA AUCH NICHT...
DAS IST WAHR.
ABER ES GIBT KEINEN WEG DRUM HERUM. SIE MÜSSEN IN DEN SAUREN APFEL BEISSEN UND MIT IHM REDEN. WIR KOMMEN IN DIE NÄCHSTE PHASE. WIR MÜSSEN DIE SACHE ANGEHEN, SONST SIND SEINE CHANCEN IN NULL-ACHT NUR NOCH MINIMAL.

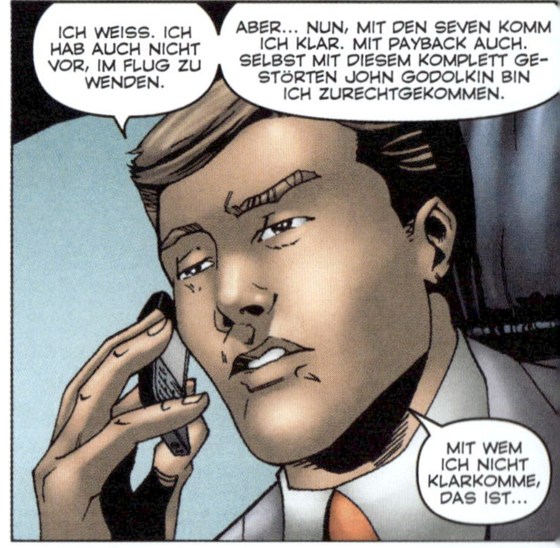
ICH WEISS. ICH HAB AUCH NICHT VOR, IM FLUG ZU WENDEN.
ABER... NUN, MIT DEN SEVEN KOMM ICH KLAR. MIT PAYBACK AUCH. SELBST MIT DIESEM KOMPLETT GESTÖRTEN JOHN GODOLKIN BIN ICH ZURECHTGEKOMMEN.
MIT WEM ICH NICHT KLARKOMME, DAS IST...

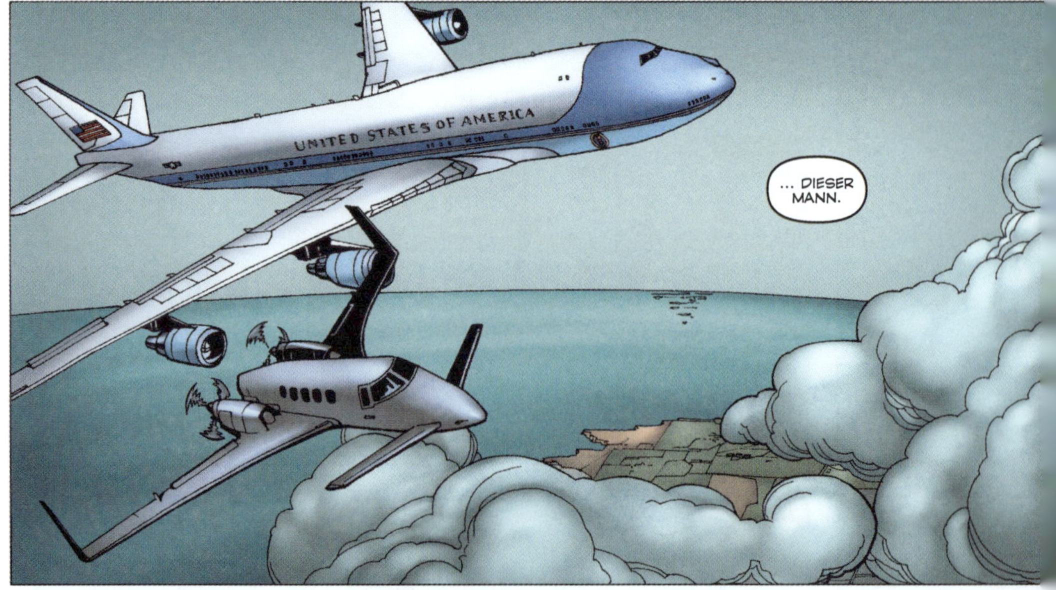
UNITED STATES OF AMERICA
... DIESER MANN.

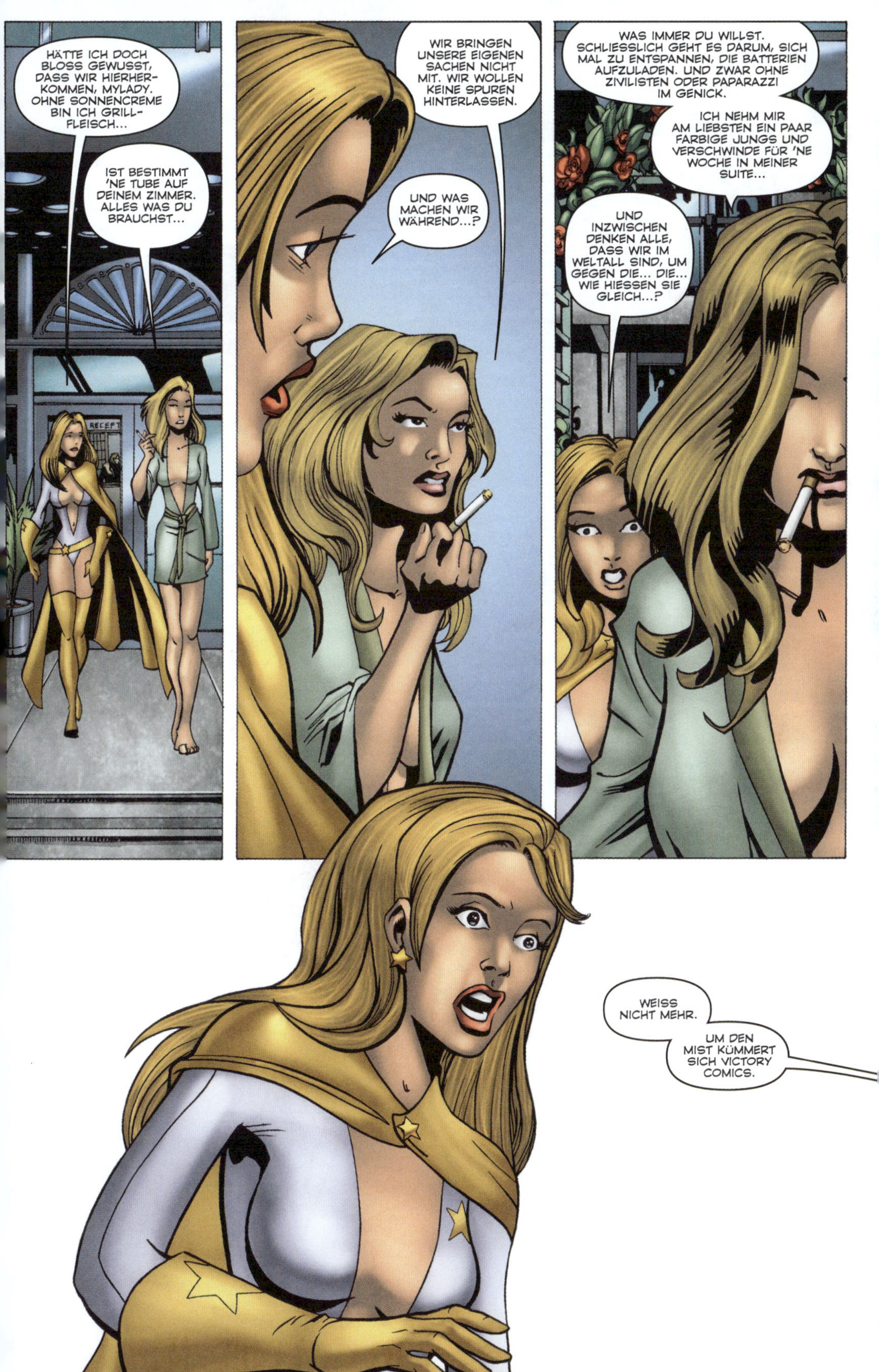
HÄTTE ICH DOCH BLOSS GEWUSST, DASS WIR HIERHERKOMMEN, MYLADY. OHNE SONNENCREME BIN ICH GRILLFLEISCH…
IST BESTIMMT 'NE TUBE AUF DEINEM ZIMMER. ALLES WAS DU BRAUCHST…
WIR BRINGEN UNSERE EIGENEN SACHEN NICHT MIT. WIR WOLLEN KEINE SPUREN HINTERLASSEN.
UND WAS MACHEN WIR WÄHREND…?
WAS IMMER DU WILLST. SCHLIESSLICH GEHT ES DARUM, SICH MAL ZU ENTSPANNEN, DIE BATTERIEN AUFZULADEN. UND ZWAR OHNE ZIVILISTEN ODER PAPARAZZI IM GENICK.
ICH NEHM MIR AM LIEBSTEN EIN PAAR FARBIGE JUNGS UND VERSCHWINDE FÜR 'NE WOCHE IN MEINER SUITE…
UND INZWISCHEN DENKEN ALLE, DASS WIR IM WELTALL SIND, UM GEGEN DIE… DIE… WIE HIESSEN SIE GLEICH…?
WEISS NICHT MEHR.
UM DEN MIST KÜMMERT SICH VICTORY COMICS.

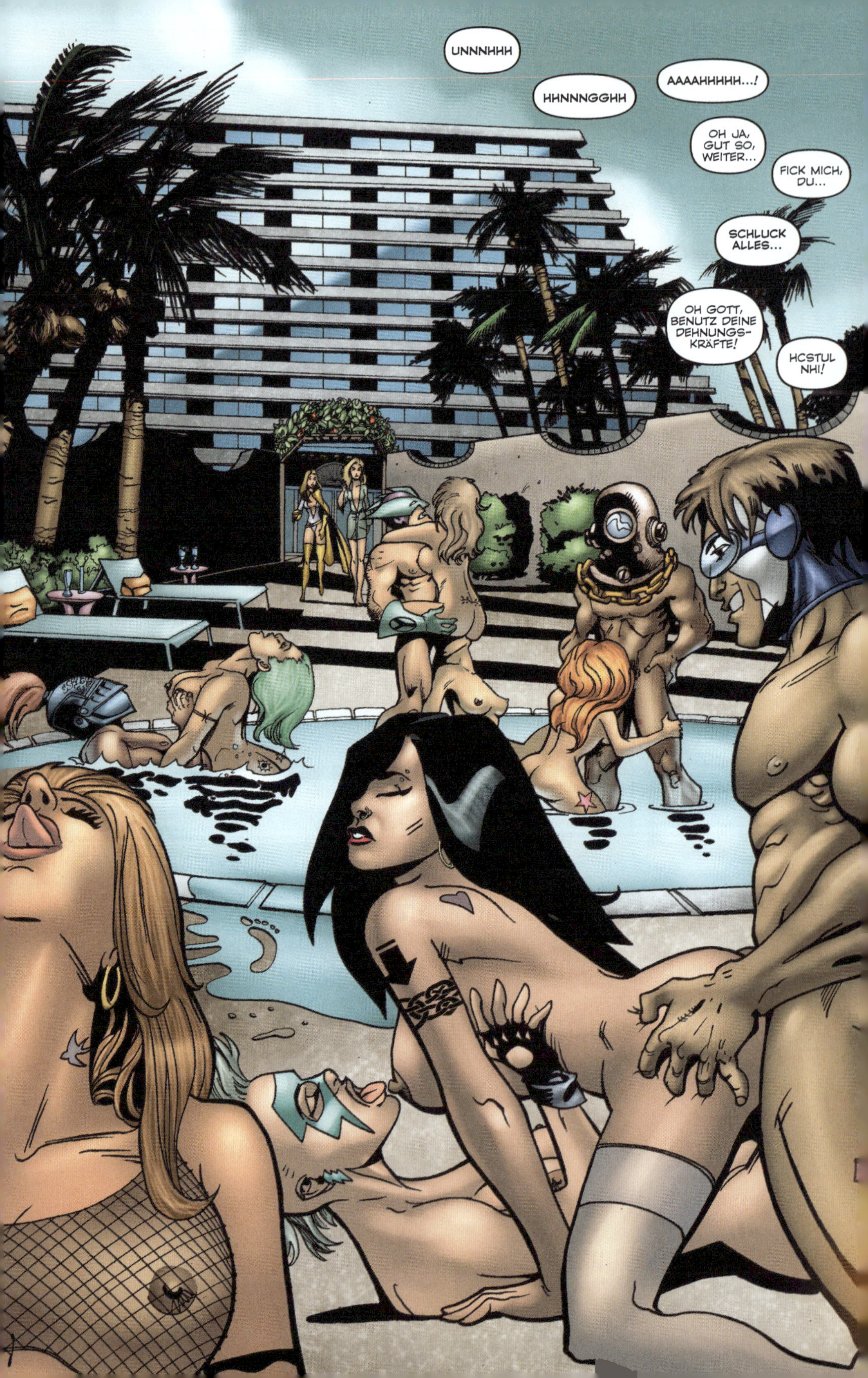
UNNNHHH
HHNNNGGHH
AAAAHHHHH...!
OH JA, GUT SO, WEITER...
FICK MICH, DU...
SCHLUCK ALLES...
OH GOTT, BENUTZ DEINE DEHNUNGS-KRÄFTE!
HCSTUL NHI!

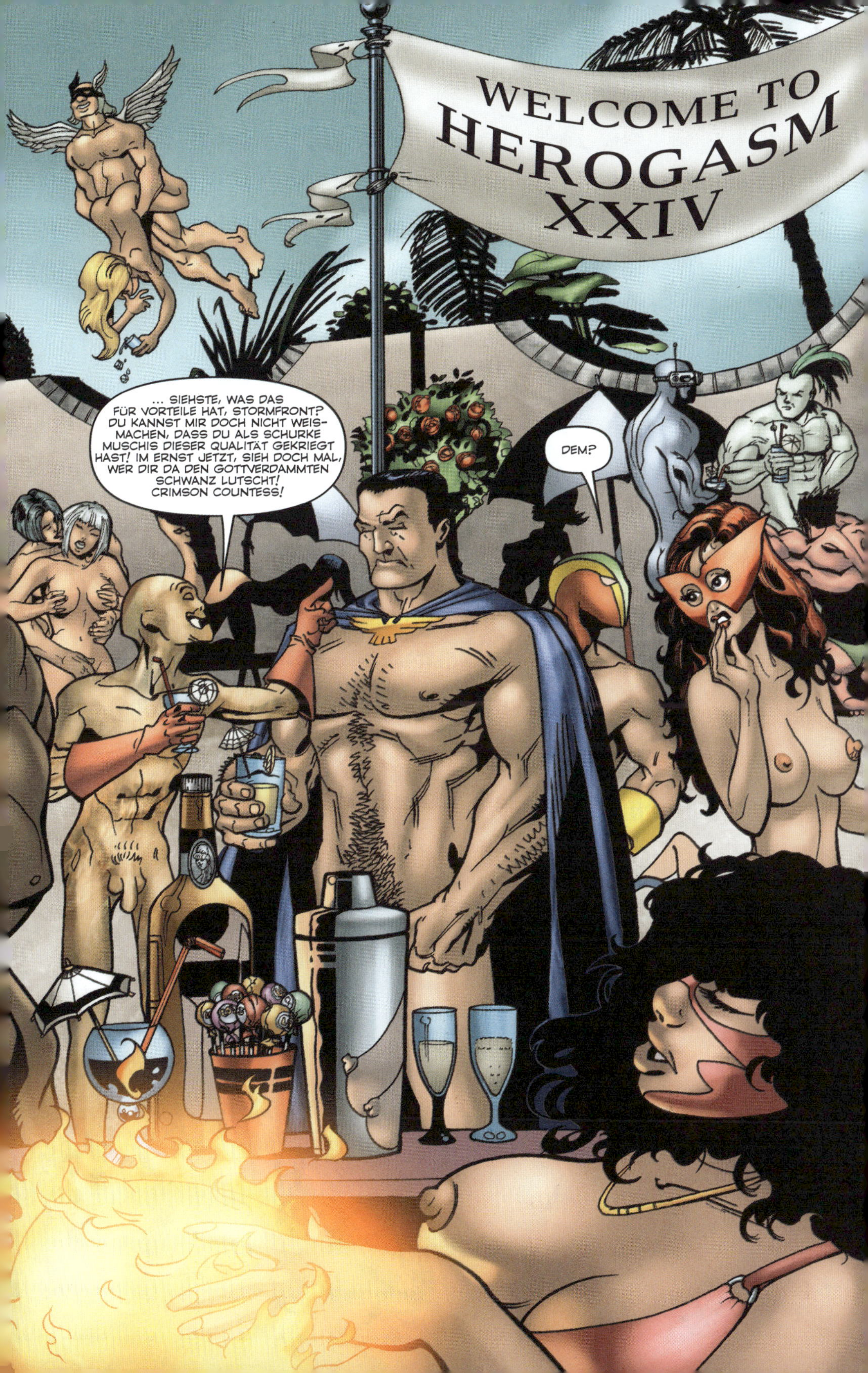
WELCOME TO HEROGASM XXIV
... SIEHSTE, WAS DAS FÜR VORTEILE HAT, STORMFRONT? DU KANNST MIR DOCH NICHT WEISMACHEN, DASS DU ALS SCHURKE MUSCHIS DIESER QUALITÄT GEKRIEGT HAST! IM ERNST JETZT, SIEH DOCH MAL, WER DIR DA DEN GOTTVERDAMMTEN SCHWANZ LUTSCHT! CRIMSON COUNTESS!
DEM?

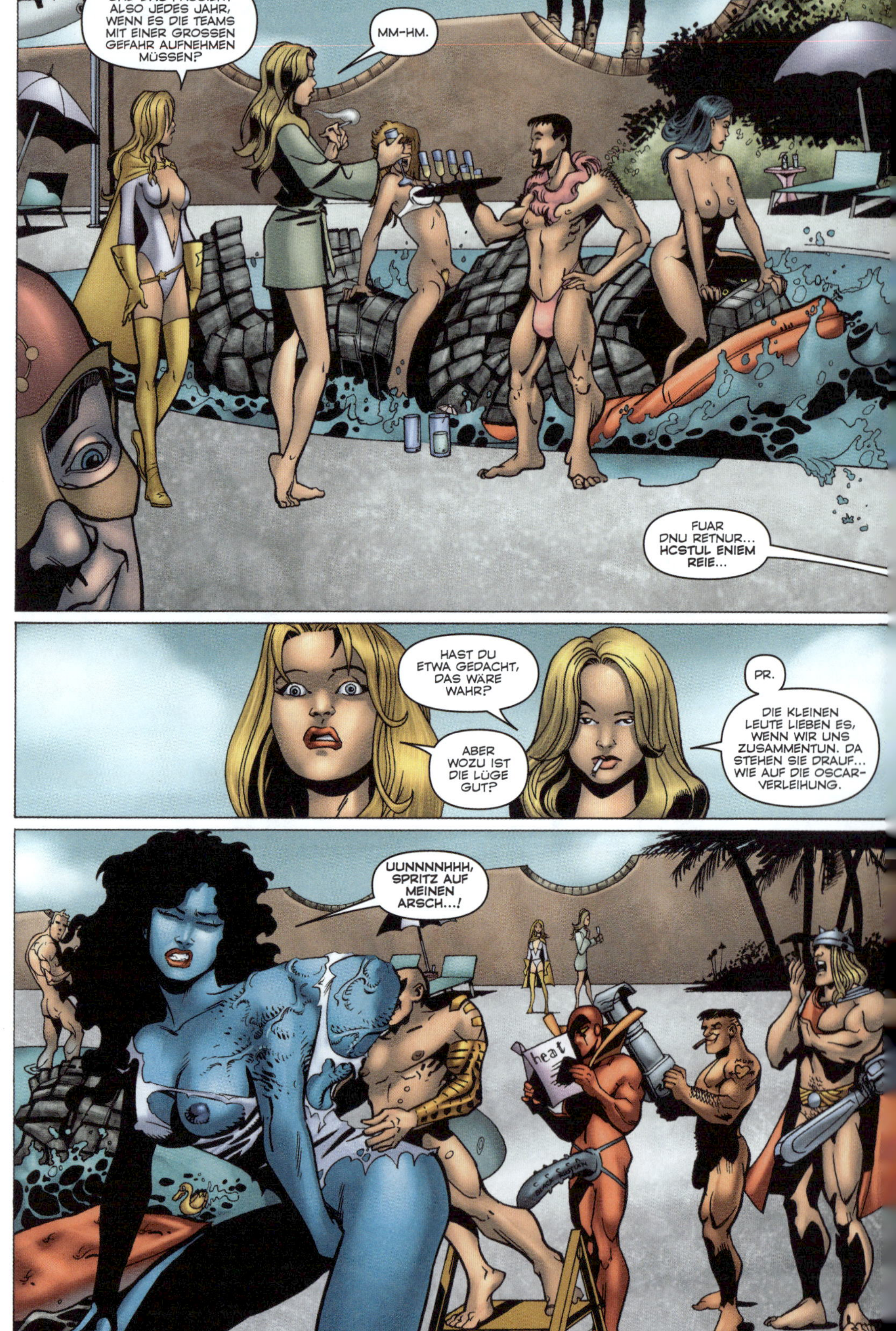
UND DAS PASSIERT ALSO JEDES JAHR, WENN ES DIE TEAMS MIT EINER GROSSEN GEFAHR AUFNEHMEN MÜSSEN?
MM-HM.
FUAR DNU RETNUR... HCSTUL ENIEM REIE...
HAST DU ETWA GEDACHT, DAS WÄRE WAHR?
ABER WOZU IST DIE LÜGE GUT?
PR.
DIE KLEINEN LEUTE LIEBEN ES, WENN WIR UNS ZUSAMMENTUN. DA STEHEN SIE DRAUF... WIE AUF DIE OSCAR-VERLEIHUNG.
UUNNNNHHH, SPRITZ AUF MEINEN ARSCH...!
heat

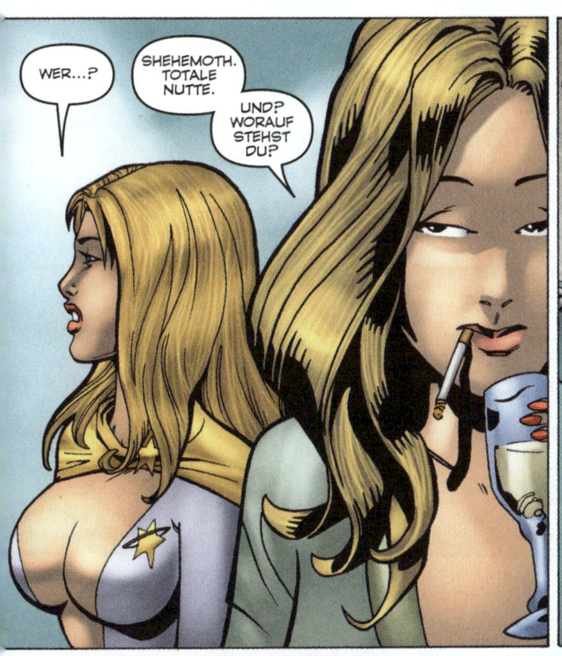
WER...?
SHEHEMOTH. TOTALE NUTTE.
UND? WORAUF STEHST DU?

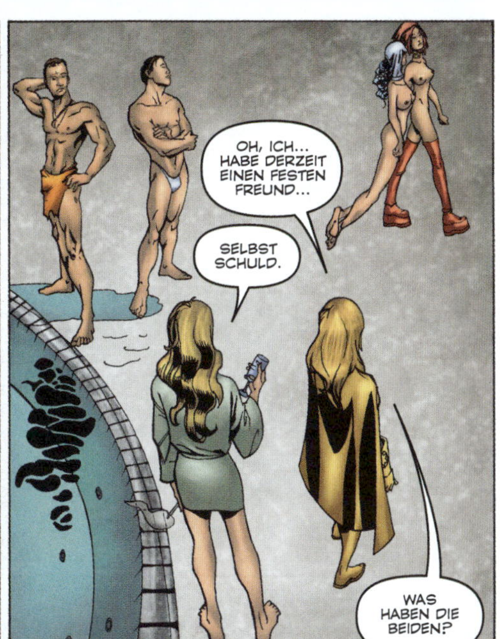
OH, ICH... HABE DERZEIT EINEN FESTEN FREUND...
SELBST SCHULD.
WAS HABEN DIE BEIDEN?

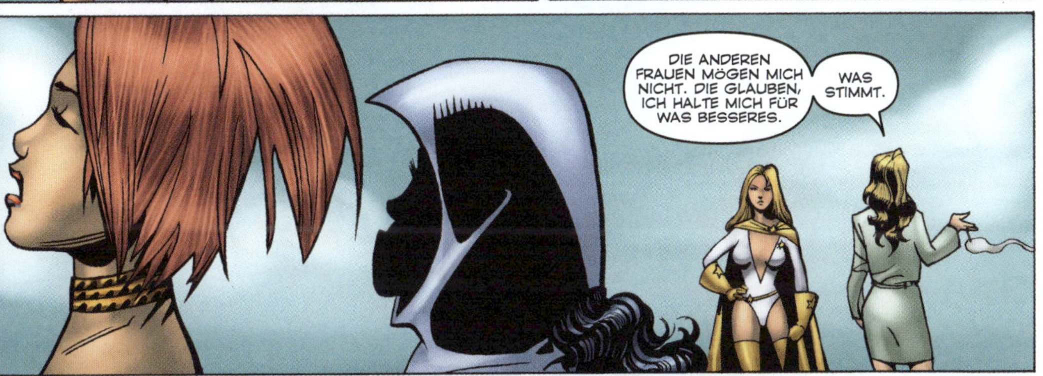
DIE ANDEREN FRAUEN MÖGEN MICH NICHT. DIE GLAUBEN, ICH HALTE MICH FÜR WAS BESSERES.
WAS STIMMT.

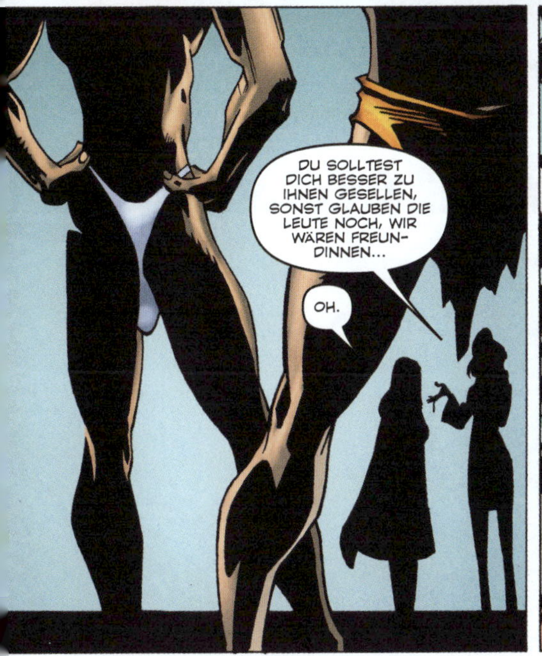
DU SOLLTEST DICH BESSER ZU IHNEN GESELLEN, SONST GLAUBEN DIE LEUTE NOCH, WIR WÄREN FREUN-DINNEN...
OH.

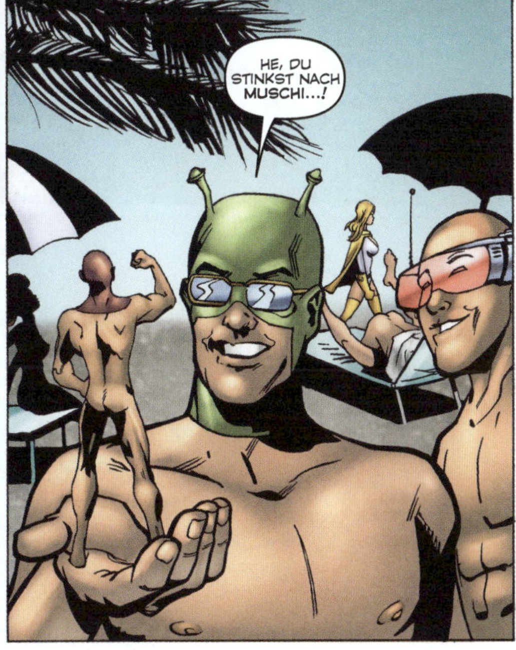
HE, DU STINKST NACH MUSCHI...!

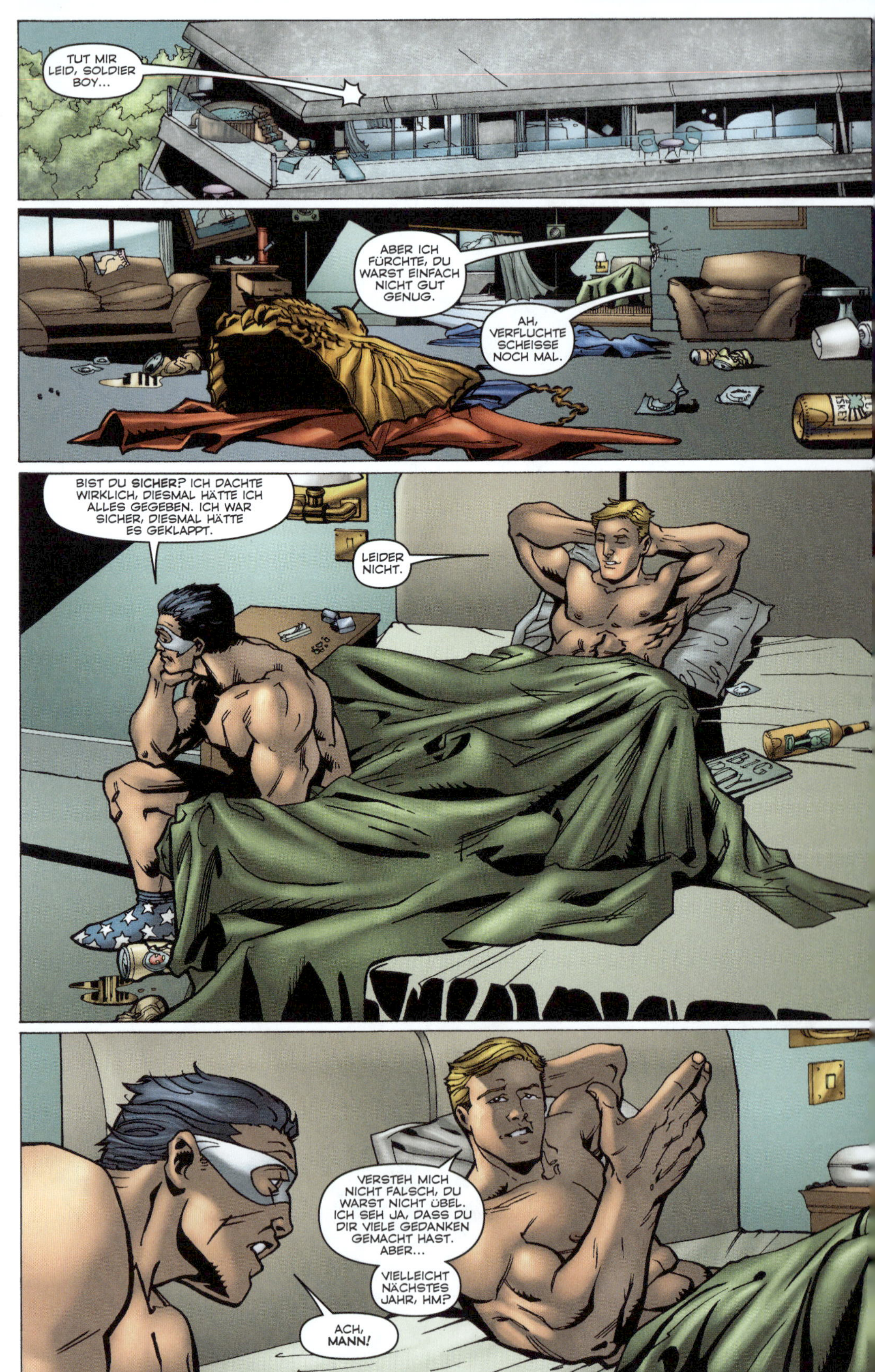
TUT MIR LEID, SOLDIER BOY...
ABER ICH FÜRCHTE, DU WARST EINFACH NICHT GUT GENUG.
AH, VERFLUCHTE SCHEISSE NOCH MAL.
BIST DU SICHER? ICH DACHTE WIRKLICH, DIESMAL HÄTTE ICH ALLES GEGEBEN. ICH WAR SICHER, DIESMAL HÄTTE ES GEKLAPPT.
LEIDER NICHT.
BIG BOY
VERSTEH MICH NICHT FALSCH, DU WARST NICHT ÜBEL. ICH SEH JA, DASS DU DIR VIELE GEDANKEN GEMACHT HAST. ABER...
VIELLEICHT NÄCHSTES JAHR, HM?
ACH, MANN!

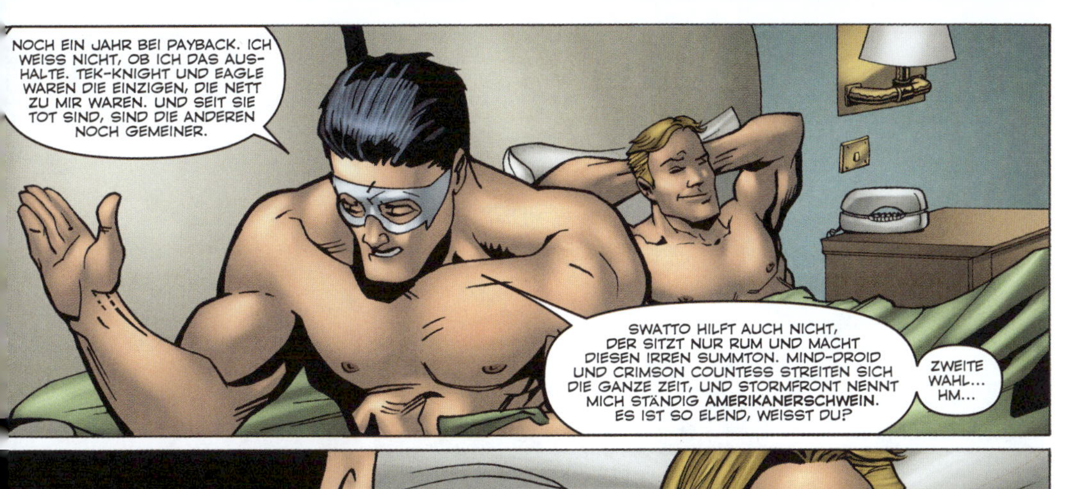
NOCH EIN JAHR BEI PAYBACK. ICH WEISS NICHT, OB ICH DAS AUS-HALTE. TEK-KNIGHT UND EAGLE WAREN DIE EINZIGEN, DIE NETT ZU MIR WAREN. UND SEIT SIE TOT SIND, SIND DIE ANDEREN NOCH GEMEINER.
SWATTO HILFT AUCH NICHT, DER SITZT NUR RUM UND MACHT DIESEN IRREN SUMMTON. MIND-DROID UND CRIMSON COUNTESS STREITEN SICH DIE GANZE ZEIT, UND STORMFRONT NENNT MICH STÄNDIG **AMERIKANERSCHWEIN**. ES IST SO ELEND, WEISST DU?
ZWEITE WAHL... HM...
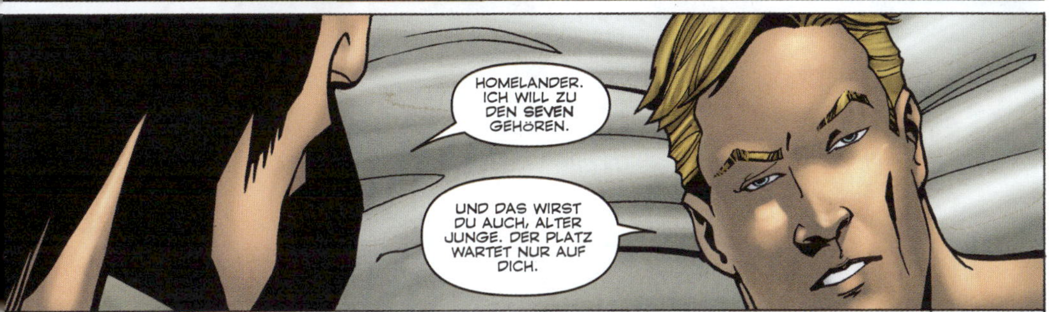
HOMELANDER. ICH WILL ZU DEN SEVEN GEHÖREN.
UND DAS WIRST DU AUCH, ALTER JUNGE. DER PLATZ WARTET NUR AUF DICH.
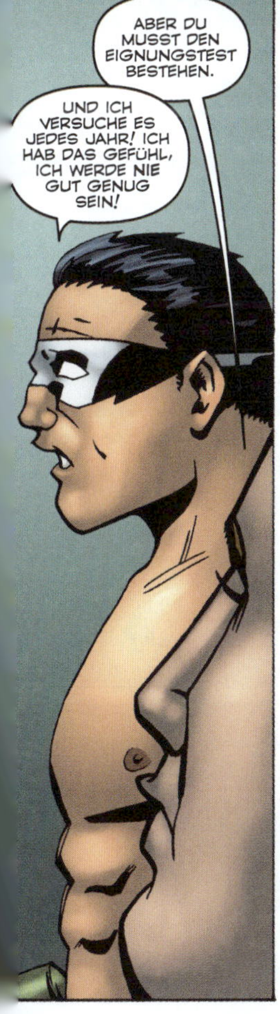
ABER DU MUSST DEN EIGNUNGSTEST BESTEHEN.
UND ICH VERSUCHE ES JEDES JAHR! ICH HAB DAS GEFÜHL, ICH WERDE **NIE** GUT GENUG SEIN!
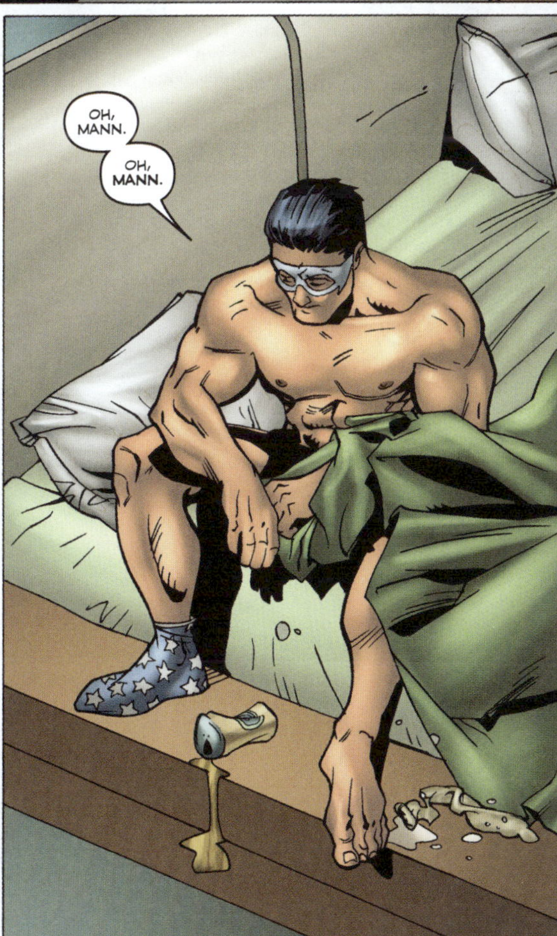
OH, MANN.
OH, **MANN.**
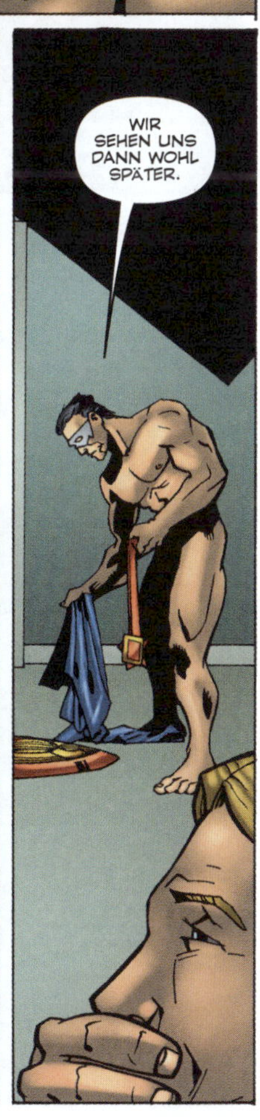
WIR SEHEN UNS DANN WOHL SPÄTER.

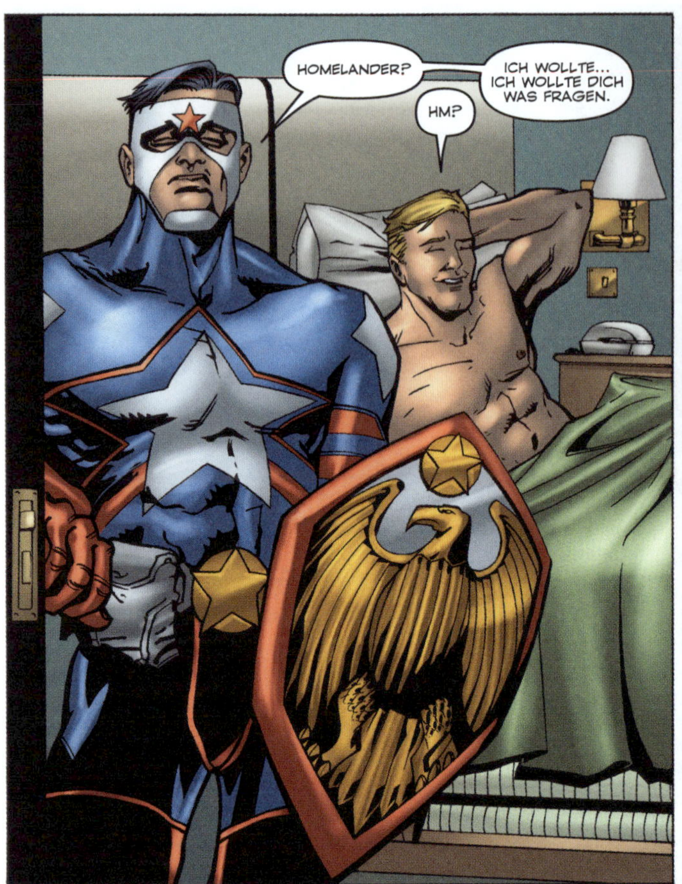
HOMELANDER?
ICH WOLLTE... ICH WOLLTE DICH WAS FRAGEN.
HM?

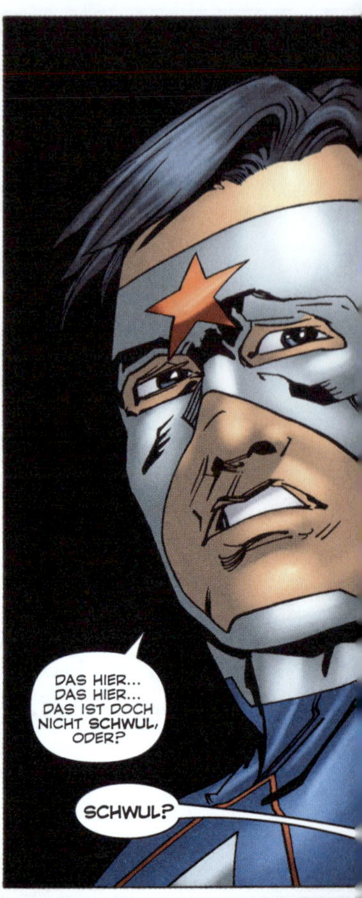
DAS HIER... DAS HIER... DAS IST DOCH NICHT SCHWUL, ODER?
SCHWUL?

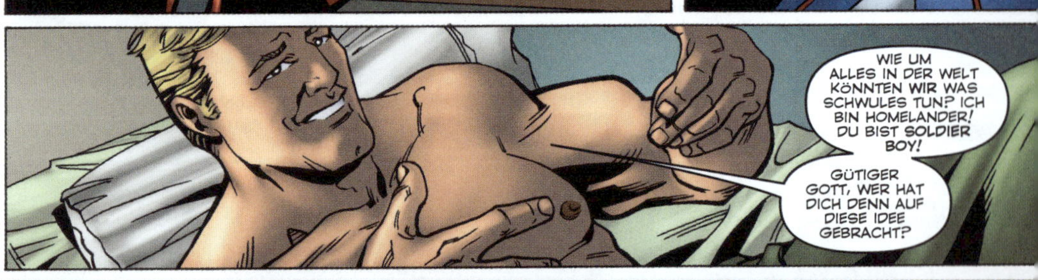
WIE UM ALLES IN DER WELT KÖNNTEN WIR WAS SCHWULES TUN? ICH BIN HOMELANDER! DU BIST SOLDIER BOY!
GÜTIGER GOTT, WER HAT DICH DENN AUF DIESE IDEE GEBRACHT?

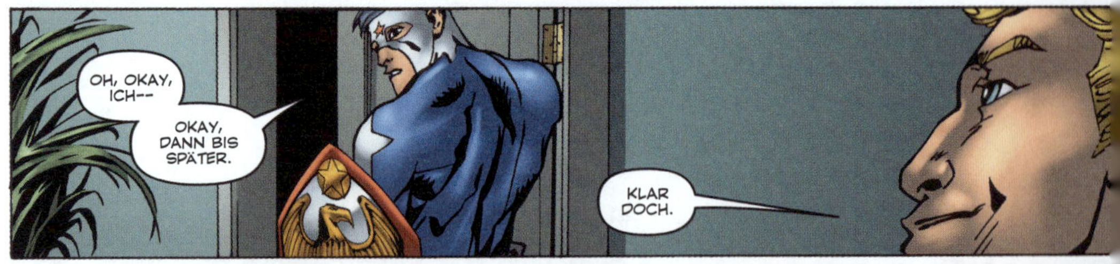
OH, OKAY, ICH--
OKAY, DANN BIS SPÄTER.
KLAR DOCH.

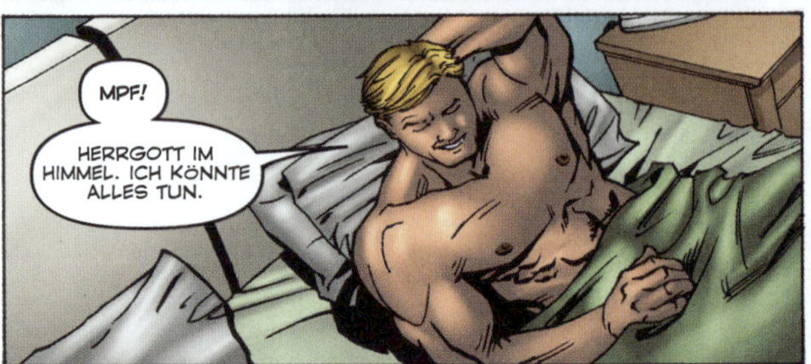
MPF!
HERRGOTT IM HIMMEL. ICH KÖNNTE ALLES TUN.

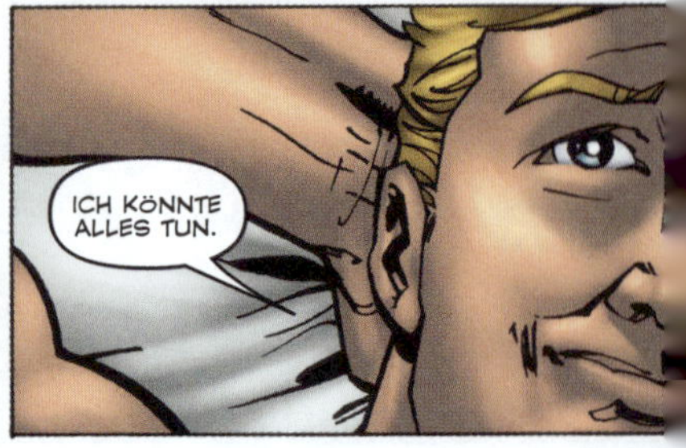
ICH KÖNNTE ALLES TUN.

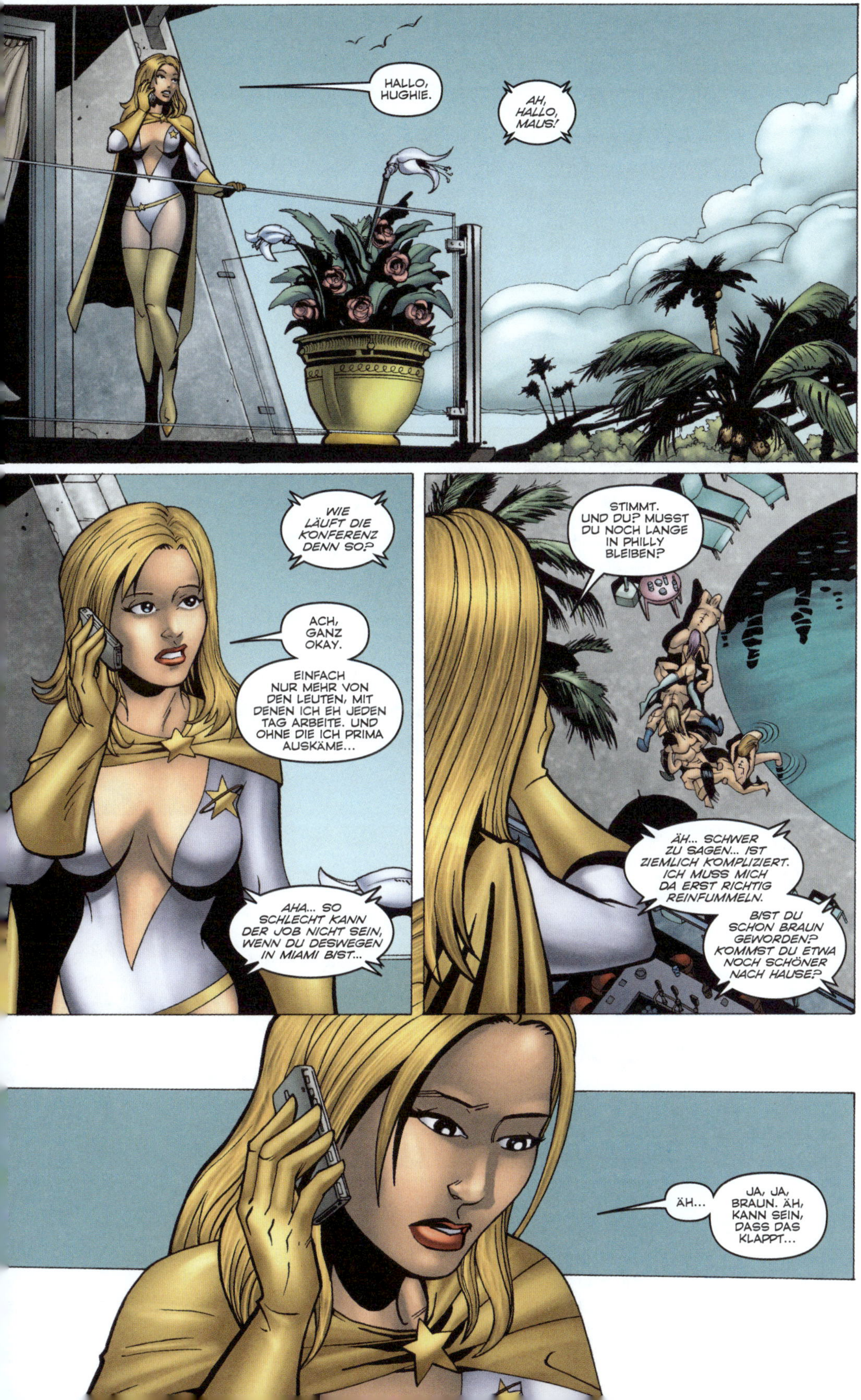

HALLO, HUGHIE.
AH, HALLO, MAUS!

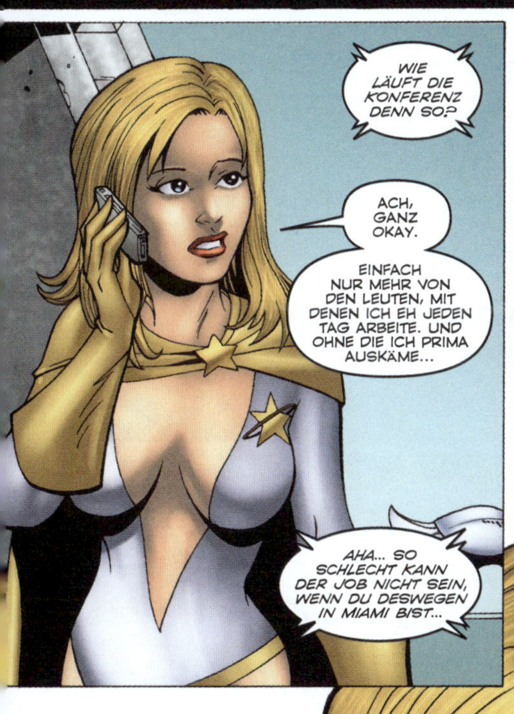
WIE LÄUFT DIE KONFERENZ DENN SO?
ACH, GANZ OKAY.
EINFACH NUR MEHR VON DEN LEUTEN, MIT DENEN ICH EH JEDEN TAG ARBEITE. UND OHNE DIE ICH PRIMA AUSKÄME...
AHA... SO SCHLECHT KANN DER JOB NICHT SEIN, WENN DU DESWEGEN IN MIAMI BIST...

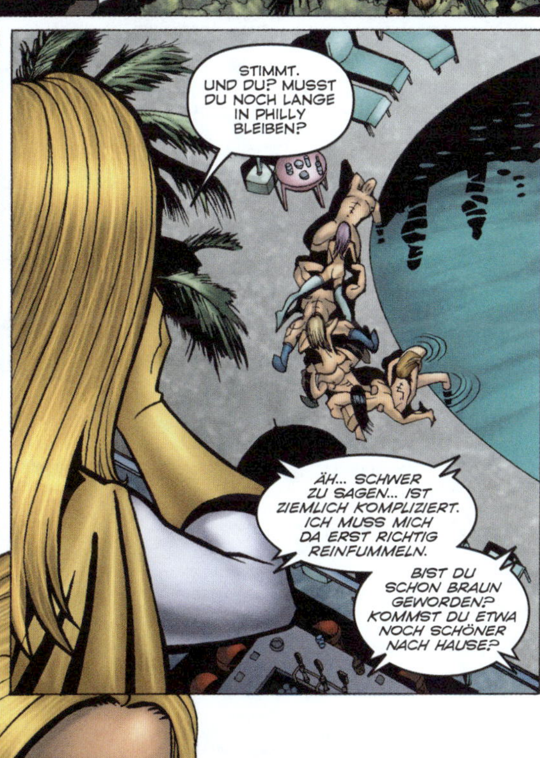
STIMMT. UND DU? MUSST DU NOCH LANGE IN PHILLY BLEIBEN?
ÄH... SCHWER ZU SAGEN... IST ZIEMLICH KOMPLIZIERT. ICH MUSS MICH DA ERST RICHTIG REINFUMMELN.
BIST DU SCHON BRAUN GEWORDEN? KOMMST DU ETWA NOCH SCHÖNER NACH HAUSE?

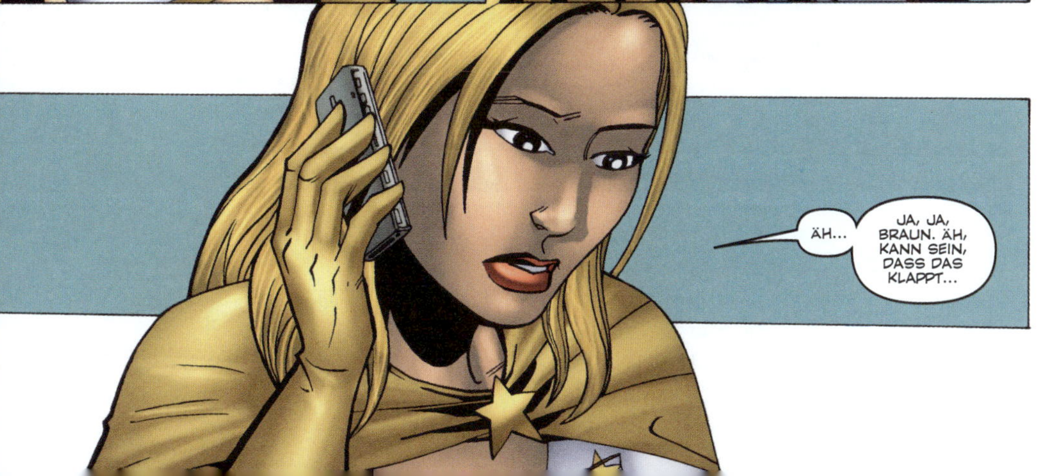
ÄH...
JA, JA, BRAUN. ÄH, KANN SEIN, DASS DAS KLAPPT...

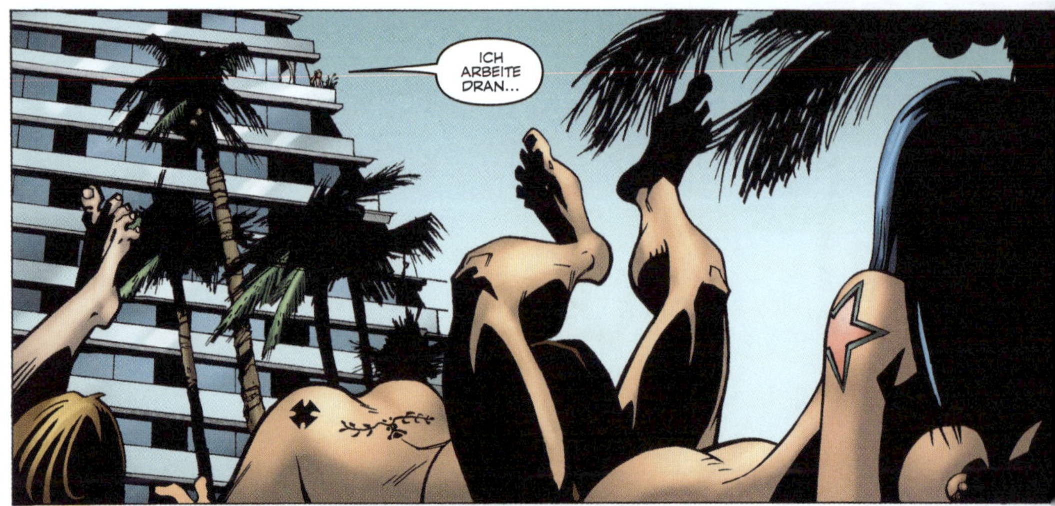
ICH ARBEITE DRAN...

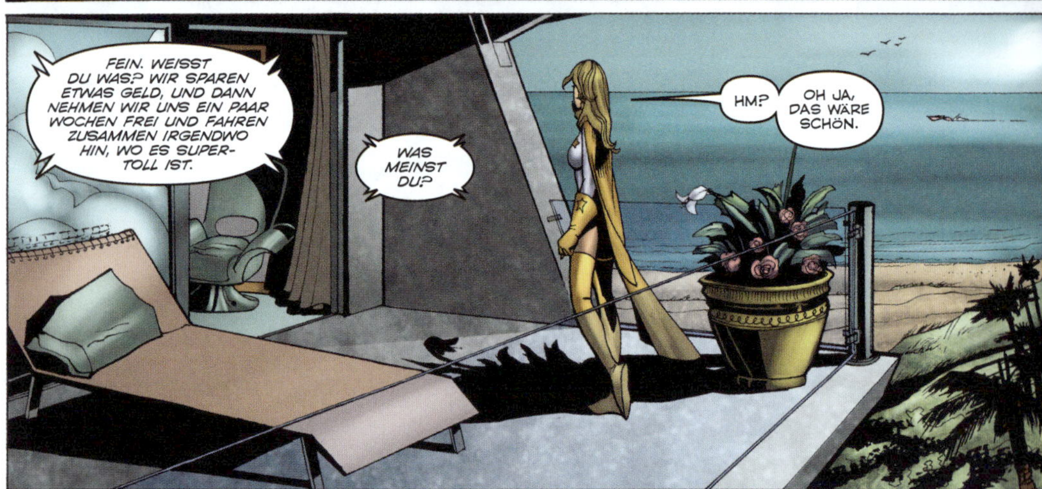
FEIN. WEISST DU WAS? WIR SPAREN ETWAS GELD, UND DANN NEHMEN WIR UNS EIN PAAR WOCHEN FREI UND FAHREN ZUSAMMEN IRGENDWO HIN, WO ES SUPER-TOLL IST.
WAS MEINST DU?
HM?
OH JA, DAS WÄRE SCHÖN.

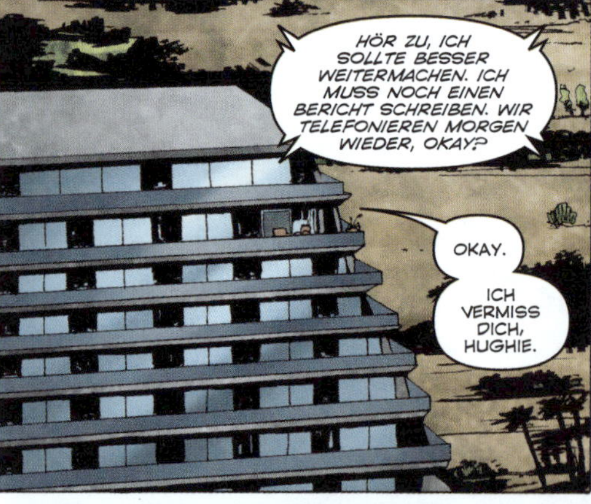
HÖR ZU, ICH SOLLTE BESSER WEITERMACHEN. ICH MUSS NOCH EINEN BERICHT SCHREIBEN. WIR TELEFONIEREN MORGEN WIEDER, OKAY?
OKAY.
ICH VERMISS DICH, HUGHIE.

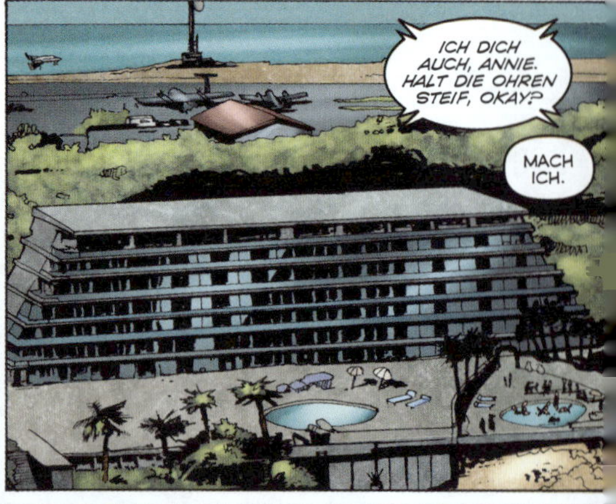
ICH DICH AUCH, ANNIE. HALT DIE OHREN STEIF, OKAY?
MACH ICH.

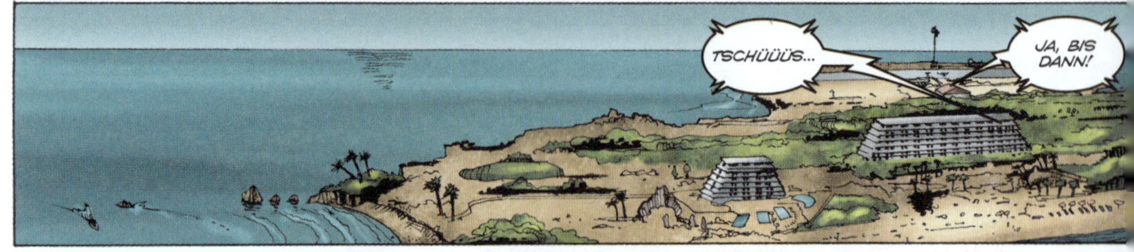
TSCHÜÜÜS...
JA, BIS DANN!

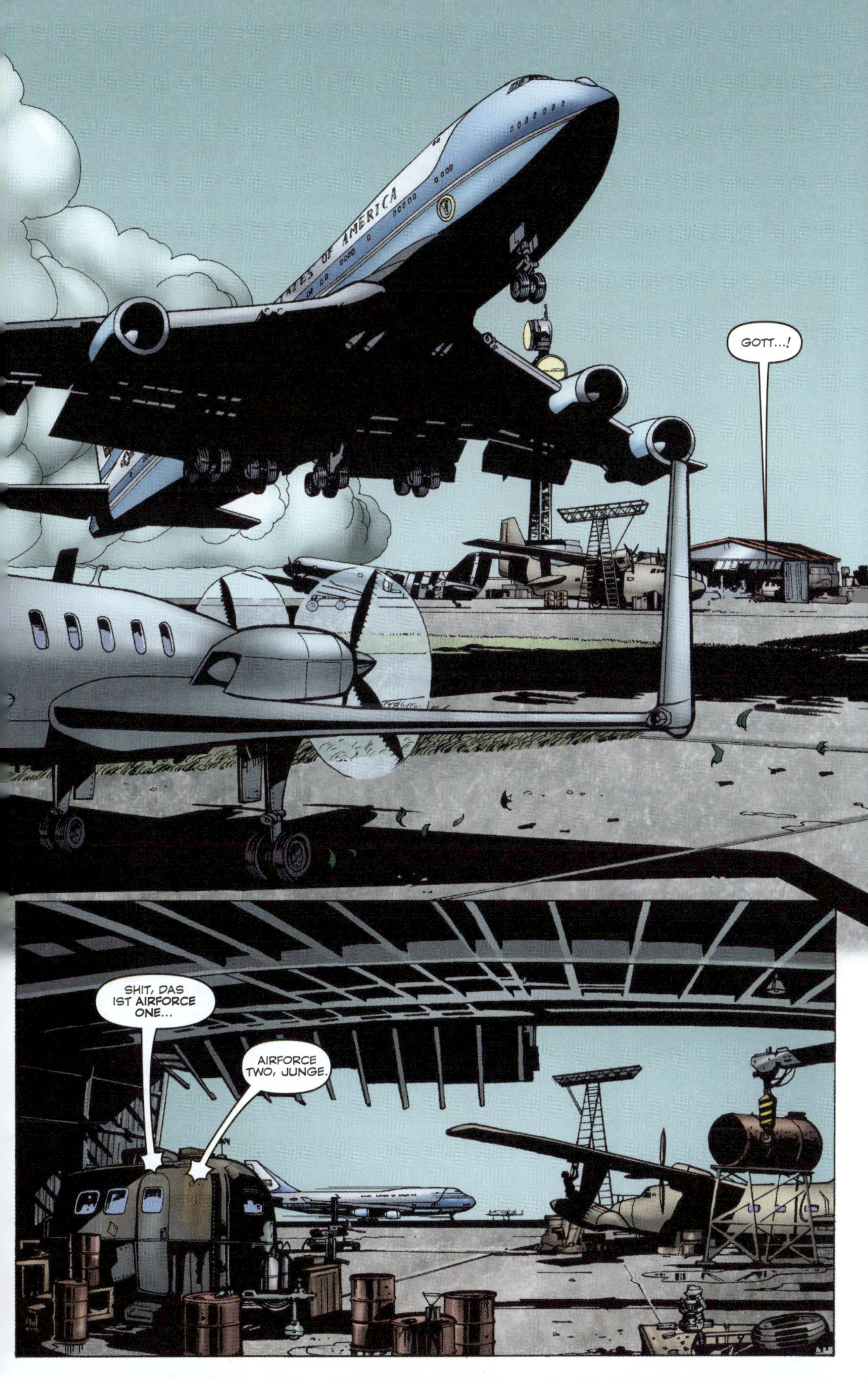
GOTT...!
SHIT, DAS IST AIRFORCE ONE...
AIRFORCE TWO, JUNGE.

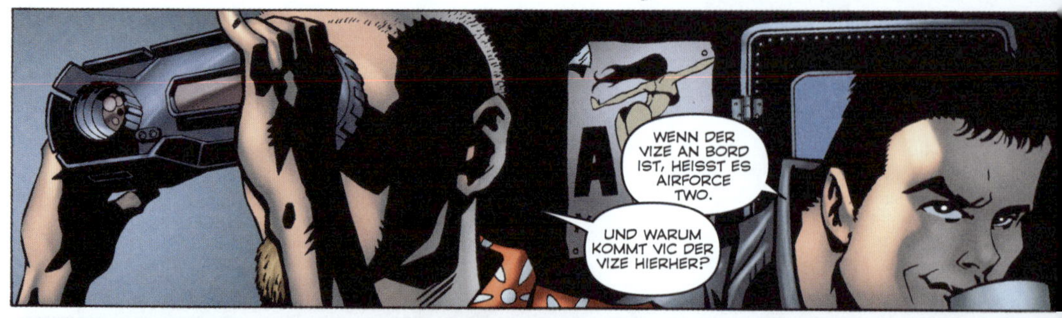
WENN DER VIZE AN BORD IST, HEISST ES AIRFORCE TWO.
UND WARUM KOMMT VIC DER VIZE HIERHER?
GUTE FRAGE.
AH, NA SIEH MAL AN...

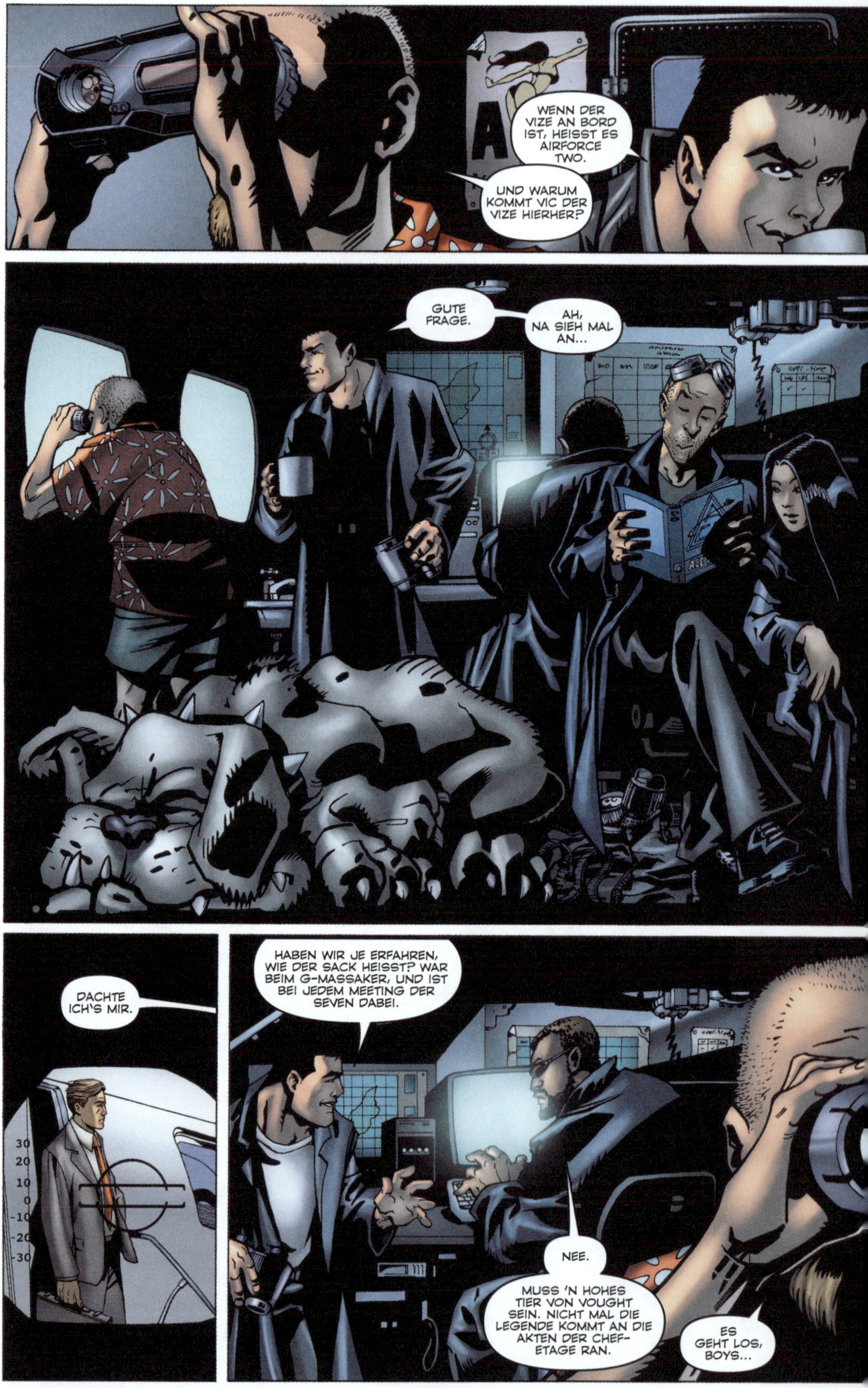

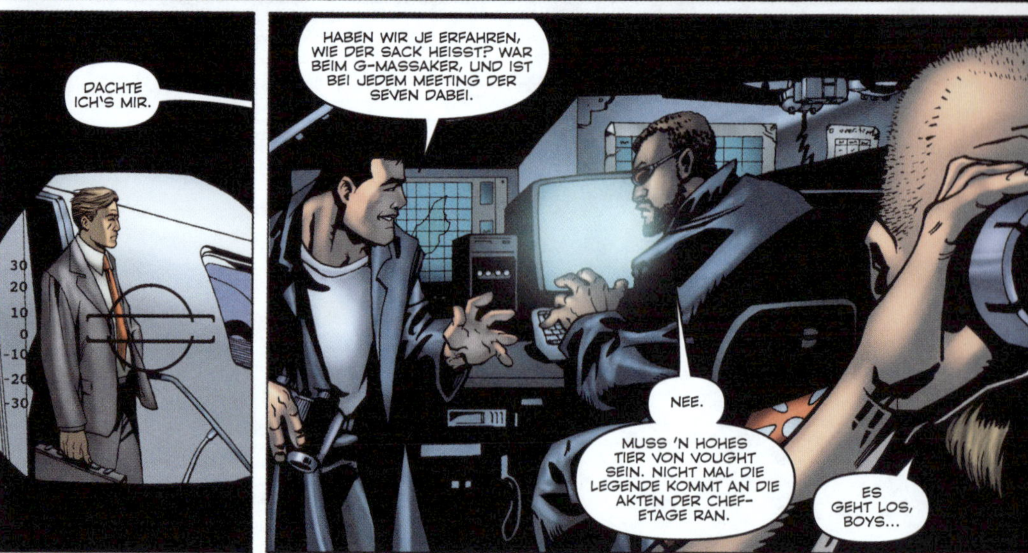
DACHTE ICH'S MIR.
HABEN WIR JE ERFAHREN, WIE DER SACK HEISST? WAR BEIM G-MASSAKER, UND IST BEI JEDEM MEETING DER SEVEN DABEI.
NEE.
MUSS 'N HOHES TIER VON VOUGHT SEIN. NICHT MAL DIE LEGENDE KOMMT AN DIE AKTEN DER CHEF-ETAGE RAN.
ES GEHT LOS, BOYS...

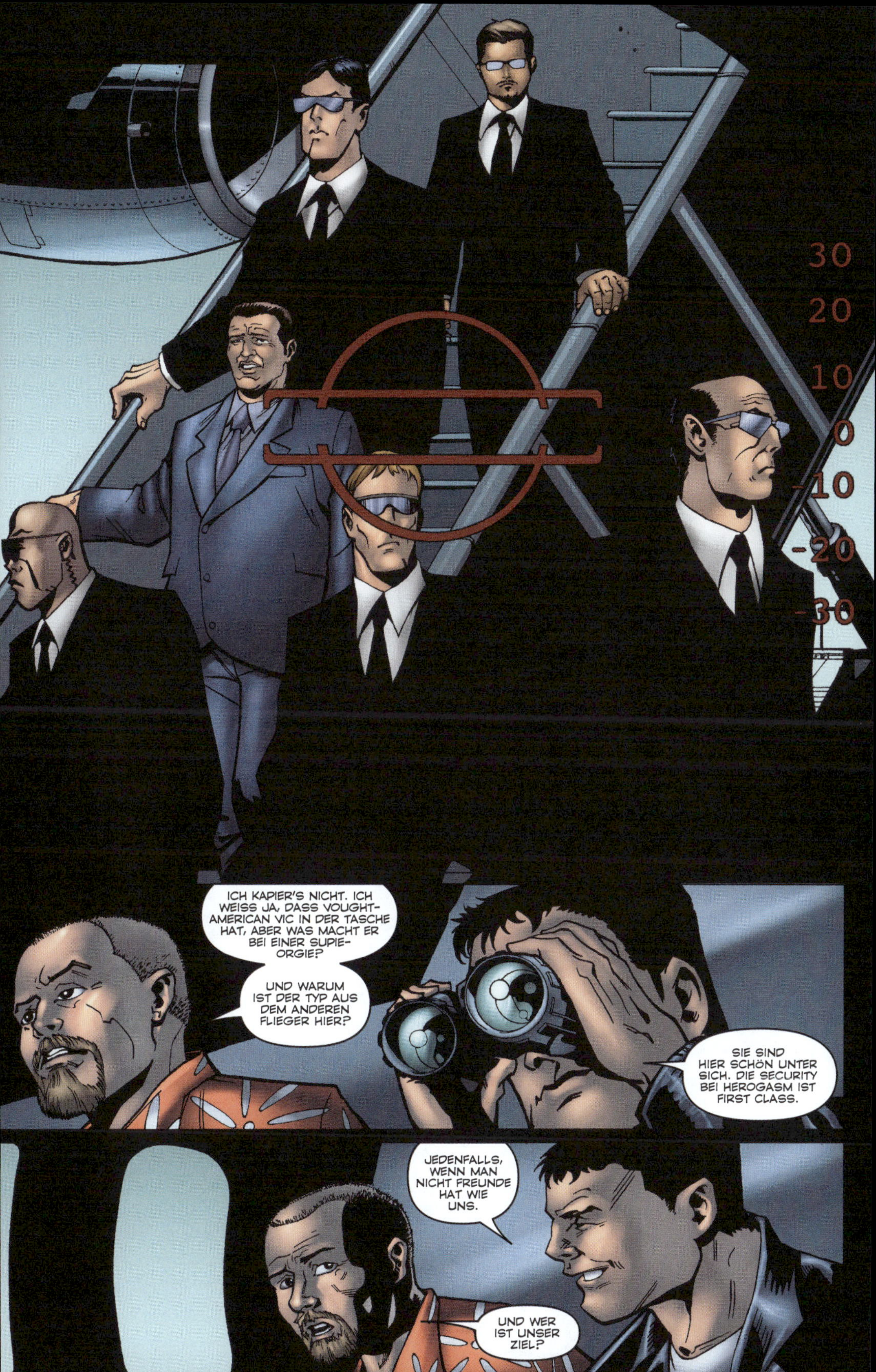
30
20
10
0
-10
-20
-30
ICH KAPIER'S NICHT. ICH WEISS JA, DASS VOUGHT-AMERICAN VIC IN DER TASCHE HAT, ABER WAS MACHT ER BEI EINER SUPIE-ORGIE?
UND WARUM IST DER TYP AUS DEM ANDEREN FLIEGER HIER?
SIE SIND HIER SCHÖN UNTER SICH. DIE SECURITY BEI HEROGASM IST FIRST CLASS.
JEDENFALLS, WENN MAN NICHT FREUNDE HAT WIE UNS.
UND WER IST UNSER ZIEL?

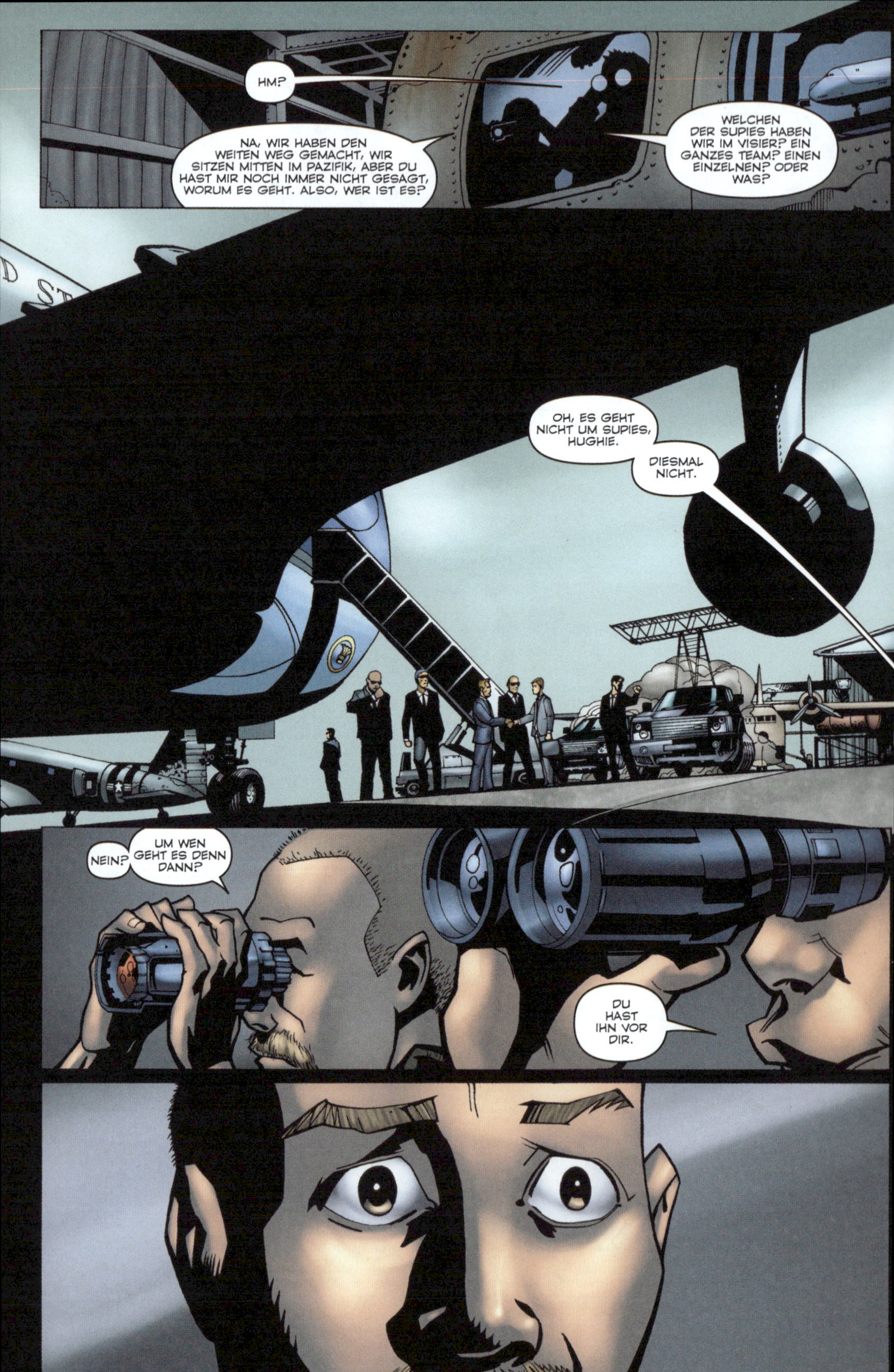
HM?
NA, WIR HABEN DEN WEITEN WEG GEMACHT, WIR SITZEN MITTEN IM PAZIFIK, ABER DU HAST MIR NOCH IMMER NICHT GESAGT, WORUM ES GEHT. ALSO, WER IST ES?
WELCHEN DER SUPIES HABEN WIR IM VISIER? EIN GANZES TEAM? EINEN EINZELNEN? ODER WAS?
OH, ES GEHT NICHT UM SUPIES, HUGHIE.
DIESMAL NICHT.
NEIN?
UM WEN GEHT ES DENN DANN?
DU HAST IHN VOR DIR.

2: AMSTERDAM

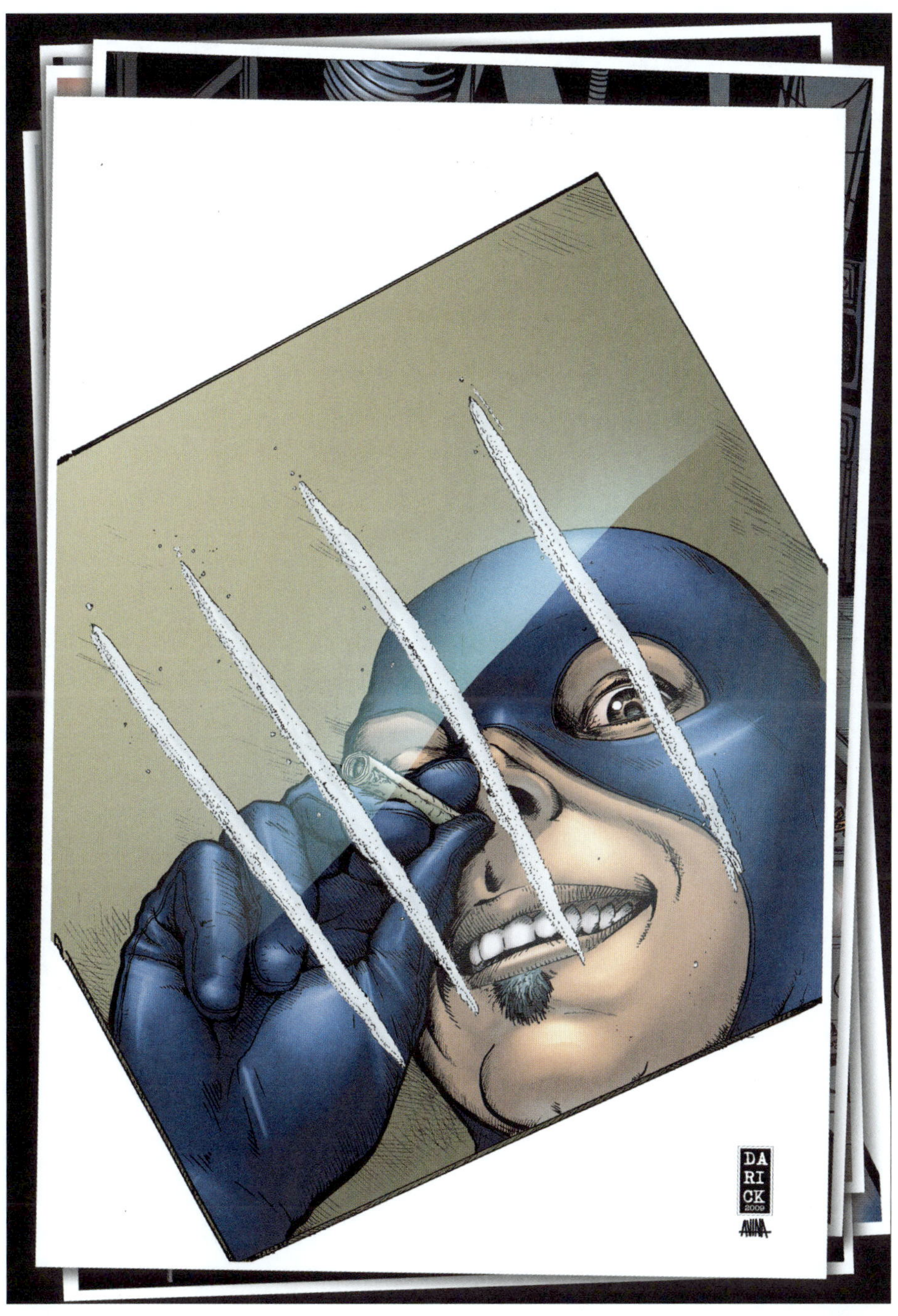

The Boys: Herogasm (2009) 2
Cover von **DARICK ROBERTSON**

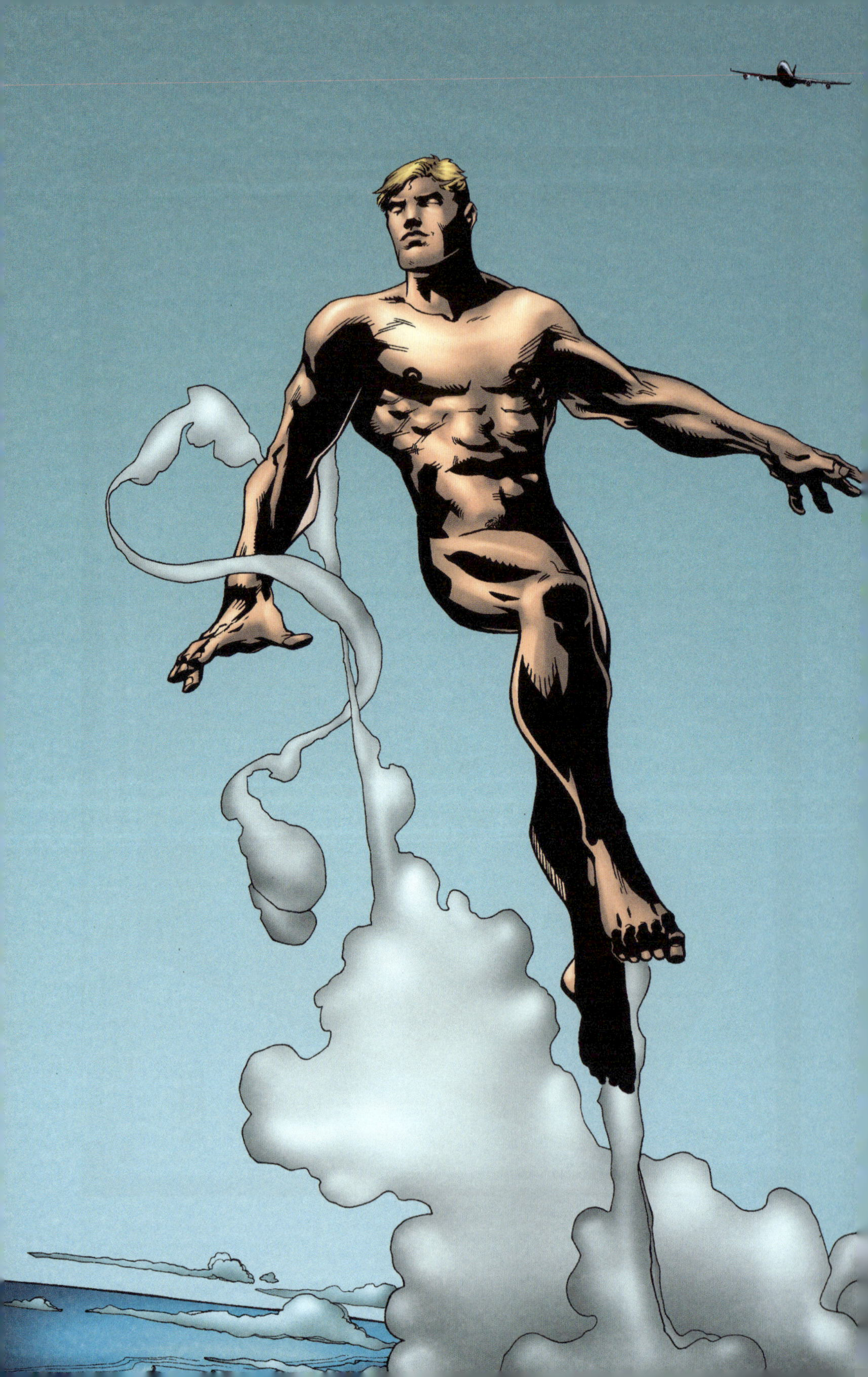

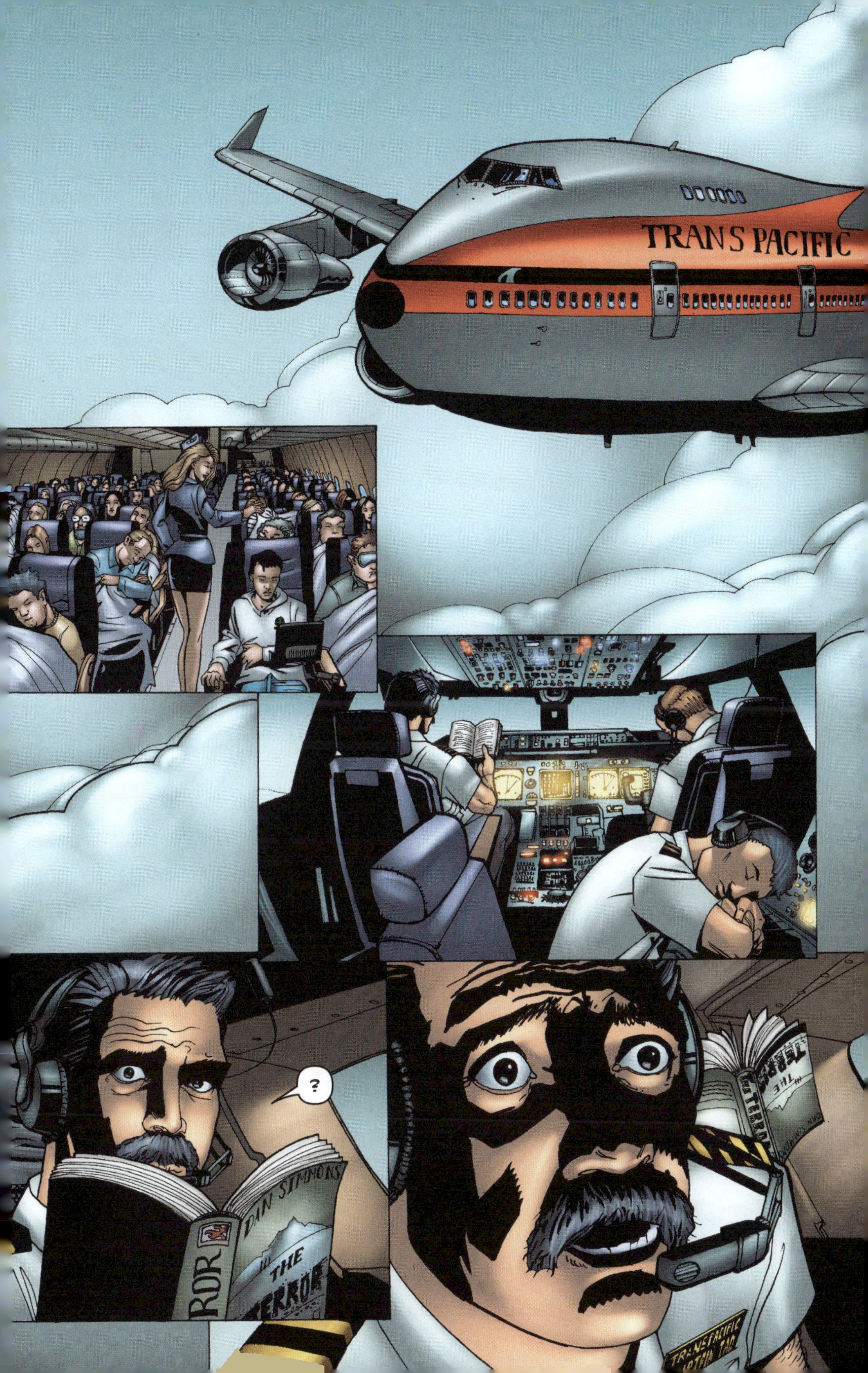
TRANS PACIFIC
?
DAN SIMMONS
THE TERROR

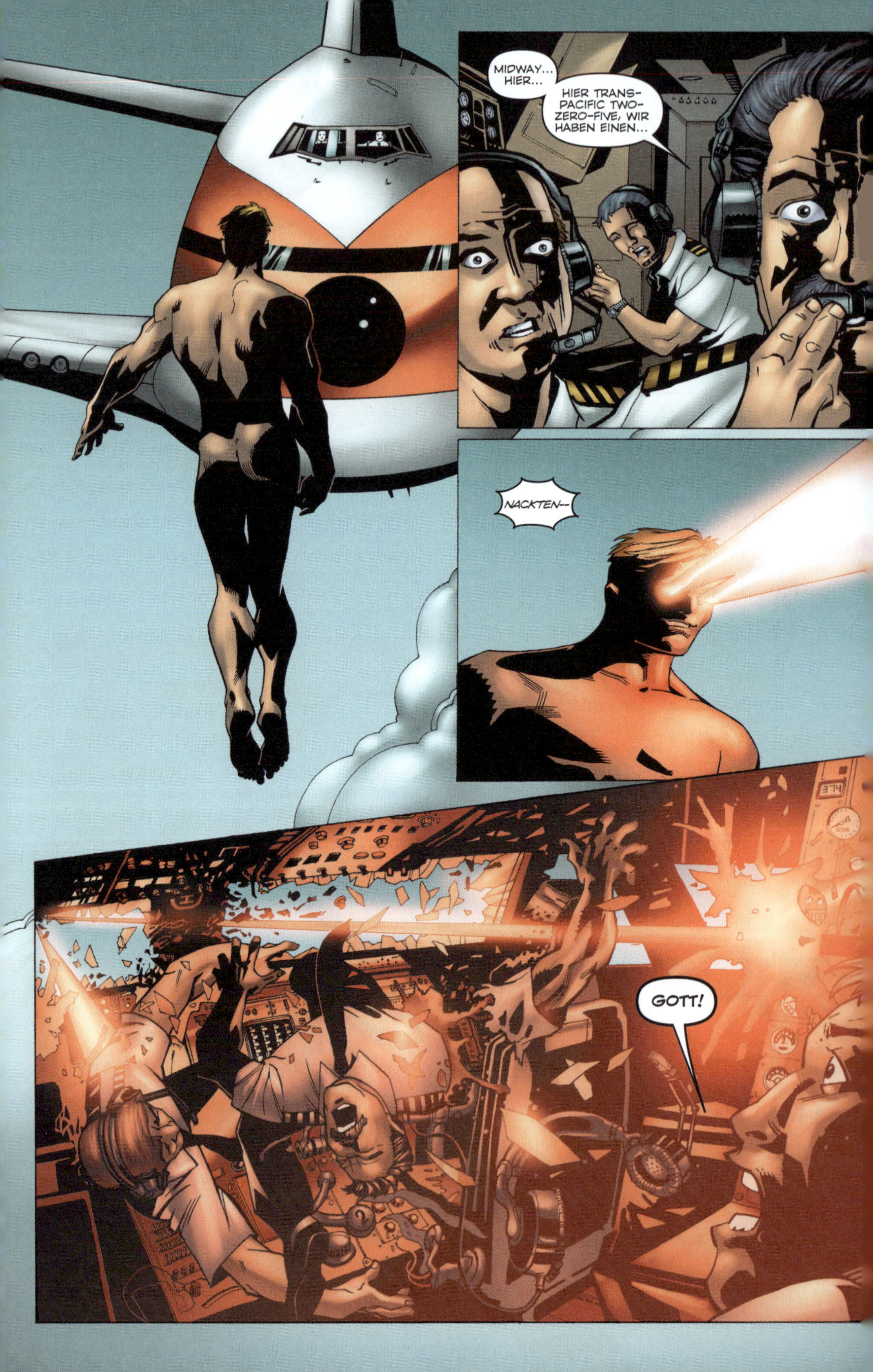
MIDWAY... HIER...
HIER TRANS-PACIFIC TWO-ZERO-FIVE, WIR HABEN EINEN...
NACKTEN--
GOTT!

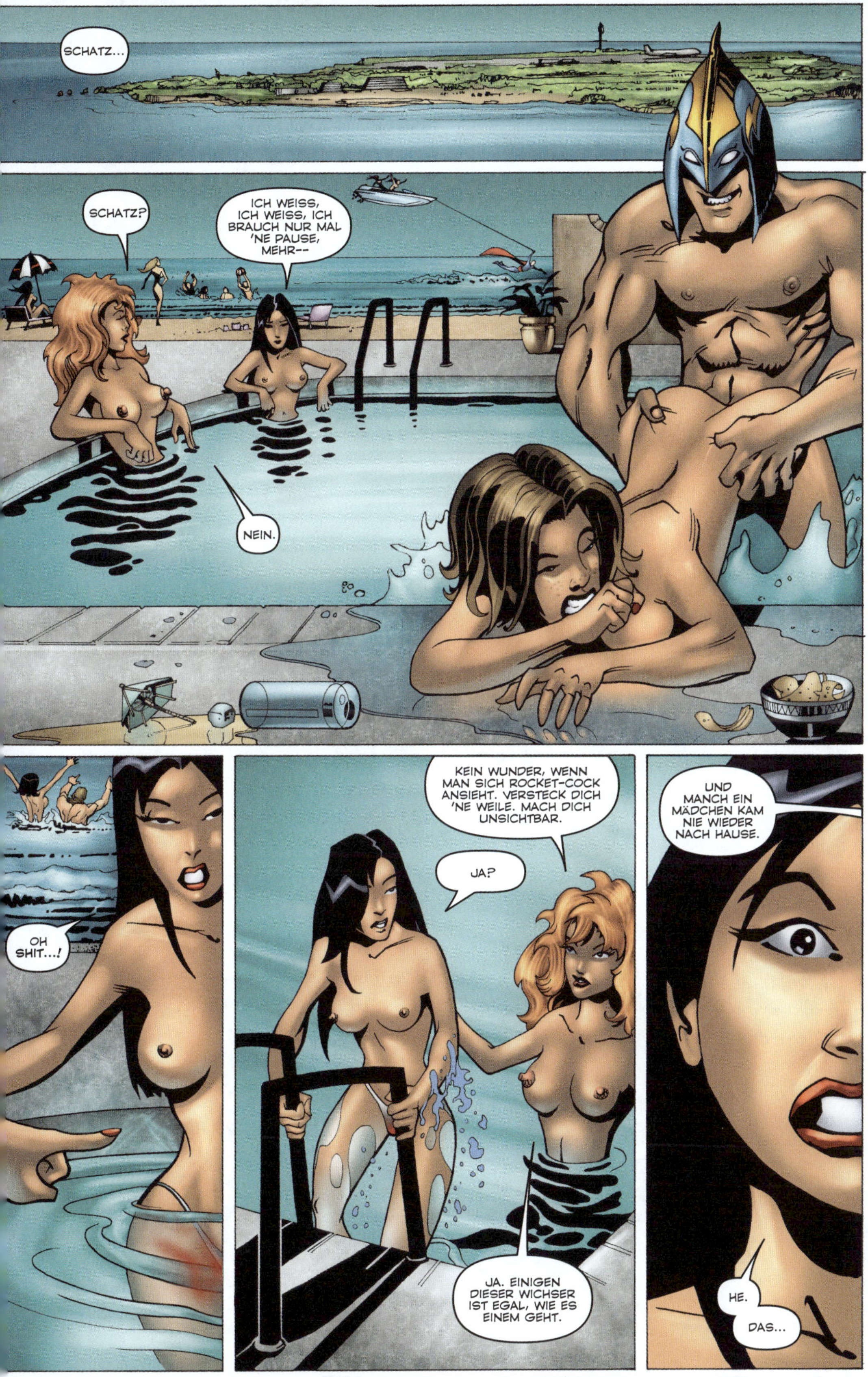

SCHATZ...

SCHATZ?
ICH WEISS, ICH WEISS, ICH BRAUCH NUR MAL 'NE PAUSE, MEHR--
NEIN.

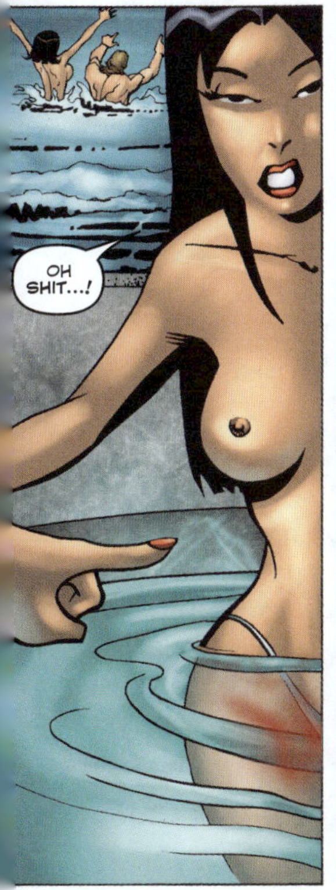

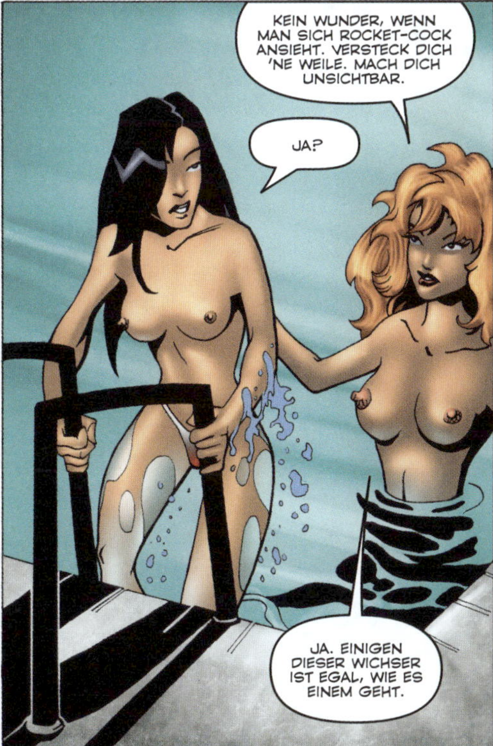

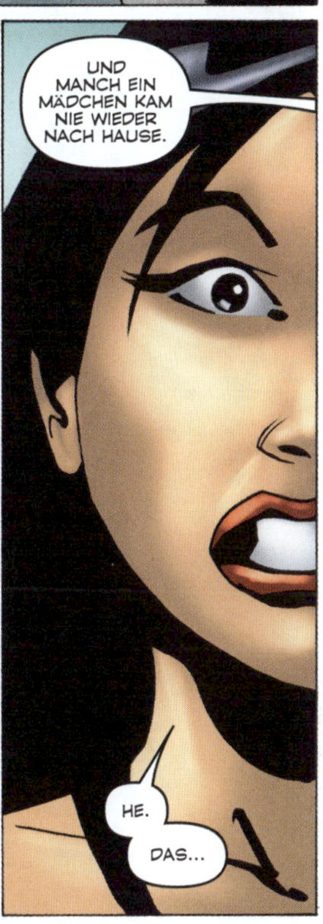

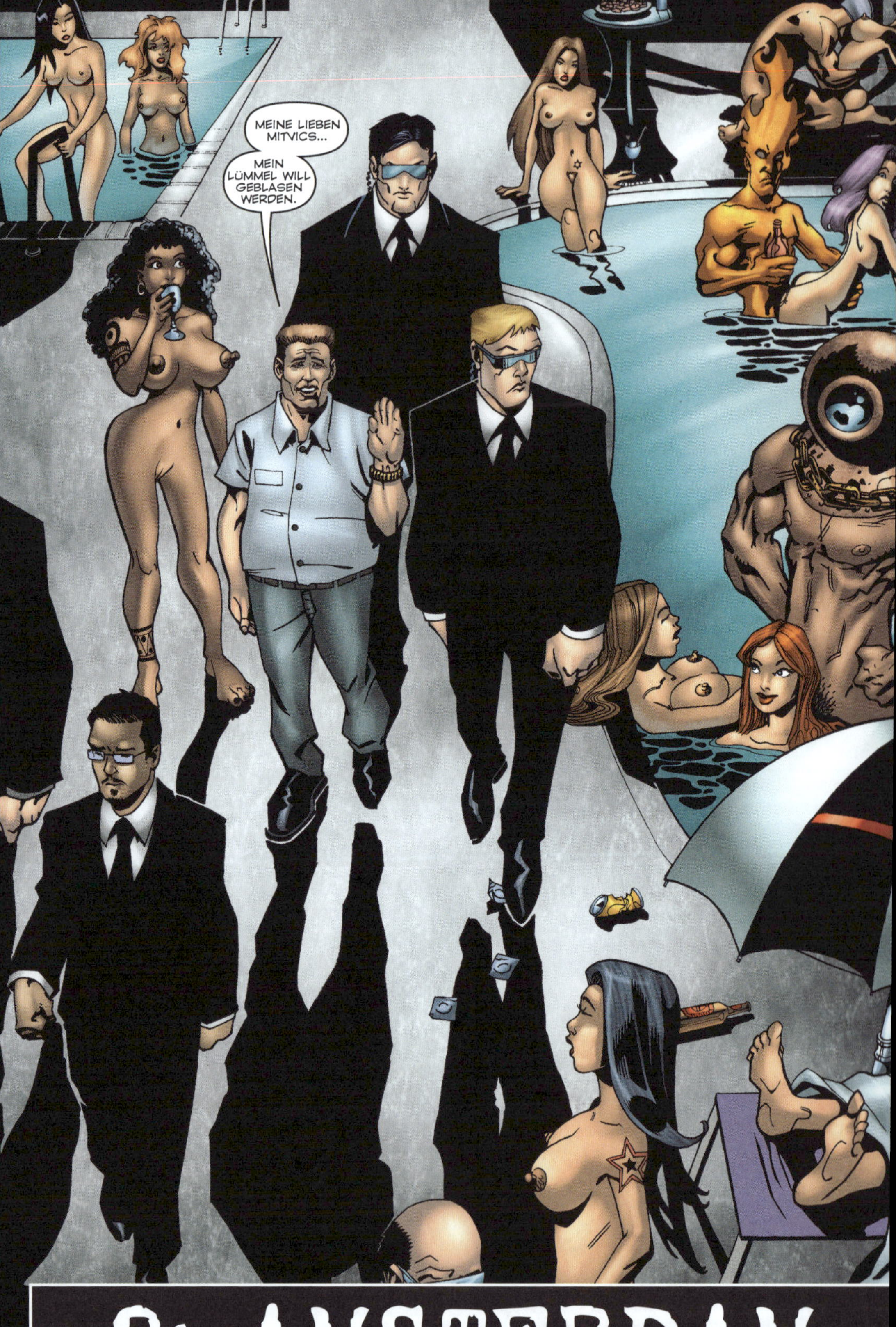

2: AMSTERDAM

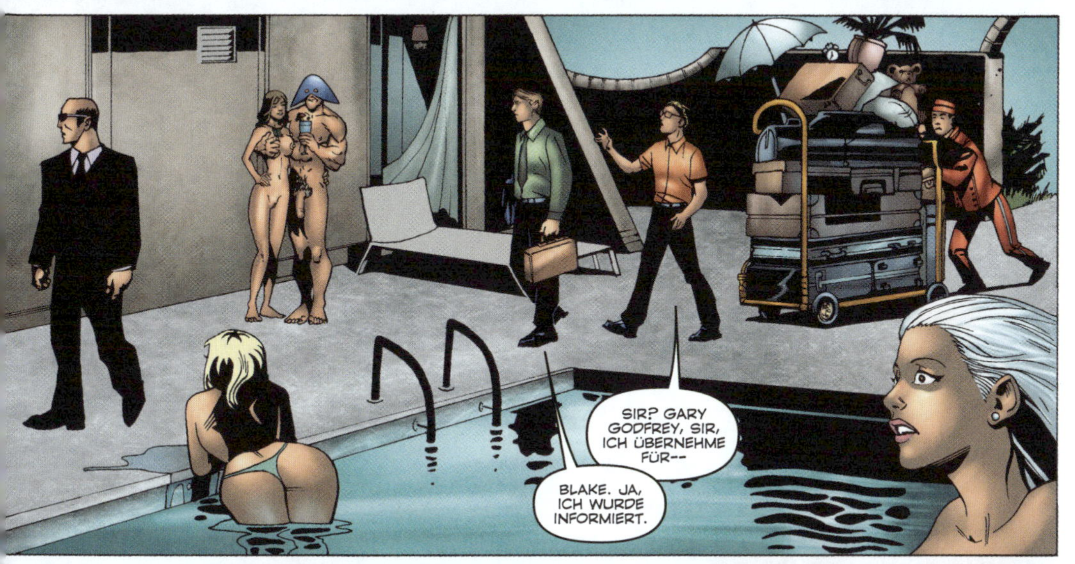
SIR? GARY GODFREY, SIR, ICH ÜBERNEHME FÜR--
BLAKE. JA, ICH WURDE INFORMIERT.

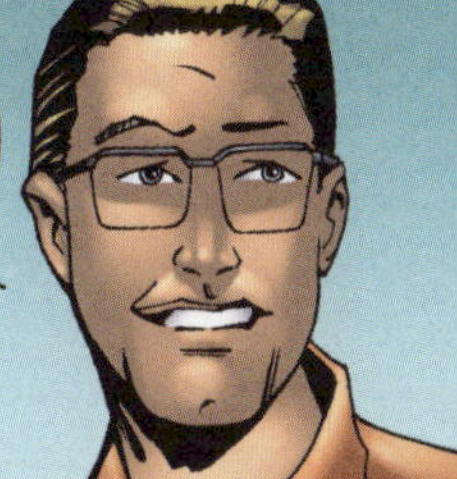
NATÜRLICH, SIR. MISTER BLAKE ERHOLT SICH GUT. ES HEISST, ER WÜRDE SICH FAST JEDEN TAG VON SICH AUS EIN WENIG BE-WEGEN.

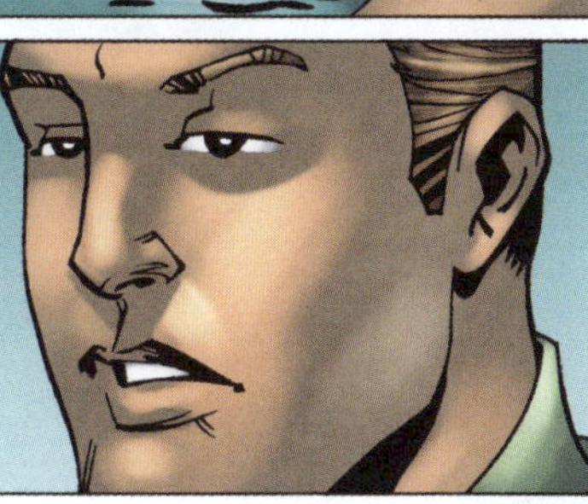
ER HÄTTE BEIDE LÄUFE NEHMEN SOLLEN. DAS HÄTTE ICH GETAN, NACH DREI JAHREN ALS STABSCHEF FÜR... FÜR...

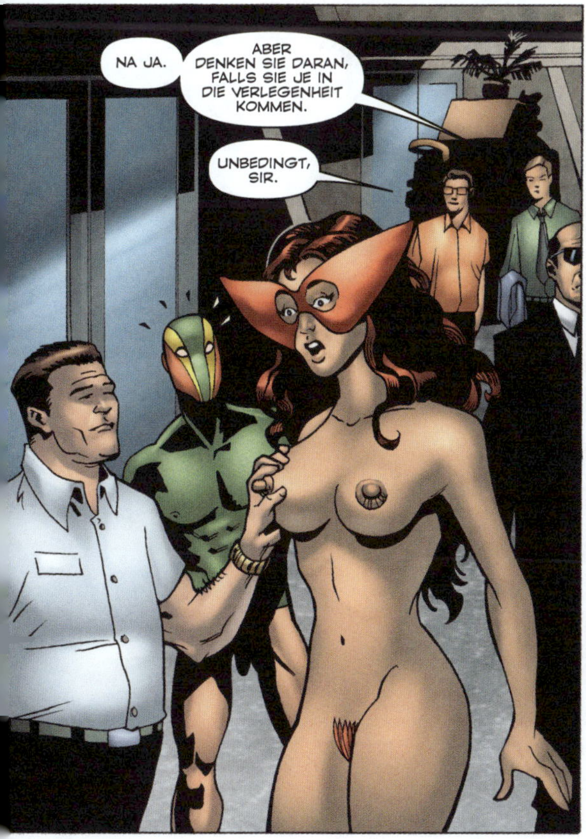
NA JA.
ABER DENKEN SIE DARAN, FALLS SIE JE IN DIE VERLEGENHEIT KOMMEN.
UNBEDINGT, SIR.

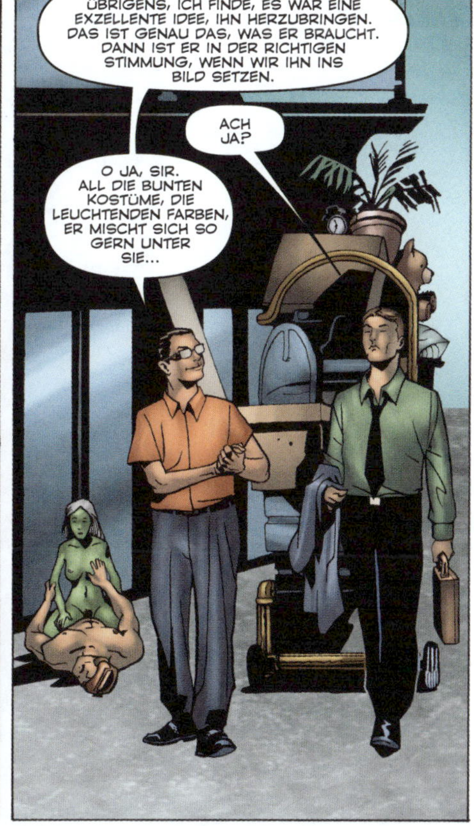
ÜBRIGENS, ICH FINDE, ES WAR EINE EXZELLENTE IDEE, IHN HERZUBRINGEN. DAS IST GENAU DAS, WAS ER BRAUCHT. DANN IST ER IN DER RICHTIGEN STIMMUNG, WENN WIR IHN INS BILD SETZEN.
ACH JA?
O JA, SIR. ALL DIE BUNTEN KOSTÜME, DIE LEUCHTENDEN FARBEN, ER MISCHT SICH SO GERN UNTER SIE...

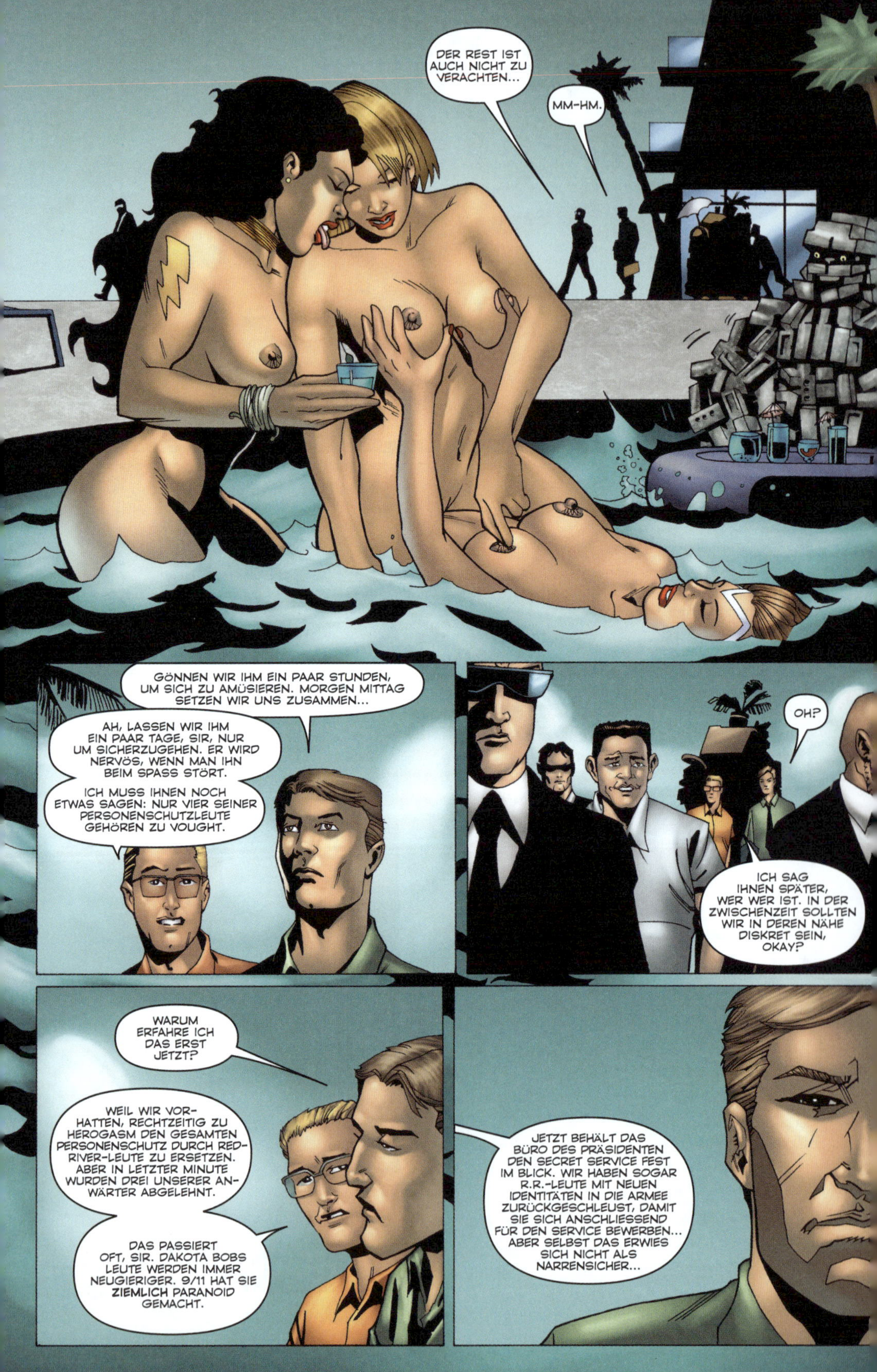
DER REST IST AUCH NICHT ZU VERACHTEN...
MM-HM.
GÖNNEN WIR IHM EIN PAAR STUNDEN, UM SICH ZU AMÜSIEREN. MORGEN MITTAG SETZEN WIR UNS ZUSAMMEN...
AH, LASSEN WIR IHM EIN PAAR TAGE, SIR, NUR UM SICHERZUGEHEN. ER WIRD NERVÖS, WENN MAN IHN BEIM SPASS STÖRT.
ICH MUSS IHNEN NOCH ETWAS SAGEN: NUR VIER SEINER PERSONENSCHUTZLEUTE GEHÖREN ZU VOUGHT.
OH?
ICH SAG IHNEN SPÄTER, WER WER IST. IN DER ZWISCHENZEIT SOLLTEN WIR IN DEREN NÄHE DISKRET SEIN, OKAY?
WARUM ERFAHRE ICH DAS ERST JETZT?
WEIL WIR VORHATTEN, RECHTZEITIG ZU HEROGASM DEN GESAMTEN PERSONENSCHUTZ DURCH RED-RIVER-LEUTE ZU ERSETZEN. ABER IN LETZTER MINUTE WURDEN DREI UNSERER ANWÄRTER ABGELEHNT.
DAS PASSIERT OFT, SIR. DAKOTA BOBS LEUTE WERDEN IMMER NEUGIERIGER. 9/11 HAT SIE **ZIEMLICH** PARANOID GEMACHT.
JETZT BEHÄLT DAS BÜRO DES PRÄSIDENTEN DEN SECRET SERVICE FEST IM BLICK. WIR HABEN SOGAR R.R.-LEUTE MIT NEUEN IDENTITÄTEN IN DIE ARMEE ZURÜCKGESCHLEUST, DAMIT SIE SICH ANSCHLIESSEND FÜR DEN SERVICE BEWERBEN... ABER SELBST DAS ERWIES SICH NICHT ALS NARRENSICHER...

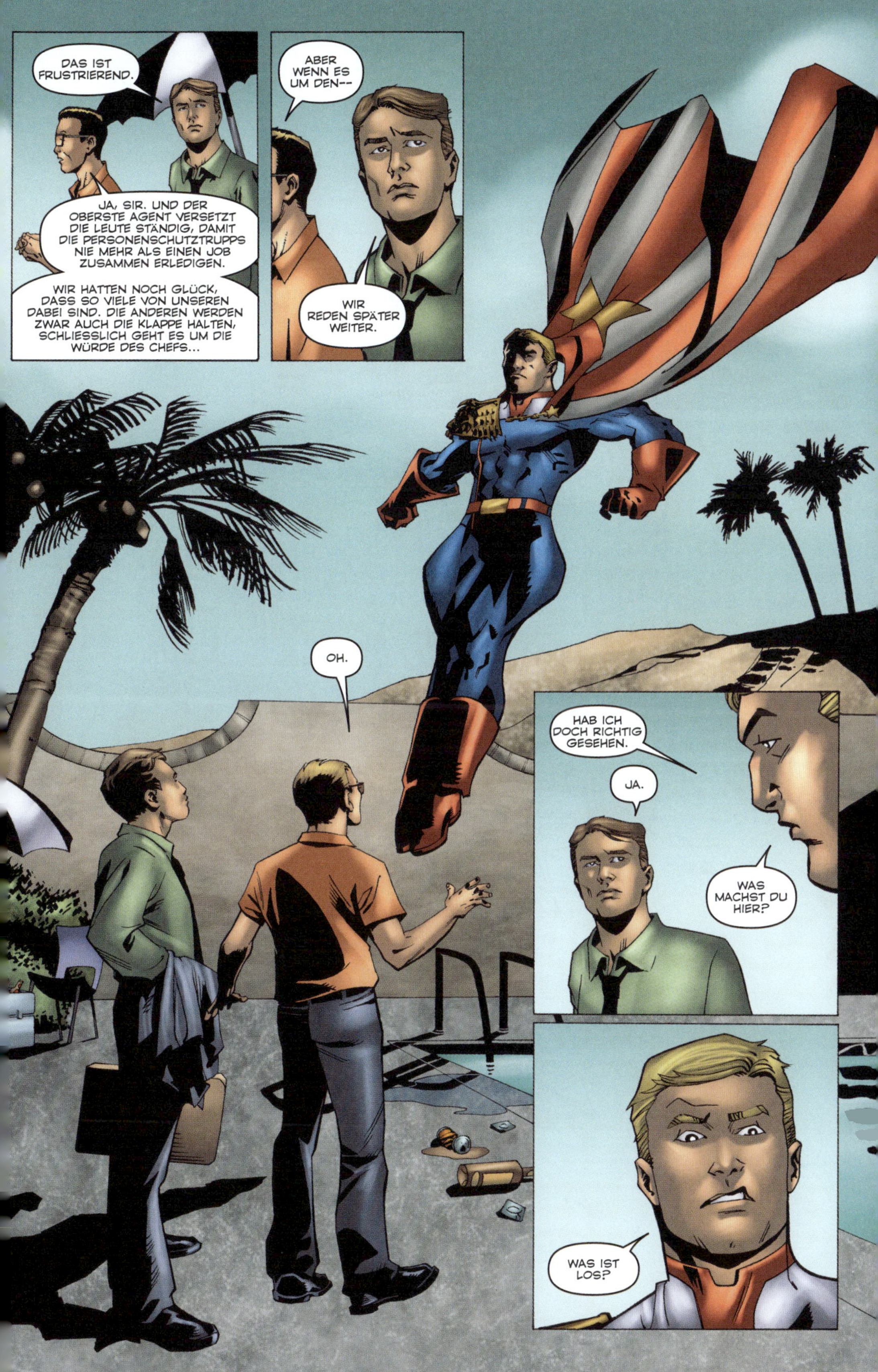
DAS IST FRUSTRIEREND.
JA, SIR. UND DER OBERSTE AGENT VERSETZT DIE LEUTE STÄNDIG, DAMIT DIE PERSONENSCHUTZTRUPPS NIE MEHR ALS EINEN JOB ZUSAMMEN ERLEDIGEN.
WIR HATTEN NOCH GLÜCK, DASS SO VIELE VON UNSEREN DABEI SIND. DIE ANDEREN WERDEN ZWAR AUCH DIE KLAPPE HALTEN, SCHLIESSLICH GEHT ES UM DIE WÜRDE DES CHEFS...
ABER WENN ES UM DEN--
WIR REDEN SPÄTER WEITER.
OH.
HAB ICH DOCH RICHTIG GESEHEN.
JA.
WAS MACHST DU HIER?
WAS IST LOS?

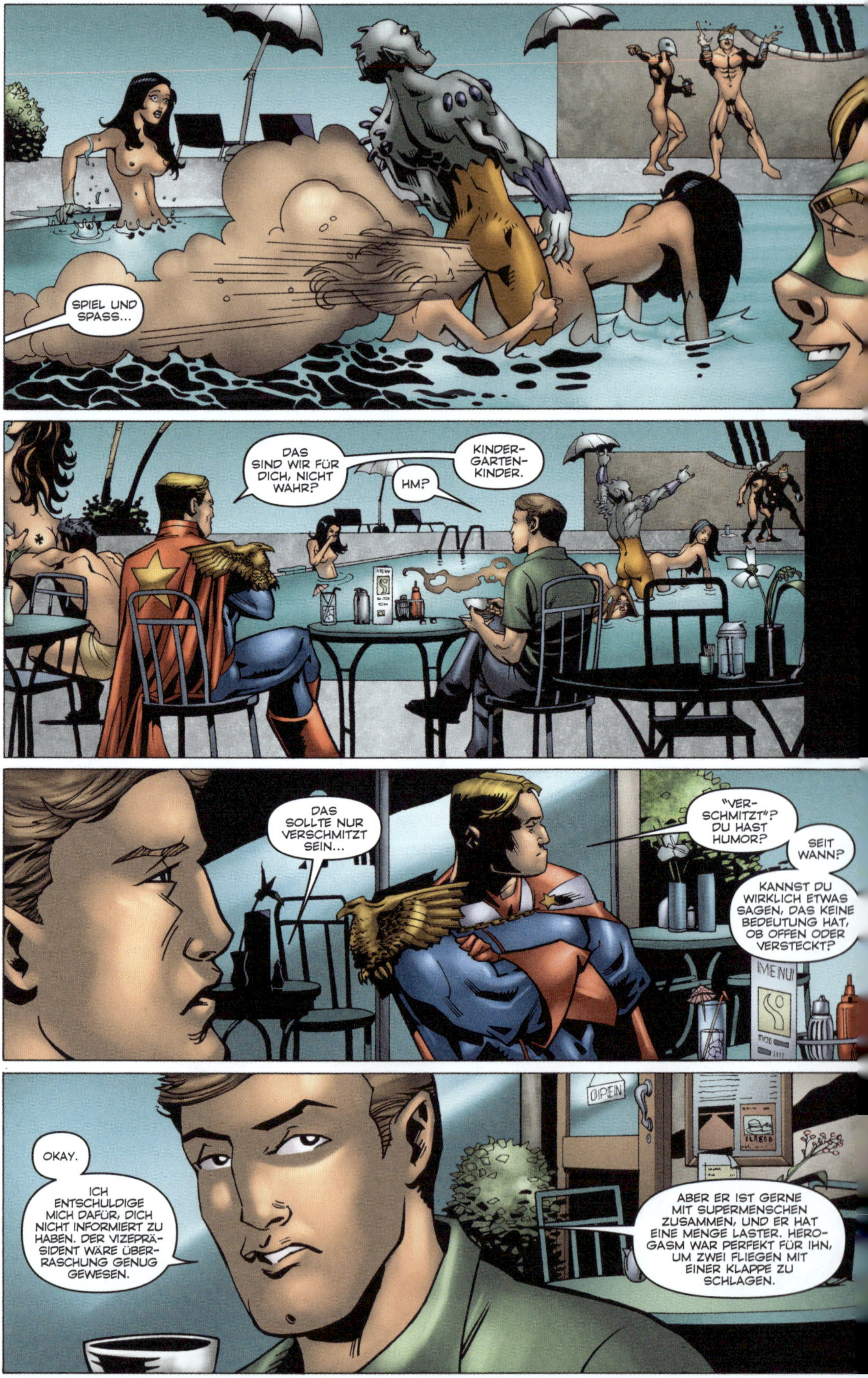

SPIEL UND SPASS...

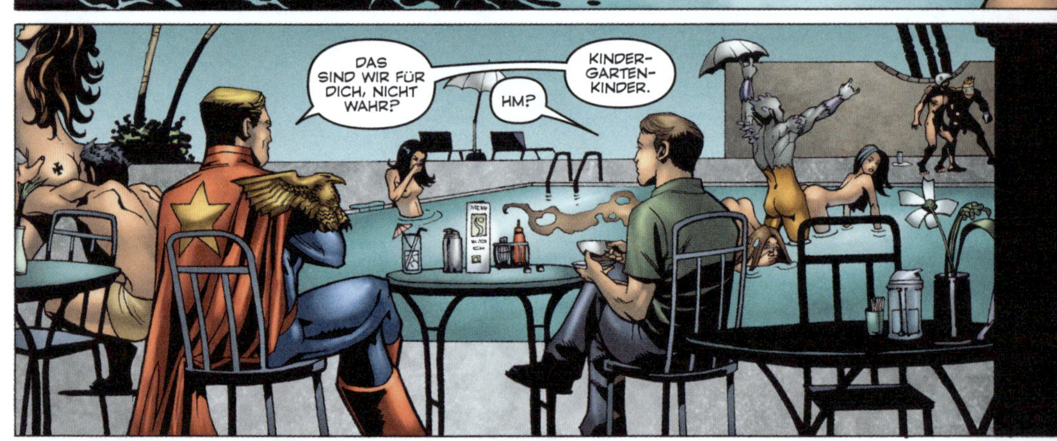

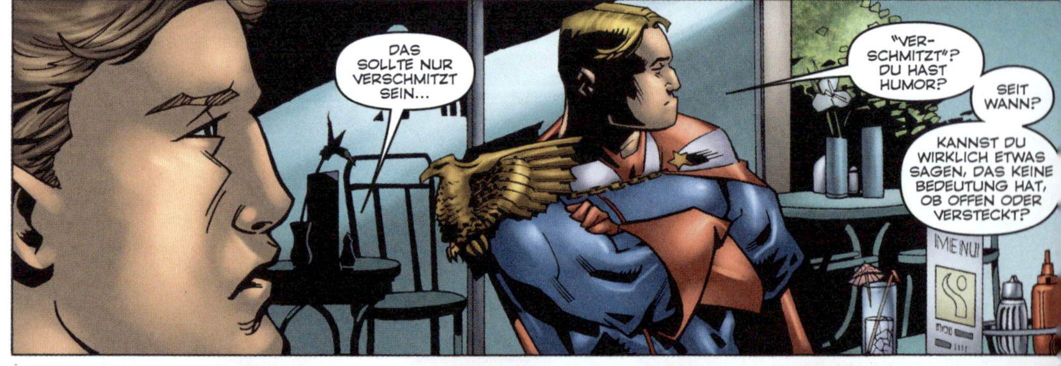

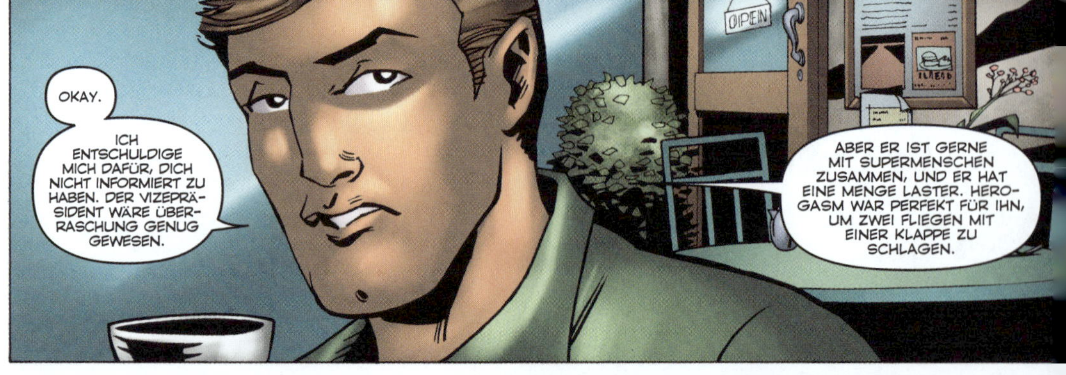

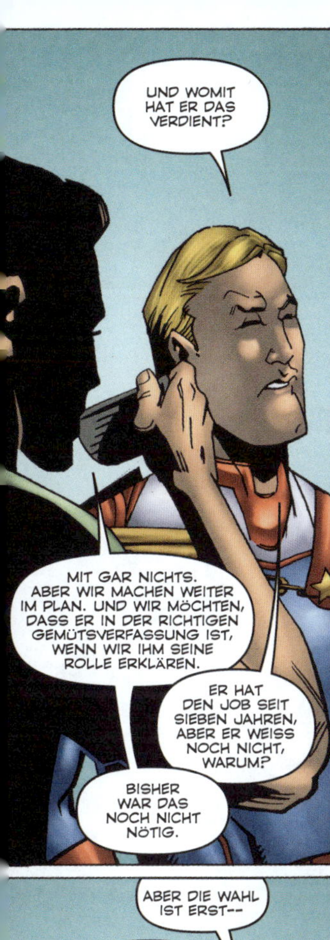
UND WOMIT HAT ER DAS VERDIENT?
MIT GAR NICHTS. ABER WIR MACHEN WEITER IM PLAN. UND WIR MÖCHTEN, DASS ER IN DER RICHTIGEN GEMÜTSVERFASSUNG IST, WENN WIR IHM SEINE ROLLE ERKLÄREN.
ER HAT DEN JOB SEIT SIEBEN JAHREN, ABER ER WEISS NOCH NICHT, WARUM?
BISHER WAR DAS NOCH NICHT NÖTIG.

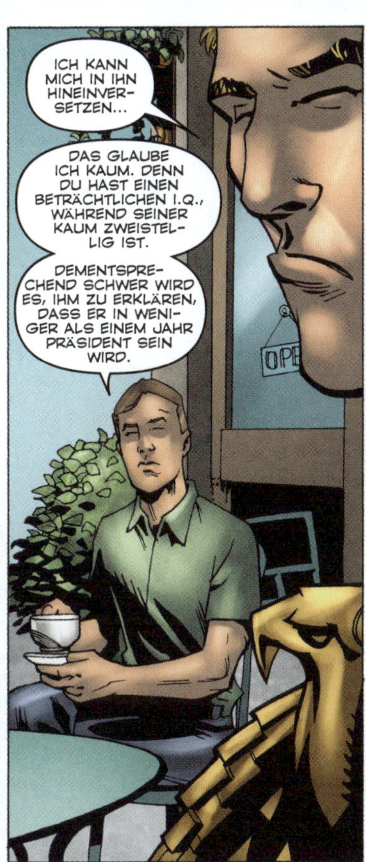
ICH KANN MICH IN IHN HINEINVERSETZEN...
DAS GLAUBE ICH KAUM. DENN DU HAST EINEN BETRÄCHTLICHEN I.Q., WÄHREND SEINER KAUM ZWEISTELLIG IST.
DEMENTSPRECHEND SCHWER WIRD ES, IHM ZU ERKLÄREN, DASS ER IN WENIGER ALS EINEM JAHR PRÄSIDENT SEIN WIRD.

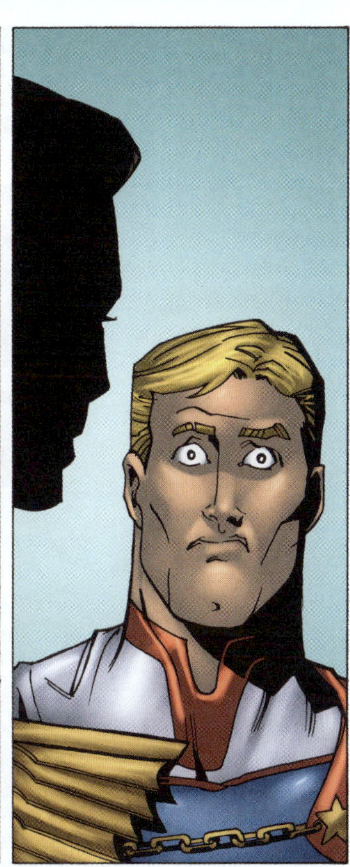

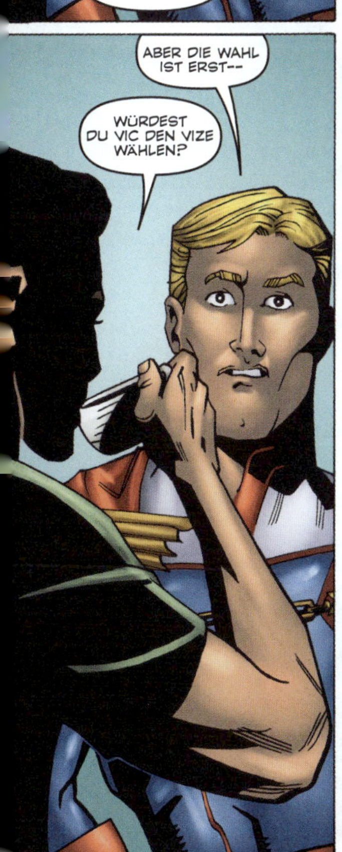
ABER DIE WAHL IST ERST--
WÜRDEST DU VIC DEN VIZE WÄHLEN?

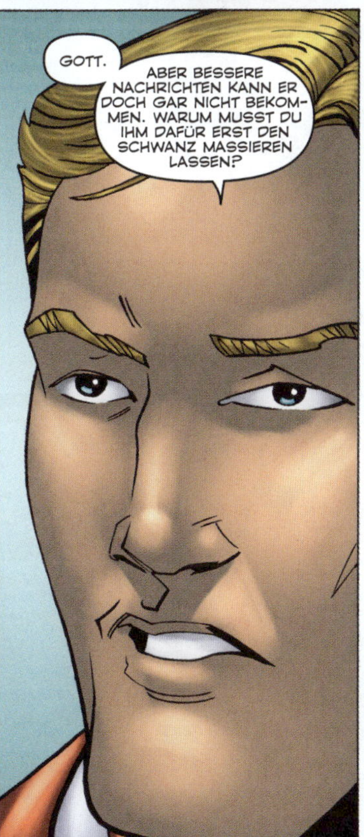
GOTT.
ABER BESSERE NACHRICHTEN KANN ER DOCH GAR NICHT BEKOMMEN. WARUM MUSST DU IHM DAFÜR ERST DEN SCHWANZ MASSIEREN LASSEN?

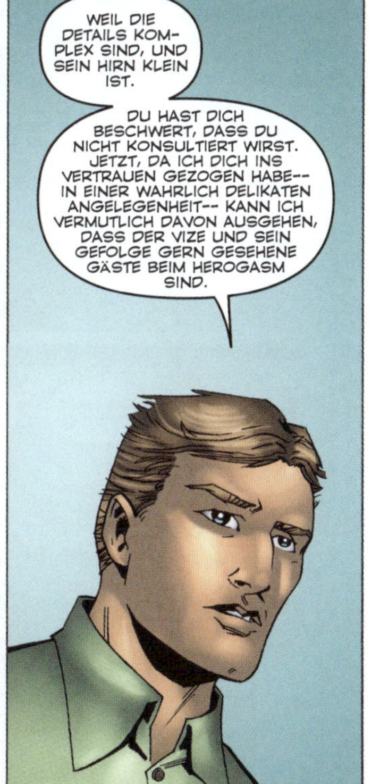
WEIL DIE DETAILS KOMPLEX SIND, UND SEIN HIRN KLEIN IST.
DU HAST DICH BESCHWERT, DASS DU NICHT KONSULTIERT WIRST. JETZT, DA ICH DICH INS VERTRAUEN GEZOGEN HABE-- IN EINER WAHRLICH DELIKATEN ANGELEGENHEIT-- KANN ICH VERMUTLICH DAVON AUSGEHEN, DASS DER VIZE UND SEIN GEFOLGE GERN GESEHENE GÄSTE BEIM HEROGASM SIND.

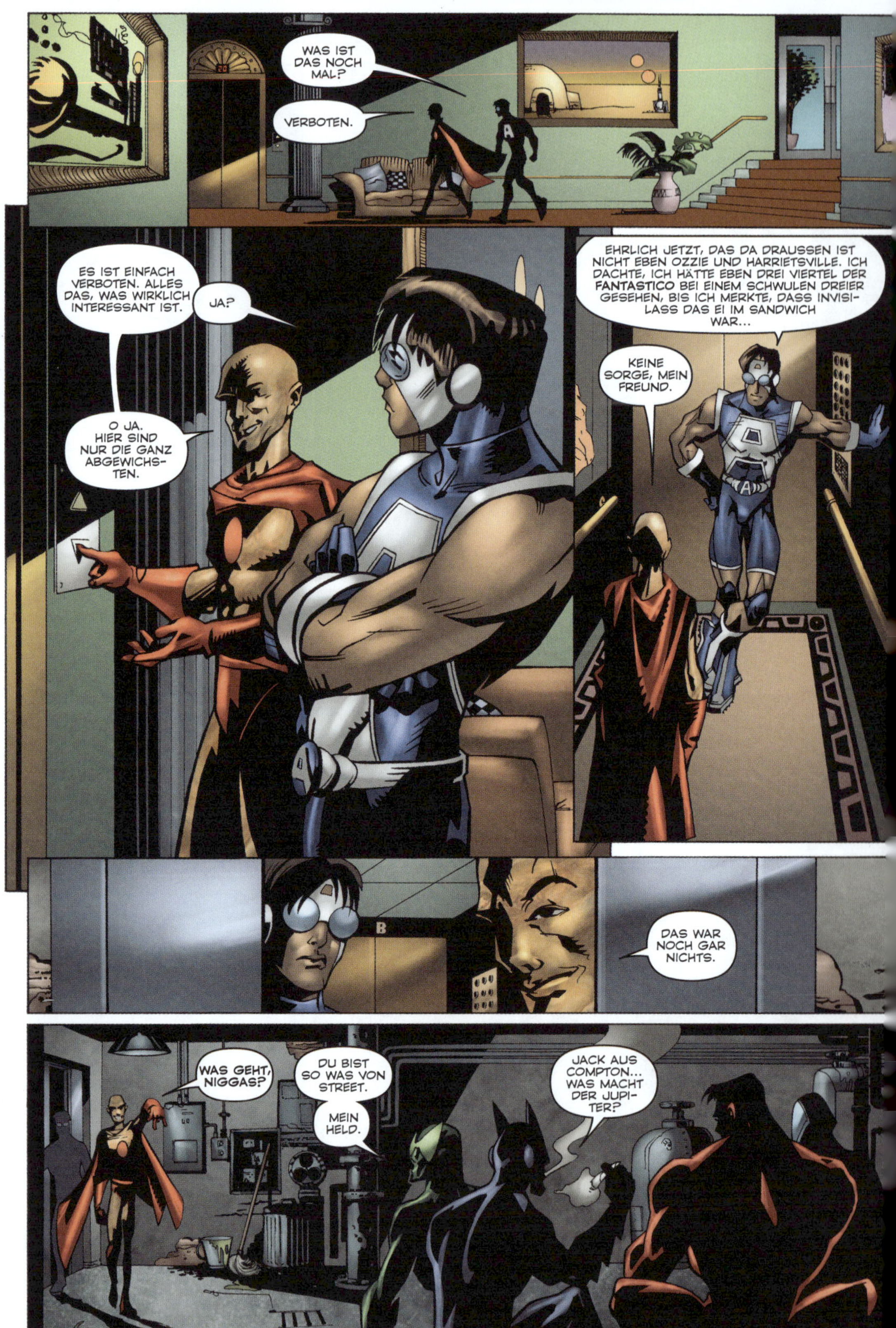
WAS IST DAS NOCH MAL?
VERBOTEN.
ES IST EINFACH VERBOTEN. ALLES DAS, WAS WIRKLICH INTERESSANT IST.
JA?
O JA. HIER SIND NUR DIE GANZ ABGEWICHS-TEN.
EHRLICH JETZT, DAS DA DRAUSSEN IST NICHT EBEN OZZIE UND HARRIETSVILLE. ICH DACHTE, ICH HÄTTE EBEN DREI VIERTEL DER FANTASTICO BEI EINEM SCHWULEN DREIER GESEHEN, BIS ICH MERKTE, DASS INVISI-LASS DAS EI IM SANDWICH WAR...
KEINE SORGE, MEIN FREUND.
DAS WAR NOCH GAR NICHTS.
WAS GEHT, NIGGAS?
DU BIST SO WAS VON STREET.
MEIN HELD.
JACK AUS COMPTON... WAS MACHT DER JUPI-TER?

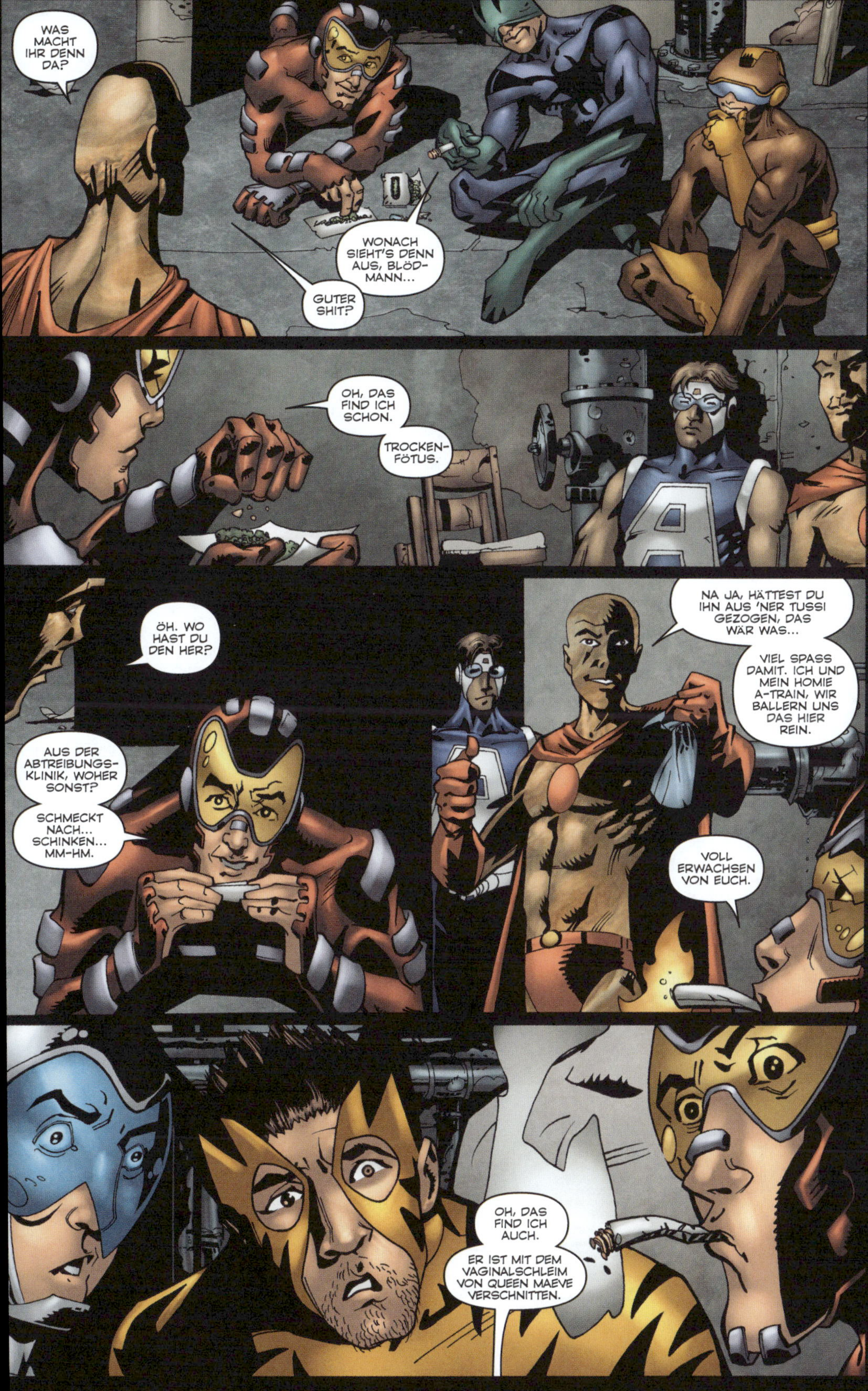
WAS MACHT IHR DENN DA?
WONACH SIEHT'S DENN AUS, BLÖD-MANN...
GUTER SHIT?
OH, DAS FIND ICH SCHON.
TROCKEN-FÖTUS.
ÖH. WO HAST DU DEN HER?
AUS DER ABTREIBUNGS-KLINIK, WOHER SONST?
SCHMECKT NACH... SCHINKEN... MM-HM.
NA JA, HÄTTEST DU IHN AUS 'NER TUSSI GEZOGEN, DAS WÄR WAS...
VIEL SPASS DAMIT. ICH UND MEIN HOMIE A-TRAIN, WIR BALLERN UNS DAS HIER REIN.
VOLL ERWACHSEN VON EUCH.
OH, DAS FIND ICH AUCH.
ER IST MIT DEM VAGINALSCHLEIM VON QUEEN MAEVE VERSCHNITTEN.

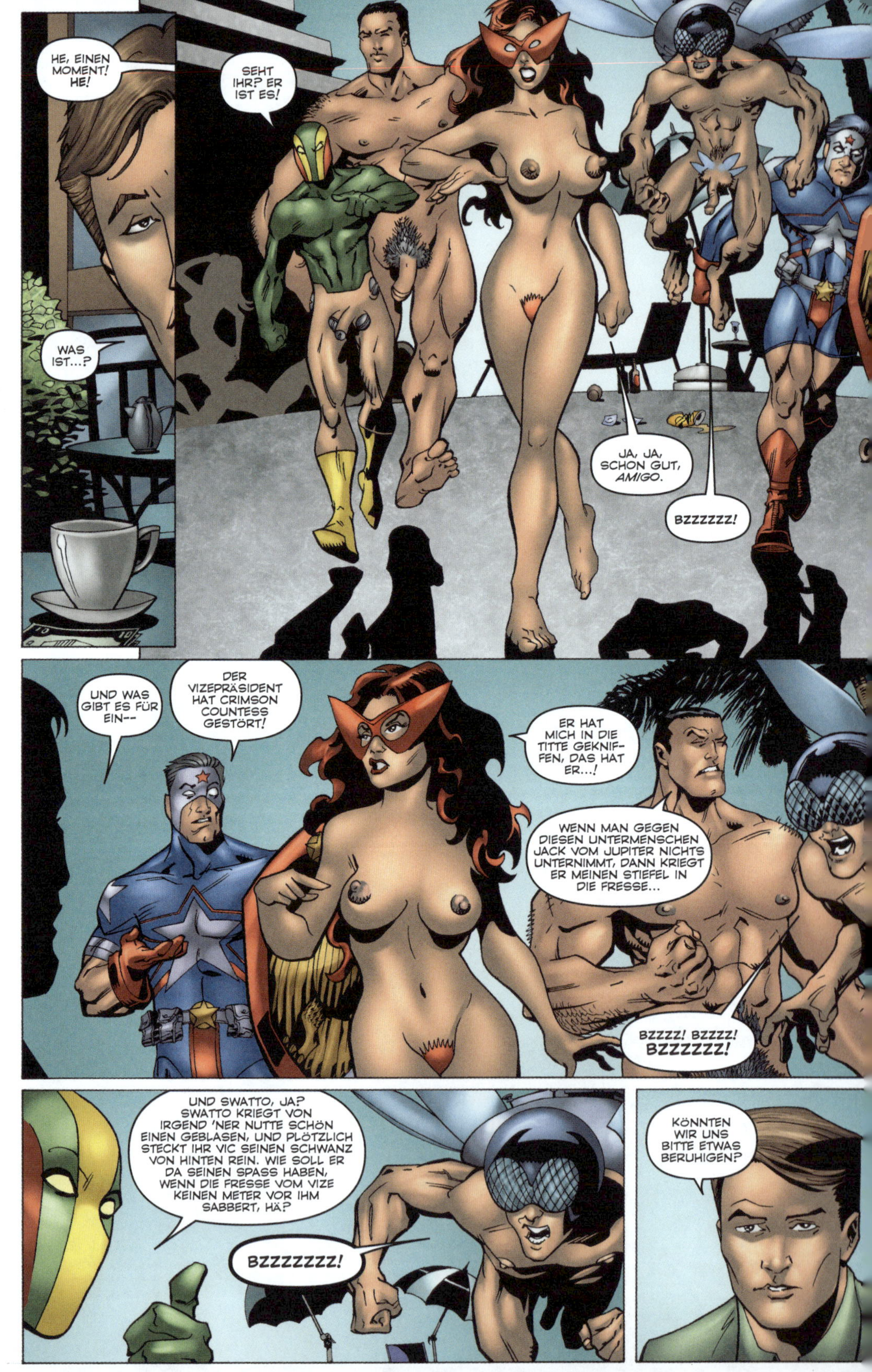

HE, EINEN MOMENT! HE!
SEHT IHR? ER IST ES!
WAS IST...?
JA, JA, SCHON GUT, *AMIGO*.
BZZZZZZ!
UND WAS GIBT ES FÜR EIN--
DER VIZEPRÄSIDENT HAT CRIMSON COUNTESS GESTÖRT!
ER HAT MICH IN DIE TITTE GEKNIFFEN, DAS HAT ER...!
WENN MAN GEGEN DIESEN UNTERMENSCHEN JACK VOM JUPITER NICHTS UNTERNIMMT, DANN KRIEGT ER MEINEN STIEFEL IN DIE FRESSE...
BZZZZ! BZZZZ! BZZZZZZ!
UND SWATTO, JA? SWATTO KRIEGT VON IRGEND 'NER NUTTE SCHÖN EINEN GEBLASEN, UND PLÖTZLICH STECKT IHR VIC SEINEN SCHWANZ VON HINTEN REIN. WIE SOLL ER DA SEINEN SPASS HABEN, WENN DIE FRESSE VOM VIZE KEINEN METER VOR IHM SABBERT, HÄ?
BZZZZZZZ!
KÖNNTEN WIR UNS BITTE ETWAS BERUHIGEN?

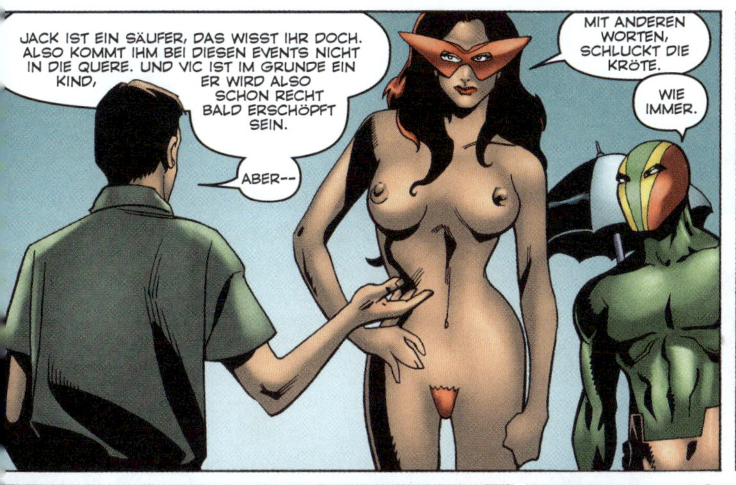
JACK IST EIN SÄUFER, DAS WISST IHR DOCH. ALSO KOMMT IHM BEI DIESEN EVENTS NICHT IN DIE QUERE. UND VIC IST IM GRUNDE EIN KIND,
ER WIRD ALSO SCHON RECHT BALD ERSCHÖPFT SEIN.
ABER--
MIT ANDEREN WORTEN, SCHLUCKT DIE KRÖTE.
WIE IMMER.

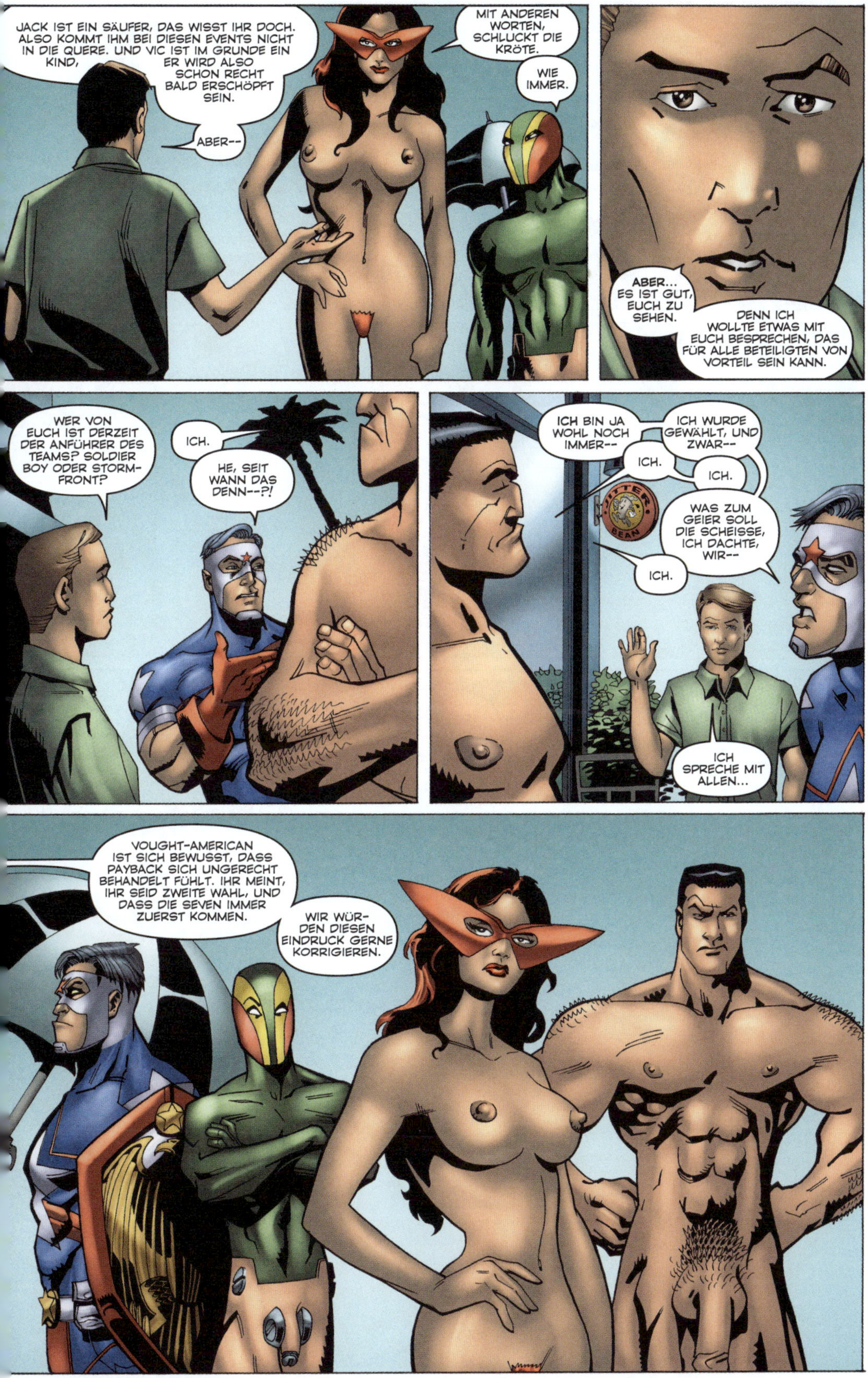

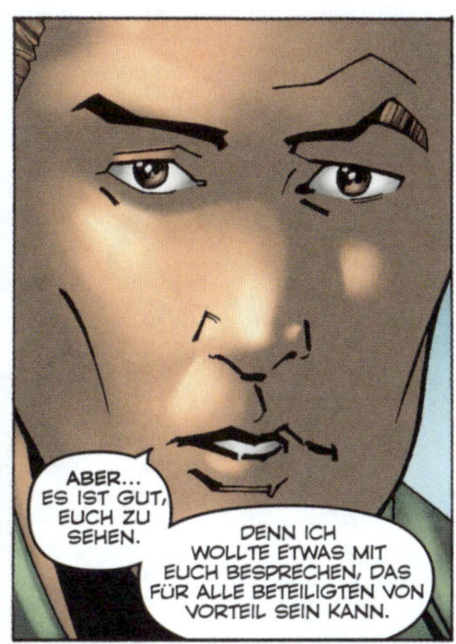
ABER... ES IST GUT, EUCH ZU SEHEN.
DENN ICH WOLLTE ETWAS MIT EUCH BESPRECHEN, DAS FÜR ALLE BETEILIGTEN VON VORTEIL SEIN KANN.

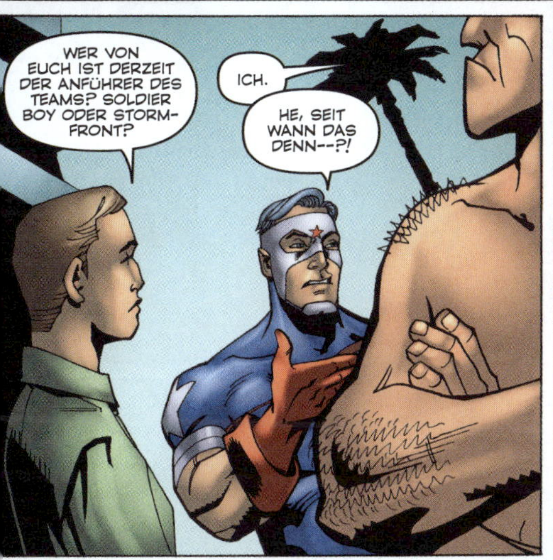
WER VON EUCH IST DERZEIT DER ANFÜHRER DES TEAMS? SOLDIER BOY ODER STORMFRONT?
ICH.
HE, SEIT WANN DAS DENN--?!

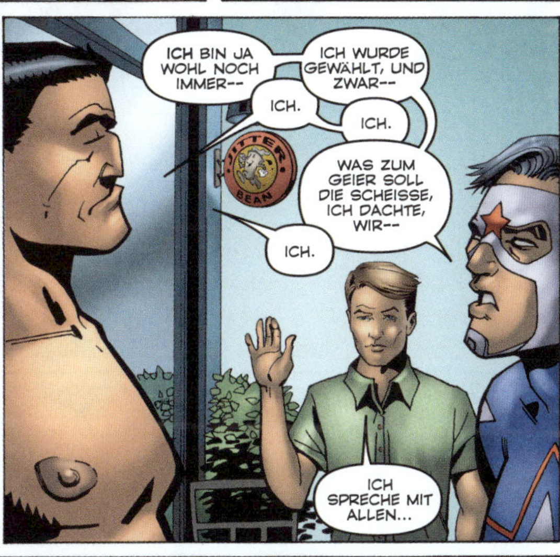
ICH BIN JA WOHL NOCH IMMER--
ICH WURDE GEWÄHLT, UND ZWAR--
ICH.
ICH.
WAS ZUM GEIER SOLL DIE SCHEISSE, ICH DACHTE, WIR--
ICH.
JITTER BEAN
ICH SPRECHE MIT ALLEN...

VOUGHT-AMERICAN IST SICH BEWUSST, DASS PAYBACK SICH UNGERECHT BEHANDELT FÜHLT. IHR MEINT, IHR SEID ZWEITE WAHL, UND DASS DIE SEVEN IMMER ZUERST KOMMEN.
WIR WÜRDEN DIESEN EINDRUCK GERNE KORRIGIEREN.

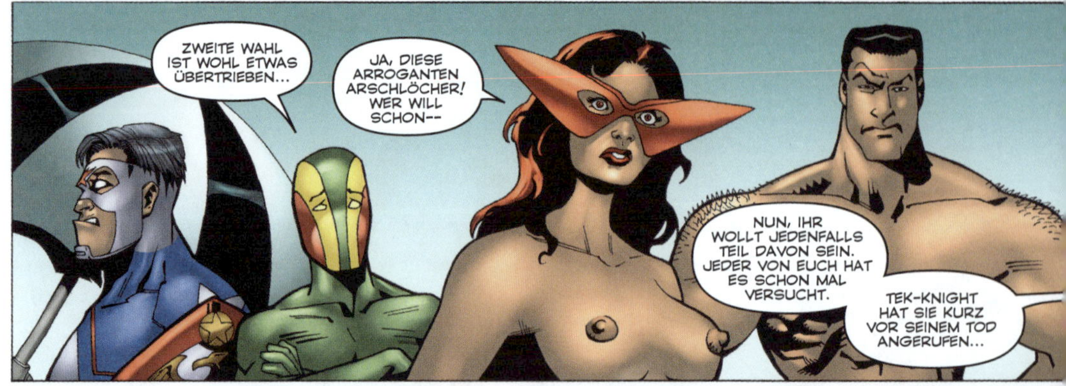
ZWEITE WAHL IST WOHL ETWAS ÜBERTRIEBEN...
JA, DIESE ARROGANTEN ARSCHLÖCHER! WER WILL SCHON--
NUN, IHR WOLLT JEDENFALLS TEIL DAVON SEIN. JEDER VON EUCH HAT ES SCHON MAL VERSUCHT.
TEK-KNIGHT HAT SIE KURZ VOR SEINEM TOD ANGERUFEN...

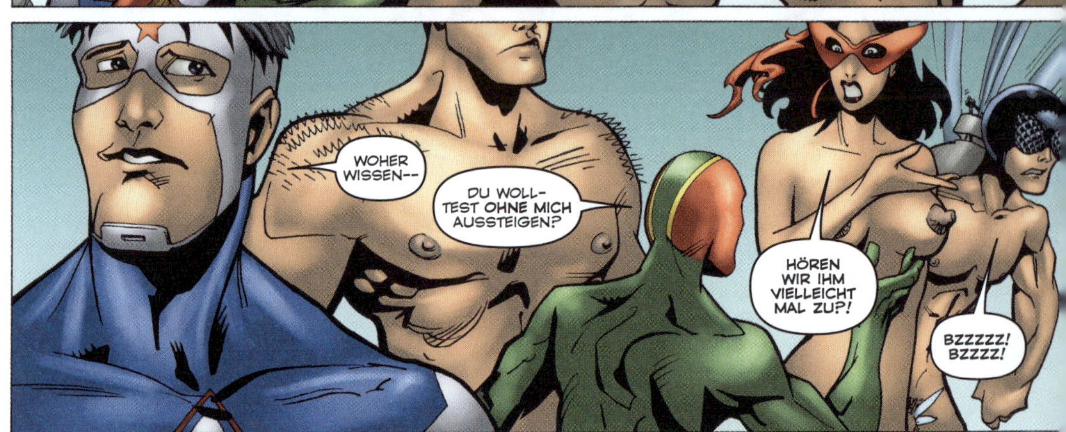
WOHER WISSEN--
DU WOLLTEST OHNE MICH AUSSTEIGEN?
HÖREN WIR IHM VIELLEICHT MAL ZU?!
BZZZZZ! BZZZZ!

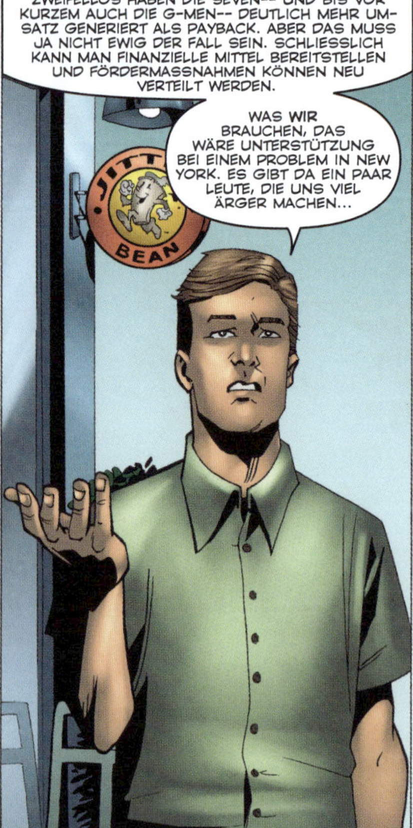
ZWEIFELLOS HABEN DIE SEVEN-- UND BIS VOR KURZEM AUCH DIE G-MEN-- DEUTLICH MEHR UMSATZ GENERIERT ALS PAYBACK. ABER DAS MUSS JA NICHT EWIG DER FALL SEIN. SCHLIESSLICH KANN MAN FINANZIELLE MITTEL BEREITSTELLEN UND FÖRDERMASSNAHMEN KÖNNEN NEU VERTEILT WERDEN.
WAS WIR BRAUCHEN, DAS WÄRE UNTERSTÜTZUNG BEI EINEM PROBLEM IN NEW YORK. ES GIBT DA EIN PAAR LEUTE, DIE UNS VIEL ÄRGER MACHEN...
BEAN

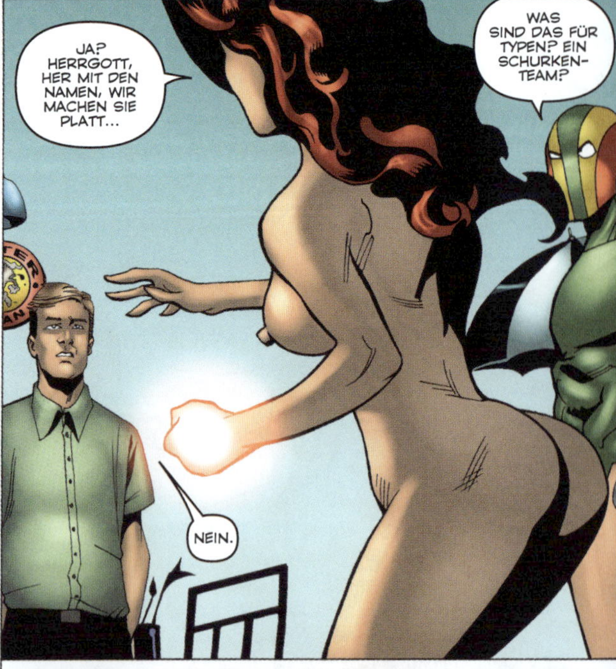
JA? HERRGOTT, HER MIT DEN NAMEN, WIR MACHEN SIE PLATT...
WAS SIND DAS FÜR TYPEN? EIN SCHURKENTEAM?
NEIN.

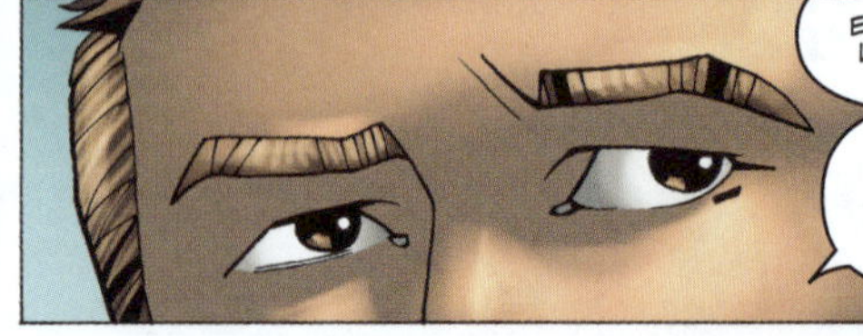
ES SIND EIGENTLICH GAR KEINE SUPIES.
WARUM SETZEN WIR UNS NICHT UND BESPRECHEN DAS BEI EINER TASSE KAFFEE?

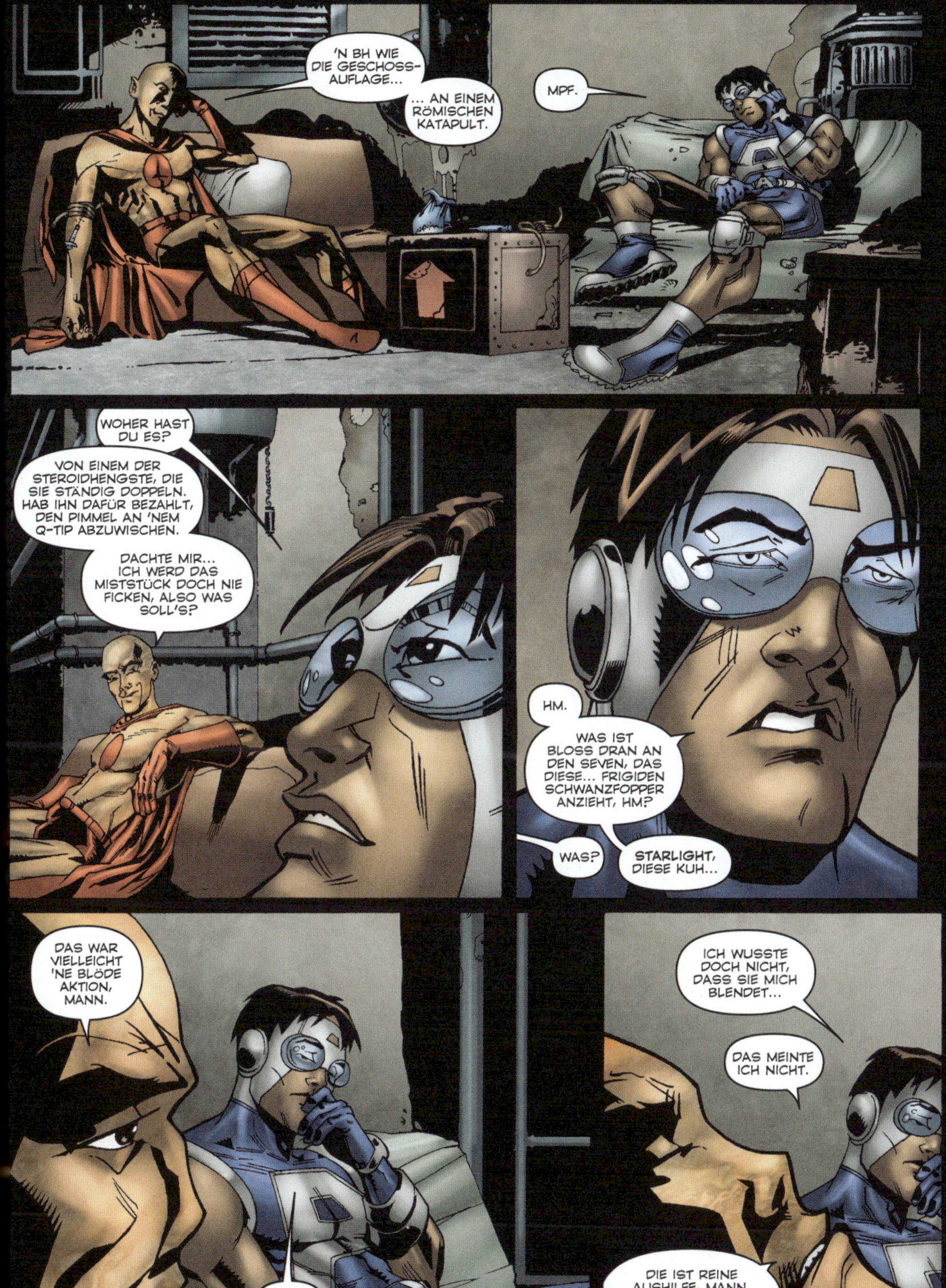
'N BH WIE DIE GESCHOSS-AUFLAGE...
... AN EINEM RÖMISCHEN KATAPULT.
MPF.
WOHER HAST DU ES?
VON EINEM DER STEROIDHENGSTE, DIE SIE STÄNDIG DOPPELN. HAB IHN DAFÜR BEZAHLT, DEN PIMMEL AN 'NEM Q-TIP ABZUWISCHEN.
DACHTE MIR... ICH WERD DAS MISTSTÜCK DOCH NIE FICKEN, ALSO WAS SOLL'S?
HM.
WAS IST BLOSS DRAN AN DEN SEVEN, DAS DIESE... FRIGIDEN SCHWANZFOPPER ANZIEHT, HM?
WAS?
STARLIGHT, DIESE KUH...
DAS WAR VIELLEICHT 'NE BLÖDE AKTION, MANN.
WAS DENN?
DIE VERGEWALTI-GUNG.
ICH WUSSTE DOCH NICHT, DASS SIE MICH BLENDET...
DAS MEINTE ICH NICHT.
DIE IST REINE AUSHILFE, MANN. LAMPLIGHTER ERSETZT MAN NICHT AUF DAUER DURCH EINE AUS DER 4. LIGA.
KEIN JAHR, DANN HABEN WIR JEMANDEN MIT FORMAT, UND SIE FLIEGT. WIR SUCHEN SCHON. BALD KANNST DU MIT IHR MACHEN, WAS DU WILLST, DANN KRÄHT KEIN SCHWANZ DANACH.

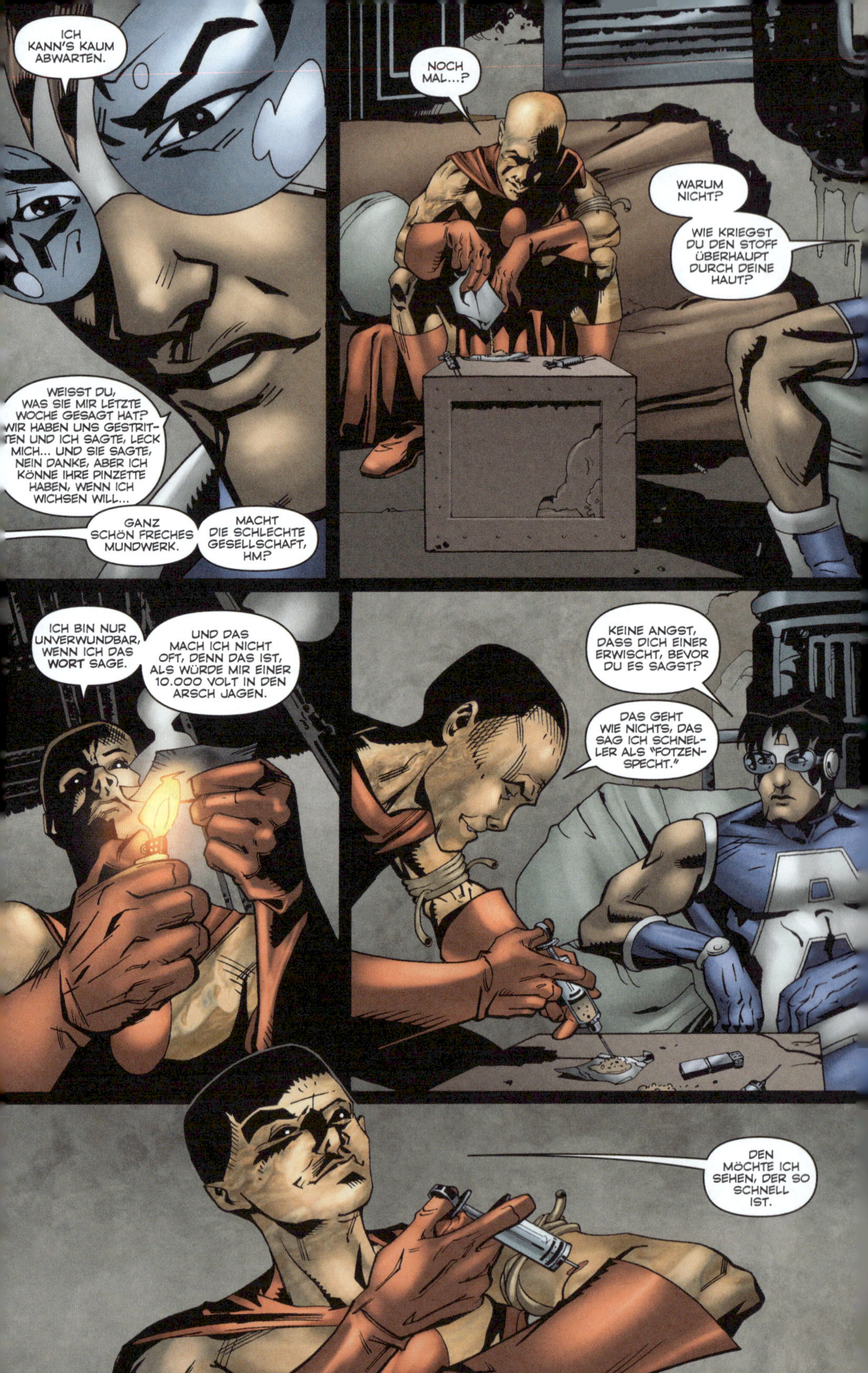
ICH KANN'S KAUM ABWARTEN.
WEISST DU, WAS SIE MIR LETZTE WOCHE GESAGT HAT? WIR HABEN UNS GESTRITTEN UND ICH SAGTE, LECK MICH... UND SIE SAGTE, NEIN DANKE, ABER ICH KÖNNE IHRE PINZETTE HABEN, WENN ICH WICHSEN WILL...
GANZ SCHÖN FRECHES MUNDWERK.
MACHT DIE SCHLECHTE GESELLSCHAFT, HM?
NOCH MAL...?
WARUM NICHT?
WIE KRIEGST DU DEN STOFF ÜBERHAUPT DURCH DEINE HAUT?
ICH BIN NUR UNVERWUNDBAR, WENN ICH DAS WORT SAGE.
UND DAS MACH ICH NICHT OFT, DENN DAS IST, ALS WÜRDE MIR EINER 10.000 VOLT IN DEN ARSCH JAGEN.
KEINE ANGST, DASS DICH EINER ERWISCHT, BEVOR DU ES SAGST?
DAS GEHT WIE NICHTS, DAS SAG ICH SCHNELLER ALS "FOTZENSPECHT."
DEN MÖCHTE ICH SEHEN, DER SO SCHNELL IST.

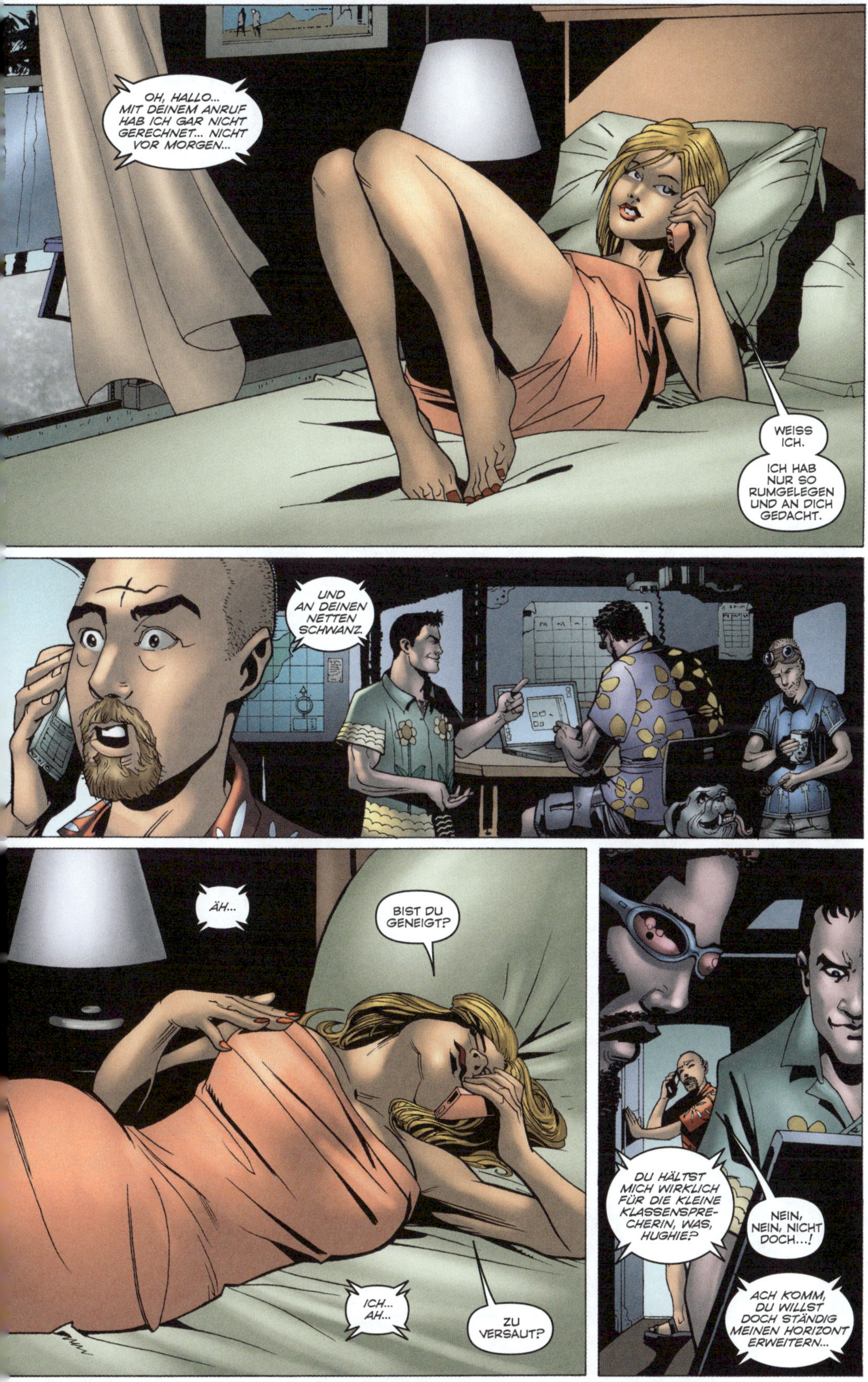

OH, HALLO... MIT DEINEM ANRUF HAB ICH GAR NICHT GERECHNET... NICHT VOR MORGEN...
WEISS ICH.
ICH HAB NUR SO RUMGELEGEN UND AN DICH GEDACHT.

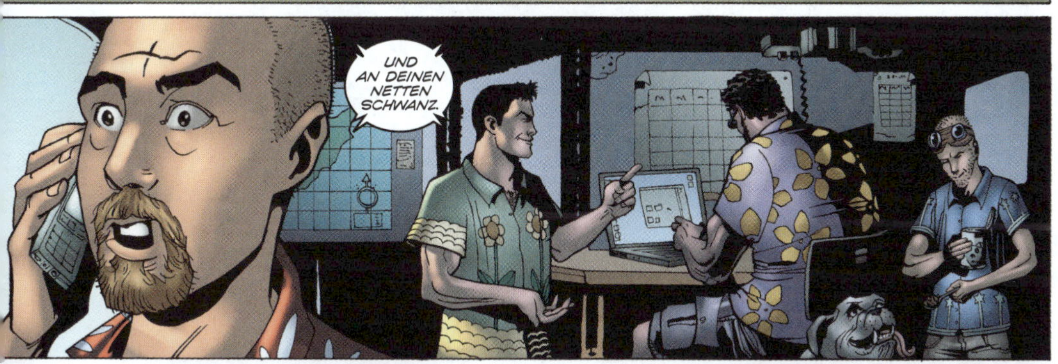
UND AN DEINEN NETTEN SCHWANZ.

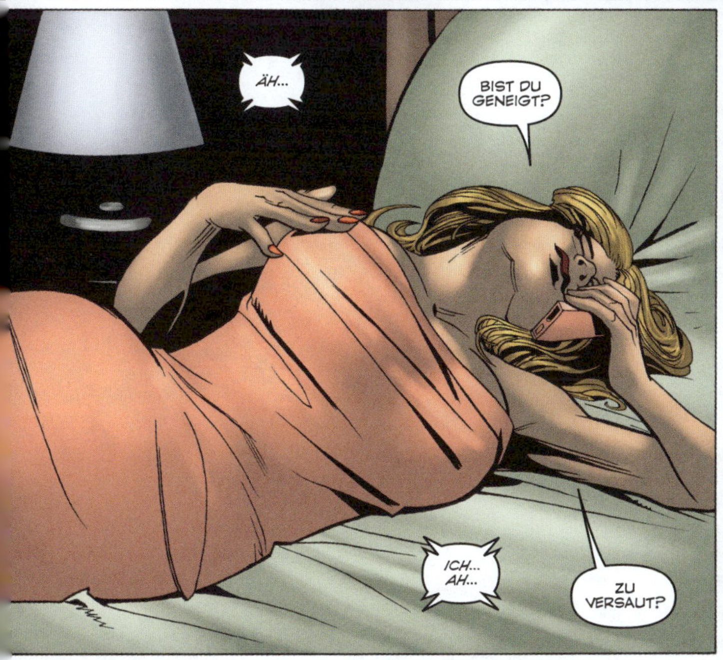
ÄH...
BIST DU GENEIGT?
ICH... AH...
ZU VERSAUT?

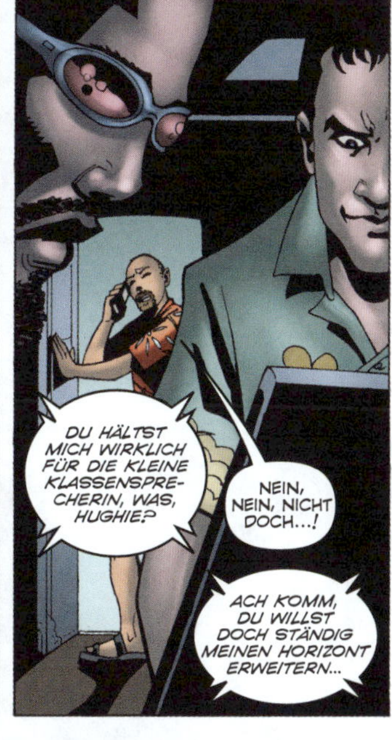
DU HÄLTST MICH WIRKLICH FÜR DIE KLEINE KLASSENSPRE-CHERIN, WAS, HUGHIE?
NEIN, NEIN, NICHT DOCH...!
ACH KOMM, DU WILLST DOCH STÄNDIG MEINEN HORIZONT ERWEITERN...

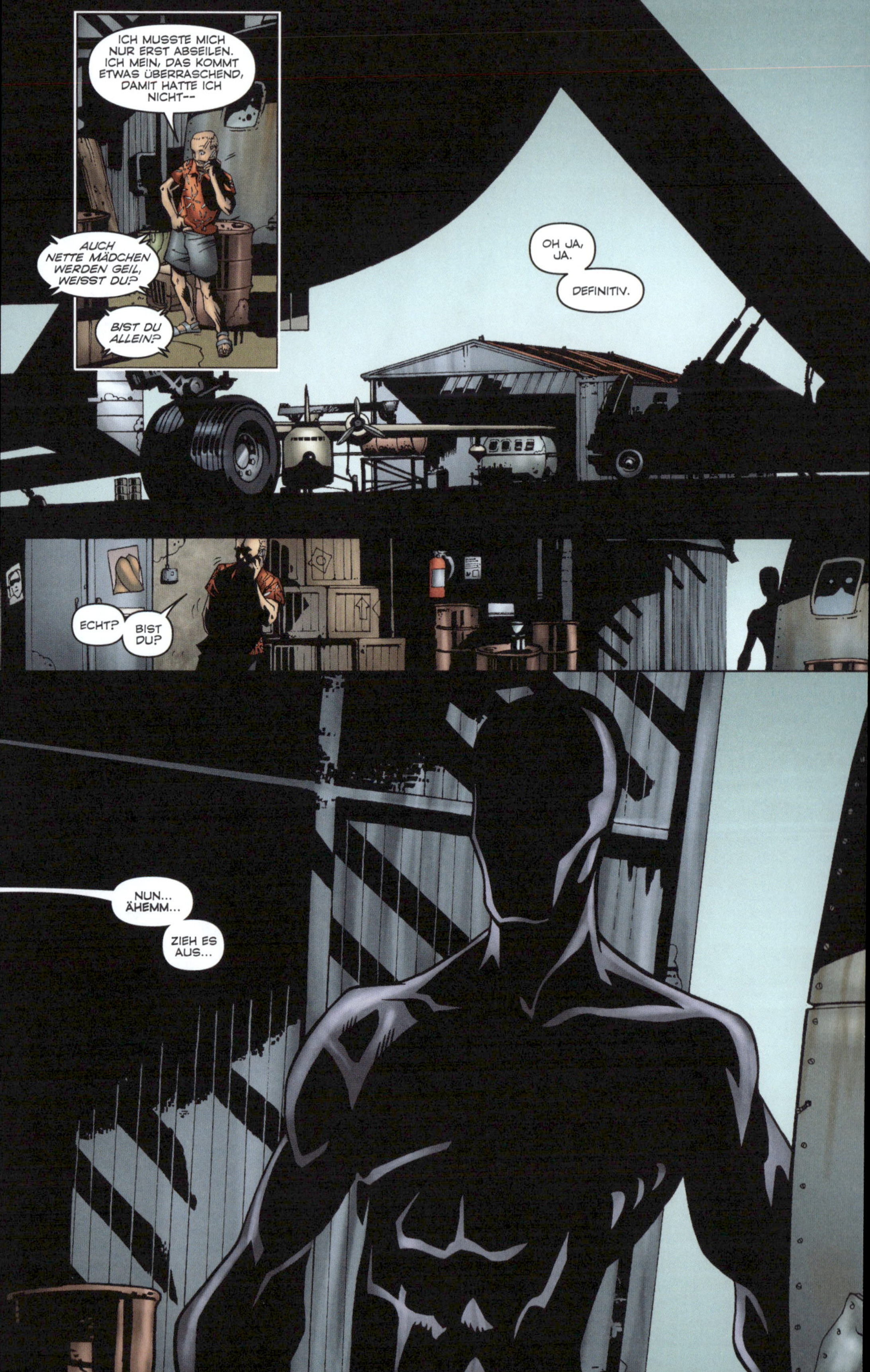
ICH MUSSTE MICH NUR ERST ABSEILEN. ICH MEIN, DAS KOMMT ETWAS ÜBERRASCHEND, DAMIT HATTE ICH NICHT--
AUCH NETTE MÄDCHEN WERDEN GEIL, WEISST DU?
BIST DU ALLEIN?
OH JA, JA.
DEFINITIV.
ECHT?
BIST DU?
NUN... ÄHEMM...
ZIEH ES AUS...

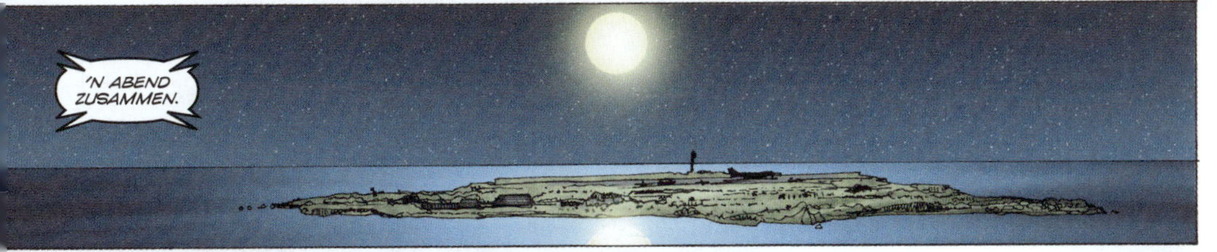
'N ABEND ZUSAMMEN.

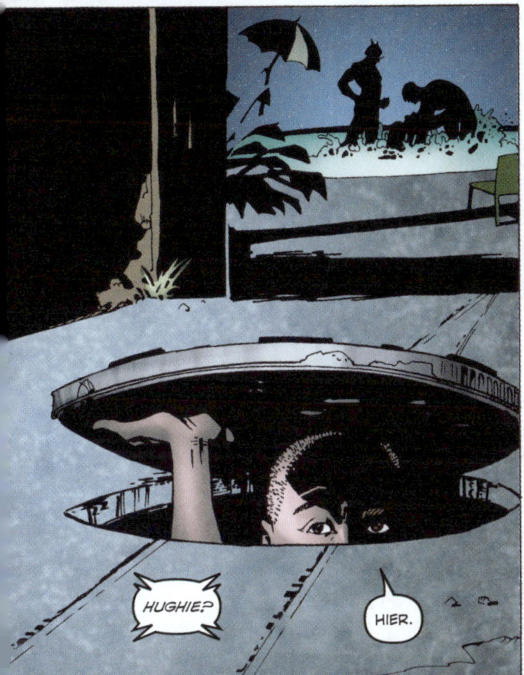
HUGHIE?
HIER.

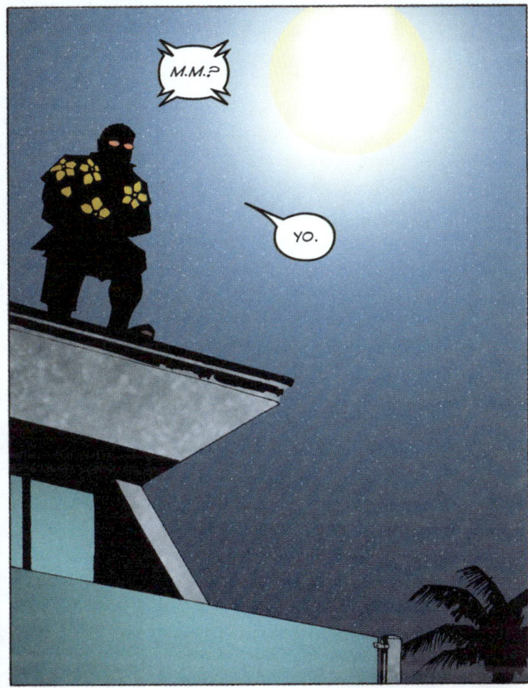
M.M.?
YO.

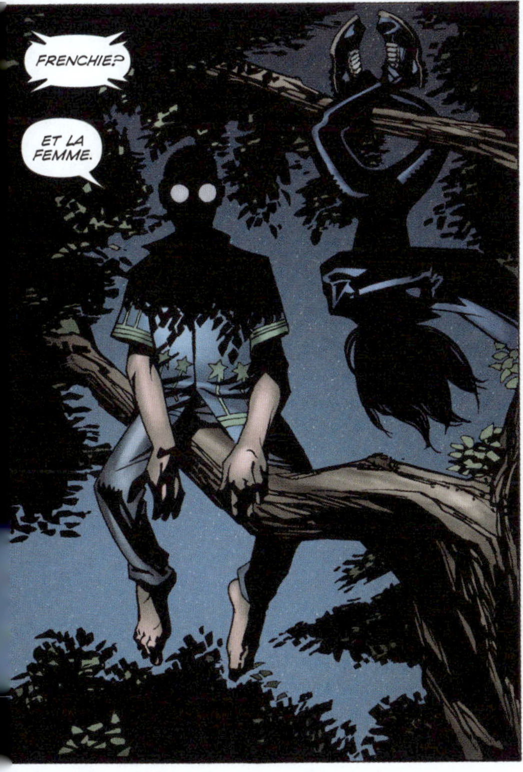
FRENCHIE?
ET LA FEMME.

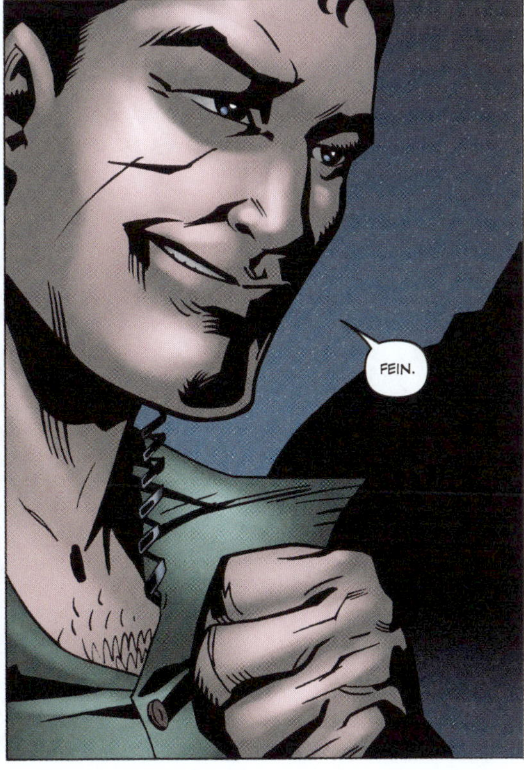
FEIN.

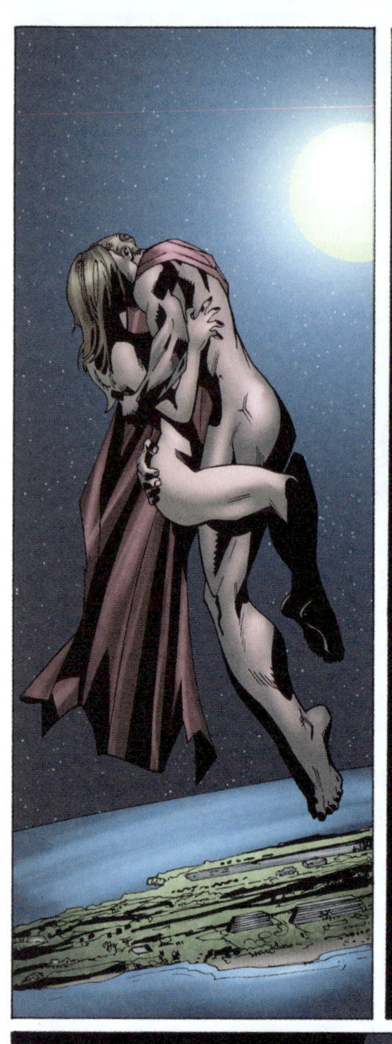

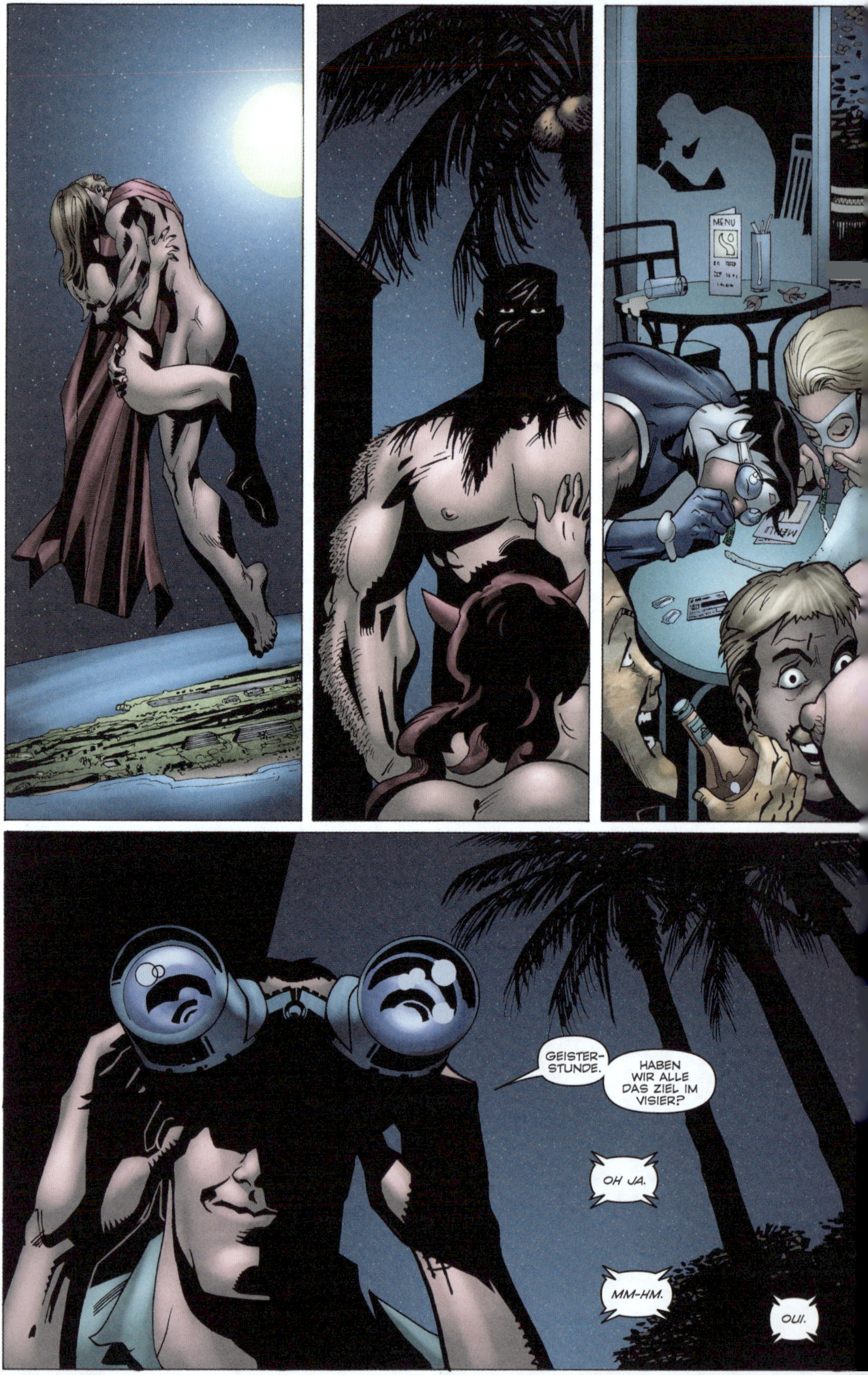

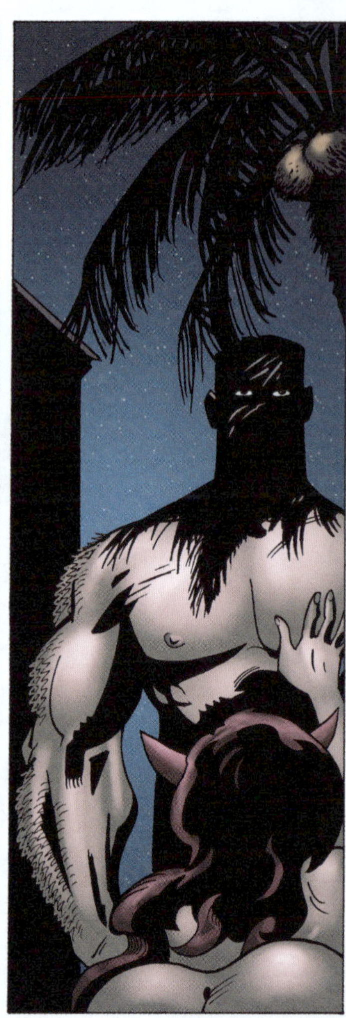

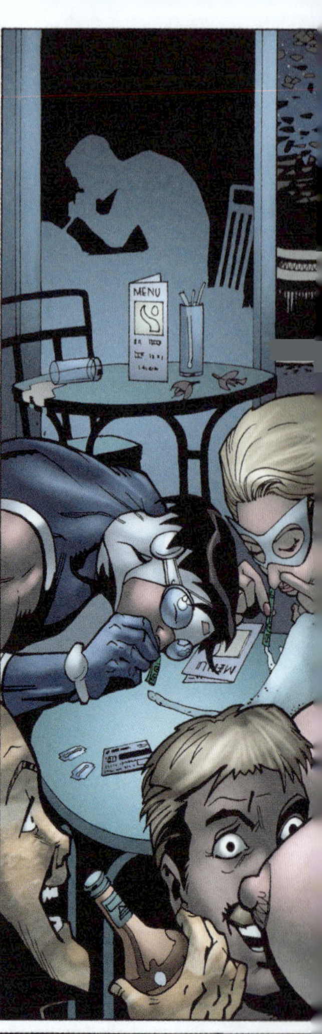

MENU
GEISTER-
STUNDE.
HABEN
WIR ALLE
DAS ZIEL IM
VISIER?
OH JA.
MM-HM.
OUI.

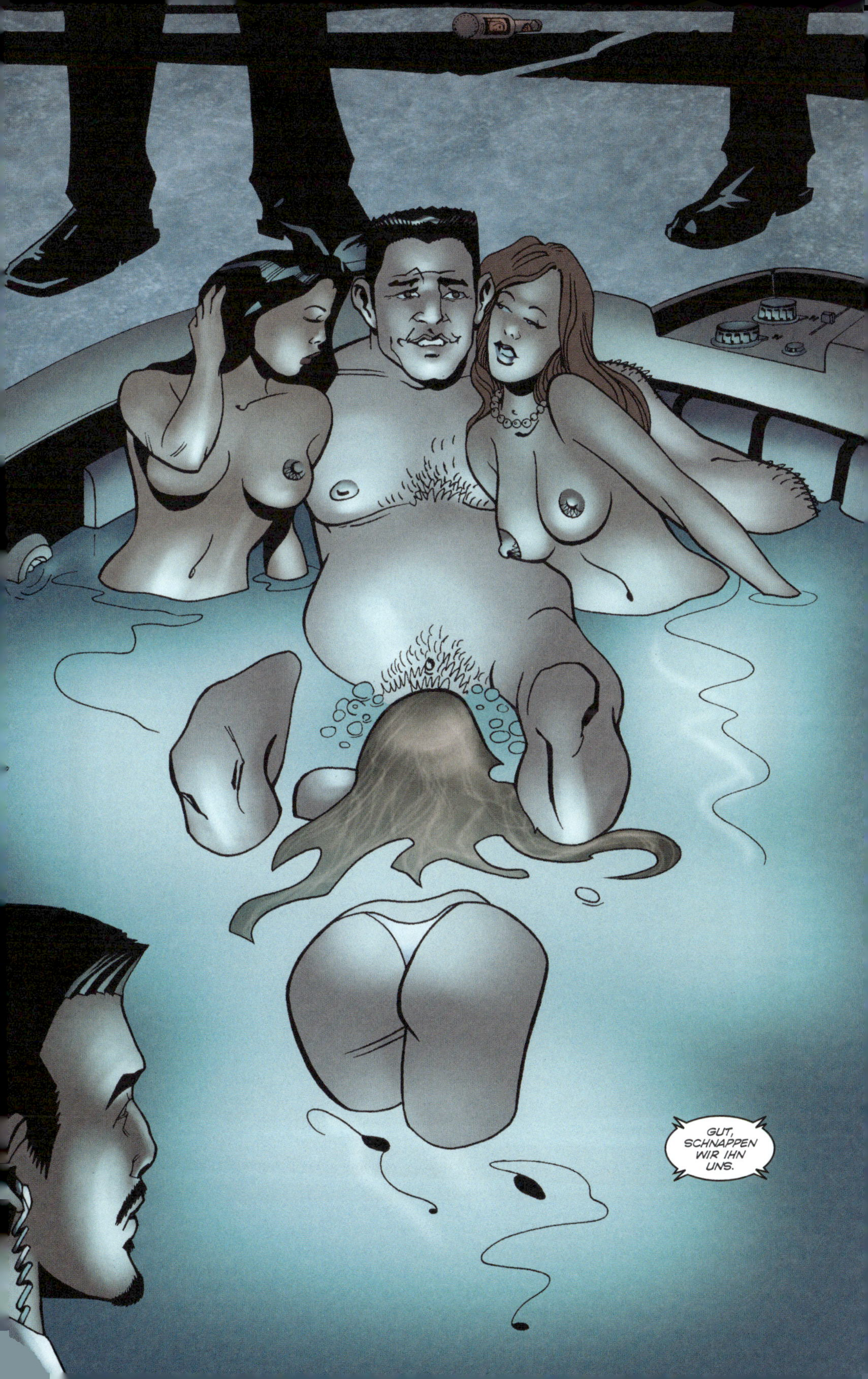
GUT, SCHNAPPEN WIR IHN UNS.

3: VEGAS

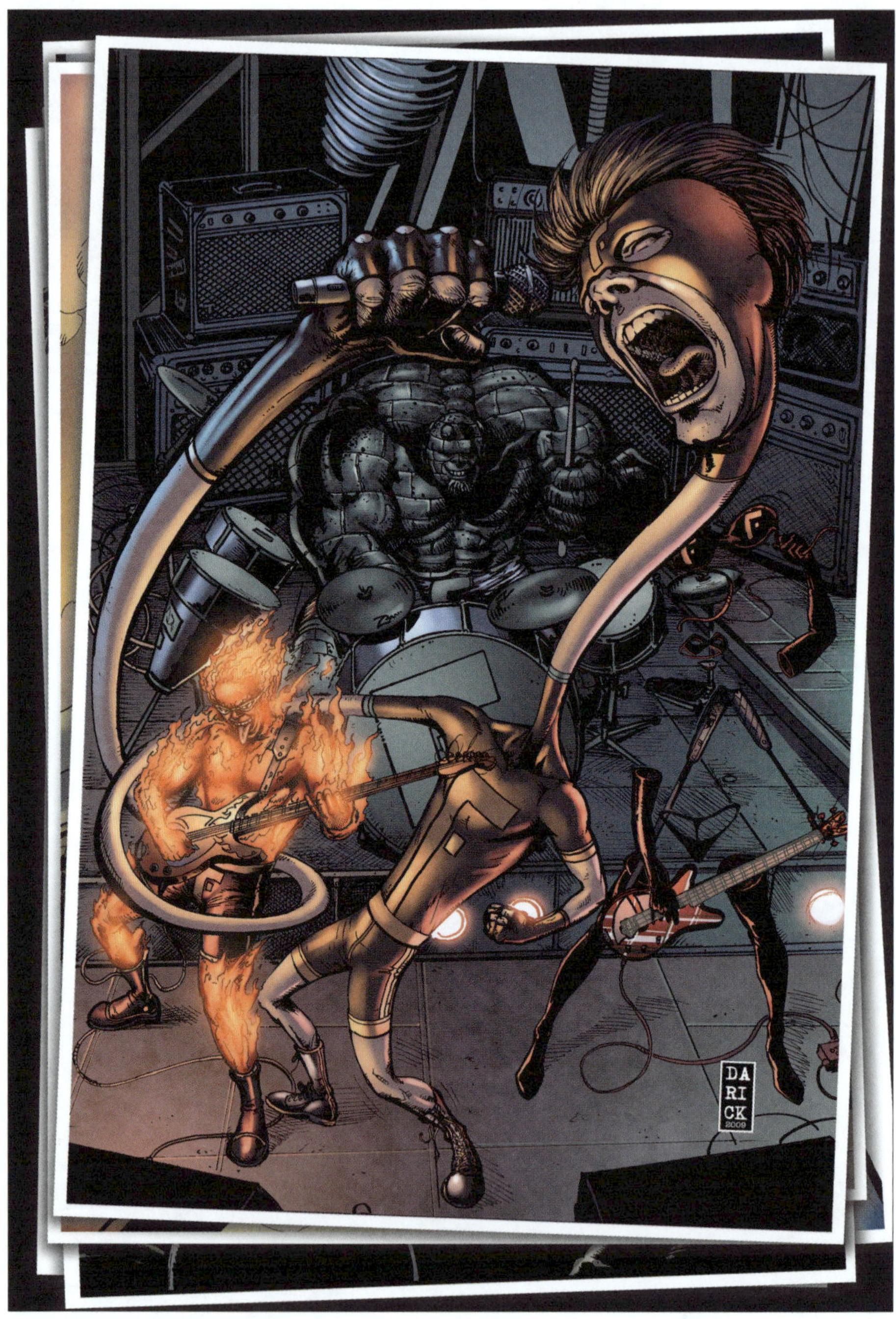

The Boys: Herogasm (2009) 3
Cover von **DARICK ROBERTSON**

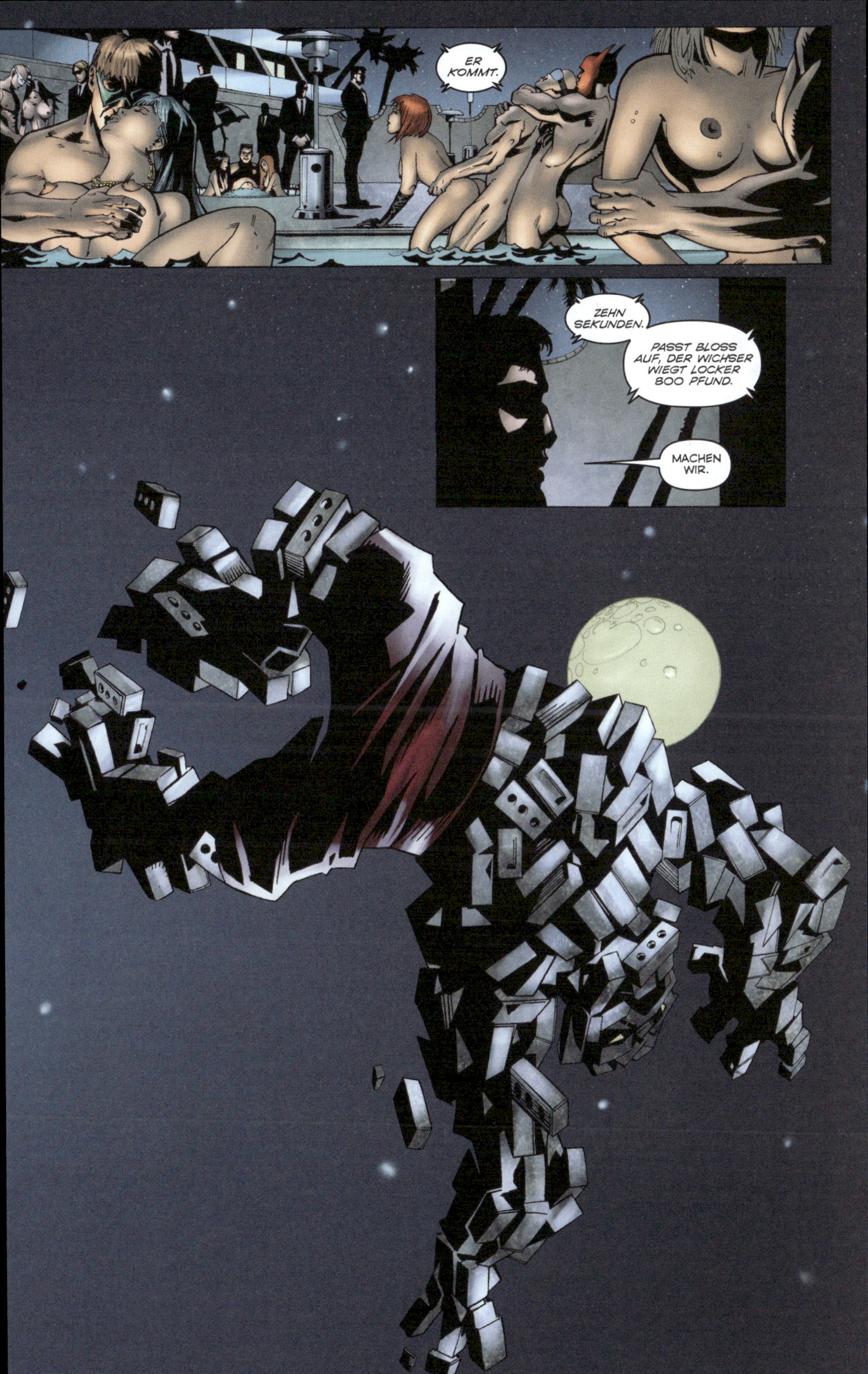
ER KOMMT.
ZEHN SEKUNDEN.
PASST BLOSS AUF, DER WICHSER WIEGT LOCKER 800 PFUND.
MACHEN WIR.

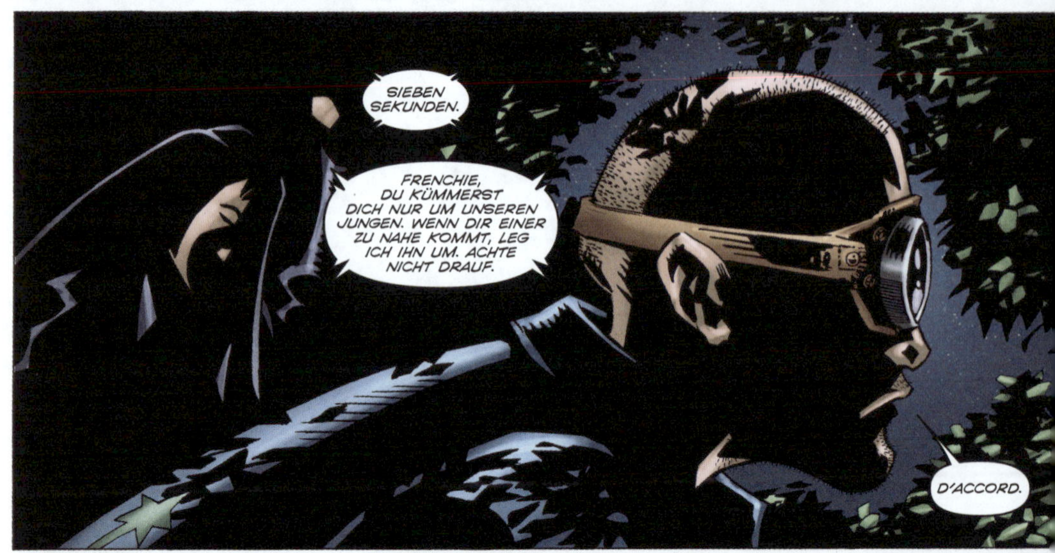
SIEBEN SEKUNDEN.
FRENCHIE, DU KÜMMERST DICH NUR UM UNSEREN JUNGEN. WENN DIR EINER ZU NAHE KOMMT, LEG ICH IHN UM. ACHTE NICHT DRAUF.
D'ACCORD.

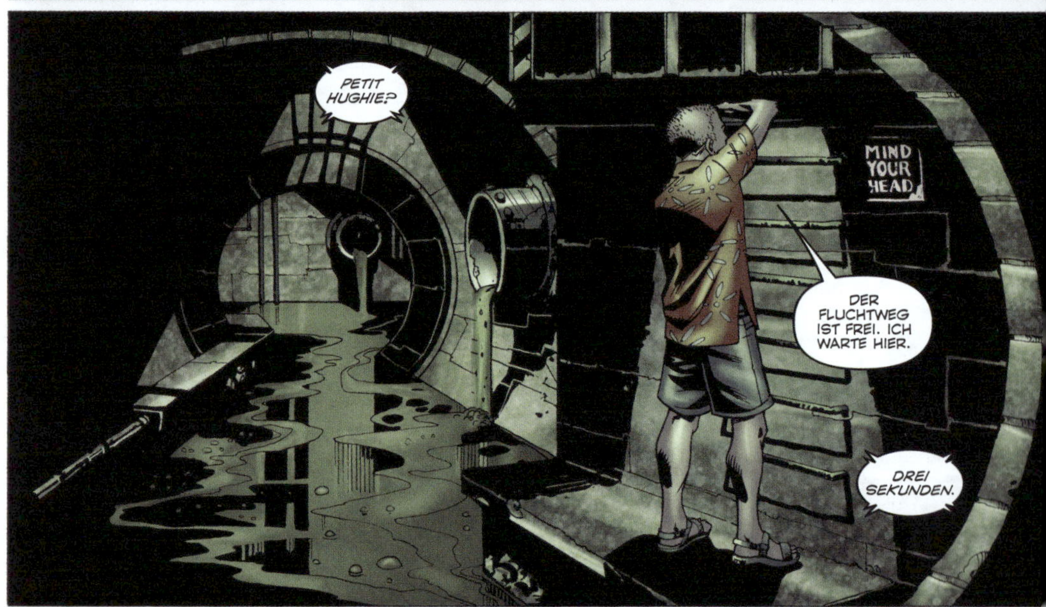
PETIT HUGHIE?
MIND YOUR HEAD
DER FLUCHTWEG IST FREI. ICH WARTE HIER.
DREI SEKUNDEN.

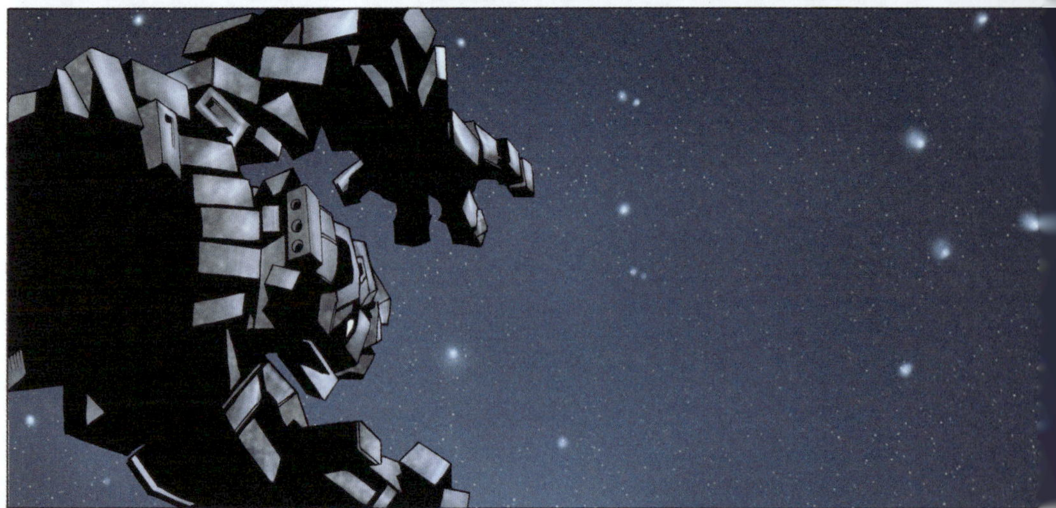

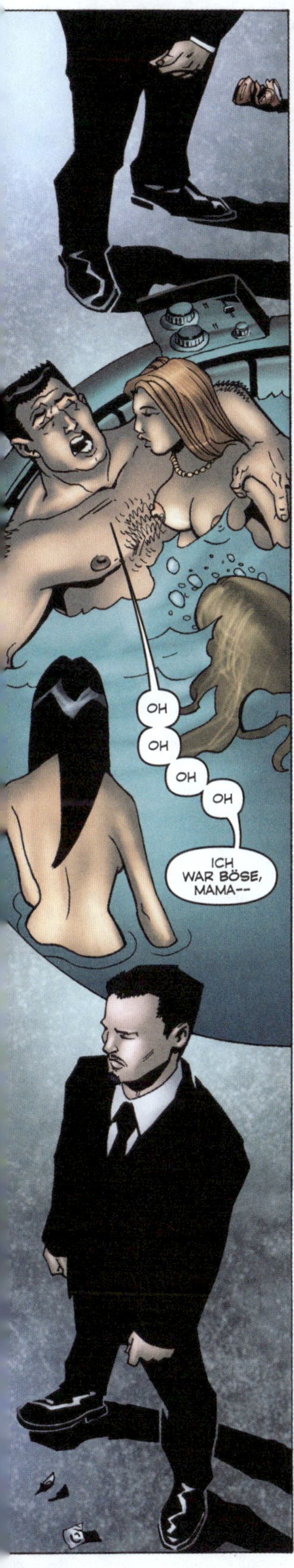
OH
OH
OH
OH
ICH WAR BÖSE, MAMA--

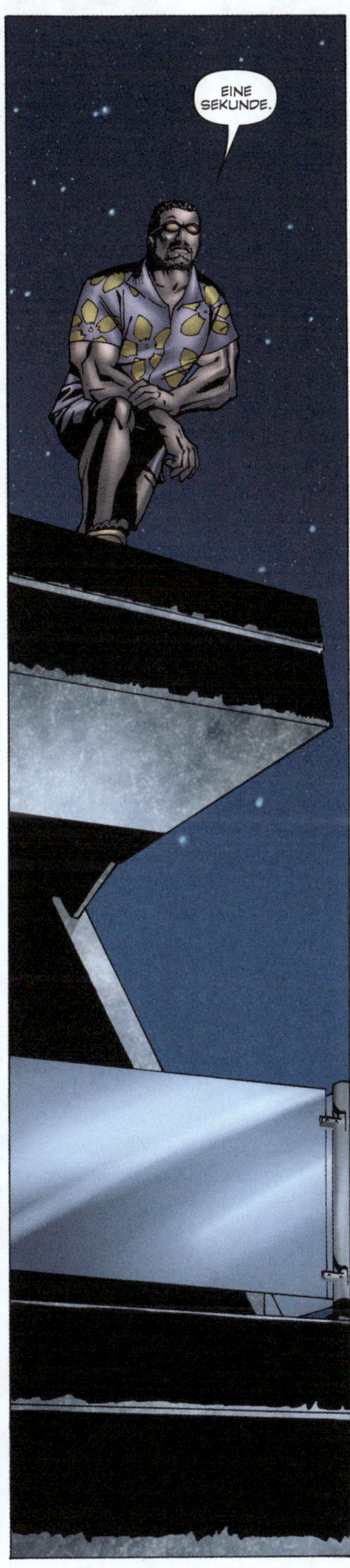
EINE SEKUNDE.

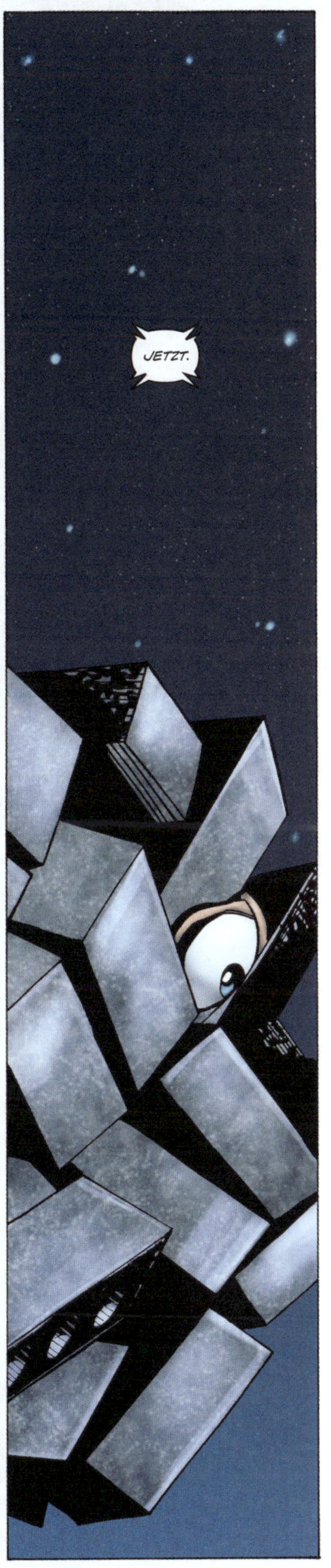
JETZT.

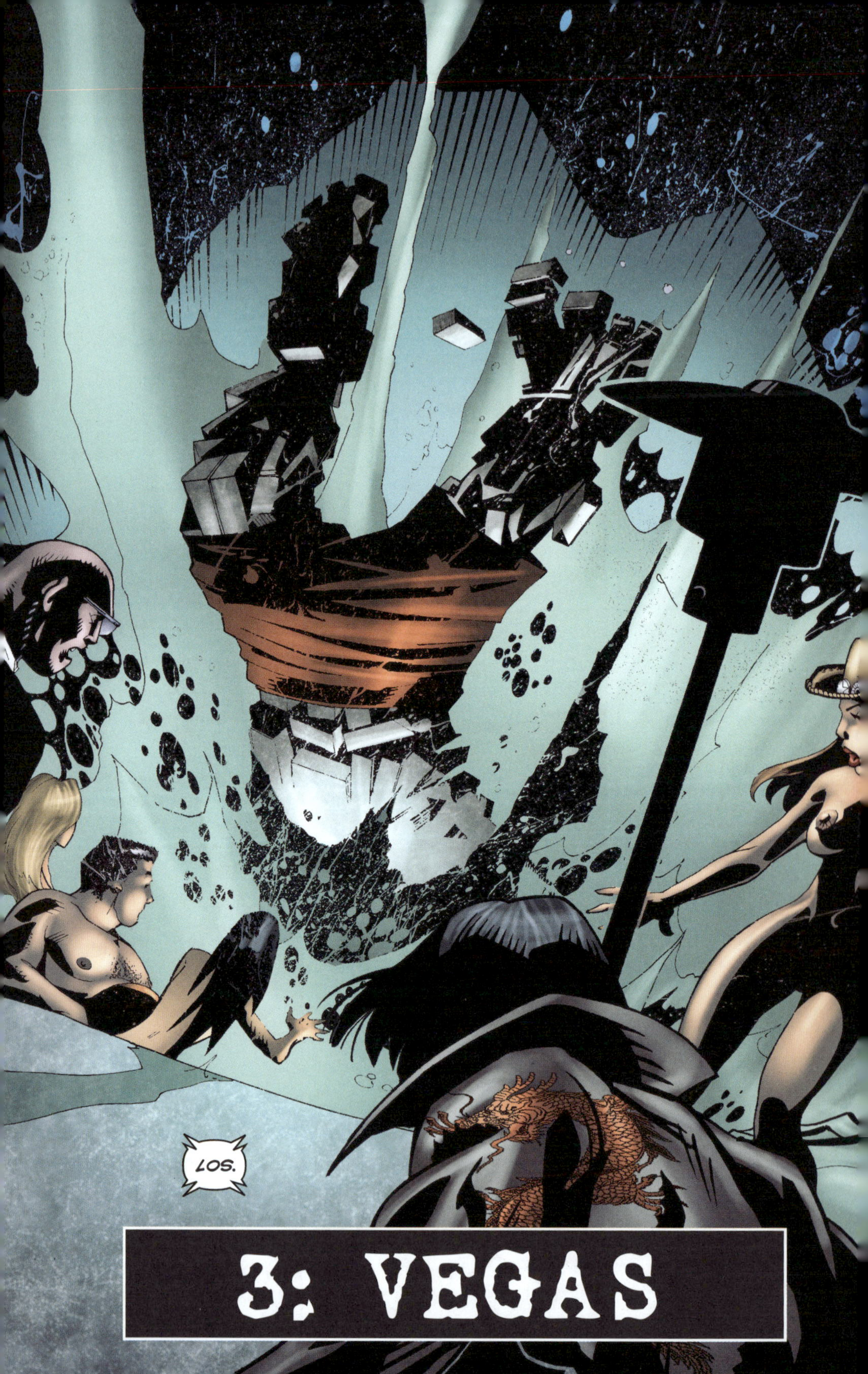
LOS.
3: VEGAS

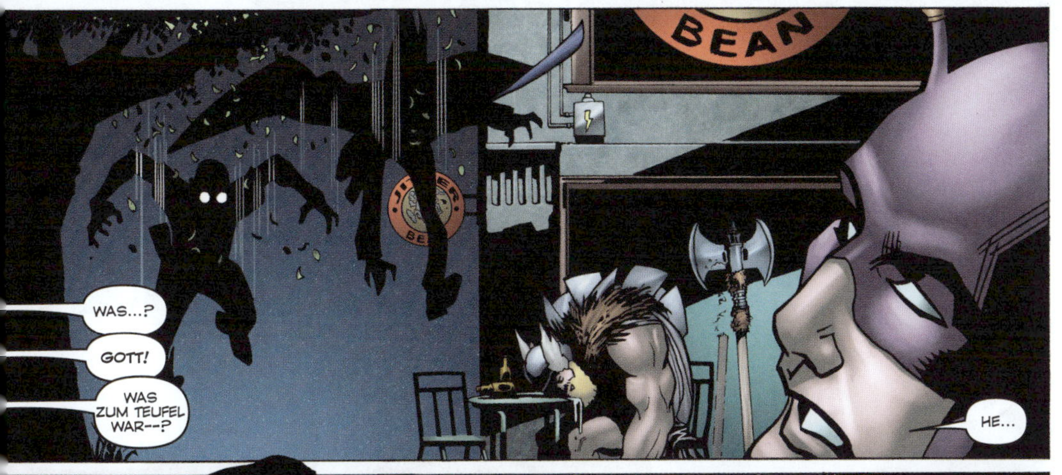
WAS...?
GOTT!
WAS ZUM TEUFEL WAR--?
HE...

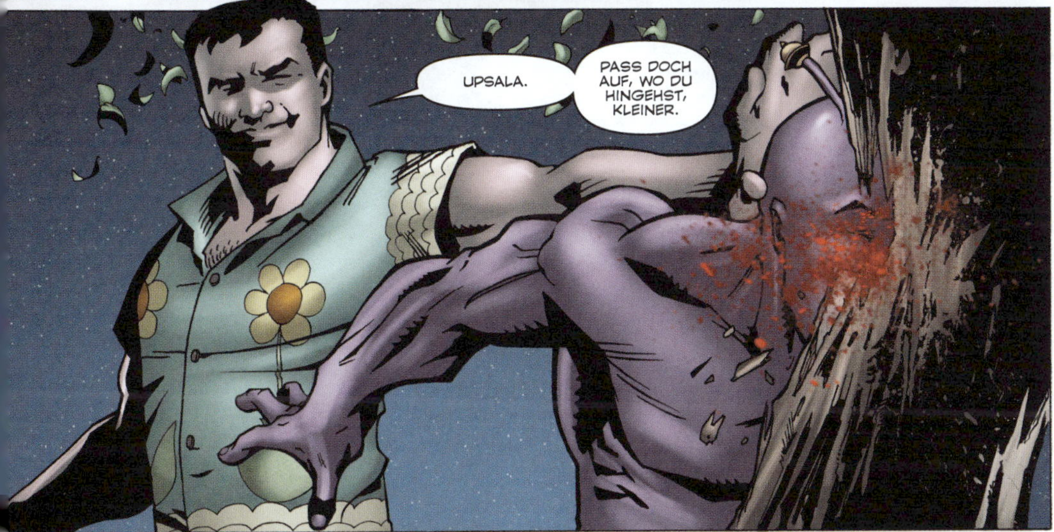
UPSALA.
PASS DOCH AUF, WO DU HINGEHST, KLEINER.

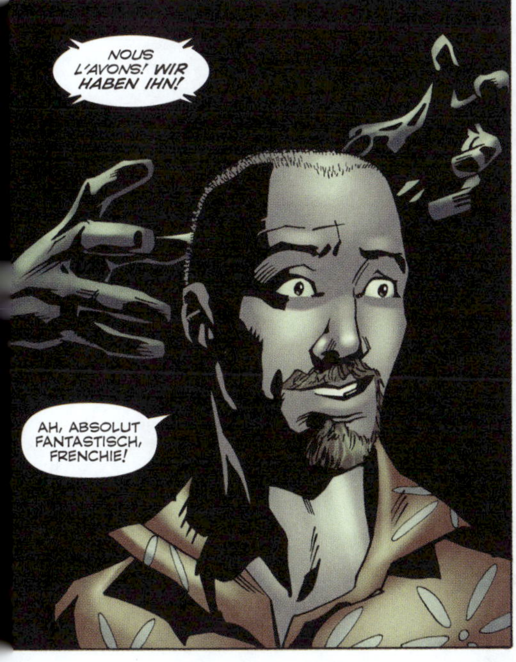
NOUS L'AVONS! WIR HABEN IHN!
AH, ABSOLUT FANTASTISCH, FRENCHIE!

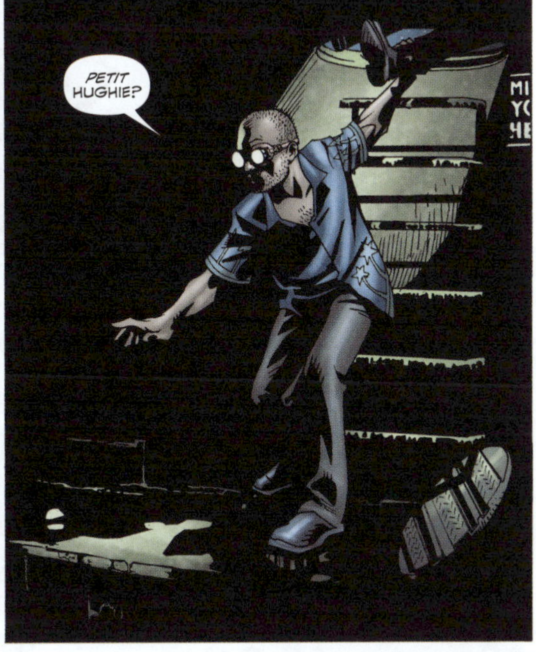
PETIT HUGHIE?

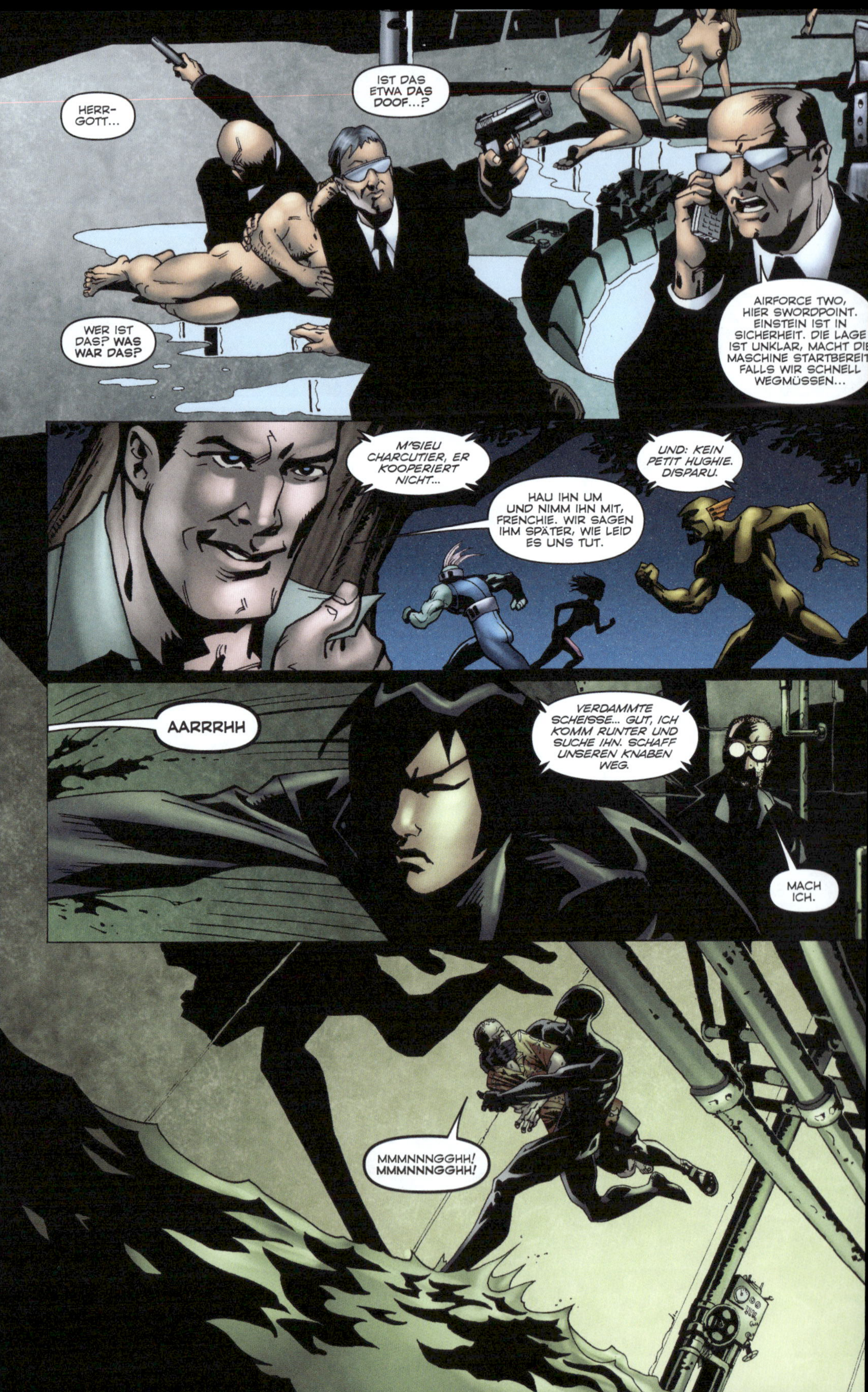
HERR-
GOTT...
IST DAS
ETWA DAS
DOOF...?
WER IST
DAS? WAS
WAR DAS?
AIRFORCE TWO,
HIER SWORDPOINT.
EINSTEIN IST IN
SICHERHEIT. DIE LAGE
IST UNKLAR, MACHT DIE
MASCHINE STARTBEREIT,
FALLS WIR SCHNELL
WEGMÜSSEN...
M'SIEU
CHARCUTIER, ER
KOOPERIERT
NICHT...
UND: KEIN
PETIT HUGHIE.
DISPARU.
HAU IHN UM
UND NIMM IHN MIT,
FRENCHIE. WIR SAGEN
IHM SPÄTER, WIE LEID
ES UNS TUT.
AARRRHH
VERDAMMTE
SCHEISSE... GUT, ICH
KOMM RUNTER UND
SUCHE IHN. SCHAFF
UNSEREN KNABEN
WEG.
MACH
ICH.
MMMNNNGGHH!
MMMNNNGGHH!

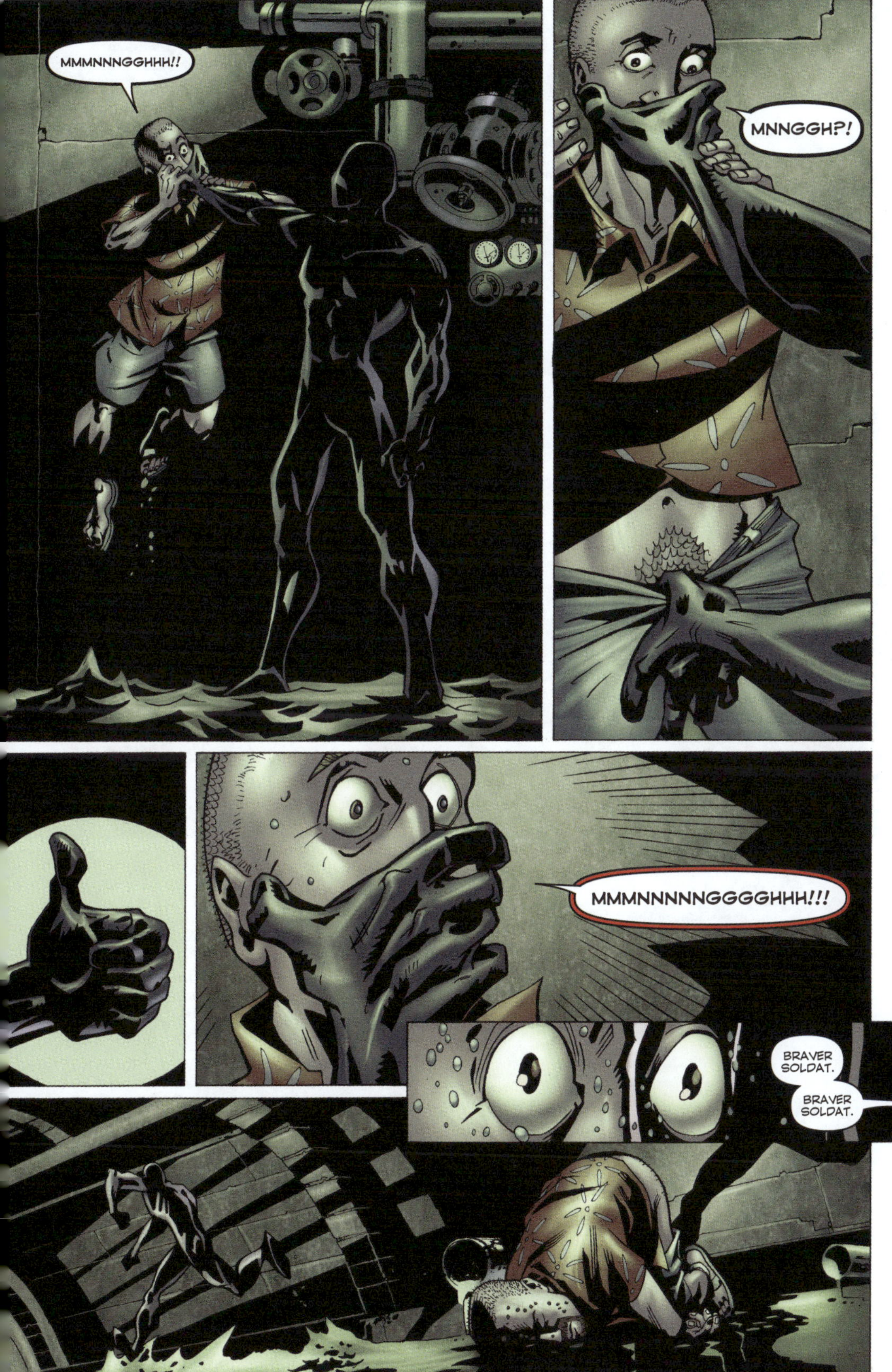
MMMNNNGGHHH!!
MNNGGH?!
MMMNNNNNGGGGHHH!!!
BRAVER SOLDAT.
BRAVER SOLDAT.

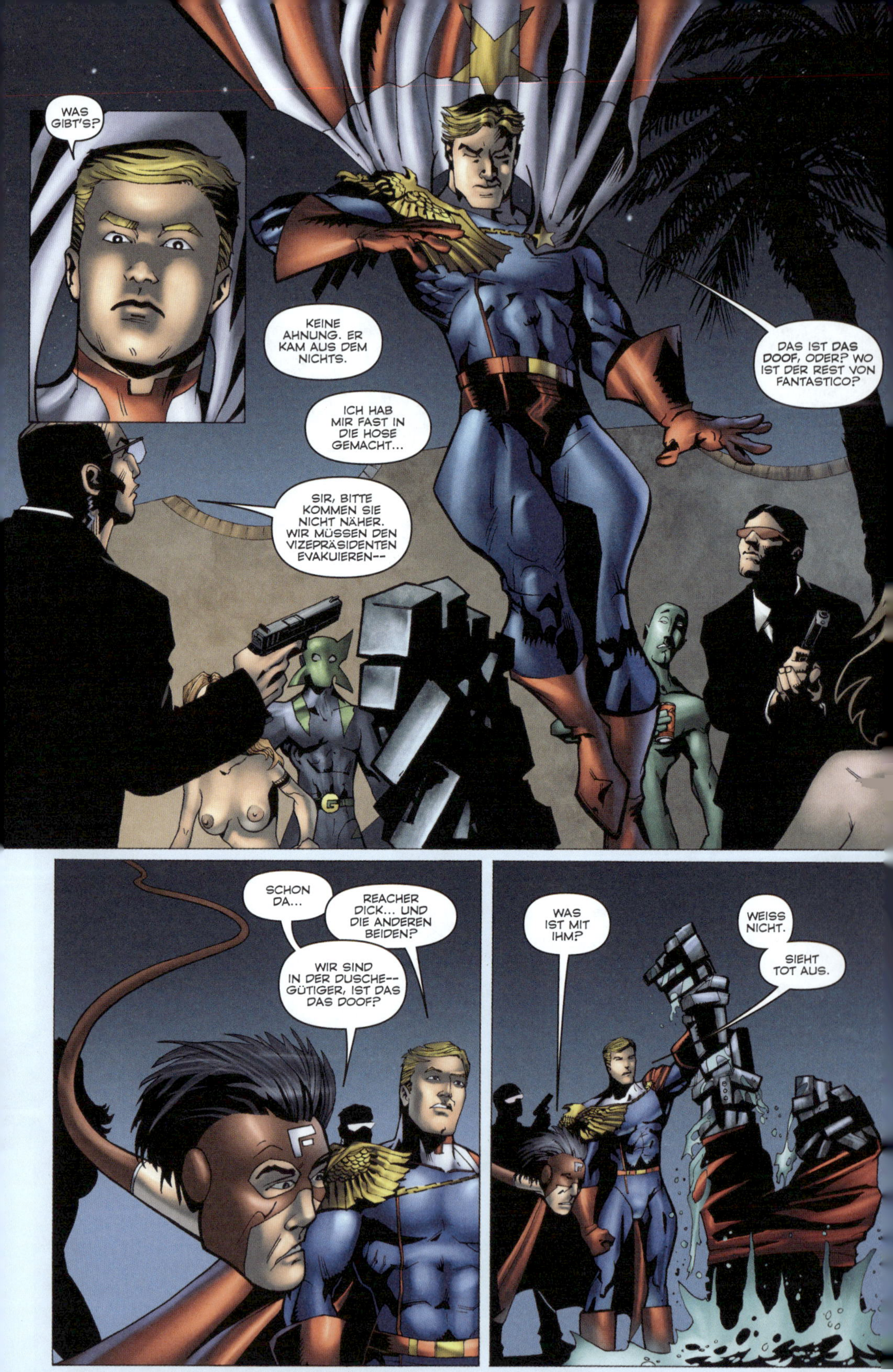

WAS GIBT'S?
KEINE AHNUNG. ER KAM AUS DEM NICHTS.
DAS IST DAS DOOF, ODER? WO IST DER REST VON FANTASTICO?
ICH HAB MIR FAST IN DIE HOSE GEMACHT...
SIR, BITTE KOMMEN SIE NICHT NÄHER. WIR MÜSSEN DEN VIZEPRÄSIDENTEN EVAKUIEREN--

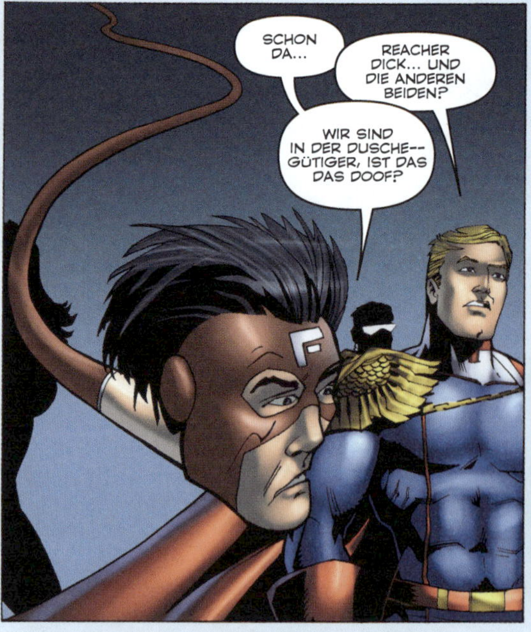

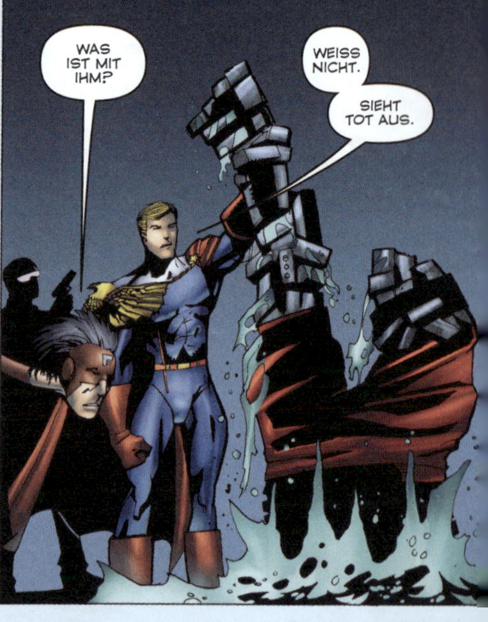

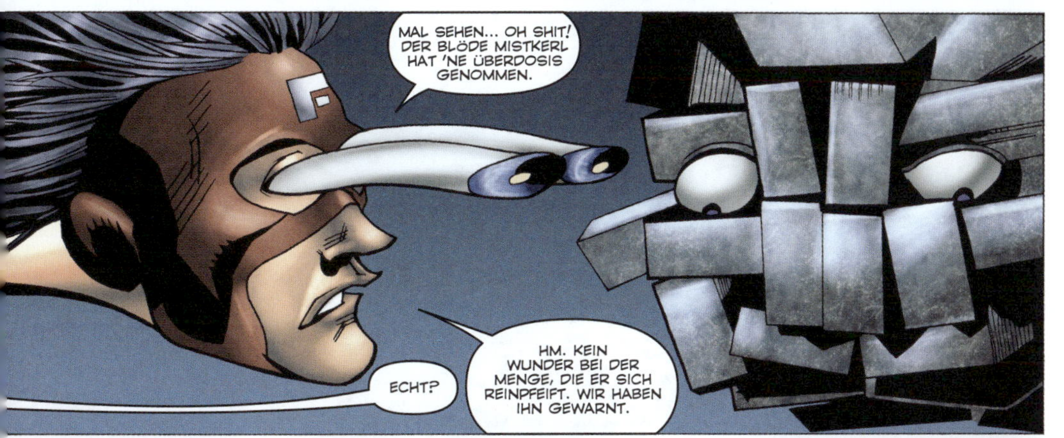
MAL SEHEN... OH SHIT! DER BLÖDE MISTKERL HAT 'NE ÜBERDOSIS GENOMMEN.
HM. KEIN WUNDER BEI DER MENGE, DIE ER SICH REINPFEIFT. WIR HABEN IHN GEWARNT.
ECHT?

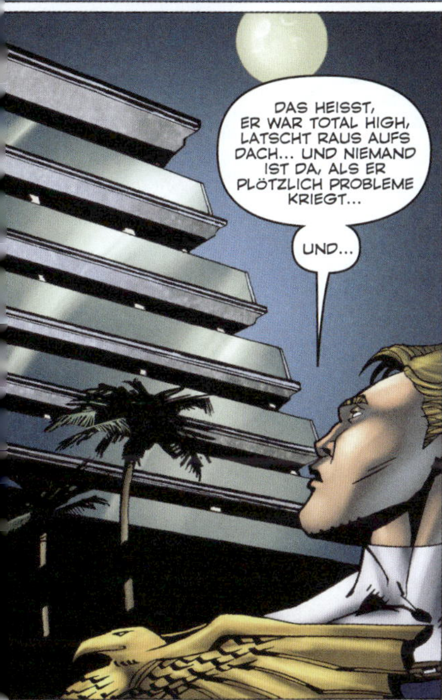
DAS HEISST, ER WAR TOTAL HIGH, LATSCHT RAUS AUFS DACH... UND NIEMAND IST DA, ALS ER PLÖTZLICH PROBLEME KRIEGT...
UND...

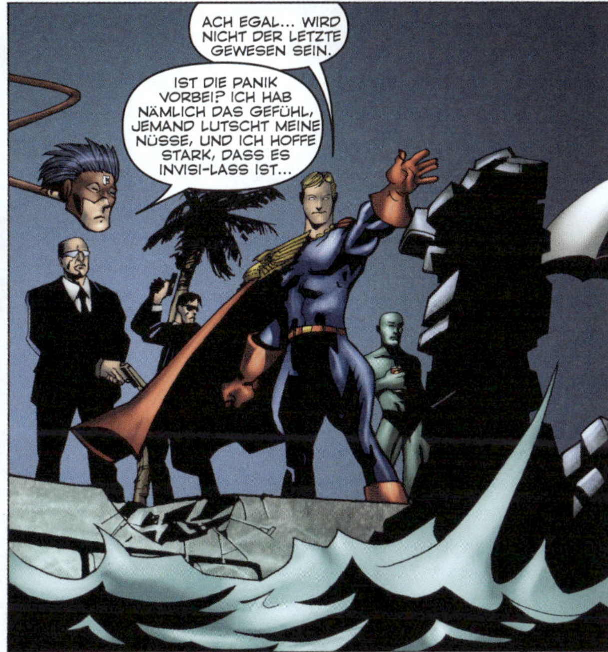
ACH EGAL... WIRD NICHT DER LETZTE GEWESEN SEIN.
IST DIE PANIK VORBEI? ICH HAB NÄMLICH DAS GEFÜHL, JEMAND LUTSCHT MEINE NÜSSE, UND ICH HOFFE STARK, DASS ES INVISI-LASS IST...

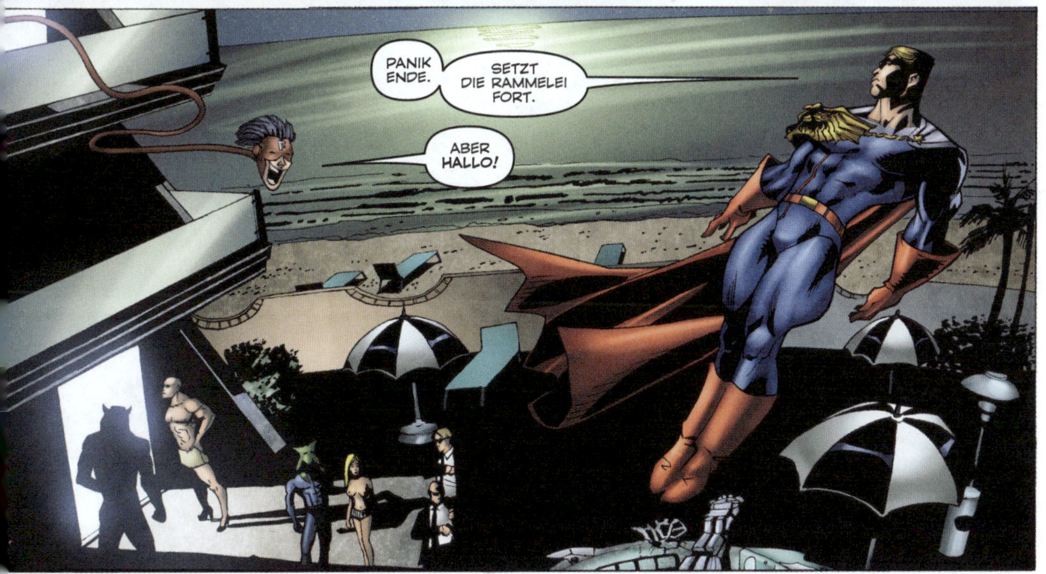
PANIK ENDE.
SETZT DIE RAMMELEI FORT.
ABER HALLO!

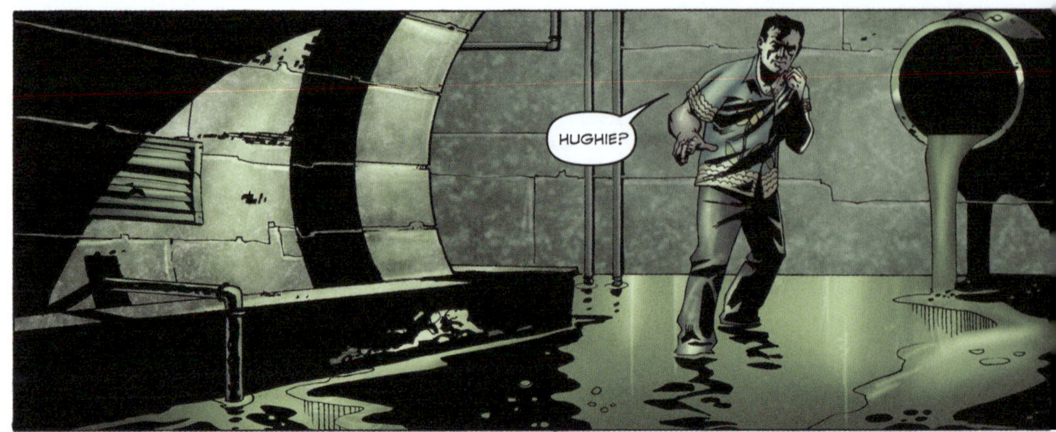
HUGHIE?

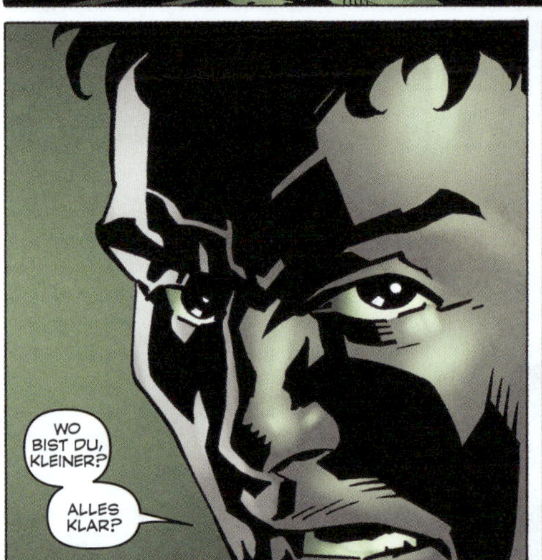
WO BIST DU, KLEINER?
ALLES KLAR?

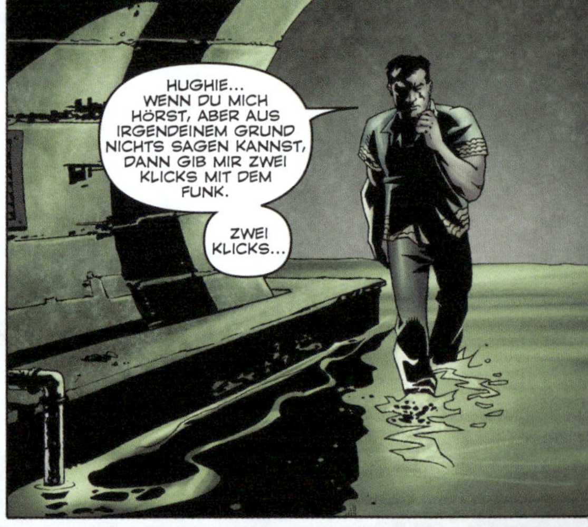
HUGHIE... WENN DU MICH HÖRST, ABER AUS IRGENDEINEM GRUND NICHTS SAGEN KANNST, DANN GIB MIR ZWEI KLICKS MIT DEM FUNK.
ZWEI KLICKS...

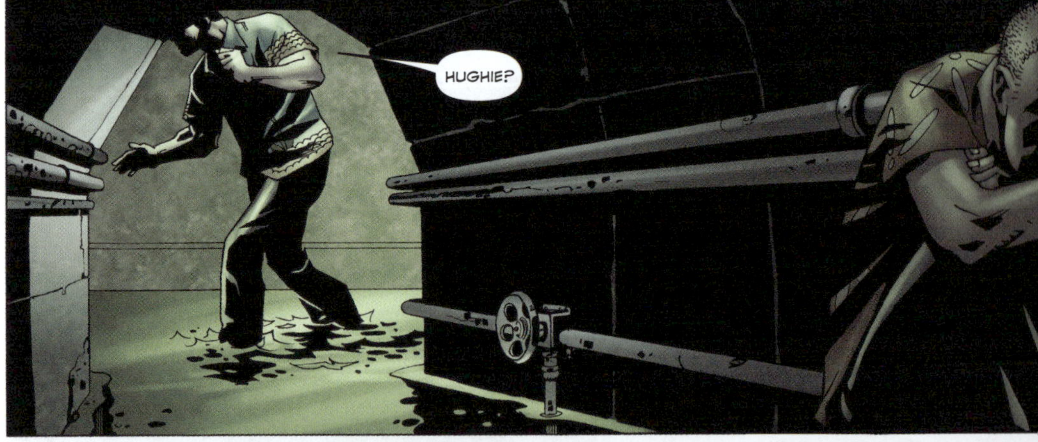
HUGHIE?

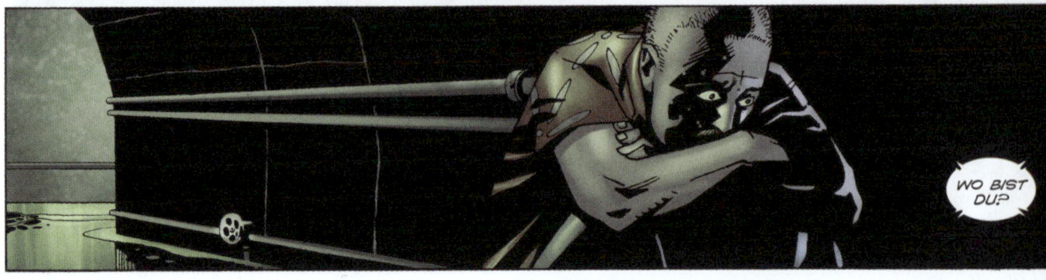
WO BIST DU?

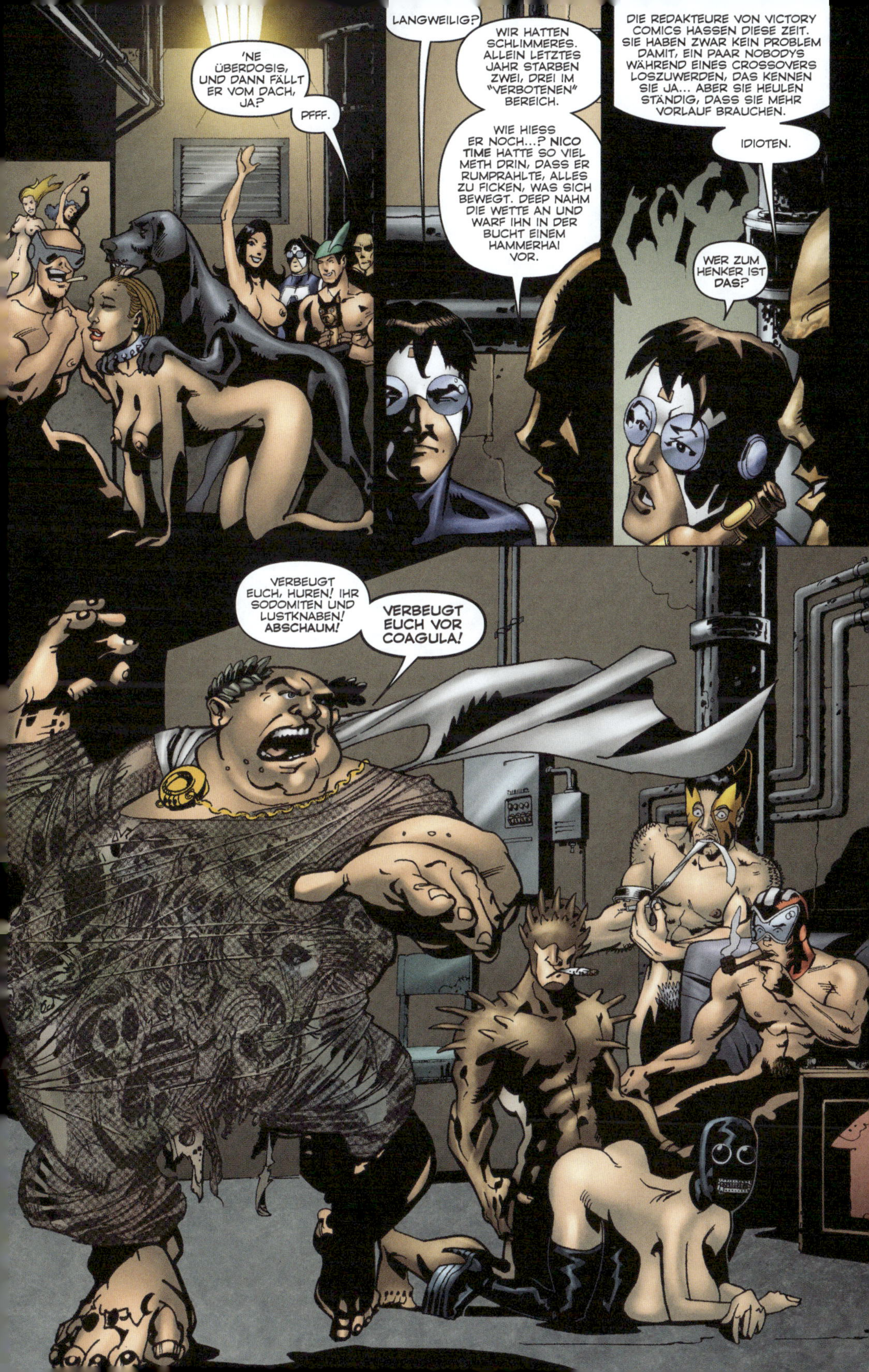
'NE ÜBERDOSIS, UND DANN FÄLLT ER VOM DACH, JA?
PFFF.
LANGWEILIG?
WIR HATTEN SCHLIMMERES. ALLEIN LETZTES JAHR STARBEN ZWEI, DREI IM "VERBOTENEN" BEREICH.
WIE HIESS ER NOCH...? NICO TIME HATTE SO VIEL METH DRIN, DASS ER RUMPRAHLTE, ALLES ZU FICKEN, WAS SICH BEWEGT. DEEP NAHM DIE WETTE AN UND WARF IHN IN DER BUCHT EINEM HAMMERHAI VOR.
DIE REDAKTEURE VON VICTORY COMICS HASSEN DIESE ZEIT. SIE HABEN ZWAR KEIN PROBLEM DAMIT, EIN PAAR NOBODYS WÄHREND EINES CROSSOVERS LOSZUWERDEN, DAS KENNEN SIE JA... ABER SIE HEULEN STÄNDIG, DASS SIE MEHR VORLAUF BRAUCHEN.
IDIOTEN.
WER ZUM HENKER IST DAS?
VERBEUGT EUCH, HUREN! IHR SODOMITEN UND LUSTKNABEN! ABSCHAUM!
VERBEUGT EUCH VOR COAGULA!

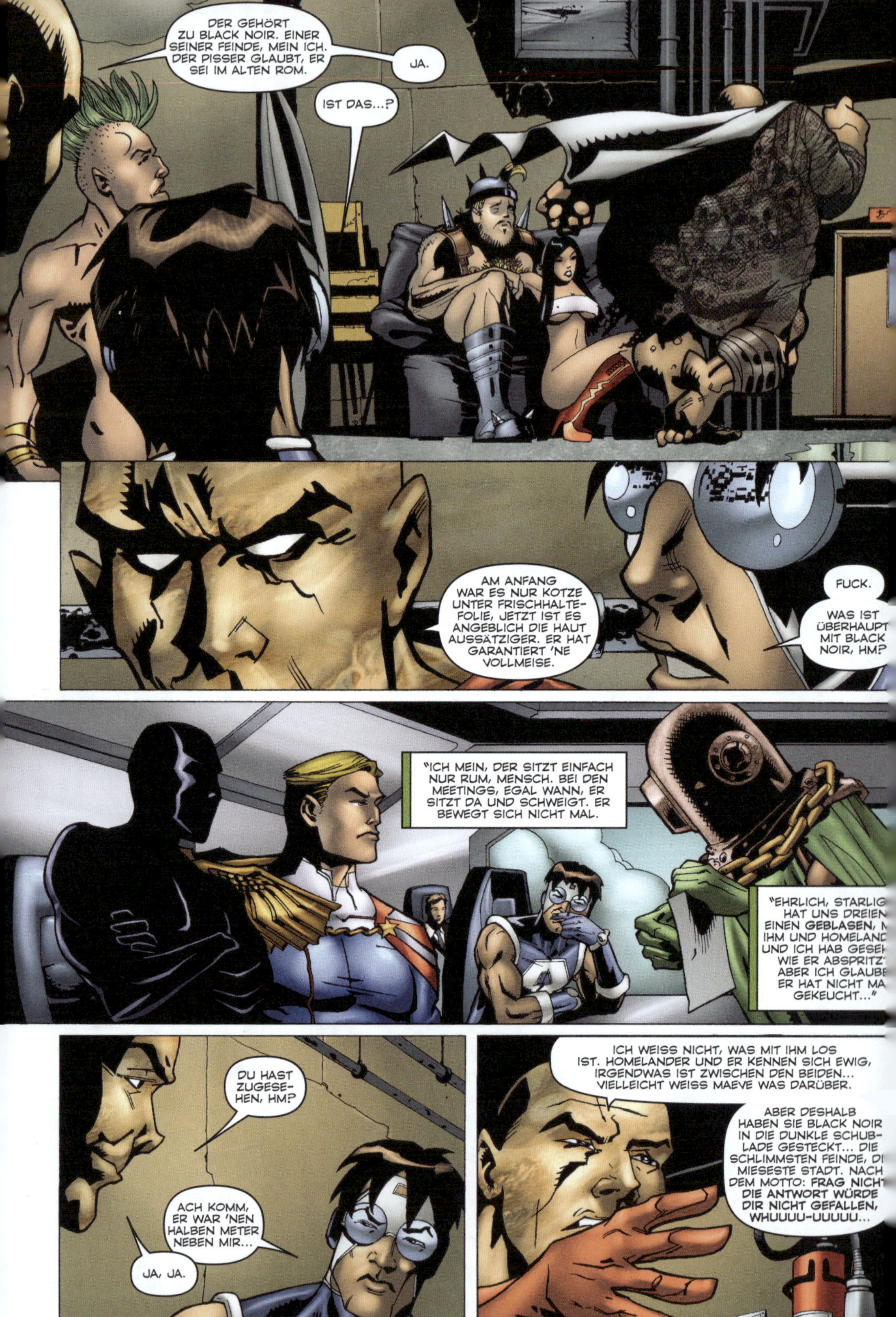

DER GEHÖRT ZU BLACK NOIR. EINER SEINER FEINDE, MEIN ICH. DER PISSER GLAUBT, ER SEI IM ALTEN ROM.
JA.
IST DAS...?
AM ANFANG WAR ES NUR KOTZE UNTER FRISCHHALTEFOLIE, JETZT IST ES ANGEBLICH DIE HAUT AUSSÄTZIGER. ER HAT GARANTIERT 'NE VOLLMEISE.
FUCK.
WAS IST ÜBERHAUPT MIT BLACK NOIR, HM?
"ICH MEIN, DER SITZT EINFACH NUR RUM, MENSCH. BEI DEN MEETINGS, EGAL WANN, ER SITZT DA UND SCHWEIGT. ER BEWEGT SICH NICHT MAL.
"EHRLICH, STARLIG HAT UNS DREIEN EINEN GEBLASEN, IHM UND HOMELAND UND ICH HAB GESE WIE ER ABSPRITZ ABER ICH GLAUBE ER HAT NICHT MA GEKEUCHT..."
DU HAST ZUGESEHEN, HM?
ACH KOMM, ER WAR 'NEN HALBEN METER NEBEN MIR...
JA, JA.
ICH WEISS NICHT, WAS MIT IHM LOS IST. HOMELANDER UND ER KENNEN SICH EWIG, IRGENDWAS IST ZWISCHEN DEN BEIDEN... VIELLEICHT WEISS MAEVE WAS DARÜBER.
ABER DESHALB HABEN SIE BLACK NOIR IN DIE DUNKLE SCHUBLADE GESTECKT... DIE SCHLIMMSTEN FEINDE, DI MIESESTE STADT. NACH DEM MOTTO: FRAG NICHT DIE ANTWORT WÜRDE DIR NICHT GEFALLEN, WHUUUU-UUUUU...

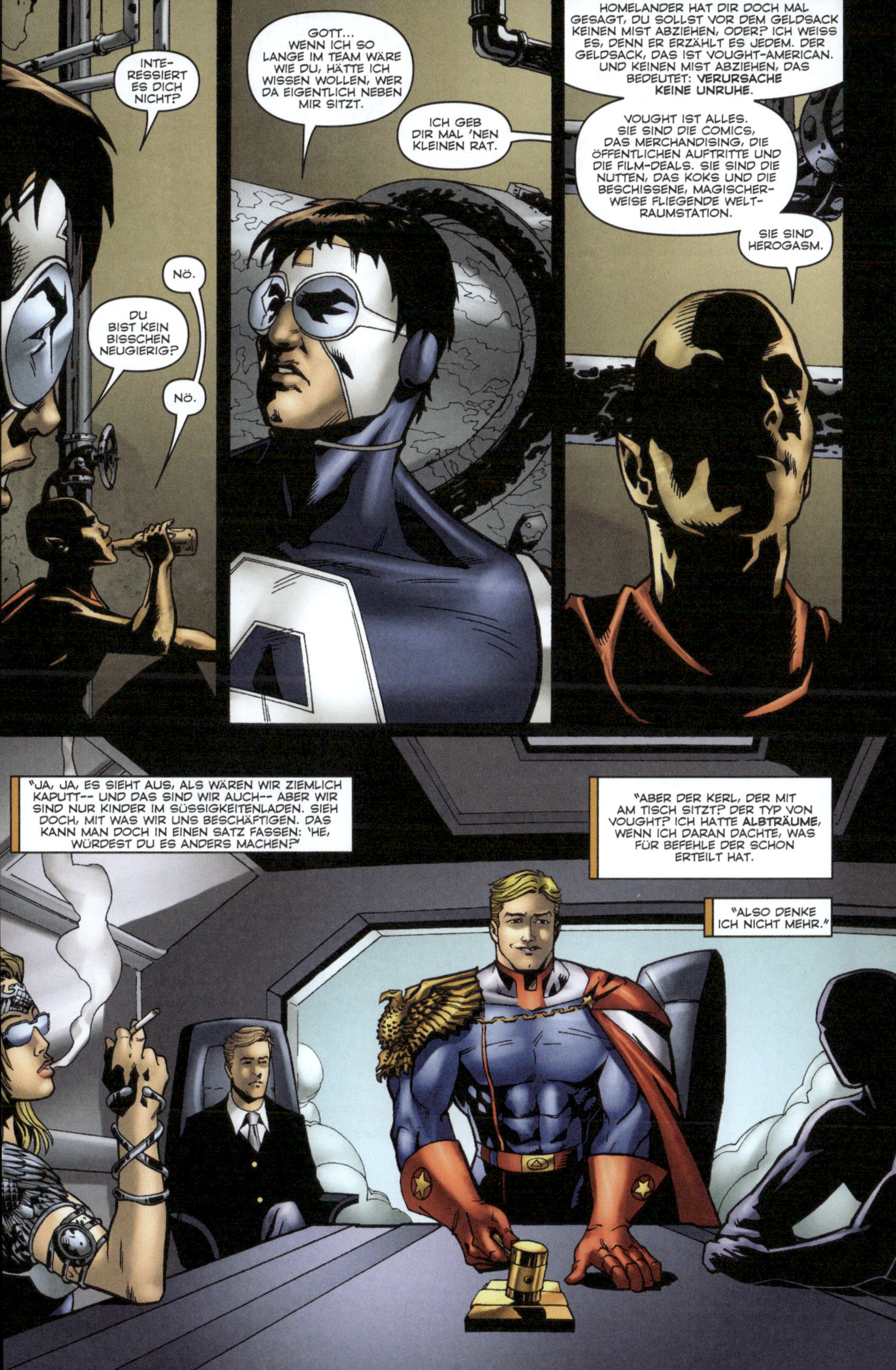
INTERESSIERT ES DICH NICHT?
NÖ.
DU BIST KEIN BISSCHEN NEUGIERIG?
NÖ.
GOTT... WENN ICH SO LANGE IM TEAM WÄRE WIE DU, HÄTTE ICH WISSEN WOLLEN, WER DA EIGENTLICH NEBEN MIR SITZT.
ICH GEB DIR MAL 'NEN KLEINEN RAT.
HOMELANDER HAT DIR DOCH MAL GESAGT, DU SOLLST VOR DEM GELDSACK KEINEN MIST ABZIEHEN, ODER? ICH WEISS ES, DENN ER ERZÄHLT ES JEDEM. DER GELDSACK, DAS IST VOUGHT-AMERICAN. UND KEINEN MIST ABZIEHEN, DAS BEDEUTET: **VERURSACHE KEINE UNRUHE**.
VOUGHT IST ALLES. SIE SIND DIE COMICS, DAS MERCHANDISING, DIE ÖFFENTLICHEN AUFTRITTE UND DIE FILM-DEALS. SIE SIND DIE NUTTEN, DAS KOKS UND DIE BESCHISSENE, MAGISCHERWEISE FLIEGENDE WELTRAUMSTATION.
SIE SIND HEROGASM.
"JA, JA, ES SIEHT AUS, ALS WÄREN WIR ZIEMLICH KAPUTT-- UND DAS SIND WIR AUCH-- ABER WIR SIND NUR KINDER IM SÜSSIGKEITENLADEN. SIEH DOCH, MIT WAS WIR UNS BESCHÄFTIGEN. DAS KANN MAN DOCH IN EINEN SATZ FASSEN: 'HE, WÜRDEST DU ES ANDERS MACHEN?'
"ABER DER KERL, DER MIT AM TISCH SITZT? DER TYP VON VOUGHT? ICH HATTE **ALBTRÄUME**, WENN ICH DARAN DACHTE, WAS FÜR BEFEHLE DER SCHON ERTEILT HAT.
"ALSO DENKE ICH NICHT MEHR."

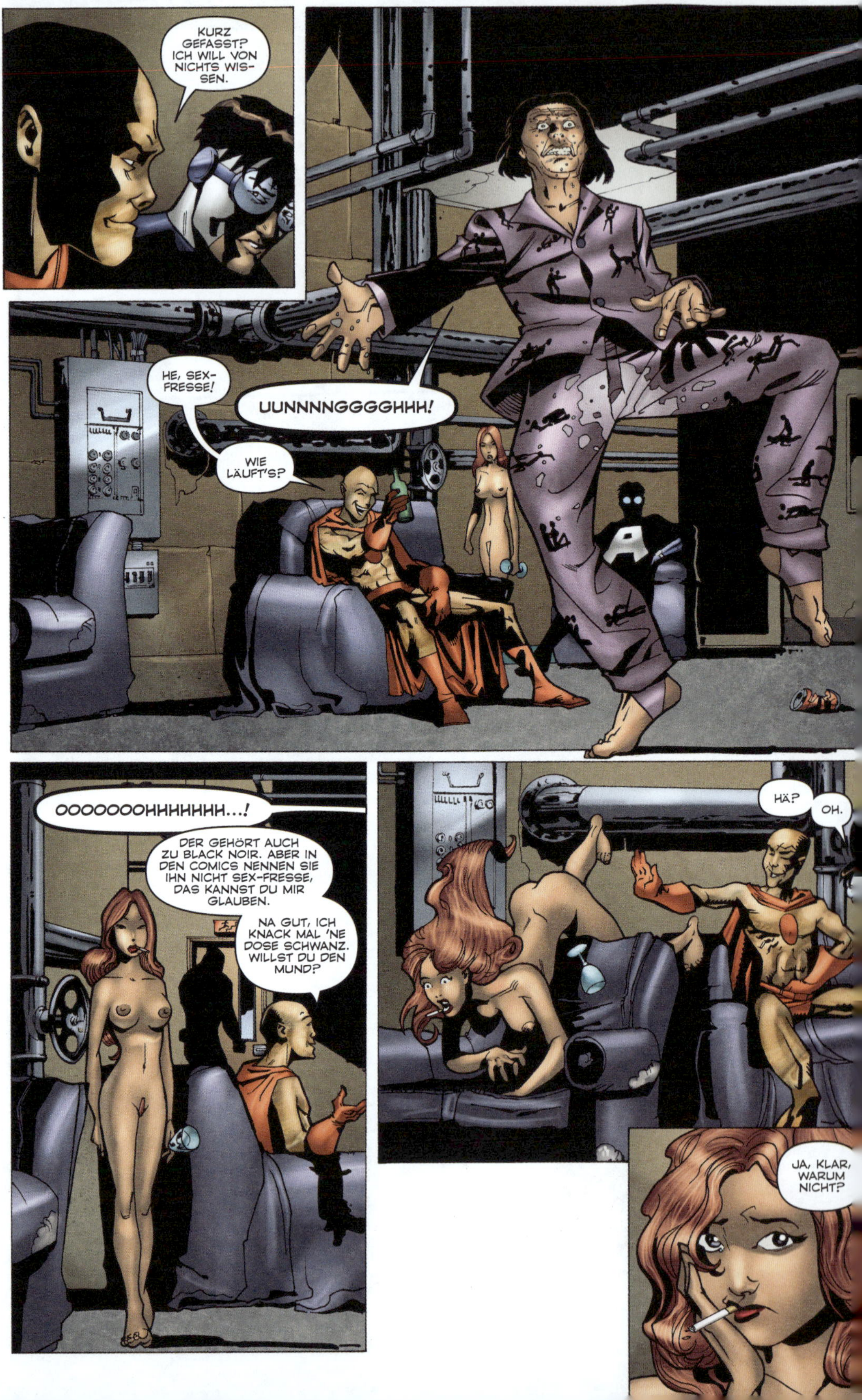

KURZ GEFASST? ICH WILL VON NICHTS WISSEN.

HE, SEX-FRESSE!

UUNNNNGGGGHHH!

WIE LÄUFT'S?

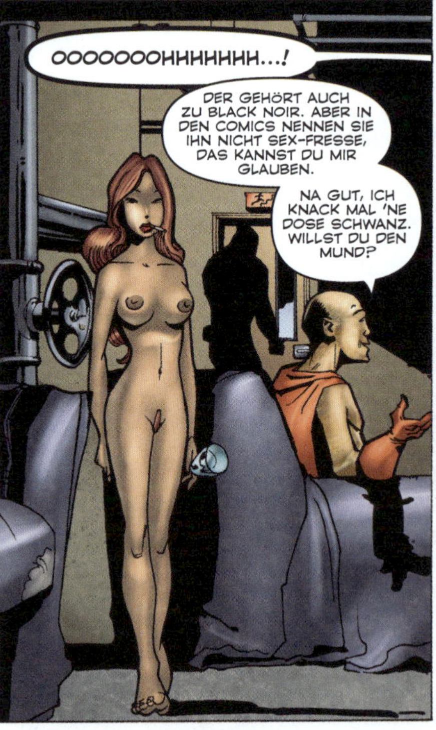

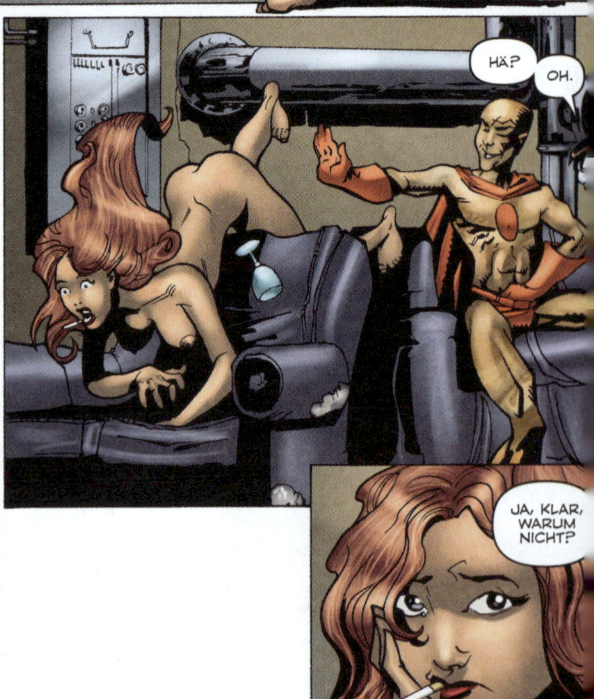

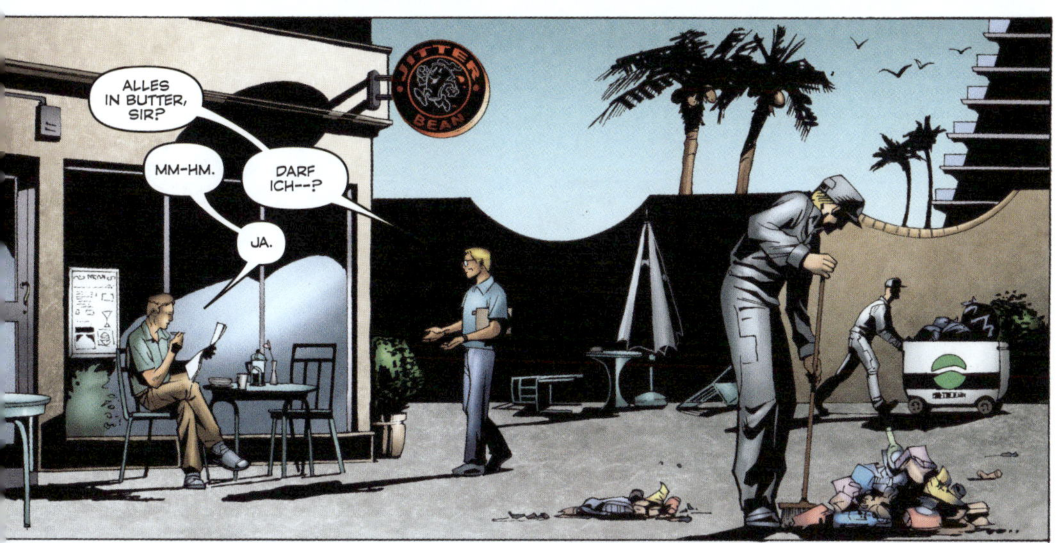
JITTER BEAN
ALLES IN BUTTER, SIR?
MM-HM.
DARF ICH--?
JA.

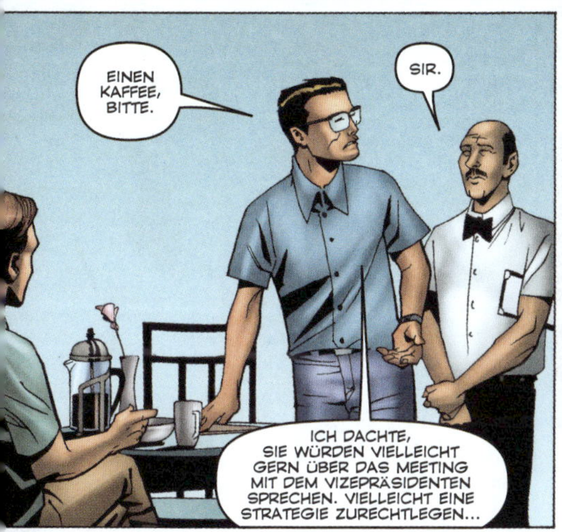
EINEN KAFFEE, BITTE.
SIR.
ICH DACHTE, SIE WÜRDEN VIELLEICHT GERN ÜBER DAS MEETING MIT DEM VIZEPRÄSIDENTEN SPRECHEN. VIELLEICHT EINE STRATEGIE ZURECHTLEGEN...

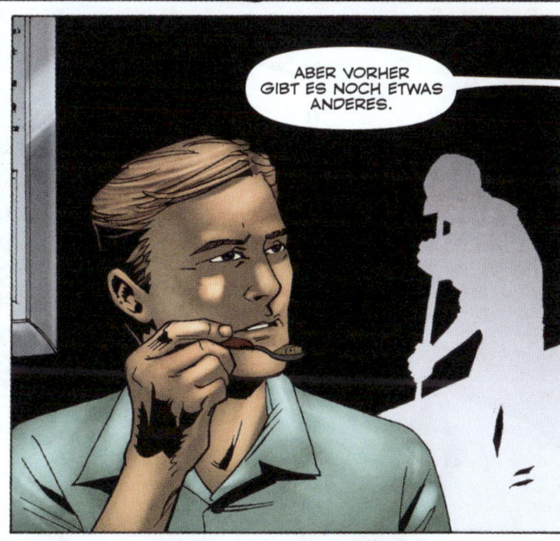
ABER VORHER GIBT ES NOCH ETWAS ANDERES.

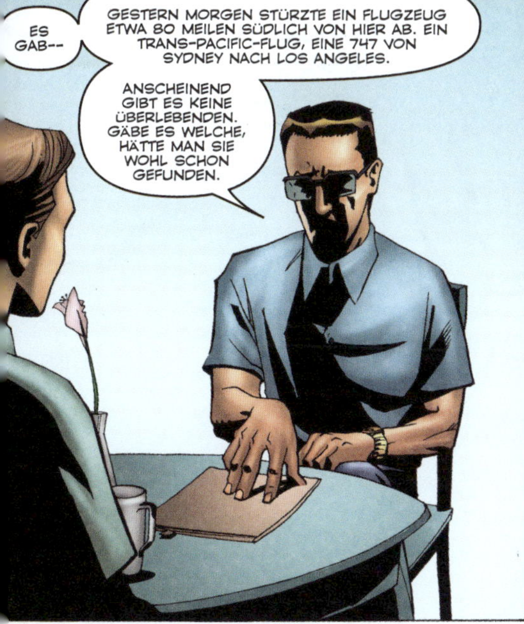
ES GAB--
GESTERN MORGEN STÜRZTE EIN FLUGZEUG ETWA 80 MEILEN SÜDLICH VON HIER AB. EIN TRANS-PACIFIC-FLUG, EINE 747 VON SYDNEY NACH LOS ANGELES.
ANSCHEINEND GIBT ES KEINE ÜBERLEBENDEN. GÄBE ES WELCHE, HÄTTE MAN SIE WOHL SCHON GEFUNDEN.

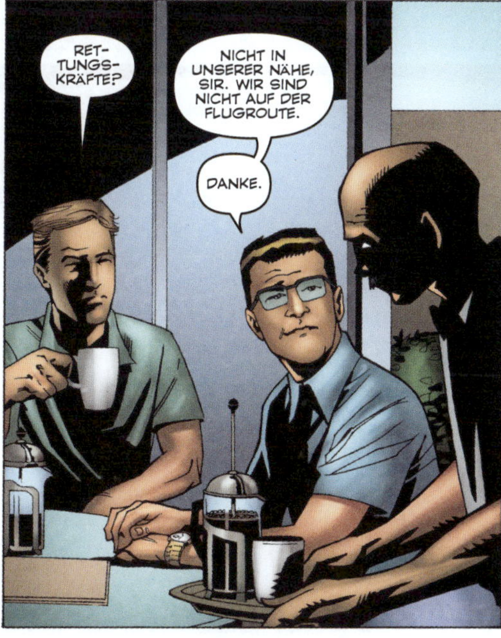
RET-TUNGS-KRÄFTE?
NICHT IN UNSERER NÄHE, SIR. WIR SIND NICHT AUF DER FLUGROUTE.
DANKE.

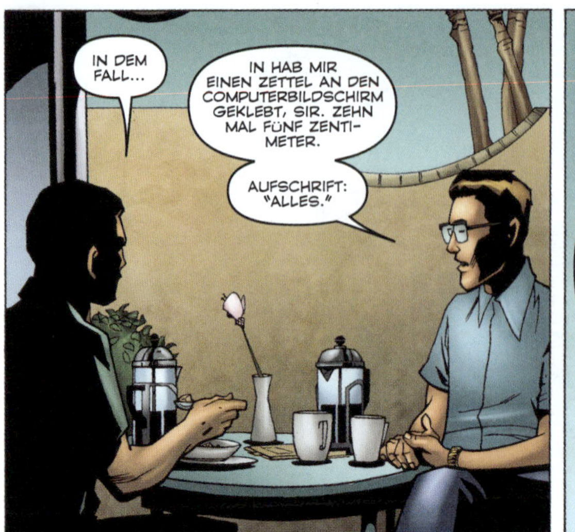
IN DEM FALL...
IN HAB MIR EINEN ZETTEL AN DEN COMPUTERBILDSCHIRM GEKLEBT, SIR. ZEHN MAL FÜNF ZENTI-METER.
AUFSCHRIFT: "ALLES."

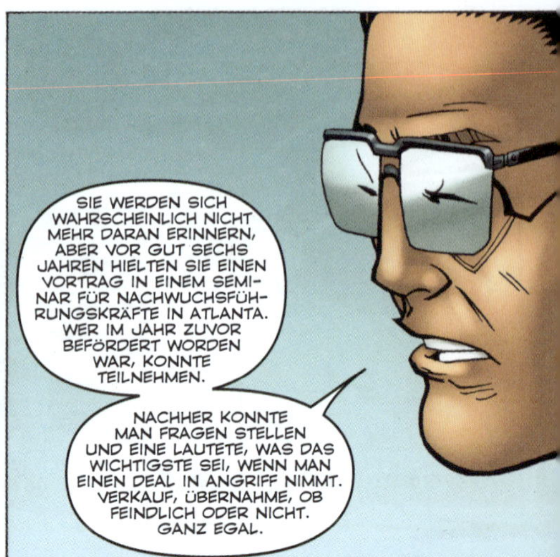
SIE WERDEN SICH WAHRSCHEINLICH NICHT MEHR DARAN ERINNERN, ABER VOR GUT SECHS JAHREN HIELTEN SIE EINEN VORTRAG IN EINEM SEMI-NAR FÜR NACHWUCHSFÜH-RUNGSKRÄFTE IN ATLANTA. WER IM JAHR ZUVOR BEFÖRDERT WORDEN WAR, KONNTE TEILNEHMEN.
NACHHER KONNTE MAN FRAGEN STELLEN UND EINE LAUTETE, WAS DAS WICHTIGSTE SEI, WENN MAN EINEN DEAL IN ANGRIFF NIMMT. VERKAUF, ÜBERNAHME, OB FEINDLICH ODER NICHT. GANZ EGAL.

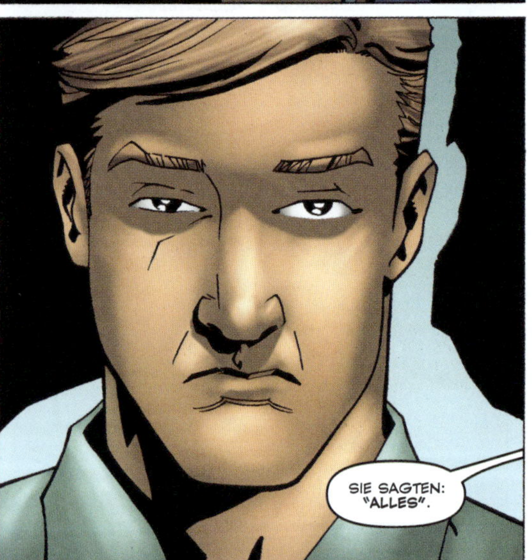
SIE SAGTEN: "ALLES".

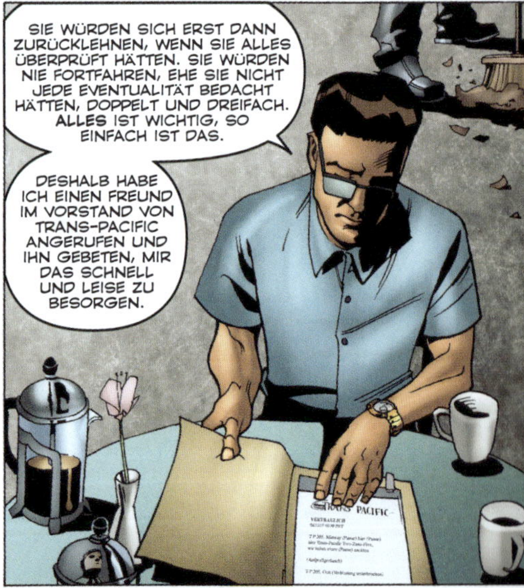
SIE WÜRDEN SICH ERST DANN ZURÜCKLEHNEN, WENN SIE ALLES ÜBERPRÜFT HÄTTEN. SIE WÜRDEN NIE FORTFAHREN, EHE SIE NICHT JEDE EVENTUALITÄT BEDACHT HÄTTEN, DOPPELT UND DREIFACH. **ALLES** IST WICHTIG, SO EINFACH IST DAS.
DESHALB HABE ICH EINEN FREUND IM VORSTAND VON TRANS-PACIFIC ANGERUFEN UND IHN GEBETEN, MIR DAS SCHNELL UND LEISE ZU BESORGEN.

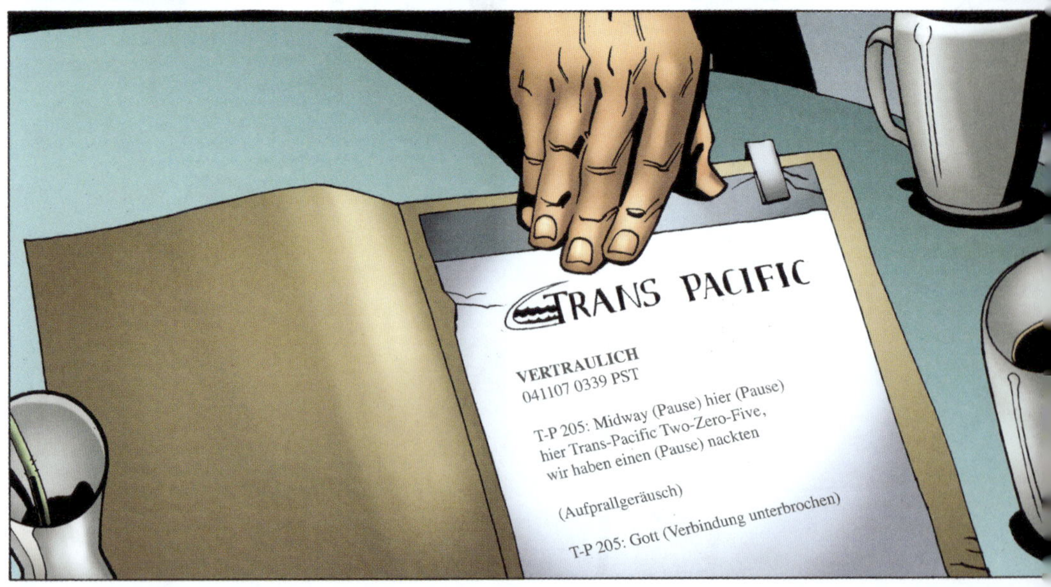
TRANS PACIFIC
VERTRAULICH
041107 0339 PST
T-P 205: Midway (Pause) hier (Pause) hier Trans-Pacific Two-Zero-Five, wir haben einen (Pause) nackten
(Aufprallgeräusch)
T-P 205: Gott (Verbindung unterbrochen)

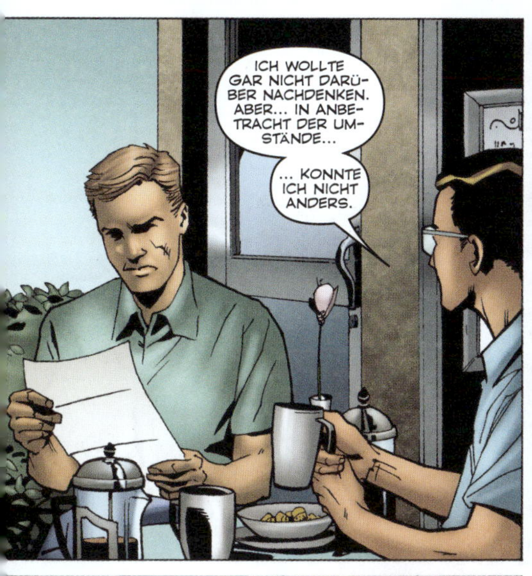
ICH WOLLTE GAR NICHT DARÜBER NACHDENKEN. ABER... IN ANBETRACHT DER UMSTÄNDE...
... KONNTE ICH NICHT ANDERS.

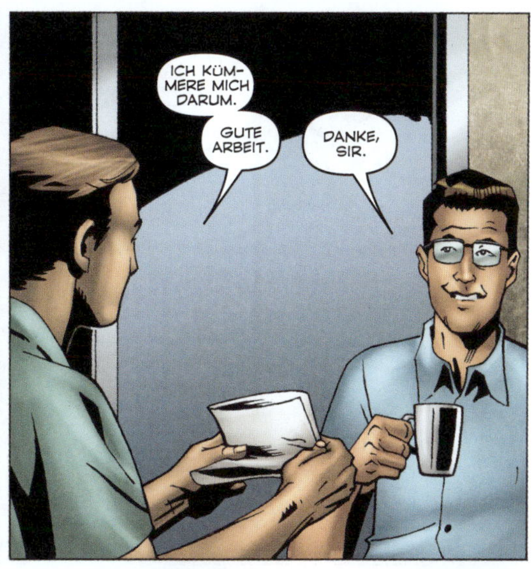
ICH KÜMMERE MICH DARUM.
GUTE ARBEIT.
DANKE, SIR.

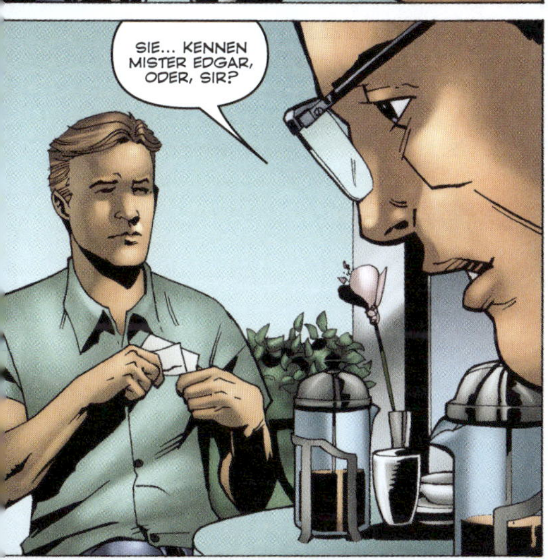
SIE... KENNEN MISTER EDGAR, ODER, SIR?

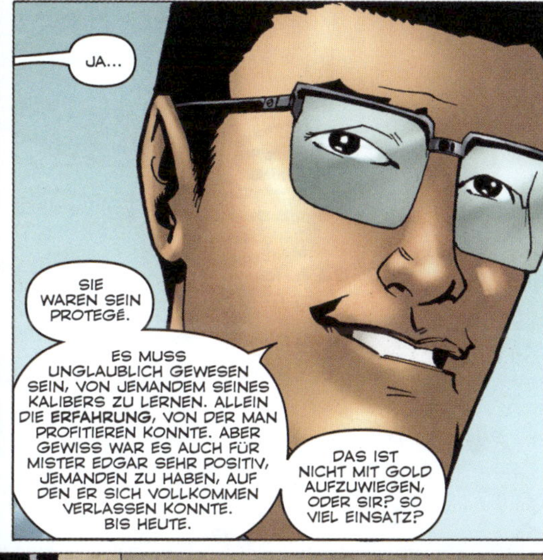
JA...
SIE WAREN SEIN PROTEGÉ.
ES MUSS UNGLAUBLICH GEWESEN SEIN, VON JEMANDEM SEINES KALIBERS ZU LERNEN. ALLEIN DIE **ERFAHRUNG**, VON DER MAN PROFITIEREN KONNTE. ABER GEWISS WAR ES AUCH FÜR MISTER EDGAR SEHR POSITIV, JEMANDEN ZU HABEN, AUF DEN ER SICH VOLLKOMMEN VERLASSEN KONNTE. BIS HEUTE.
DAS IST NICHT MIT GOLD AUFZUWIEGEN, ODER SIR? SO VIEL EINSATZ?

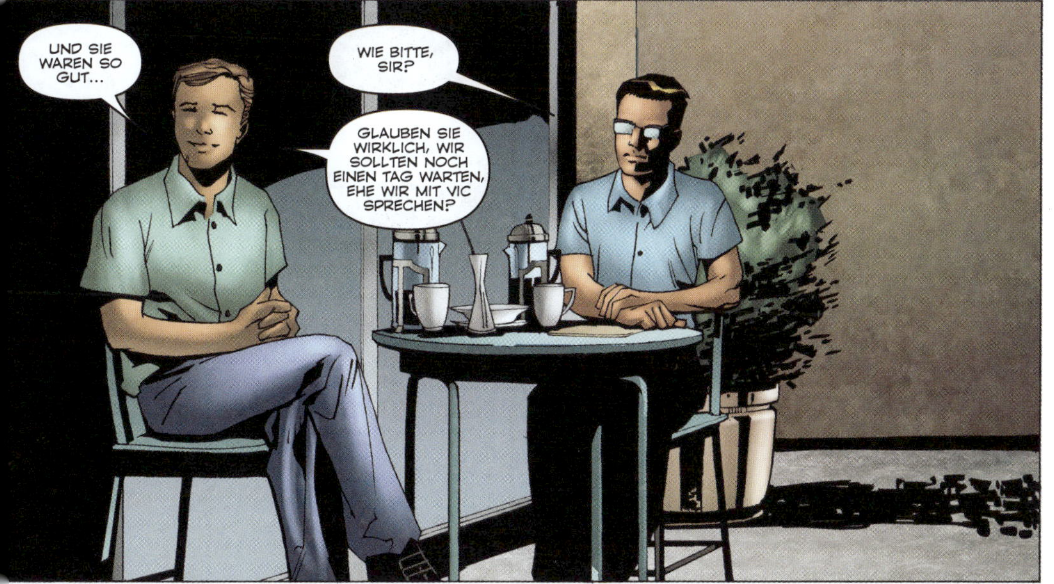
UND SIE WAREN SO GUT...
WIE BITTE, SIR?
GLAUBEN SIE WIRKLICH, WIR SOLLTEN NOCH EINEN TAG WARTEN, EHE WIR MIT VIC SPRECHEN?

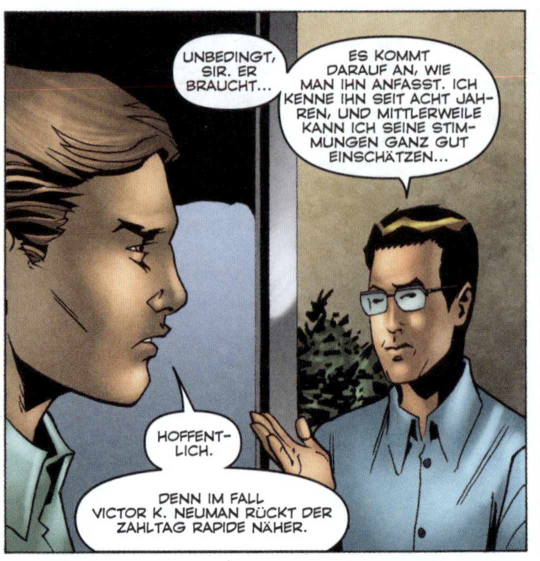
UNBEDINGT, SIR. ER BRAUCHT...
ES KOMMT DARAUF AN, WIE MAN IHN ANFASST. ICH KENNE IHN SEIT ACHT JAHREN, UND MITTLERWEILE KANN ICH SEINE STIMMUNGEN GANZ GUT EINSCHÄTZEN...
HOFFENTLICH.
DENN IM FALL VICTOR K. NEUMAN RÜCKT DER ZAHLTAG RAPIDE NÄHER.
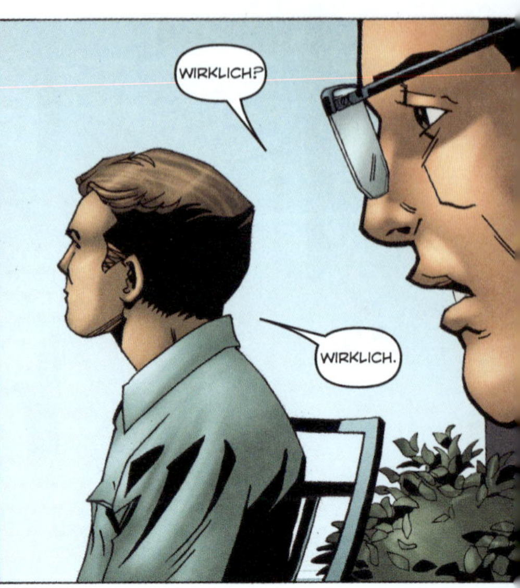
WIRKLICH?
WIRKLICH.
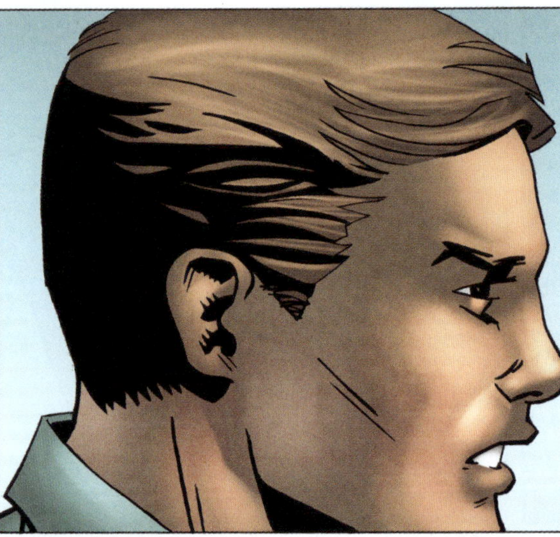
DAKOTA BOB WAR GUT ZU SEINEN LEUTEN. VON HALLIBURTON BIS HIN ZU BLACKWATER. ER HAT SICH FÜR SIE EINGESETZT, IMMER UND IMMER WIEDER.
ER HAT DIE REGIERUNG PRAKTISCH VERKAUFT, UND OBENDRAUF HAT ER NOCH PAKISTAN SERVIERT... DIE CIA SAGTE, DASS MAN BIN LADEN IN AFGHANISTAN JAGEN MUSS, DOCH BOB LIEFERTE EINEN RICHTIGEN KRIEG. KÖNNEN SIE SICH VORSTELLEN, WAS DIESE FIRMEN VERDIENT HABEN? SCHLECHTE ARBEIT FÜR DAS DOPPELTE GELD?
DIESER MANN IST EIN TEAMPLAYER.
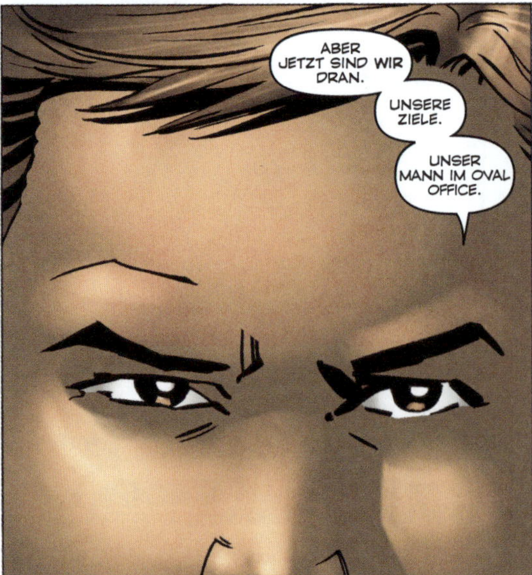
ABER JETZT SIND WIR DRAN.
UNSERE ZIELE.
UNSER MANN IM OVAL OFFICE.
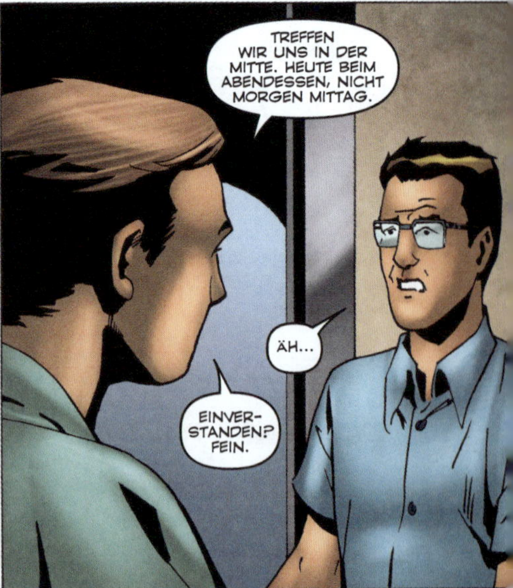
TREFFEN WIR UNS IN DER MITTE. HEUTE BEIM ABENDESSEN, NICHT MORGEN MITTAG.
ÄH...
EINVERSTANDEN? FEIN.

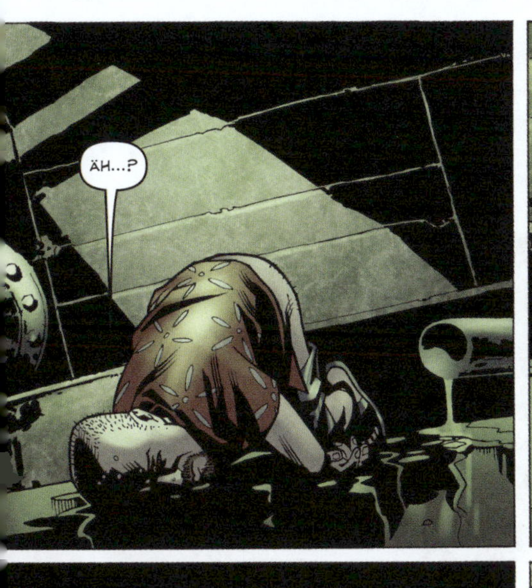
ÄH...?

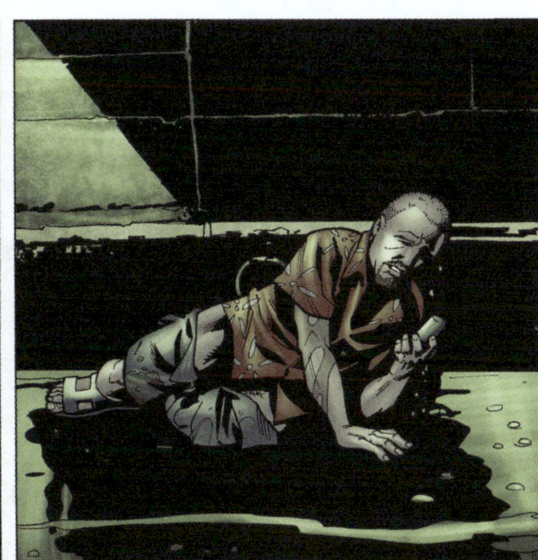

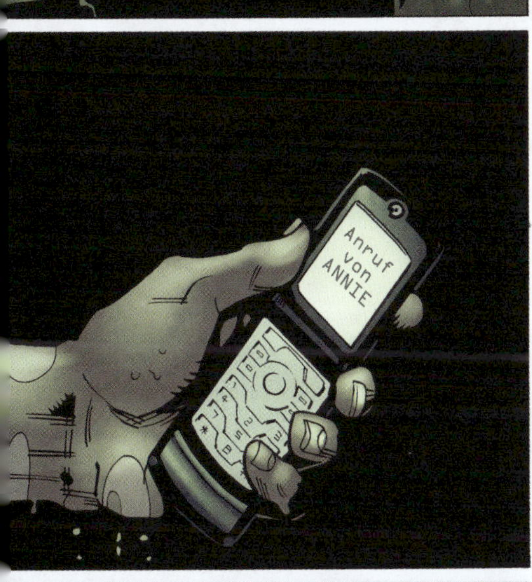
Anruf
von
ANNIE

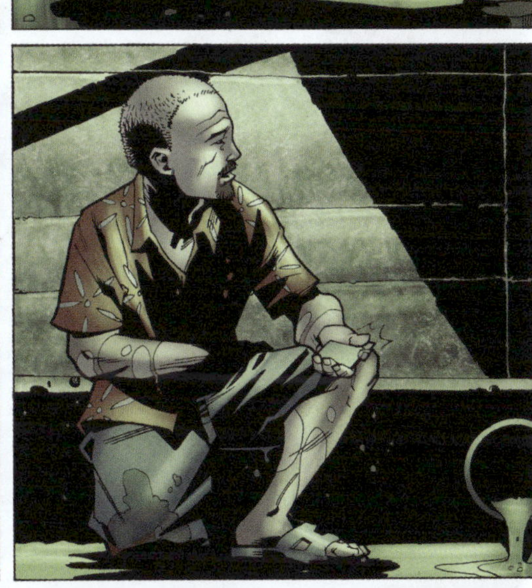

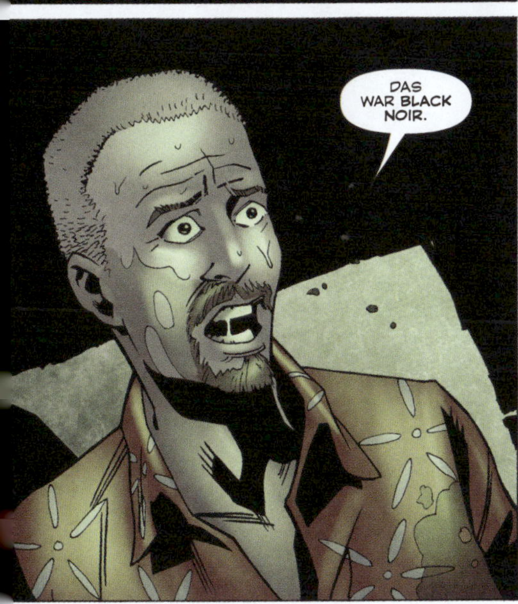
DAS WAR BLACK NOIR.

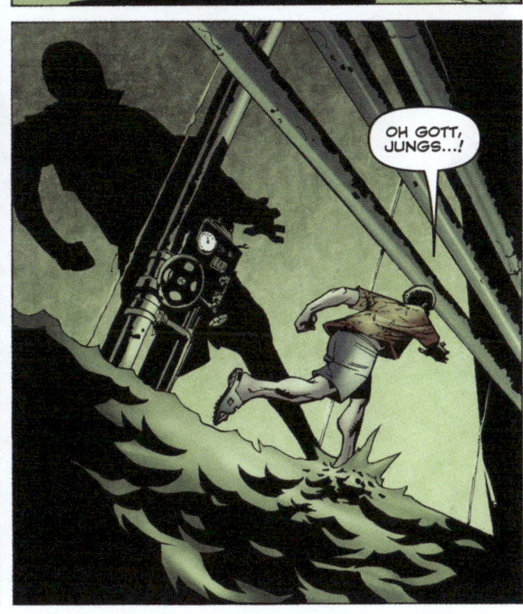
OH GOTT, JUNGS...!

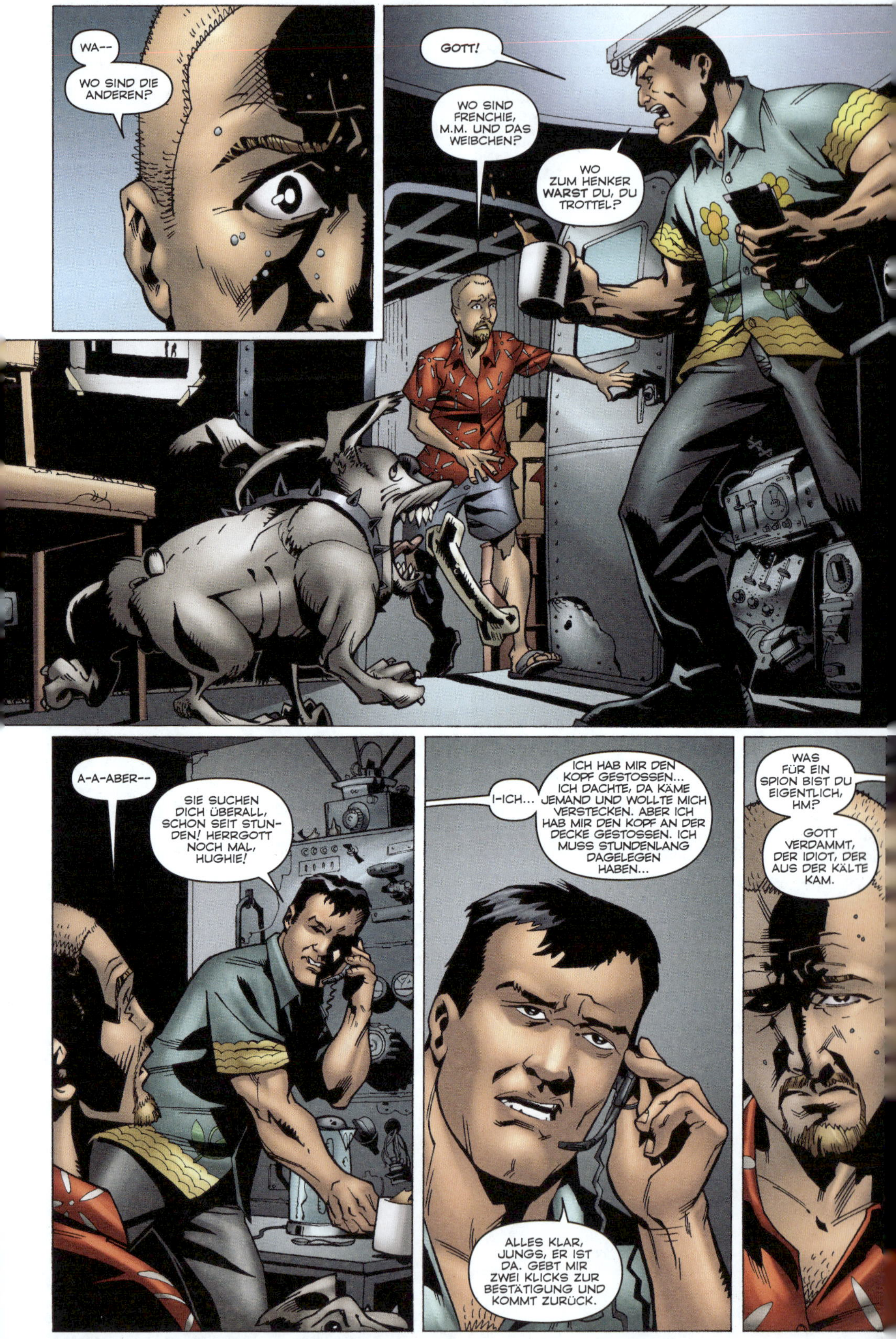

WA--
WO SIND DIE ANDEREN?
GOTT!
WO SIND FRENCHIE, M.M. UND DAS WEIBCHEN?
WO ZUM HENKER **WARST** DU, DU TROTTEL?

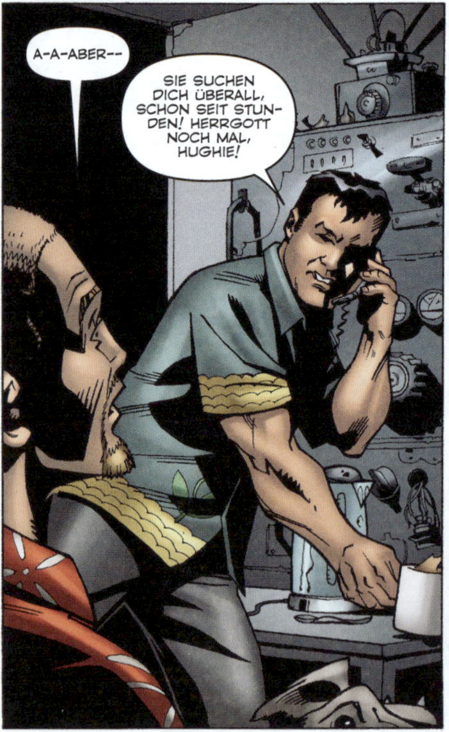

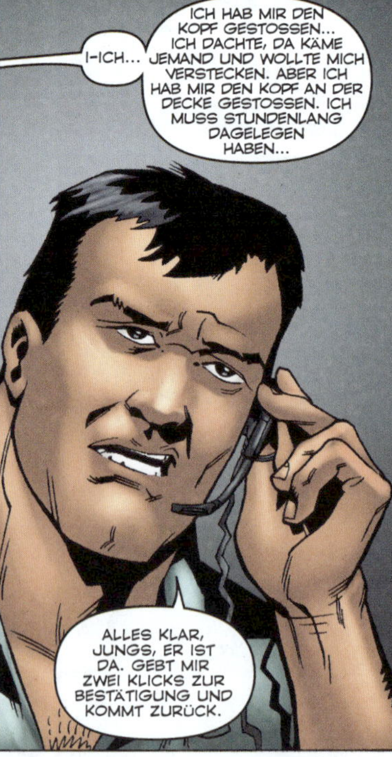

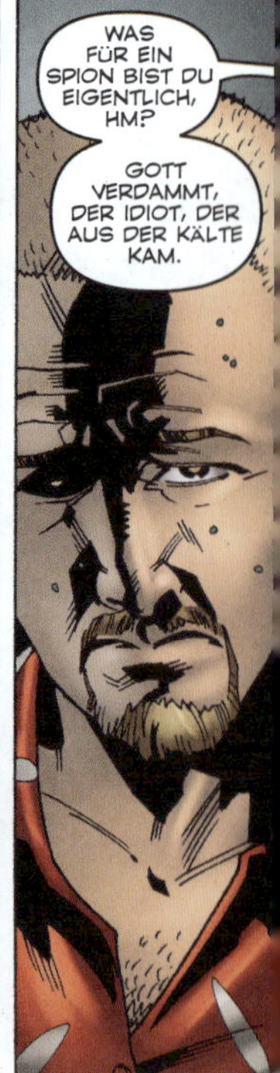

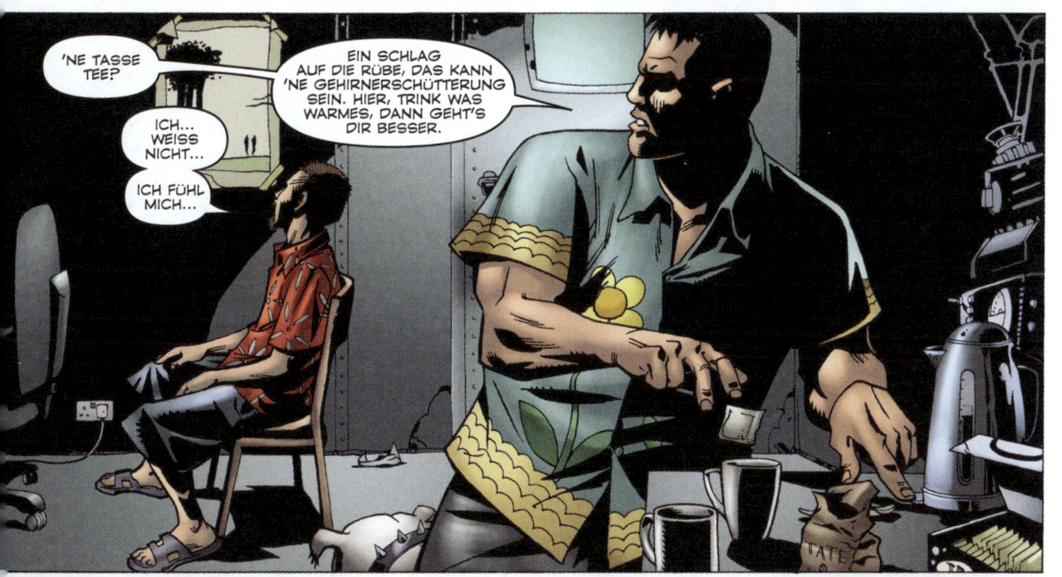
'NE TASSE TEE?
EIN SCHLAG AUF DIE RÜBE, DAS KANN 'NE GEHIRNERSCHÜTTERUNG SEIN. HIER, TRINK WAS WARMES, DANN GEHT'S DIR BESSER.
ICH... WEISS NICHT...
ICH FÜHL MICH...

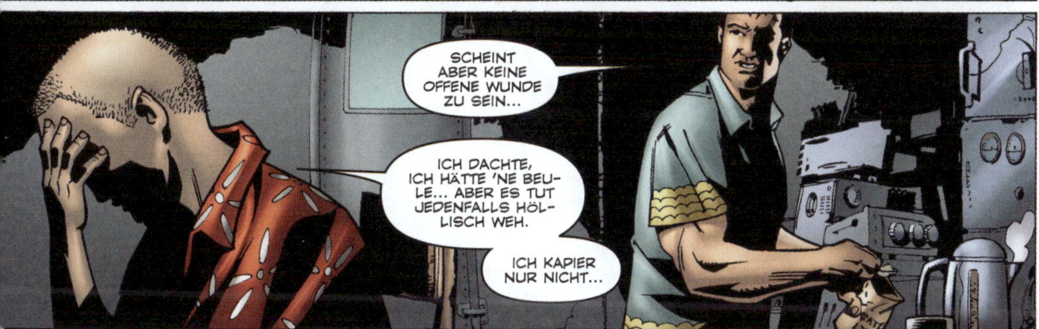
SCHEINT ABER KEINE OFFENE WUNDE ZU SEIN...
ICH DACHTE, ICH HÄTTE 'NE BEULE... ABER ES TUT JEDENFALLS HÖLLISCH WEH.
ICH KAPIER NUR NICHT...

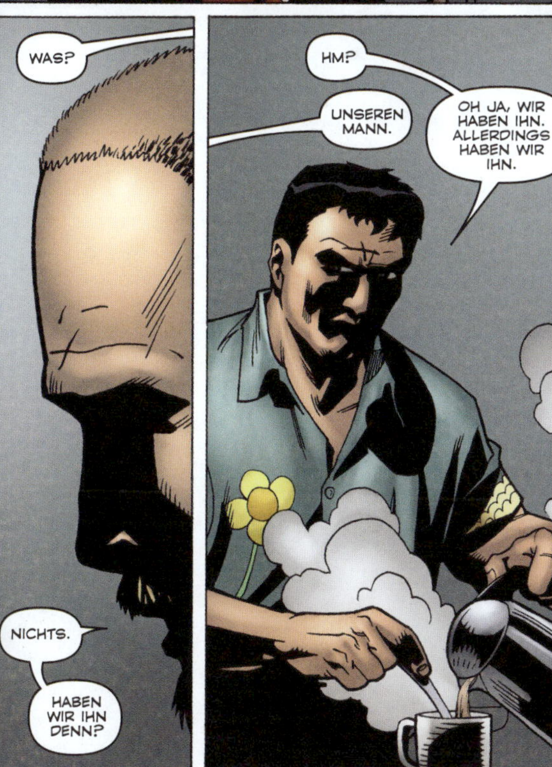
WAS?
HM?
UNSEREN MANN.
OH JA, WIR HABEN IHN. ALLERDINGS HABEN WIR IHN.
NICHTS.
HABEN WIR IHN DENN?

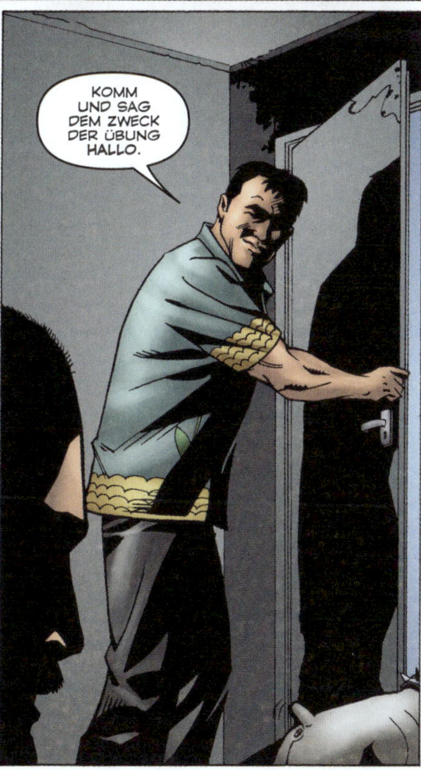
KOMM UND SAG DEM ZWECK DER ÜBUNG HALLO.

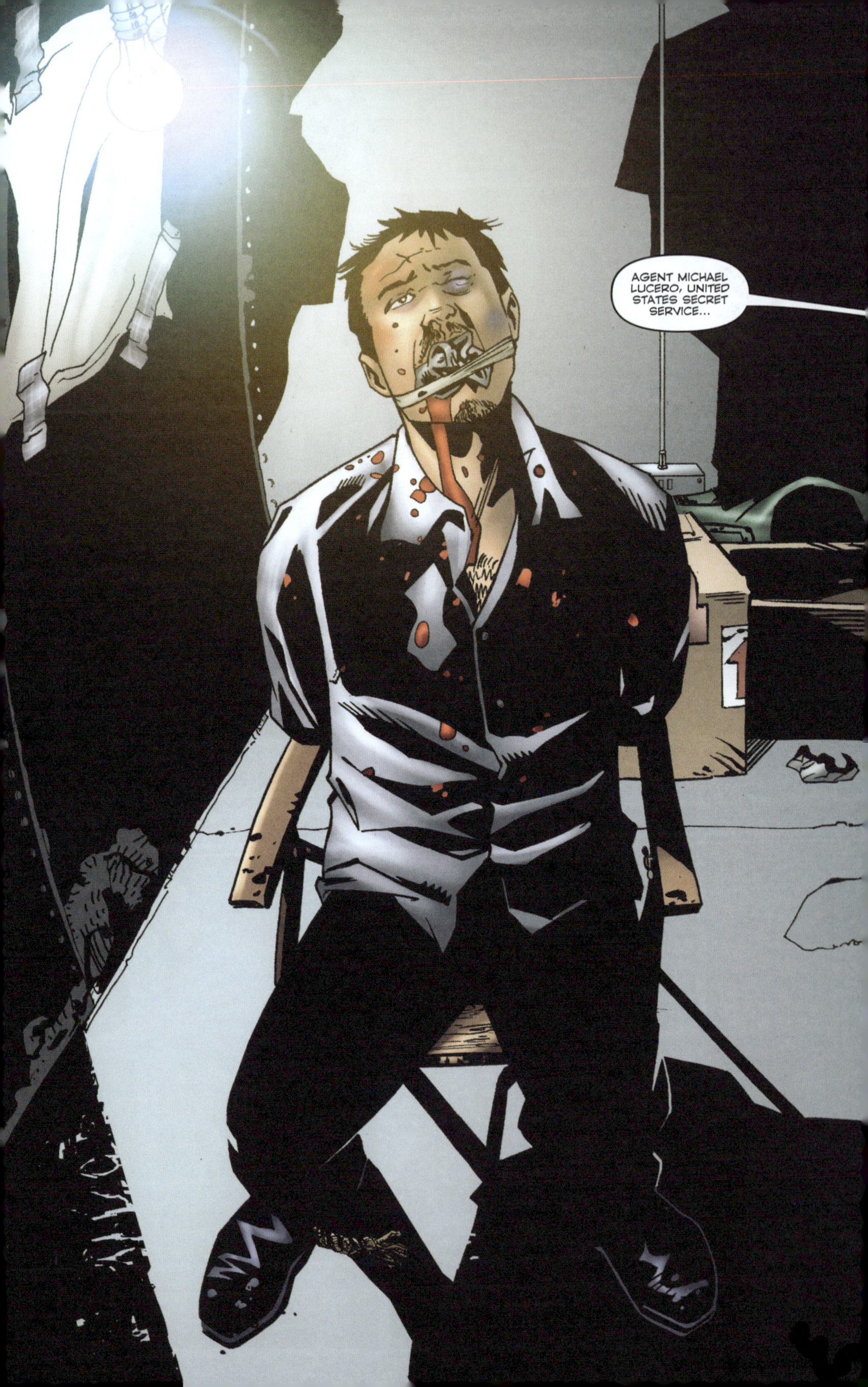
AGENT MICHAEL LUCERO, UNITED STATES SECRET SERVICE...

4: SPARTA

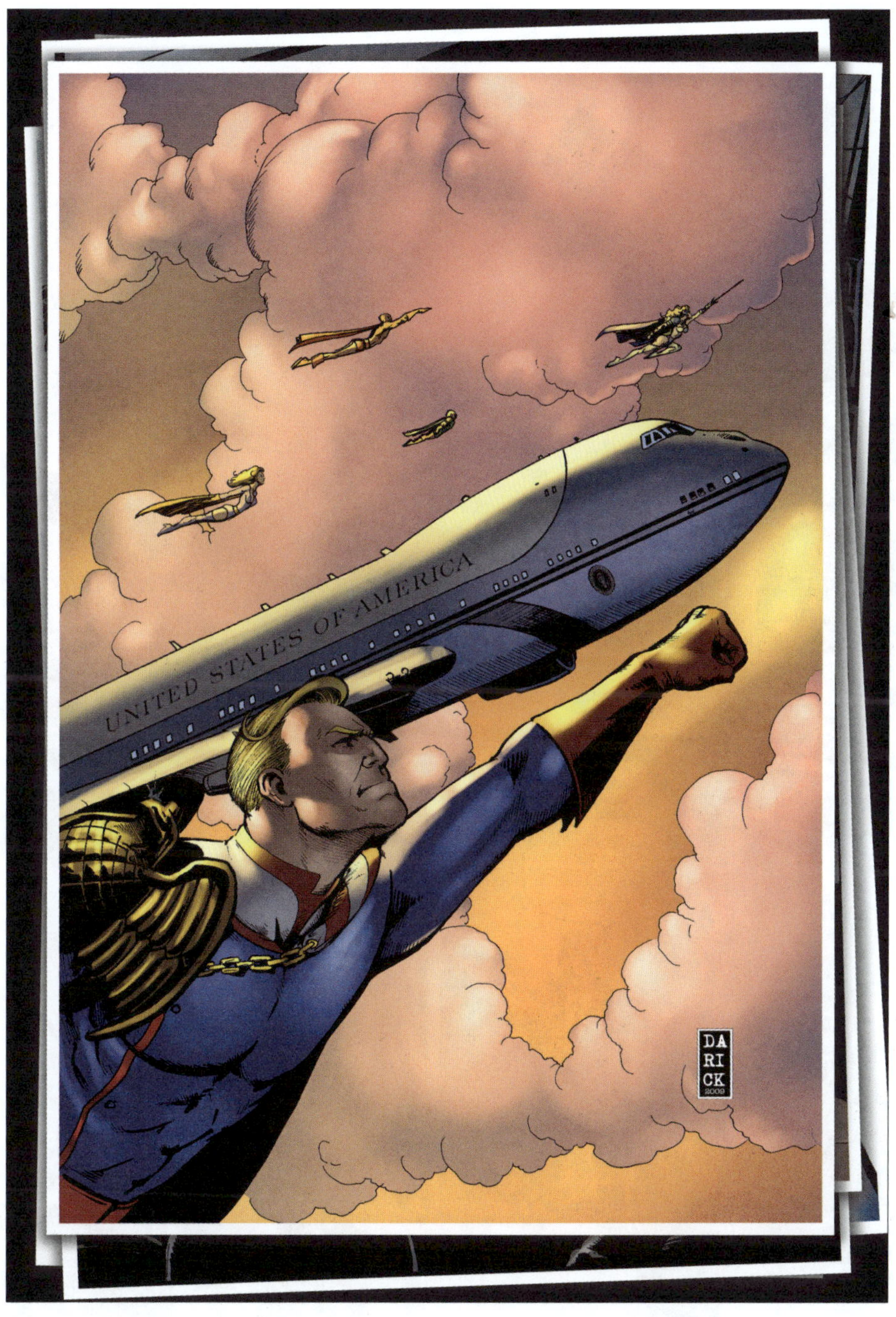

The Boys: Herogasm (2009) 4
Cover von **DARICK ROBERTSON**

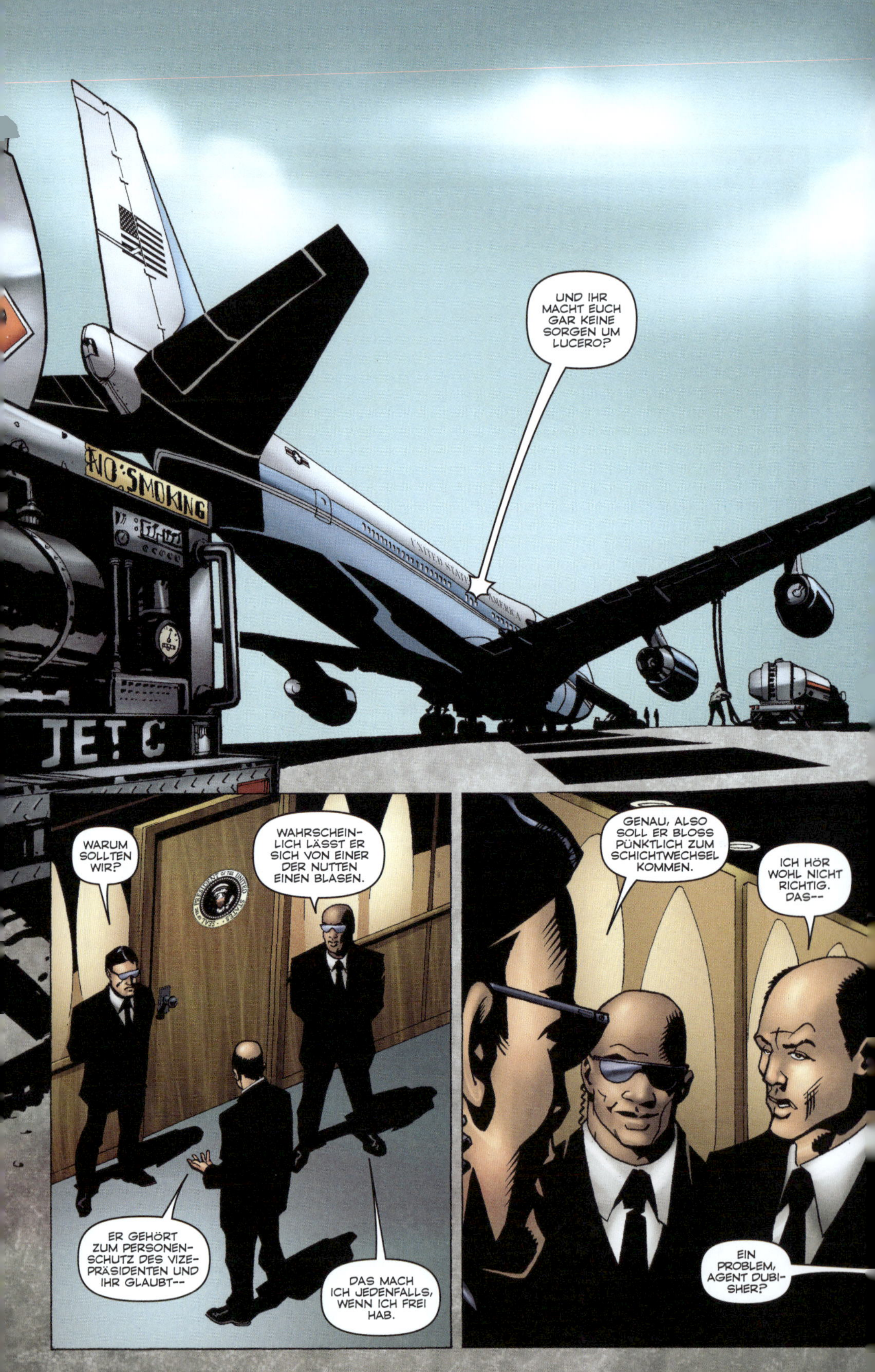

NO SMOKING
JET C
UND IHR MACHT EUCH GAR KEINE SORGEN UM LUCERO?
WARUM SOLLTEN WIR?
WAHRSCHEIN-LICH LÄSST ER SICH VON EINER DER NUTTEN EINEN BLASEN.
ER GEHÖRT ZUM PERSONEN-SCHUTZ DES VIZE-PRÄSIDENTEN UND IHR GLAUBT--
DAS MACH ICH JEDENFALLS, WENN ICH FREI HAB.
GENAU, ALSO SOLL ER BLOSS PÜNKTLICH ZUM SCHICHTWECHSEL KOMMEN.
ICH HÖR WOHL NICHT RICHTIG. DAS--
EIN PROBLEM, AGENT DUBI-SHER?

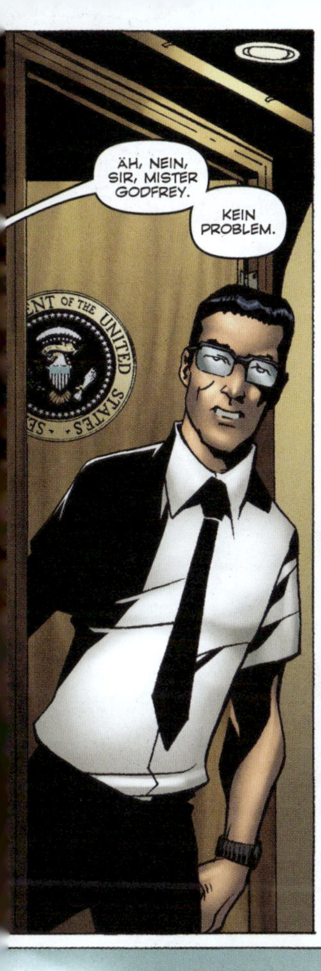
ÄH, NEIN, SIR, MISTER GODFREY.
KEIN PROBLEM.

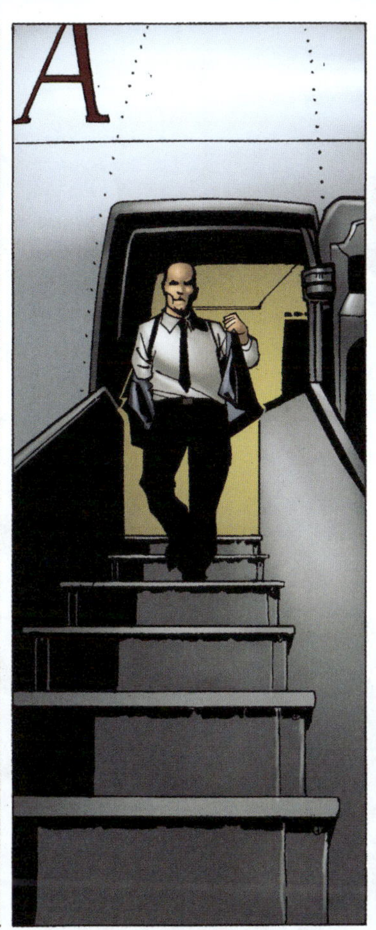
A

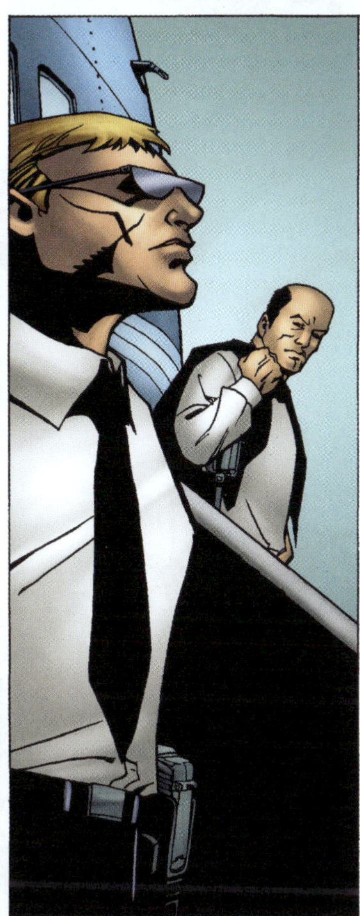

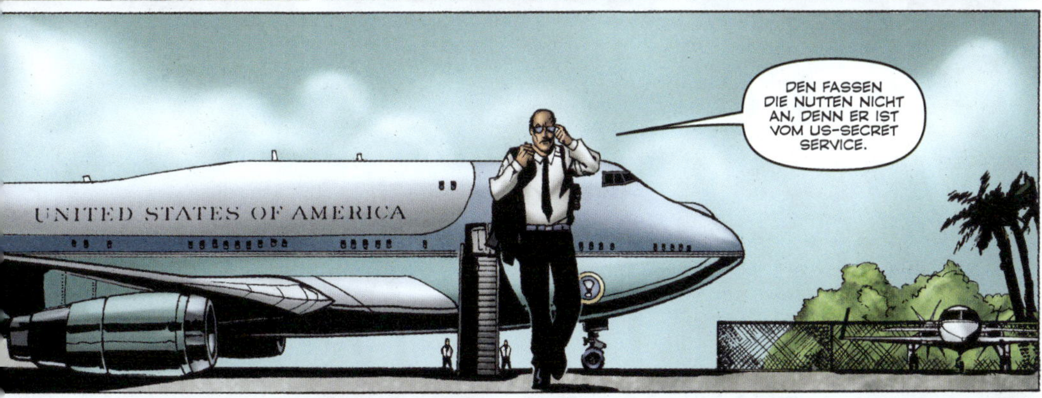
DEN FASSEN DIE NUTTEN NICHT AN, DENN ER IST VOM US-SECRET SERVICE.
UNITED STATES OF AMERICA

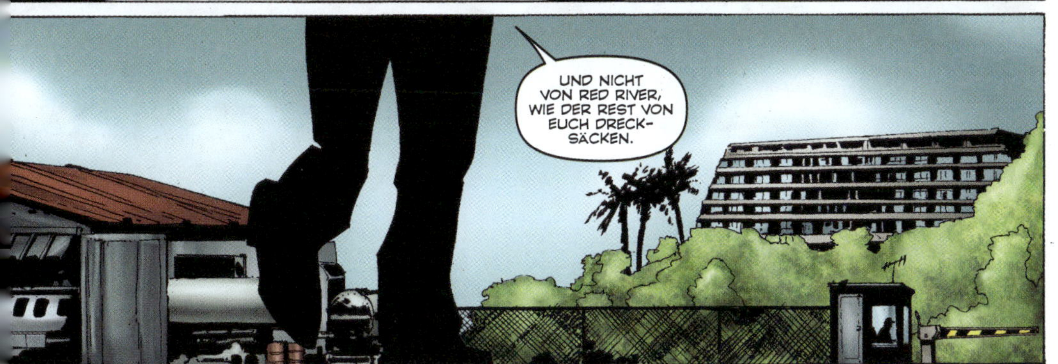
UND NICHT VON RED RIVER, WIE DER REST VON EUCH DRECK-SÄCKEN.

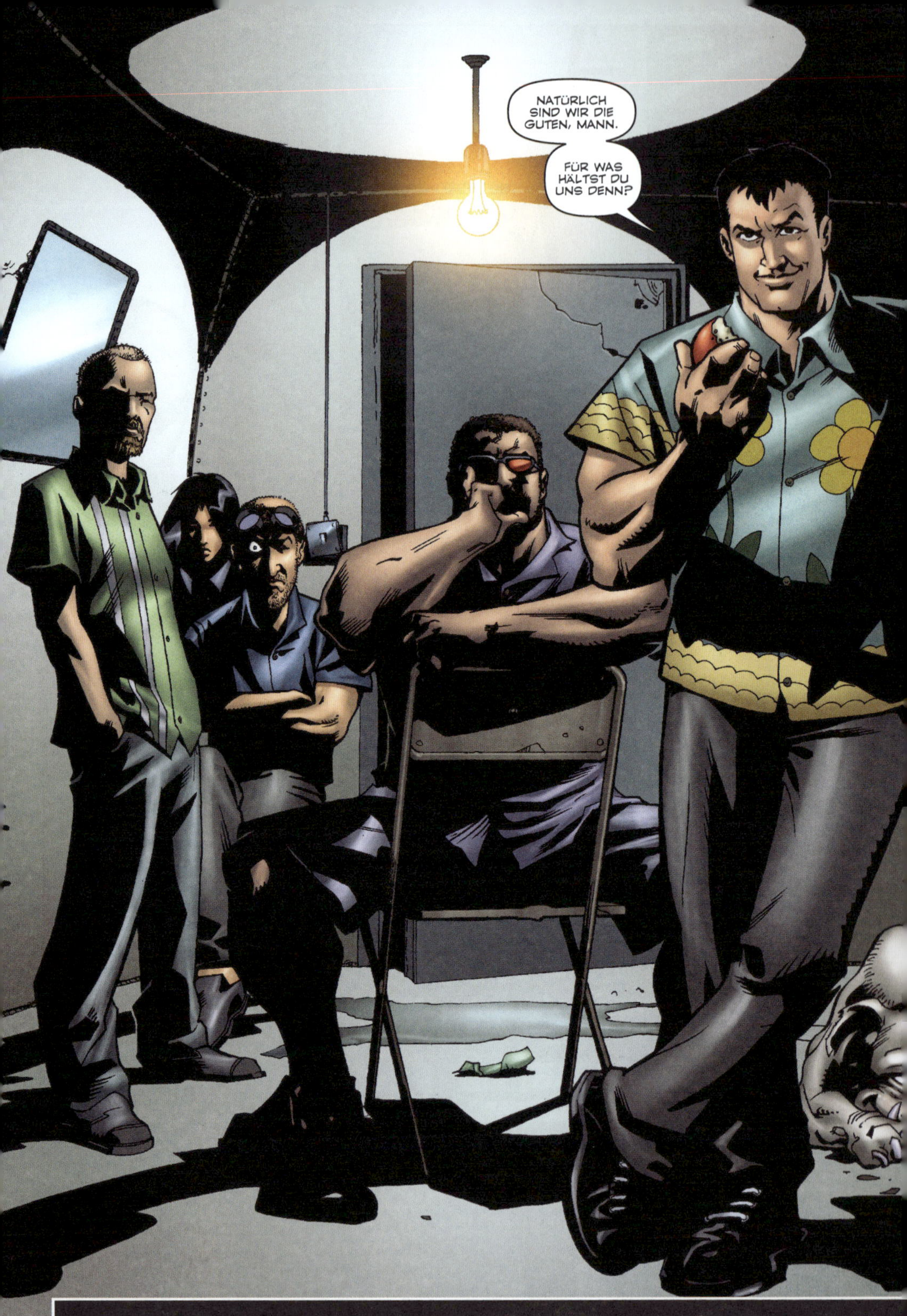

4: SPARTA

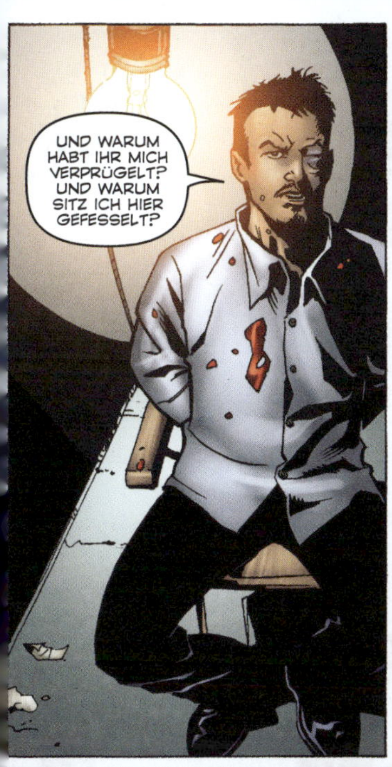
UND WARUM HABT IHR MICH VERPRÜGELT? UND WARUM SITZ ICH HIER GEFESSELT?

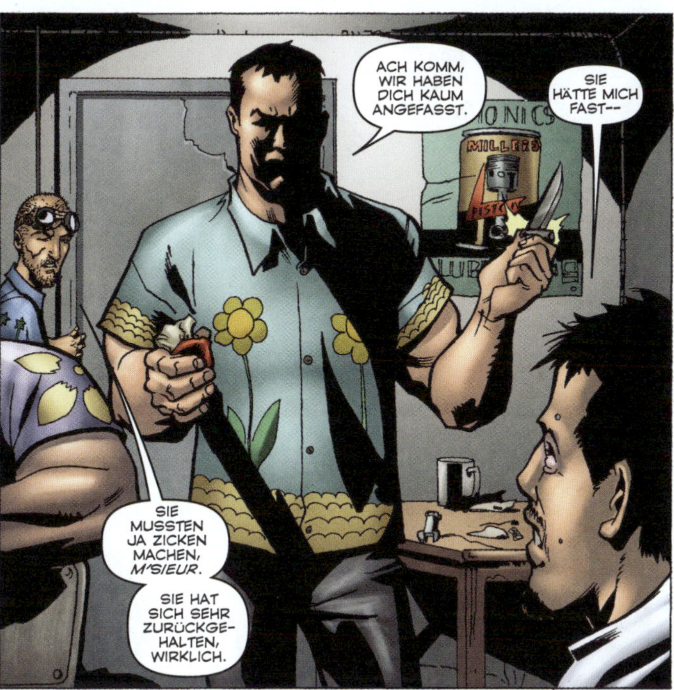
ACH KOMM, WIR HABEN DICH KAUM ANGEFASST.
SIE HÄTTE MICH FAST--
SIE MUSSTEN JA ZICKEN MACHEN, *M'SIEUR*.
SIE HAT SICH SEHR ZURÜCKGEHALTEN, WIRKLICH.

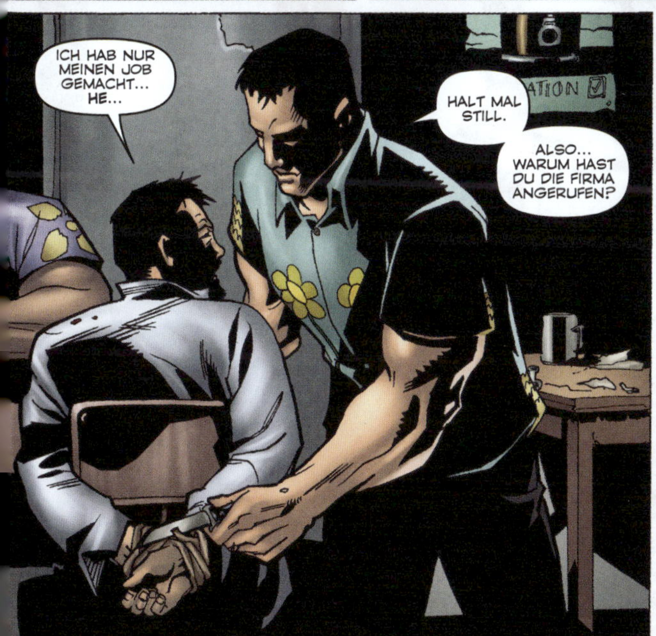
ICH HAB NUR MEINEN JOB GEMACHT... HE...
HALT MAL STILL.
ALSO... WARUM HAST DU DIE FIRMA ANGERUFEN?

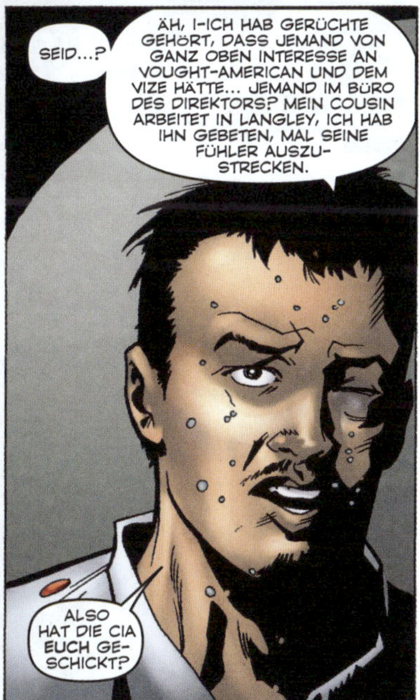
SEID...?
ÄH, I-ICH HAB GERÜCHTE GEHÖRT, DASS JEMAND VON GANZ OBEN INTERESSE AN VOUGHT-AMERICAN UND DEM VIZE HÄTTE... JEMAND IM BÜRO DES DIREKTORS? MEIN COUSIN ARBEITET IN LANGLEY, ICH HAB IHN GEBETEN, MAL SEINE FÜHLER AUSZUSTRECKEN.
ALSO HAT DIE CIA EUCH GESCHICKT?

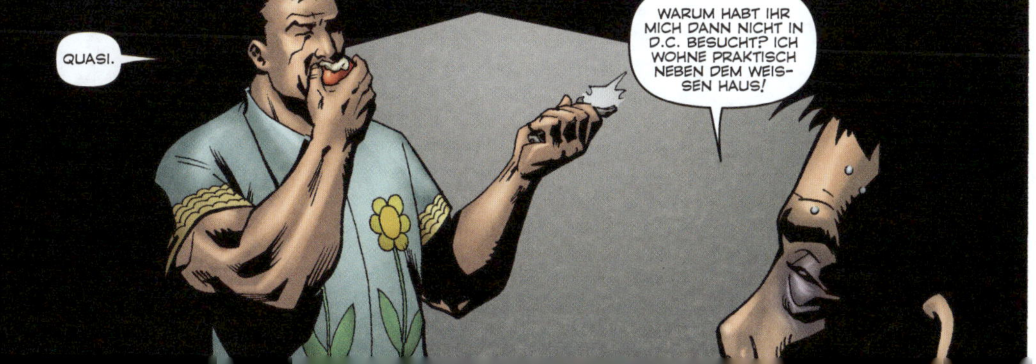
QUASI.
WARUM HABT IHR MICH DANN NICHT IN D.C. BESUCHT? ICH WOHNE PRAKTISCH NEBEN DEM WEISSEN HAUS!

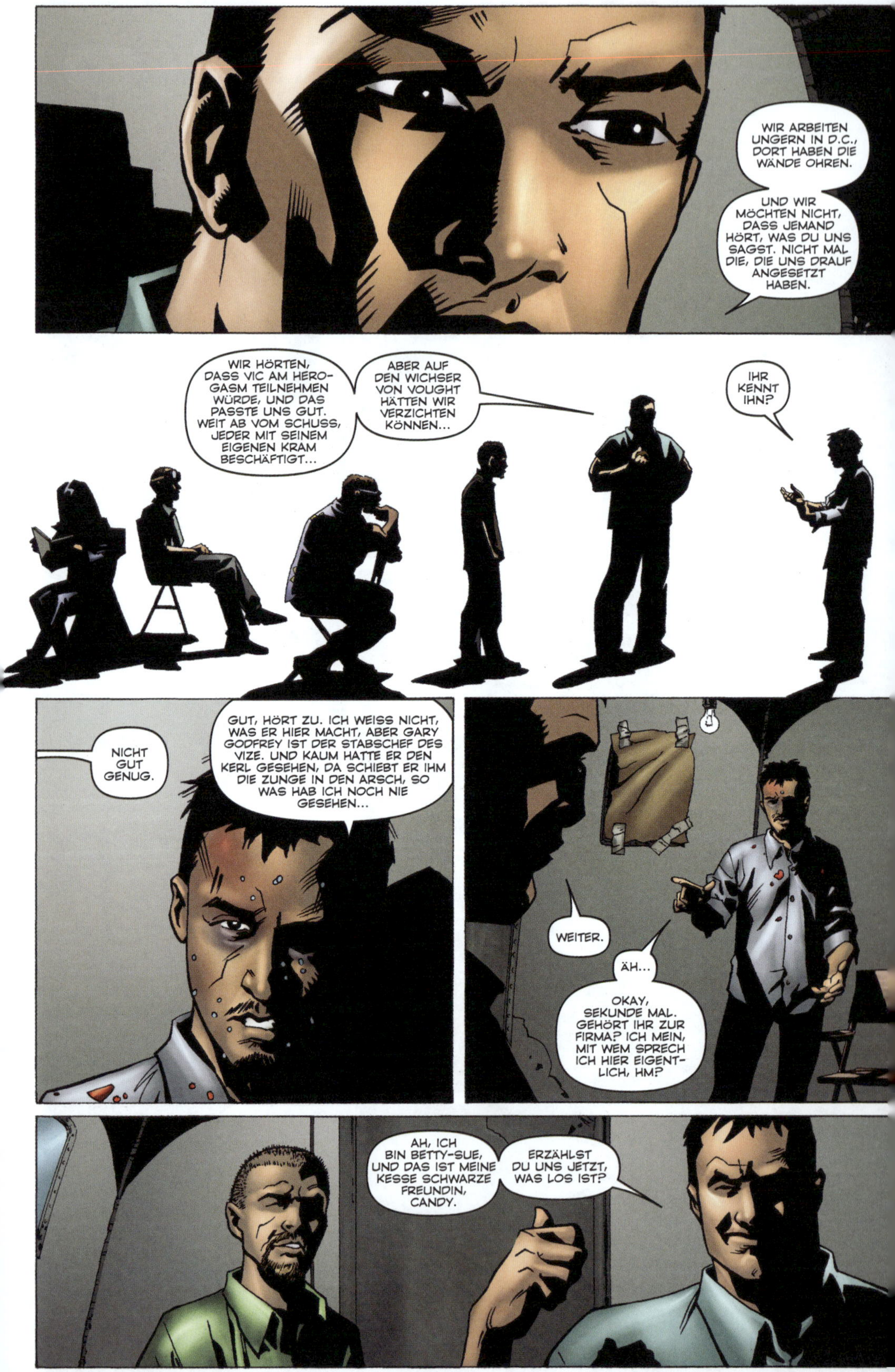

WIR ARBEITEN UNGERN IN D.C., DORT HABEN DIE WÄNDE OHREN.
UND WIR MÖCHTEN NICHT, DASS JEMAND HÖRT, WAS DU UNS SAGST. NICHT MAL DIE, DIE UNS DRAUF ANGESETZT HABEN.

WIR HÖRTEN, DASS VIC AM HERO-GASM TEILNEHMEN WÜRDE, UND DAS PASSTE UNS GUT. WEIT AB VOM SCHUSS, JEDER MIT SEINEM EIGENEN KRAM BESCHÄFTIGT...
ABER AUF DEN WICHSER VON VOUGHT HÄTTEN WIR VERZICHTEN KÖNNEN...
IHR KENNT IHN?

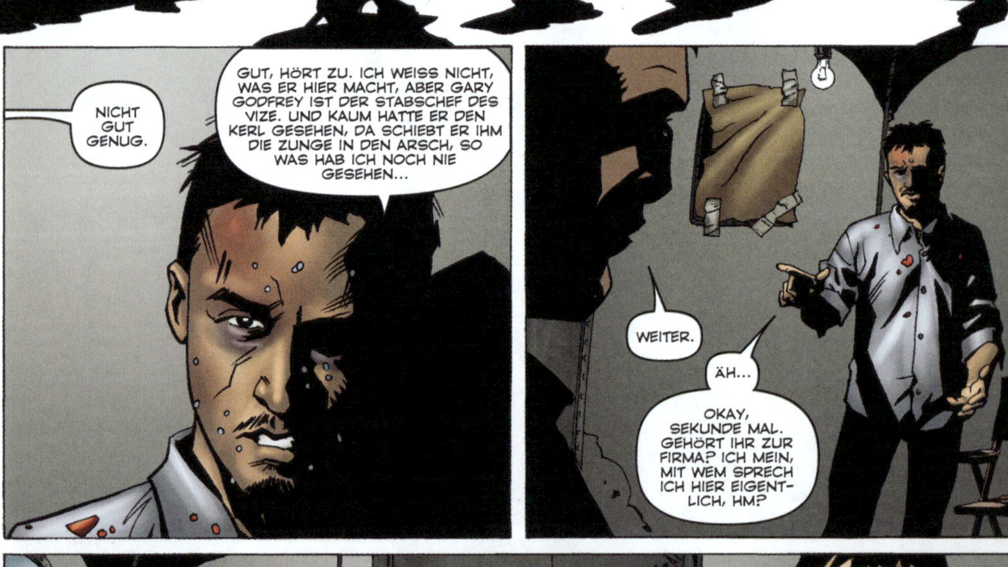

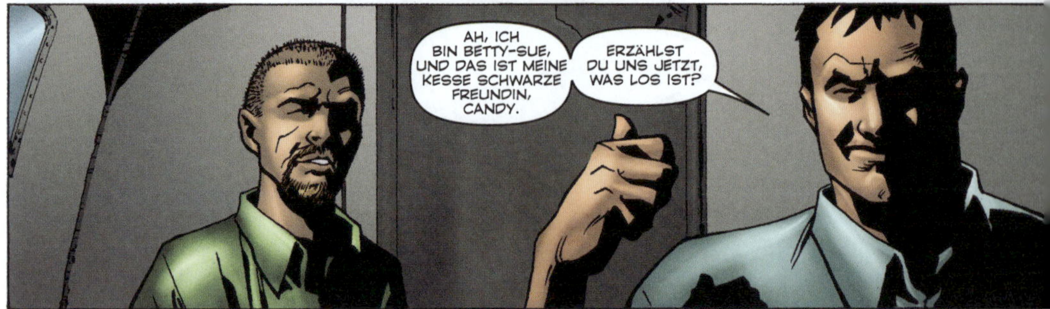

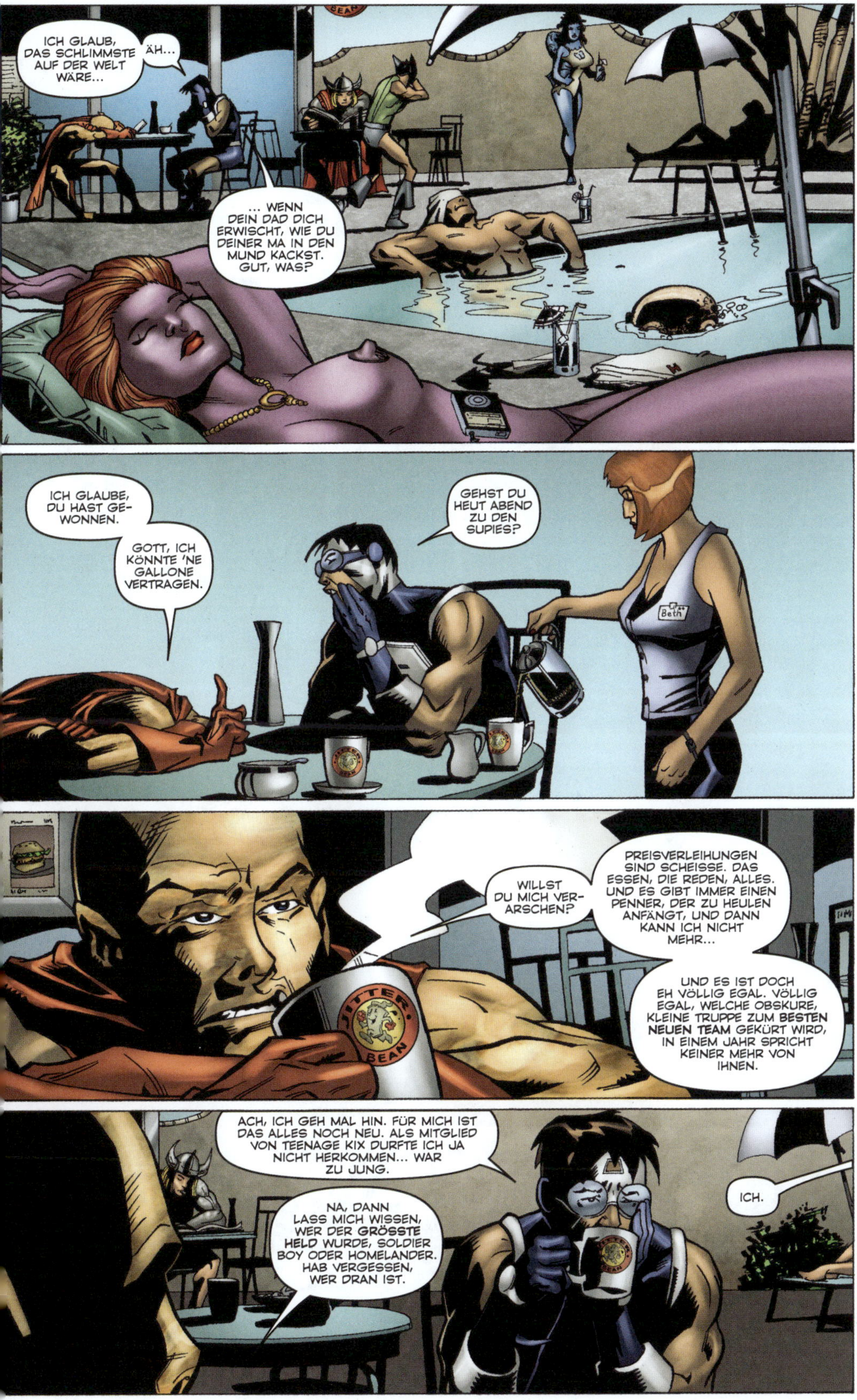

ICH GLAUB, DAS SCHLIMMSTE AUF DER WELT WÄRE...
ÄH...
... WENN DEIN DAD DICH ERWISCHT, WIE DU DEINER MA IN DEN MUND KACKST. GUT, WAS?

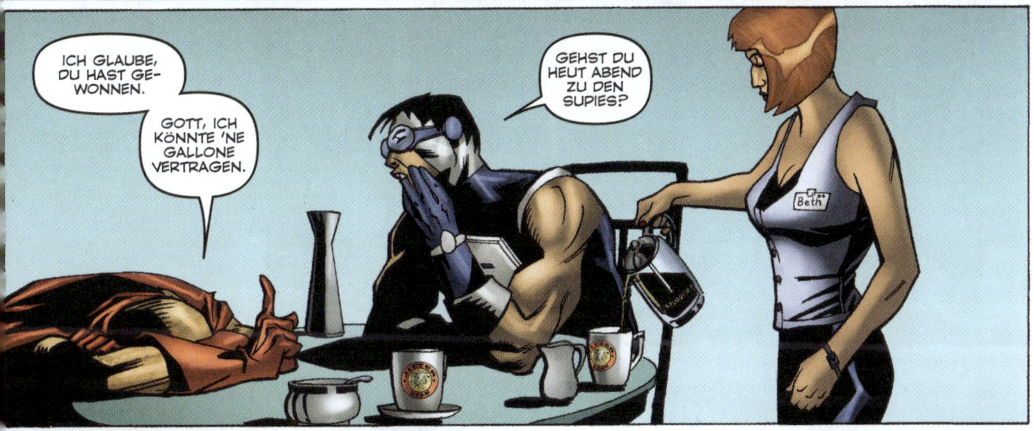
ICH GLAUBE, DU HAST GE-WONNEN.
GOTT, ICH KÖNNTE 'NE GALLONE VERTRAGEN.
GEHST DU HEUT ABEND ZU DEN SUPIES?
Beth

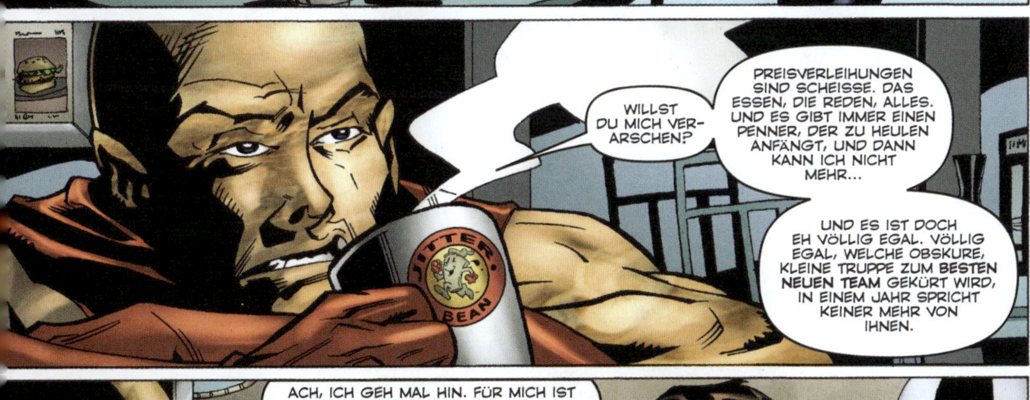
WILLST DU MICH VER-ARSCHEN?
PREISVERLEIHUNGEN SIND SCHEISSE. DAS ESSEN, DIE REDEN, ALLES. UND ES GIBT IMMER EINEN PENNER, DER ZU HEULEN ANFÄNGT, UND DANN KANN ICH NICHT MEHR...
UND ES IST DOCH EH VÖLLIG EGAL. VÖLLIG EGAL, WELCHE OBSKURE, KLEINE TRUPPE ZUM **BESTEN NEUEN TEAM** GEKÜRT WIRD, IN EINEM JAHR SPRICHT KEINER MEHR VON IHNEN.
JITTER BEAN

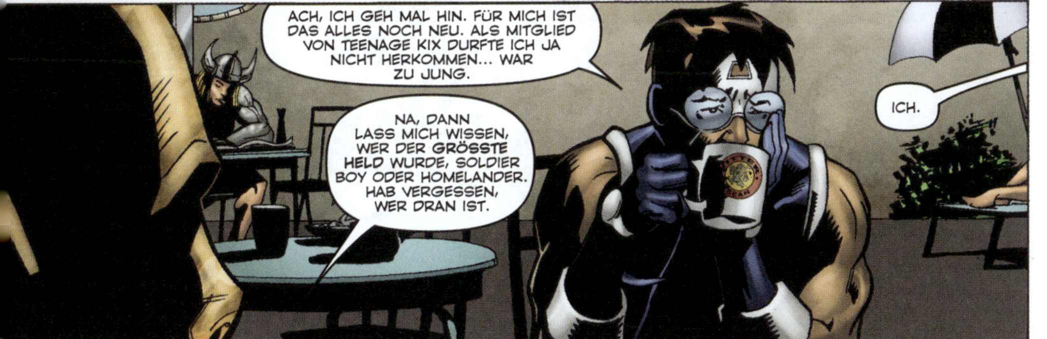
ACH, ICH GEH MAL HIN. FÜR MICH IST DAS ALLES NOCH NEU. ALS MITGLIED VON TEENAGE KIX DURFTE ICH JA NICHT HERKOMMEN... WAR ZU JUNG.
NA, DANN LASS MICH WISSEN, WER DER **GRÖSSTE HELD** WURDE, SOLDIER BOY ODER HOMELANDER. HAB VERGESSEN, WER DRAN IST.
ICH.

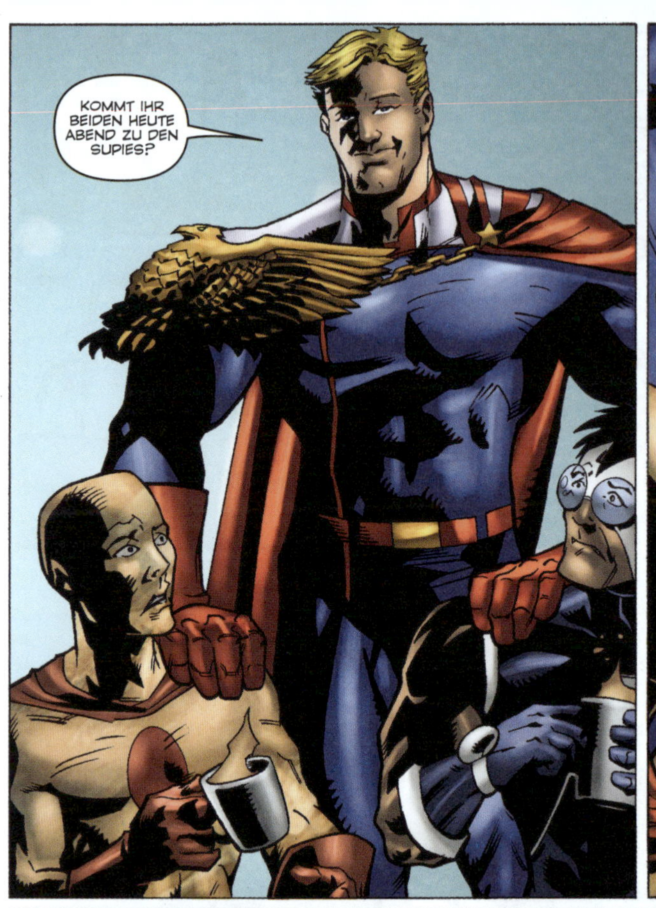
KOMMT IHR BEIDEN HEUTE ABEND ZU DEN SUPIES?

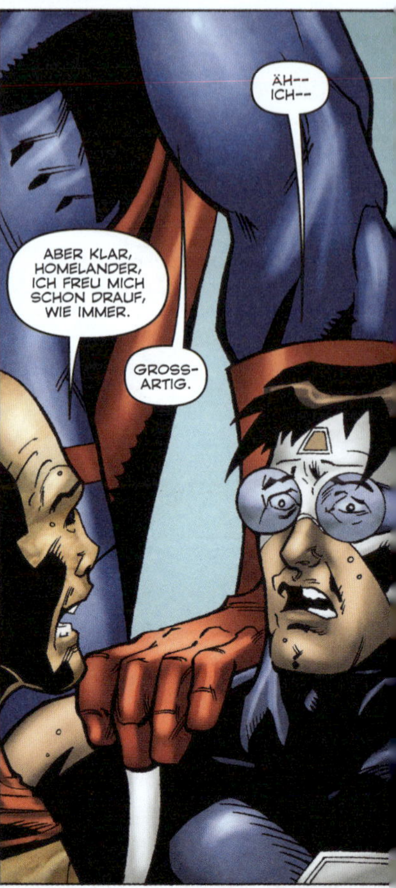
ÄH-- ICH--
ABER KLAR, HOMELANDER, ICH FREU MICH SCHON DRAUF, WIE IMMER.
GROSS-ARTIG.

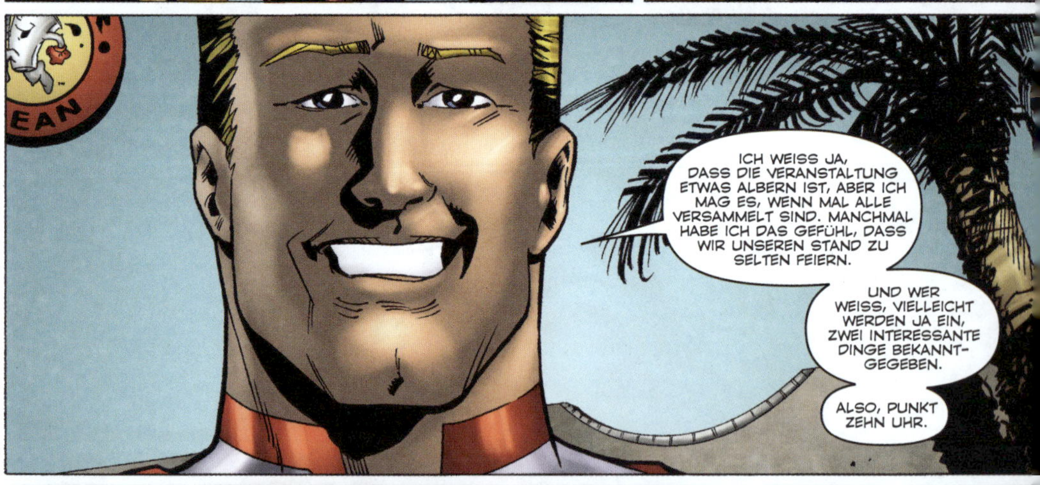
ICH WEISS JA, DASS DIE VERANSTALTUNG ETWAS ALBERN IST, ABER ICH MAG ES, WENN MAL ALLE VERSAMMELT SIND. MANCHMAL HABE ICH DAS GEFÜHL, DASS WIR UNSEREN STAND ZU SELTEN FEIERN.
UND WER WEISS, VIELLEICHT WERDEN JA EIN, ZWEI INTERESSANTE DINGE BEKANNT-GEGEBEN.
ALSO, PUNKT ZEHN UHR.

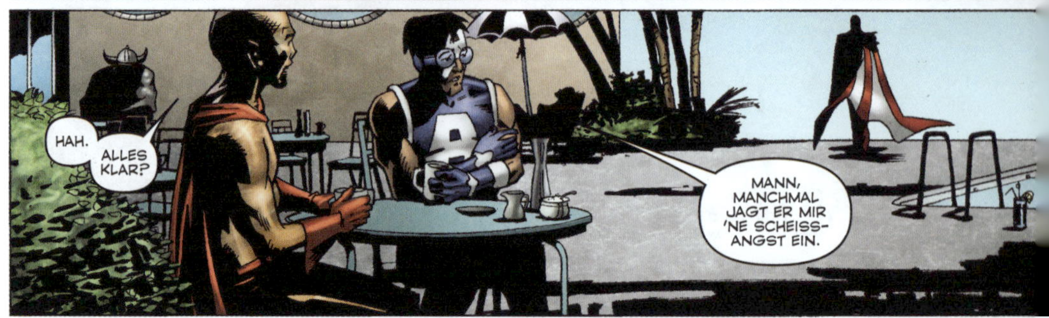
MANN, MANCHMAL JAGT ER MIR 'NE SCHEISS-ANGST EIN.
HAH.
ALLES KLAR?

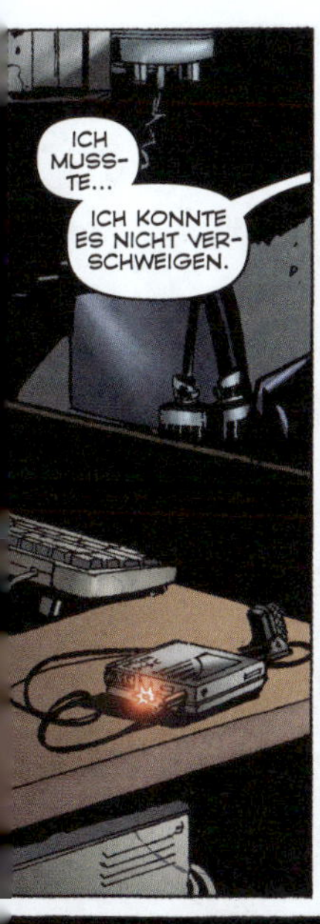
ICH MUSS-TE...
ICH KONNTE ES NICHT VER-SCHWEIGEN.

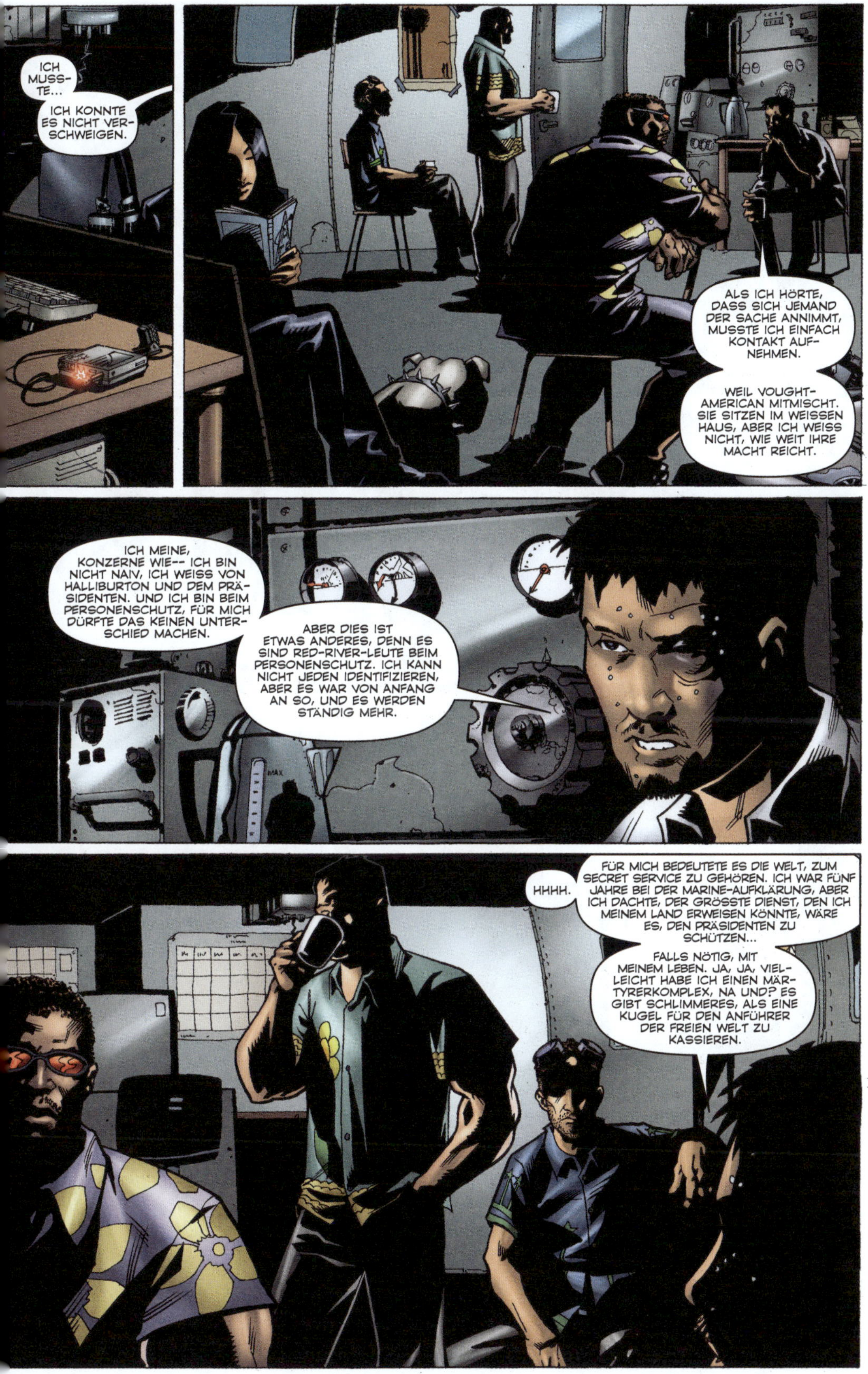

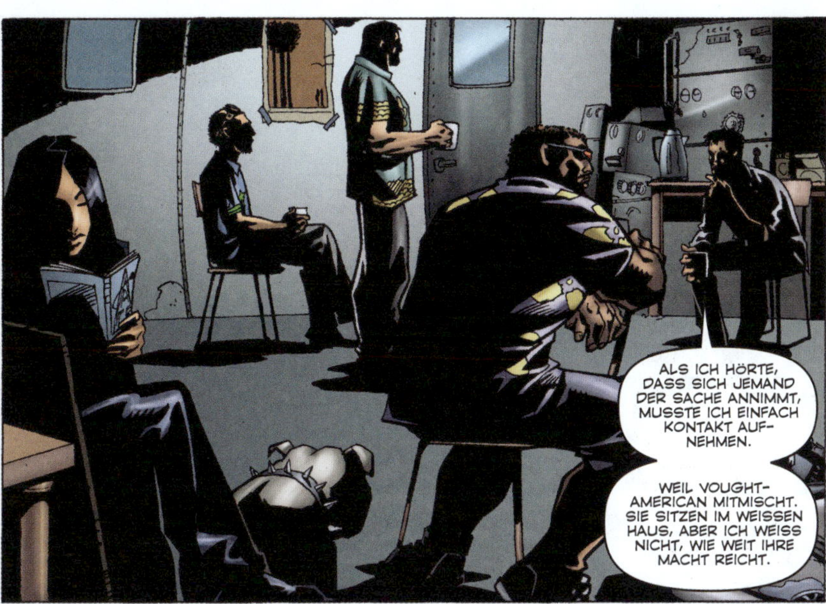
ALS ICH HÖRTE, DASS SICH JEMAND DER SACHE ANNIMMT, MUSSTE ICH EINFACH KONTAKT AUF-NEHMEN.
WEIL VOUGHT-AMERICAN MITMISCHT. SIE SITZEN IM WEISSEN HAUS, ABER ICH WEISS NICHT, WIE WEIT IHRE MACHT REICHT.

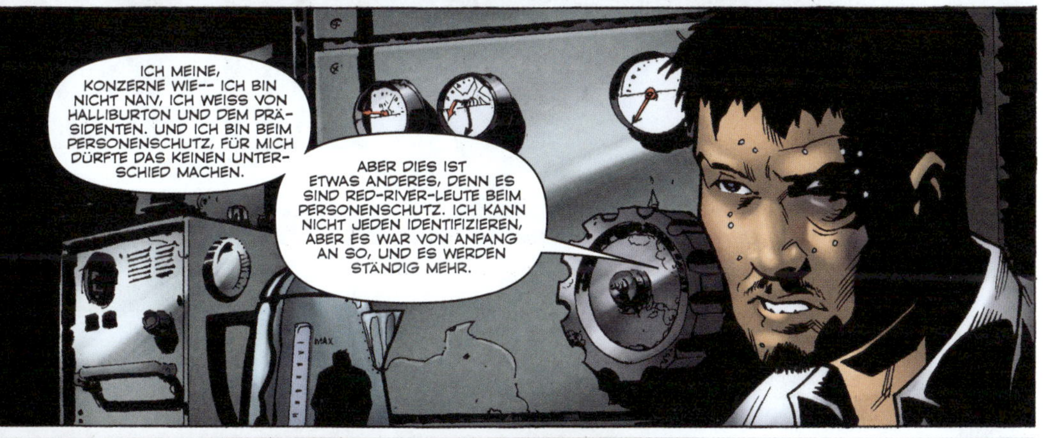
ICH MEINE, KONZERNE WIE-- ICH BIN NICHT NAIV, ICH WEISS VON HALLIBURTON UND DEM PRÄ-SIDENTEN. UND ICH BIN BEIM PERSONENSCHUTZ, FÜR MICH DÜRFTE DAS KEINEN UNTER-SCHIED MACHEN.
ABER DIES IST ETWAS ANDERES, DENN ES SIND RED-RIVER-LEUTE BEIM PERSONENSCHUTZ. ICH KANN NICHT JEDEN IDENTIFIZIEREN, ABER ES WAR VON ANFANG AN SO, UND ES WERDEN STÄNDIG MEHR.

HHHH.
FÜR MICH BEDEUTETE ES DIE WELT, ZUM SECRET SERVICE ZU GEHÖREN. ICH WAR FÜNF JAHRE BEI DER MARINE-AUFKLÄRUNG, ABER ICH DACHTE, DER GRÖSSTE DIENST, DEN ICH MEINEM LAND ERWEISEN KÖNNTE, WÄRE ES, DEN PRÄSIDENTEN ZU SCHÜTZEN...
FALLS NÖTIG, MIT MEINEM LEBEN. JA, JA, VIEL-LEICHT HABE ICH EINEN MÄR-TYRERKOMPLEX, NA UND? ES GIBT SCHLIMMERES, ALS EINE KUGEL FÜR DEN ANFÜHRER DER FREIEN WELT ZU KASSIEREN.

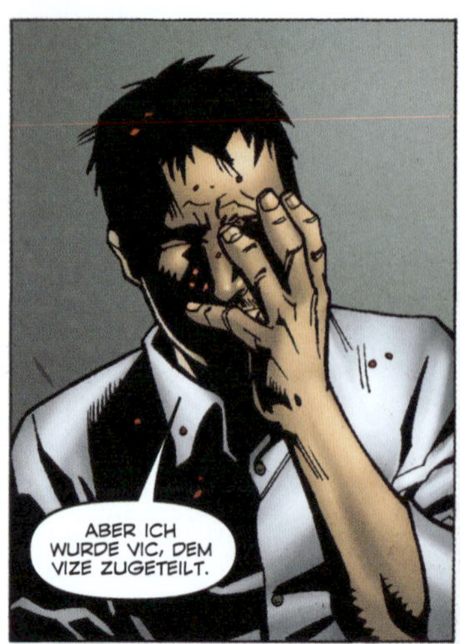
ABER ICH WURDE VIC, DEM VIZE ZUGETEILT.

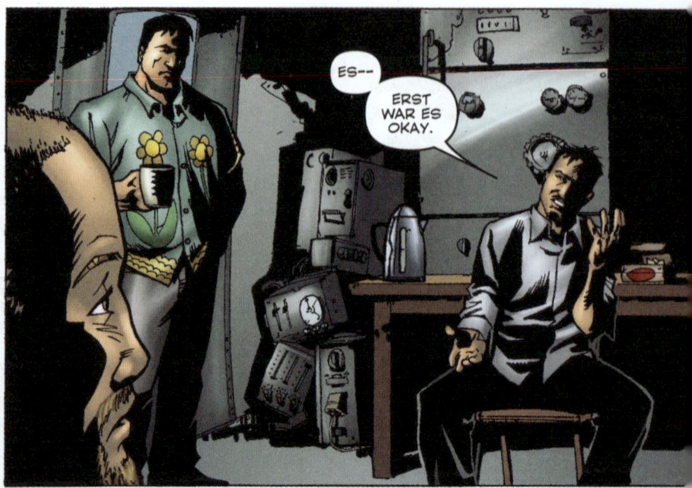
ES--
ERST WAR ES OKAY.

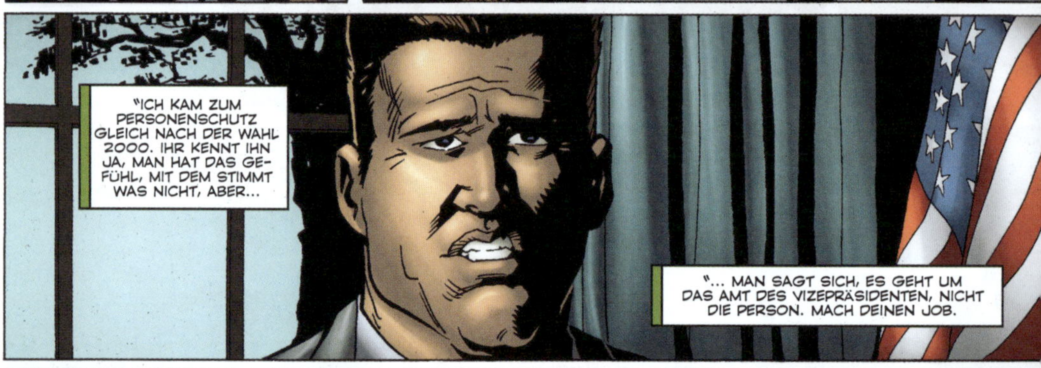
"ICH KAM ZUM PERSONENSCHUTZ GLEICH NACH DER WAHL 2000. IHR KENNT IHN JA, MAN HAT DAS GEFÜHL, MIT DEM STIMMT WAS NICHT, ABER...
"... MAN SAGT SICH, ES GEHT UM DAS AMT DES VIZEPRÄSIDENTEN, NICHT DIE PERSON. MACH DEINEN JOB.

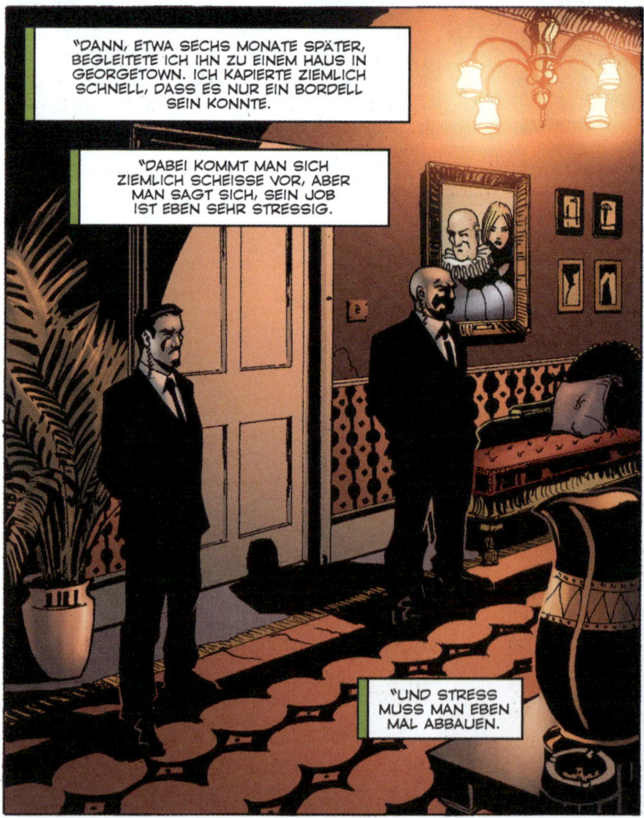
"DANN, ETWA SECHS MONATE SPÄTER, BEGLEITETE ICH IHN ZU EINEM HAUS IN GEORGETOWN. ICH KAPIERTE ZIEMLICH SCHNELL, DASS ES NUR EIN BORDELL SEIN KONNTE.
"DABEI KOMMT MAN SICH ZIEMLICH SCHEISSE VOR, ABER MAN SAGT SICH, SEIN JOB IST EBEN SEHR STRESSIG.
"UND STRESS MUSS MAN EBEN MAL ABBAUEN.

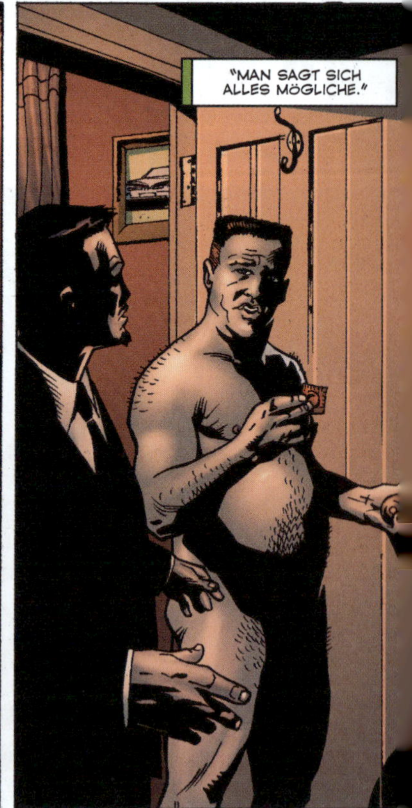
"MAN SAGT SICH ALLES MÖGLICHE."

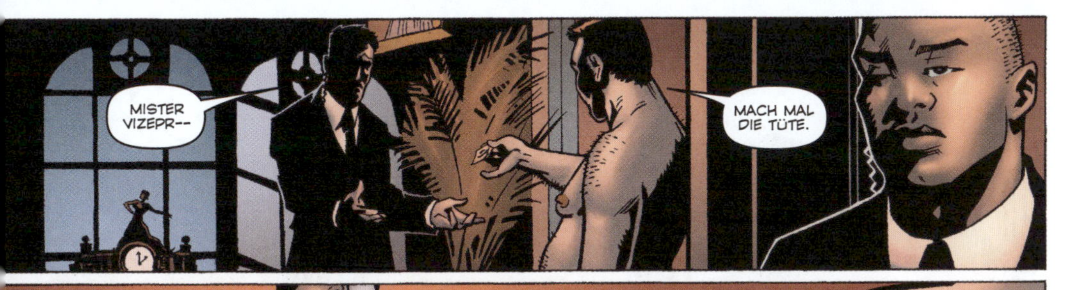
MISTER VIZEPR--
MACH MAL DIE TÜTE.

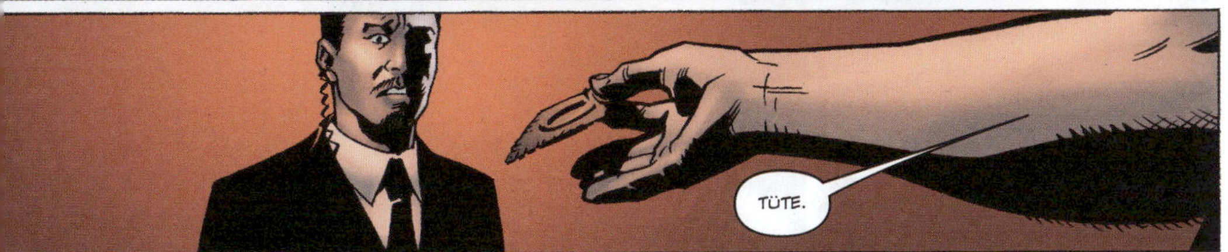
TÜTE.

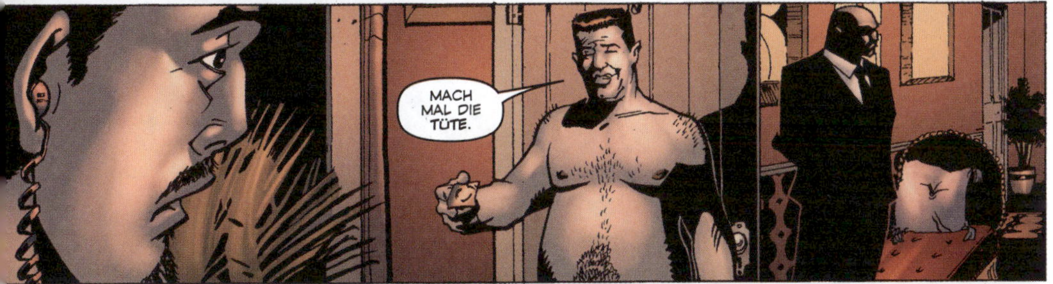
MACH MAL DIE TÜTE.

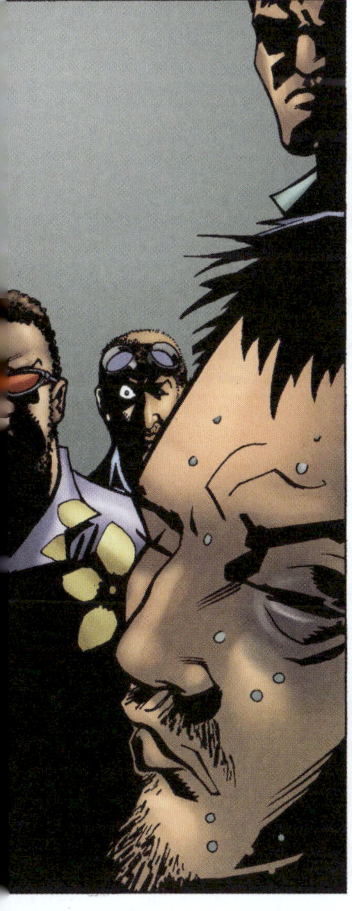

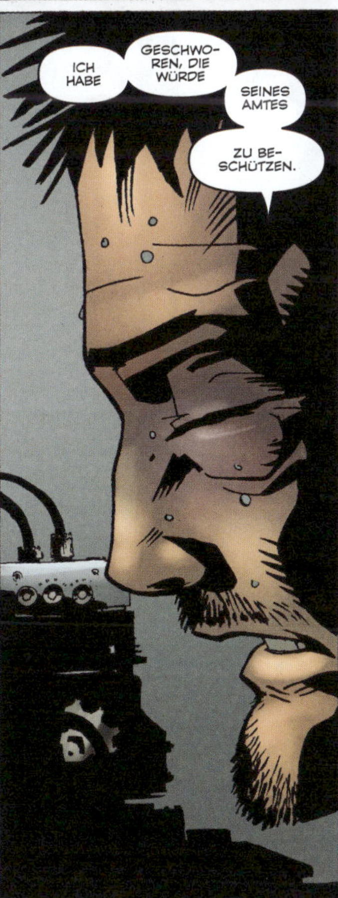
ICH HABE
GESCHWOREN, DIE WÜRDE
SEINES AMTES
ZU BESCHÜTZEN.

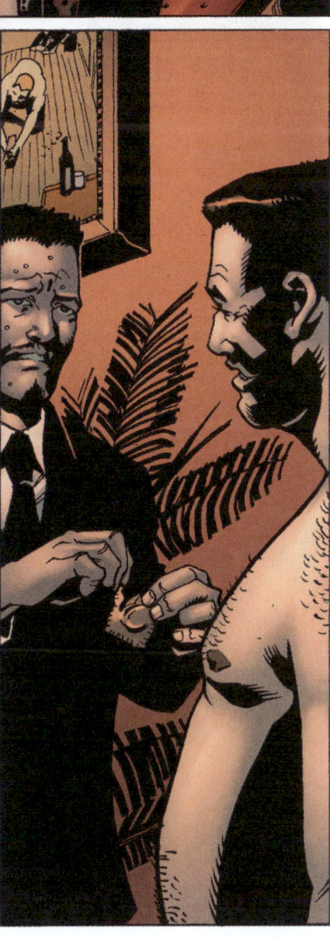

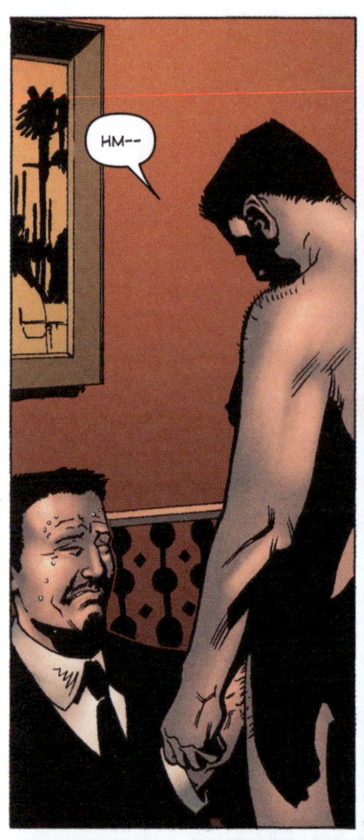
HM--
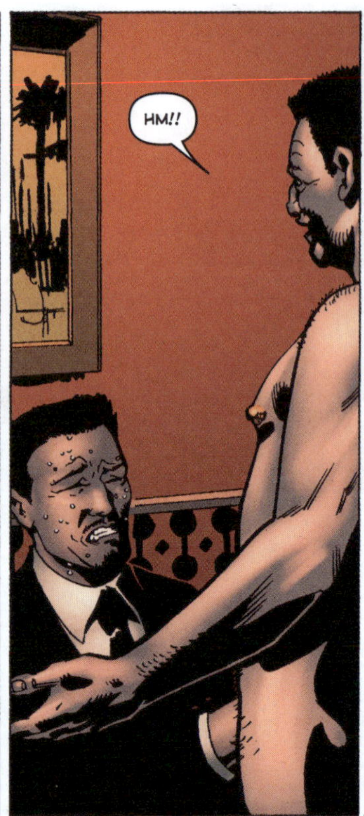
HM!!
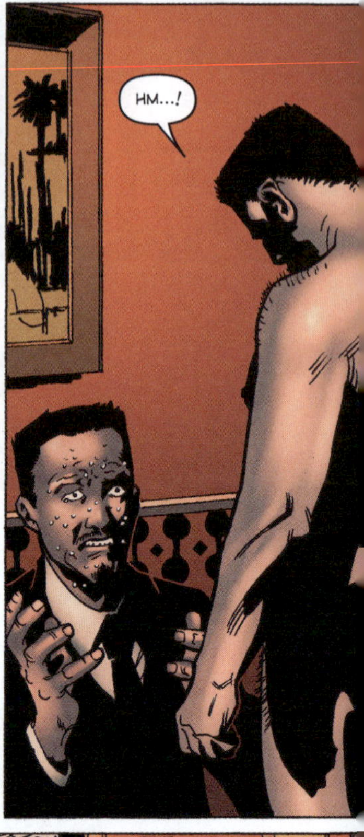
HM...!
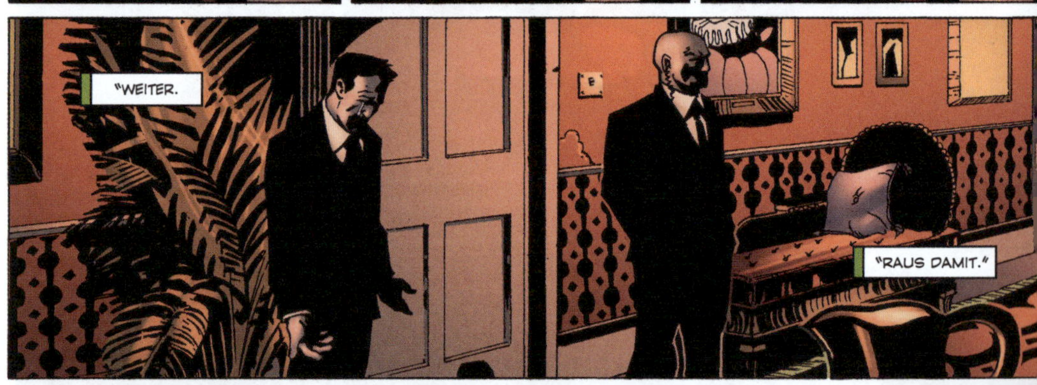
"WEITER.
"RAUS DAMIT."
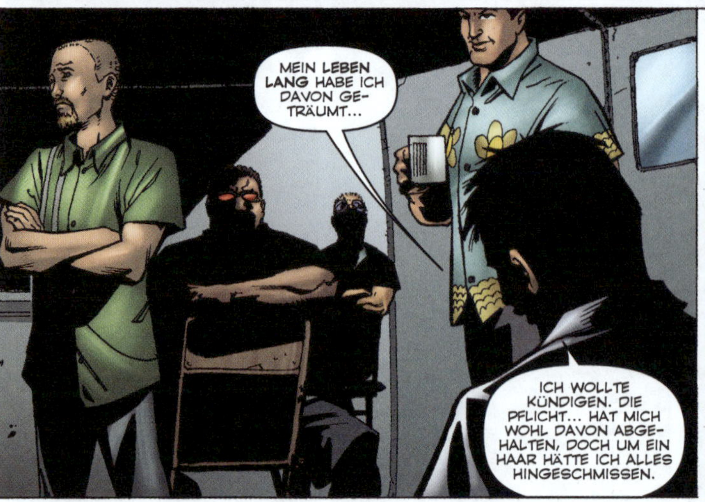
MEIN LEBEN LANG HABE ICH DAVON GETRÄUMT...
ICH WOLLTE KÜNDIGEN. DIE PFLICHT... HAT MICH WOHL DAVON ABGEHALTEN, DOCH UM EIN HAAR HÄTTE ICH ALLES HINGESCHMISSEN.
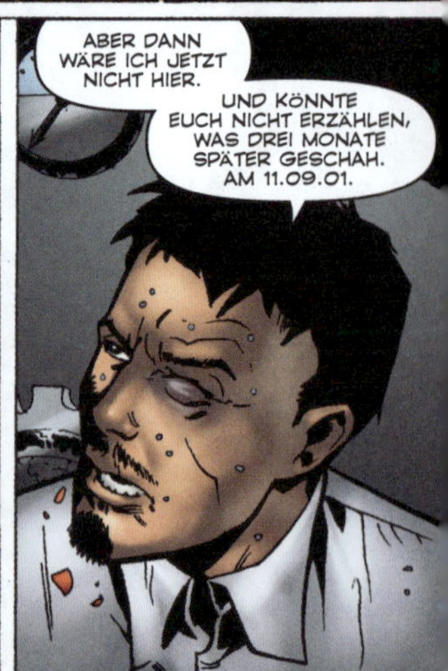
ABER DANN WÄRE ICH JETZT NICHT HIER.
UND KÖNNTE EUCH NICHT ERZÄHLEN, WAS DREI MONATE SPÄTER GESCHAH. AM 11.09.01.

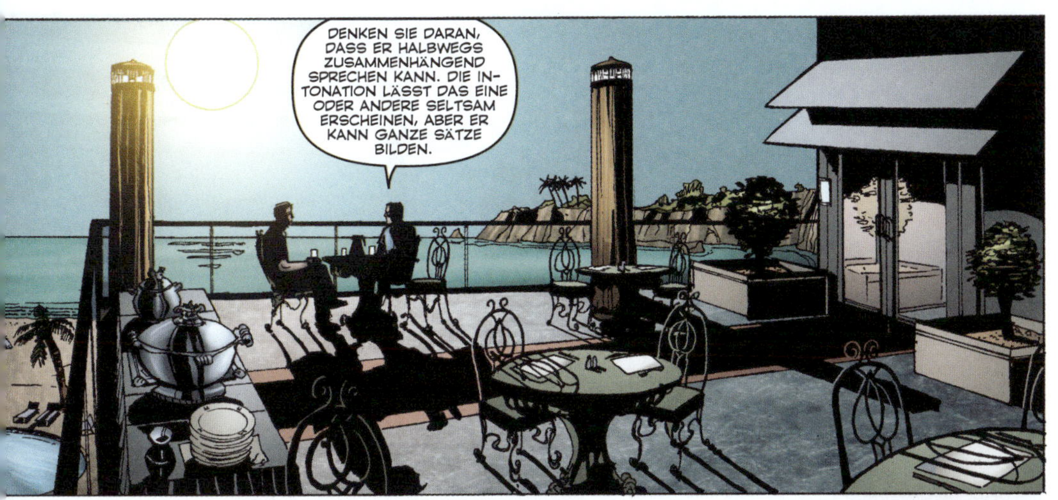
DENKEN SIE DARAN, DASS ER HALBWEGS ZUSAMMENHÄNGEND SPRECHEN KANN. DIE INTONATION LÄSST DAS EINE ODER ANDERE SELTSAM ERSCHEINEN, ABER ER KANN GANZE SÄTZE BILDEN.

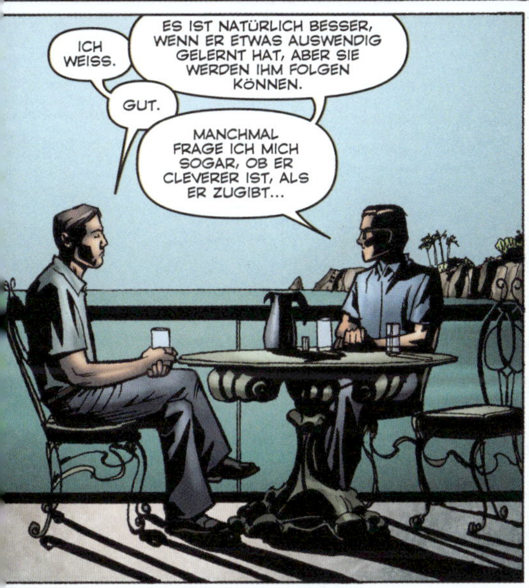
ICH WEISS.
ES IST NATÜRLICH BESSER, WENN ER ETWAS AUSWENDIG GELERNT HAT, ABER SIE WERDEN IHM FOLGEN KÖNNEN.
GUT.
MANCHMAL FRAGE ICH MICH SOGAR, OB ER CLEVERER IST, ALS ER ZUGIBT...

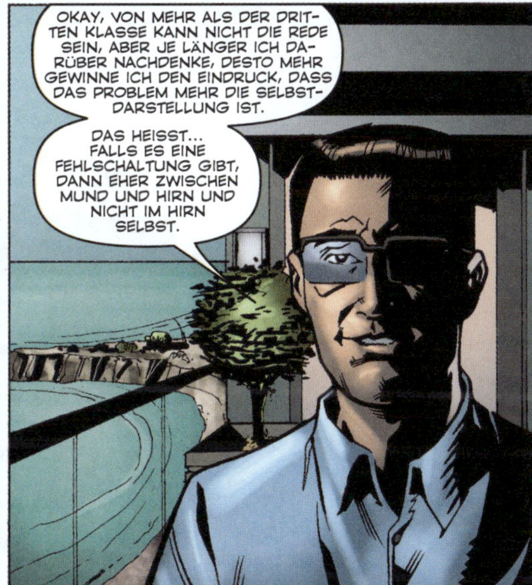
OKAY, VON MEHR ALS DER DRITTEN KLASSE KANN NICHT DIE REDE SEIN, ABER JE LÄNGER ICH DARÜBER NACHDENKE, DESTO MEHR GEWINNE ICH DEN EINDRUCK, DASS DAS PROBLEM MEHR DIE SELBSTDARSTELLUNG IST.
DAS HEISST... FALLS ES EINE FEHLSCHALTUNG GIBT, DANN EHER ZWISCHEN MUND UND HIRN UND NICHT IM HIRN SELBST.

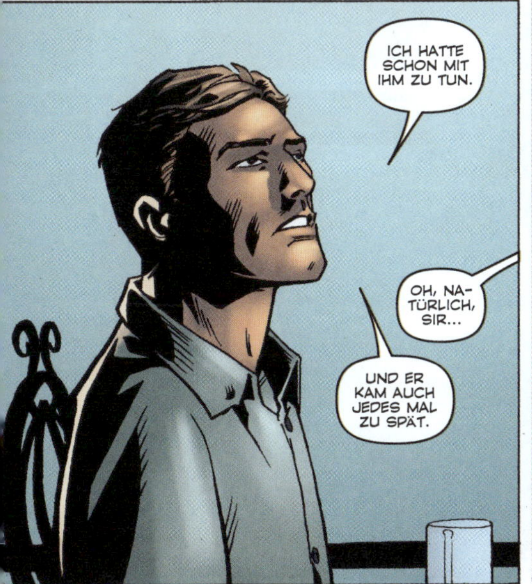
ICH HATTE SCHON MIT IHM ZU TUN.
OH, NATÜRLICH, SIR...
UND ER KAM AUCH JEDES MAL ZU SPÄT.

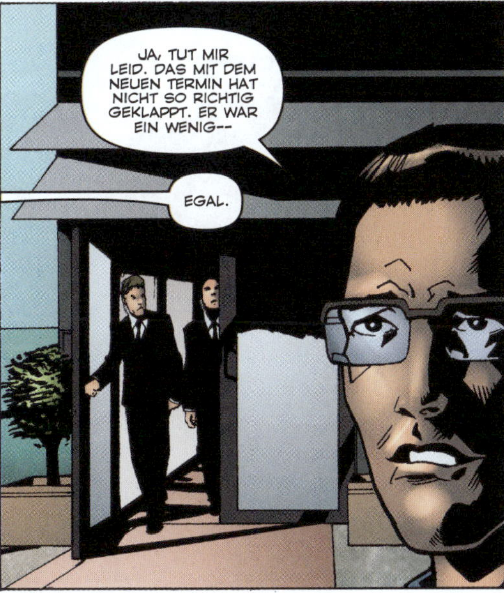
JA, TUT MIR LEID. DAS MIT DEM NEUEN TERMIN HAT NICHT SO RICHTIG GEKLAPPT. ER WAR EIN WENIG--
EGAL.

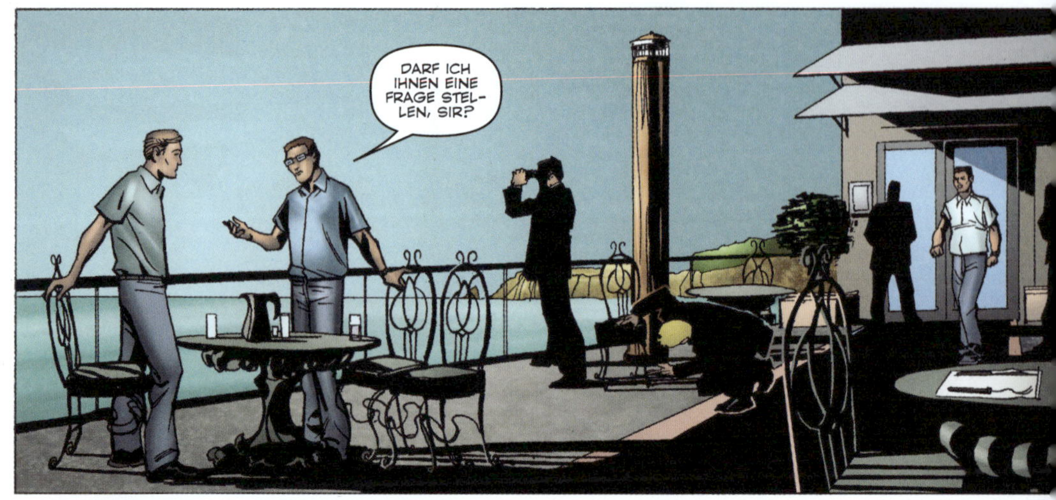
DARF ICH IHNEN EINE FRAGE STELLEN, SIR?

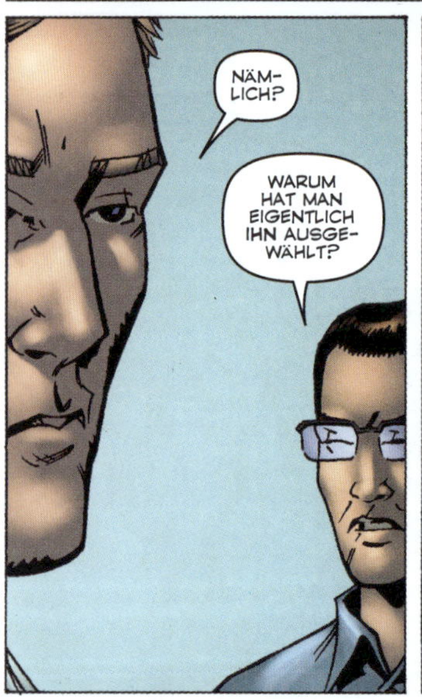
NÄMLICH?
WARUM HAT MAN EIGENTLICH IHN AUSGEWÄHLT?

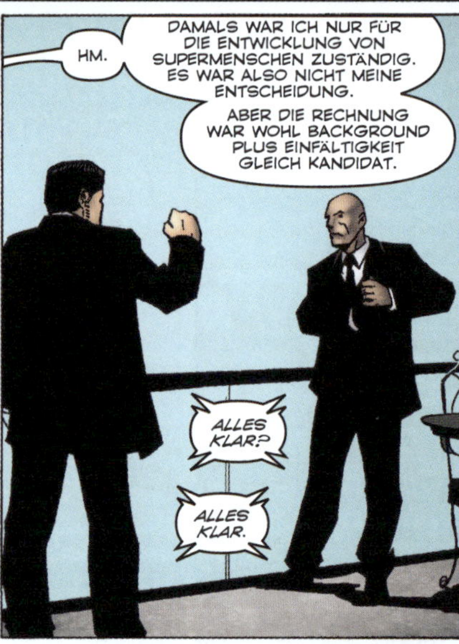
HM.
DAMALS WAR ICH NUR FÜR DIE ENTWICKLUNG VON SUPERMENSCHEN ZUSTÄNDIG. ES WAR ALSO NICHT MEINE ENTSCHEIDUNG.
ABER DIE RECHNUNG WAR WOHL BACKGROUND PLUS EINFÄLTIGKEIT GLEICH KANDIDAT.
ALLES KLAR?
ALLES KLAR.

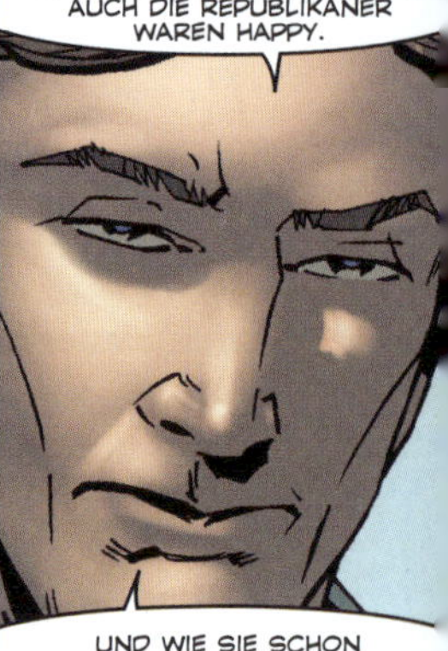
SEIN GROSSVATER ARBEITETE SCHON ZU ZEITEN DER F7U FÜR VOUGHT, SEIN VATER TAT ES IHM GLEICH UND DECKTE DIE POLITISCHE DIMENSION AB, DA ER IM SENAT SASS. SOWOHL WIR ALS AUCH DIE REPUBLIKANER WAREN HAPPY.
UND WIE SIE SCHON SAGTEN, MAN KRIEGT DATEN AUF DIE FESTPLATTE. DAMALS HIESS ES: "VIELLEICHT HABEN WIR DEN PERFEKTEN POLITIKER GEFUNDEN."

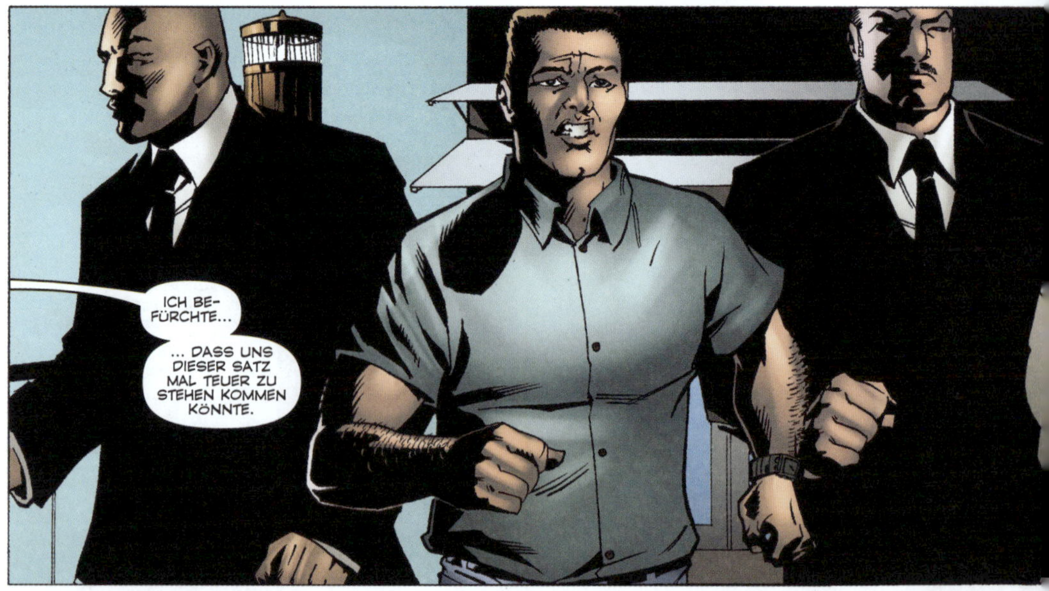
ICH BEFÜRCHTE...
... DASS UNS DIESER SATZ MAL TEUER ZU STEHEN KOMMEN KÖNNTE.

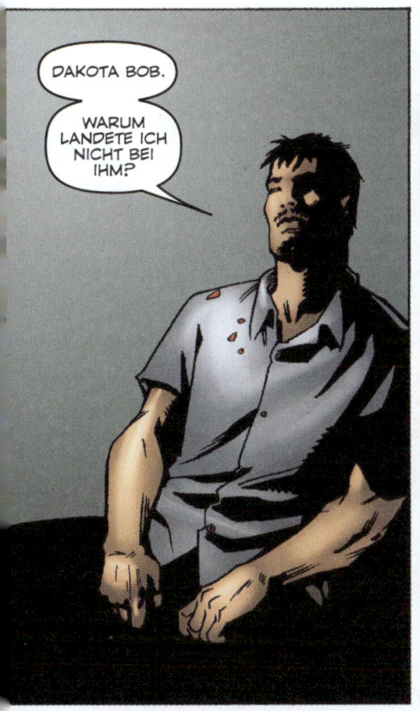

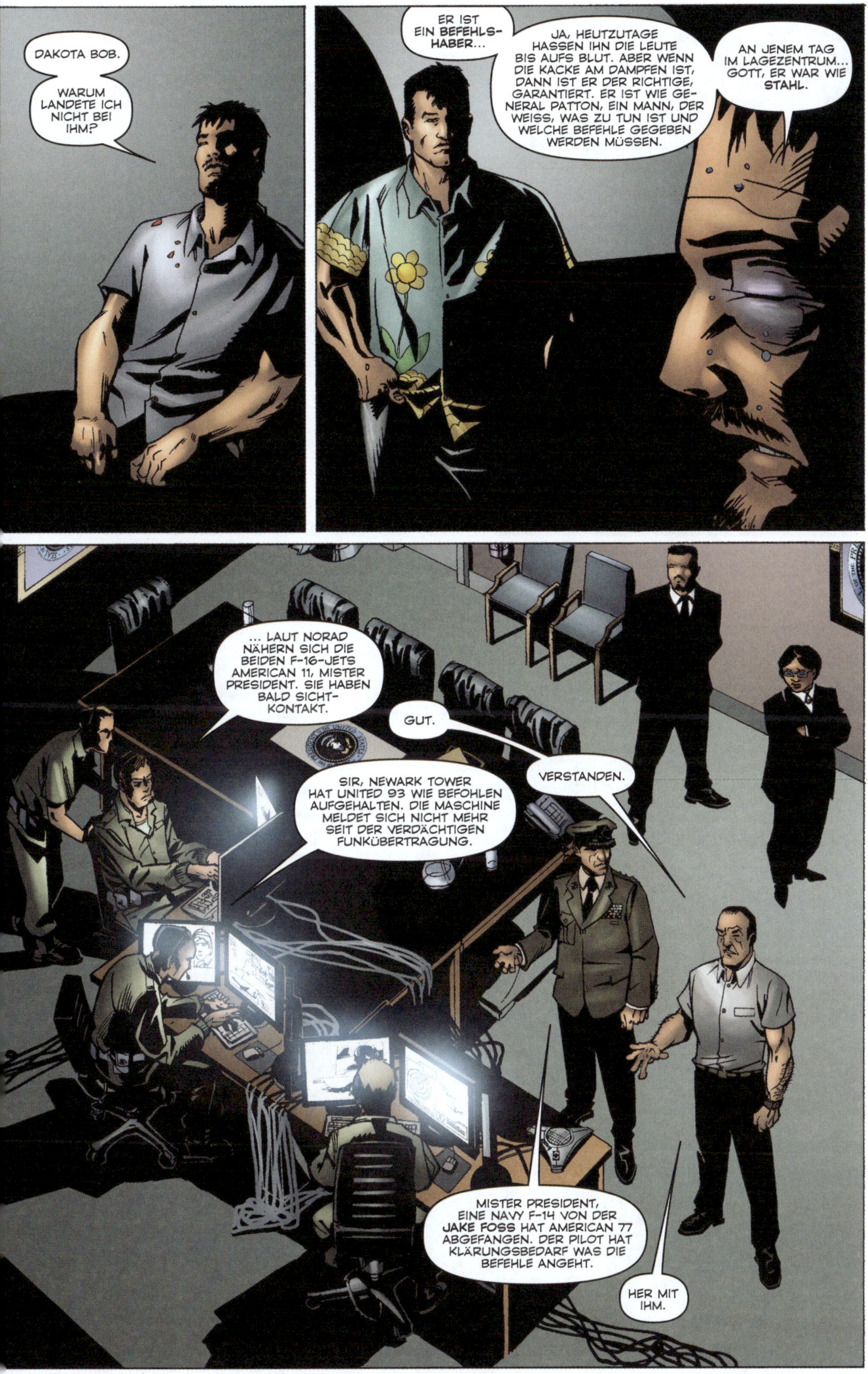

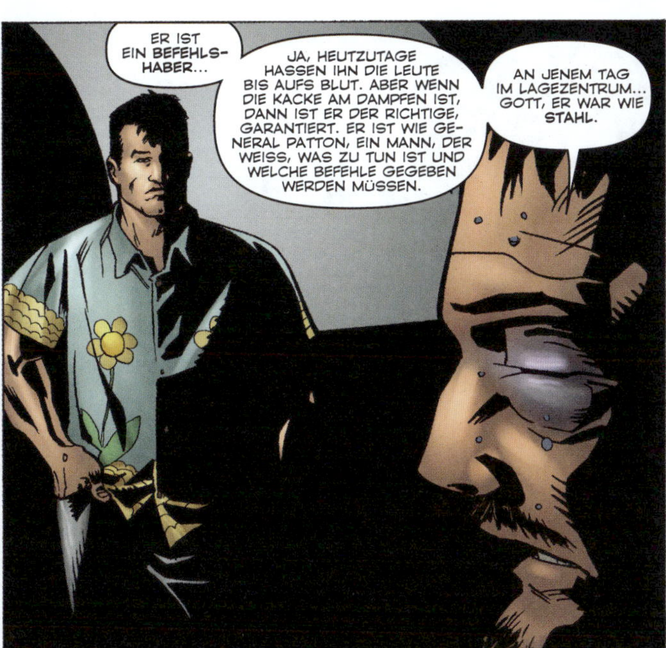

... LAUT NORAD NÄHERN SICH DIE BEIDEN F-16-JETS AMERICAN 11, MISTER PRESIDENT. SIE HABEN BALD SICHTKONTAKT.

GUT.

VERSTANDEN.

SIR, NEWARK TOWER HAT UNITED 93 WIE BEFOHLEN AUFGEHALTEN. DIE MASCHINE MELDET SICH NICHT MEHR SEIT DER VERDÄCHTIGEN FUNKÜBERTRAGUNG.

MISTER PRESIDENT, EINE NAVY F-14 VON DER **JAKE FOSS** HAT AMERICAN 77 ABGEFANGEN. DER PILOT HAT KLÄRUNGSBEDARF WAS DIE BEFEHLE ANGEHT.

HER MIT IHM.

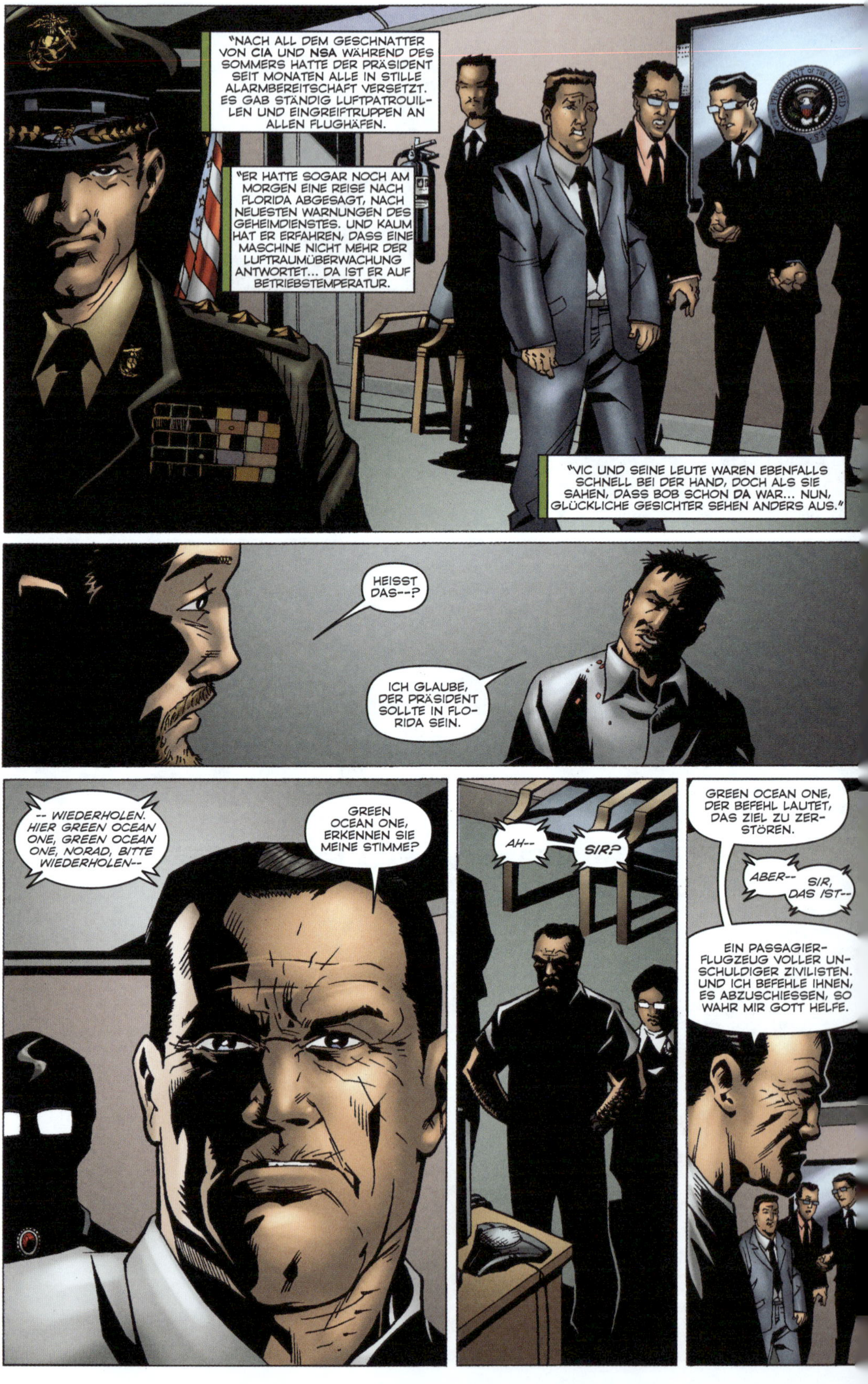

"NACH ALL DEM GESCHNATTER VON **CIA** UND **NSA** WÄHREND DES SOMMERS HATTE DER PRÄSIDENT SEIT MONATEN ALLE IN STILLE ALARMBEREITSCHAFT VERSETZT. ES GAB STÄNDIG LUFTPATROUILLEN UND EINGREIFTRUPPEN AN ALLEN FLUGHÄFEN.

"ER HATTE SOGAR NOCH AM MORGEN EINE REISE NACH FLORIDA ABGESAGT, NACH NEUESTEN WARNUNGEN DES GEHEIMDIENSTES. UND KAUM HAT ER ERFAHREN, DASS EINE MASCHINE NICHT MEHR DER LUFTRAUMÜBERWACHUNG ANTWORTET... DA IST ER AUF BETRIEBSTEMPERATUR.

"VIC UND SEINE LEUTE WAREN EBENFALLS SCHNELL BEI DER HAND, DOCH ALS SIE SAHEN, DASS BOB SCHON **DA** WAR... NUN, GLÜCKLICHE GESICHTER SEHEN ANDERS AUS."

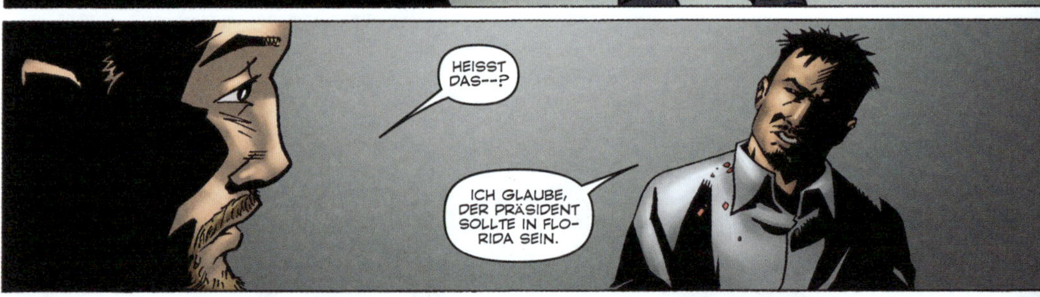

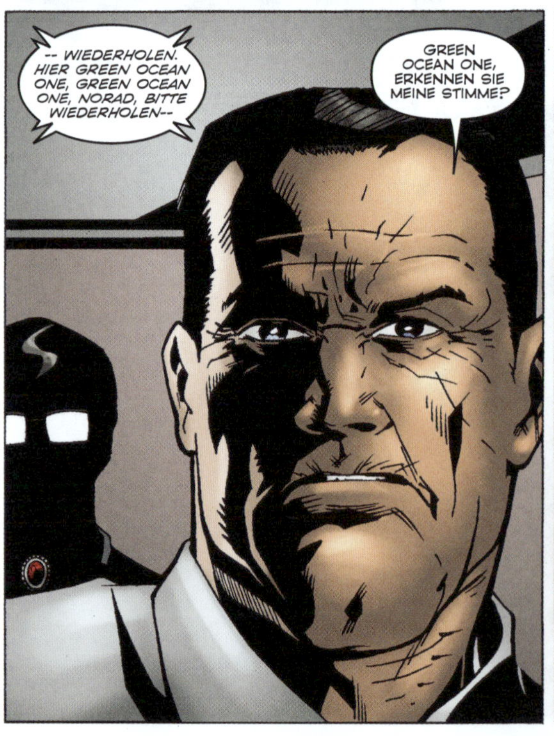

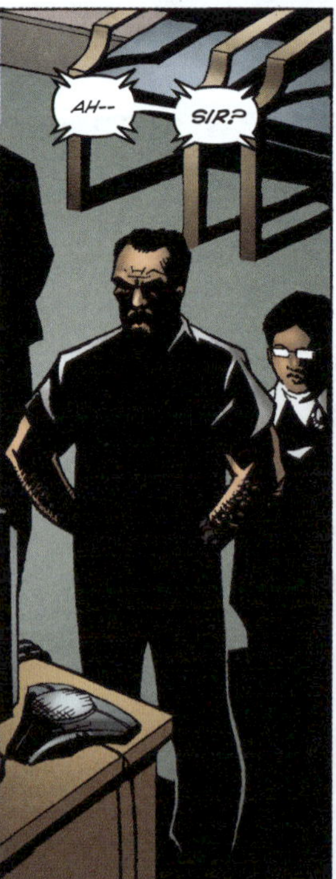

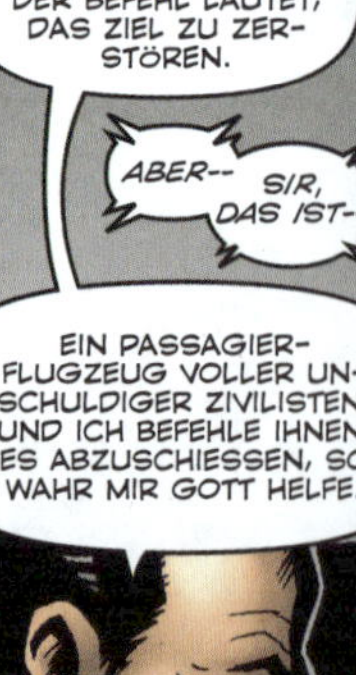

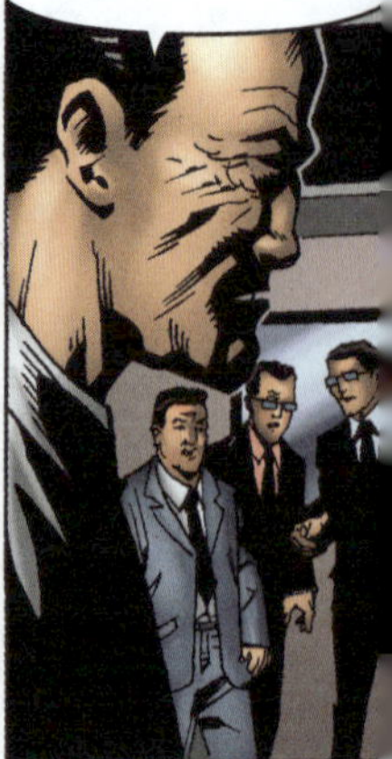

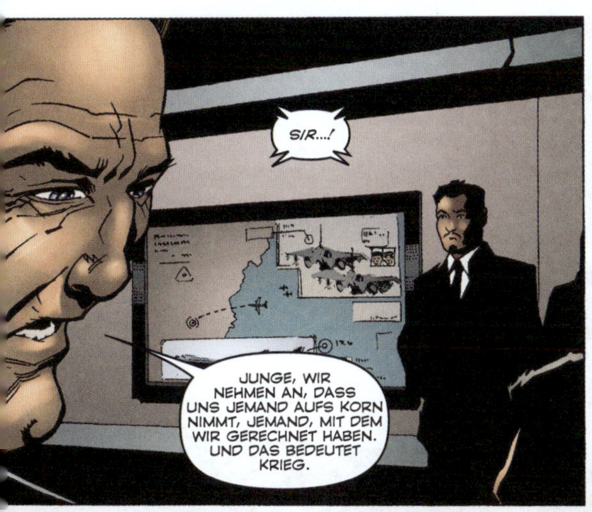
SIR...!
JUNGE, WIR NEHMEN AN, DASS UNS JEMAND AUFS KORN NIMMT, JEMAND, MIT DEM WIR GERECHNET HABEN. UND DAS BEDEUTET KRIEG.

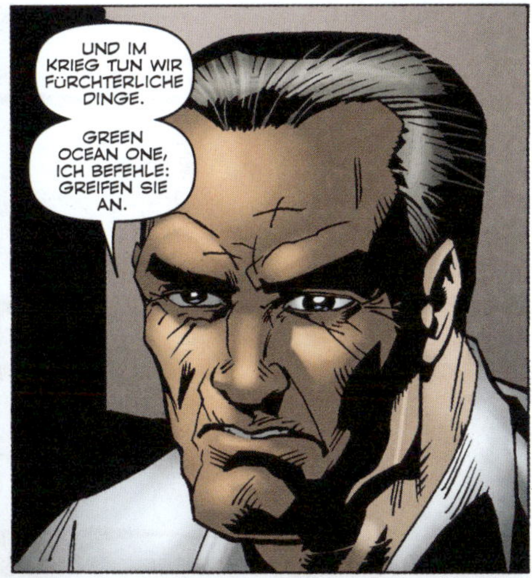
UND IM KRIEG TUN WIR FÜRCHTERLICHE DINGE.
GREEN OCEAN ONE, ICH BEFEHLE: GREIFEN SIE AN.

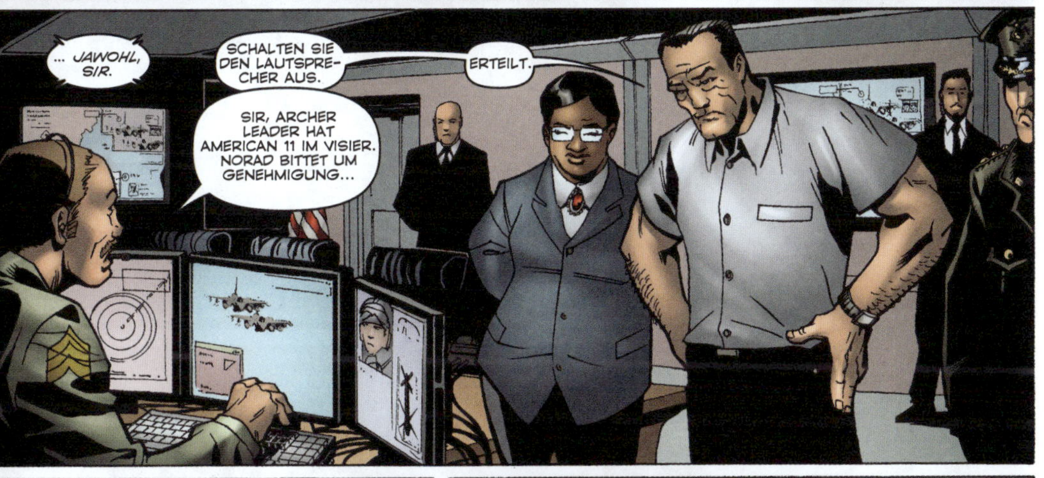
... JAWOHL, SIR.
SCHALTEN SIE DEN LAUTSPRECHER AUS.
ERTEILT.
SIR, ARCHER LEADER HAT AMERICAN 11 IM VISIER. NORAD BITTET UM GENEHMIGUNG...

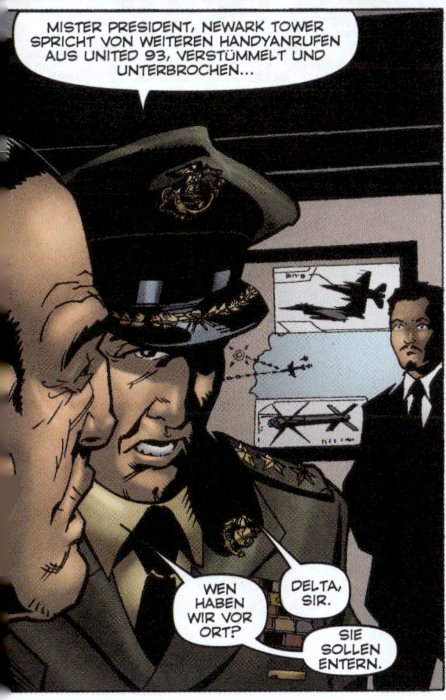
MISTER PRESIDENT, NEWARK TOWER SPRICHT VON WEITEREN HANDYANRUFEN AUS UNITED 93, VERSTÜMMELT UND UNTERBROCHEN...
WEN HABEN WIR VOR ORT?
DELTA, SIR.
SIE SOLLEN ENTERN.

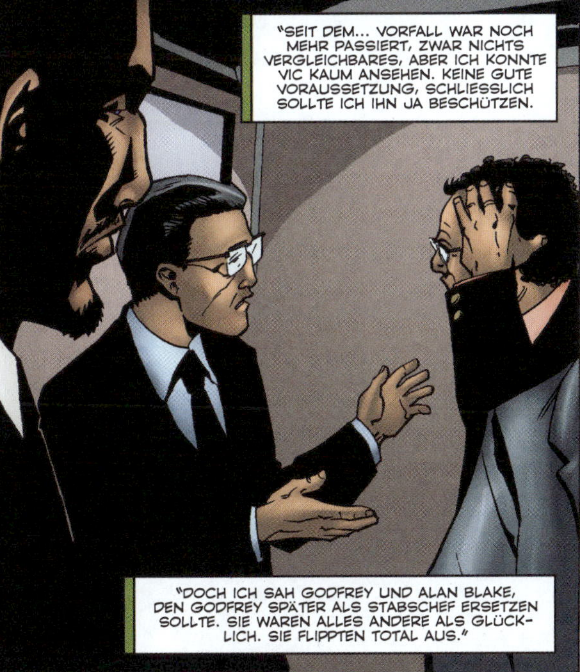
"SEIT DEM... VORFALL WAR NOCH MEHR PASSIERT, ZWAR NICHTS VERGLEICHBARES, ABER ICH KONNTE VIC KAUM ANSEHEN. KEINE GUTE VORAUSSETZUNG, SCHLIESSLICH SOLLTE ICH IHN JA BESCHÜTZEN.
"DOCH ICH SAH GODFREY UND ALAN BLAKE, DEN GODFREY SPÄTER ALS STABSCHEF ERSETZEN SOLLTE. SIE WAREN ALLES ANDERE ALS GLÜCKLICH. SIE FLIPPTEN TOTAL AUS."

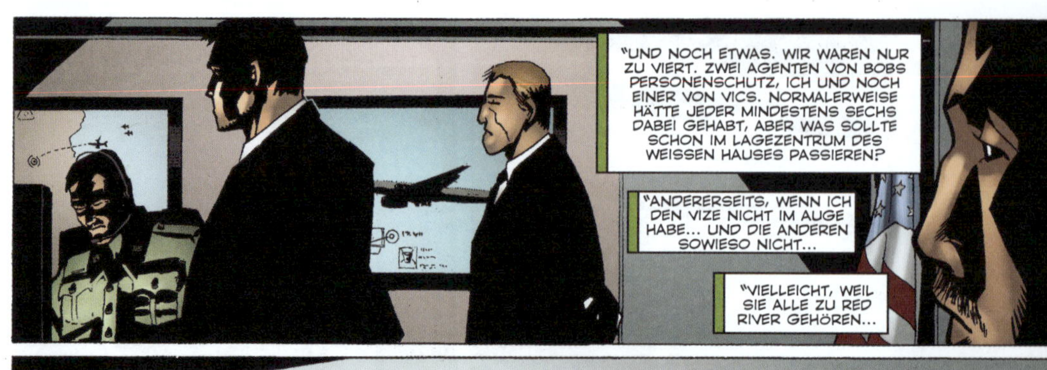
"UND NOCH ETWAS. WIR WAREN NUR ZU VIERT. ZWEI AGENTEN VON BOBS PERSONENSCHUTZ, ICH UND NOCH EINER VON VICS. NORMALERWEISE HÄTTE JEDER MINDESTENS SECHS DABEI GEHABT, ABER WAS SOLLTE SCHON IM LAGEZENTRUM DES WEISSEN HAUSES PASSIEREN?
"ANDERERSEITS, WENN ICH DEN VIZE NICHT IM AUGE HABE... UND DIE ANDEREN SOWIESO NICHT...
"VIELLEICHT, WEIL SIE ALLE ZU RED RIVER GEHÖREN...

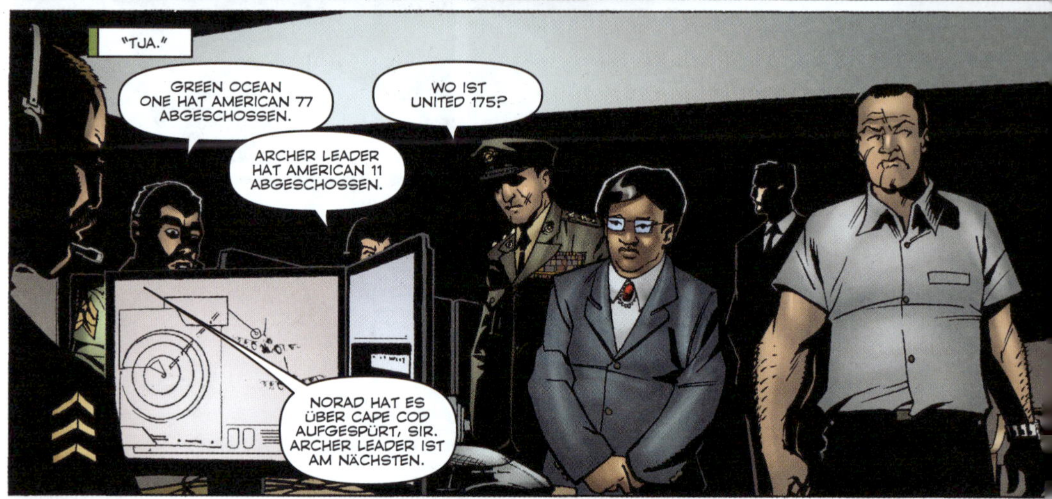
"TJA."
GREEN OCEAN ONE HAT AMERICAN 77 ABGESCHOSSEN.
WO IST UNITED 175?
ARCHER LEADER HAT AMERICAN 11 ABGESCHOSSEN.
NORAD HAT ES ÜBER CAPE COD AUFGESPÜRT, SIR. ARCHER LEADER IST AM NÄCHSTEN.

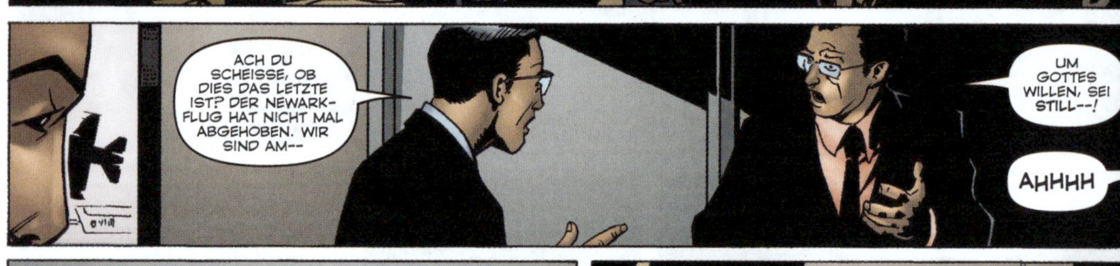
ACH DU SCHEISSE, OB DIES DAS LETZTE IST? DER NEWARK-FLUG HAT NICHT MAL ABGEHOBEN. WIR SIND AM--
UM GOTTES WILLEN, SEI STILL--!
AHHHH

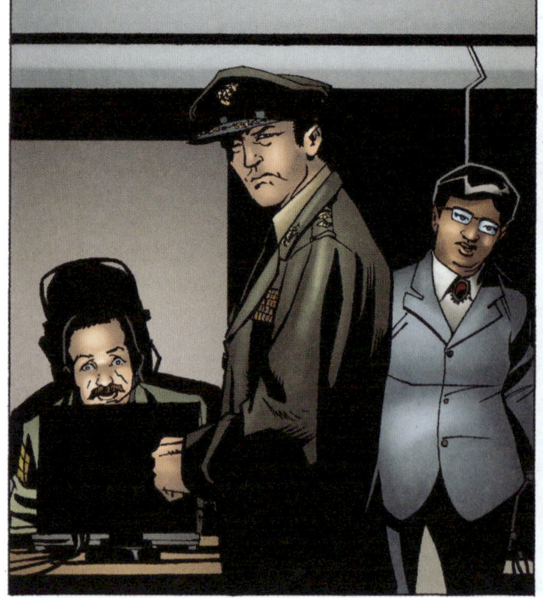

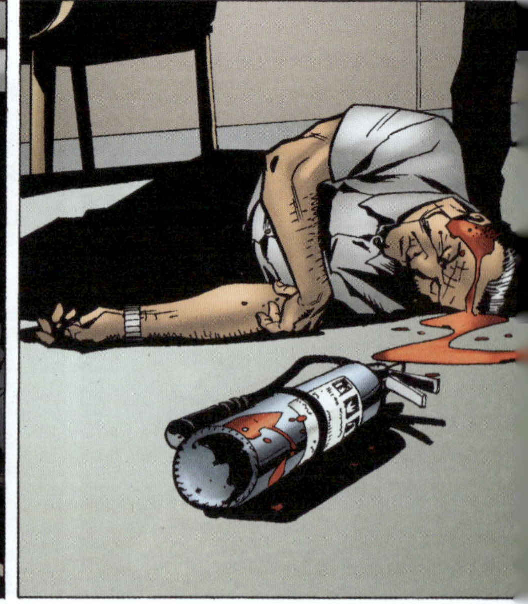

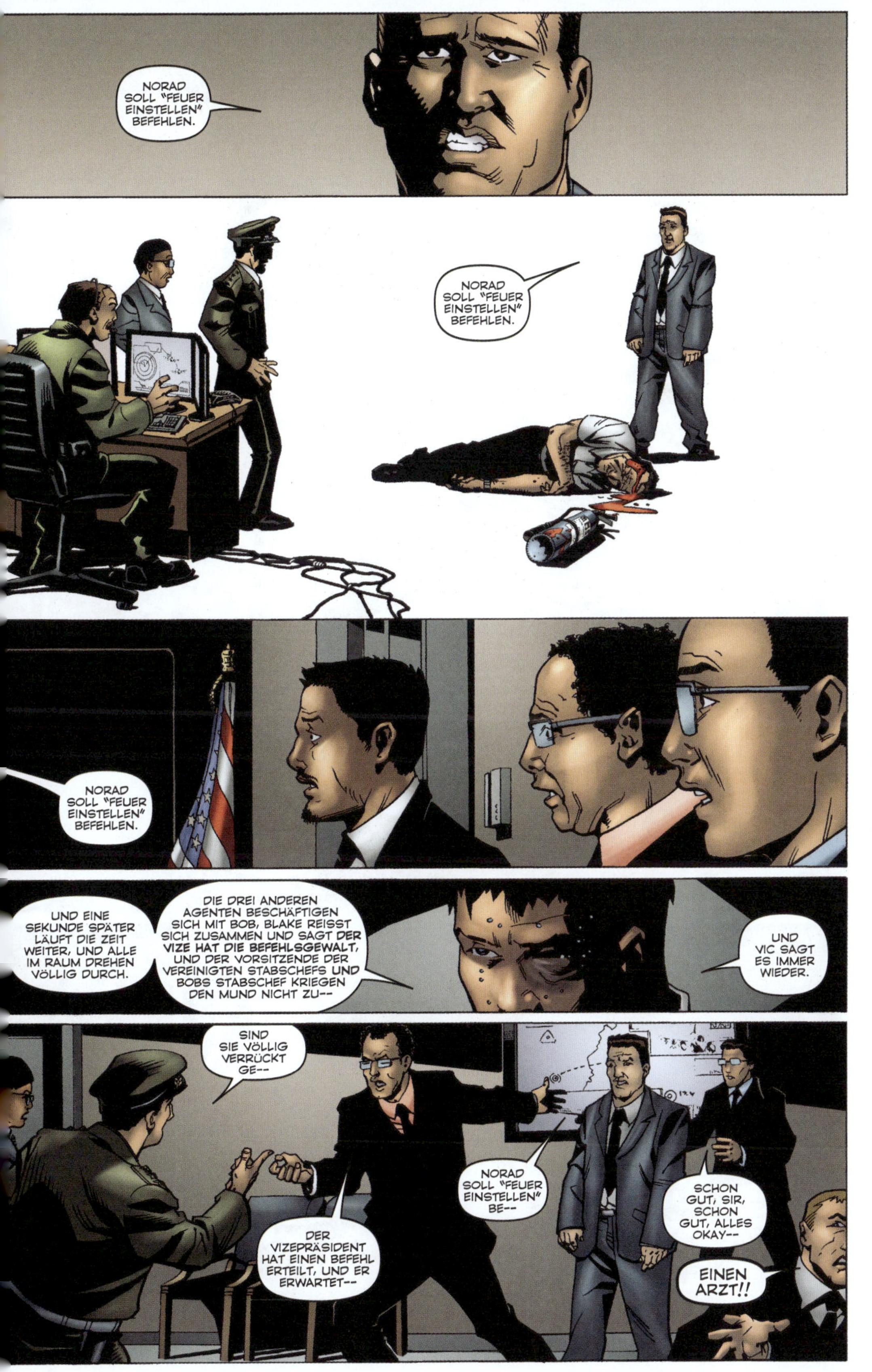
NORAD SOLL "FEUER EINSTELLEN" BEFEHLEN.
NORAD SOLL "FEUER EINSTELLEN" BEFEHLEN.
NORAD SOLL "FEUER EINSTELLEN" BEFEHLEN.
UND EINE SEKUNDE SPÄTER LÄUFT DIE ZEIT WEITER, UND ALLE IM RAUM DREHEN VÖLLIG DURCH.
DIE DREI ANDEREN AGENTEN BESCHÄFTIGEN SICH MIT BOB, BLAKE REISST SICH ZUSAMMEN UND SAGT DER VIZE HAT DIE BEFEHLSGEWALT, UND DER VORSITZENDE DER VEREINIGTEN STABSCHEFS UND BOBS STABSCHEF KRIEGEN DEN MUND NICHT ZU--
UND VIC SAGT ES IMMER WIEDER.
SIND SIE VÖLLIG VERRÜCKT GE--
DER VIZEPRÄSIDENT HAT EINEN BEFEHL ERTEILT, UND ER ERWARTET--
NORAD SOLL "FEUER EINSTELLEN" BE--
SCHON GUT, SIR, SCHON GUT, ALLES OKAY--
EINEN ARZT!!

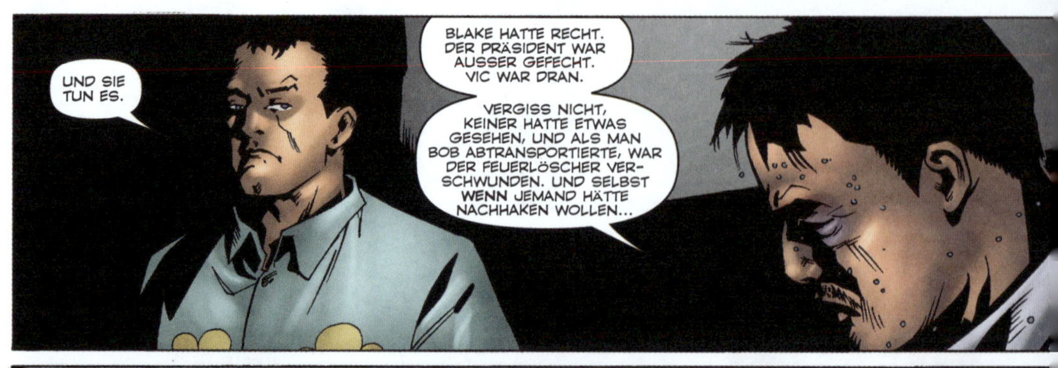

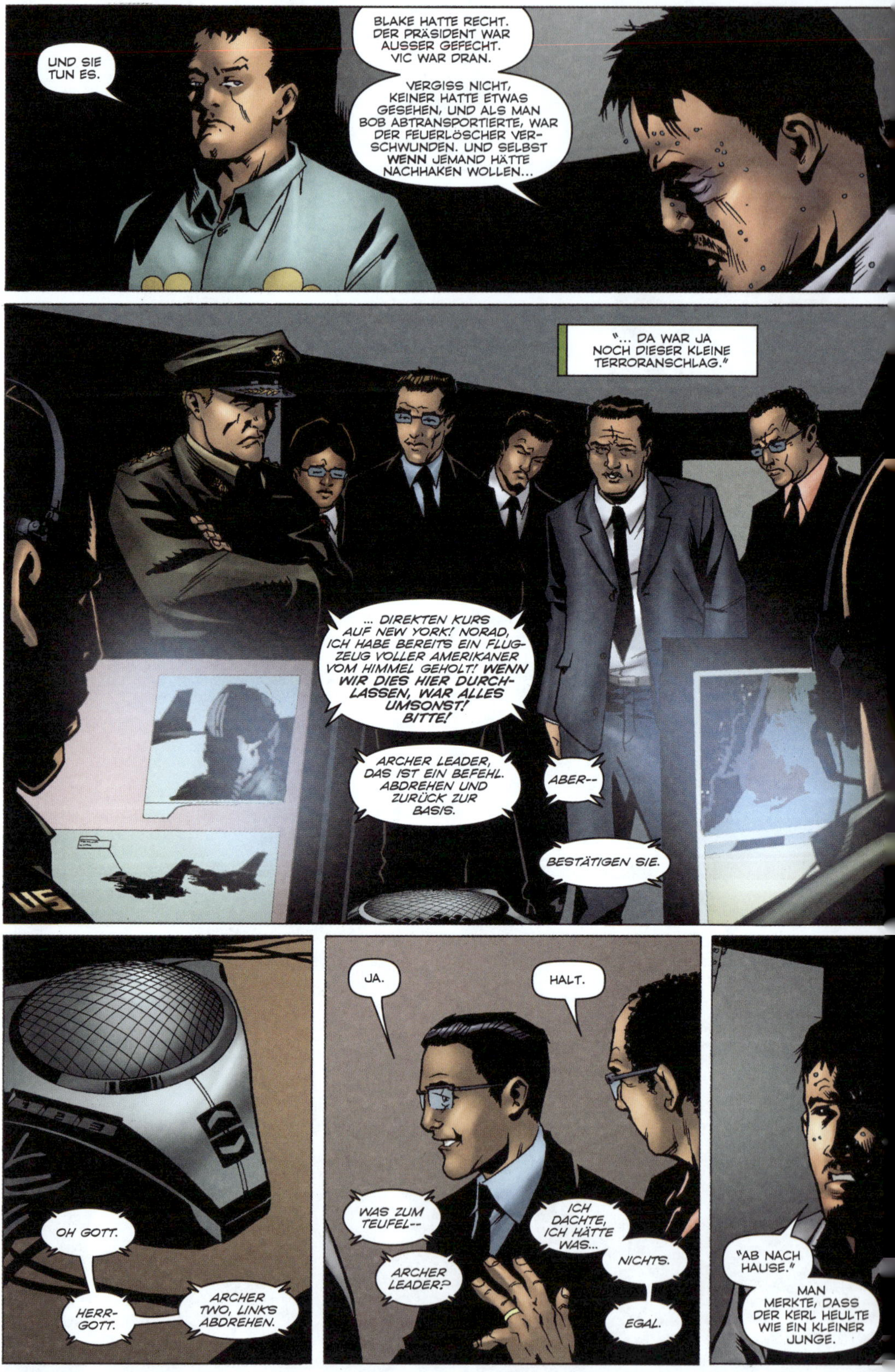

"... DA WAR JA NOCH DIESER KLEINE TERRORANSCHLAG."

*... DIREKTEN KURS AUF NEW YORK! NORAD, ICH HABE BEREITS EIN FLUGZEUG VOLLER AMERIKANER VOM HIMMEL GEHOLT! **WENN WIR DIES HIER DURCHLASSEN, WAR ALLES UMSONST! BITTE!***

ARCHER LEADER, DAS IST EIN BEFEHL. ABDREHEN UND ZURÜCK ZUR BASIS.

ABER--

BESTÄTIGEN SIE.

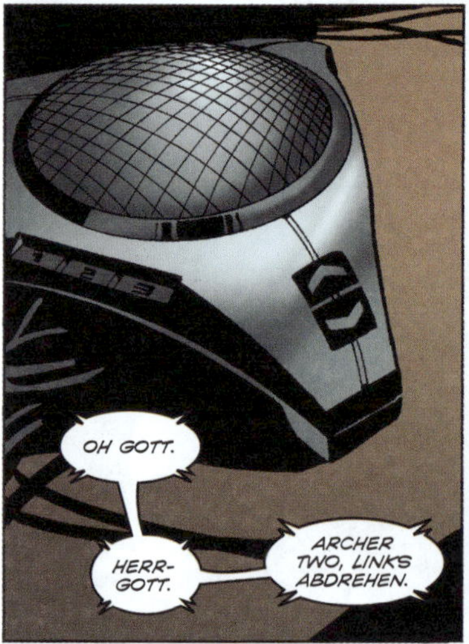

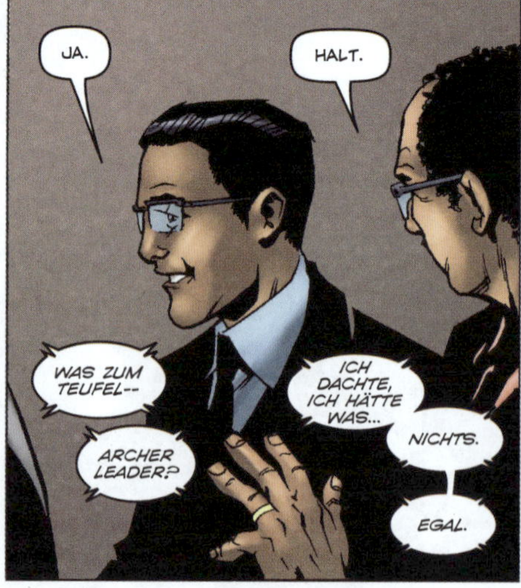

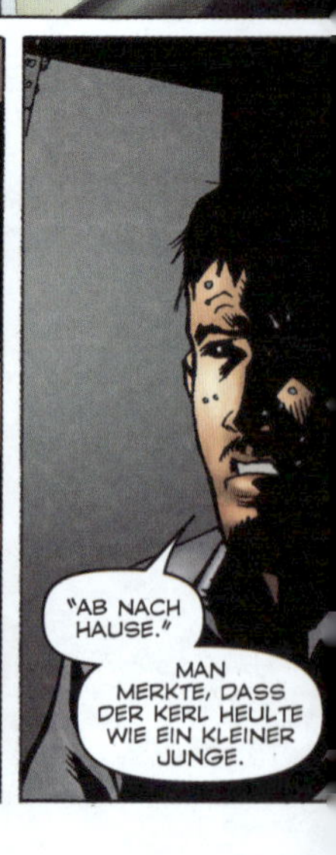

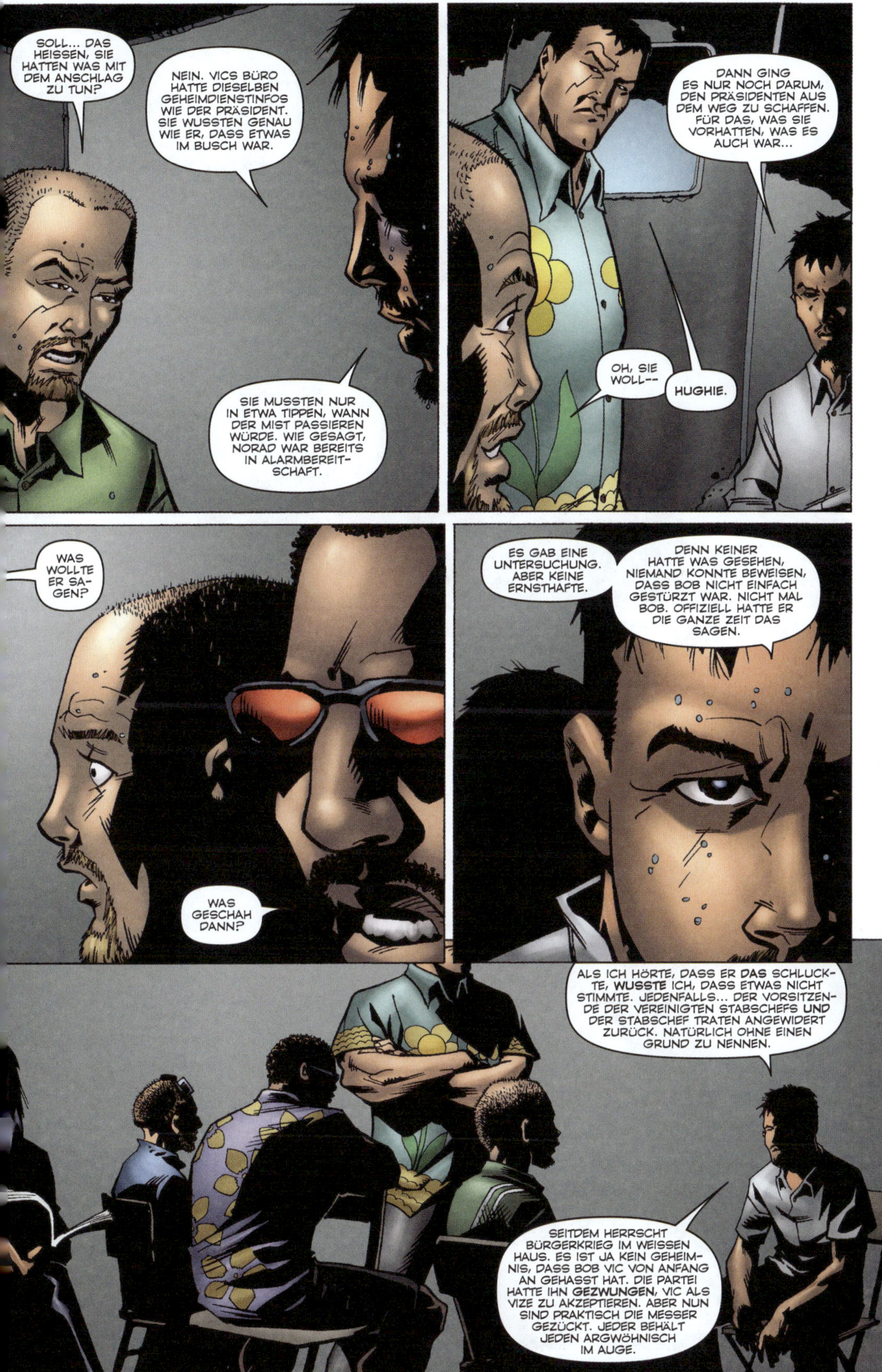
SOLL... DAS HEISSEN, SIE HATTEN WAS MIT DEM ANSCHLAG ZU TUN?
NEIN. VICS BÜRO HATTE DIESELBEN GEHEIMDIENSTINFOS WIE DER PRÄSIDENT. SIE WUSSTEN GENAU WIE ER, DASS ETWAS IM BUSCH WAR.
SIE MUSSTEN NUR IN ETWA TIPPEN, WANN DER MIST PASSIEREN WÜRDE. WIE GESAGT, NORAD WAR BEREITS IN ALARMBEREIT-SCHAFT.
DANN GING ES NUR NOCH DARUM, DEN PRÄSIDENTEN AUS DEM WEG ZU SCHAFFEN. FÜR DAS, WAS SIE VORHATTEN, WAS ES AUCH WAR...
OH, SIE WOLL--
HUGHIE.
WAS WOLLTE ER SA-GEN?
WAS GESCHAH DANN?
ES GAB EINE UNTERSUCHUNG. ABER KEINE ERNSTHAFTE.
DENN KEINER HATTE WAS GESEHEN, NIEMAND KONNTE BEWEISEN, DASS BOB NICHT EINFACH GESTÜRZT WAR. NICHT MAL BOB. OFFIZIELL HATTE ER DIE GANZE ZEIT DAS SAGEN.
ALS ICH HÖRTE, DASS ER DAS SCHLUCK-TE, WUSSTE ICH, DASS ETWAS NICHT STIMMTE. JEDENFALLS... DER VORSITZEN-DE DER VEREINIGTEN STABSCHEFS UND DER STABSCHEF TRATEN ANGEWIDERT ZURÜCK. NATÜRLICH OHNE EINEN GRUND ZU NENNEN.
SEITDEM HERRSCHT BÜRGERKRIEG IM WEISSEN HAUS. ES IST JA KEIN GEHEIM-NIS, DASS BOB VIC VON ANFANG AN GEHASST HAT. DIE PARTEI HATTE IHN GEZWUNGEN, VIC ALS VIZE ZU AKZEPTIEREN. ABER NUN SIND PRAKTISCH DIE MESSER GEZÜCKT. JEDER BEHÄLT JEDEN ARGWÖHNISCH IM AUGE.

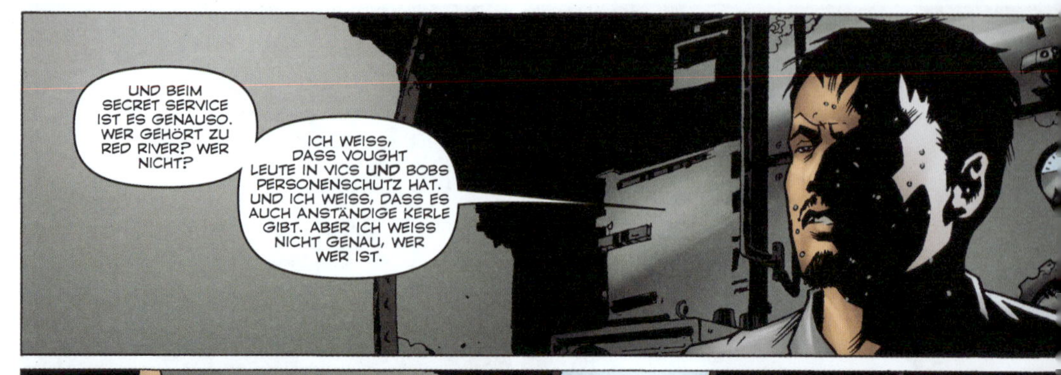
UND BEIM SECRET SERVICE IST ES GENAUSO. WER GEHÖRT ZU RED RIVER? WER NICHT?
ICH WEISS, DASS VOUGHT LEUTE IN VICS UND BOBS PERSONENSCHUTZ HAT. UND ICH WEISS, DASS ES AUCH ANSTÄNDIGE KERLE GIBT. ABER ICH WEISS NICHT GENAU, WER WER IST.

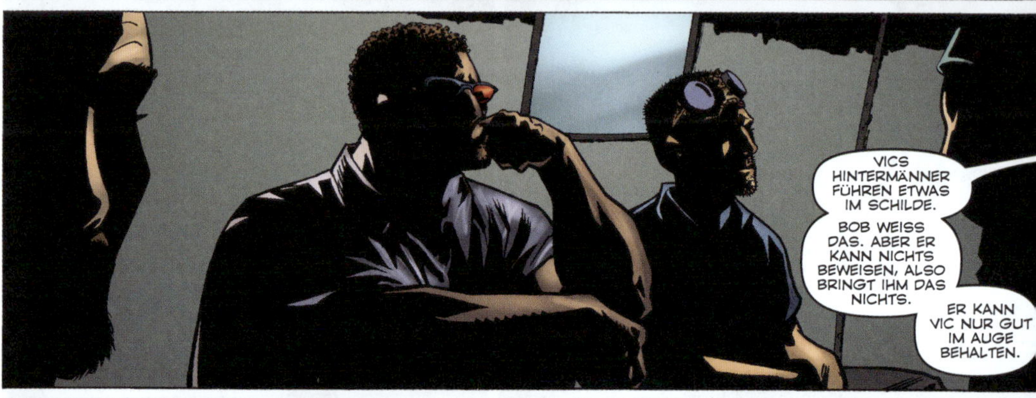
VICS HINTERMÄNNER FÜHREN ETWAS IM SCHILDE.
BOB WEISS DAS. ABER ER KANN NICHTS BEWEISEN, ALSO BRINGT IHM DAS NICHTS.
ER KANN VIC NUR GUT IM AUGE BEHALTEN.

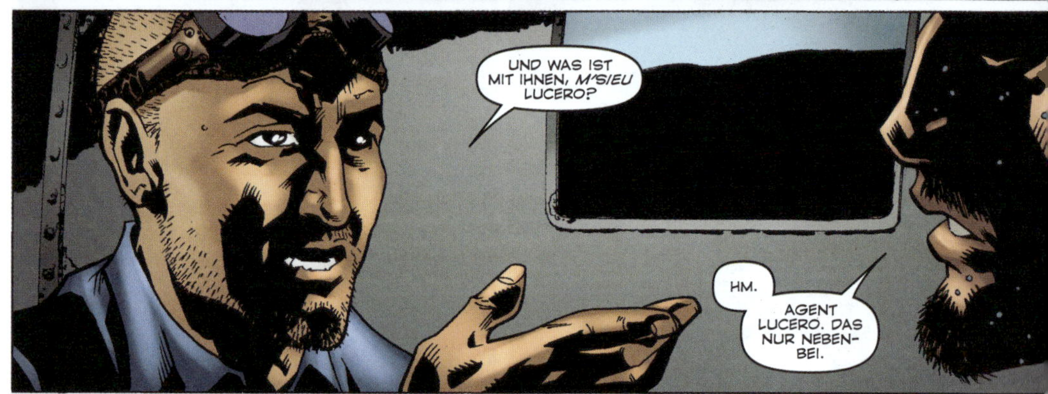
UND WAS IST MIT IHNEN, M'SIEU LUCERO?
HM.
AGENT LUCERO. DAS NUR NEBEN-BEI.

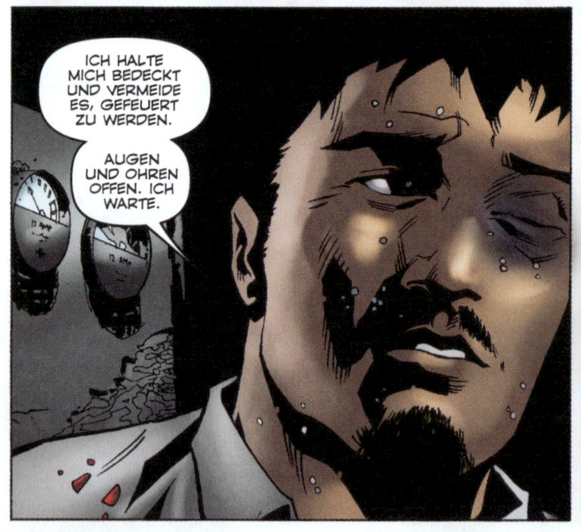
ICH HALTE MICH BEDECKT UND VERMEIDE ES, GEFEUERT ZU WERDEN.
AUGEN UND OHREN OFFEN. ICH WARTE.

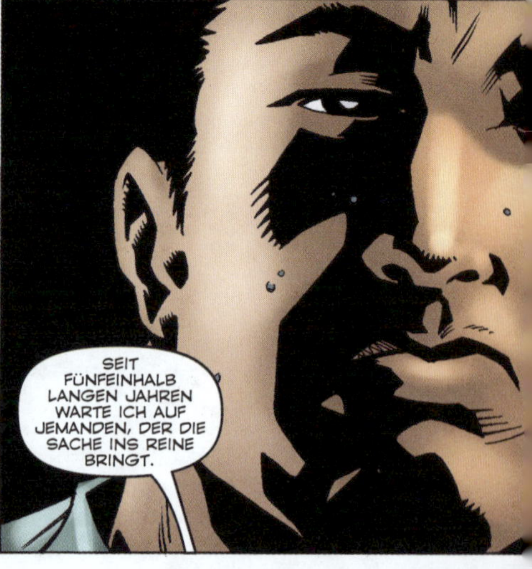
SEIT FÜNFEINHALB LANGEN JAHREN WARTE ICH AUF JEMANDEN, DER DIE SACHE INS REINE BRINGT.

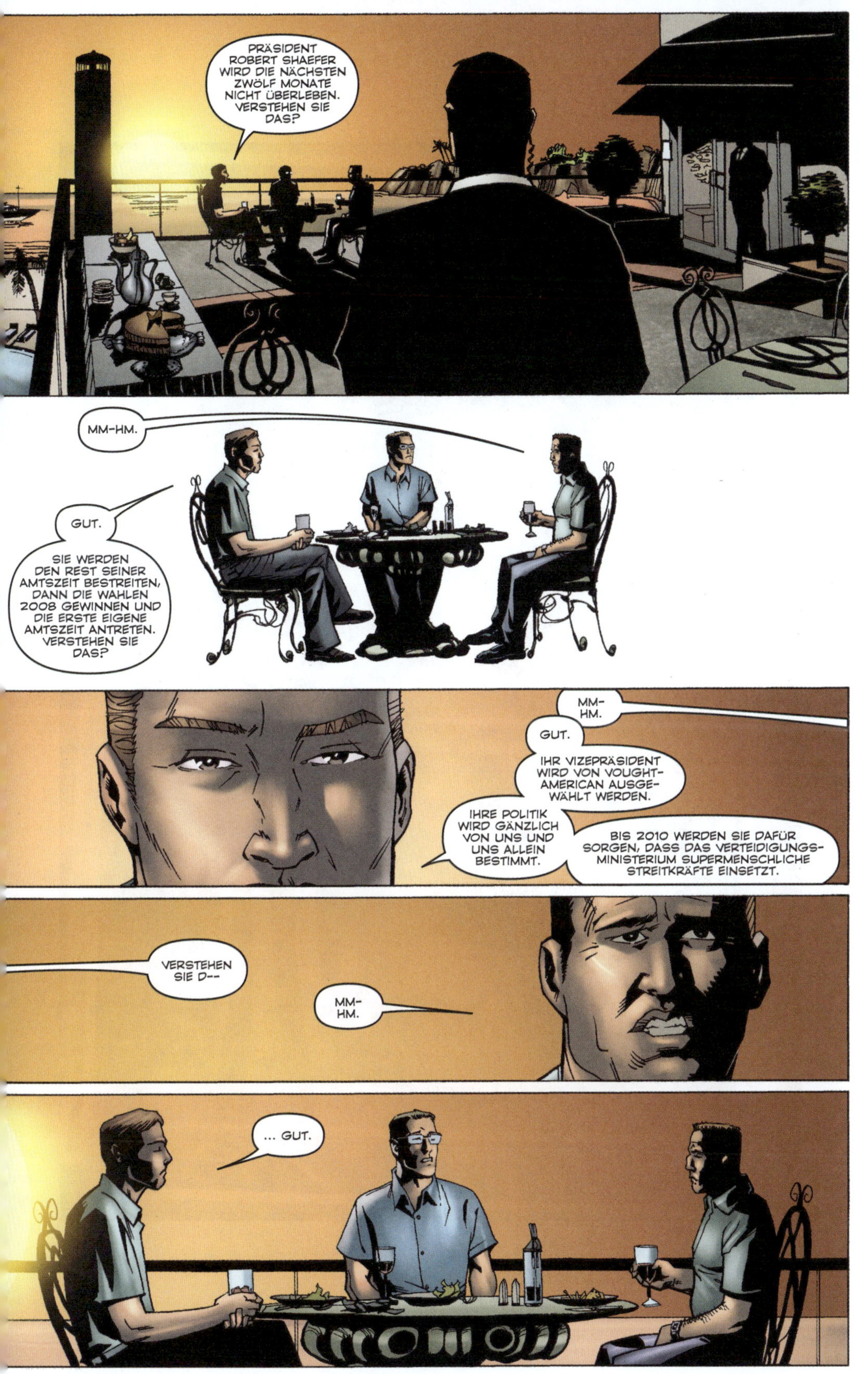
PRÄSIDENT ROBERT SHAEFER WIRD DIE NÄCHSTEN ZWÖLF MONATE NICHT ÜBERLEBEN. VERSTEHEN SIE DAS?
MM-HM.
GUT.
SIE WERDEN DEN REST SEINER AMTSZEIT BESTREITEN, DANN DIE WAHLEN 2008 GEWINNEN UND DIE ERSTE EIGENE AMTSZEIT ANTRETEN. VERSTEHEN SIE DAS?
MM-HM.
GUT.
IHR VIZEPRÄSIDENT WIRD VON VOUGHT-AMERICAN AUSGEWÄHLT WERDEN.
IHRE POLITIK WIRD GÄNZLICH VON UNS UND UNS ALLEIN BESTIMMT.
BIS 2010 WERDEN SIE DAFÜR SORGEN, DASS DAS VERTEIDIGUNGSMINISTERIUM SUPERMENSCHLICHE STREITKRÄFTE EINSETZT.
VERSTEHEN SIE D--
MM-HM.
... GUT.

5: HOLLYWOOD

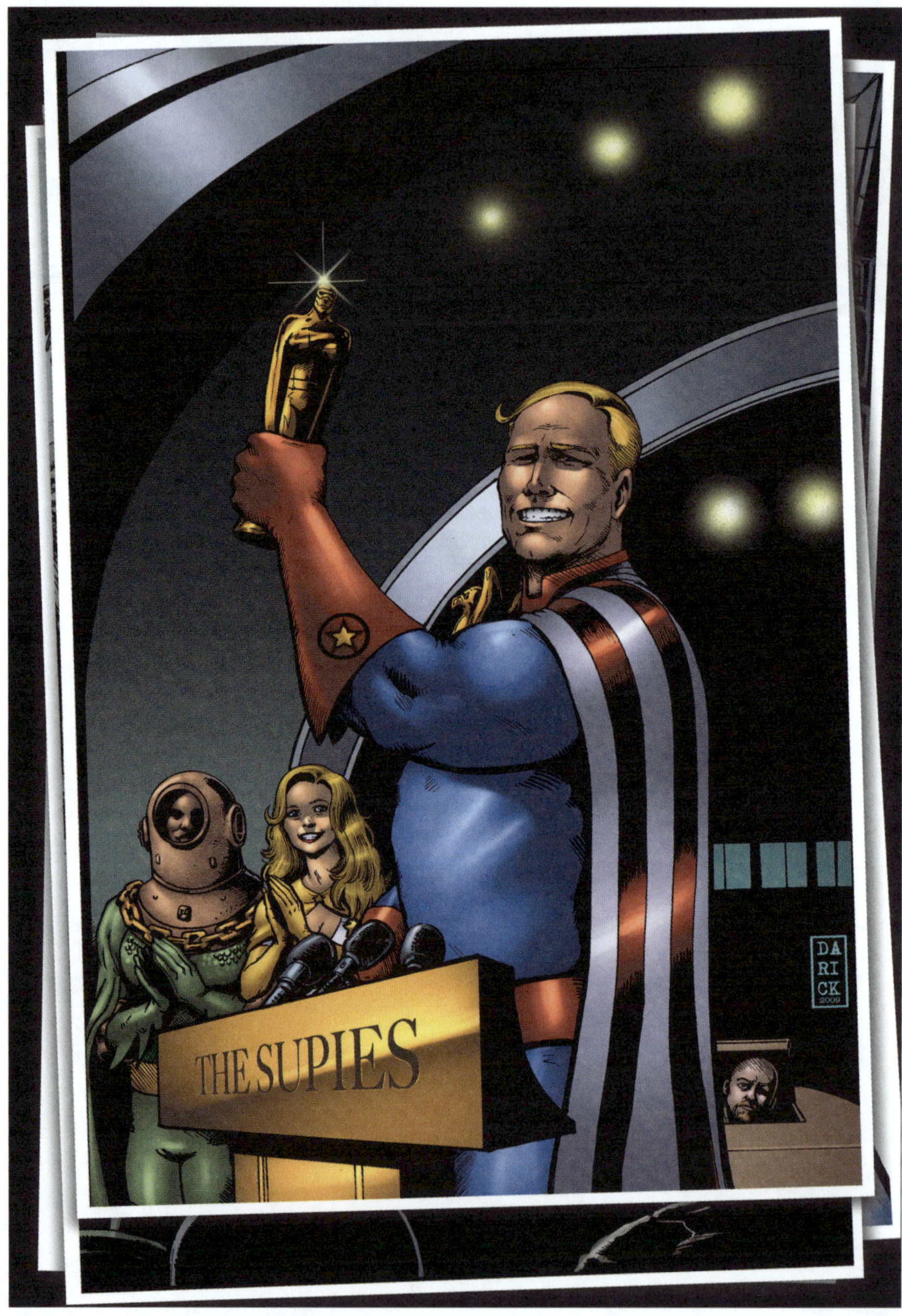

The Boys: Herogasm (2009) 5
Cover von **DARICK ROBERTSON**

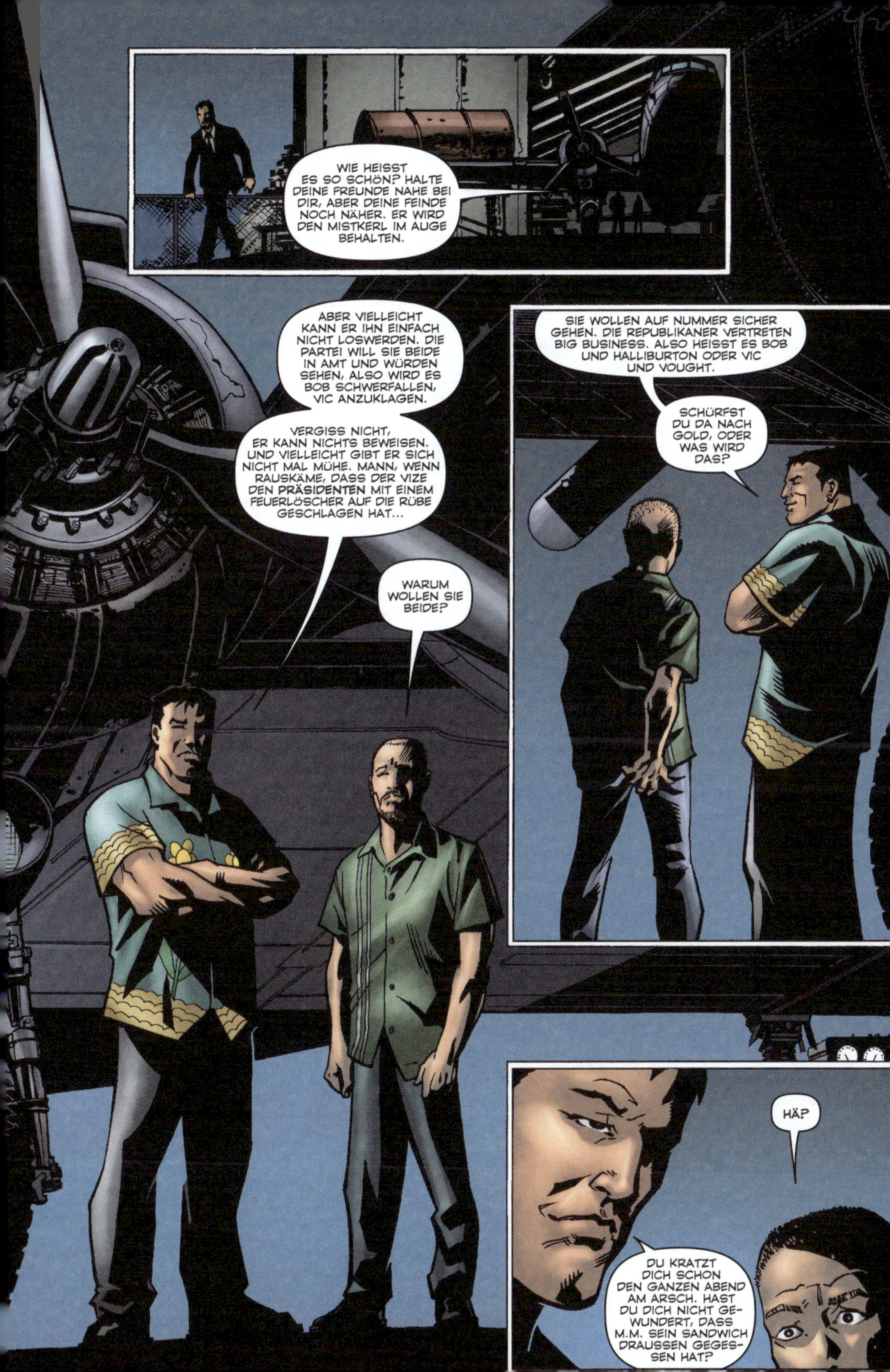
WIE HEISST ES SO SCHÖN? HALTE DEINE FREUNDE NAHE BEI DIR, ABER DEINE FEINDE NOCH NÄHER. ER WIRD DEN MISTKERL IM AUGE BEHALTEN.
ABER VIELLEICHT KANN ER IHN EINFACH NICHT LOSWERDEN. DIE PARTEI WILL SIE BEIDE IN AMT UND WÜRDEN SEHEN, ALSO WIRD ES BOB SCHWERFALLEN, VIC ANZUKLAGEN.
VERGISS NICHT, ER KANN NICHTS BEWEISEN. UND VIELLEICHT GIBT ER SICH NICHT MAL MÜHE. MANN, WENN RAUSKÄME, DASS DER VIZE DEN **PRÄSIDENTEN** MIT EINEM FEUERLÖSCHER AUF DIE RÜBE GESCHLAGEN HAT...
WARUM WOLLEN SIE BEIDE?
SIE WOLLEN AUF NUMMER SICHER GEHEN. DIE REPUBLIKANER VERTRETEN BIG BUSINESS. ALSO HEISST ES BOB UND HALLIBURTON ODER VIC UND VOUGHT.
SCHÜRFST DU DA NACH GOLD, ODER WAS WIRD DAS?
HÄ?
DU KRATZT DICH SCHON DEN GANZEN ABEND AM ARSCH. HAST DU DICH NICHT GEWUNDERT, DASS M.M. SEIN SANDWICH DRAUSSEN GEGESSEN HAT?

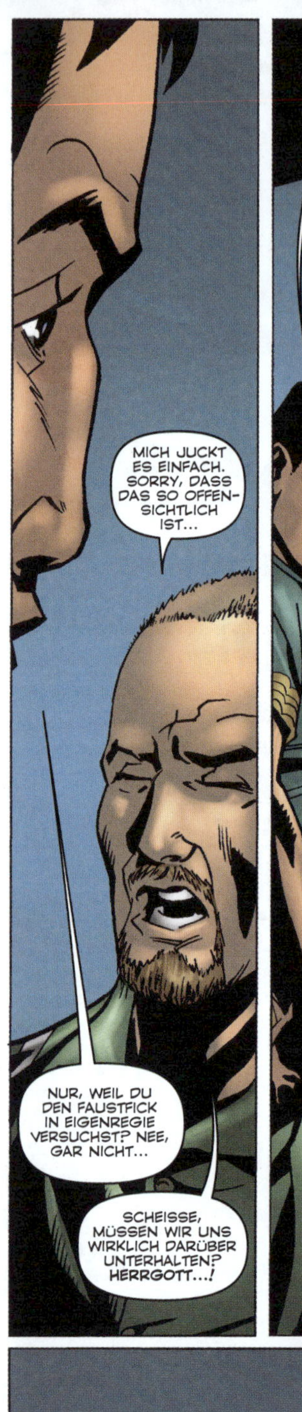
MICH JUCKT ES EINFACH. SORRY, DASS DAS SO OFFENSICHTLICH IST...
NUR, WEIL DU DEN FAUSTFICK IN EIGENREGIE VERSUCHST? NEE, GAR NICHT...
SCHEISSE, MÜSSEN WIR UNS WIRKLICH DARÜBER UNTERHALTEN? **HERRGOTT...!**
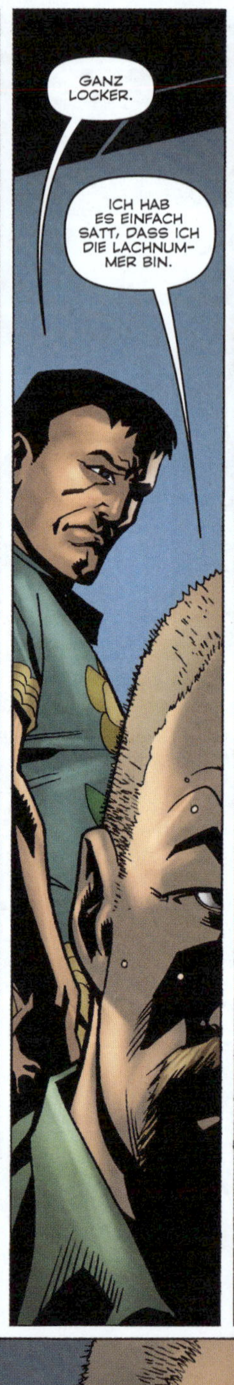
GANZ LOCKER.
ICH HAB ES EINFACH SATT, DASS ICH DIE LACHNUMMER BIN.
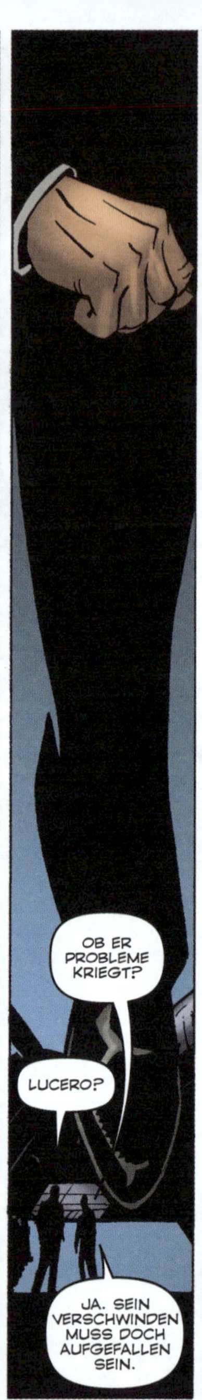
OB ER PROBLEME KRIEGT?
LUCERO?
JA. SEIN VERSCHWINDEN MUSS DOCH AUFGEFALLEN SEIN.
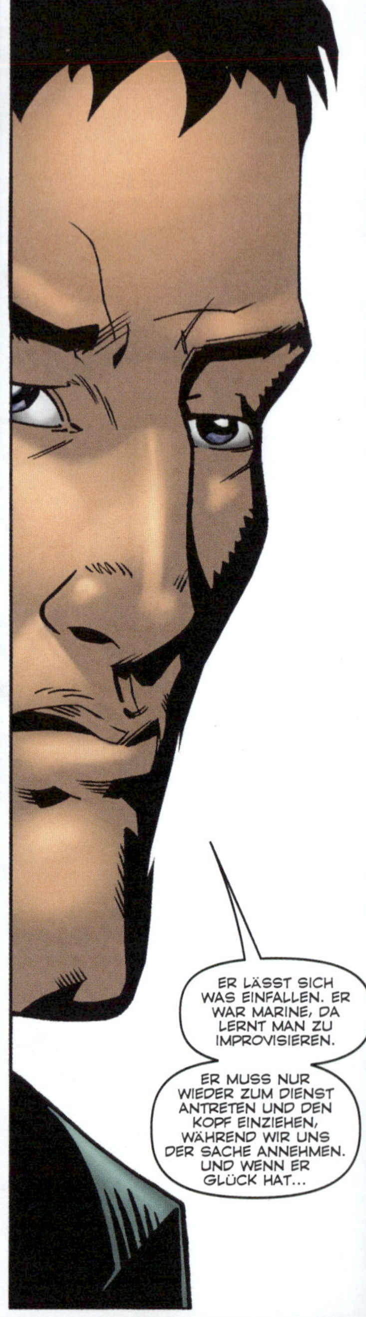
ER LÄSST SICH WAS EINFALLEN. ER WAR MARINE, DA LERNT MAN ZU IMPROVISIEREN.
ER MUSS NUR WIEDER ZUM DIENST ANTRETEN UND DEN KOPF EINZIEHEN, WÄHREND WIR UNS DER SACHE ANNEHMEN. UND WENN ER GLÜCK HAT...
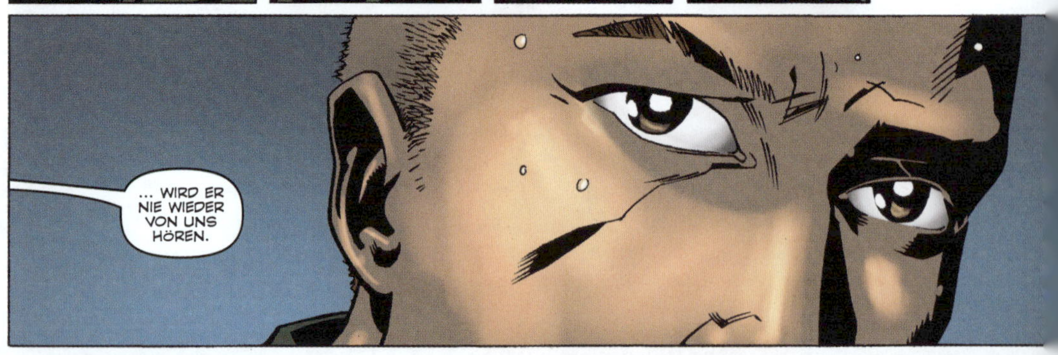
... WIRD ER NIE WIEDER VON UNS HÖREN.

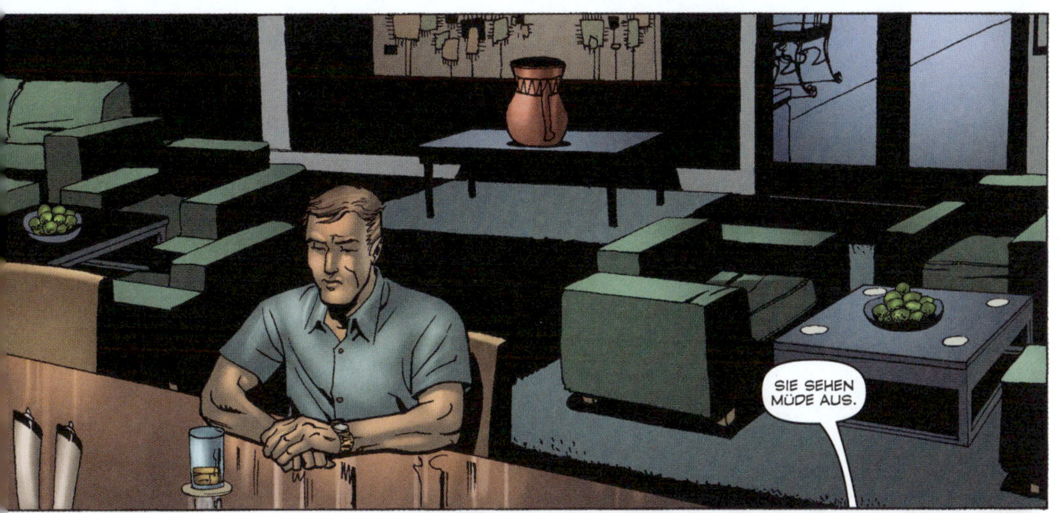
SIE SEHEN MÜDE AUS.

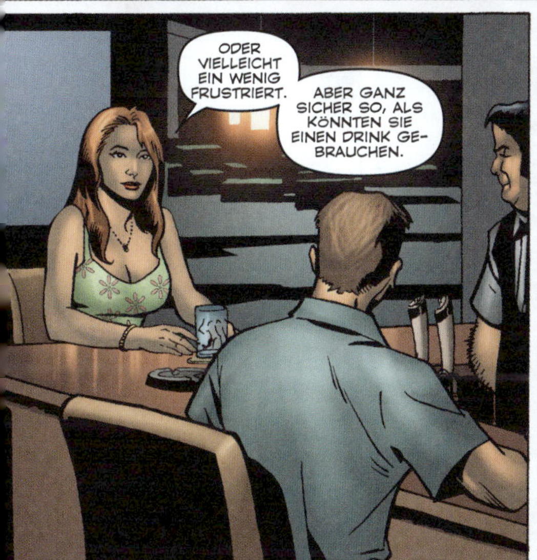
ODER VIELLEICHT EIN WENIG FRUSTRIERT.
ABER GANZ SICHER SO, ALS KÖNNTEN SIE EINEN DRINK GE- BRAUCHEN.

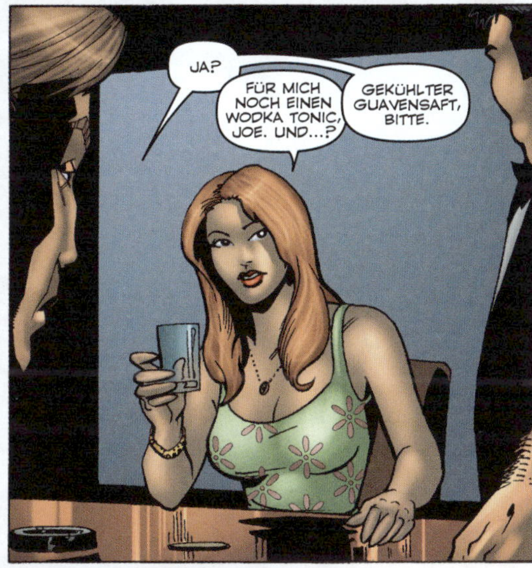
JA?
FÜR MICH NOCH EINEN WODKA TONIC, JOE. UND...?
GEKÜHLTER GUAVENSAFT, BITTE.

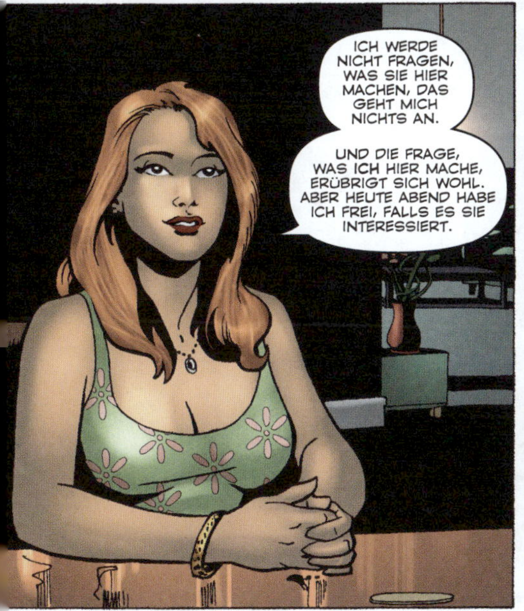
ICH WERDE NICHT FRAGEN, WAS SIE HIER MACHEN, DAS GEHT MICH NICHTS AN.
UND DIE FRAGE, WAS ICH HIER MACHE, ERÜBRIGT SICH WOHL. ABER HEUTE ABEND HABE ICH FREI, FALLS ES SIE INTERESSIERT.

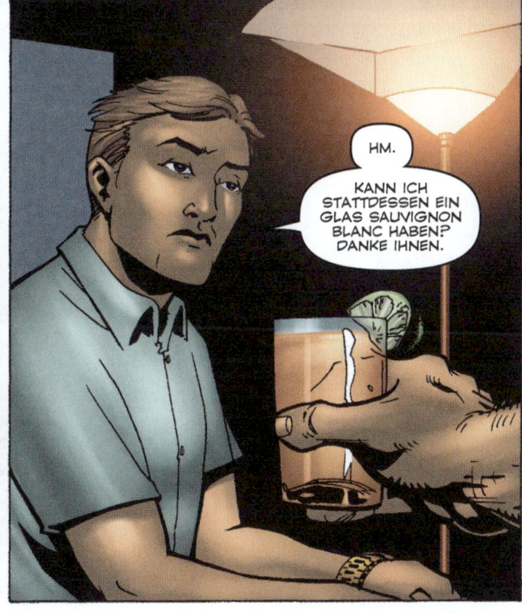
HM.
KANN ICH STATTDESSEN EIN GLAS SAUVIGNON BLANC HABEN? DANKE IHNEN.

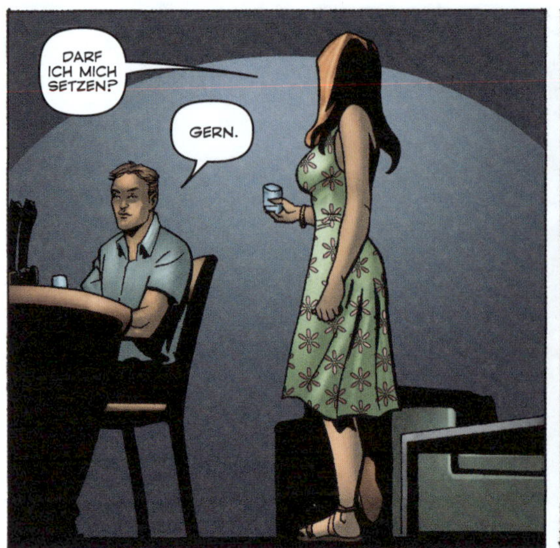
DARF ICH MICH SETZEN?
GERN.

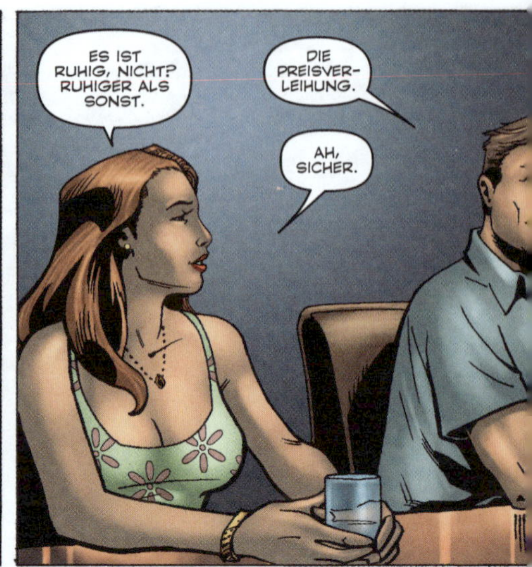
ES IST RUHIG, NICHT? RUHIGER ALS SONST.
DIE PREISVER-LEIHUNG.
AH, SICHER.

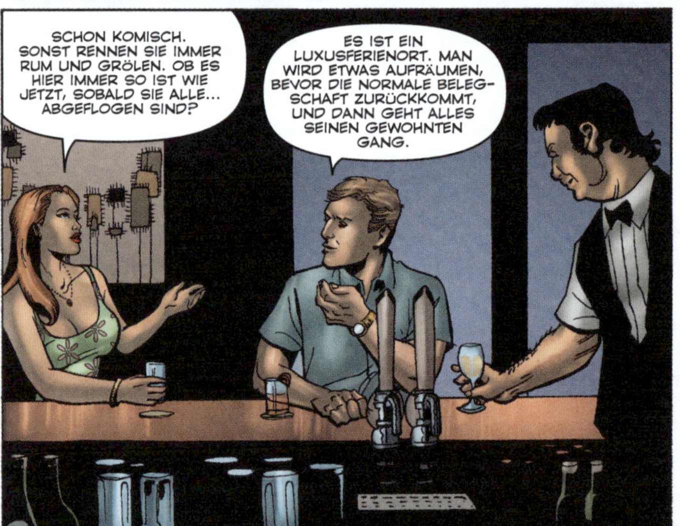
SCHON KOMISCH. SONST RENNEN SIE IMMER RUM UND GRÖLEN. OB ES HIER IMMER SO IST WIE JETZT, SOBALD SIE ALLE... ABGEFLOGEN SIND?
ES IST EIN LUXUSFERIENORT. MAN WIRD ETWAS AUFRÄUMEN, BEVOR DIE NORMALE BELEG-SCHAFT ZURÜCKKOMMT, UND DANN GEHT ALLES SEINEN GEWOHNTEN GANG.

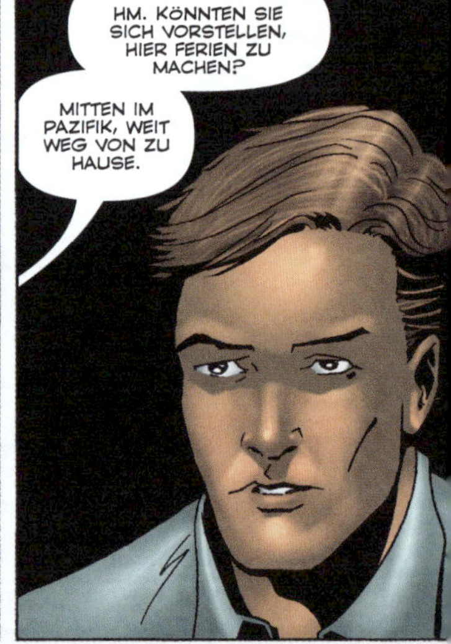
HM. KÖNNTEN SIE SICH VORSTELLEN, HIER FERIEN ZU MACHEN?
MITTEN IM PAZIFIK, WEIT WEG VON ZU HAUSE.

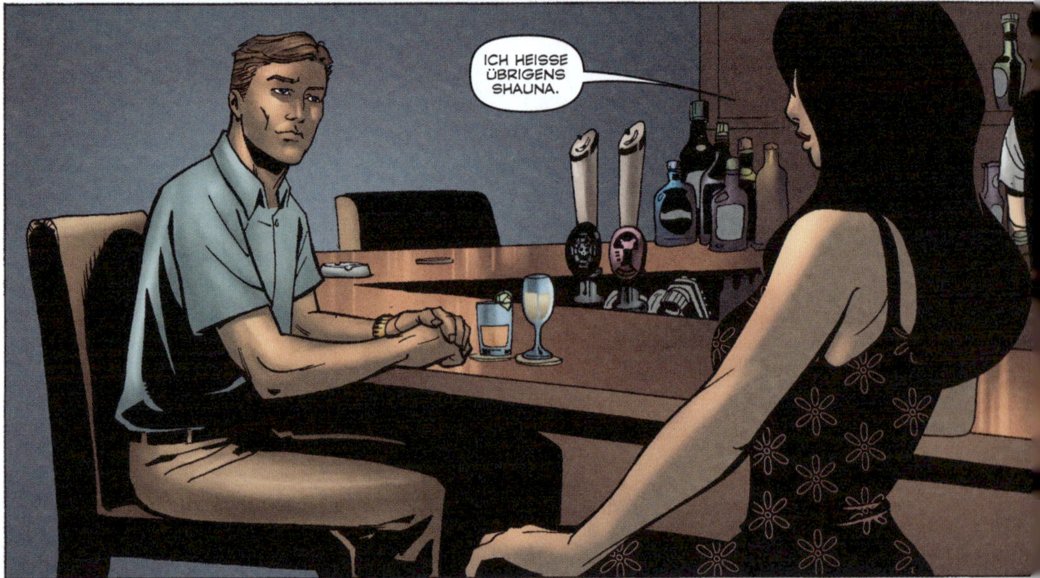
ICH HEISSE ÜBRIGENS SHAUNA.

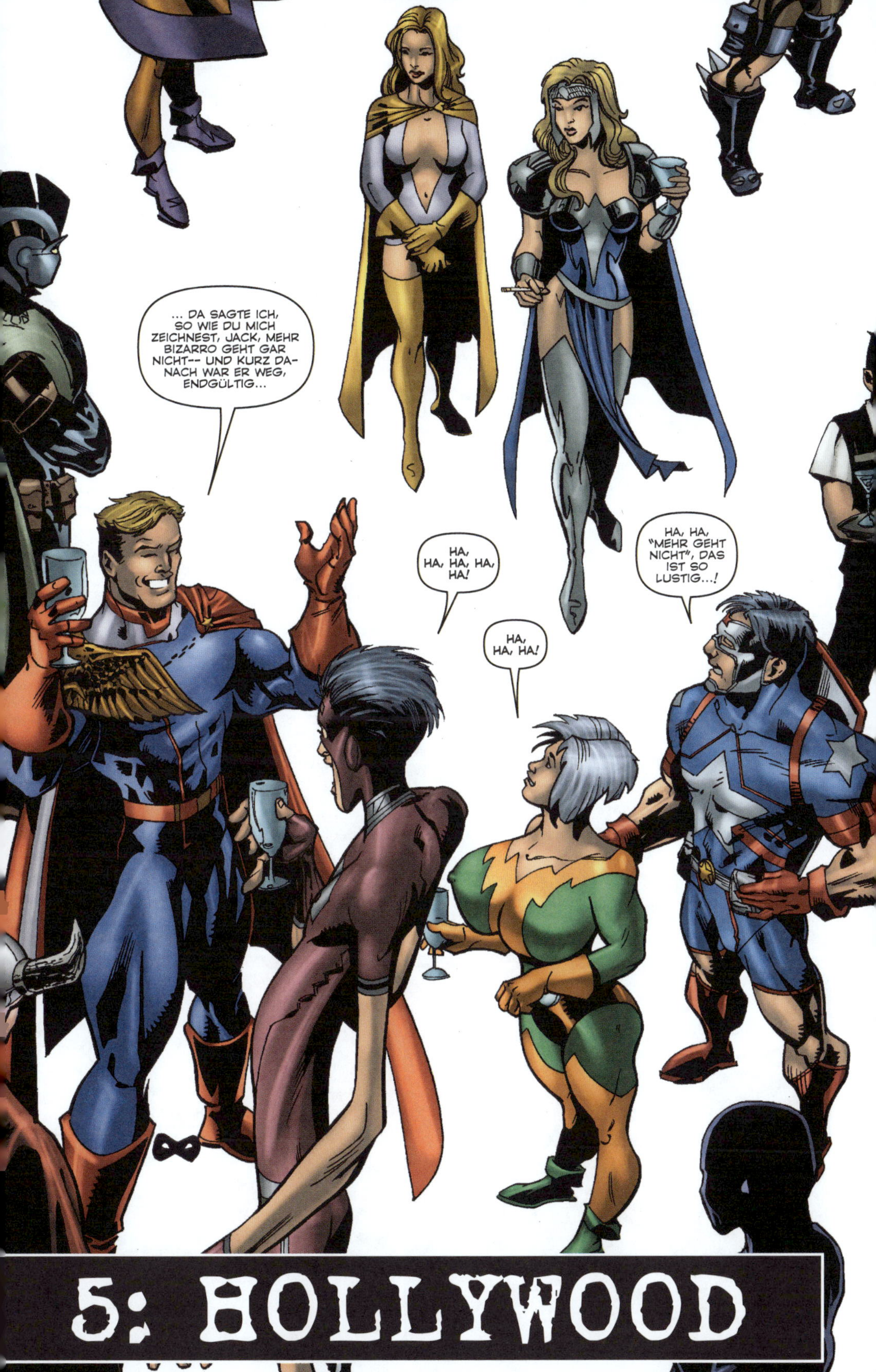
... DA SAGTE ICH, SO WIE DU MICH ZEICHNEST, JACK, MEHR BIZARRO GEHT GAR NICHT-- UND KURZ DANACH WAR ER WEG, ENDGÜLTIG...
HA, HA, HA, HA, HA!
HA, HA, HA!
HA, HA, "MEHR GEHT NICHT", DAS IST SO LUSTIG...!
5: HOLLYWOOD

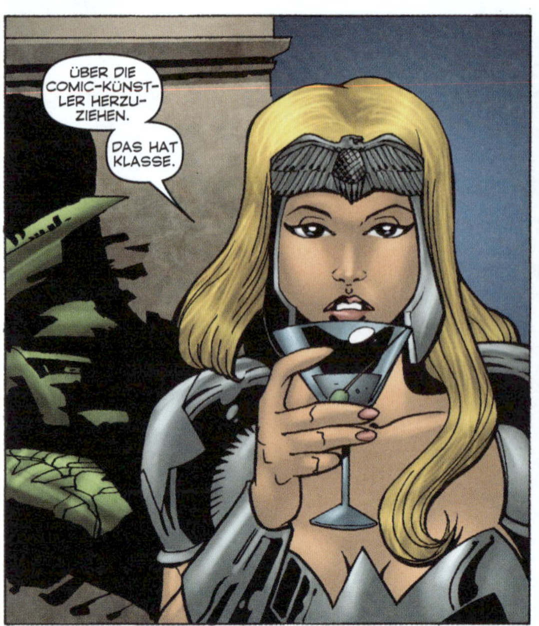
ÜBER DIE COMIC-KÜNSTLER HERZUZIEHEN.
DAS HAT KLASSE.

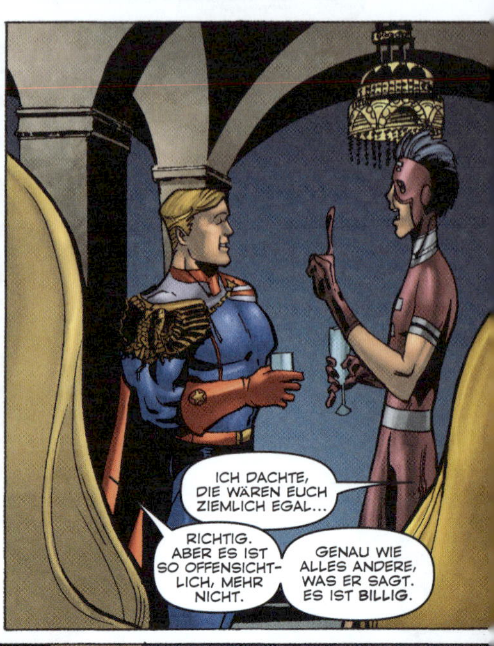
ICH DACHTE, DIE WÄREN EUCH ZIEMLICH EGAL...
RICHTIG. ABER ES IST SO OFFENSICHTLICH, MEHR NICHT.
GENAU WIE ALLES ANDERE, WAS ER SAGT. ES IST **BILLIG**.

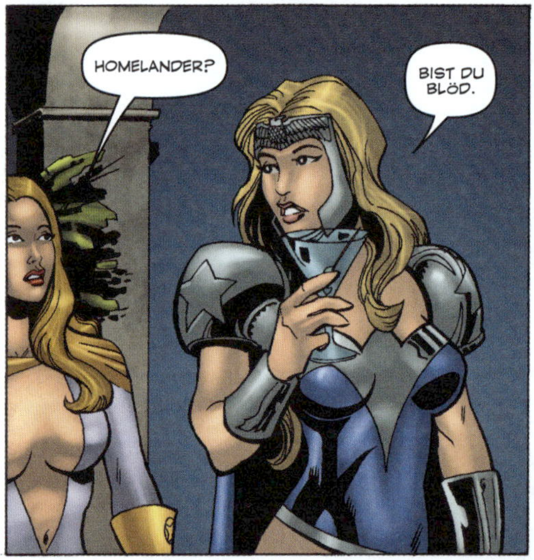
HOMELANDER?
BIST DU BLÖD.

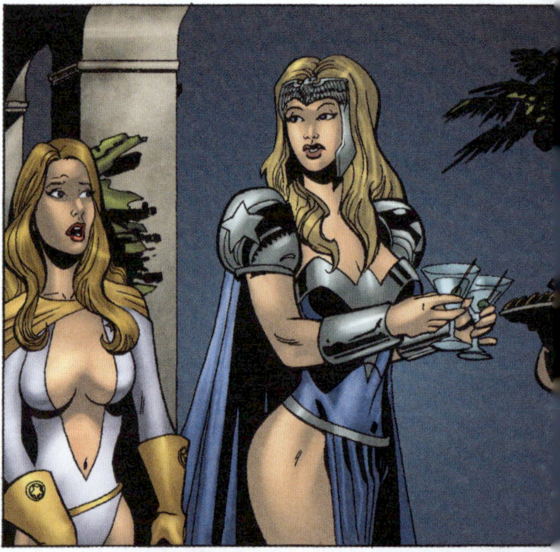

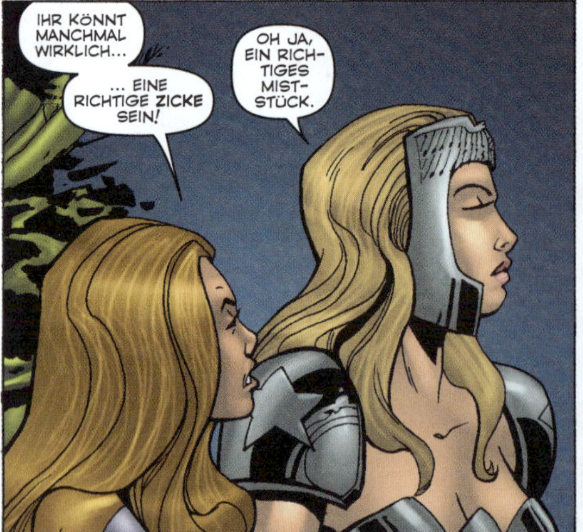
IHR KÖNNT MANCHMAL WIRKLICH...
... EINE RICHTIGE **ZICKE** SEIN!
OH JA, EIN RICHTIGES MISTSTÜCK.

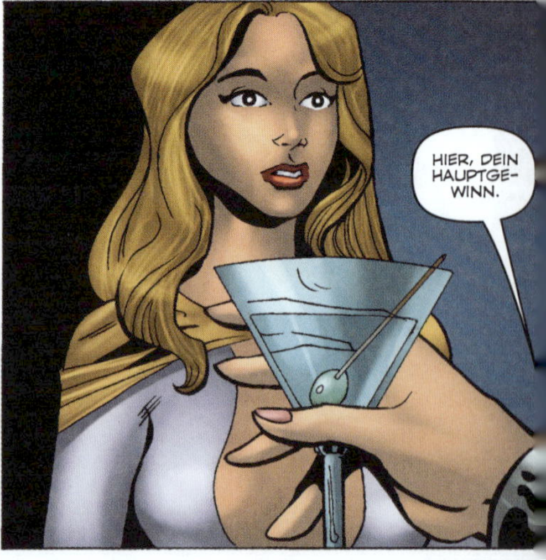
HIER, DEIN HAUPTGEWINN.

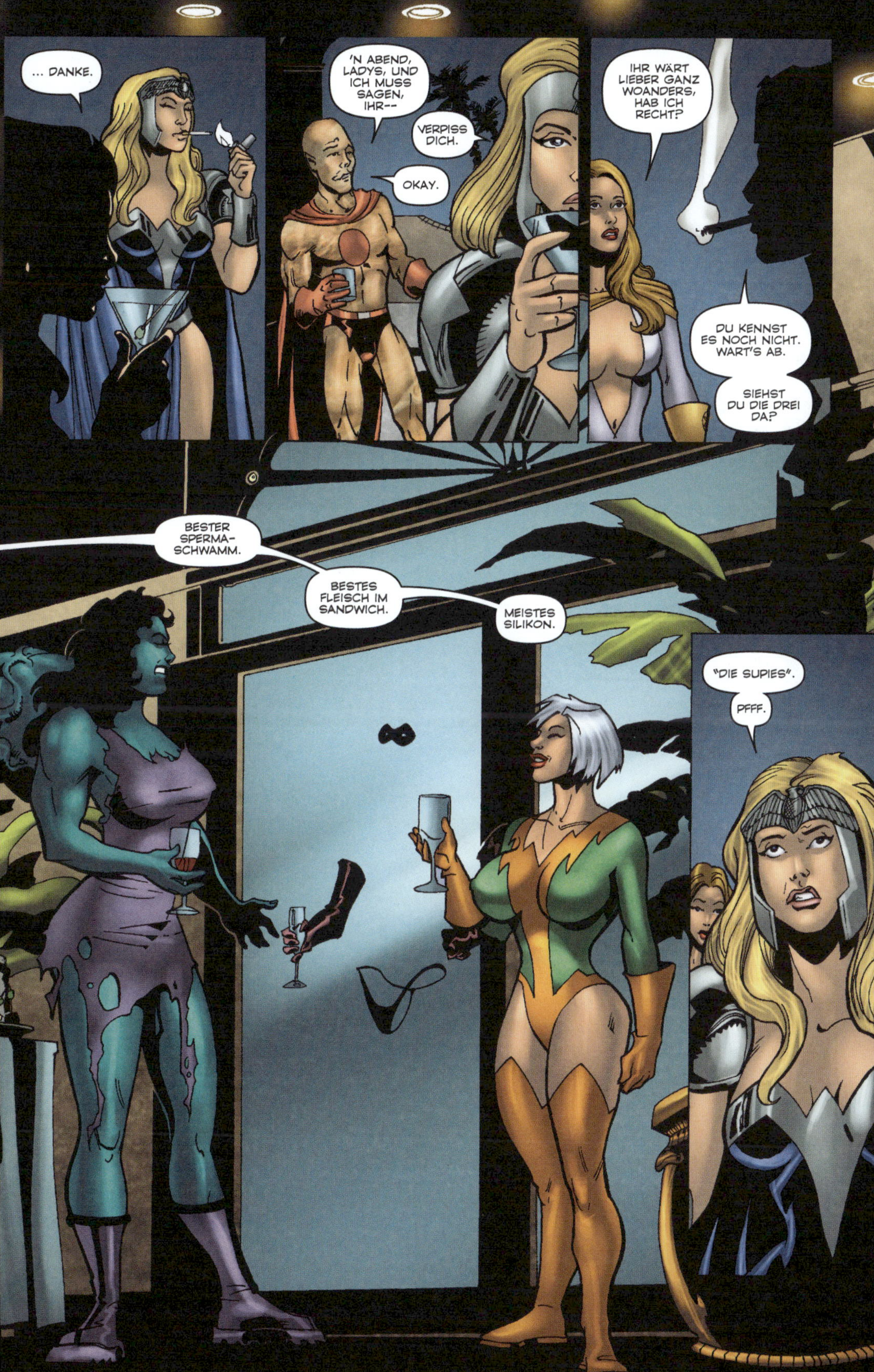
... DANKE.
'N ABEND, LADYS, UND ICH MUSS SAGEN, IHR--
VERPISS DICH.
OKAY.
IHR WÄRT LIEBER GANZ WOANDERS, HAB ICH RECHT?
DU KENNST ES NOCH NICHT. WART'S AB.
SIEHST DU DIE DREI DA?
BESTER SPERMA-SCHWAMM.
BESTES FLEISCH IM SANDWICH.
MEISTES SILIKON.
"DIE SUPIES".
PFFF.

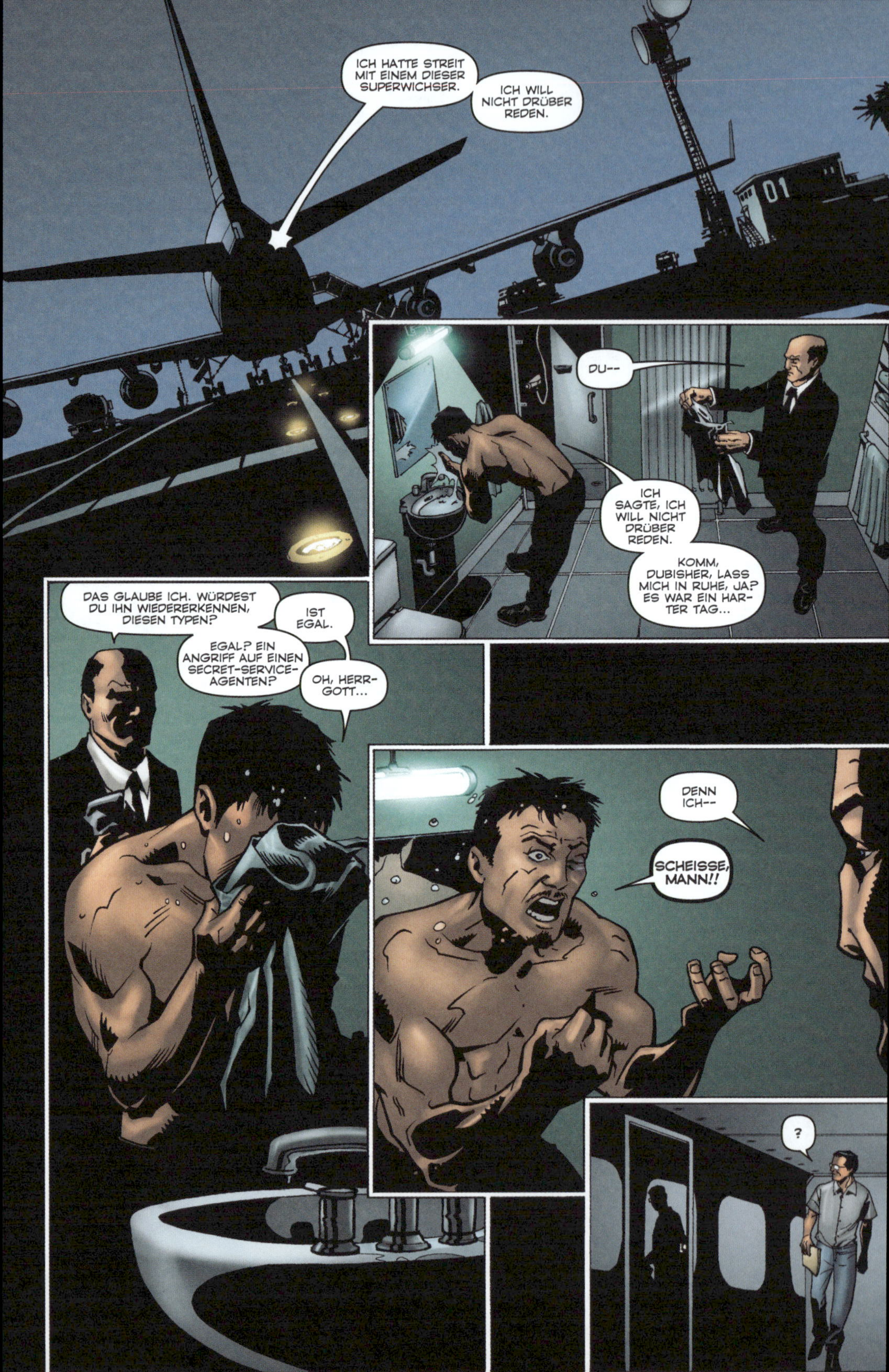
ICH HATTE STREIT MIT EINEM DIESER SUPERWICHSER.
ICH WILL NICHT DRÜBER REDEN.
01
DU--
ICH SAGTE, ICH WILL NICHT DRÜBER REDEN.
KOMM, DUBISHER, LASS MICH IN RUHE, JA? ES WAR EIN HARTER TAG...
DAS GLAUBE ICH. WÜRDEST DU IHN WIEDERERKENNEN, DIESEN TYPEN?
IST EGAL.
EGAL? EIN ANGRIFF AUF EINEN SECRET-SERVICE-AGENTEN?
OH, HERRGOTT...
DENN ICH--
SCHEISSE, MANN!!
?

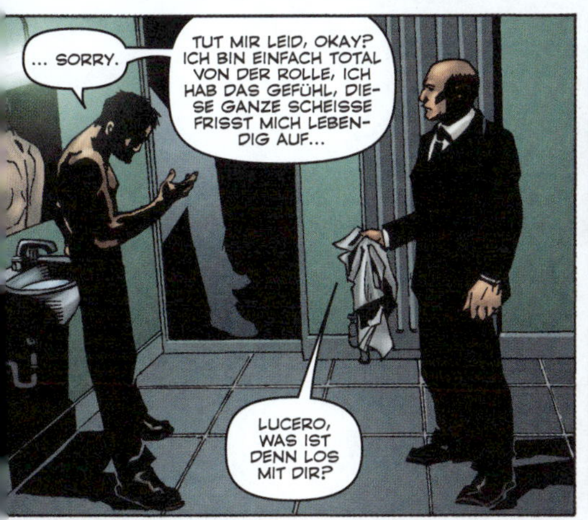
... SORRY.
TUT MIR LEID, OKAY? ICH BIN EINFACH TOTAL VON DER ROLLE, ICH HAB DAS GEFÜHL, DIESE GANZE SCHEISSE FRISST MICH LEBENDIG AUF...
LUCERO, WAS IST DENN LOS MIT DIR?
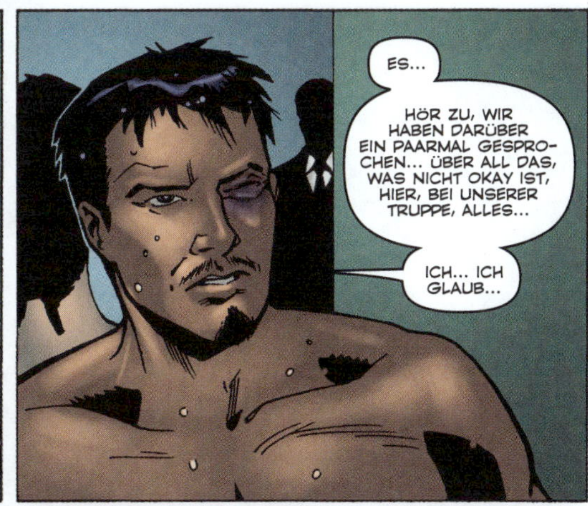
ES...
HÖR ZU, WIR HABEN DARÜBER EIN PAARMAL GESPROCHEN... ÜBER ALL DAS, WAS NICHT OKAY IST, HIER, BEI UNSERER TRUPPE, ALLES...
ICH... ICH GLAUB...
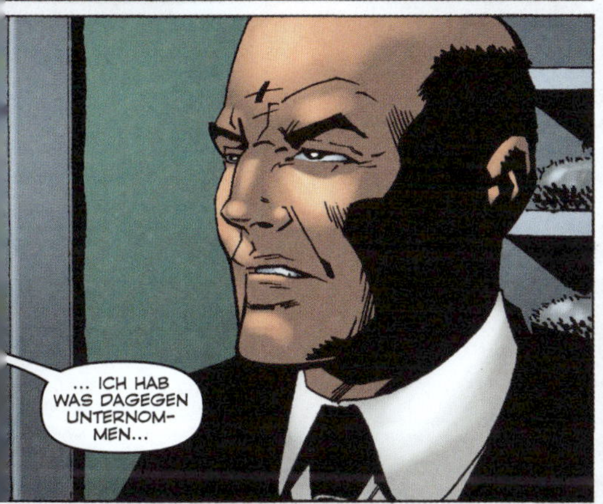
... ICH HAB WAS DAGEGEN UNTERNOMMEN...
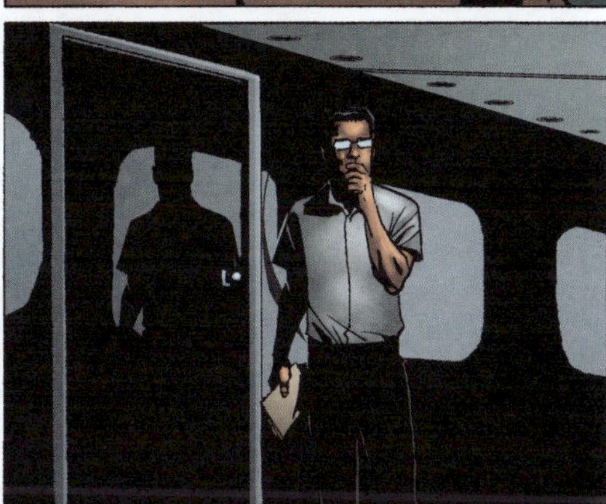
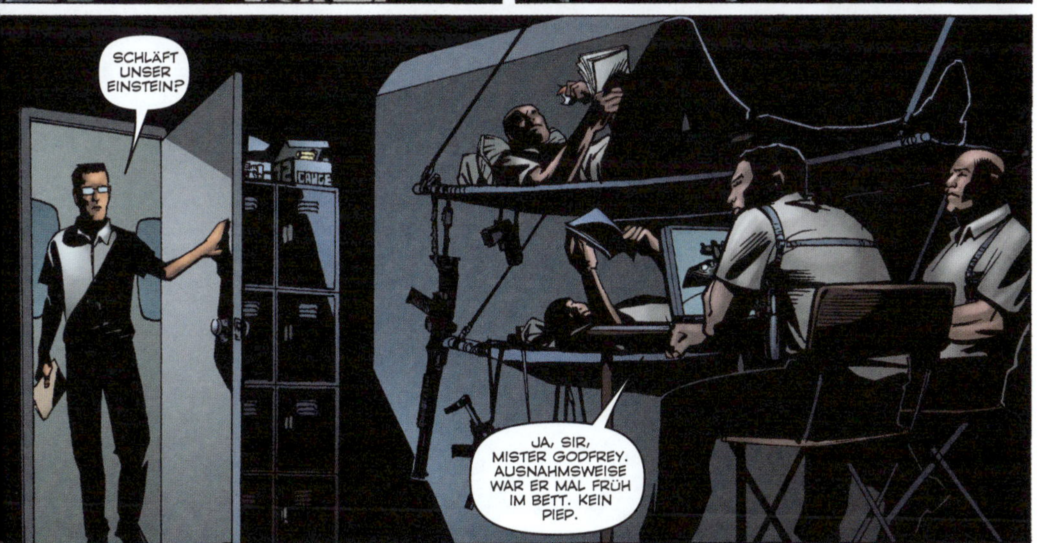
SCHLÄFT UNSER EINSTEIN?
JA, SIR, MISTER GODFREY. AUSNAHMSWEISE WAR ER MAL FRÜH IM BETT. KEIN PIEP.
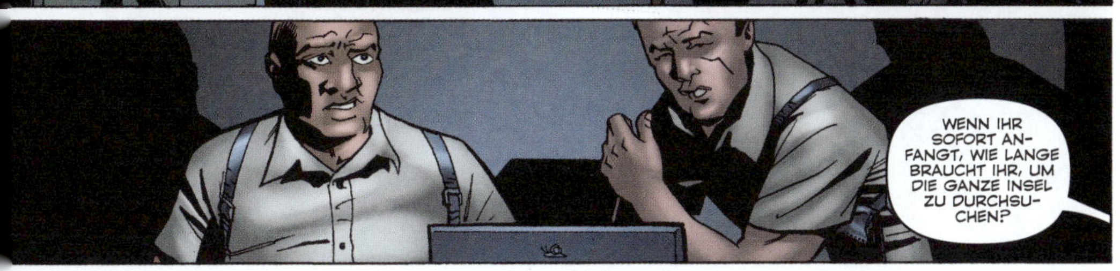
WENN IHR SOFORT ANFANGT, WIE LANGE BRAUCHT IHR, UM DIE GANZE INSEL ZU DURCHSUCHEN?

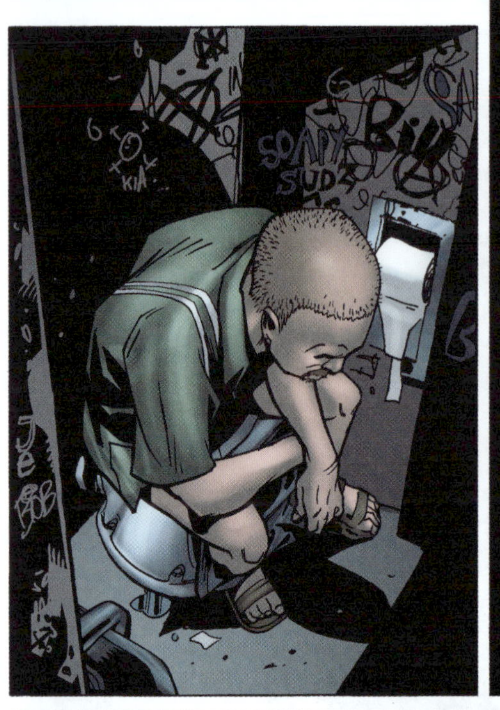
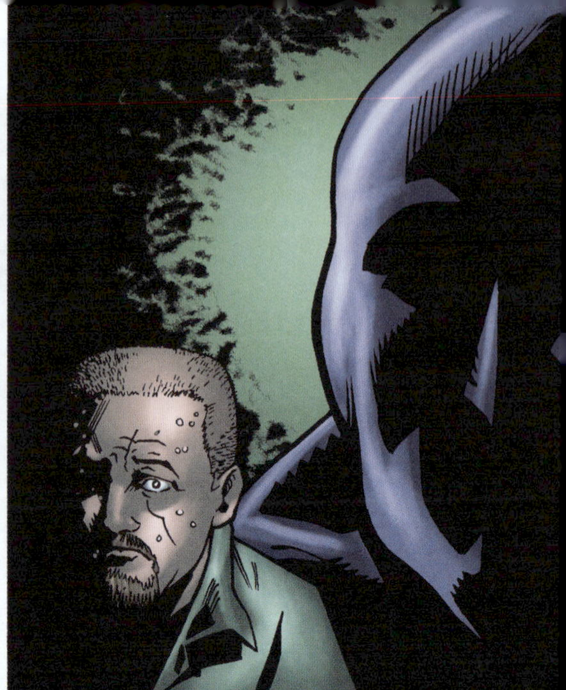
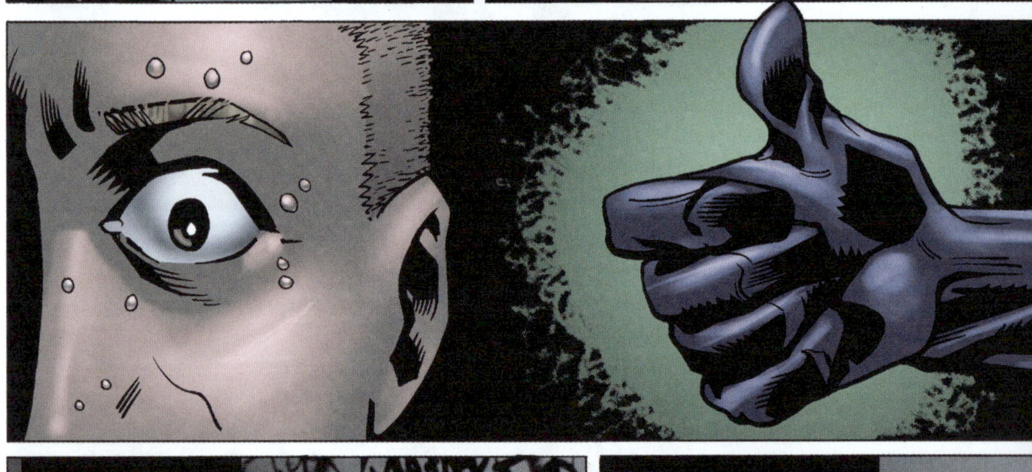
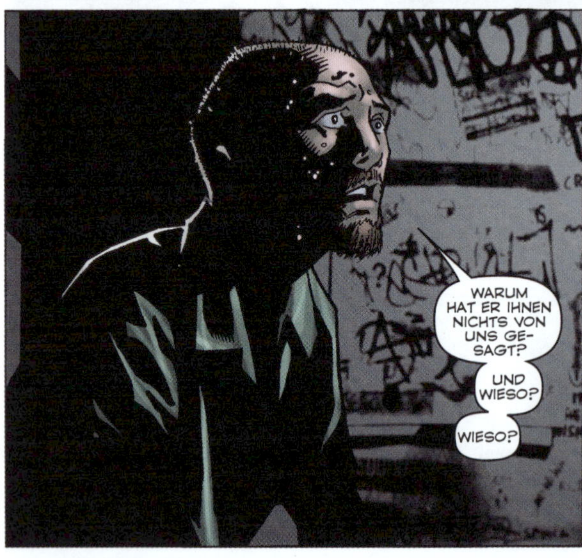
WARUM HAT ER IHNEN NICHTS VON UNS GE- SAGT?
UND WIESO?
WIESO?
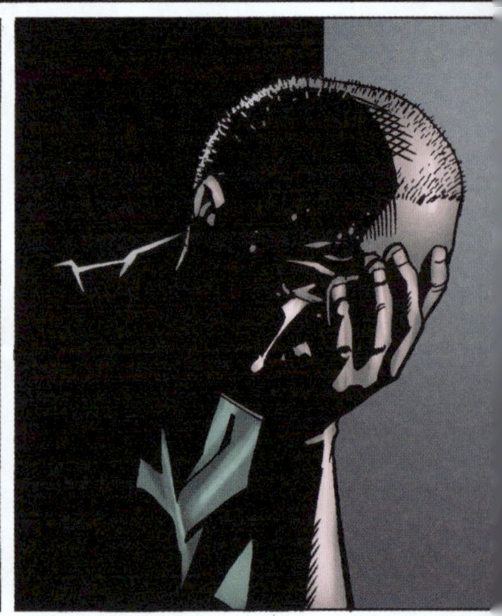

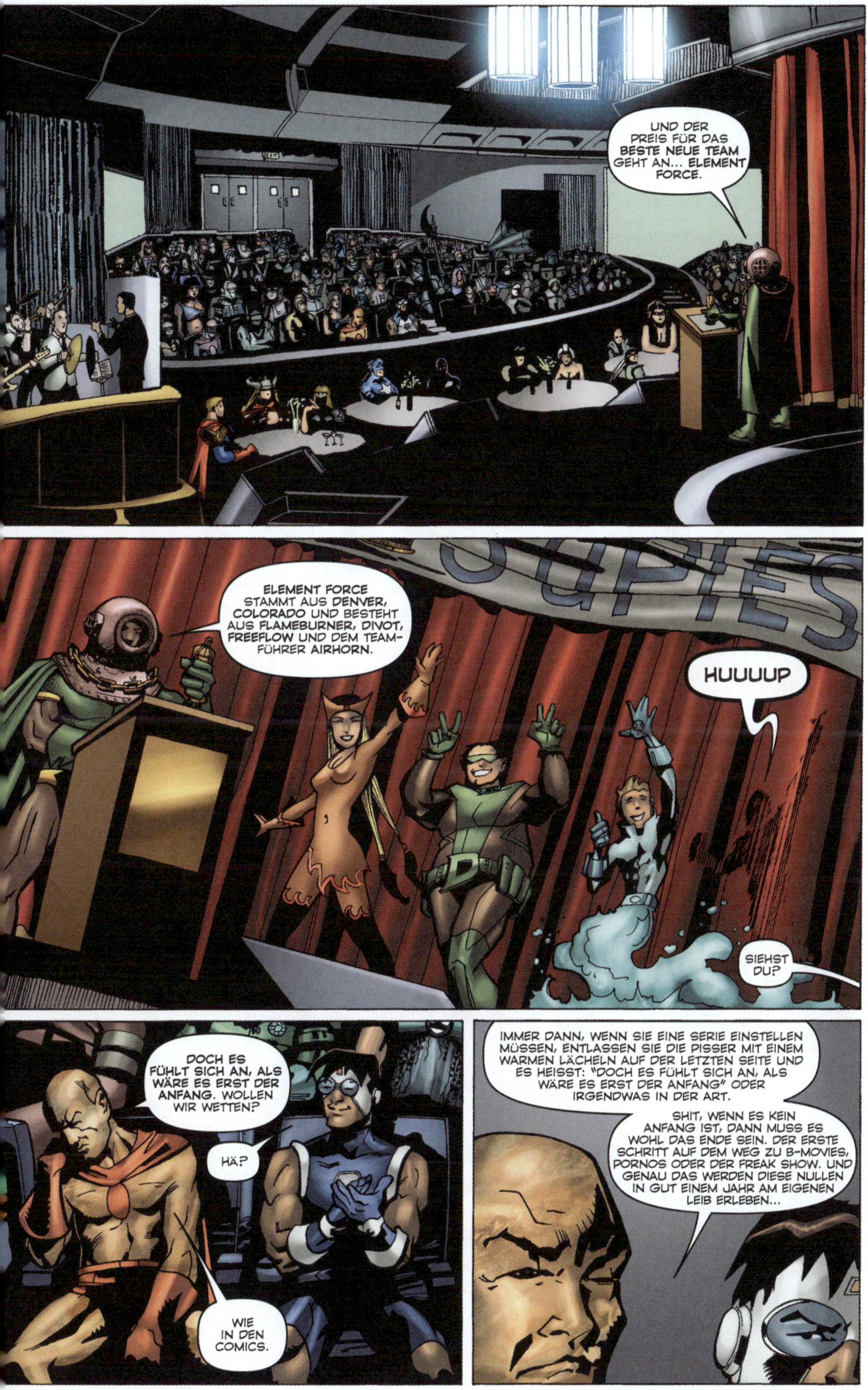

UND DER PREIS FÜR DAS **BESTE NEUE TEAM** GEHT AN... ELEMENT FORCE.

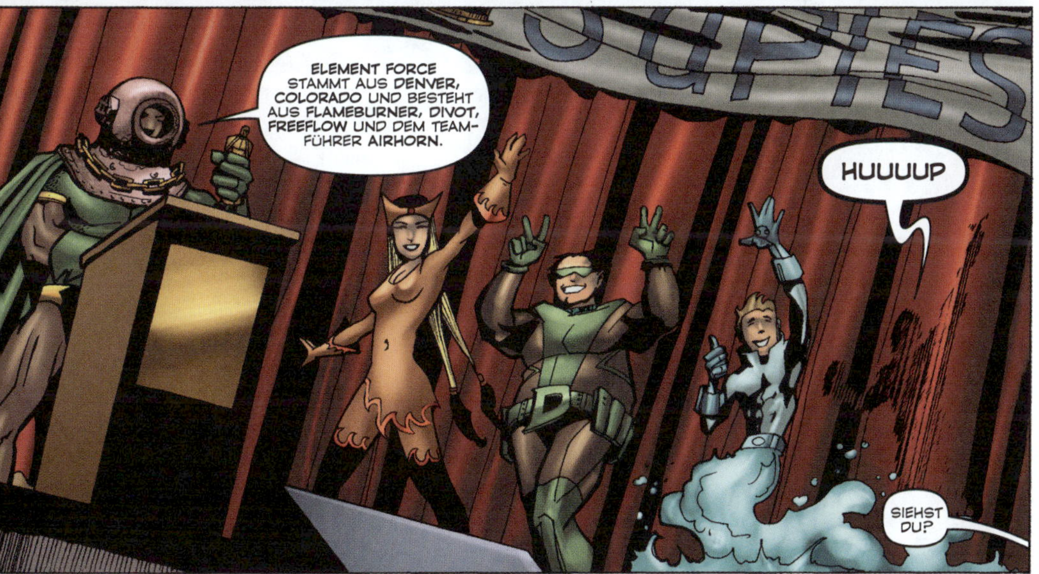

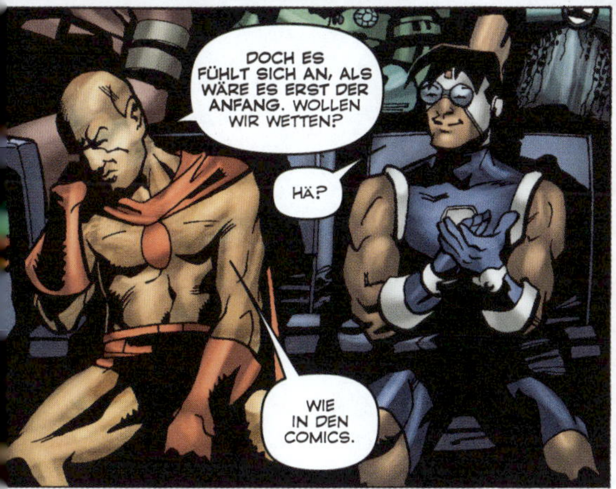

IMMER DANN, WENN SIE EINE SERIE EINSTELLEN MÜSSEN, ENTLASSEN SIE DIE PISSER MIT EINEM WARMEN LÄCHELN AUF DER LETZTEN SEITE UND ES HEISST: "DOCH ES FÜHLT SICH AN, ALS WÄRE ES ERST DER ANFANG" ODER IRGENDWAS IN DER ART.

SHIT, WENN ES KEIN ANFANG IST, DANN MUSS ES WOHL DAS ENDE SEIN. DER ERSTE SCHRITT AUF DEM WEG ZU B-MOVIES, PORNOS ODER DER FREAK SHOW. UND GENAU DAS WERDEN DIESE NULLEN IN GUT EINEM JAHR AM EIGENEN LEIB ERLEBEN...

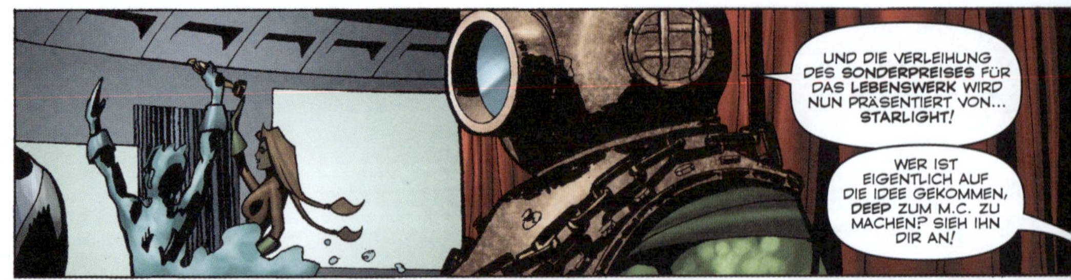
UND DIE VERLEIHUNG DES **SONDERPREISES** FÜR DAS **LEBENSWERK** WIRD NUN PRÄSENTIERT VON... **STARLIGHT!**
WER IST EIGENTLICH AUF DIE IDEE GEKOMMEN, **DEEP** ZUM M.C. ZU MACHEN? SIEH IHN DIR AN!

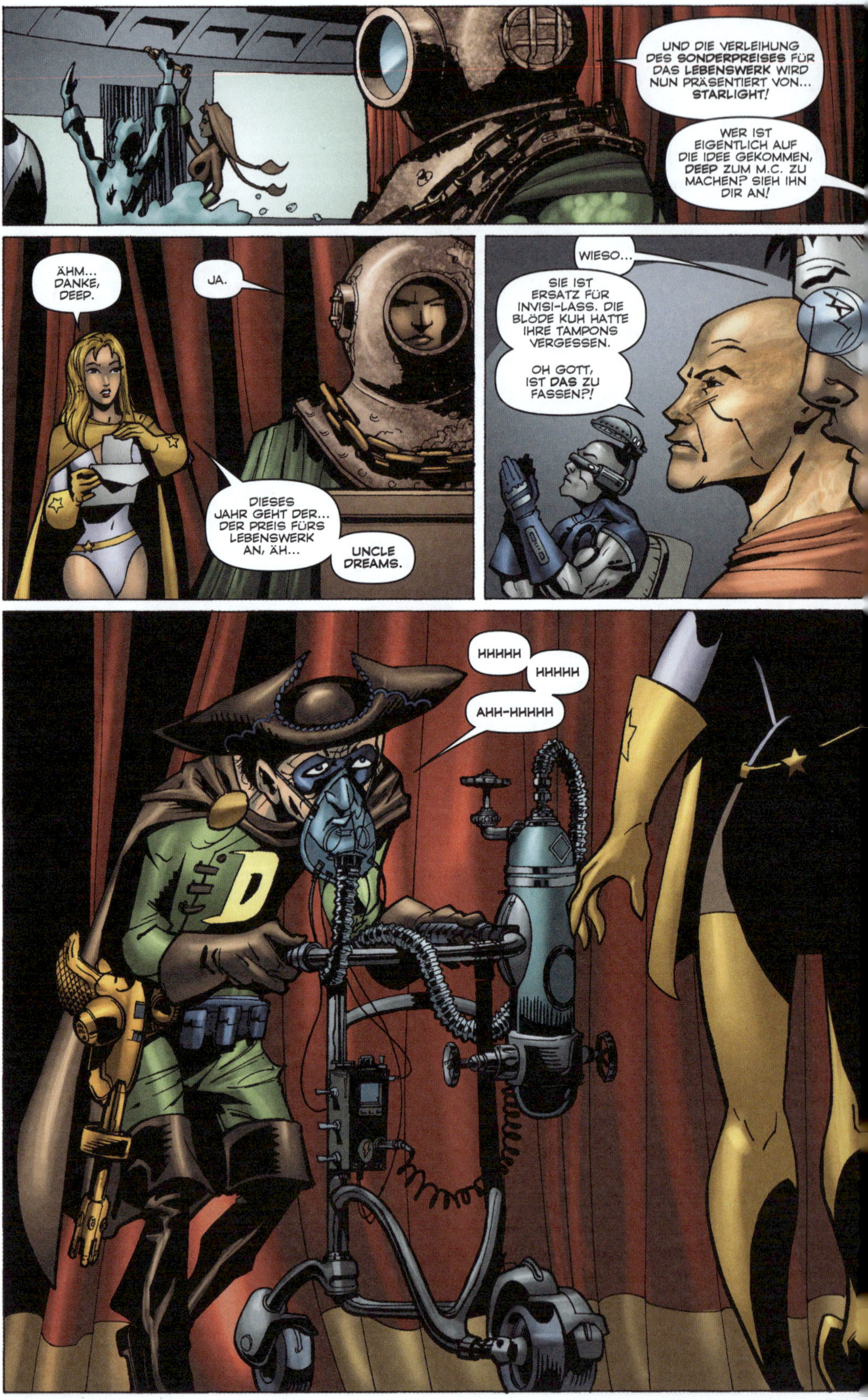

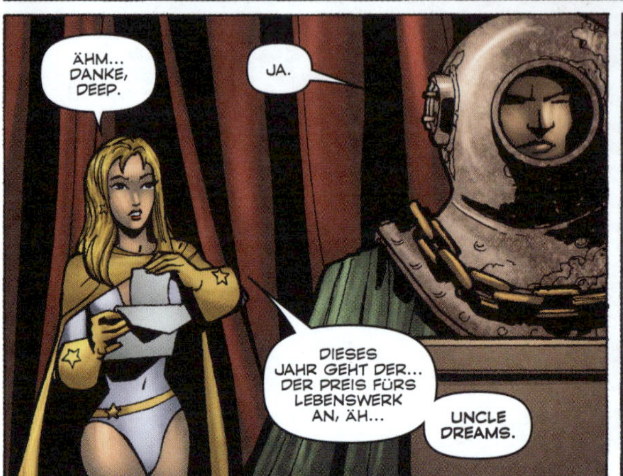
ÄHM... DANKE, DEEP.
JA.
DIESES JAHR GEHT DER... DER PREIS FÜRS LEBENSWERK AN, ÄH...
UNCLE DREAMS.

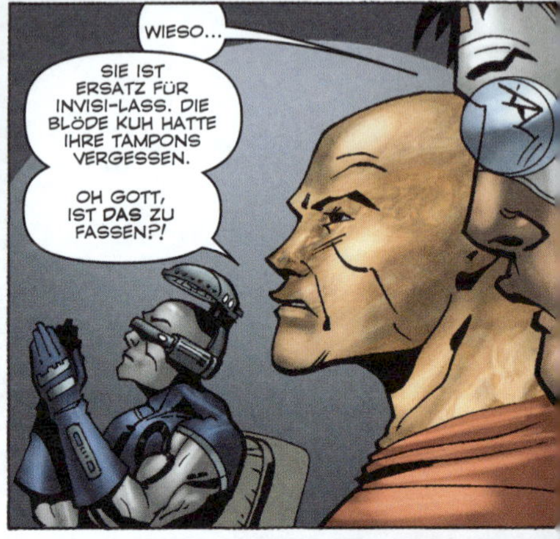
WIESO...
SIE IST ERSATZ FÜR INVISI-LASS. DIE BLÖDE KUH HATTE IHRE TAMPONS VERGESSEN.
OH GOTT, IST **DAS** ZU FASSEN?!

HHHHH
HHHHH
AHH-HHHHH

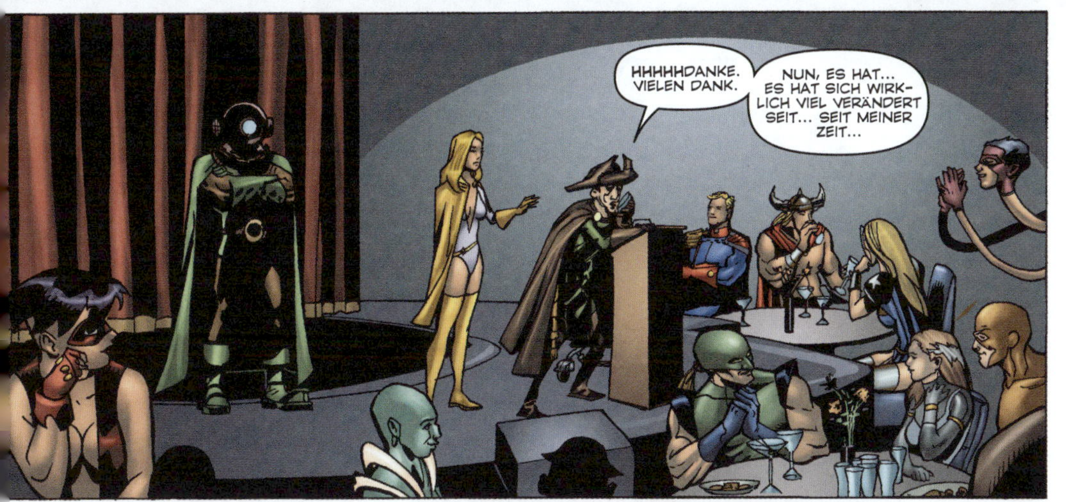
HHHHHDANKE. VIELEN DANK.
NUN, ES HAT... ES HAT SICH WIRKLICH VIEL VERÄNDERT SEIT... SEIT MEINER ZEIT...

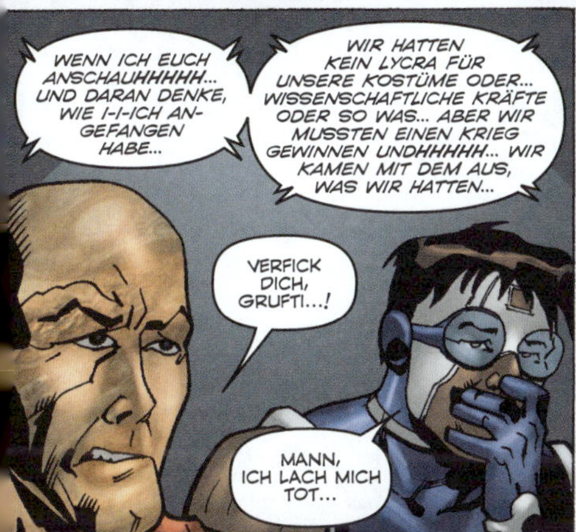
WENN ICH EUCH ANSCHAUHHHHH... UND DARAN DENKE, WIE I-I-ICH ANGEFANGEN HABE...
WIR HATTEN KEIN LYCRA FÜR UNSERE KOSTÜME ODER... WISSENSCHAFTLICHE KRÄFTE ODER SO WAS... ABER WIR MUSSTEN EINEN KRIEG GEWINNEN UNDHHHHH... WIR KAMEN MIT DEM AUS, WAS WIR HATTEN...
VERFICK DICH, GRUFTI...!
MANN, ICH LACH MICH TOT...

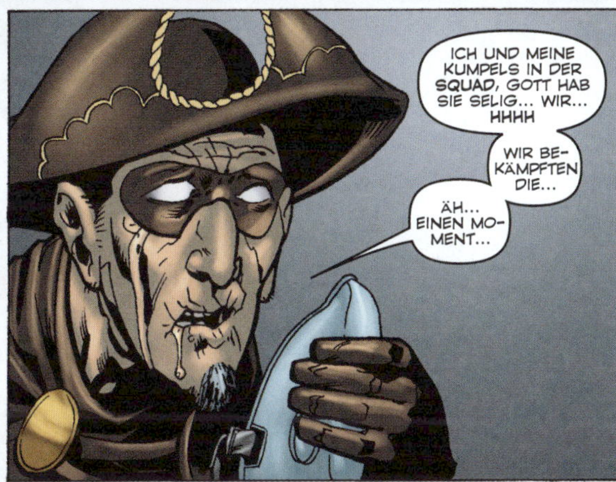
ICH UND MEINE KUMPELS IN DER SQUAD, GOTT HAB SIE SELIG... WIR... HHHH
WIR BEKÄMPFTEN DIE...
ÄH... EINEN MOMENT...

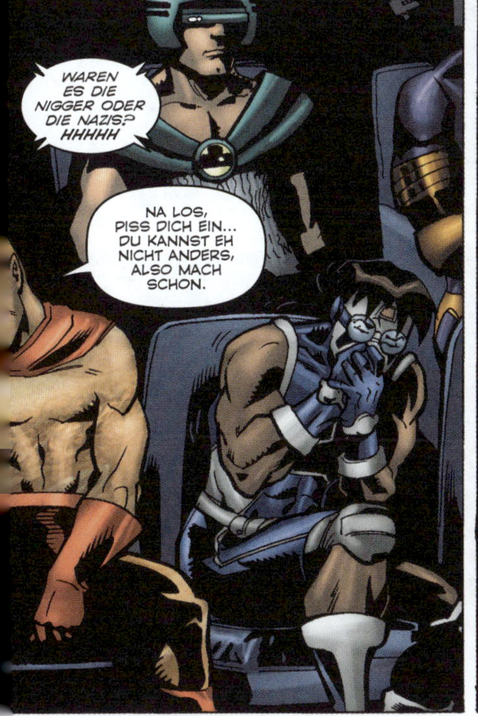
WAREN ES DIE NIGGER ODER DIE NAZIS? HHHHH
NA LOS, PISS DICH EIN... DU KANNST EH NICHT ANDERS, ALSO MACH SCHON.

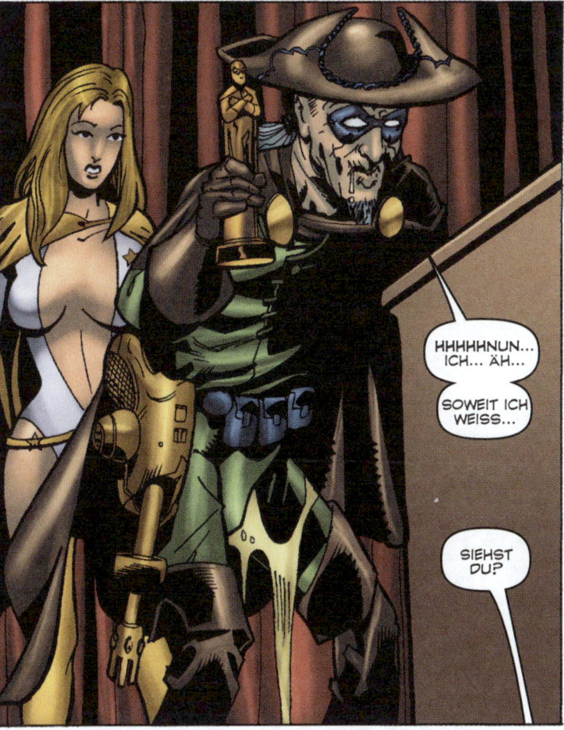
HHHHHNUN... ICH... ÄH...
SOWEIT ICH WEISS...
SIEHST DU?

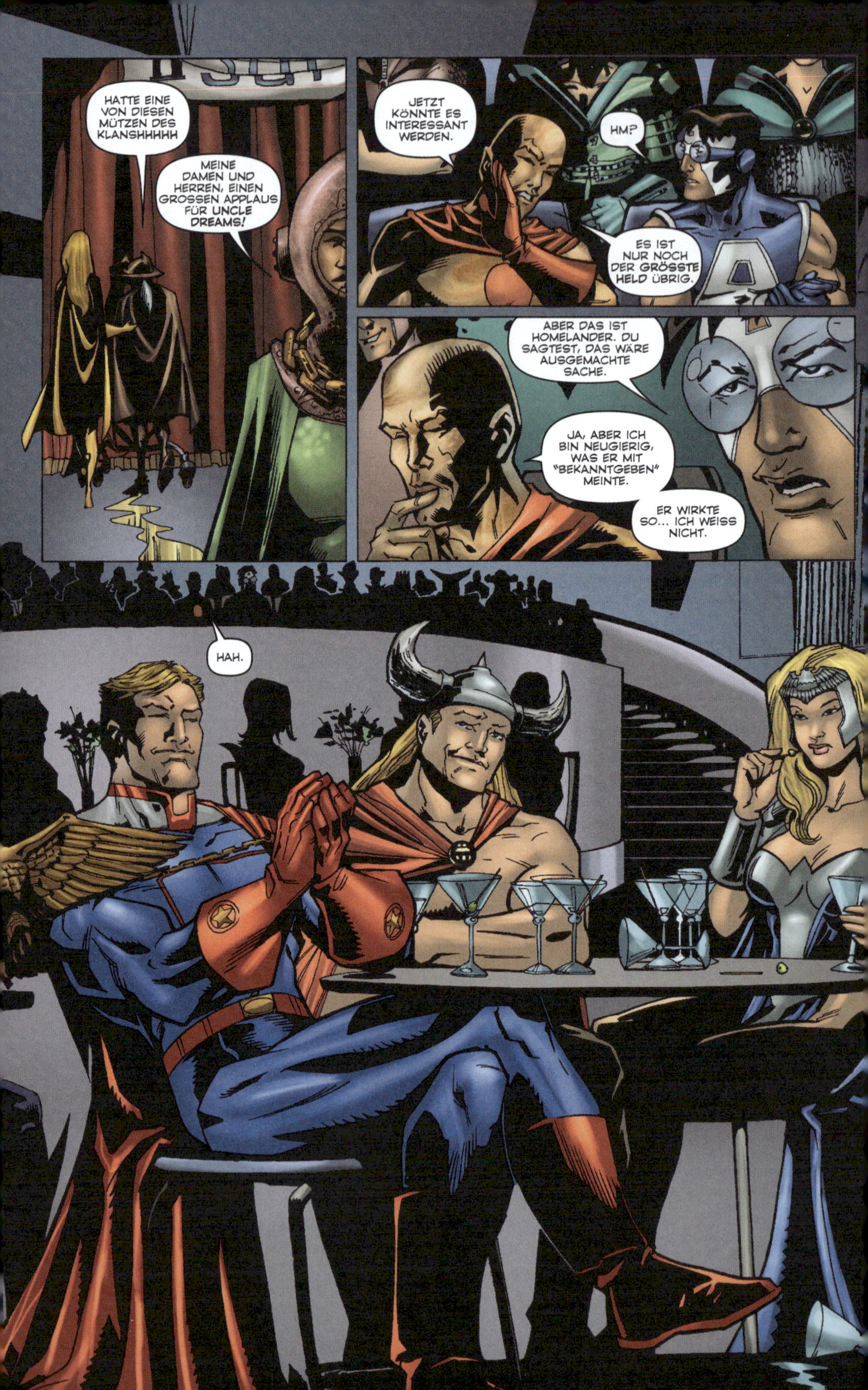
HATTE EINE VON DIESEN MÜTZEN DES KLANSHHHHH
MEINE DAMEN UND HERREN, EINEN GROSSEN APPLAUS FÜR UNCLE DREAMS!
JETZT KÖNNTE ES INTERESSANT WERDEN.
HM?
ES IST NUR NOCH DER GRÖSSTE HELD ÜBRIG.
ABER DAS IST HOMELANDER. DU SAGTEST, DAS WÄRE AUSGEMACHTE SACHE.
JA, ABER ICH BIN NEUGIERIG, WAS ER MIT "BEKANNTGEBEN" MEINTE.
ER WIRKTE SO... ICH WEISS NICHT.
HAH.

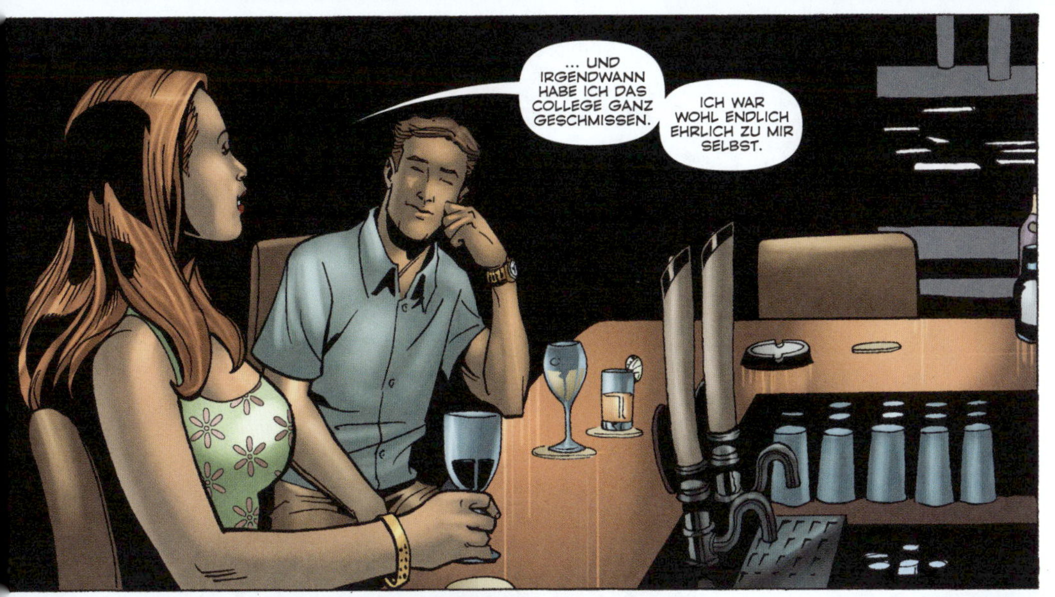
... UND IRGENDWANN HABE ICH DAS COLLEGE GANZ GESCHMISSEN.
ICH WAR WOHL ENDLICH EHRLICH ZU MIR SELBST.

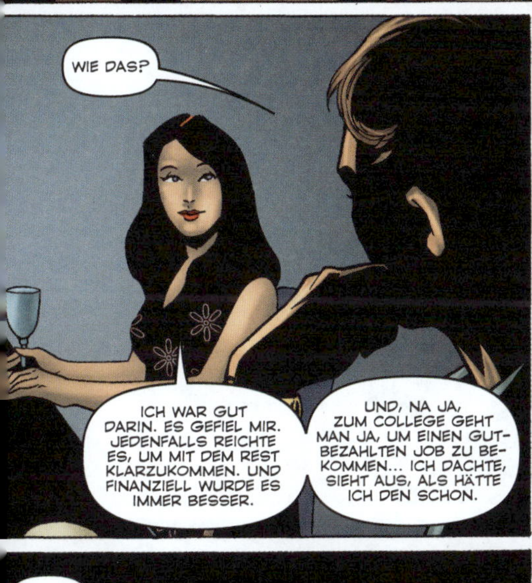
WIE DAS?
ICH WAR GUT DARIN. ES GEFIEL MIR. JEDENFALLS REICHTE ES, UM MIT DEM REST KLARZUKOMMEN. UND FINANZIELL WURDE ES IMMER BESSER.
UND, NA JA, ZUM COLLEGE GEHT MAN JA, UM EINEN GUTBEZAHLTEN JOB ZU BEKOMMEN... ICH DACHTE, SIEHT AUS, ALS HÄTTE ICH DEN SCHON.

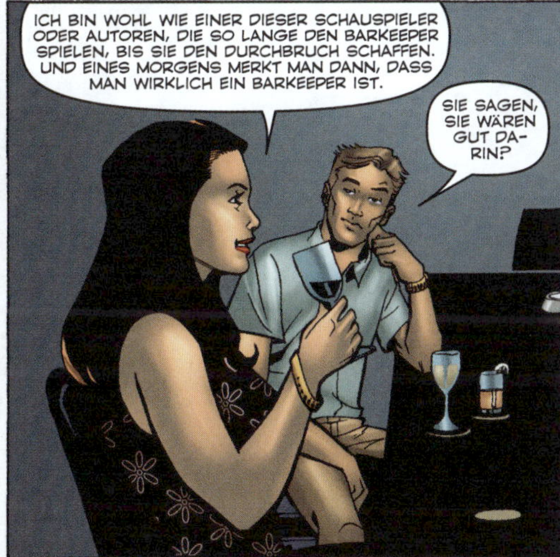
ICH BIN WOHL WIE EINER DIESER SCHAUSPIELER ODER AUTOREN, DIE SO LANGE DEN BARKEEPER SPIELEN, BIS SIE DEN DURCHBRUCH SCHAFFEN. UND EINES MORGENS MERKT MAN DANN, DASS MAN WIRKLICH EIN BARKEEPER IST.
SIE SAGEN, SIE WÄREN GUT DARIN?

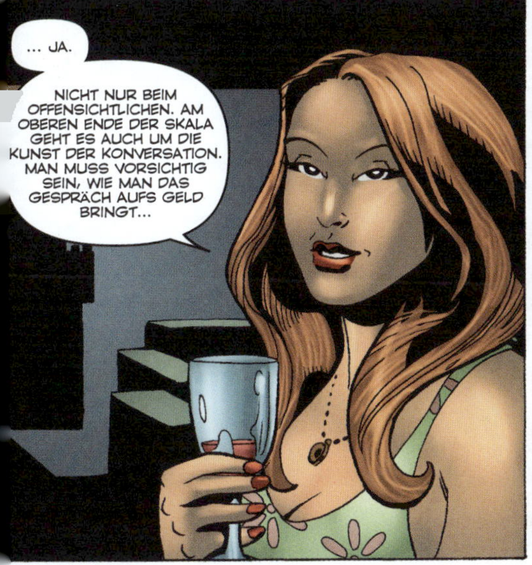
... JA.
NICHT NUR BEIM OFFENSICHTLICHEN. AM OBEREN ENDE DER SKALA GEHT ES AUCH UM DIE KUNST DER KONVERSATION. MAN MUSS VORSICHTIG SEIN, WIE MAN DAS GESPRÄCH AUFS GELD BRINGT...

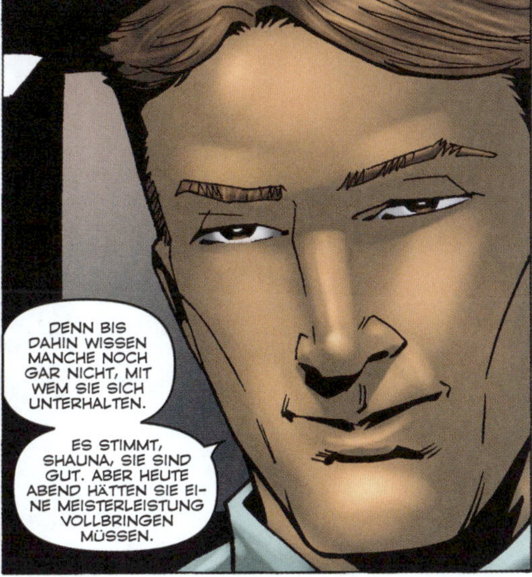
DENN BIS DAHIN WISSEN MANCHE NOCH GAR NICHT, MIT WEM SIE SICH UNTERHALTEN.
ES STIMMT, SHAUNA, SIE SIND GUT. ABER HEUTE ABEND HÄTTEN SIE EINE MEISTERLEISTUNG VOLLBRINGEN MÜSSEN.

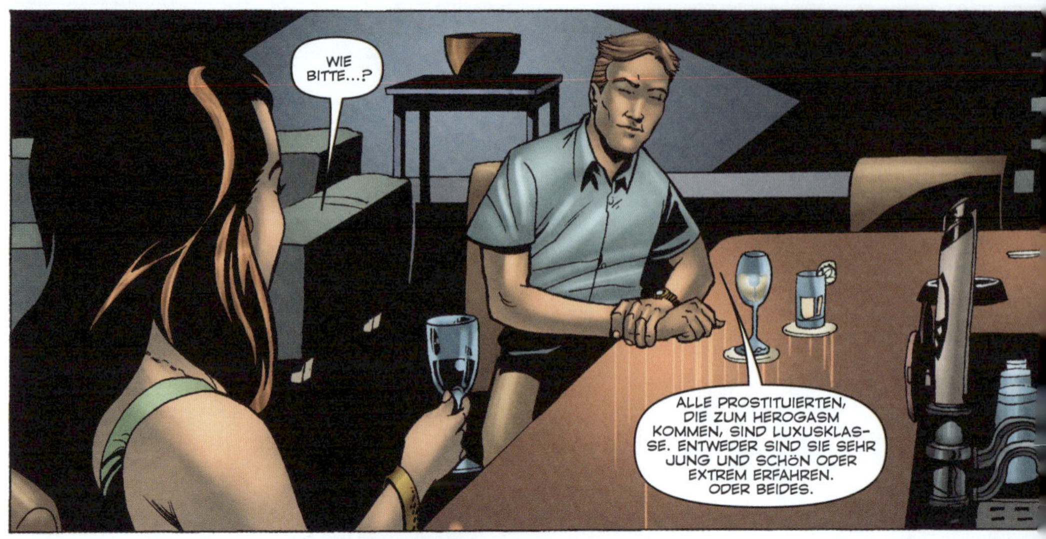
WIE BITTE...?
ALLE PROSTITUIERTEN, DIE ZUM HEROGASM KOMMEN, SIND LUXUSKLASSE. ENTWEDER SIND SIE SEHR JUNG UND SCHÖN ODER EXTREM ERFAHREN. ODER BEIDES.

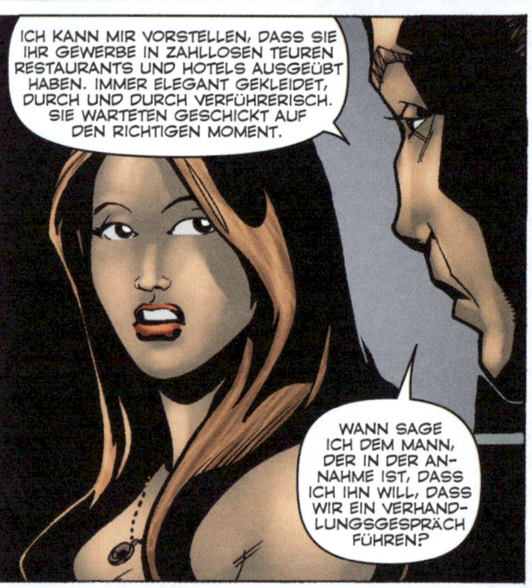
ICH KANN MIR VORSTELLEN, DASS SIE IHR GEWERBE IN ZAHLLOSEN TEUREN RESTAURANTS UND HOTELS AUSGEÜBT HABEN. IMMER ELEGANT GEKLEIDET, DURCH UND DURCH VERFÜHRERISCH. SIE WARTETEN GESCHICKT AUF DEN RICHTIGEN MOMENT.
WANN SAGE ICH DEM MANN, DER IN DER ANNAHME IST, DASS ICH IHN WILL, DASS WIR EIN VERHANDLUNGSGESPRÄCH FÜHREN?

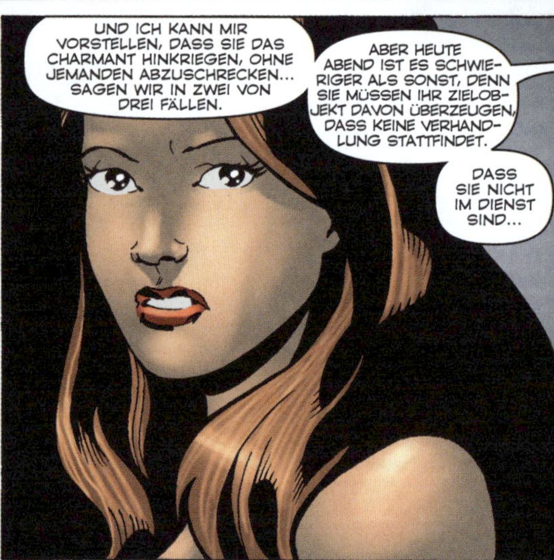
UND ICH KANN MIR VORSTELLEN, DASS SIE DAS CHARMANT HINKRIEGEN, OHNE JEMANDEN ABZUSCHRECKEN... SAGEN WIR IN ZWEI VON DREI FÄLLEN.
ABER HEUTE ABEND IST ES SCHWIERIGER ALS SONST, DENN SIE MÜSSEN IHR ZIELOBJEKT DAVON ÜBERZEUGEN, DASS KEINE VERHANDLUNG STATTFINDET.
DASS SIE NICHT IM DIENST SIND...

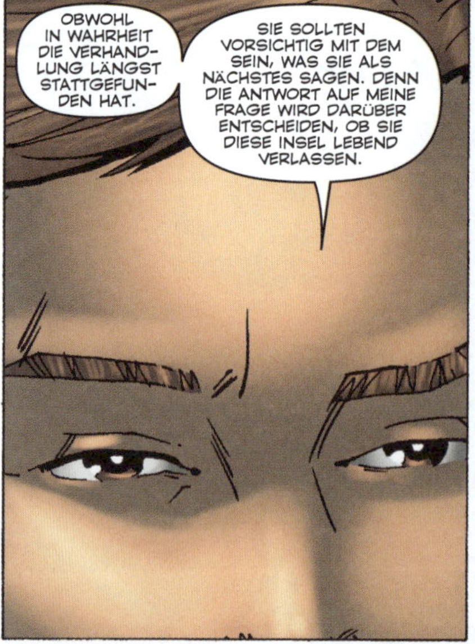
OBWOHL IN WAHRHEIT DIE VERHANDLUNG LÄNGST STATTGEFUNDEN HAT.
SIE SOLLTEN VORSICHTIG MIT DEM SEIN, WAS SIE ALS NÄCHSTES SAGEN. DENN DIE ANTWORT AUF MEINE FRAGE WIRD DARÜBER ENTSCHEIDEN, OB SIE DIESE INSEL LEBEND VERLASSEN.

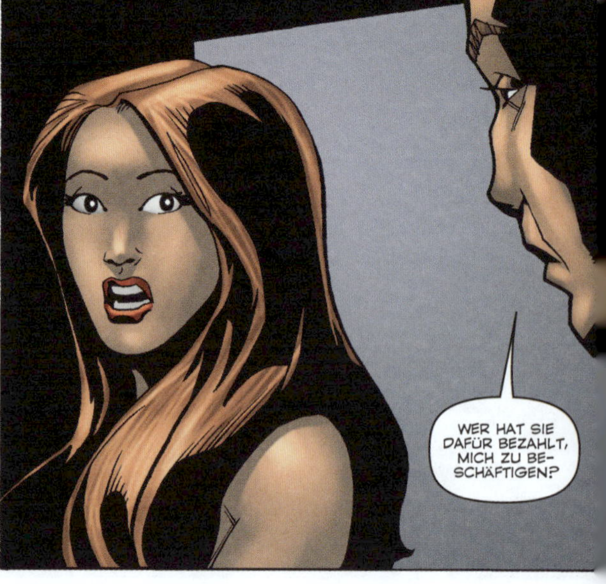
WER HAT SIE DAFÜR BEZAHLT, MICH ZU BESCHÄFTIGEN?

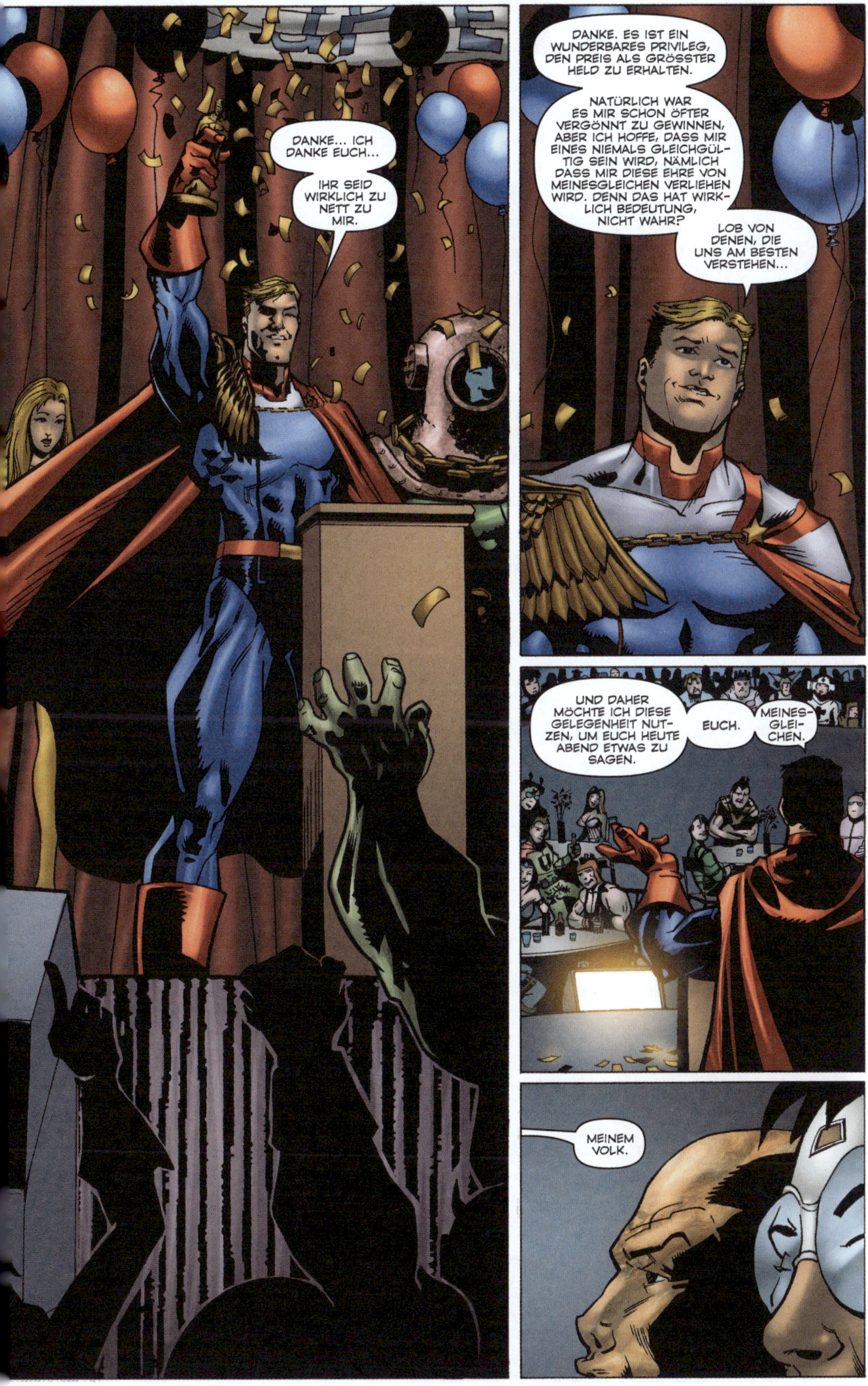

DANKE... ICH DANKE EUCH...
IHR SEID WIRKLICH ZU NETT ZU MIR.

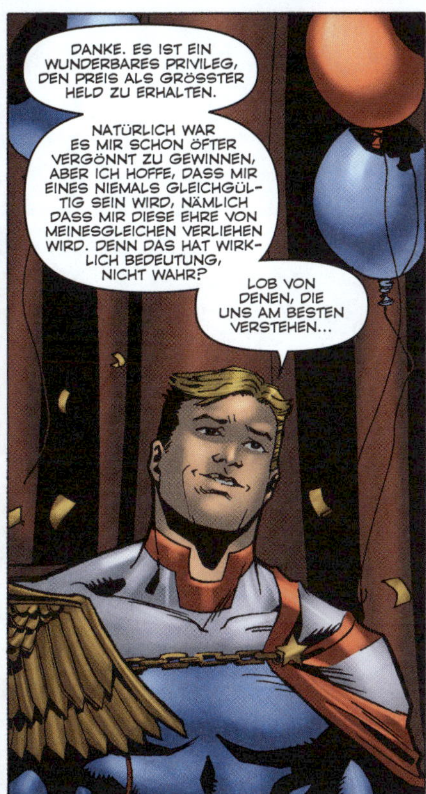
DANKE. ES IST EIN WUNDERBARES PRIVILEG, DEN PREIS ALS GRÖSSTER HELD ZU ERHALTEN.
NATÜRLICH WAR ES MIR SCHON ÖFTER VERGÖNNT ZU GEWINNEN, ABER ICH HOFFE, DASS MIR EINES NIEMALS GLEICHGÜLTIG SEIN WIRD, NÄMLICH DASS MIR DIESE EHRE VON MEINESGLEICHEN VERLIEHEN WIRD. DENN DAS HAT WIRKLICH BEDEUTUNG, NICHT WAHR?
LOB VON DENEN, DIE UNS AM BESTEN VERSTEHEN...

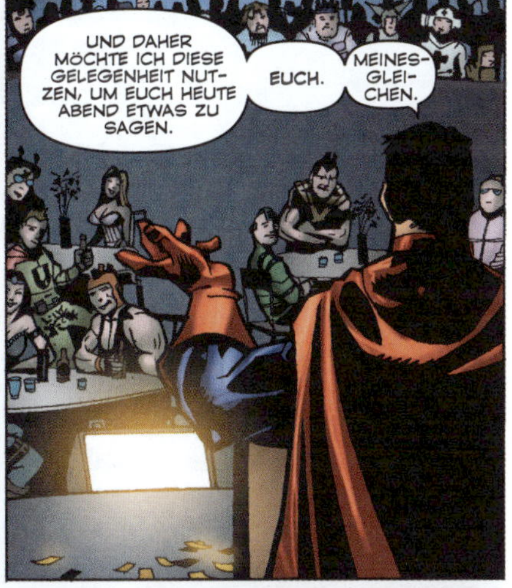
UND DAHER MÖCHTE ICH DIESE GELEGENHEIT NUTZEN, UM EUCH HEUTE ABEND ETWAS ZU SAGEN.
EUCH.
MEINESGLEICHEN.

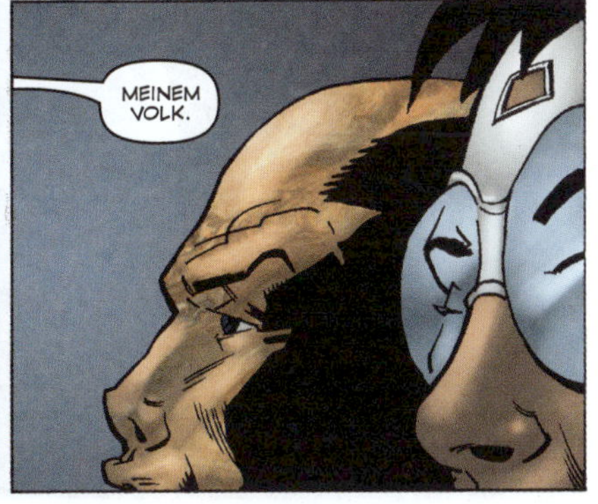
MEINEM VOLK.

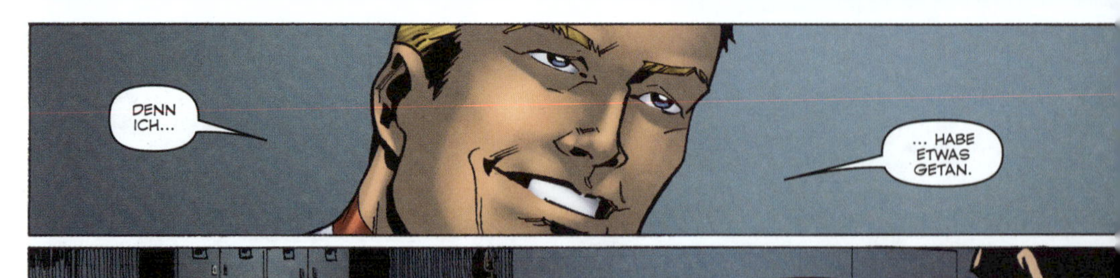
DENN ICH...
... HABE ETWAS GETAN.

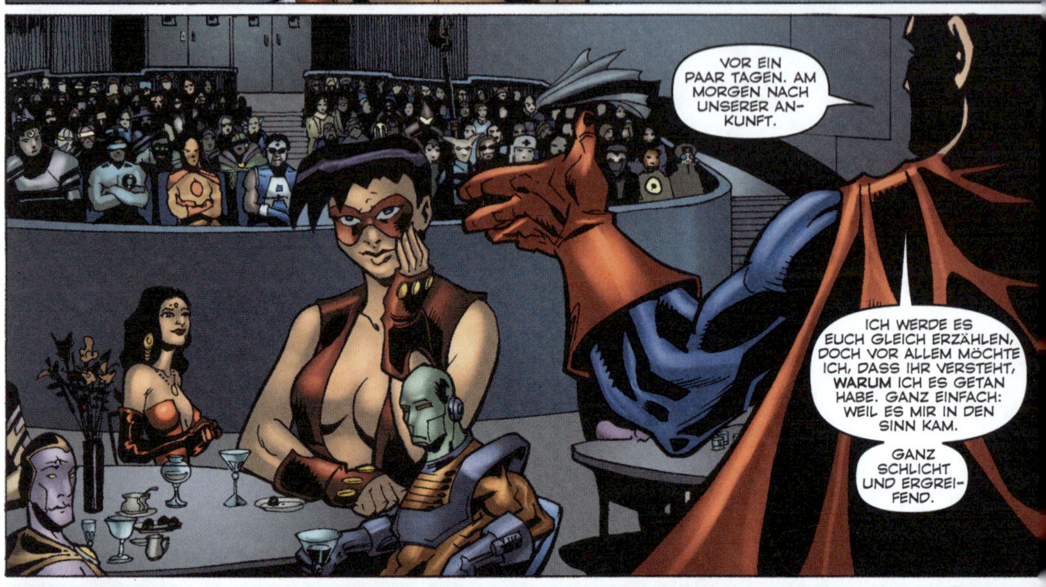
VOR EIN PAAR TAGEN. AM MORGEN NACH UNSERER ANKUNFT.
ICH WERDE ES EUCH GLEICH ERZÄHLEN, DOCH VOR ALLEM MÖCHTE ICH, DASS IHR VERSTEHT, **WARUM** ICH ES GETAN HABE. GANZ EINFACH: WEIL ES MIR IN DEN SINN KAM.
GANZ SCHLICHT UND ERGREIFEND.

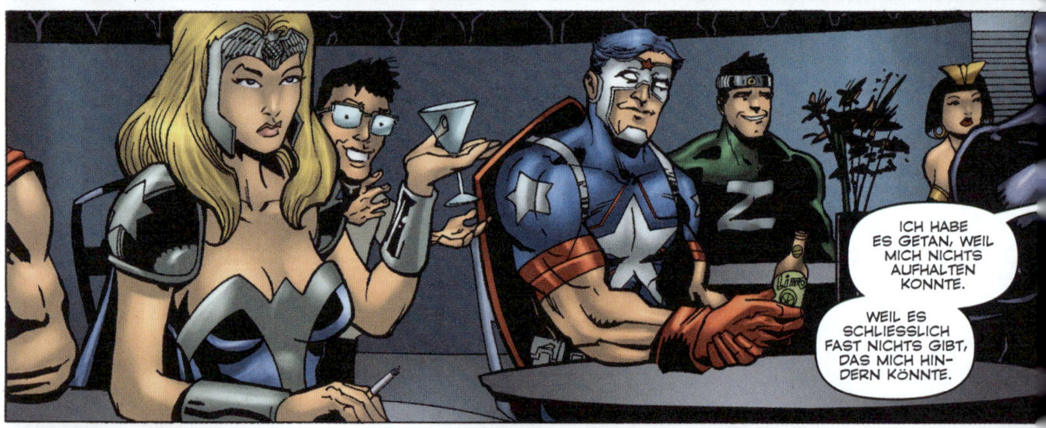
ICH HABE ES GETAN, WEIL MICH NICHTS AUFHALTEN KONNTE.
WEIL ES SCHLIESSLICH FAST NICHTS GIBT, DAS MICH HINDERN KÖNNTE.

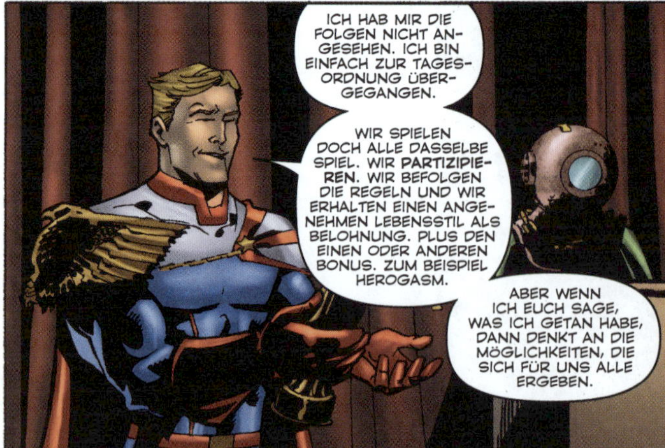
ICH HAB MIR DIE FOLGEN NICHT ANGESEHEN. ICH BIN EINFACH ZUR TAGESORDNUNG ÜBERGEGANGEN.
WIR SPIELEN DOCH ALLE DASSELBE SPIEL. WIR **PARTIZIPIEREN.** WIR BEFOLGEN DIE REGELN UND WIR ERHALTEN EINEN ANGENEHMEN LEBENSSTIL ALS BELOHNUNG. PLUS DEN EINEN ODER ANDEREN BONUS. ZUM BEISPIEL HEROGASM.
ABER WENN ICH EUCH SAGE, WAS ICH GETAN HABE, DANN DENKT AN DIE MÖGLICHKEITEN, DIE SICH FÜR UNS ALLE ERGEBEN.

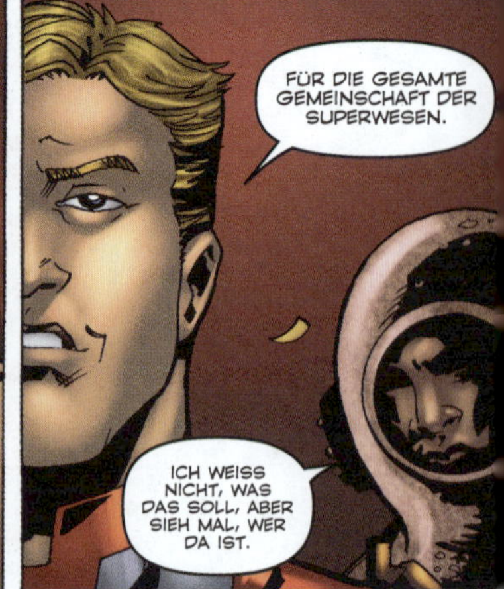
FÜR DIE GESAMTE GEMEINSCHAFT DER SUPERWESEN.
ICH WEISS NICHT, WAS DAS SOLL, ABER SIEH MAL, WER DA IST.

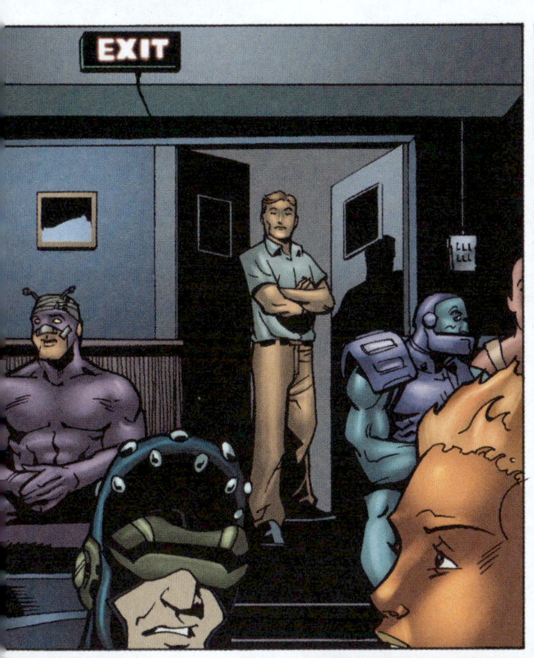
EXIT
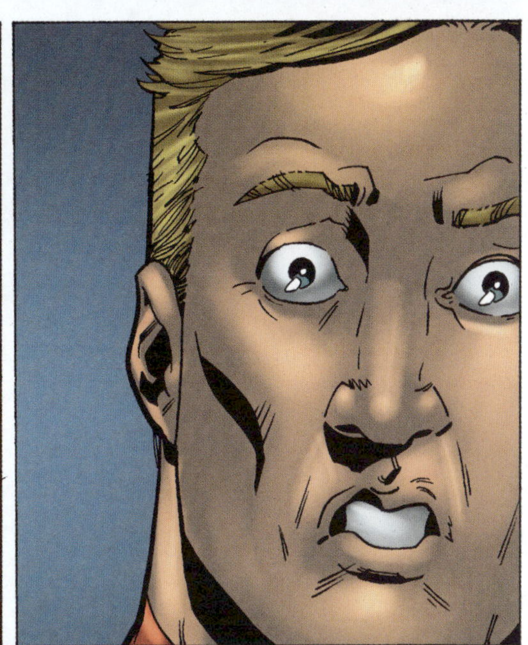
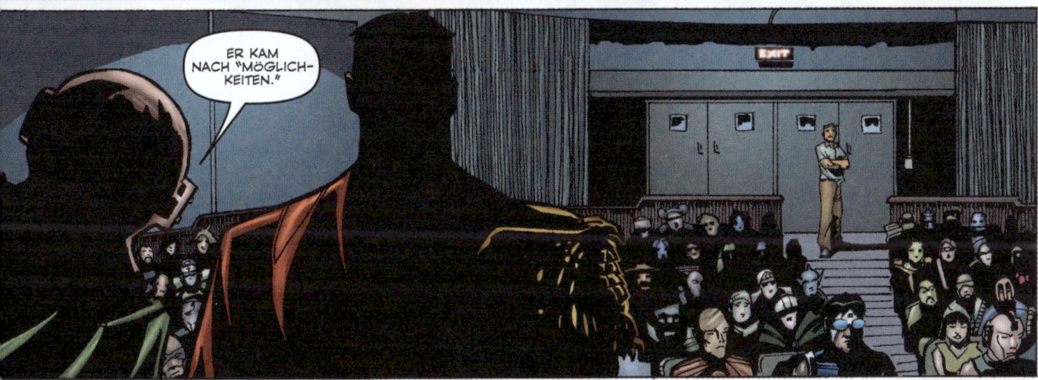
ER KAM NACH "MÖGLICHKEITEN."
EXIT
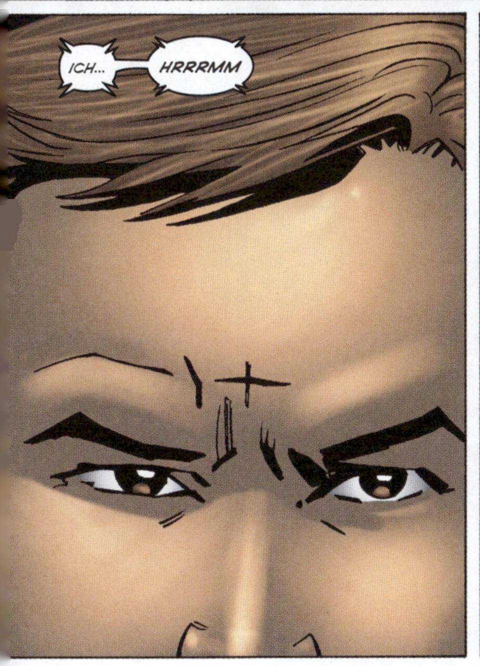
ICH...
HRRRMM
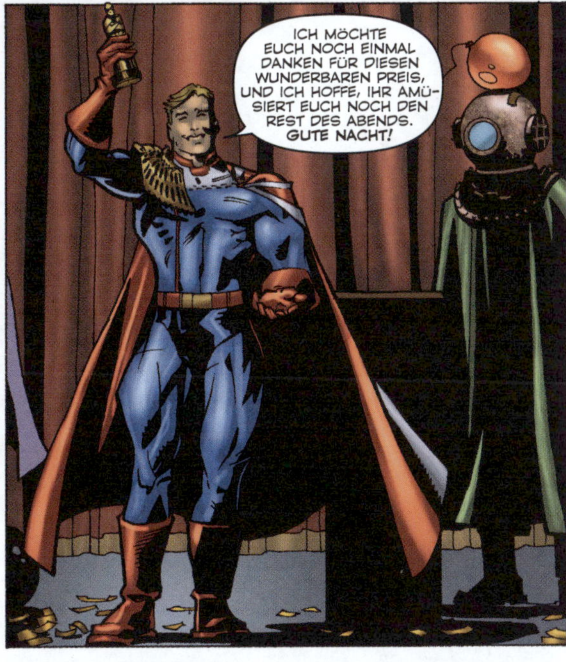
ICH MÖCHTE EUCH NOCH EINMAL DANKEN FÜR DIESEN WUNDERBAREN PREIS, UND ICH HOFFE, IHR AMÜSIERT EUCH NOCH DEN REST DES ABENDS. **GUTE NACHT!**

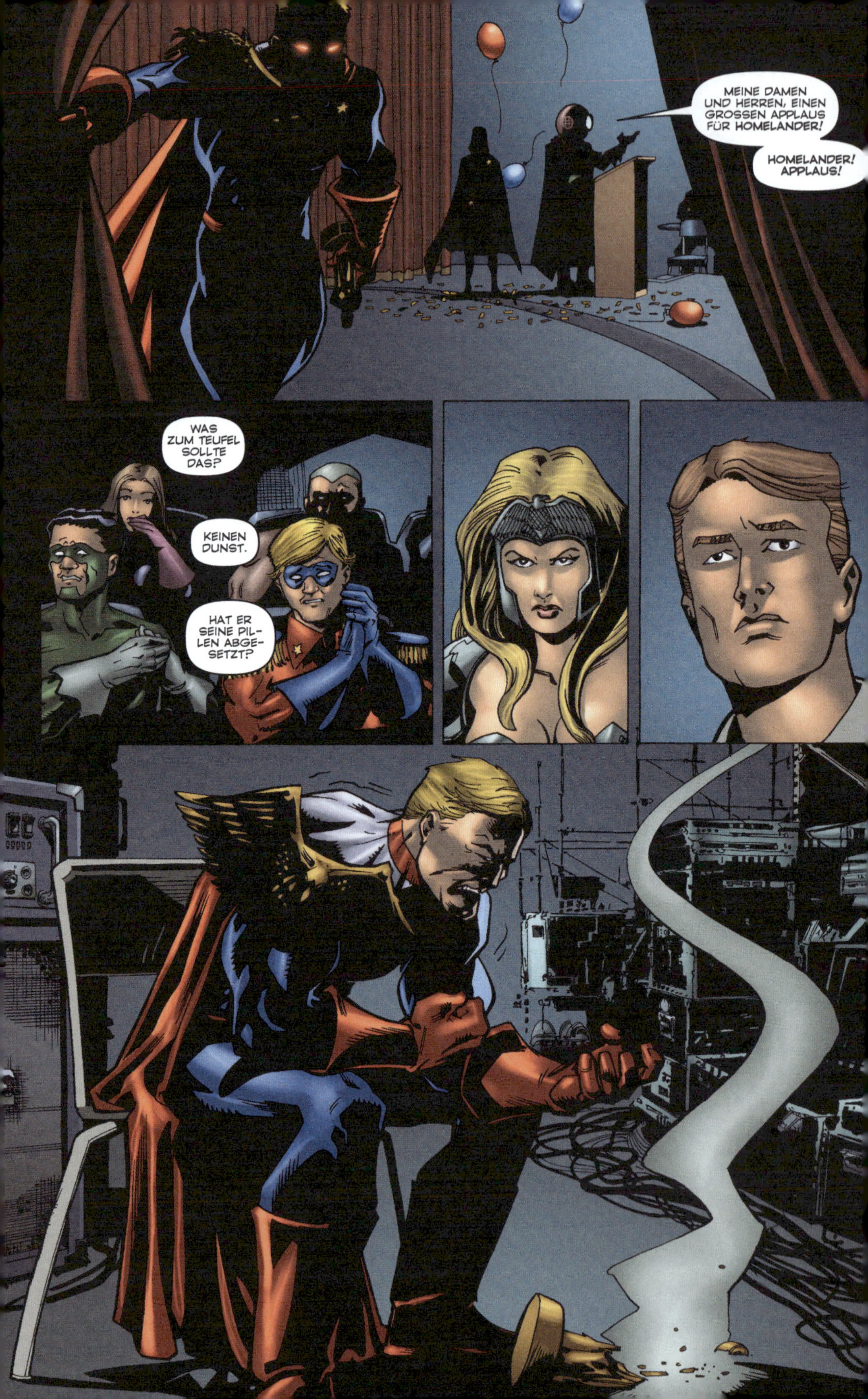
MEINE DAMEN
UND HERREN, EINEN
GROSSEN APPLAUS
FÜR HOMELANDER!
HOMELANDER!
APPLAUS!
WAS
ZUM TEUFEL
SOLLTE
DAS?
KEINEN
DUNST.
HAT ER
SEINE PIL-
LEN ABGE-
SETZT?

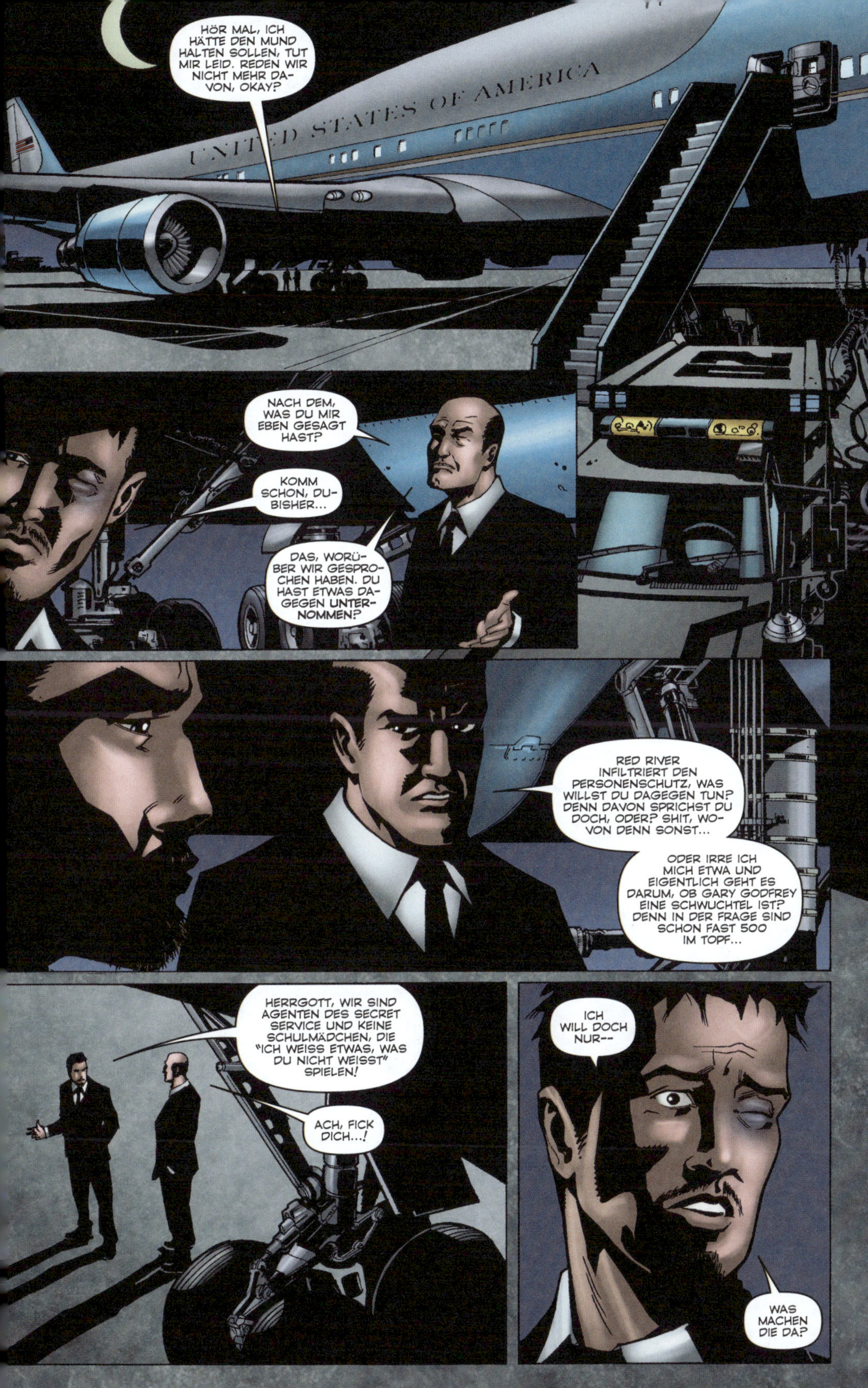
HÖR MAL, ICH HÄTTE DEN MUND HALTEN SOLLEN, TUT MIR LEID. REDEN WIR NICHT MEHR DAVON, OKAY?
UNITED STATES OF AMERICA
NACH DEM, WAS DU MIR EBEN GESAGT HAST?
KOMM SCHON, DUBISHER...
DAS, WORÜBER WIR GESPROCHEN HABEN. DU HAST ETWAS DAGEGEN **UNTERNOMMEN**?
RED RIVER INFILTRIERT DEN PERSONENSCHUTZ, WAS WILLST DU DAGEGEN TUN? DENN DAVON SPRICHST DU DOCH, ODER? SHIT, WOVON DENN SONST...
ODER IRRE ICH MICH ETWA UND EIGENTLICH GEHT ES DARUM, OB GARY GODFREY EINE SCHWUCHTEL IST? DENN IN DER FRAGE SIND SCHON FAST 500 IM TOPF...
HERRGOTT, WIR SIND AGENTEN DES SECRET SERVICE UND KEINE SCHULMÄDCHEN, DIE "ICH WEISS ETWAS, WAS DU NICHT WEISST" SPIELEN!
ACH, FICK DICH...!
ICH WILL DOCH NUR--
WAS MACHEN DIE DA?

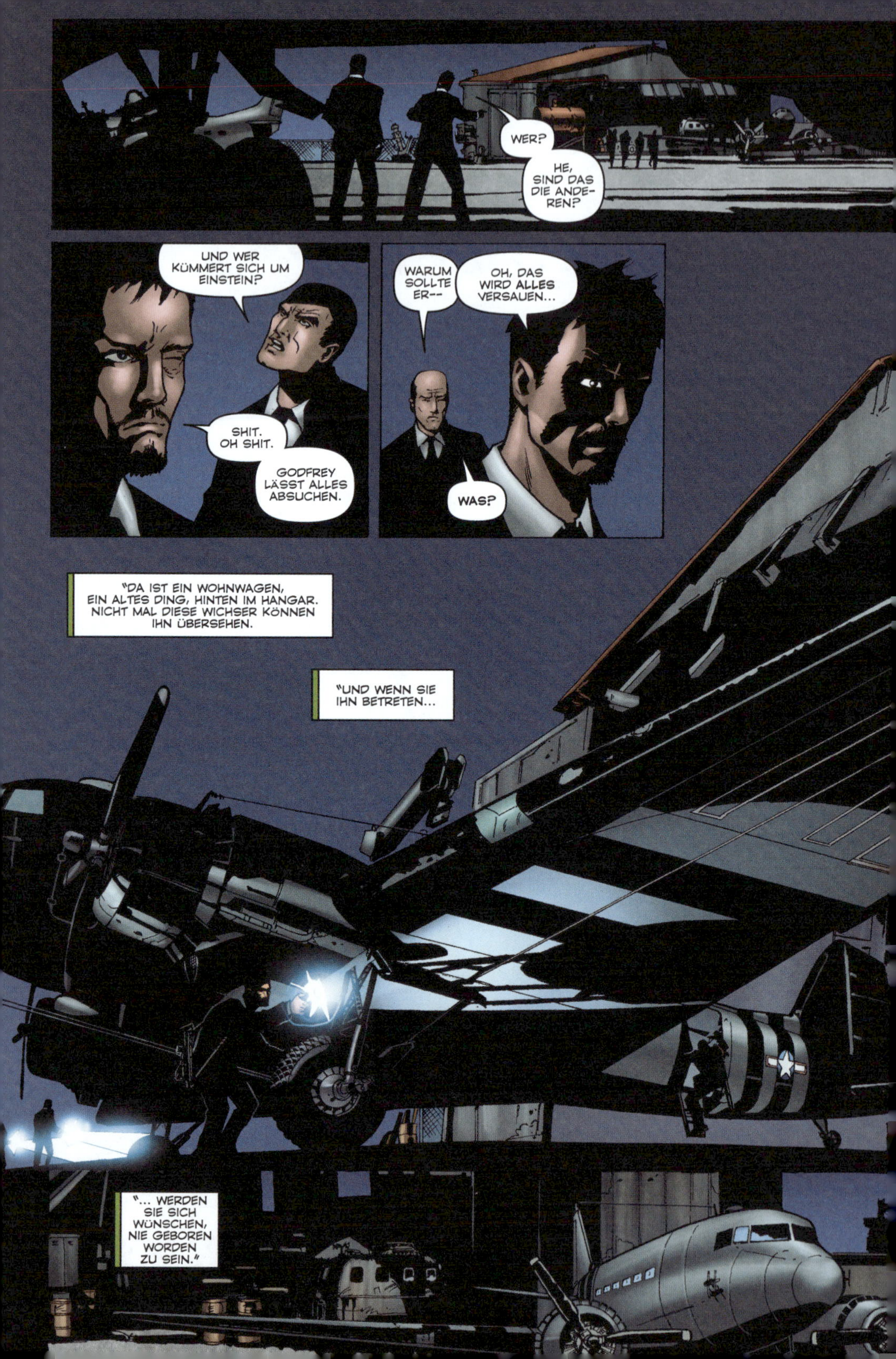
WER?
HE, SIND DAS DIE ANDE-REN?
UND WER KÜMMERT SICH UM EINSTEIN?
SHIT. OH SHIT.
GODFREY LÄSST ALLES ABSUCHEN.
WARUM SOLLTE ER--
OH, DAS WIRD ALLES VERSAUEN...
WAS?
"DA IST EIN WOHNWAGEN, EIN ALTES DING, HINTEN IM HANGAR. NICHT MAL DIESE WICHSER KÖNNEN IHN ÜBERSEHEN.
"UND WENN SIE IHN BETRETEN...
"... WERDEN SIE SICH WÜNSCHEN, NIE GEBOREN WORDEN ZU SEIN."

6: GOLGATHA

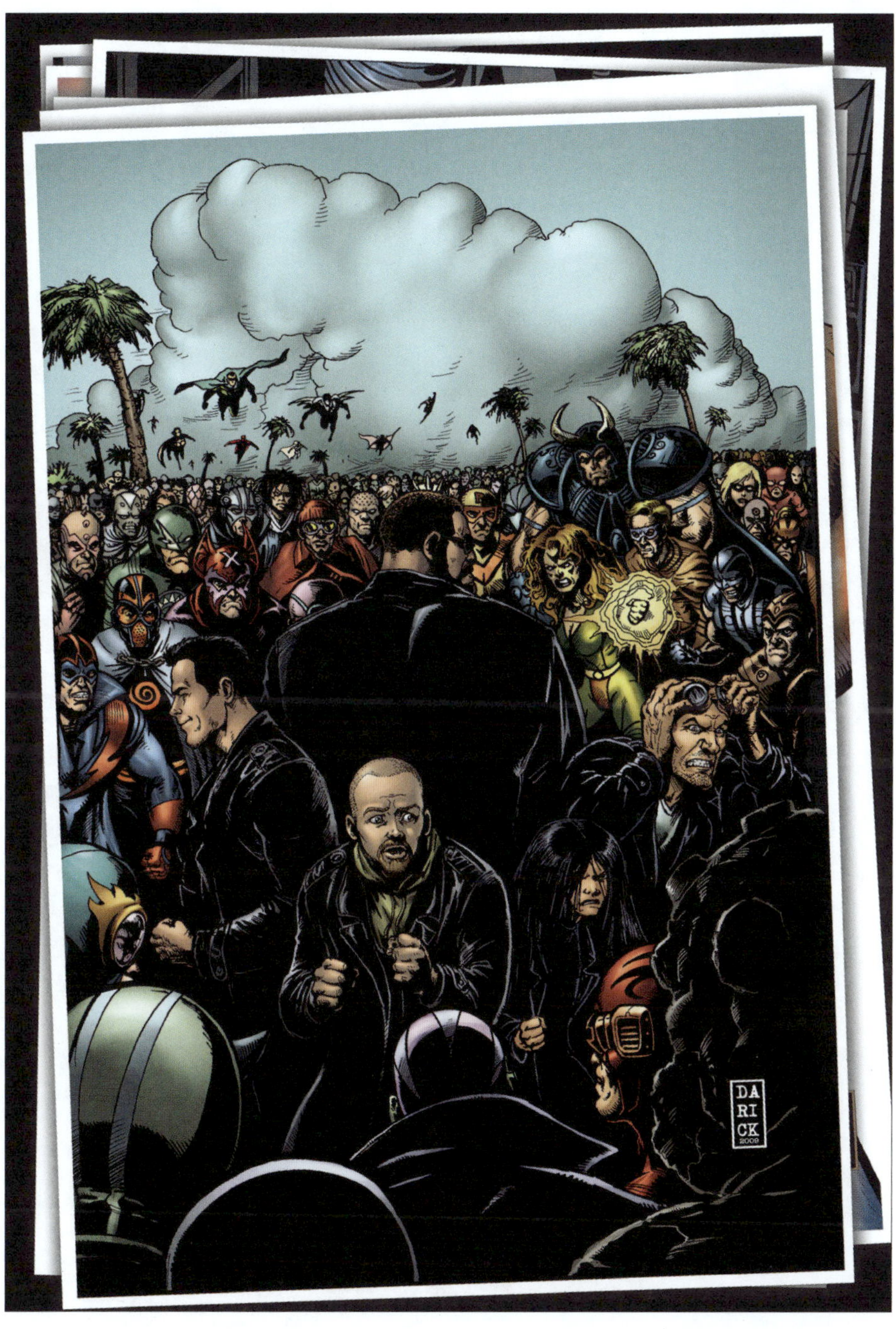

The Boys: Herogasm (2009) 6
Cover von **DARICK ROBERTSON**

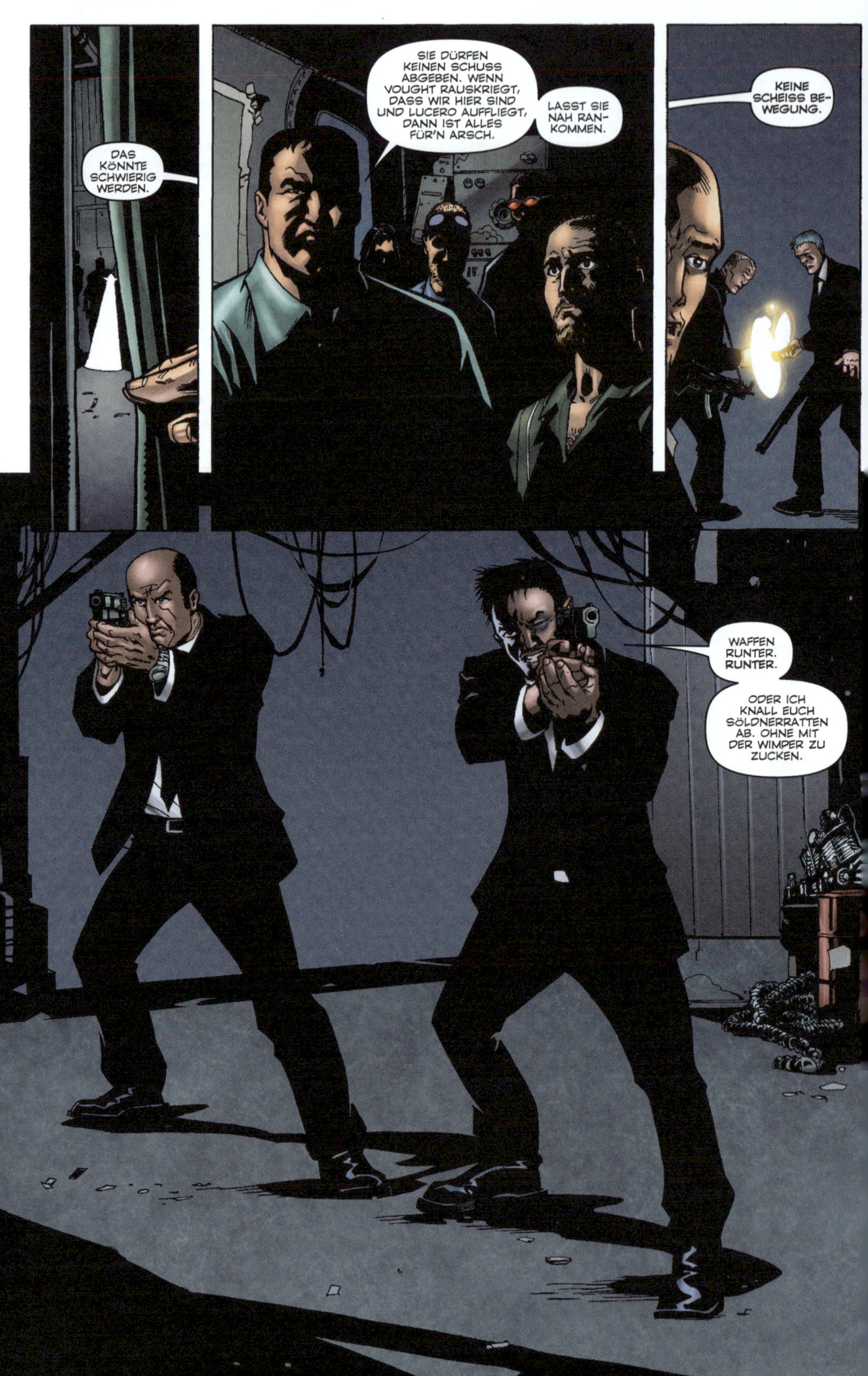
DAS KÖNNTE SCHWIERIG WERDEN.
SIE DÜRFEN KEINEN SCHUSS ABGEBEN. WENN VOUGHT RAUSKRIEGT, DASS WIR HIER SIND UND LUCERO AUFFLIEGT, DANN IST ALLES FÜR'N ARSCH.
LASST SIE NAH RANKOMMEN.
KEINE SCHEISS BEWEGUNG.
WAFFEN RUNTER. RUNTER.
ODER ICH KNALL EUCH SÖLDNERRATTEN AB. OHNE MIT DER WIMPER ZU ZUCKEN.

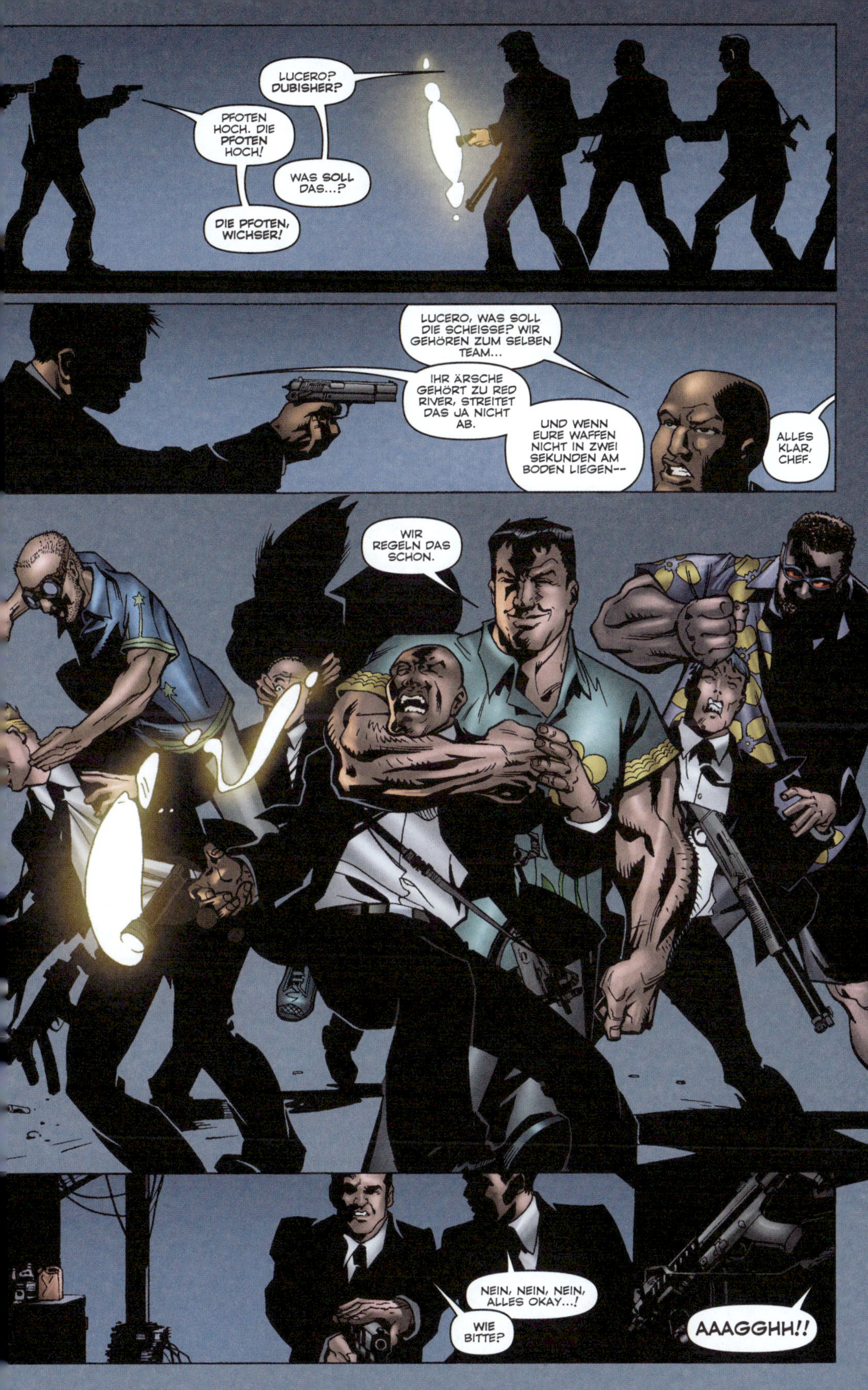
LUCERO? DUBISHER?
PFOTEN HOCH. DIE PFOTEN HOCH!
WAS SOLL DAS...?
DIE PFOTEN, WICHSER!
LUCERO, WAS SOLL DIE SCHEISSE? WIR GEHÖREN ZUM SELBEN TEAM...
IHR ÄRSCHE GEHÖRT ZU RED RIVER, STREITET DAS JA NICHT AB.
UND WENN EURE WAFFEN NICHT IN ZWEI SEKUNDEN AM BODEN LIEGEN--
ALLES KLAR, CHEF.
WIR REGELN DAS SCHON.
NEIN, NEIN, NEIN, ALLES OKAY...!
WIE BITTE?
AAAGGHH!!

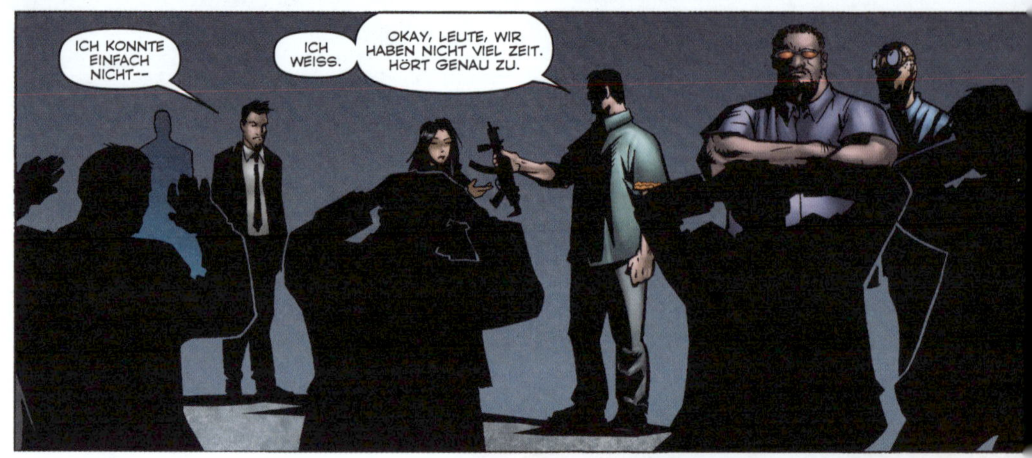
ICH KONNTE EINFACH NICHT--
ICH WEISS.
OKAY, LEUTE, WIR HABEN NICHT VIEL ZEIT. HÖRT GENAU ZU.

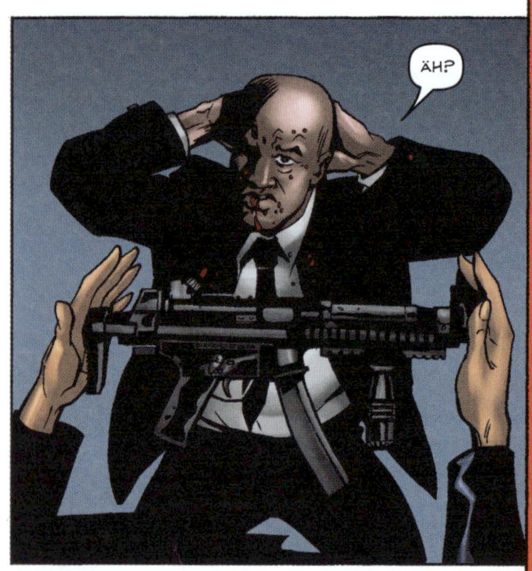
ÄH?

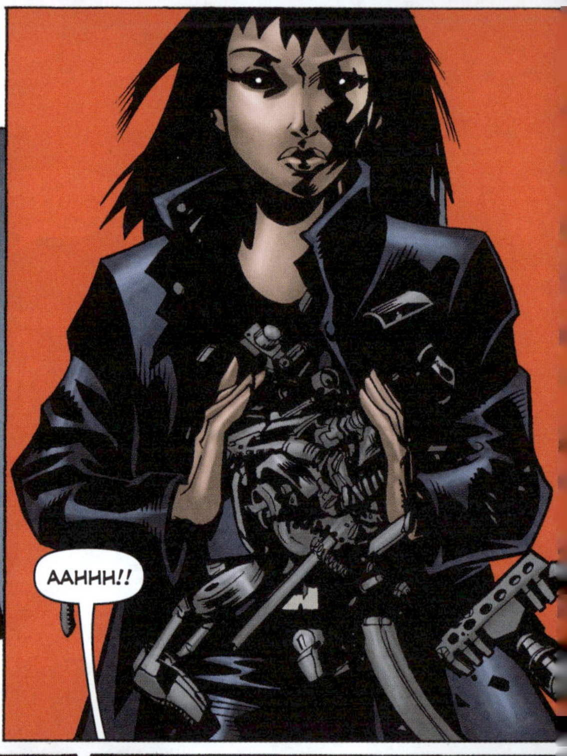
AAHHH!!

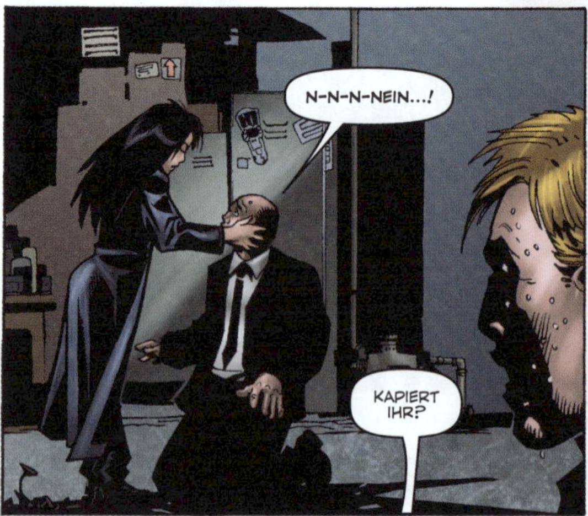
N-N-N-NEIN...!
KAPIERT IHR?

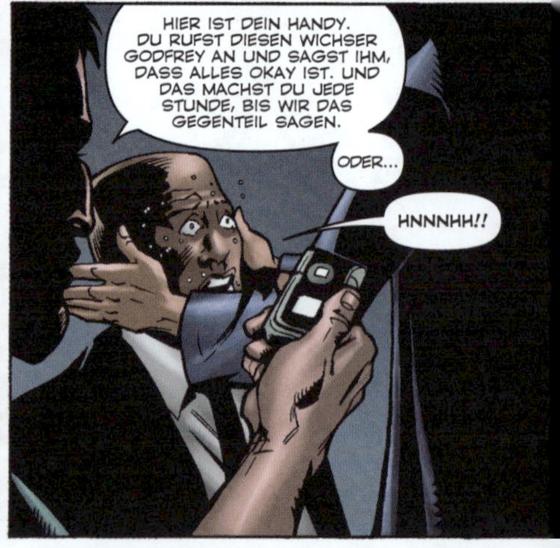
HIER IST DEIN HANDY. DU RUFST DIESEN WICHSER GODFREY AN UND SAGST IHM, DASS ALLES OKAY IST. UND DAS MACHST DU JEDE STUNDE, BIS WIR DAS GEGENTEIL SAGEN.
ODER...
HNNNHH!!

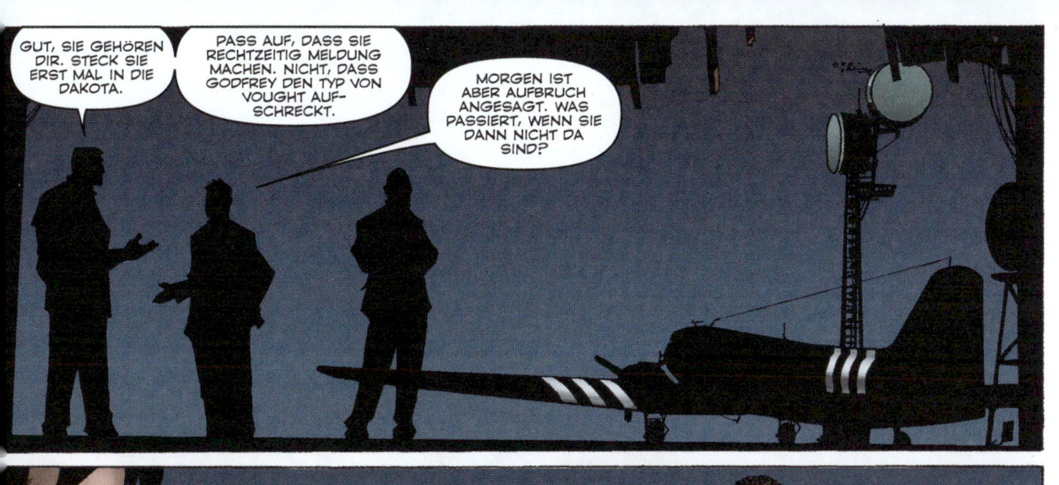
GUT, SIE GEHÖREN DIR. STECK SIE ERST MAL IN DIE DAKOTA.
PASS AUF, DASS SIE RECHTZEITIG MELDUNG MACHEN. NICHT, DASS GODFREY DEN TYP VON VOUGHT AUFSCHRECKT.
MORGEN IST ABER AUFBRUCH ANGESAGT. WAS PASSIERT, WENN SIE DANN NICHT DA SIND?

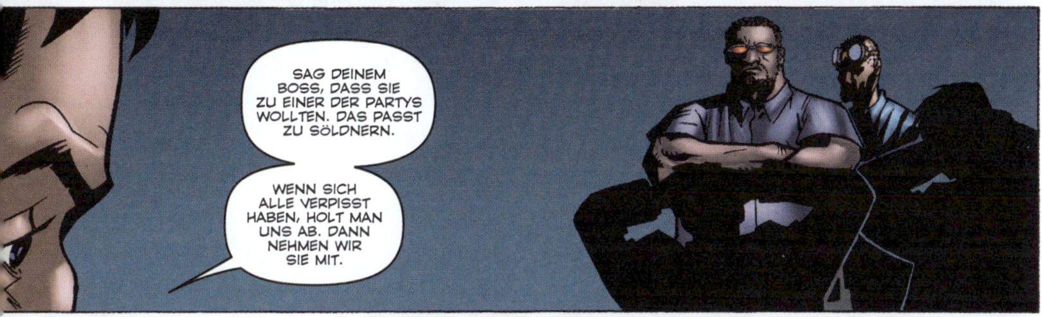
SAG DEINEM BOSS, DASS SIE ZU EINER DER PARTYS WOLLTEN. DAS PASST ZU SÖLDNERN.
WENN SICH ALLE VERPISST HABEN, HOLT MAN UNS AB. DANN NEHMEN WIR SIE MIT.

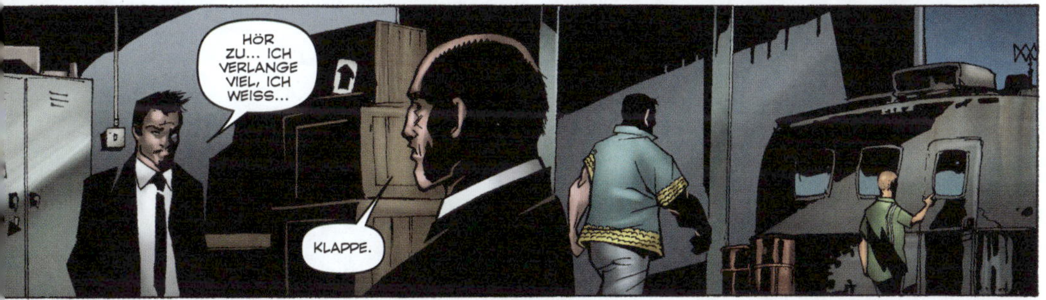
HÖR ZU... ICH VERLANGE VIEL, ICH WEISS...
KLAPPE.

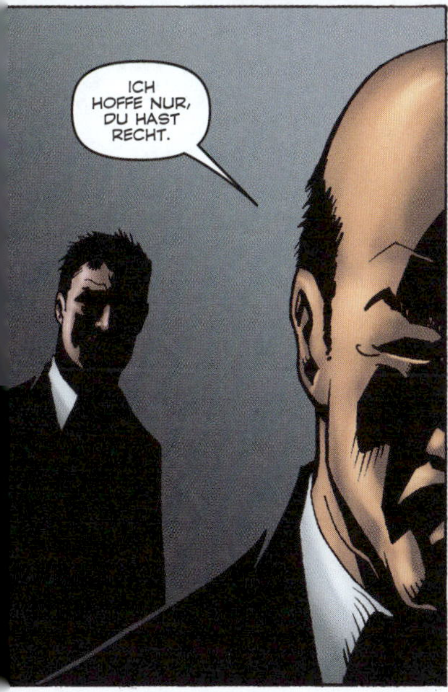
ICH HOFFE NUR, DU HAST RECHT.

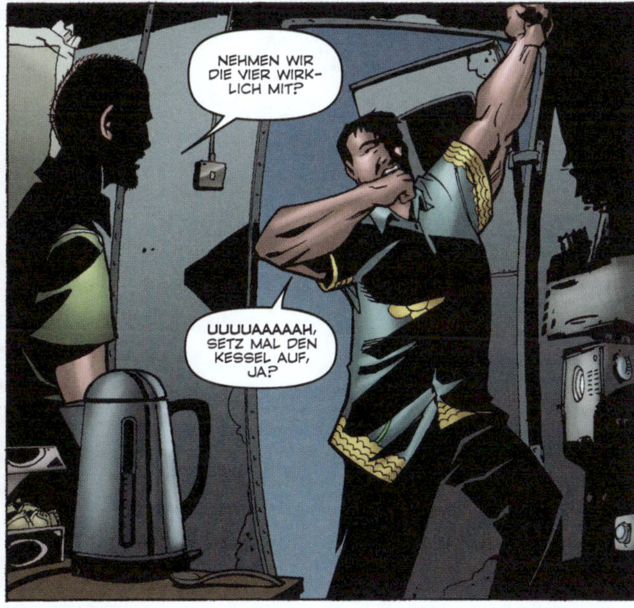
NEHMEN WIR DIE VIER WIRKLICH MIT?
UUUUAAAAAAH, SETZ MAL DEN KESSEL AUF, JA?

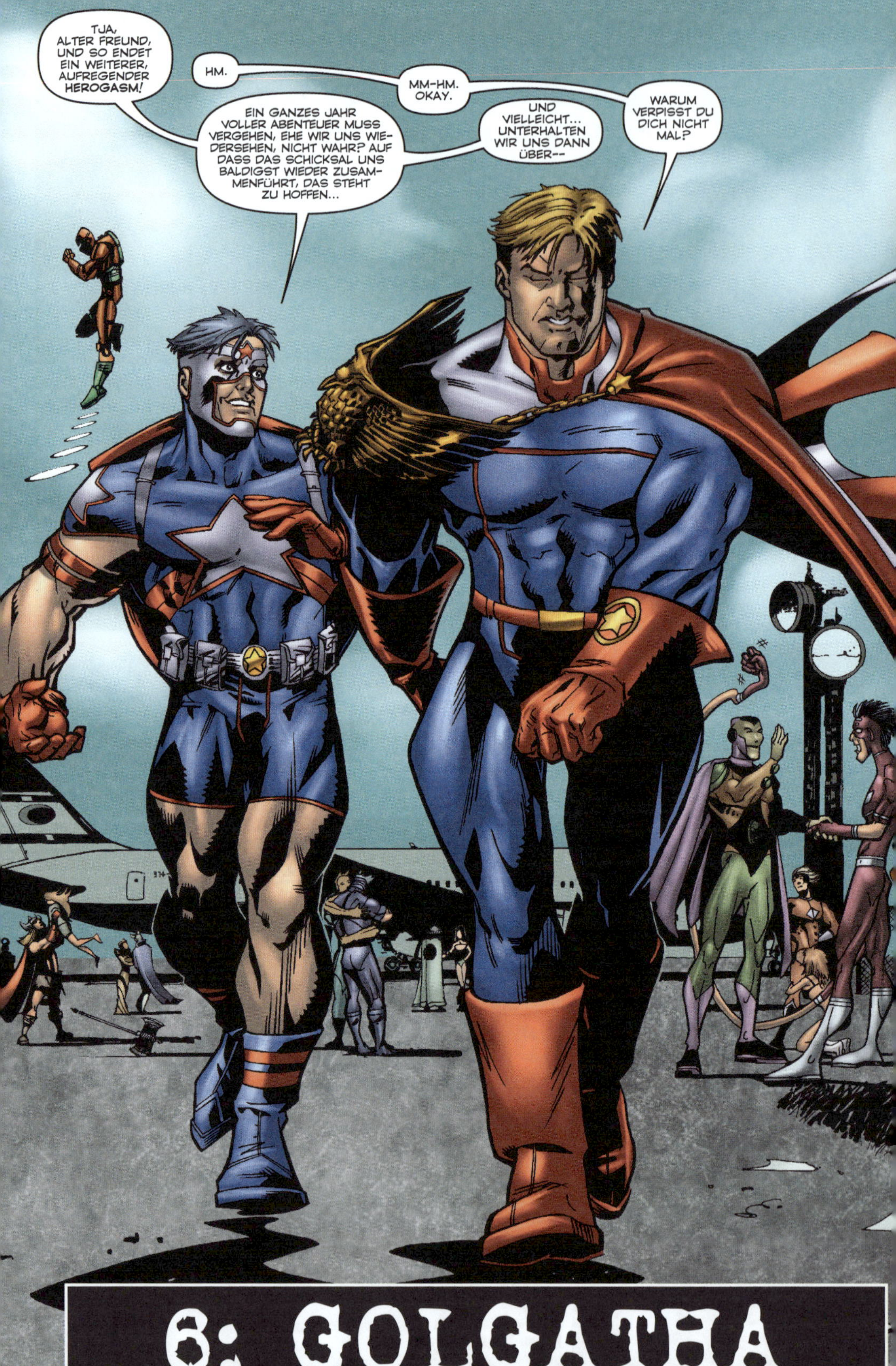
TJA, ALTER FREUND, UND SO ENDET EIN WEITERER, AUFREGENDER HEROGASM!
HM.
EIN GANZES JAHR VOLLER ABENTEUER MUSS VERGEHEN, EHE WIR UNS WIEDERSEHEN, NICHT WAHR? AUF DASS DAS SCHICKSAL UNS BALDIGST WIEDER ZUSAMMENFÜHRT, DAS STEHT ZU HOFFEN...
MM-HM. OKAY.
UND VIELLEICHT... UNTERHALTEN WIR UNS DANN ÜBER--
WARUM VERPISST DU DICH NICHT MAL?

6: GOLGATHA

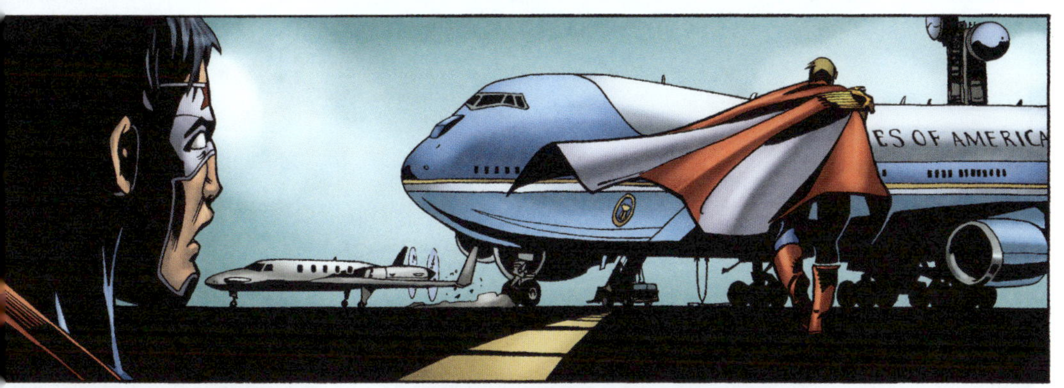
ES OF AMERICA

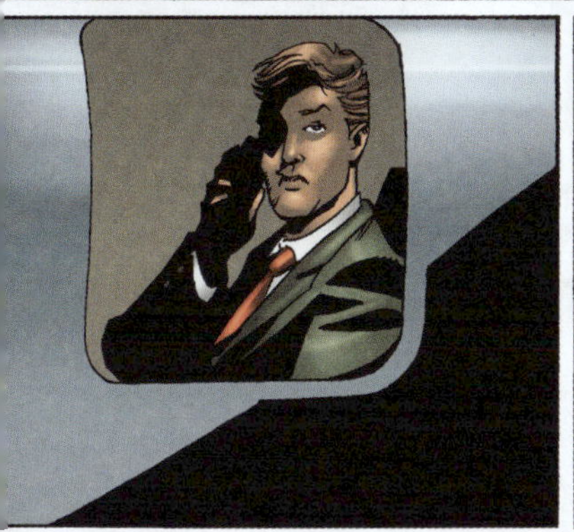

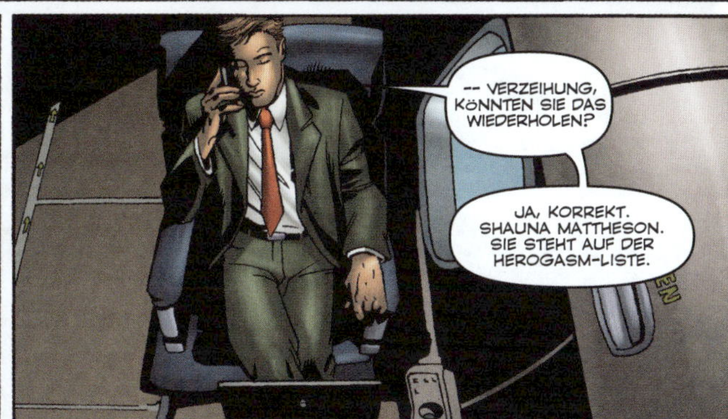
-- VERZEIHUNG, KÖNNTEN SIE DAS WIEDERHOLEN?
JA, KORREKT. SHAUNA MATTHESON. SIE STEHT AUF DER HEROGASM-LISTE.

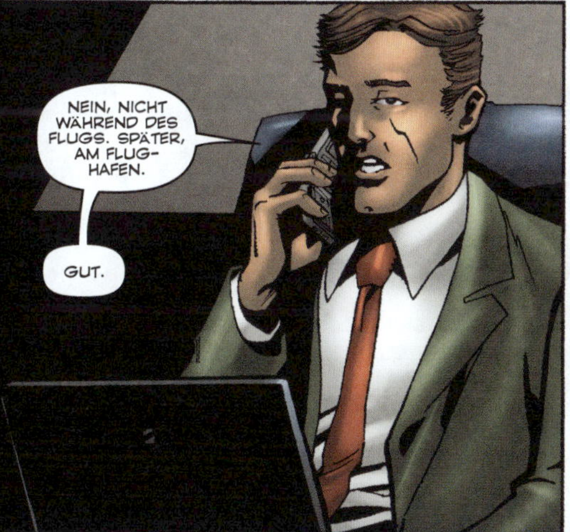
NEIN, NICHT WÄHREND DES FLUGS. SPÄTER, AM FLUG-HAFEN.
GUT.

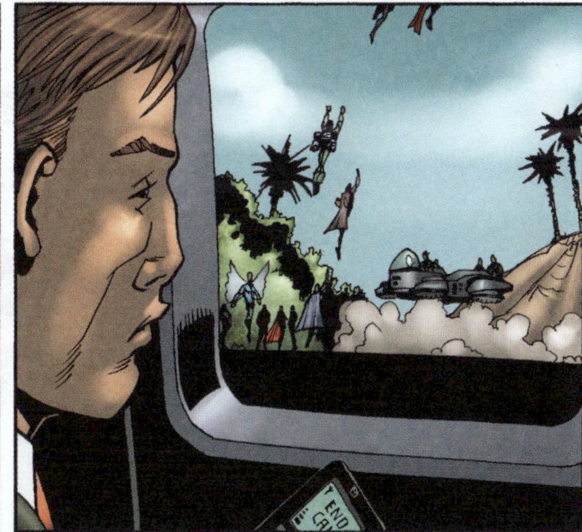

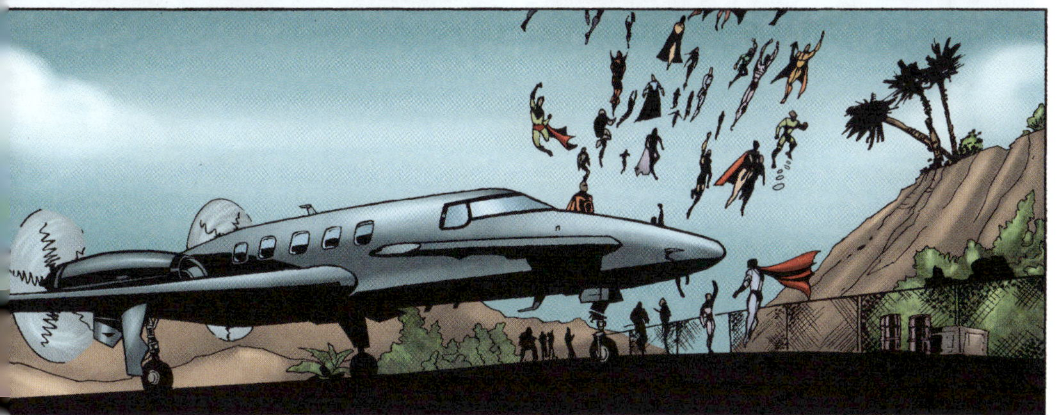

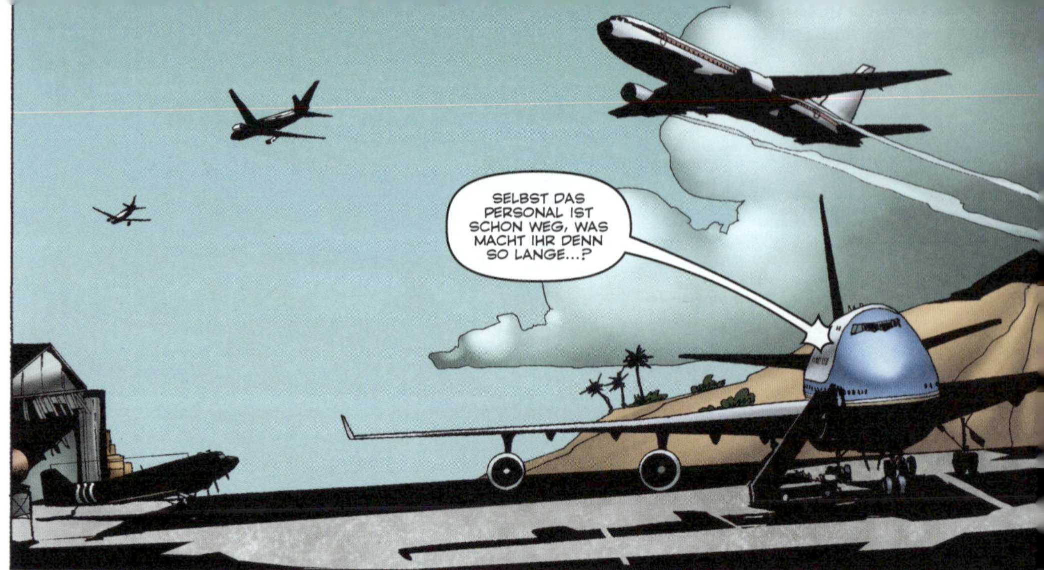
SELBST DAS PERSONAL IST SCHON WEG, WAS MACHT IHR DENN SO LANGE...?

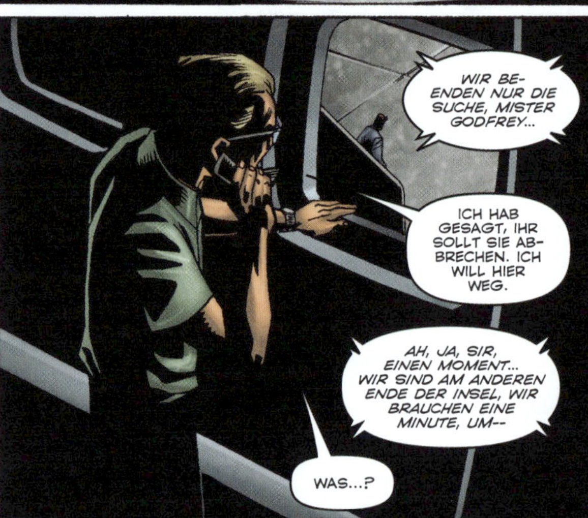
WIR BE-ENDEN NUR DIE SUCHE, MISTER GODFREY...
ICH HAB GESAGT, IHR SOLLT SIE AB-BRECHEN. ICH WILL HIER WEG.
AH, JA, SIR, EINEN MOMENT... WIR SIND AM ANDEREN ENDE DER INSEL, WIR BRAUCHEN EINE MINUTE, UM--
WAS...?

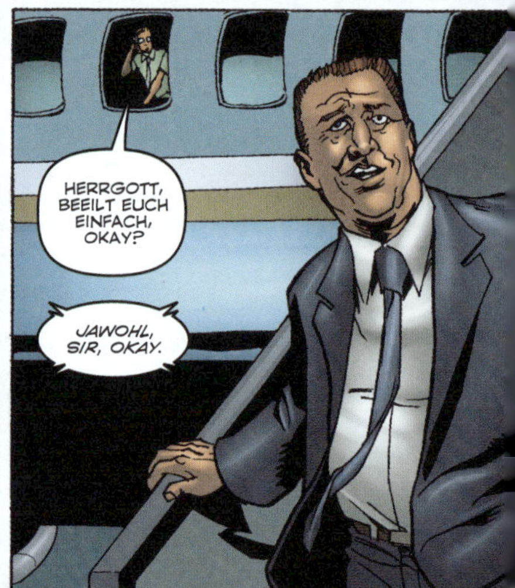
HERRGOTT, BEEILT EUCH EINFACH, OKAY?
JAWOHL, SIR, OKAY.

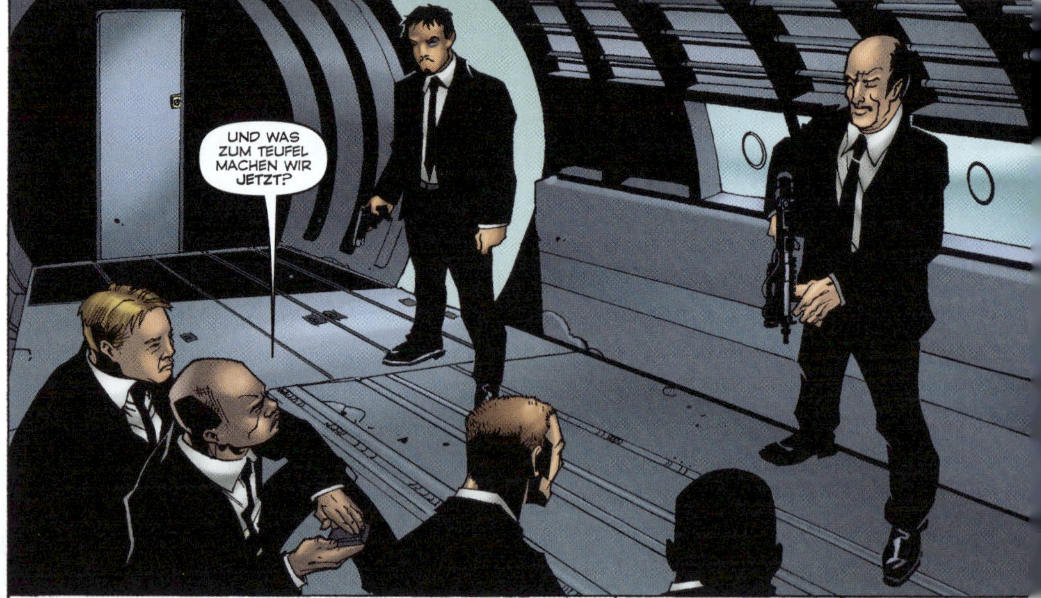
UND WAS ZUM TEUFEL MACHEN WIR JETZT?

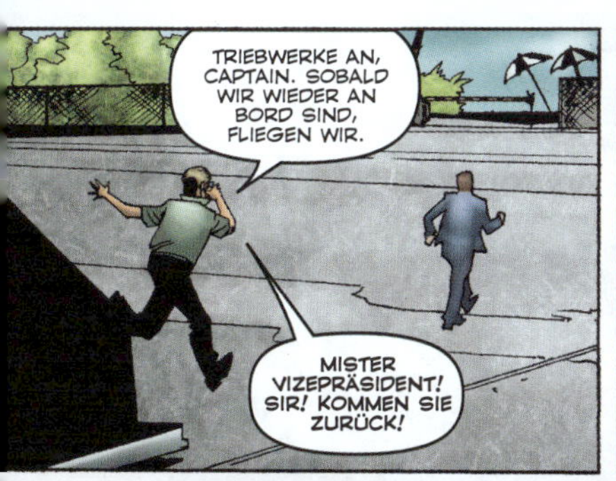

TRIEBWERKE AN, CAPTAIN. SOBALD WIR WIEDER AN BORD SIND, FLIEGEN WIR.
MISTER VIZEPRÄSIDENT! SIR! KOMMEN SIE ZURÜCK!

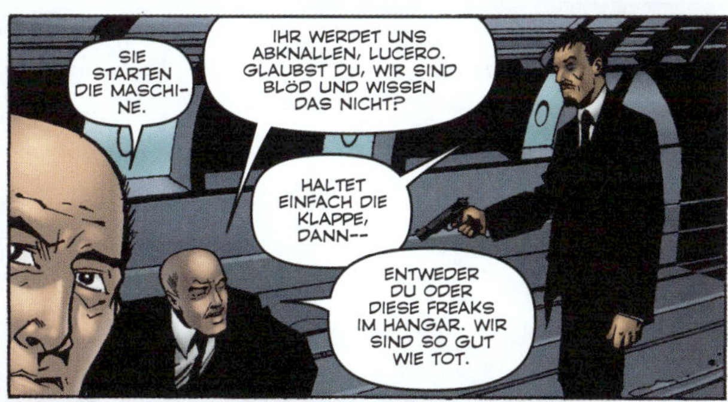

SIE STARTEN DIE MASCHI-NE.
IHR WERDET UNS ABKNALLEN, LUCERO. GLAUBST DU, WIR SIND BLÖD UND WISSEN DAS NICHT?
HALTET EINFACH DIE KLAPPE, DANN--
ENTWEDER DU ODER DIESE FREAKS IM HANGAR. WIR SIND SO GUT WIE TOT.

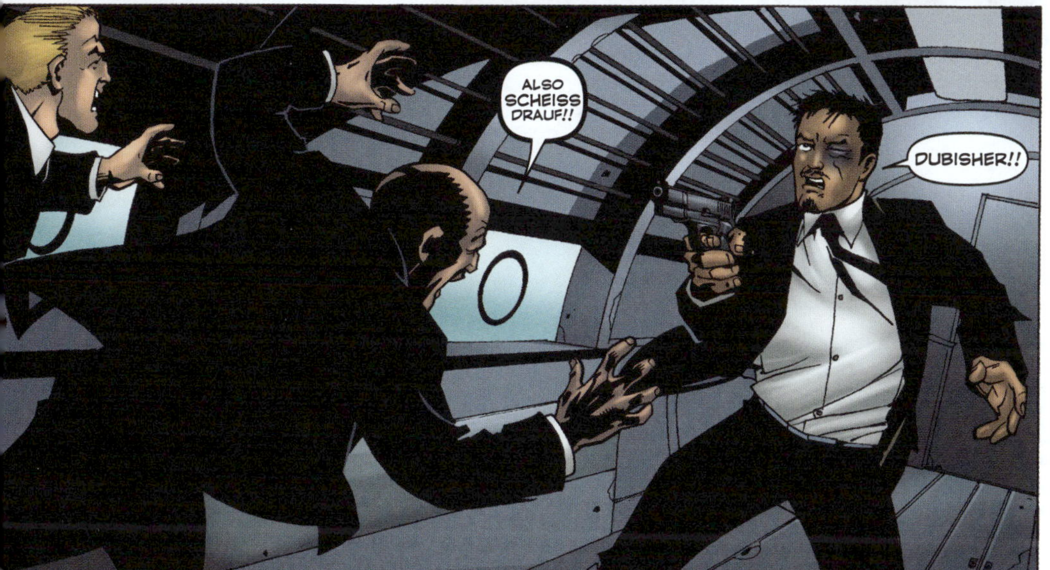

ALSO SCHEISS DRAUF!!
DUBISHER!!

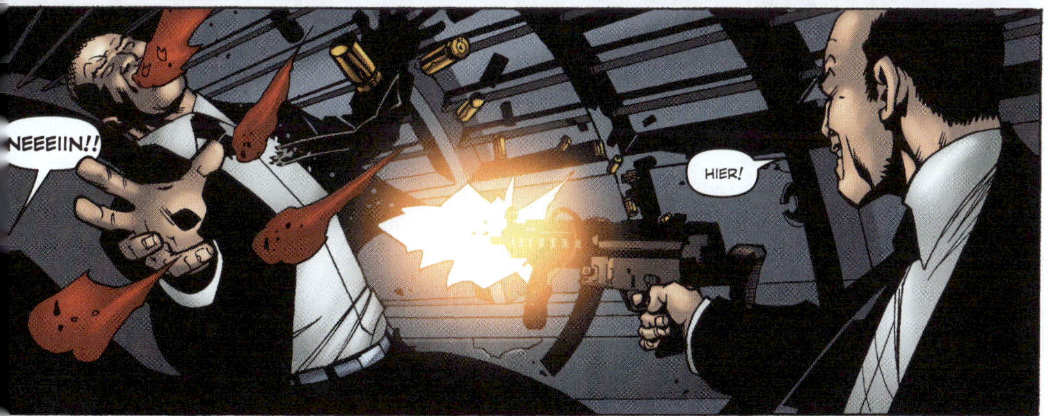

NEEEIIN!!
HIER!

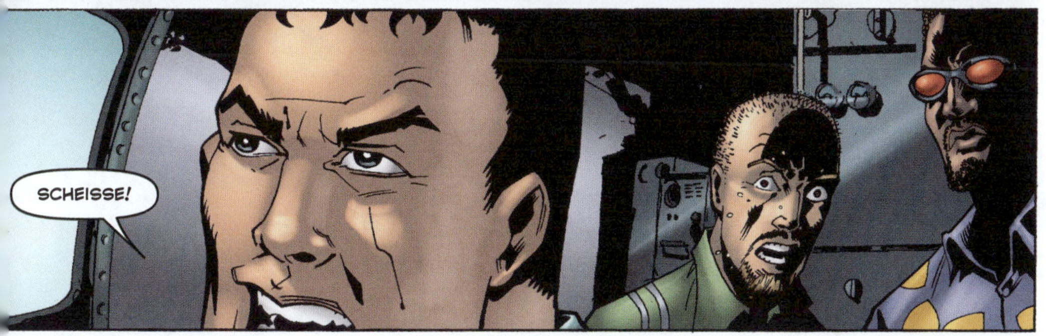

SCHEISSE!

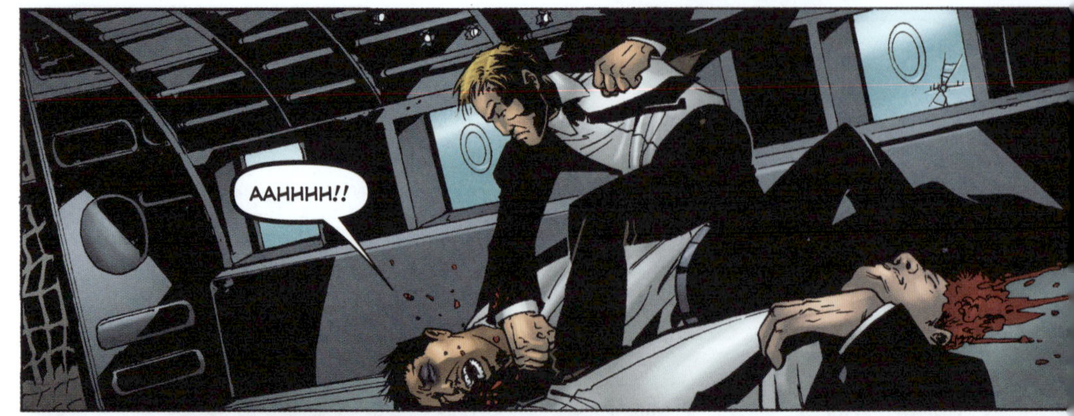
AAHHHH!!

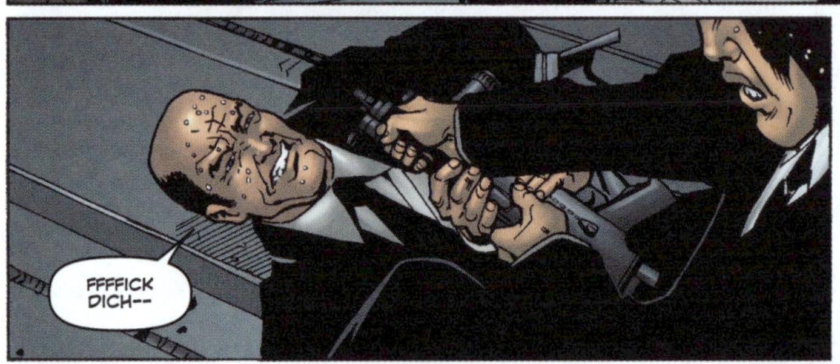
FFFFICK DICH--

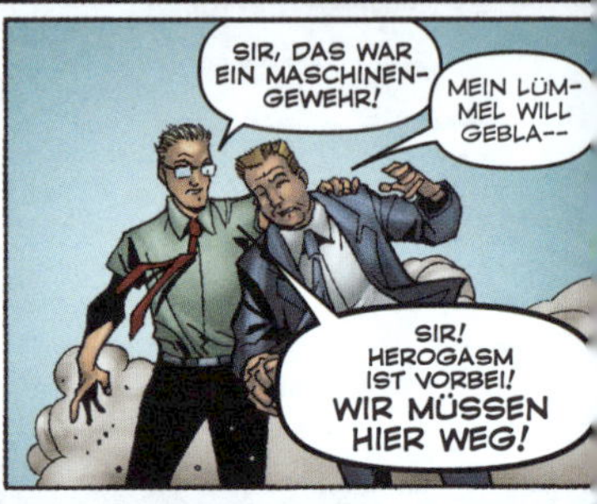
SIR, DAS WAR EIN MASCHINEN-GEWEHR!
MEIN LÜM-MEL WILL GEBLA--
SIR! HEROGASM IST VORBEI! WIR MÜSSEN HIER WEG!

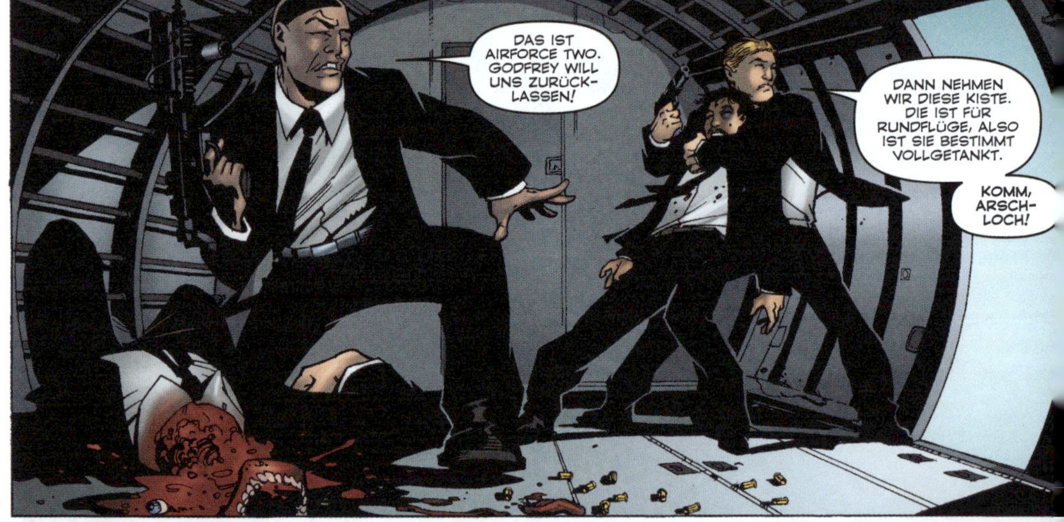
DAS IST AIRFORCE TWO. GODFREY WILL UNS ZURÜCK-LASSEN!
DANN NEHMEN WIR DIESE KISTE. DIE IST FÜR RUNDFLÜGE, ALSO IST SIE BESTIMMT VOLLGETANKT.
KOMM, ARSCH-LOCH!

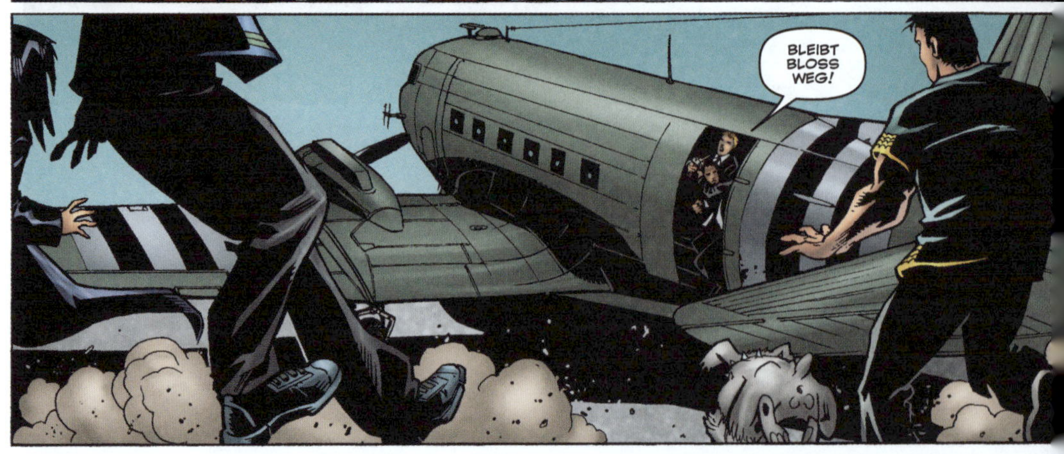
BLEIBT BLOSS WEG!

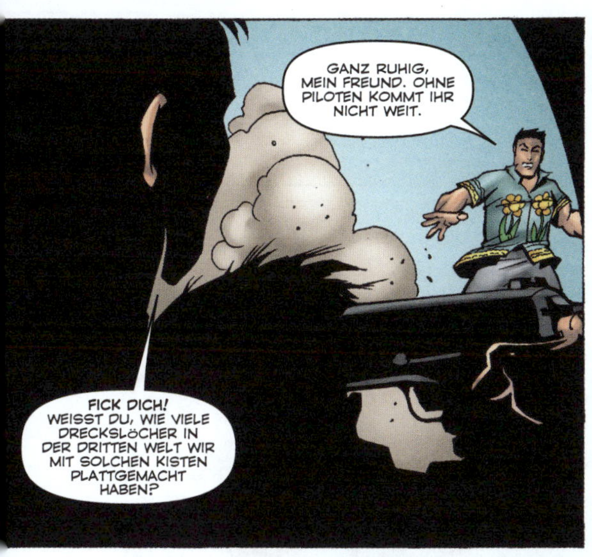
GANZ RUHIG, MEIN FREUND. OHNE PILOTEN KOMMT IHR NICHT WEIT.
FICK DICH! WEISST DU, WIE VIELE DRECKSLÖCHER IN DER DRITTEN WELT WIR MIT SOLCHEN KISTEN PLATTGEMACHT HABEN?

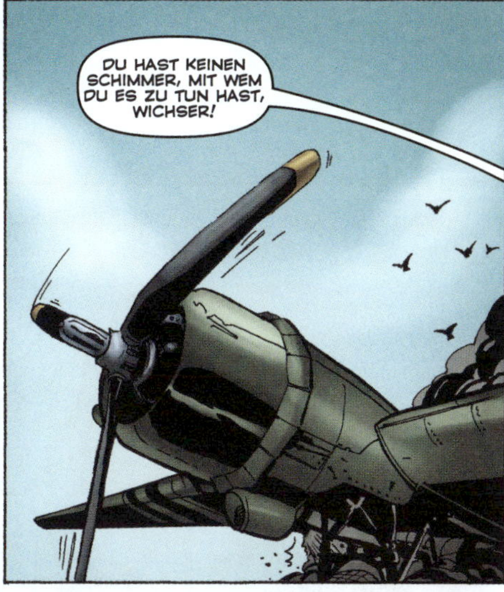
DU HAST KEINEN SCHIMMER, MIT WEM DU ES ZU TUN HAST, WICHSER!

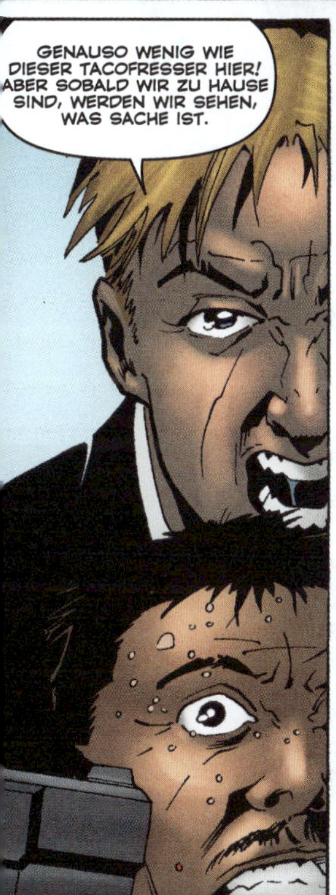
GENAUSO WENIG WIE DIESER TACOFRESSER HIER! ABER SOBALD WIR ZU HAUSE SIND, WERDEN WIR SEHEN, WAS SACHE IST.

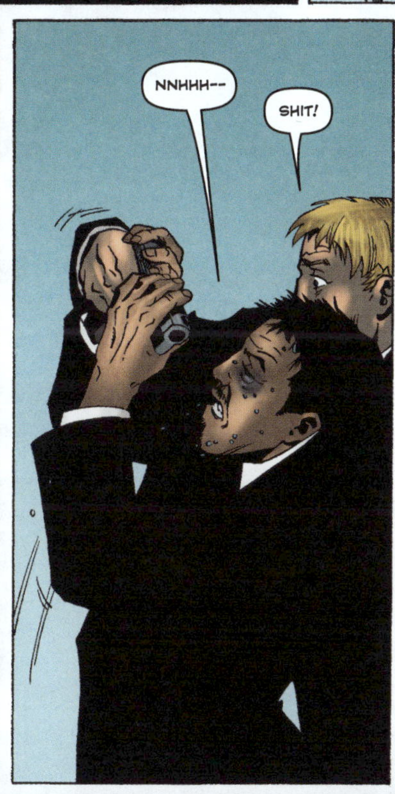
NNHHH--
SHIT!

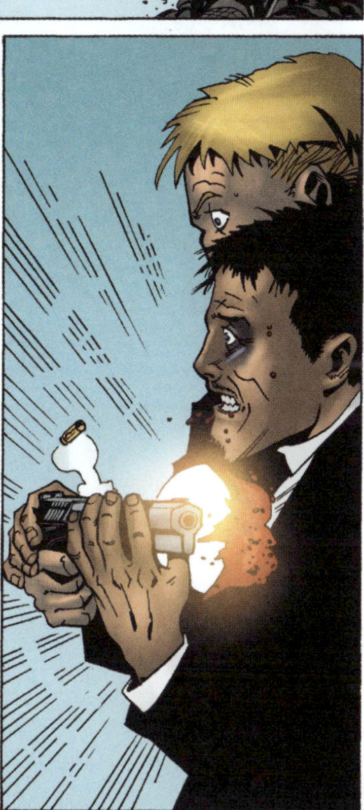

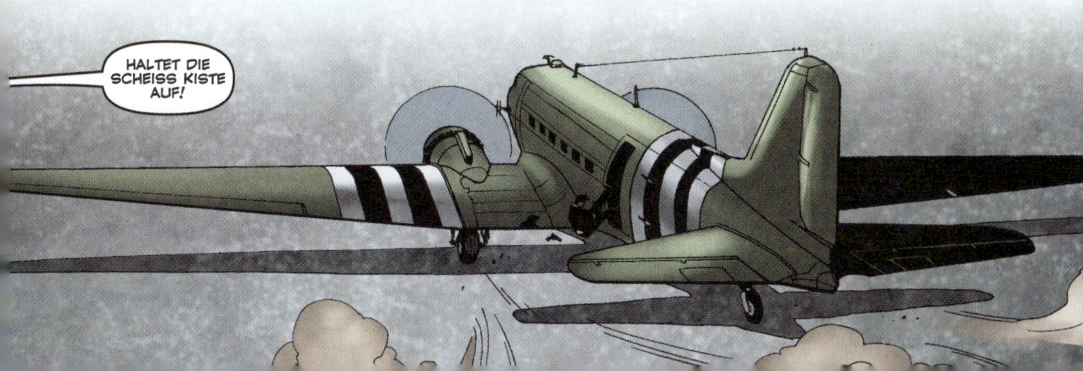
HALTET DIE SCHEISS KISTE AUF!

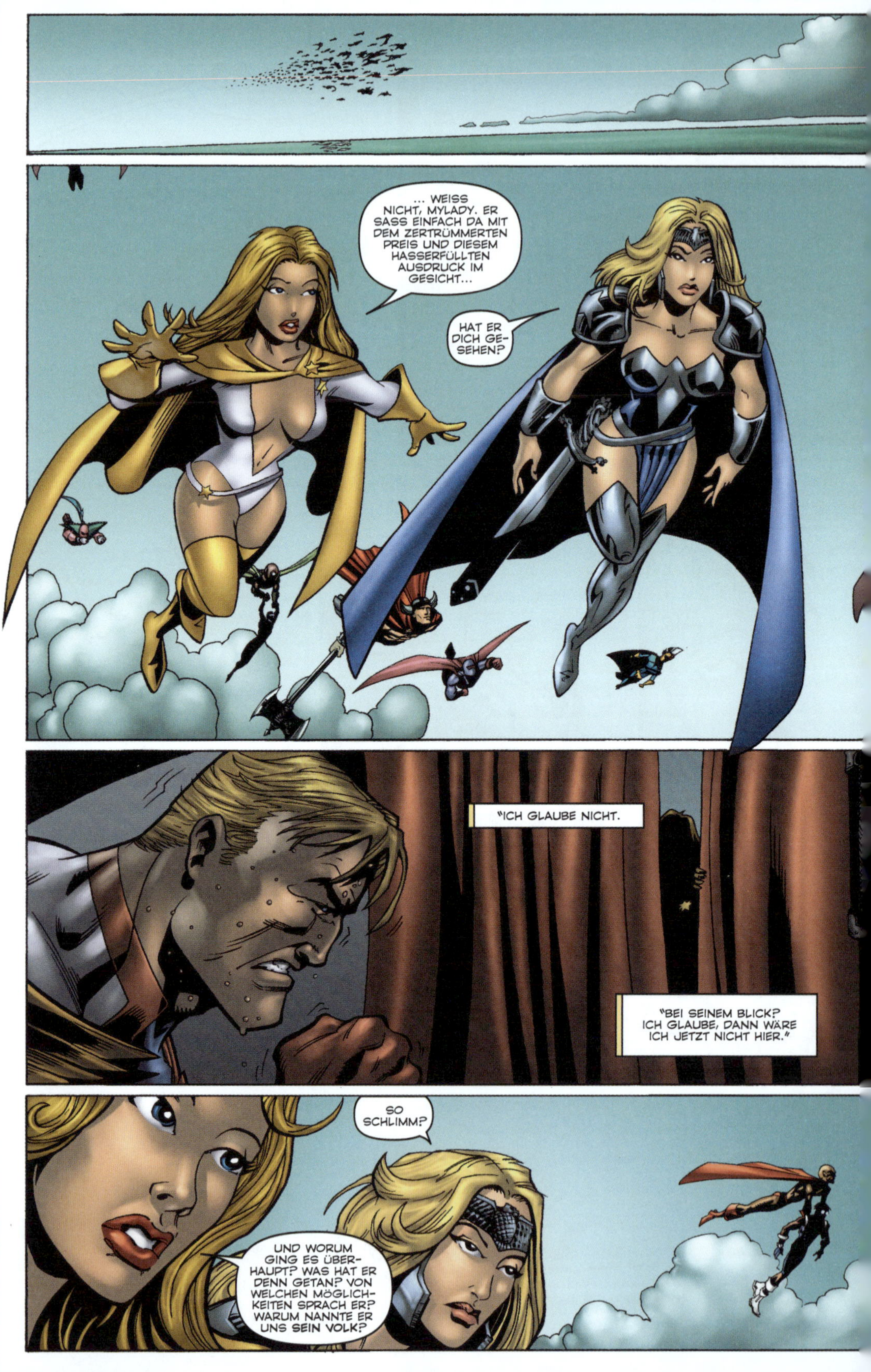
... WEISS NICHT, MYLADY. ER SASS EINFACH DA MIT DEM ZERTRÜMMERTEN PREIS UND DIESEM HASSERFÜLLTEN AUSDRUCK IM GESICHT...
HAT ER DICH GE-SEHEN?
"ICH GLAUBE NICHT.
"BEI SEINEM BLICK? ICH GLAUBE, DANN WÄRE ICH JETZT NICHT HIER."
SO SCHLIMM?
UND WORUM GING ES ÜBER-HAUPT? WAS HAT ER DENN GETAN? VON WELCHEN MÖGLICH-KEITEN SPRACH ER? WARUM NANNTE ER UNS SEIN VOLK?

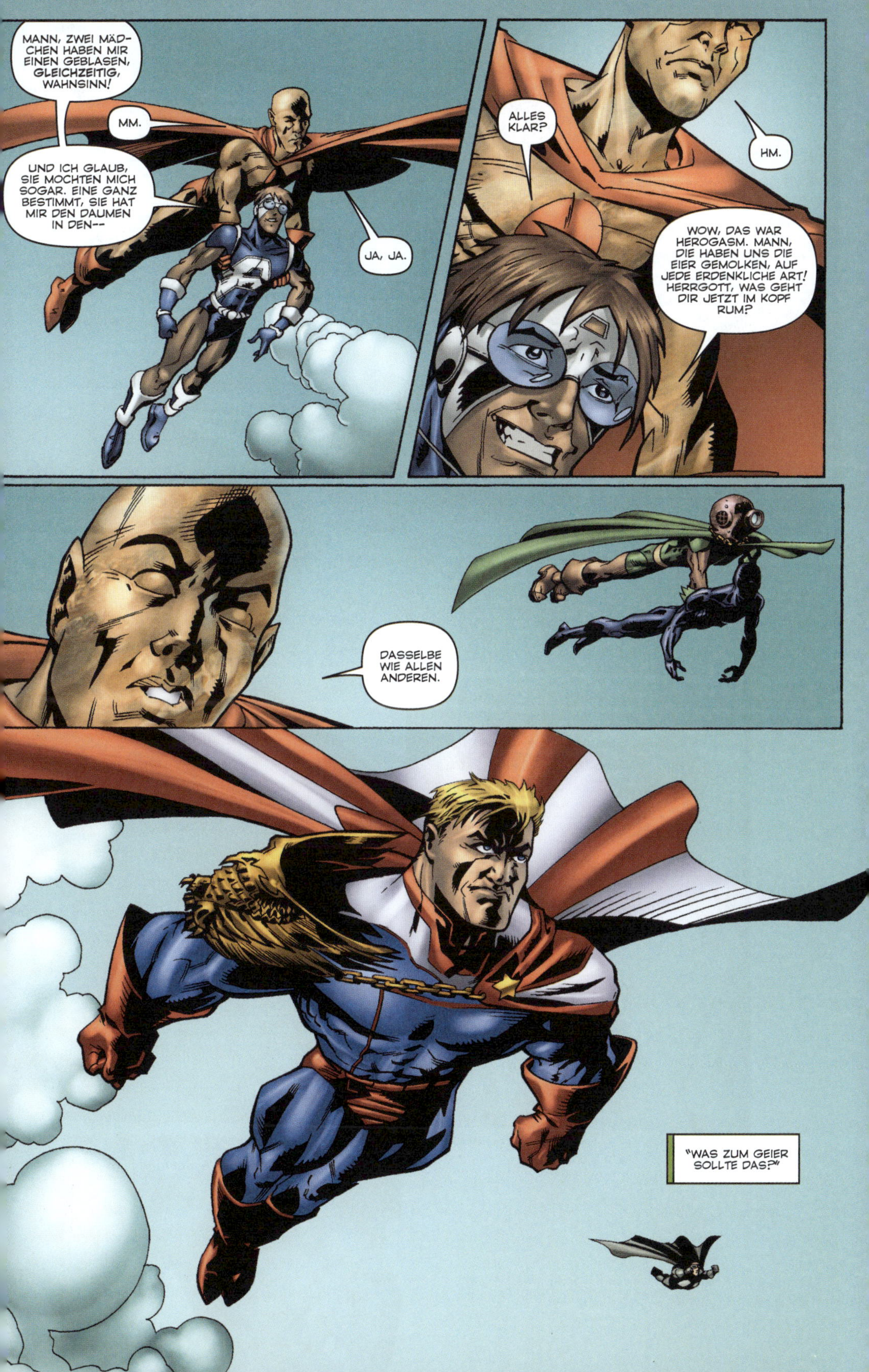
MANN, ZWEI MÄD-CHEN HABEN MIR EINEN GEBLASEN, GLEICHZEITIG, WAHNSINN!
MM.
UND ICH GLAUB, SIE MOCHTEN MICH SOGAR. EINE GANZ BESTIMMT, SIE HAT MIR DEN DAUMEN IN DEN--
JA, JA.
ALLES KLAR?
HM.
WOW, DAS WAR HEROGASM. MANN, DIE HABEN UNS DIE EIER GEMOLKEN, AUF JEDE ERDENKLICHE ART! HERRGOTT, WAS GEHT DIR JETZT IM KOPF RUM?
DASSELBE WIE ALLEN ANDEREN.
"WAS ZUM GEIER SOLLTE DAS?"

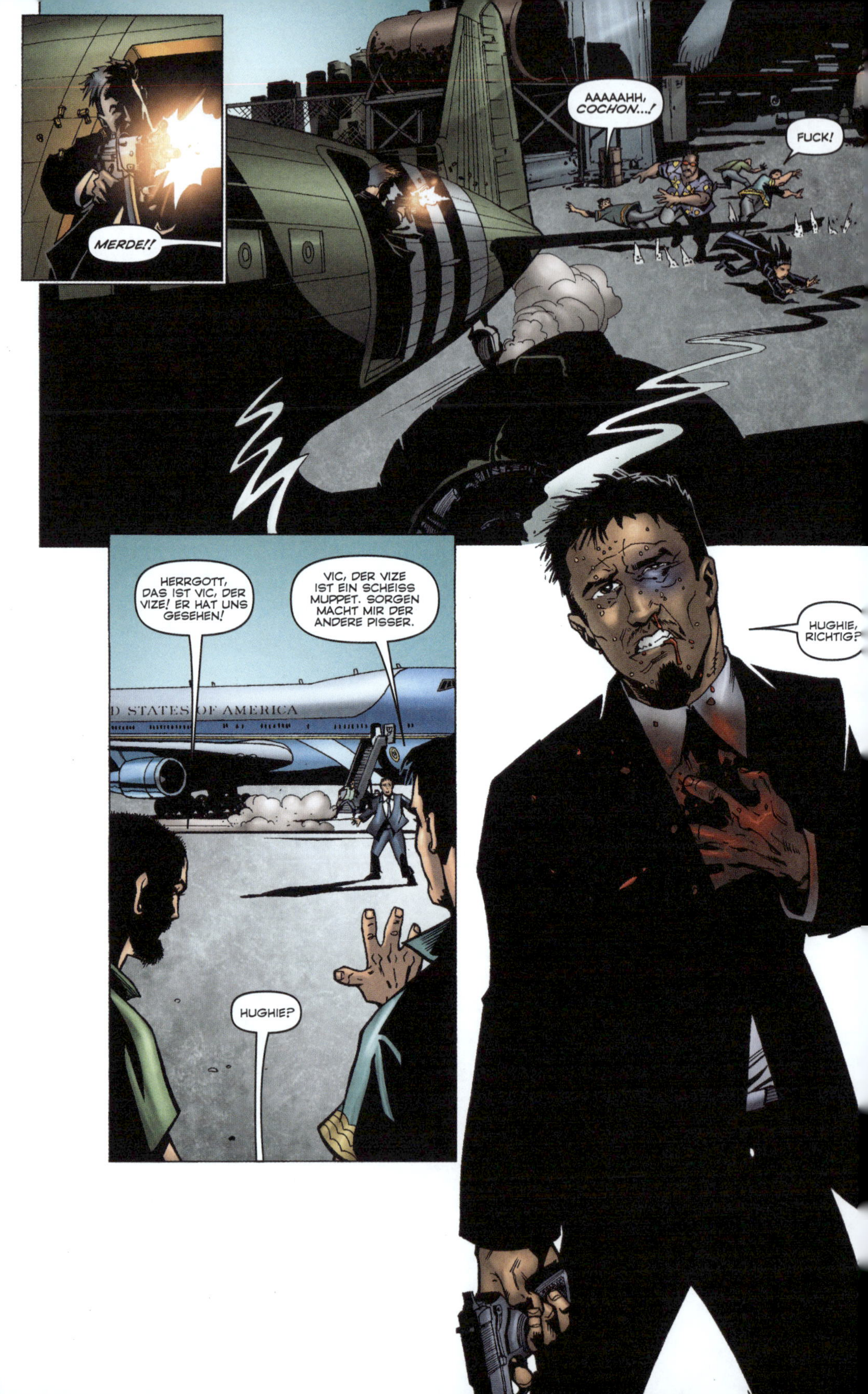
MERDE!!
AAAAAHH, COCHON...!
FUCK!
HERRGOTT, DAS IST VIC, DER VIZE! ER HAT UNS GESEHEN!
VIC, DER VIZE IST EIN SCHEISS MUPPET. SORGEN MACHT MIR DER ANDERE PISSER.
D STATES OF AMERICA
HUGHIE?
HUGHIE, RICHTIG?

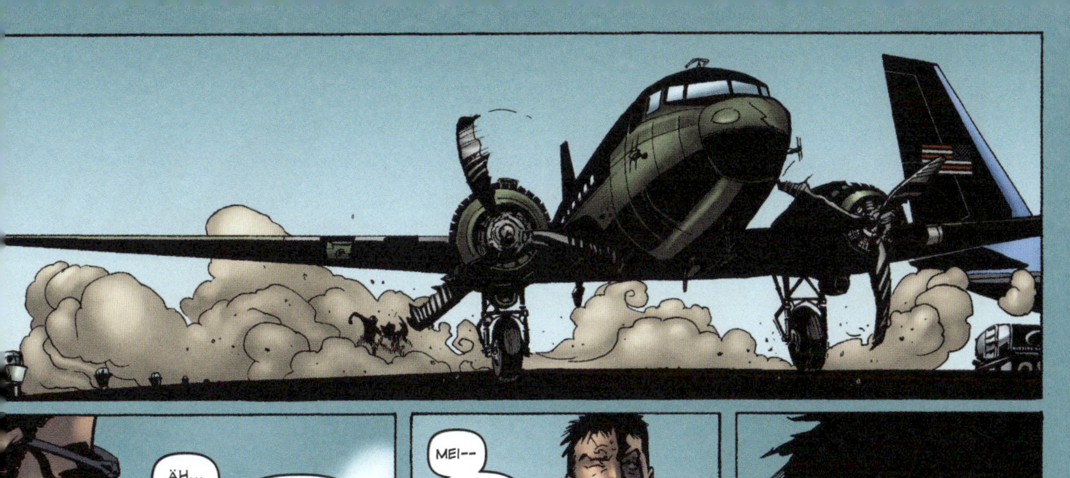

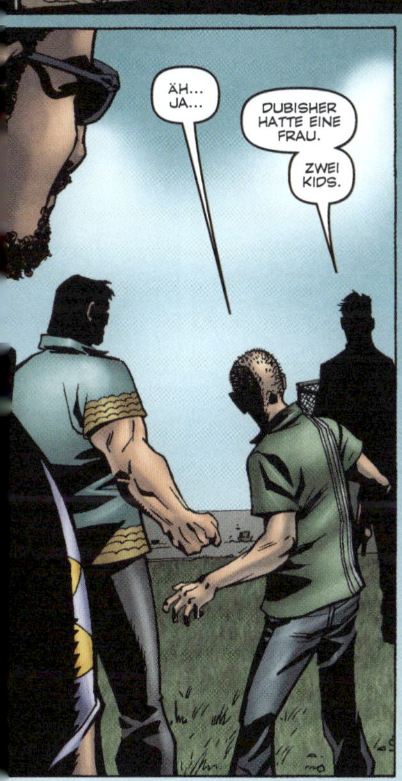
ÄH... JA...
DUBISHER HATTE EINE FRAU.
ZWEI KIDS.

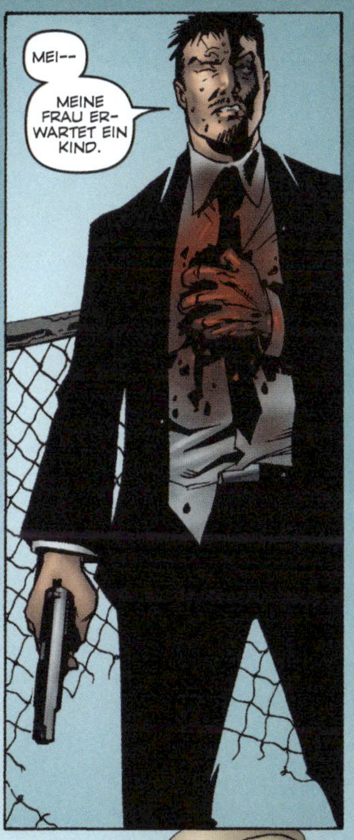
MEI--
MEINE FRAU ERWARTET EIN KIND.

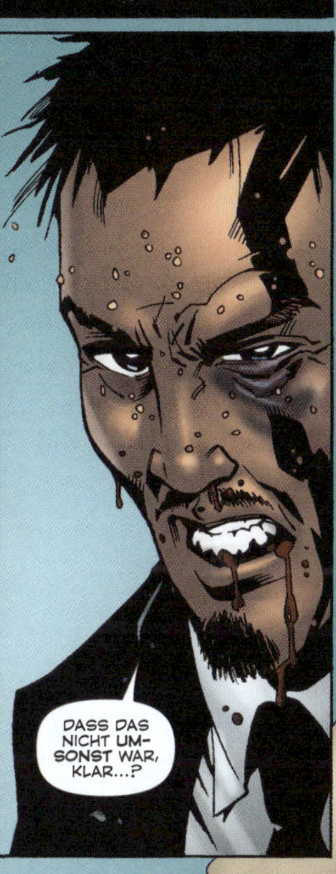
DASS DAS NICHT UMSONST WAR, KLAR...?

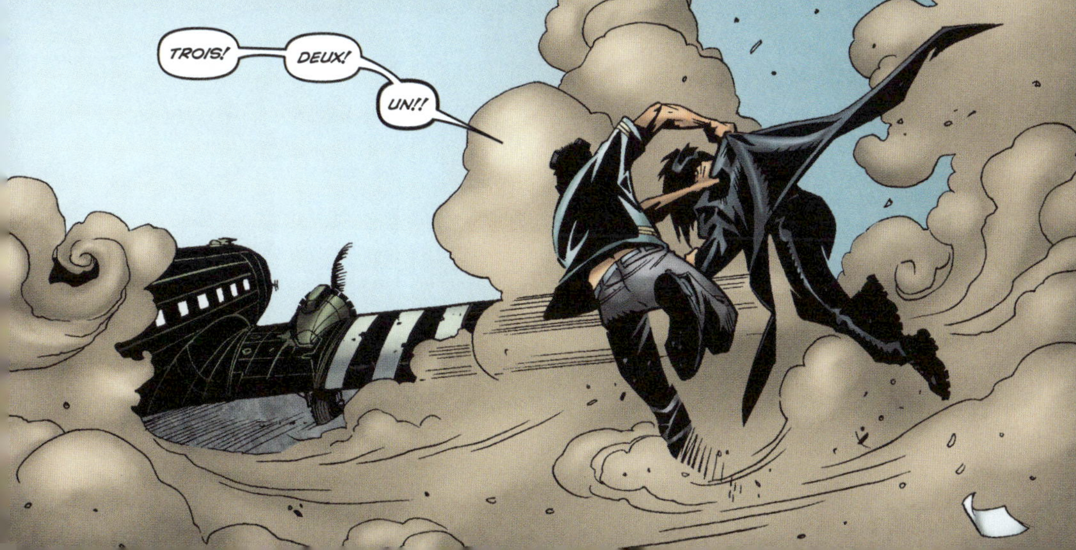
TROIS!
DEUX!
UN!!

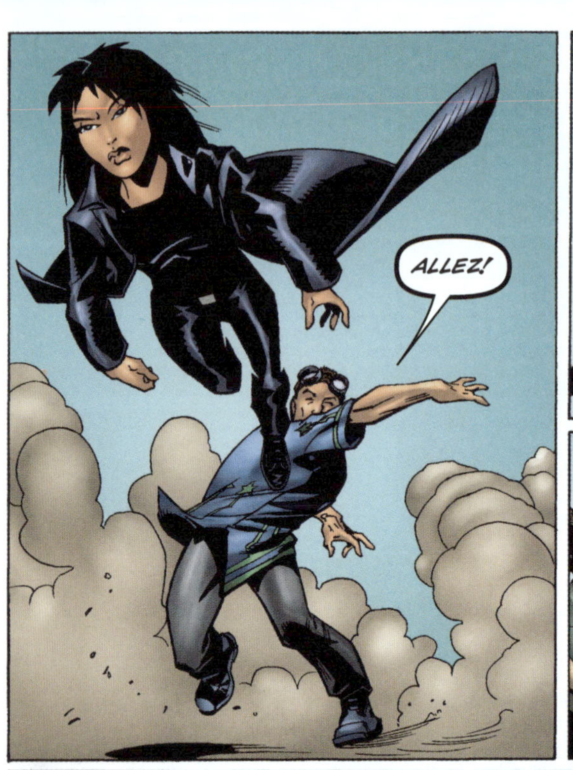
ALLEZ!

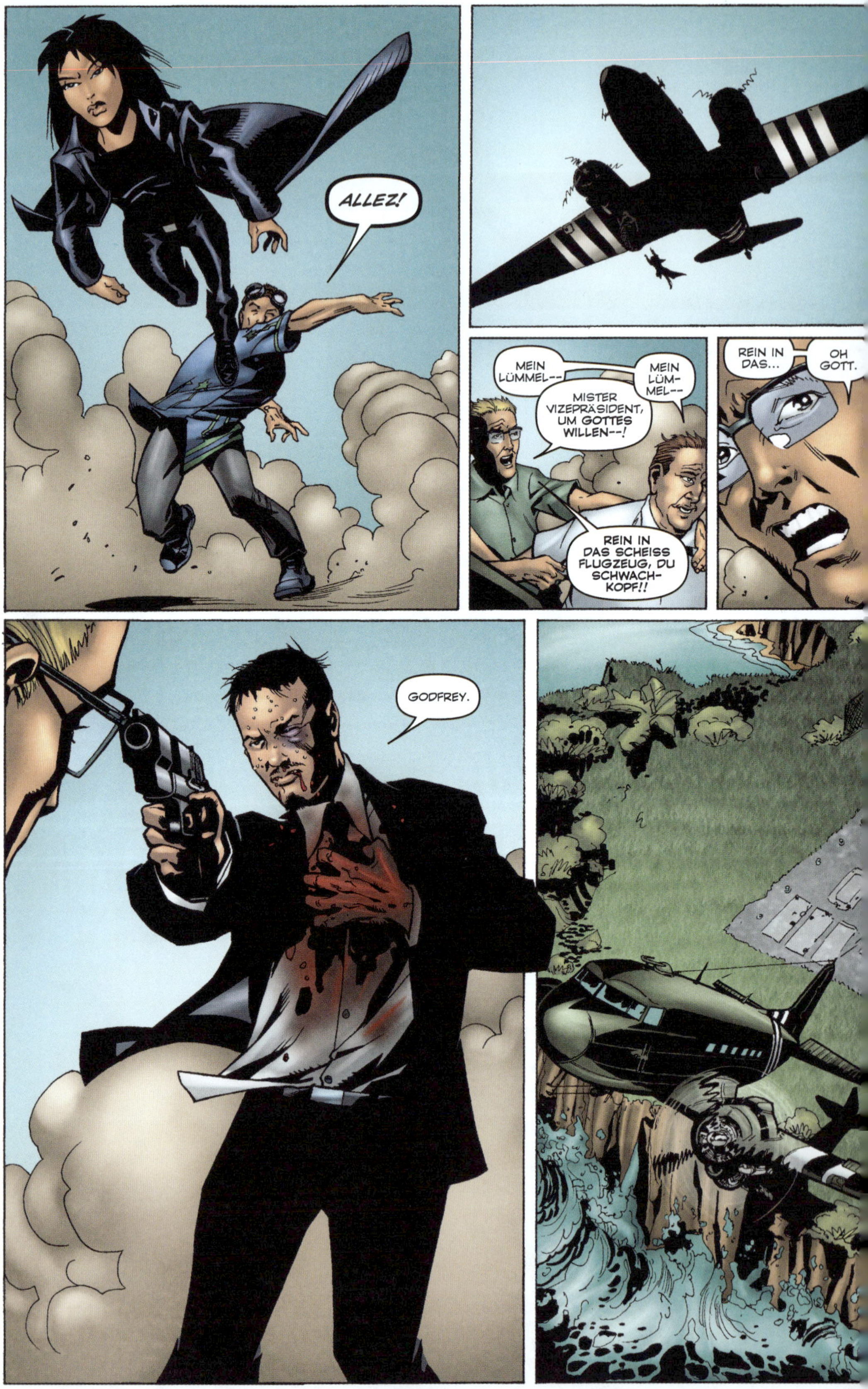

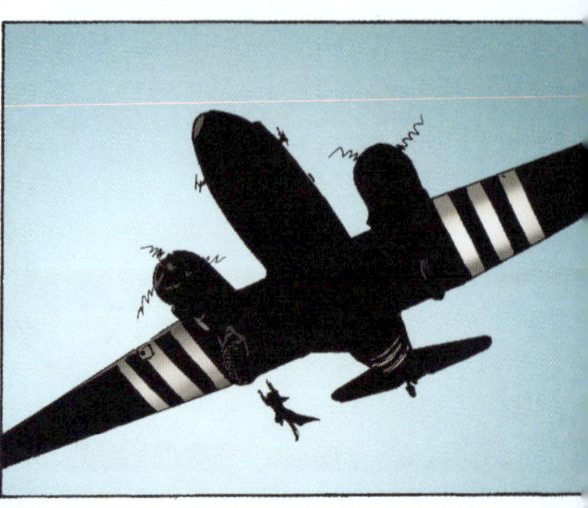

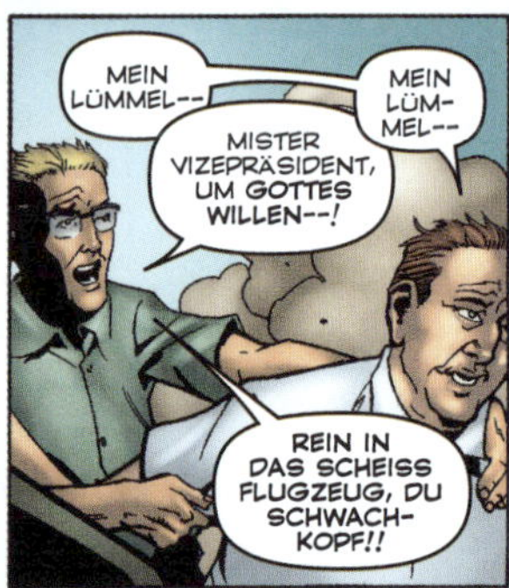
MEIN LÜMMEL--
MEIN LÜM-MEL--
MISTER VIZEPRÄSIDENT, UM GOTTES WILLEN--!
REIN IN DAS SCHEISS FLUGZEUG, DU SCHWACH-KOPF!!

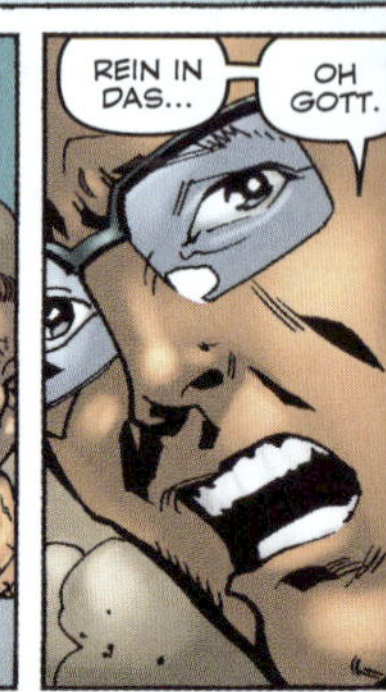
REIN IN DAS...
OH GOTT.

GODFREY.

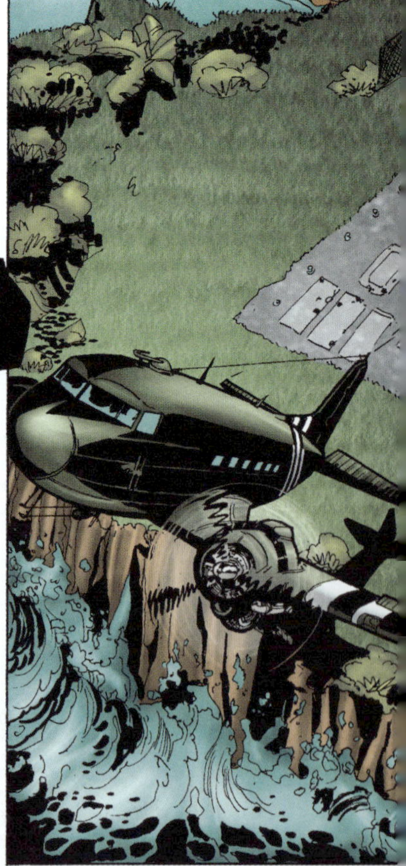

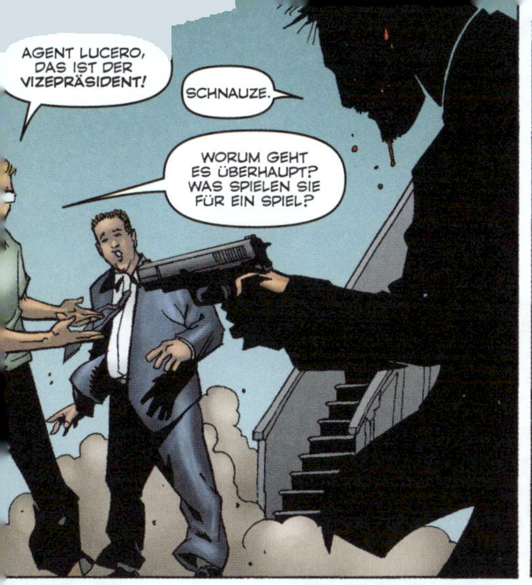
AGENT LUCERO, DAS IST DER VIZEPRÄSIDENT!
SCHNAUZE.
WORUM GEHT ES ÜBERHAUPT? WAS SPIELEN SIE FÜR EIN SPIEL?

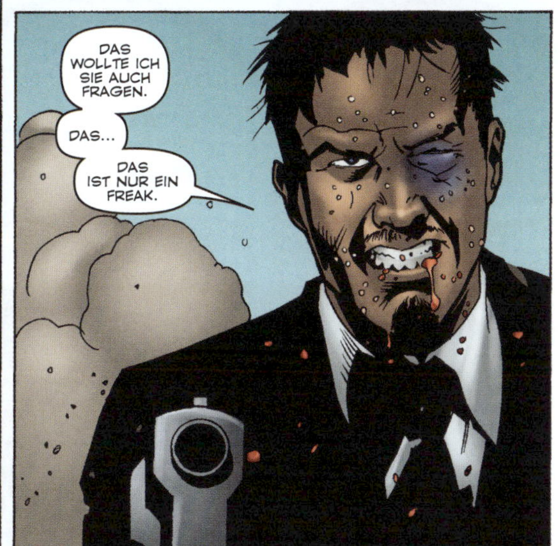
DAS WOLLTE ICH SIE AUCH FRAGEN.
DAS...
DAS IST NUR EIN FREAK.

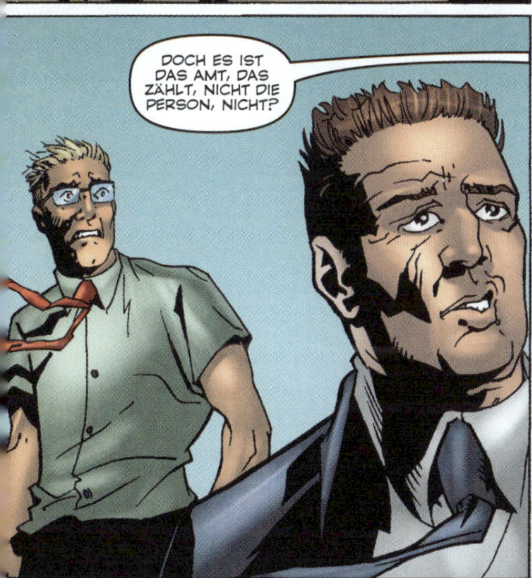
DOCH ES IST DAS AMT, DAS ZÄHLT, NICHT DIE PERSON, NICHT?

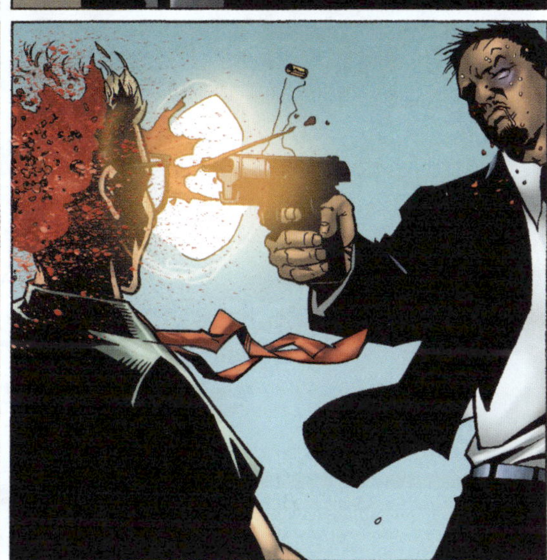

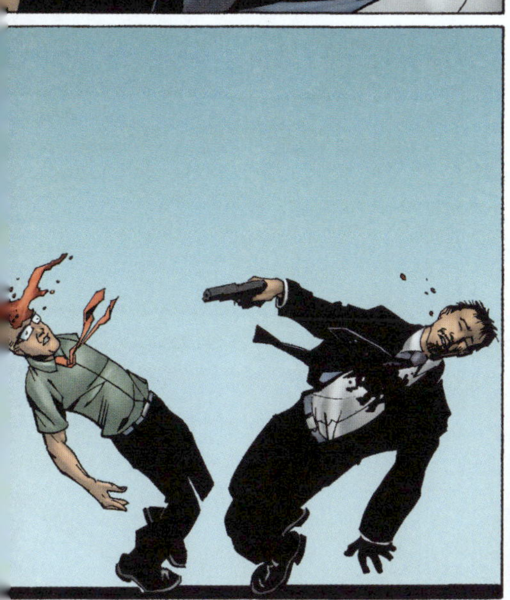

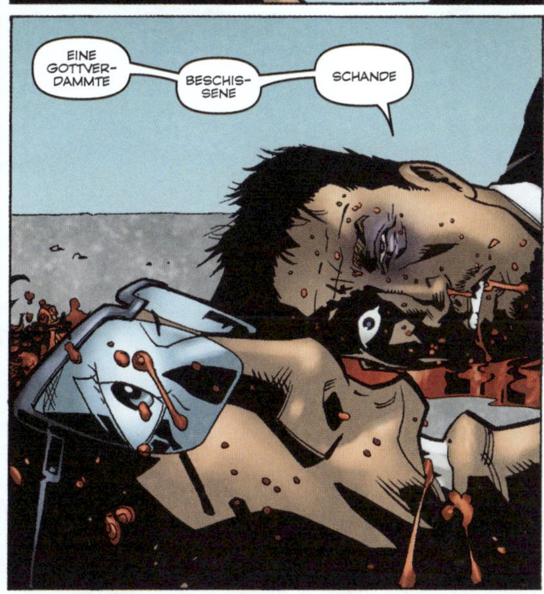
EINE GOTTVER-DAMMTE
BESCHIS-SENE
SCHANDE

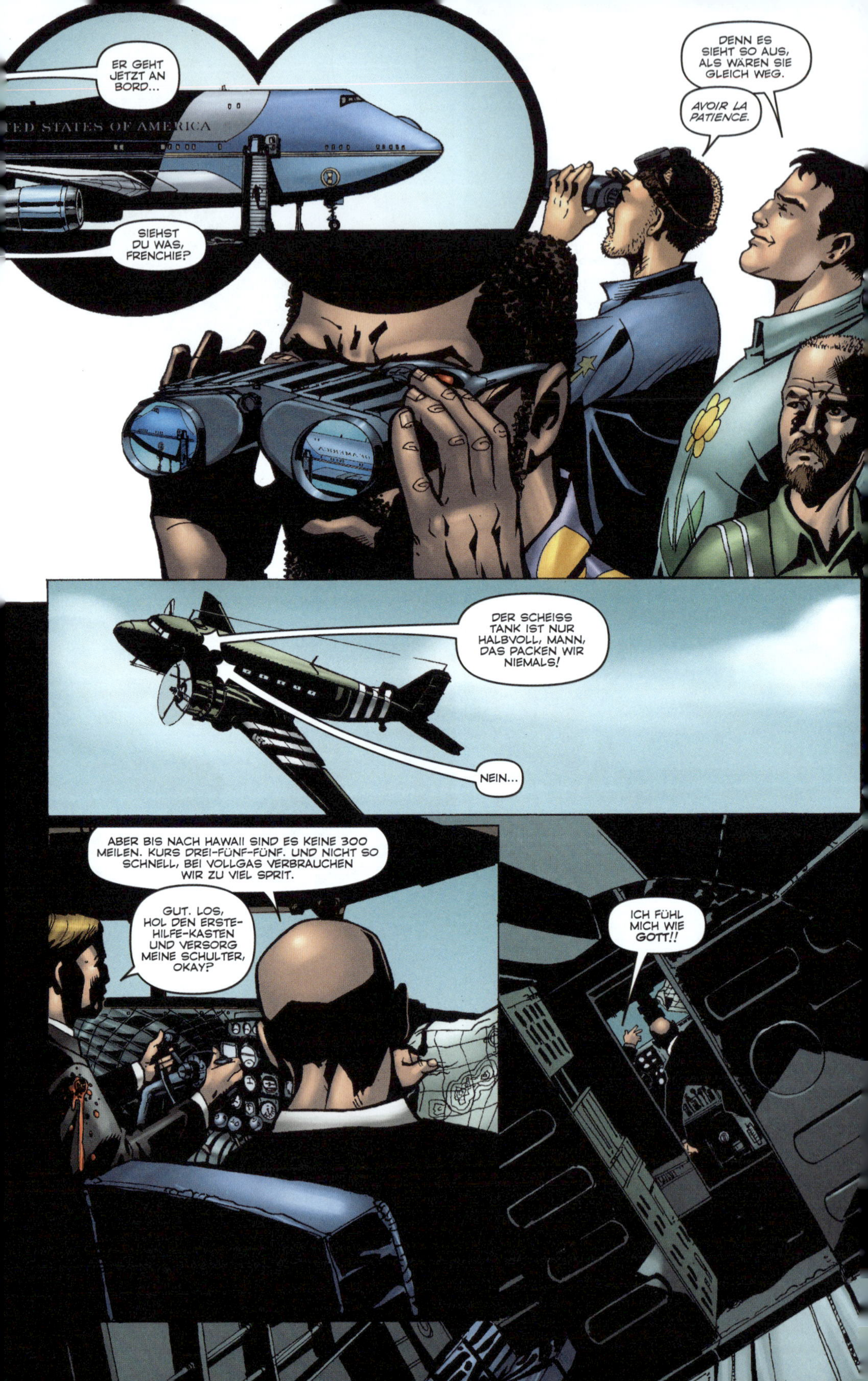

ER GEHT JETZT AN BORD...
SIEHST DU WAS, FRENCHIE?
DENN ES SIEHT SO AUS, ALS WÄREN SIE GLEICH WEG.
AVOIR LA PATIENCE.
DER SCHEISS TANK IST NUR HALBVOLL, MANN, DAS PACKEN WIR NIEMALS!
NEIN...
ABER BIS NACH HAWAII SIND ES KEINE 300 MEILEN. KURS DREI-FÜNF-FÜNF. UND NICHT SO SCHNELL, BEI VOLLGAS VERBRAUCHEN WIR ZU VIEL SPRIT.
GUT. LOS, HOL DEN ERSTE-HILFE-KASTEN UND VERSORG MEINE SCHULTER, OKAY?
ICH FÜHL MICH WIE GOTT!!

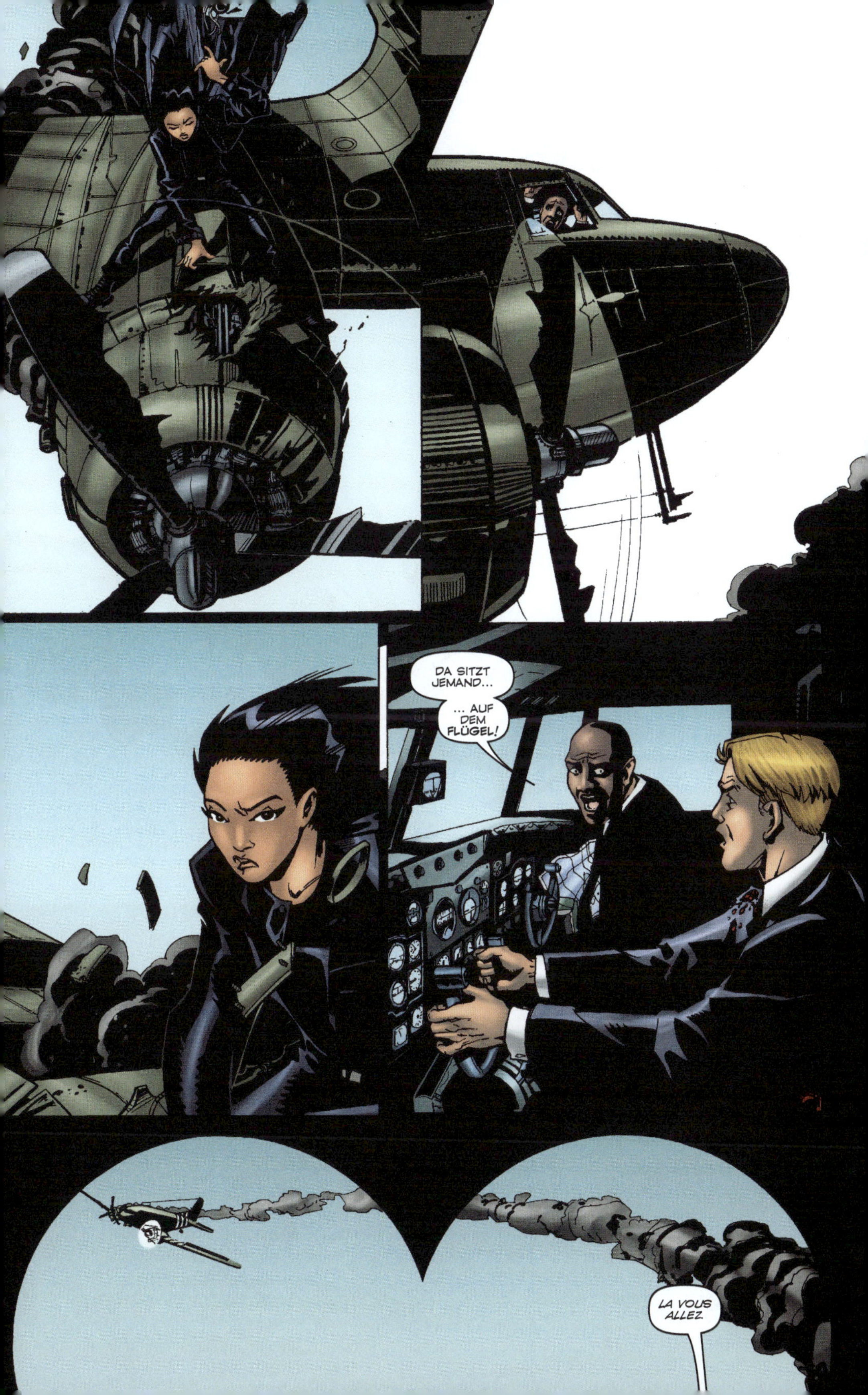
DA SITZT JEMAND...
... AUF DEM FLÜGEL!
LA VOUS ALLEZ.

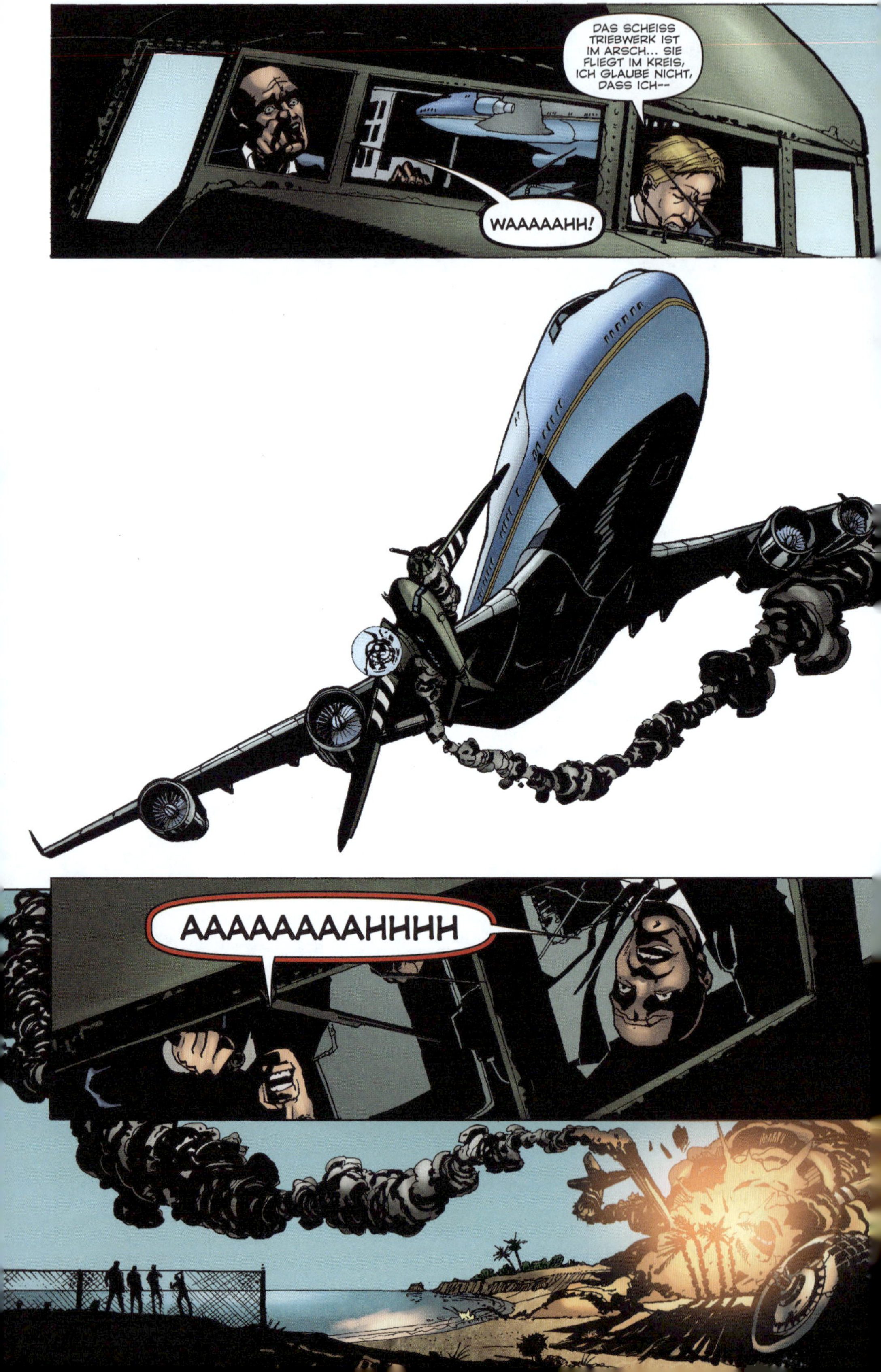

DAS SCHEISS TRIEBWERK IST IM ARSCH... SIE FLIEGT IM KREIS, ICH GLAUBE NICHT, DASS ICH--

WAAAAAHH!

AAAAAAAAHHHH

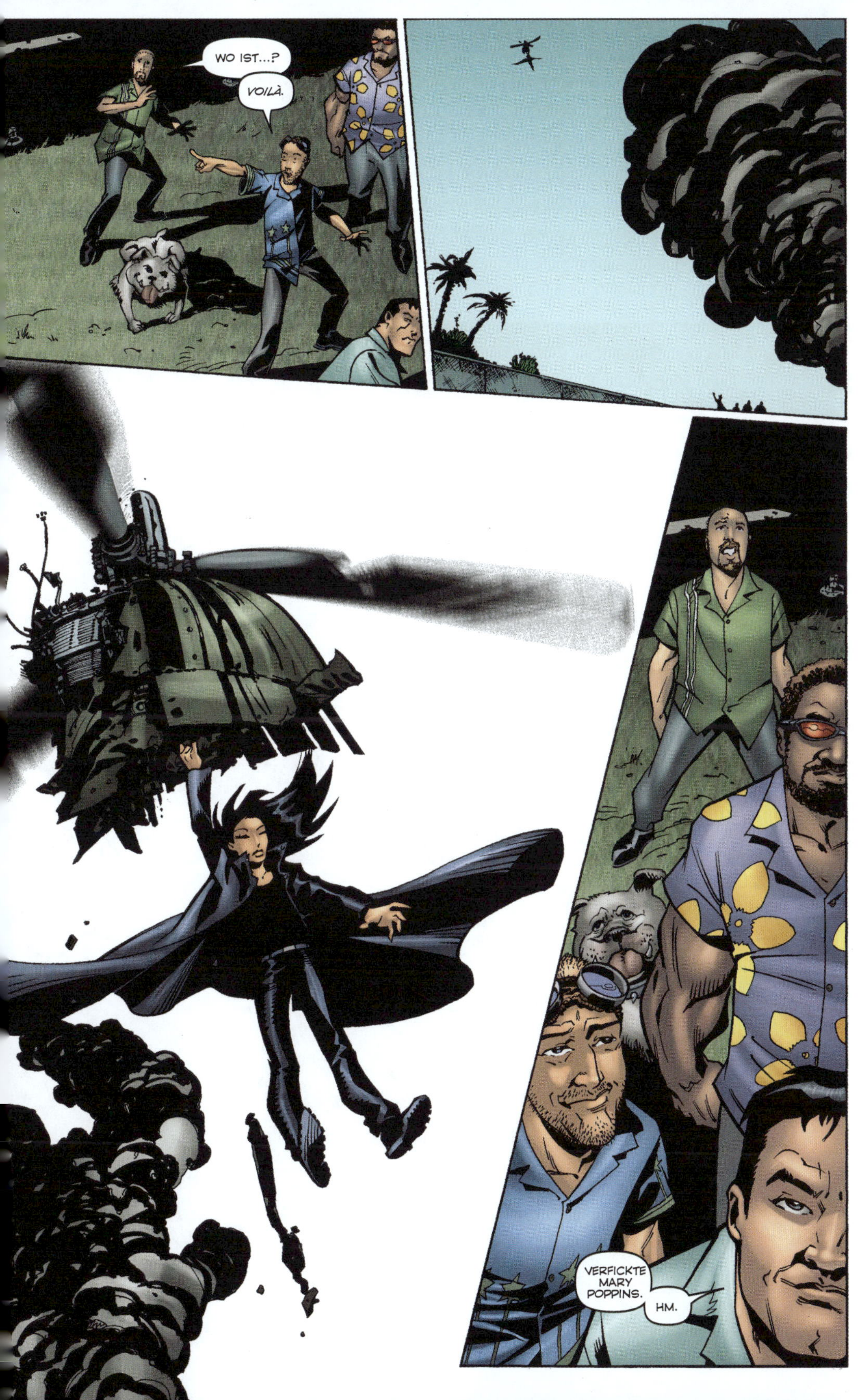
WO IST...?
VOILÀ.
VERFICKTE MARY POPPINS.
HM.

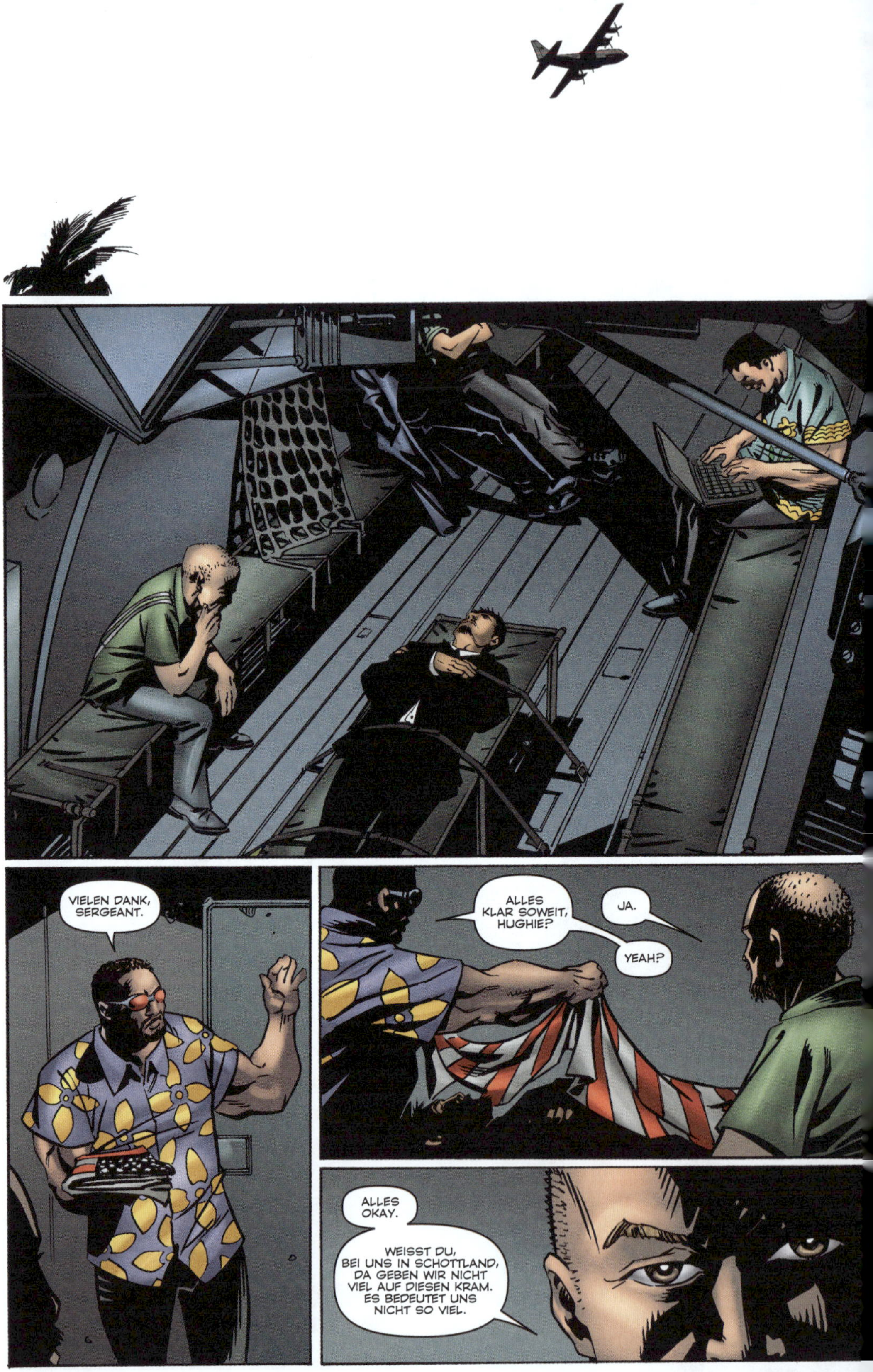

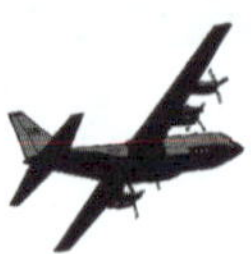

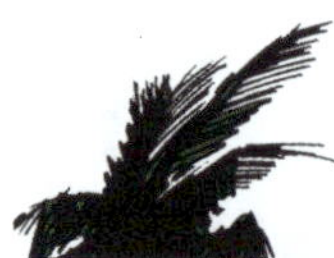

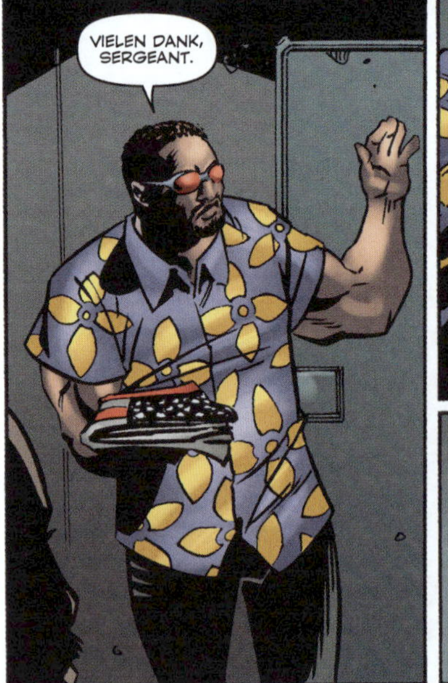
VIELEN DANK, SERGEANT.

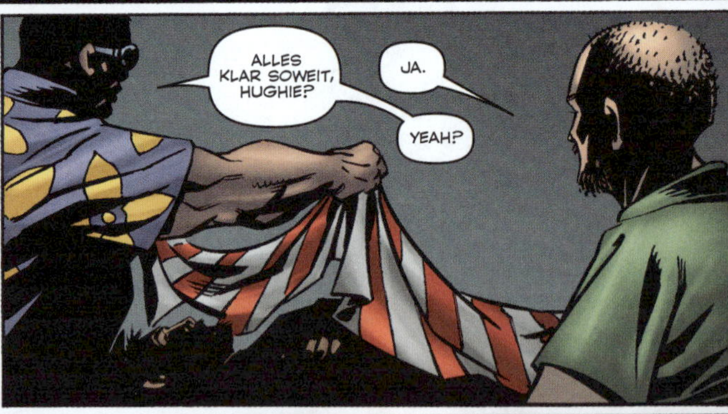
ALLES KLAR SOWEIT, HUGHIE?
JA.
YEAH?

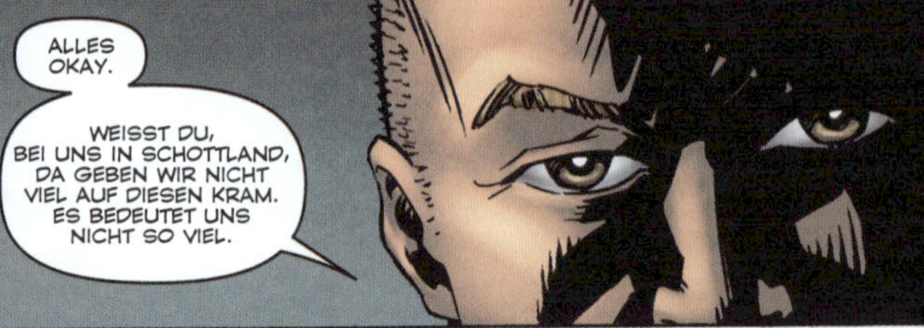
ALLES OKAY.
WEISST DU, BEI UNS IN SCHOTTLAND, DA GEBEN WIR NICHT VIEL AUF DIESEN KRAM. ES BEDEUTET UNS NICHT SO VIEL.

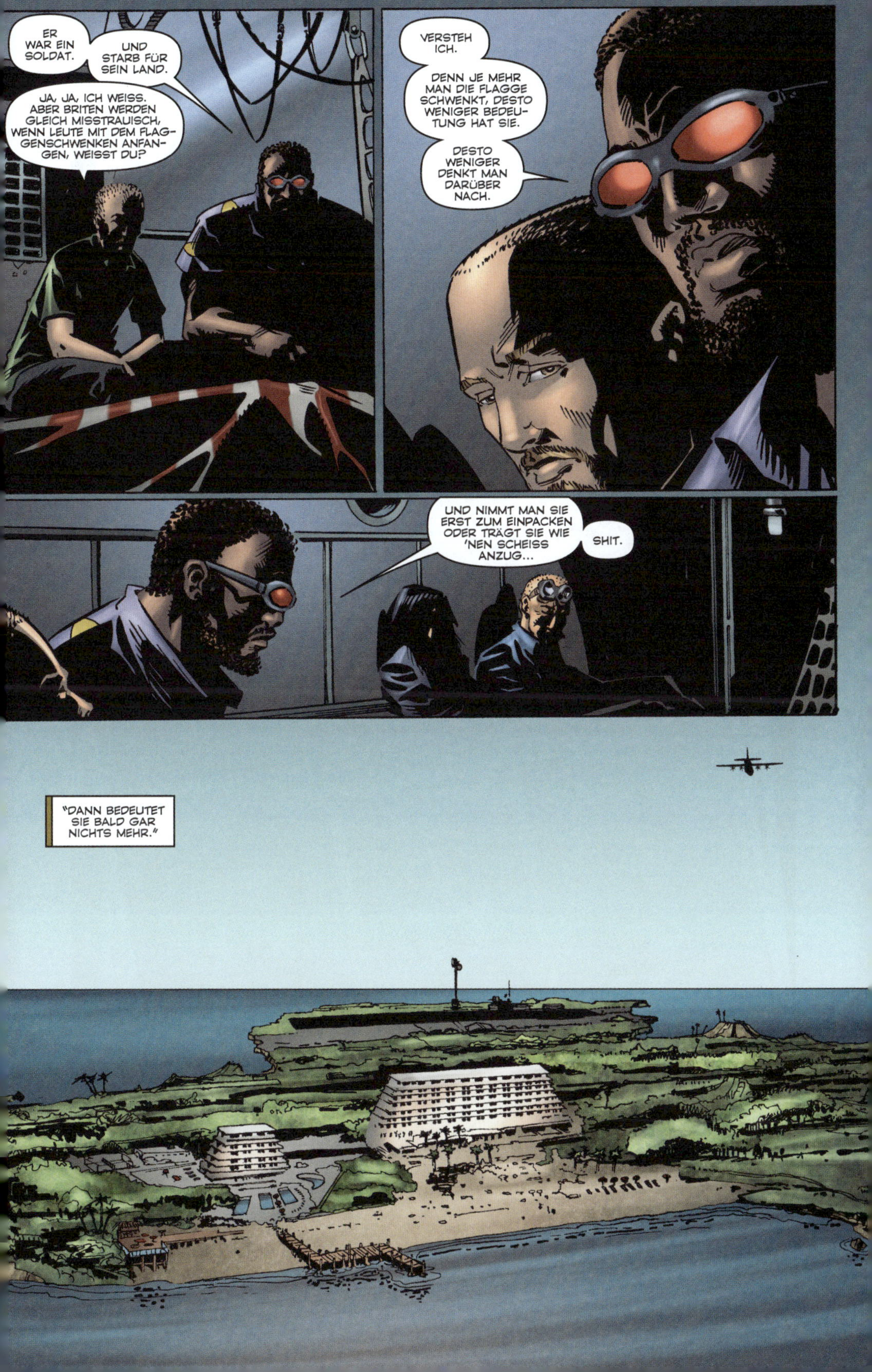

ER WAR EIN SOLDAT.
UND STARB FÜR SEIN LAND.
JA, JA, ICH WEISS. ABER BRITEN WERDEN GLEICH MISSTRAUISCH, WENN LEUTE MIT DEM FLAGGENSCHWENKEN ANFANGEN, WEISST DU?

VERSTEH ICH.
DENN JE MEHR MAN DIE FLAGGE SCHWENKT, DESTO WENIGER BEDEUTUNG HAT SIE.
DESTO WENIGER DENKT MAN DARÜBER NACH.

UND NIMMT MAN SIE ERST ZUM EINPACKEN ODER TRÄGT SIE WIE 'NEN SCHEISS ANZUG...
SHIT.

"DANN BEDEUTET SIE BALD GAR NICHTS MEHR."

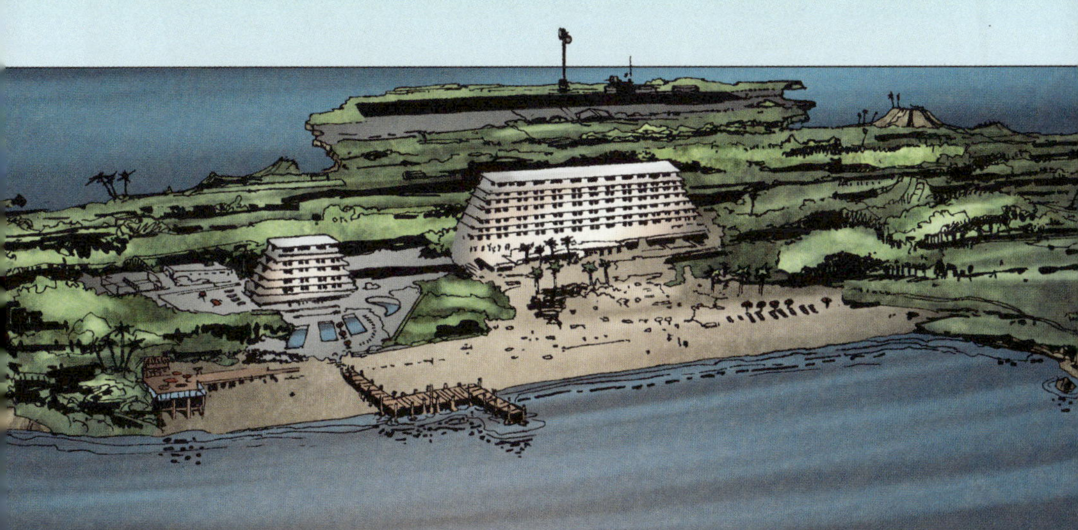

DIE SELBSTERHALTUNGSLIGA, 1. TEIL

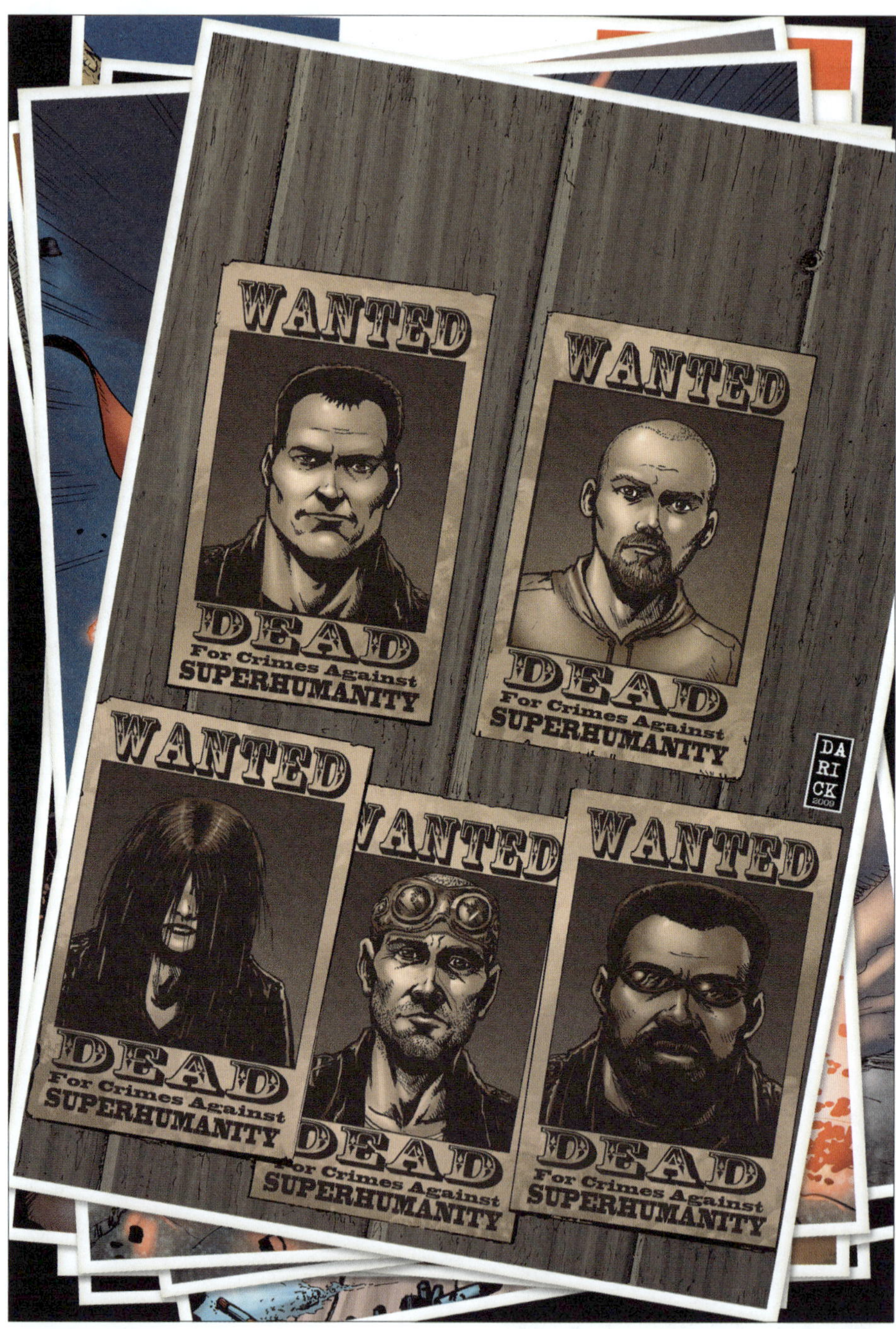

The Boys (2006) 31
Cover von **DARICK ROBERTSON**

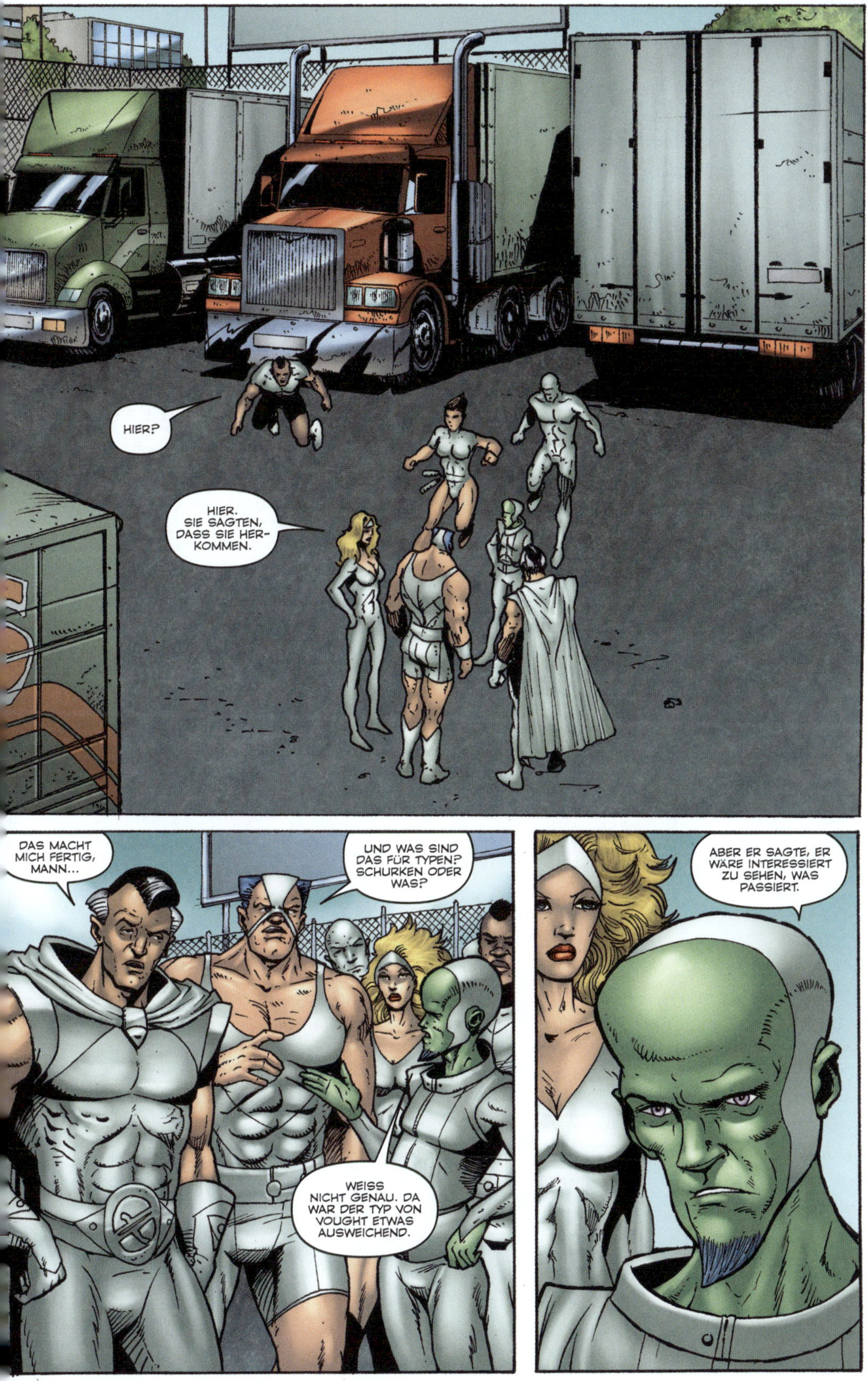

HIER?
HIER. SIE SAGTEN, DASS SIE HERKOMMEN.

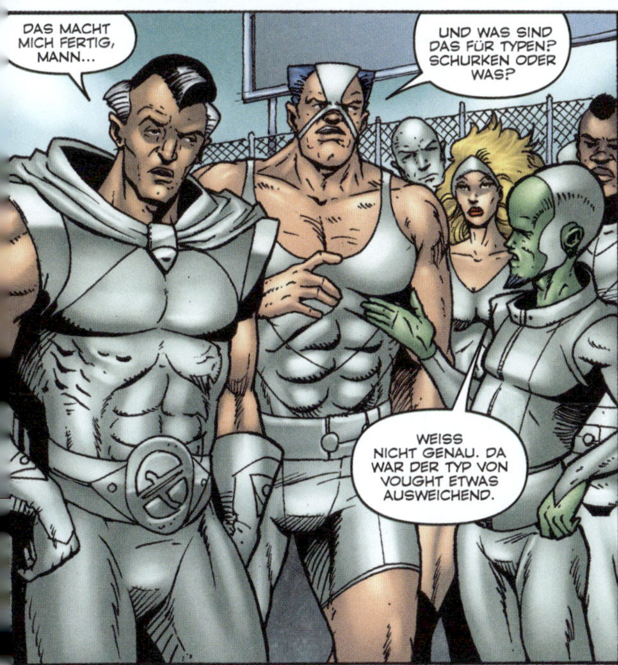

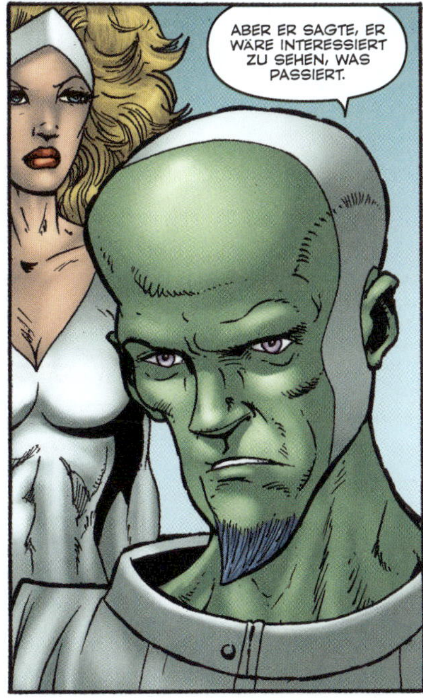

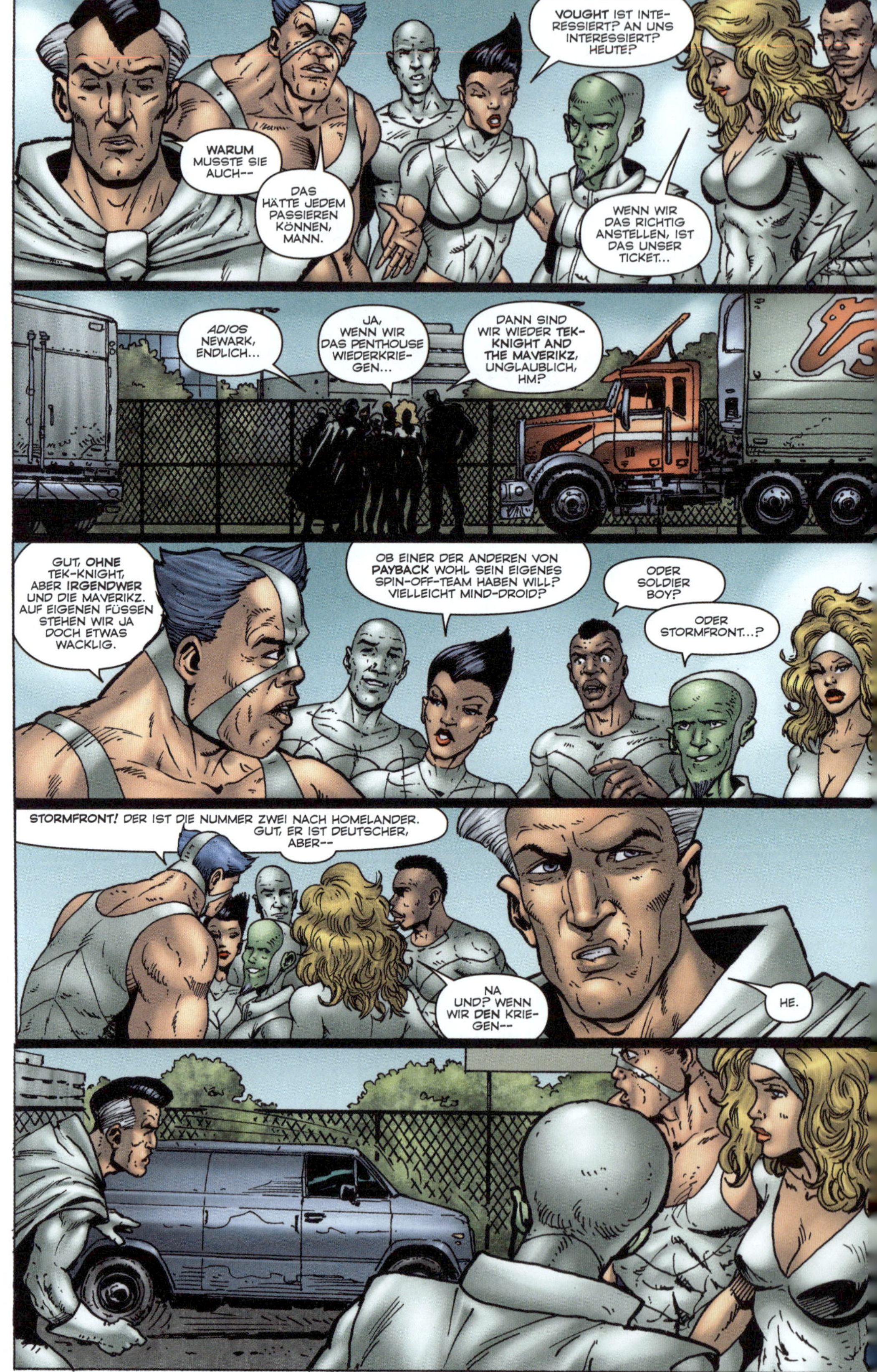
VOUGHT IST INTERESSIERT? AN UNS INTERESSIERT? HEUTE?
WARUM MUSSTE SIE AUCH--
DAS HÄTTE JEDEM PASSIEREN KÖNNEN, MANN.
WENN WIR DAS RICHTIG ANSTELLEN, IST DAS UNSER TICKET...
ADIOS NEWARK, ENDLICH...
JA, WENN WIR DAS PENTHOUSE WIEDERKRIEGEN...
DANN SIND WIR WIEDER TEK-KNIGHT AND THE MAVERIKZ, UNGLAUBLICH, HM?
GUT, OHNE TEK-KNIGHT, ABER IRGENDWER UND DIE MAVERIKZ. AUF EIGENEN FÜSSEN STEHEN WIR JA DOCH ETWAS WACKLIG.
OB EINER DER ANDEREN VON PAYBACK WOHL SEIN EIGENES SPIN-OFF-TEAM HABEN WILL? VIELLEICHT MIND-DROID?
ODER SOLDIER BOY?
ODER STORMFRONT...?
STORMFRONT! DER IST DIE NUMMER ZWEI NACH HOMELANDER. GUT, ER IST DEUTSCHER, ABER--
NA UND? WENN WIR DEN KRIEGEN--
HE.

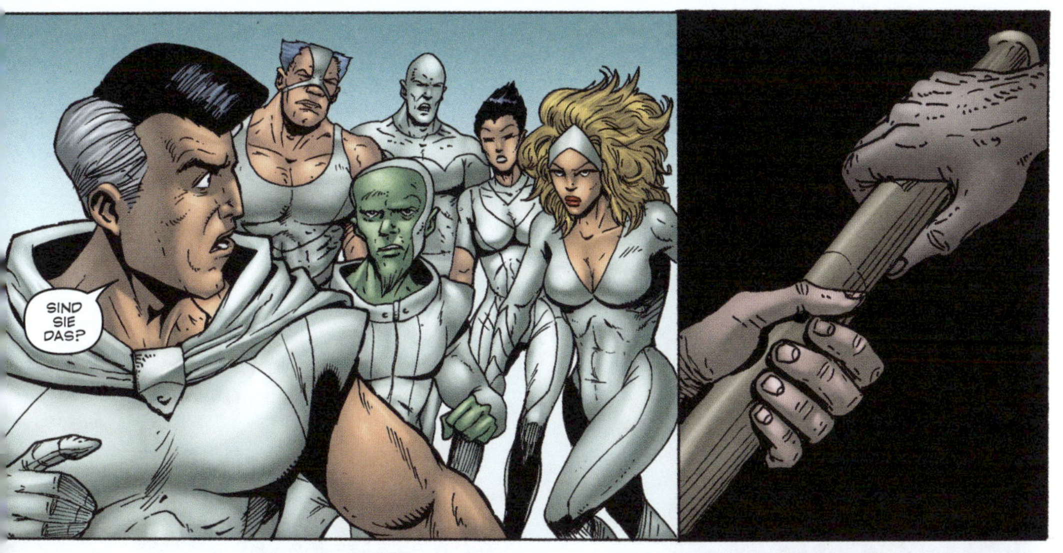
SIND SIE DAS?

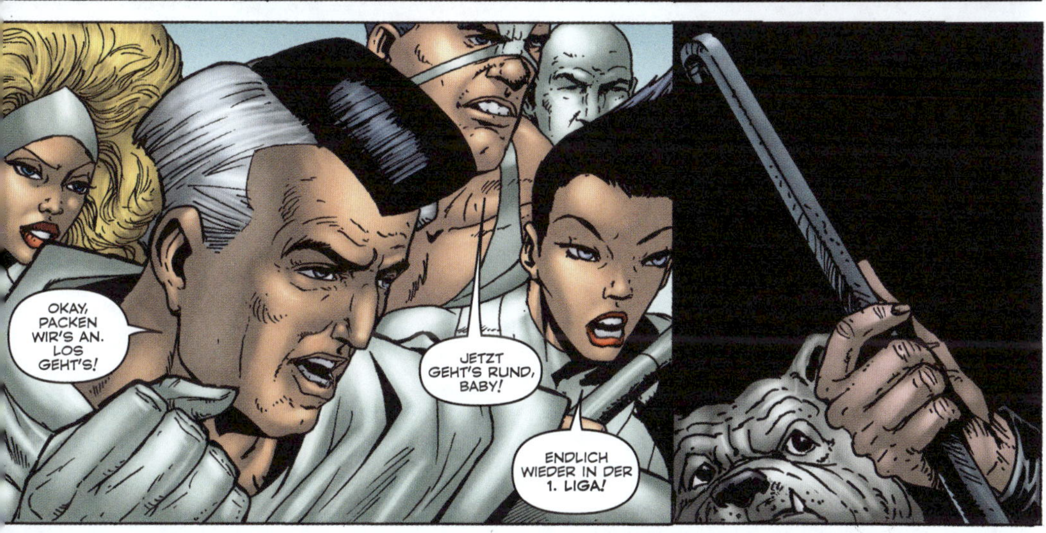
OKAY, PACKEN WIR'S AN. LOS GEHT'S!
JETZT GEHT'S RUND, BABY!
ENDLICH WIEDER IN DER 1. LIGA!

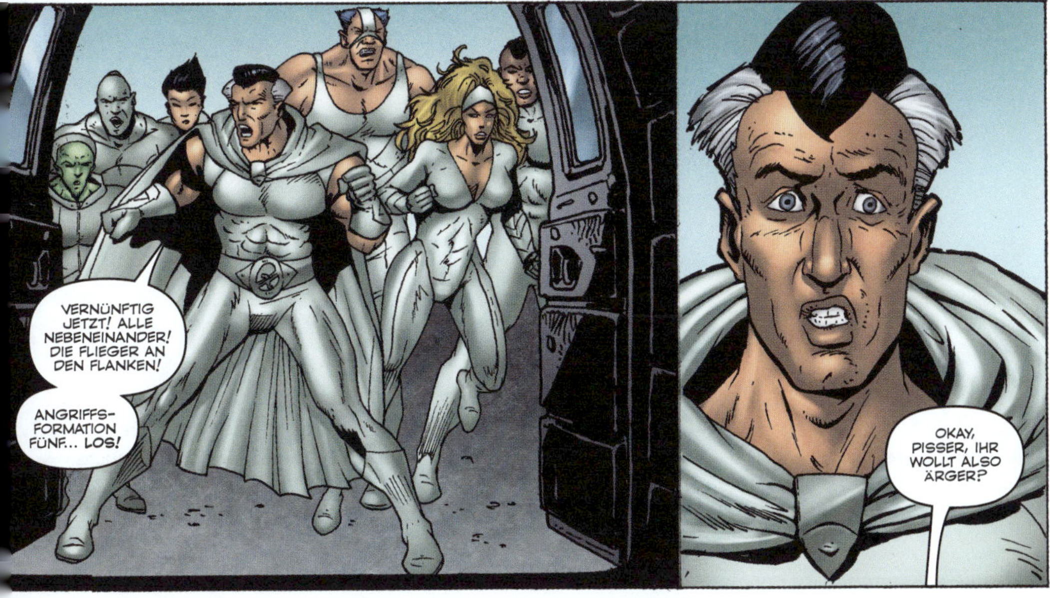
VERNÜNFTIG JETZT! ALLE NEBENEINANDER! DIE FLIEGER AN DEN FLANKEN!
ANGRIFFS-FORMATION FÜNF... LOS!
OKAY, PISSER, IHR WOLLT ALSO ÄRGER?

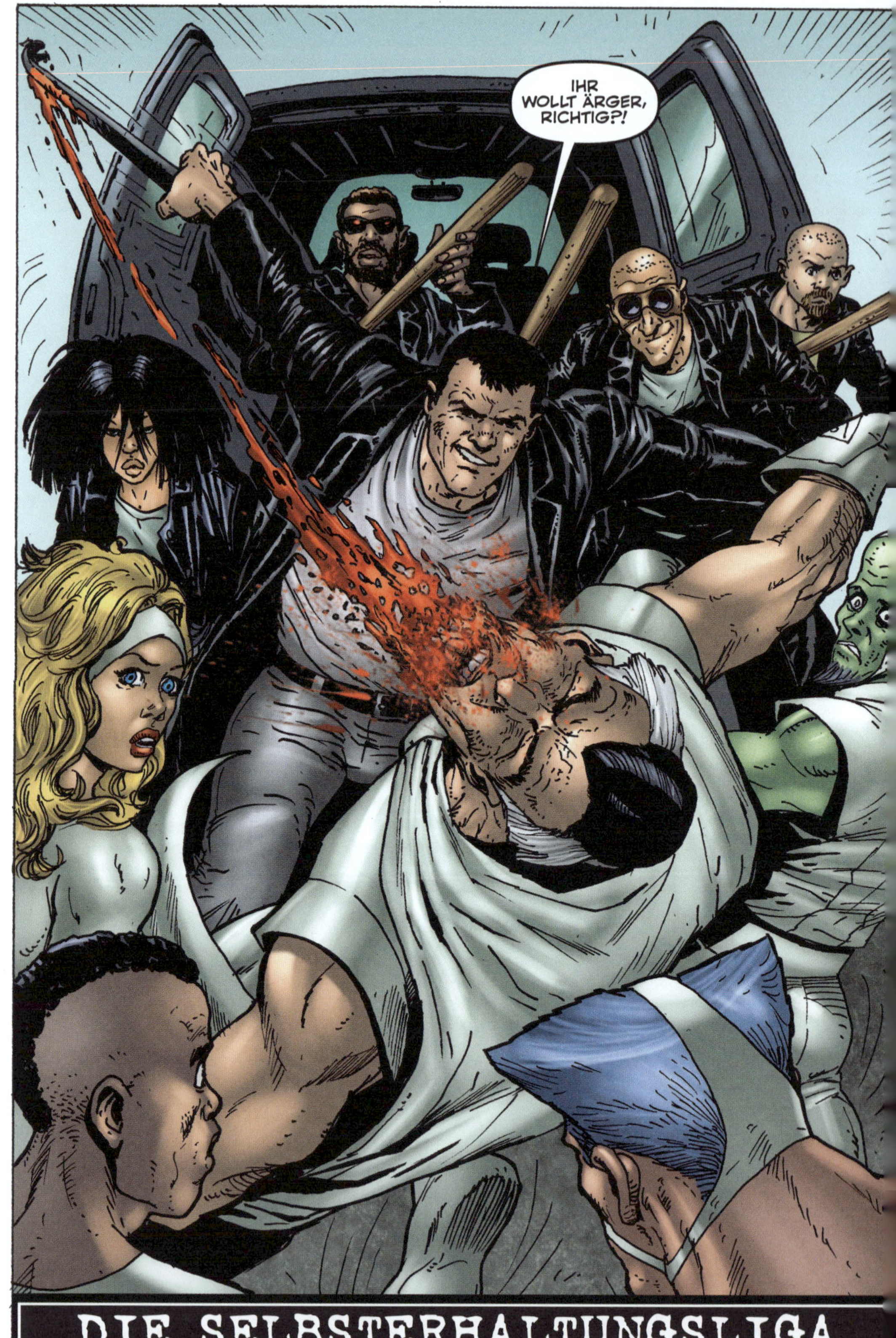

DIE SELBSTERHALTUNGSLIGA
1. Teil

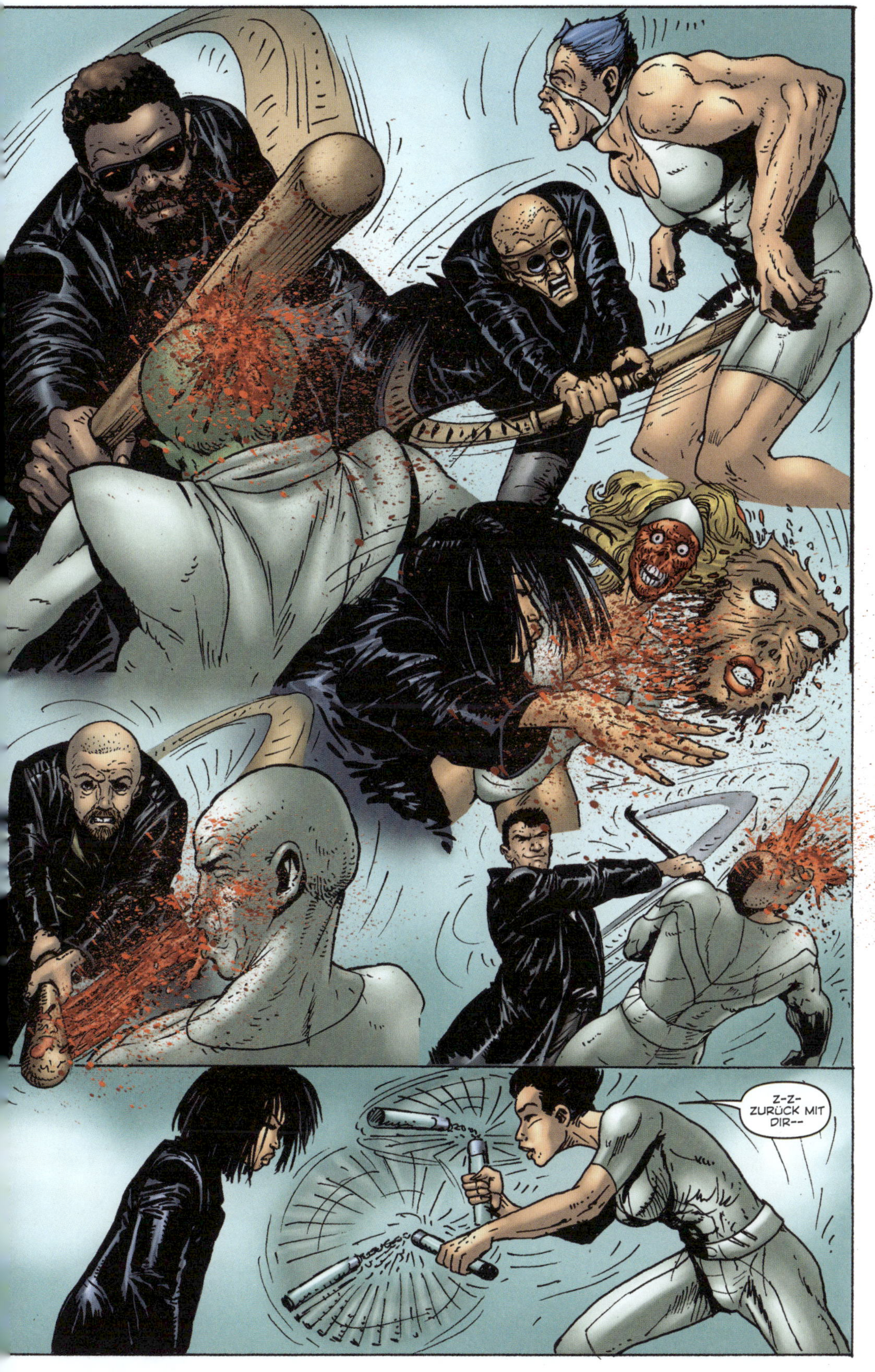
Z-Z-
ZURÜCK MIT
DIR--

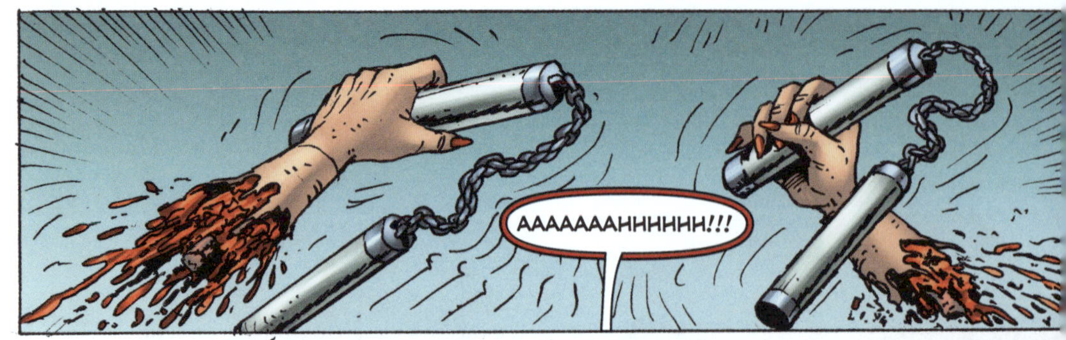
AAAAAAAHHHHHH!!!

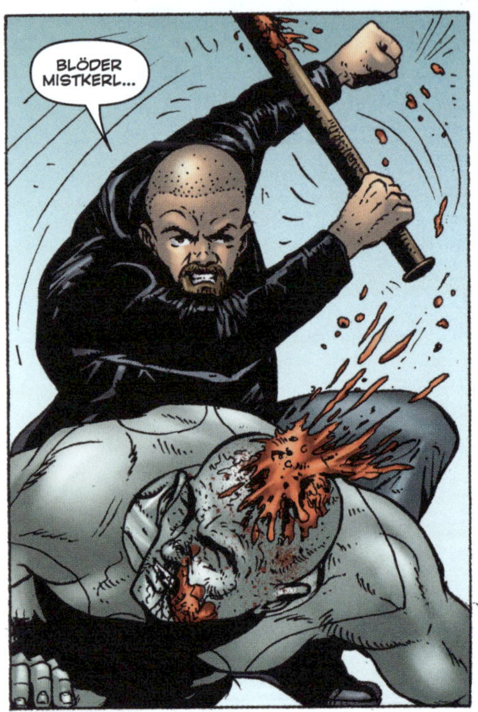
BLÖDER MISTKERL...

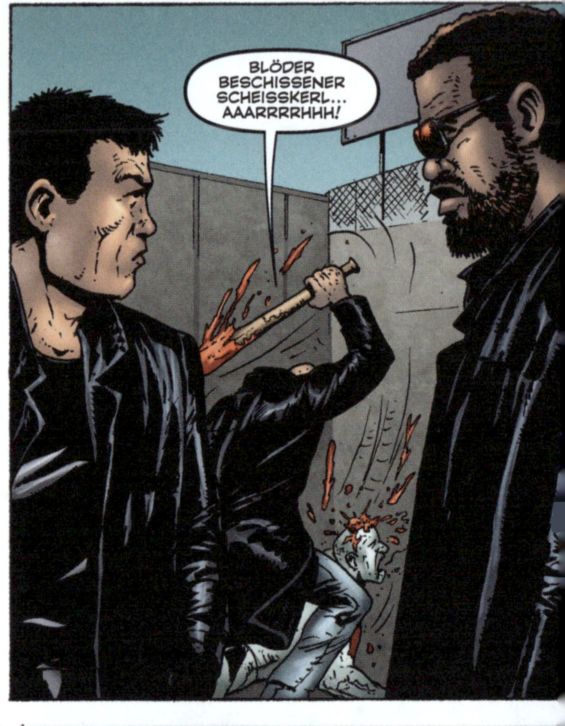
BLÖDER BESCHISSENER SCHEISSKERL... AAARRRRHHH!

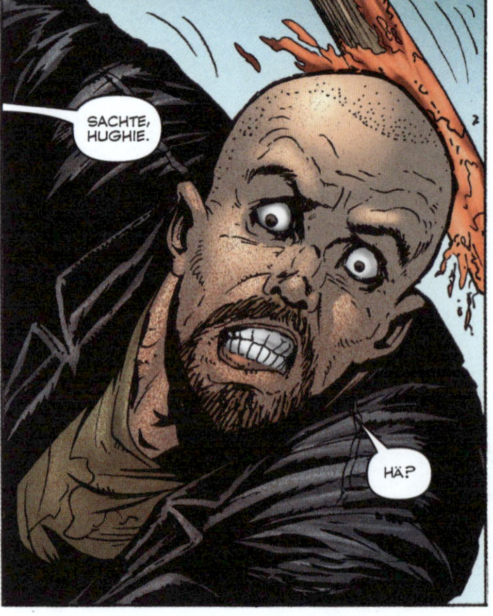
SACHTE, HUGHIE.
HÄ?

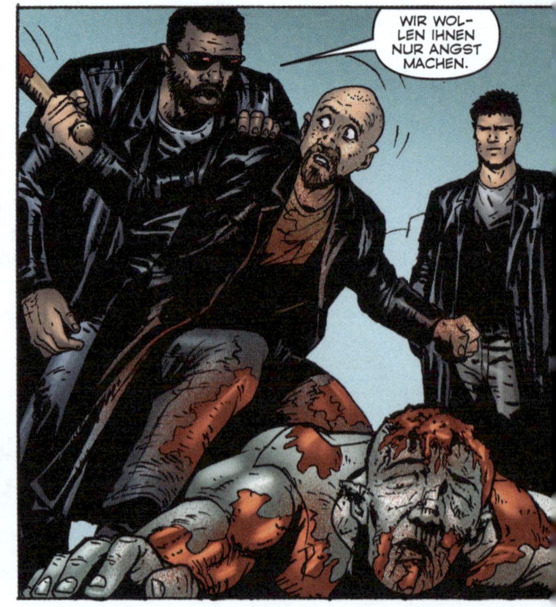
WIR WOL-LEN IHNEN NUR ANGST MACHEN.

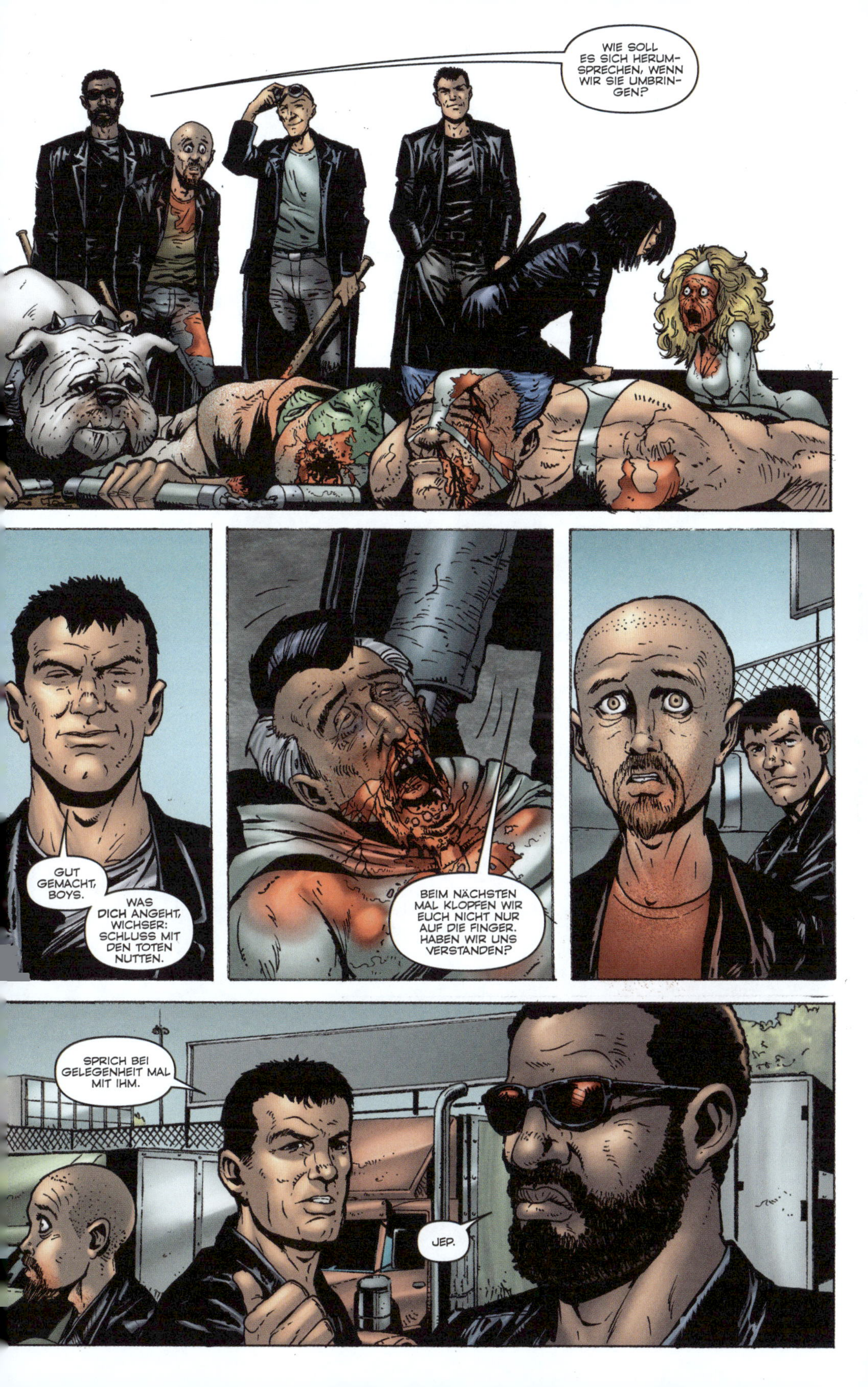

WIE SOLL ES SICH HERUM-SPRECHEN, WENN WIR SIE UMBRIN-GEN?

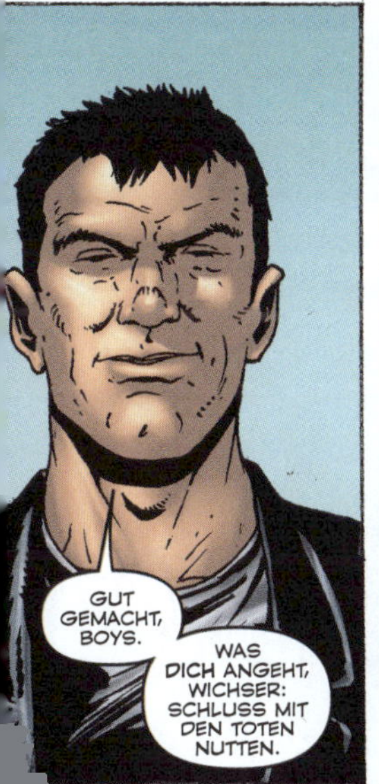
GUT GEMACHT, BOYS.
WAS DICH ANGEHT, WICHSER: SCHLUSS MIT DEN TOTEN NUTTEN.

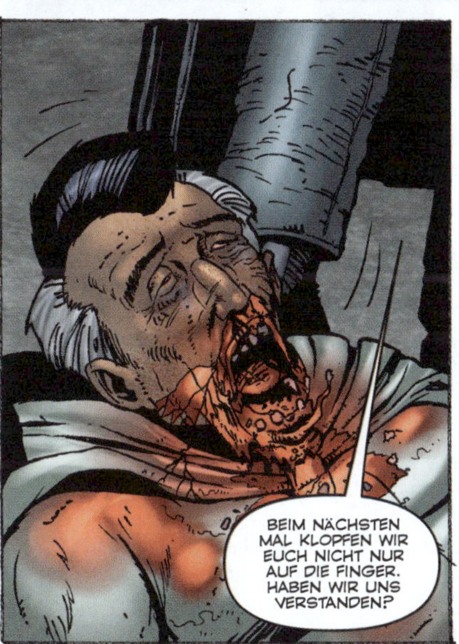
BEIM NÄCHSTEN MAL KLOPFEN WIR EUCH NICHT NUR AUF DIE FINGER. HABEN WIR UNS VERSTANDEN?

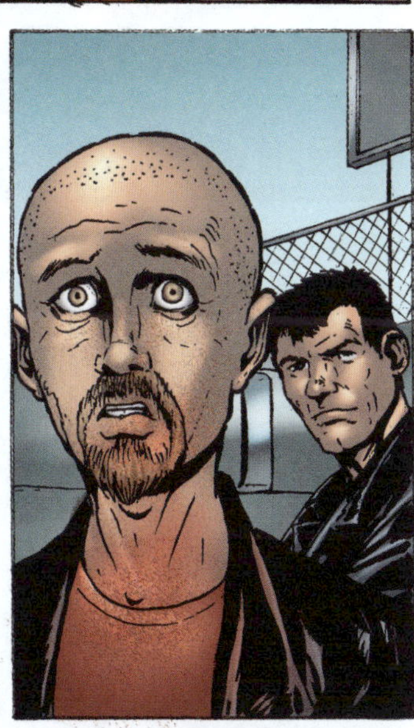

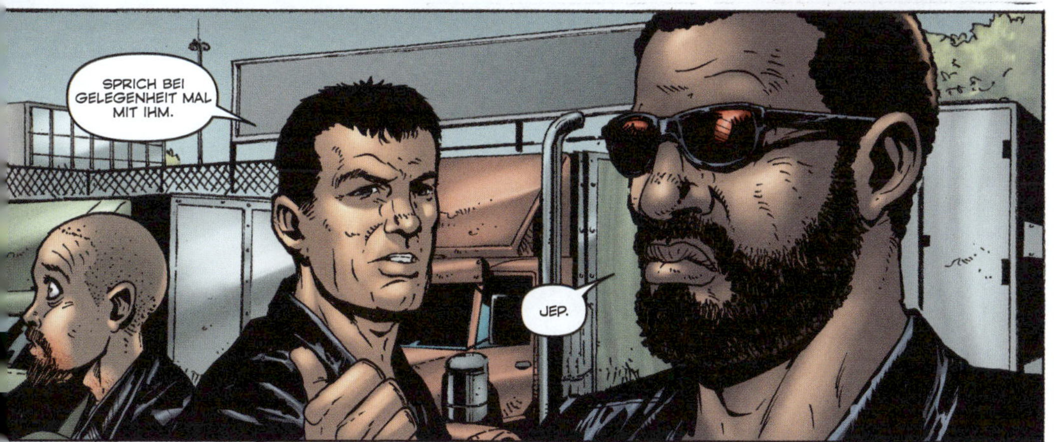
SPRICH BEI GELEGENHEIT MAL MIT IHM.
JEP.

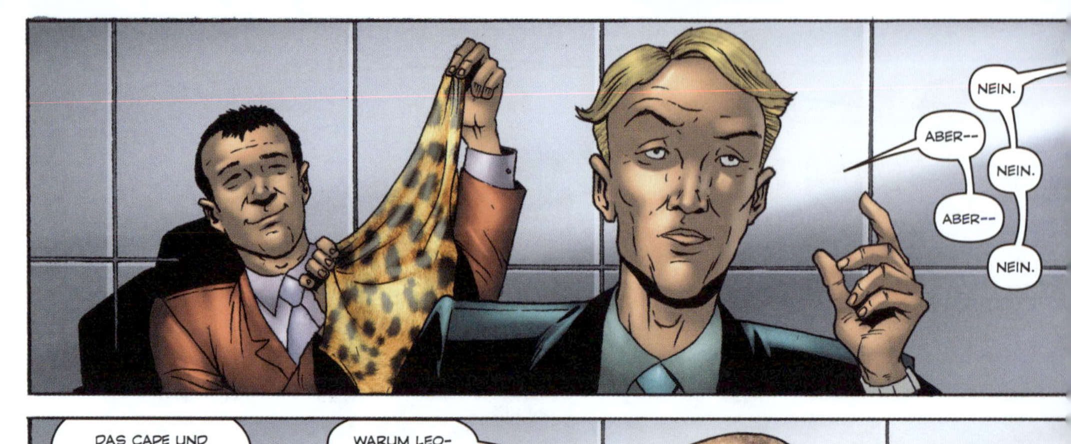
NEIN.
ABER--
NEIN.
ABER--
NEIN.

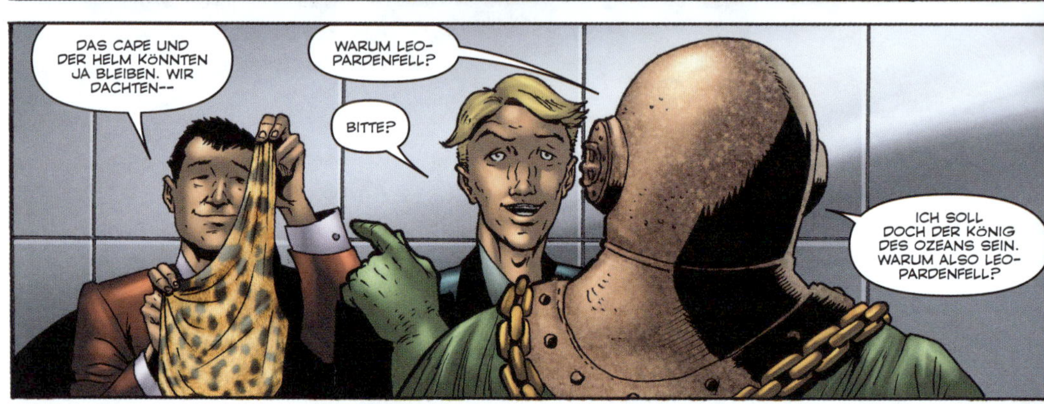
DAS CAPE UND DER HELM KÖNNTEN JA BLEIBEN. WIR DACHTEN--
WARUM LEO-PARDENFELL?
BITTE?
ICH SOLL DOCH DER KÖNIG DES OZEANS SEIN. WARUM ALSO LEO-PARDENFELL?

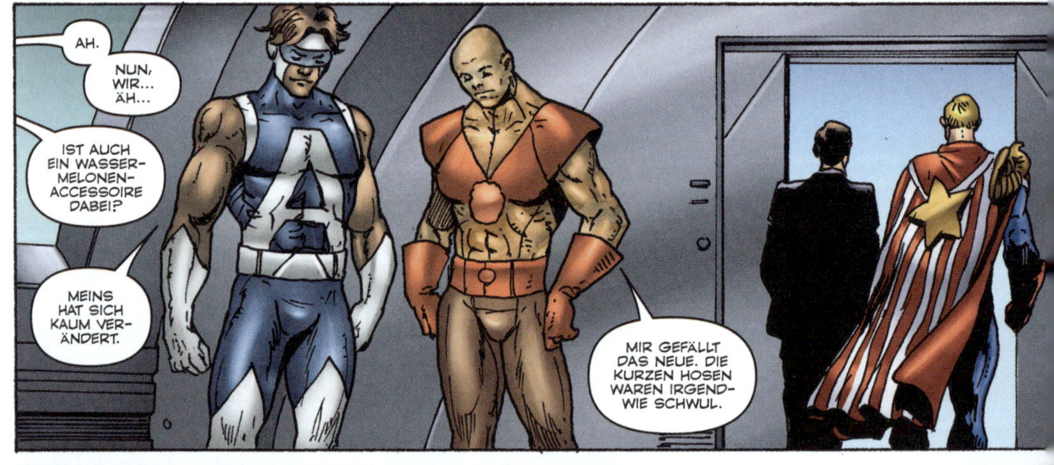
AH.
NUN, WIR... ÄH...
IST AUCH EIN WASSER-MELONEN-ACCESSOIRE DABEI?
MEINS HAT SICH KAUM VER-ÄNDERT.
MIR GEFÄLLT DAS NEUE. DIE KURZEN HOSEN WAREN IRGEND-WIE SCHWUL.

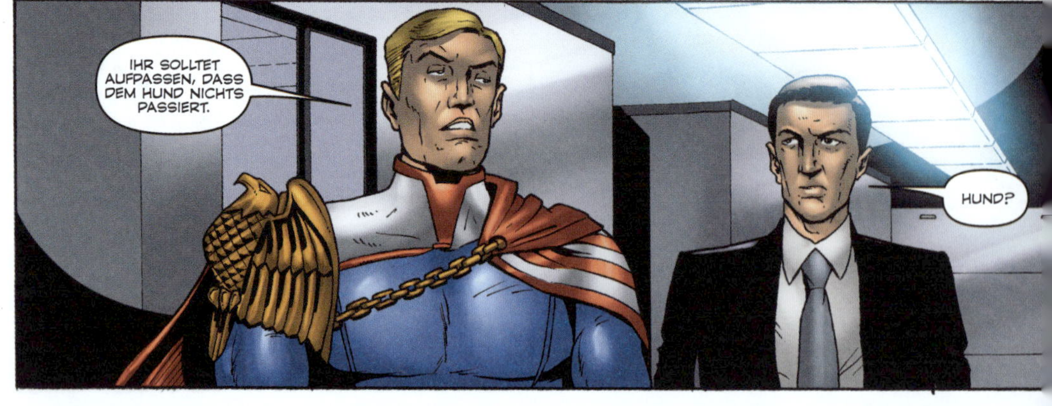
IHR SOLLTET AUFPASSEN, DASS DEM HUND NICHTS PASSIERT.
HUND?

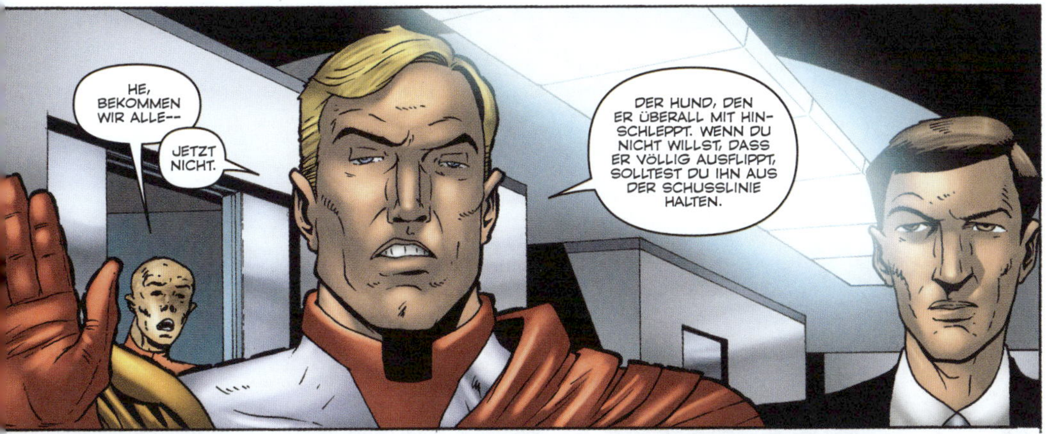
HE, BEKOMMEN WIR ALLE--
JETZT NICHT.
DER HUND, DEN ER ÜBERALL MIT HIN-SCHLEPPT. WENN DU NICHT WILLST, DASS ER VÖLLIG AUSFLIPPT, SOLLTEST DU IHN AUS DER SCHUSSLINIE HALTEN.

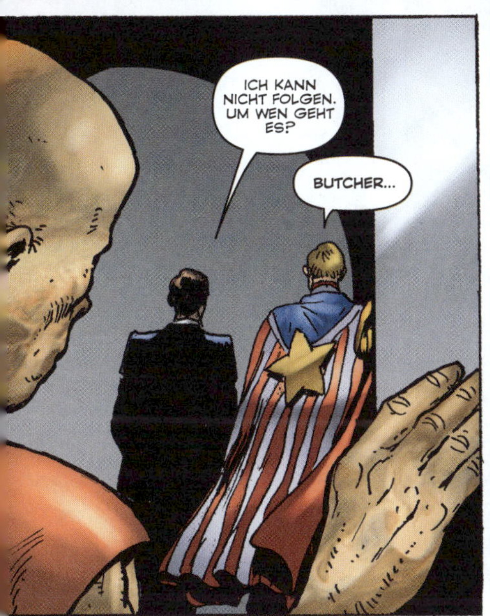
ICH KANN NICHT FOLGEN. UM WEN GEHT ES?
BUTCHER...

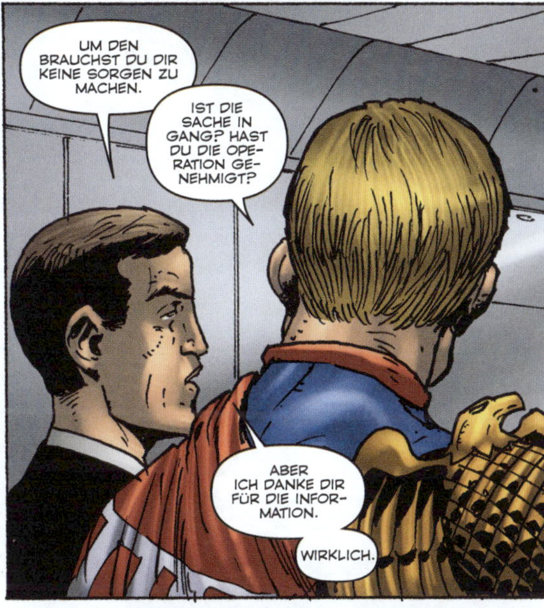
UM DEN BRAUCHST DU DIR KEINE SORGEN ZU MACHEN.
IST DIE SACHE IN GANG? HAST DU DIE OPE-RATION GE-NEHMIGT?
ABER ICH DANKE DIR FÜR DIE INFOR-MATION.
WIRKLICH.

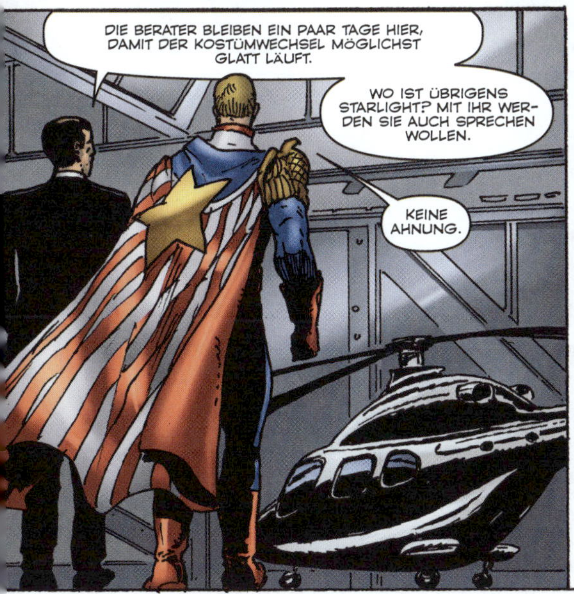
DIE BERATER BLEIBEN EIN PAAR TAGE HIER, DAMIT DER KOSTÜMWECHSEL MÖGLICHST GLATT LÄUFT.
WO IST ÜBRIGENS STARLIGHT? MIT IHR WER-DEN SIE AUCH SPRECHEN WOLLEN.
KEINE AHNUNG.

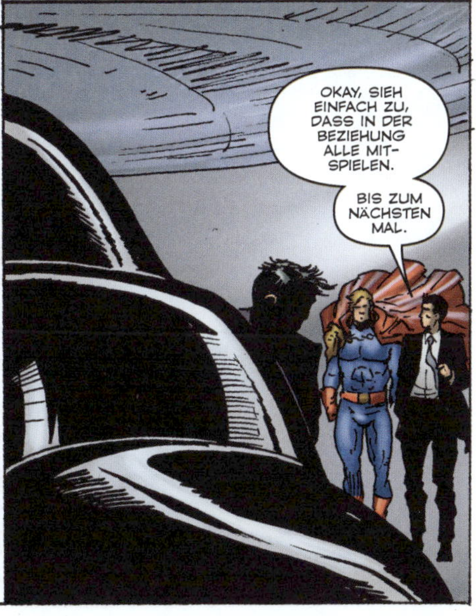
OKAY, SIEH EINFACH ZU, DASS IN DER BEZIEHUNG ALLE MIT-SPIELEN.
BIS ZUM NÄCHSTEN MAL.

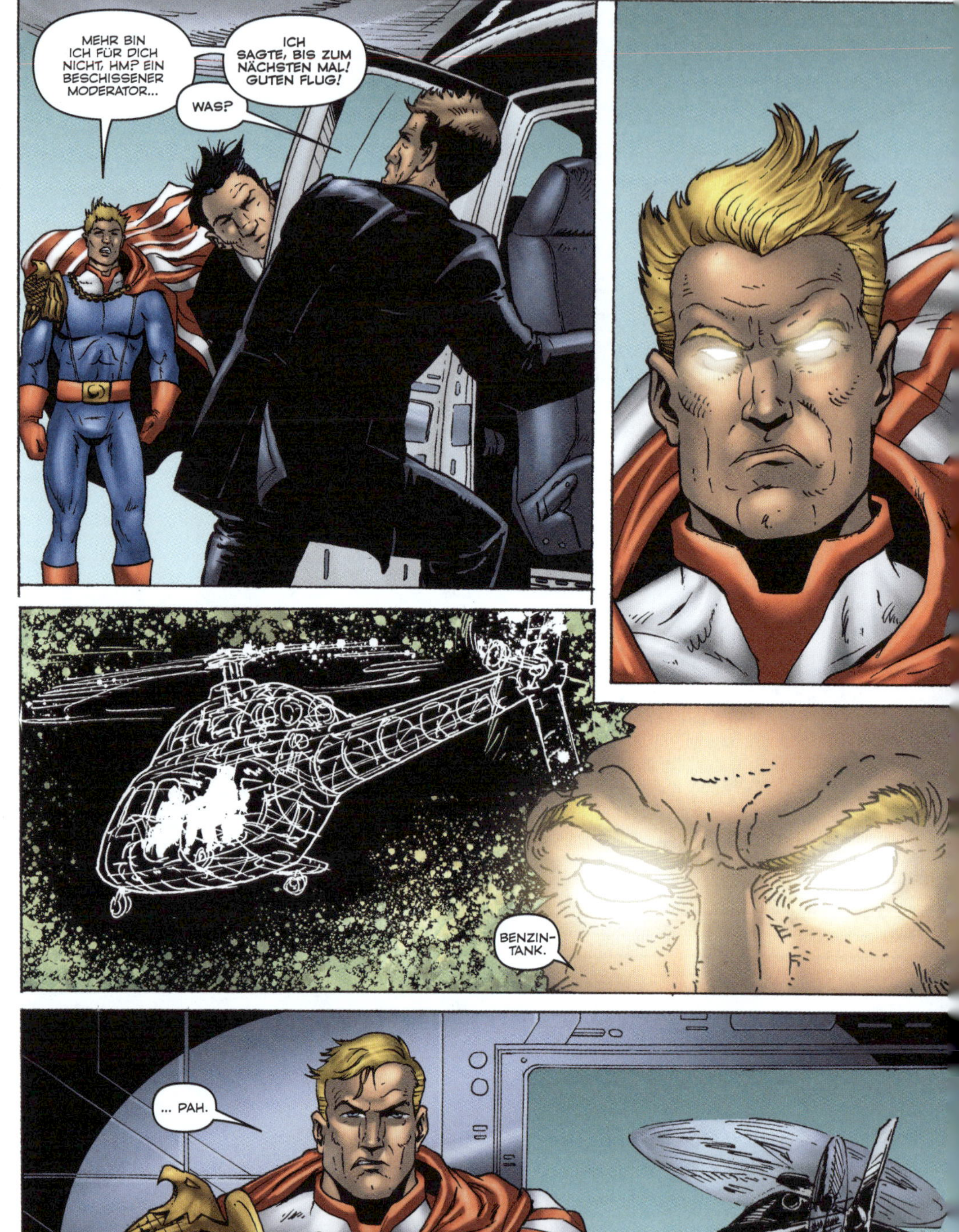
MEHR BIN ICH FÜR DICH NICHT, HM? EIN BESCHISSENER MODERATOR...
ICH SAGTE, BIS ZUM NÄCHSTEN MAL! GUTEN FLUG!
WAS?
BENZIN-TANK.
... PAH.

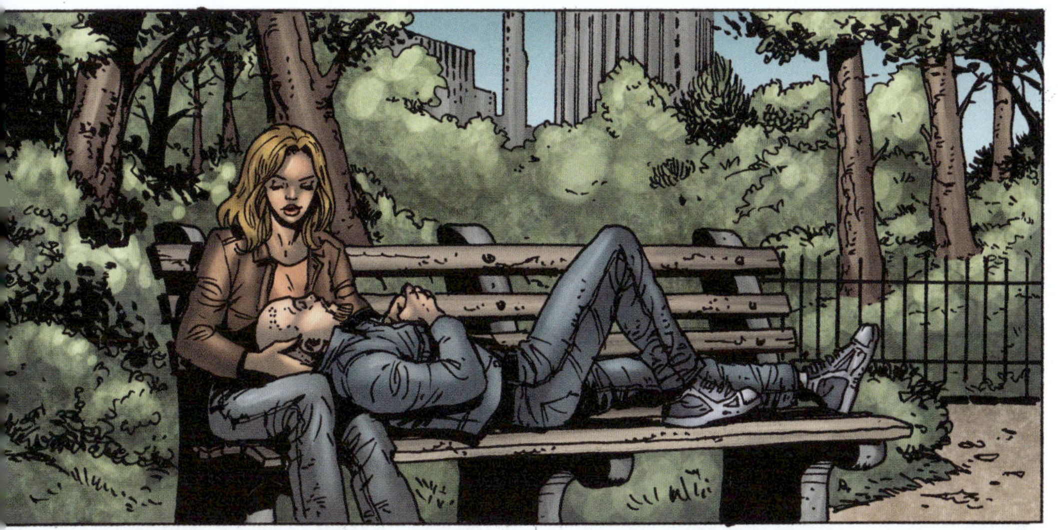

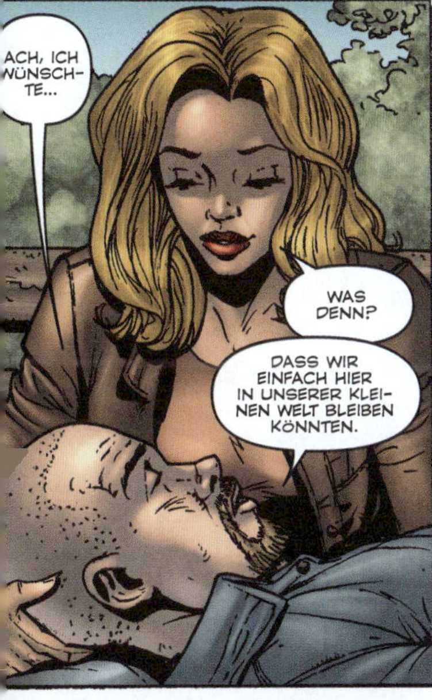

ACH, ICH WÜNSCHTE...
WAS DENN?
DASS WIR EINFACH HIER IN UNSERER KLEINEN WELT BLEIBEN KÖNNTEN.

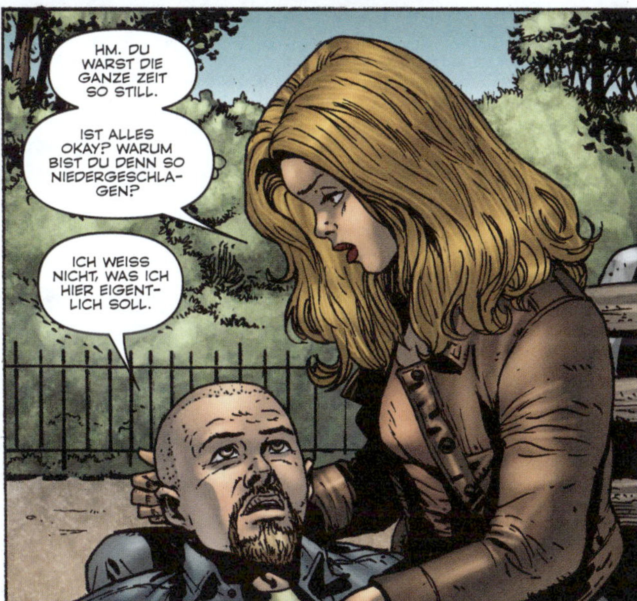

HM. DU WARST DIE GANZE ZEIT SO STILL.
IST ALLES OKAY? WARUM BIST DU DENN SO NIEDERGESCHLAGEN?
ICH WEISS NICHT, WAS ICH HIER EIGENTLICH SOLL.

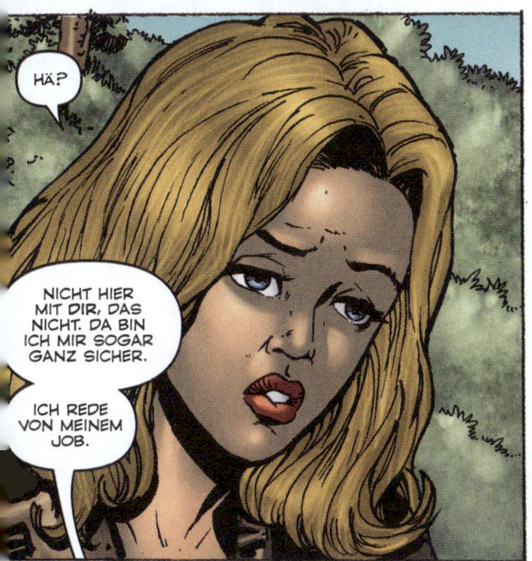

HÄ?
NICHT HIER MIT DIR, DAS NICHT. DA BIN ICH MIR SOGAR GANZ SICHER.
ICH REDE VON MEINEM JOB.

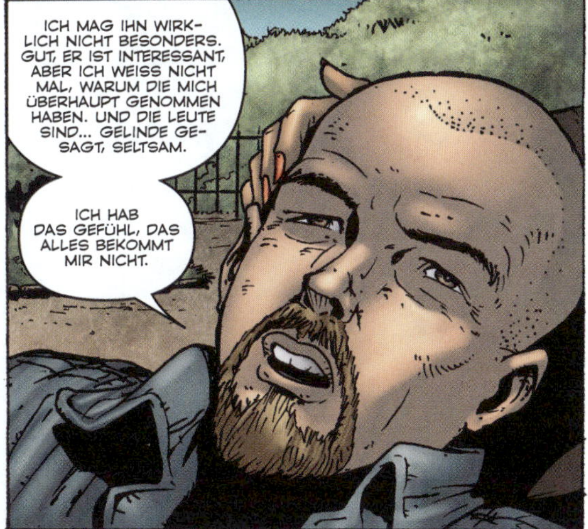

ICH MAG IHN WIRKLICH NICHT BESONDERS. GUT, ER IST INTERESSANT, ABER ICH WEISS NICHT MAL, WARUM DIE MICH ÜBERHAUPT GENOMMEN HABEN. UND DIE LEUTE SIND... GELINDE GESAGT, SELTSAM.
ICH HAB DAS GEFÜHL, DAS ALLES BEKOMMT MIR NICHT.

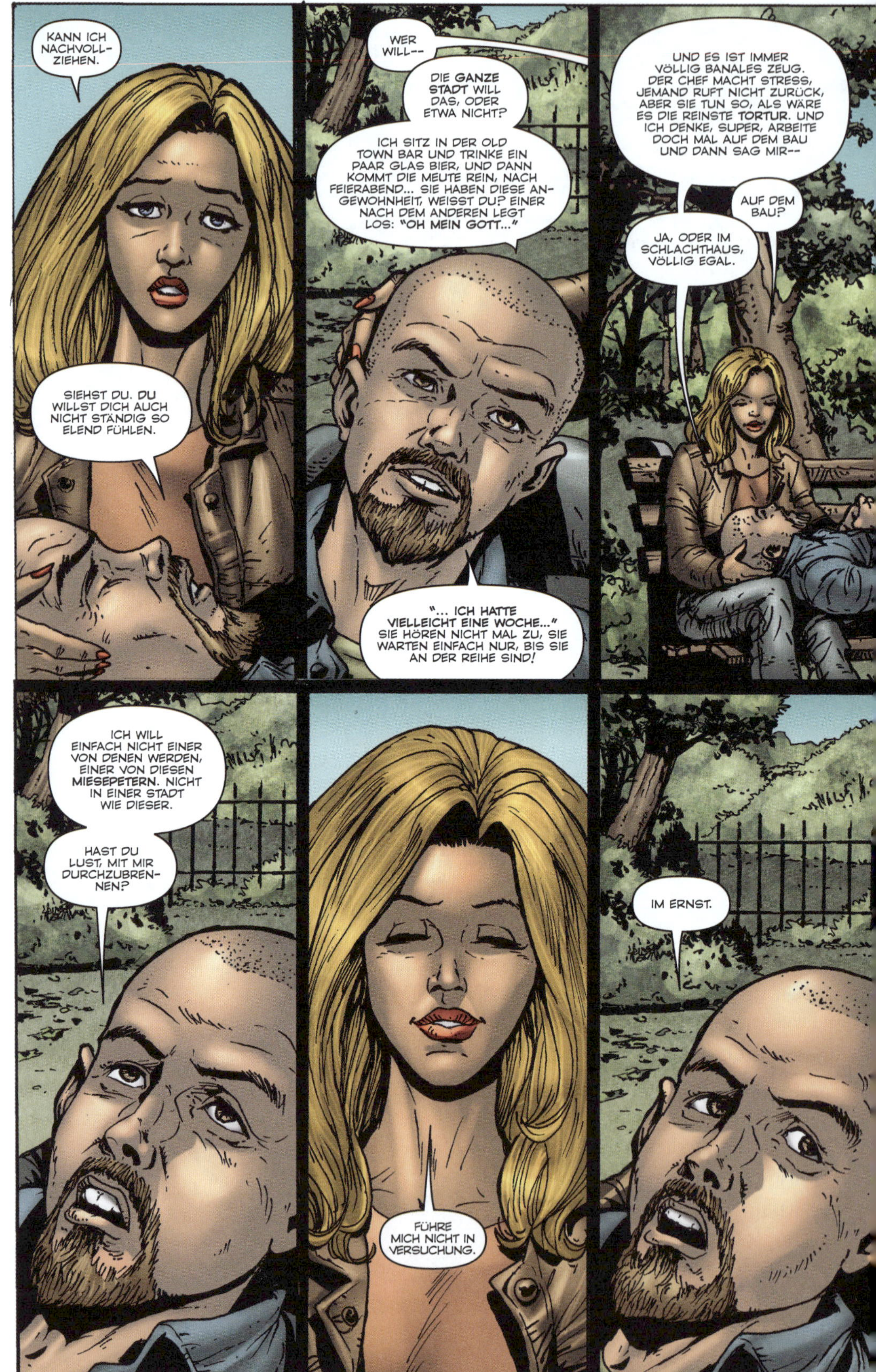
KANN ICH NACHVOLLZIEHEN.
SIEHST DU. DU WILLST DICH AUCH NICHT STÄNDIG SO ELEND FÜHLEN.
WER WILL--
DIE GANZE STADT WILL DAS, ODER ETWA NICHT?
ICH SITZ IN DER OLD TOWN BAR UND TRINKE EIN PAAR GLAS BIER, UND DANN KOMMT DIE MEUTE REIN, NACH FEIERABEND... SIE HABEN DIESE ANGEWOHNHEIT, WEISST DU? EINER NACH DEM ANDEREN LEGT LOS: "OH MEIN GOTT..."
"... ICH HATTE VIELLEICHT EINE WOCHE..." SIE HÖREN NICHT MAL ZU, SIE WARTEN EINFACH NUR, BIS SIE AN DER REIHE SIND!
UND ES IST IMMER VÖLLIG BANALES ZEUG. DER CHEF MACHT STRESS, JEMAND RUFT NICHT ZURÜCK, ABER SIE TUN SO, ALS WÄRE ES DIE REINSTE TORTUR. UND ICH DENKE, SUPER, ARBEITE DOCH MAL AUF DEM BAU UND DANN SAG MIR--
AUF DEM BAU?
JA, ODER IM SCHLACHTHAUS, VÖLLIG EGAL.
ICH WILL EINFACH NICHT EINER VON DENEN WERDEN, EINER VON DIESEN MIESEPETERN. NICHT IN EINER STADT WIE DIESER.
HAST DU LUST, MIT MIR DURCHZUBRENNEN?
FÜHRE MICH NICHT IN VERSUCHUNG.
IM ERNST.

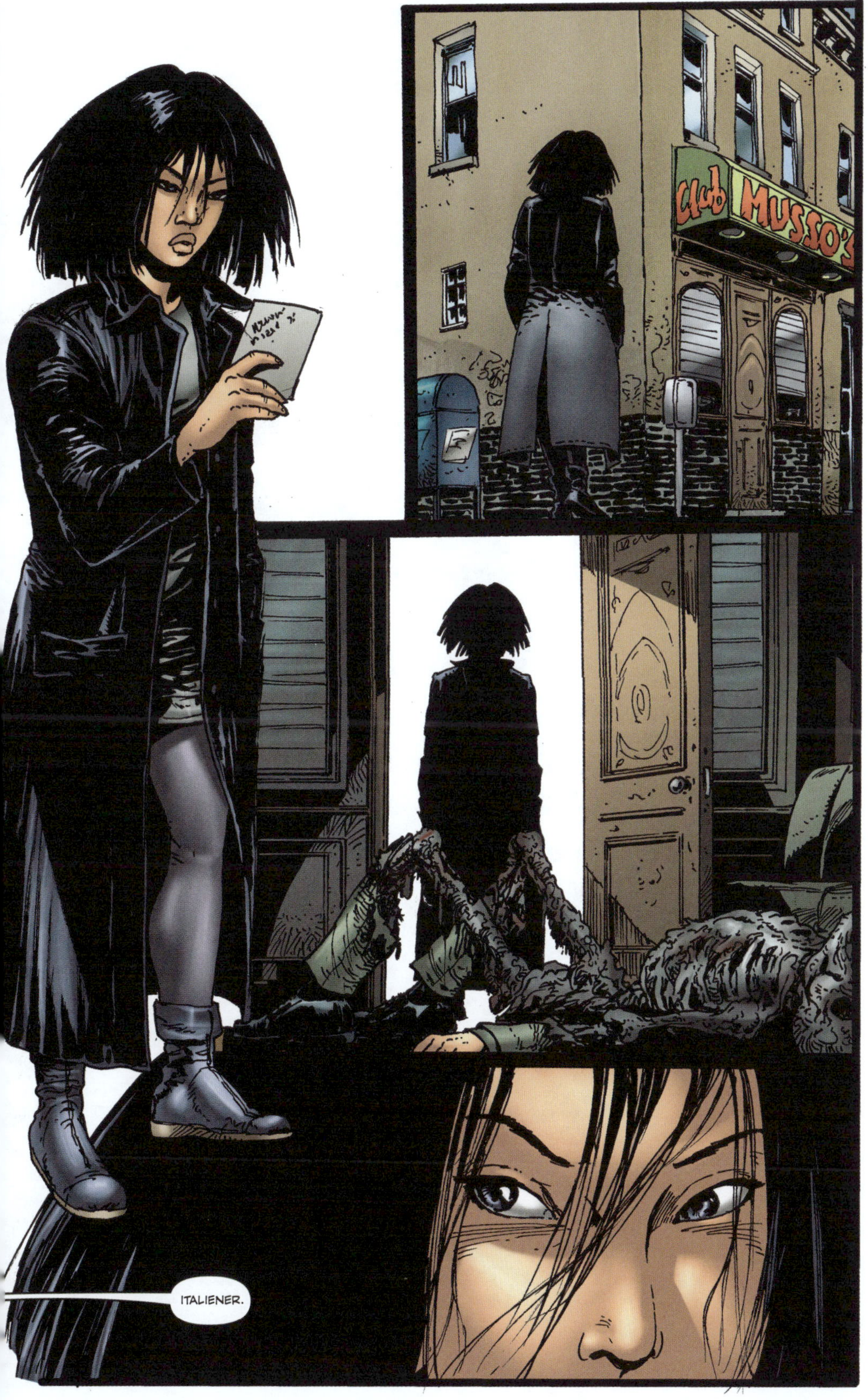
CLUB MUSSO'S
ITALIENER.

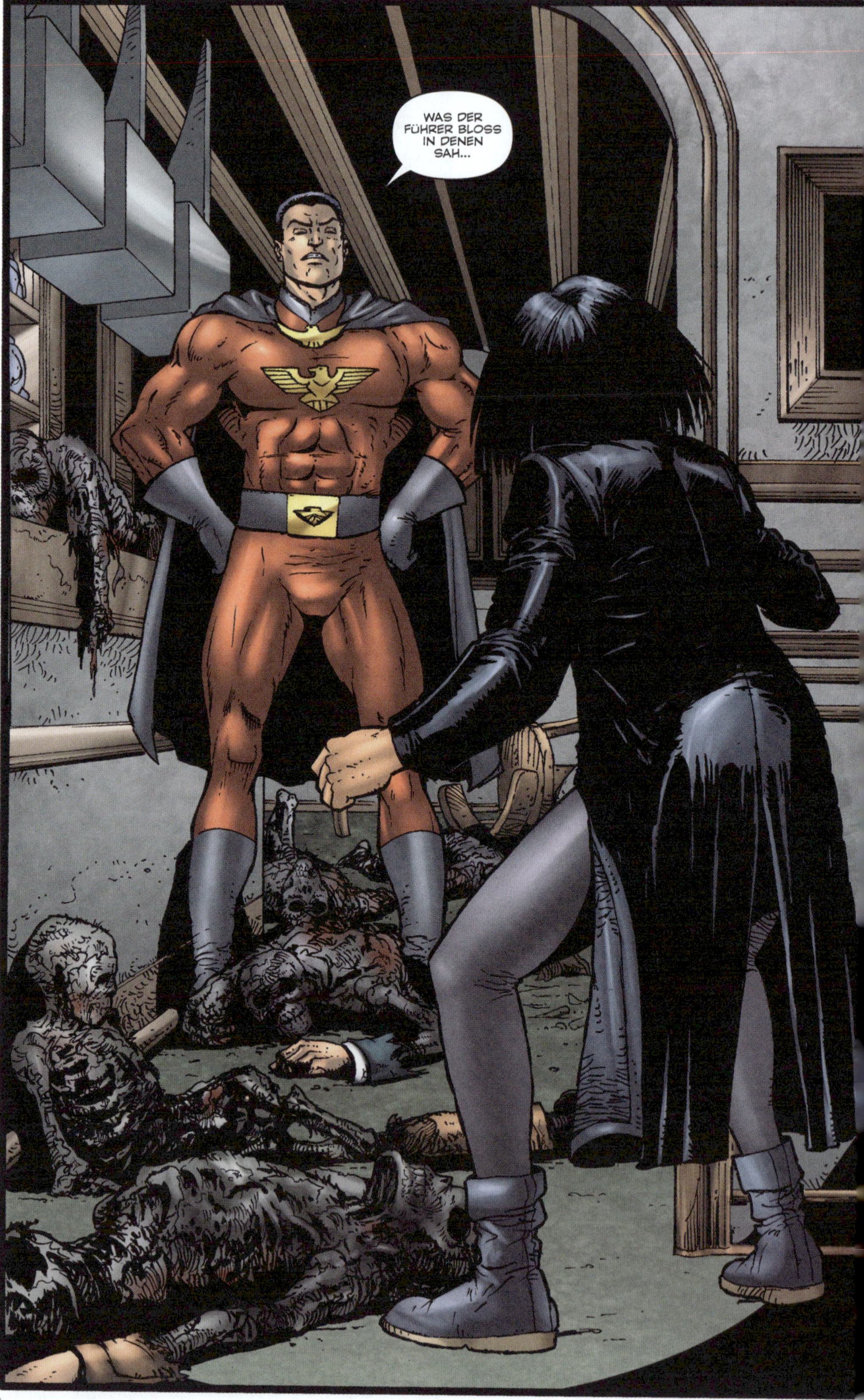
WAS DER FÜHRER BLOSS IN DENEN SAH...

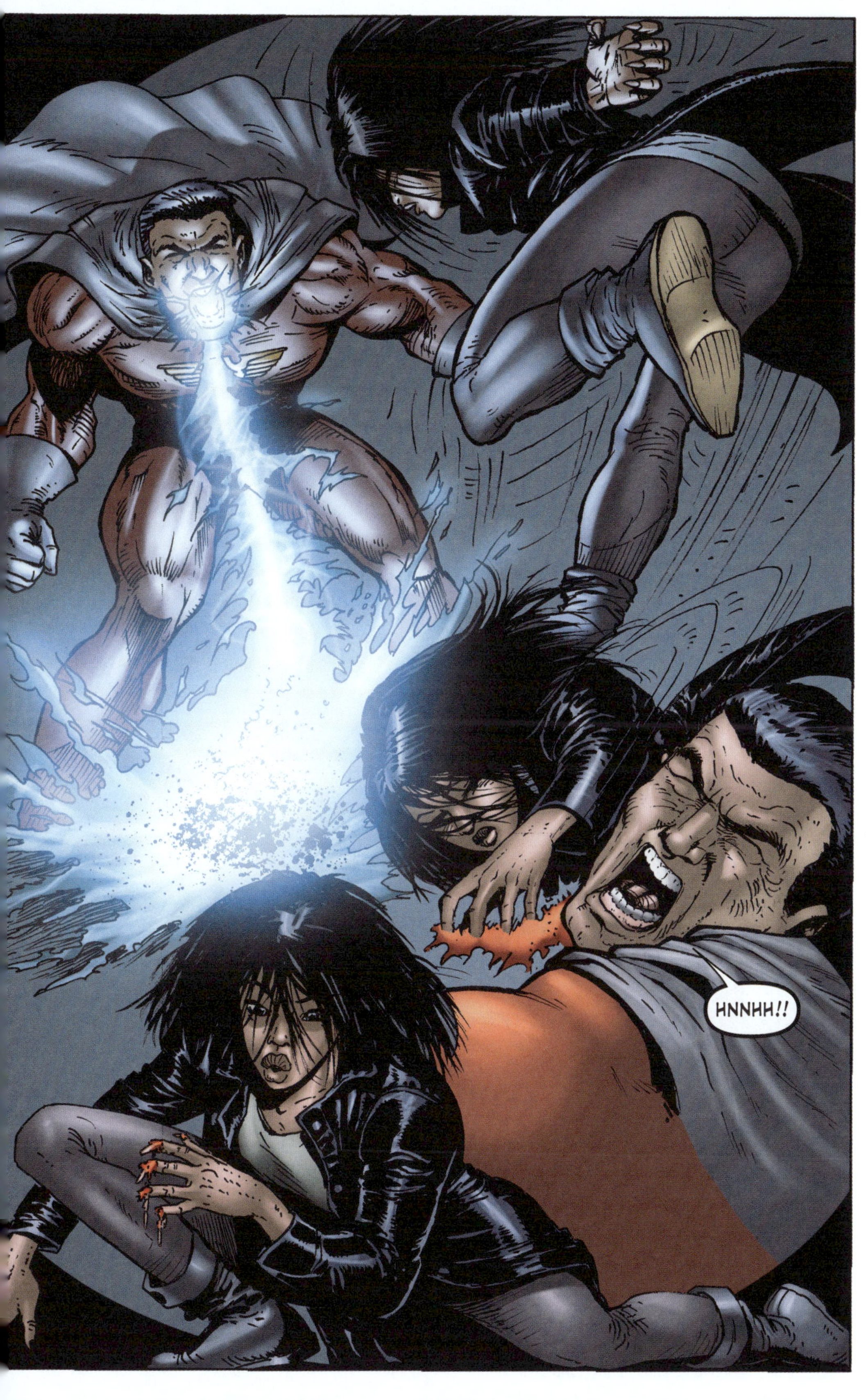
HNNHH!!

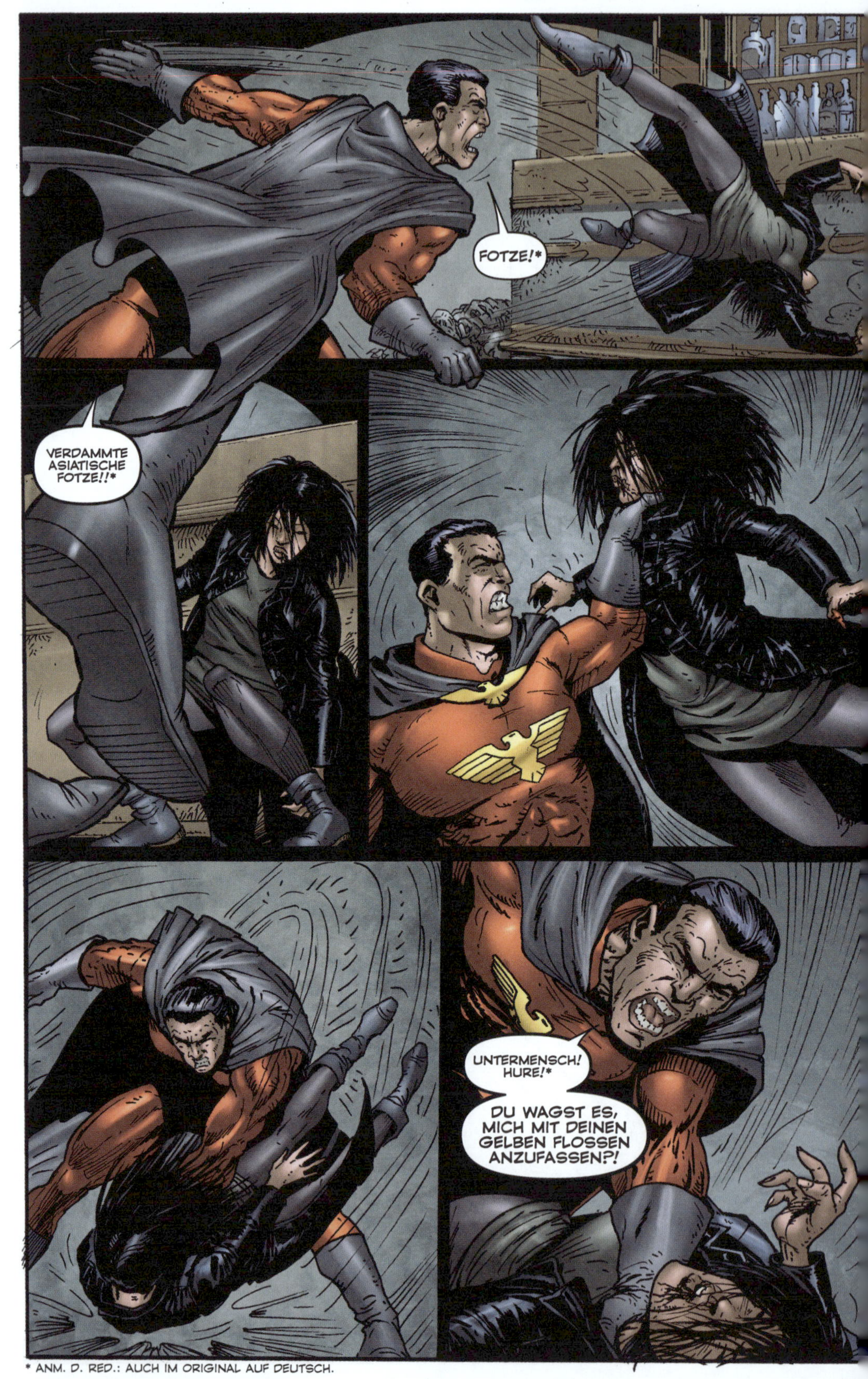

* ANM. D. RED.: AUCH IM ORIGINAL AUF DEUTSCH.

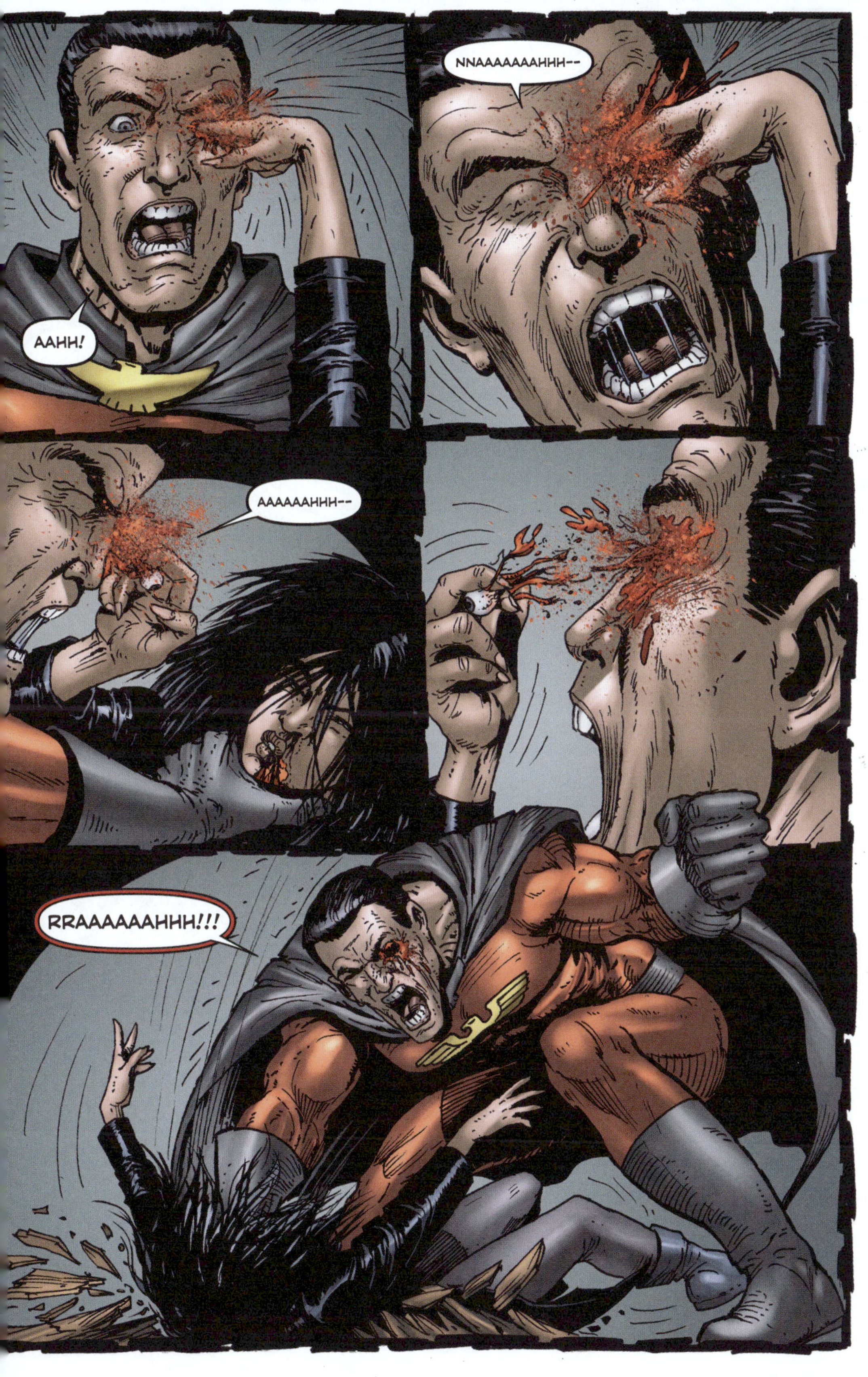
AAHH!
NNAAAAAAAAHH--
AAAAAAHHH--
RRAAAAAAAHH!!!

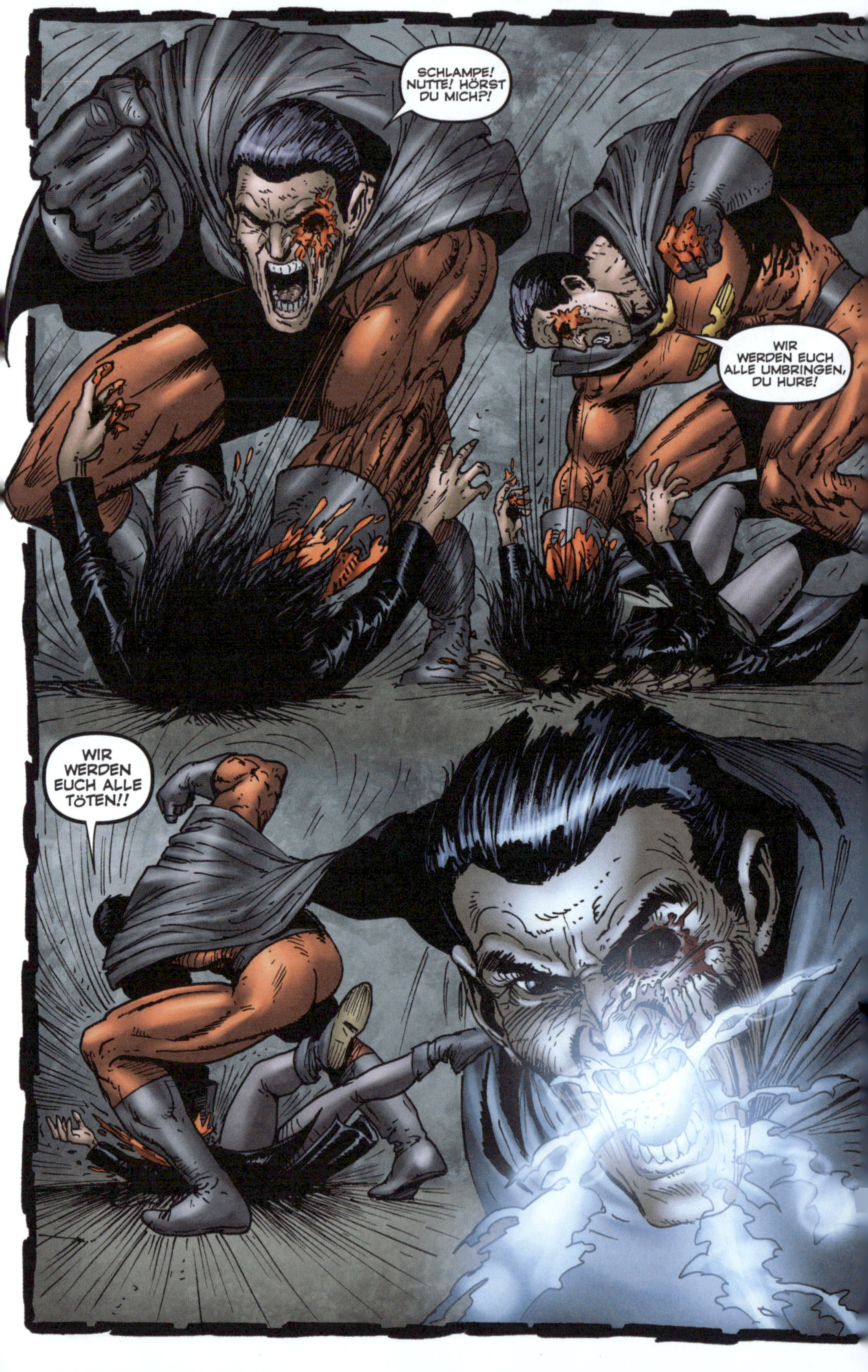
SCHLAMPE! NUTTE! HÖRST DU MICH?!
WIR WERDEN EUCH ALLE UMBRINGEN, DU HURE!
WIR WERDEN EUCH ALLE TÖTEN!!

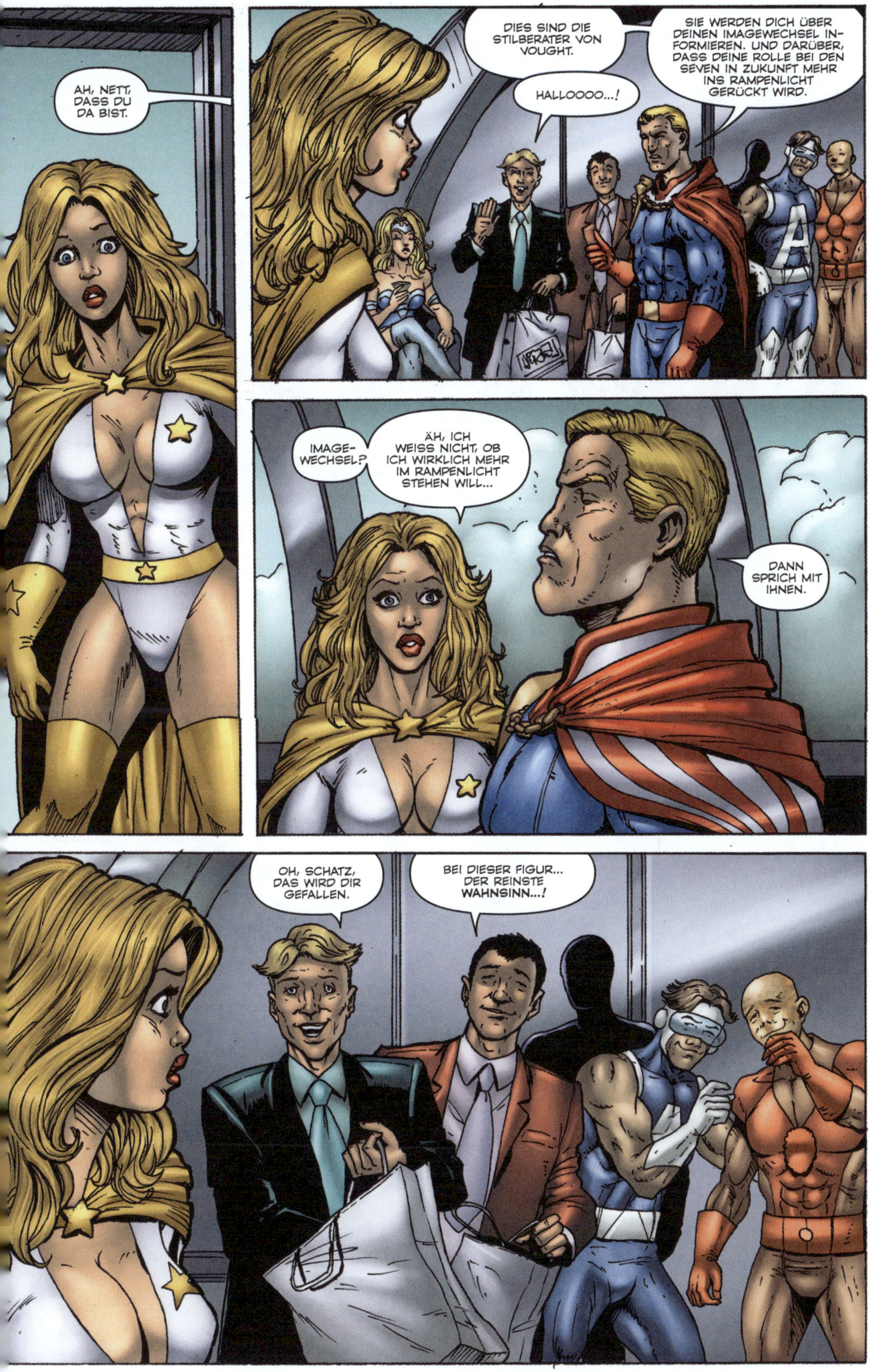

AH, NETT, DASS DU DA BIST.

DIES SIND DIE STILBERATER VON VOUGHT.

SIE WERDEN DICH ÜBER DEINEN IMAGEWECHSEL IN-FORMIEREN. UND DARÜBER, DASS DEINE ROLLE BEI DEN SEVEN IN ZUKUNFT MEHR INS RAMPENLICHT GERÜCKT WIRD.

HALLOOOO...!

IMAGE-WECHSEL?

ÄH, ICH WEISS NICHT, OB ICH WIRKLICH MEHR IM RAMPENLICHT STEHEN WILL...

DANN SPRICH MIT IHNEN.

OH, SCHATZ, DAS WIRD DIR GEFALLEN.

BEI DIESER FIGUR... DER REINSTE **WAHNSINN...!**

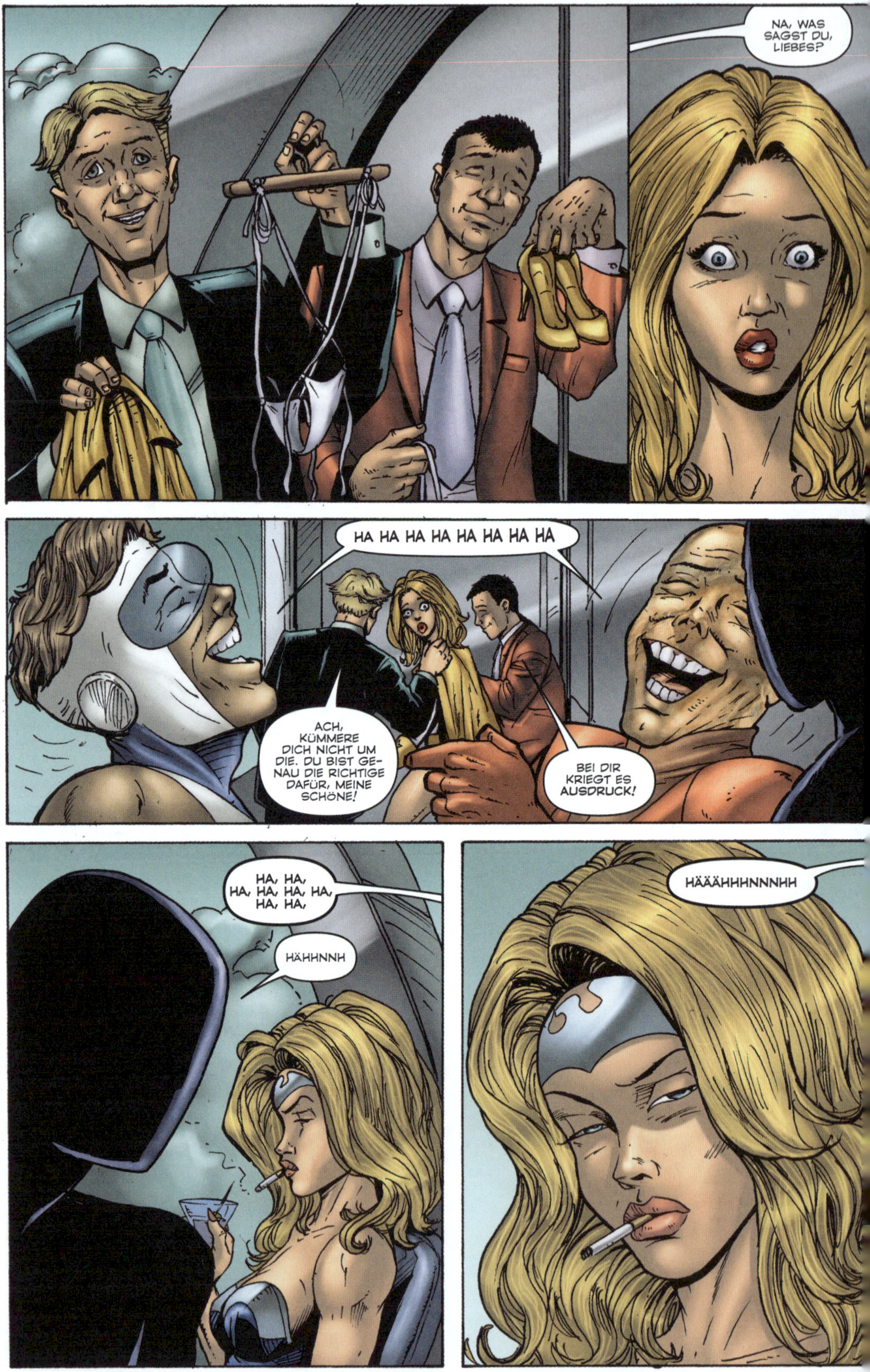

NA, WAS SAGST DU, LIEBES?

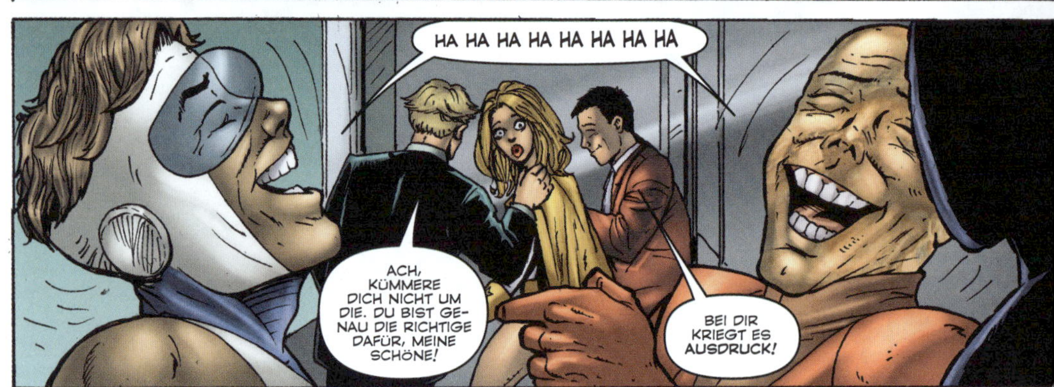

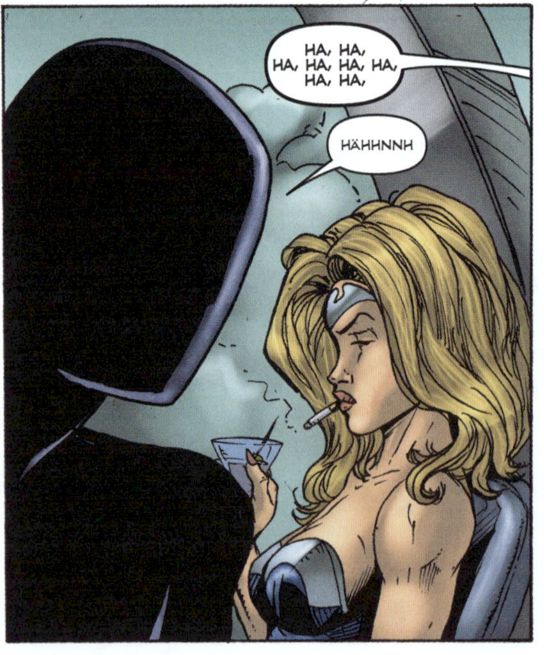

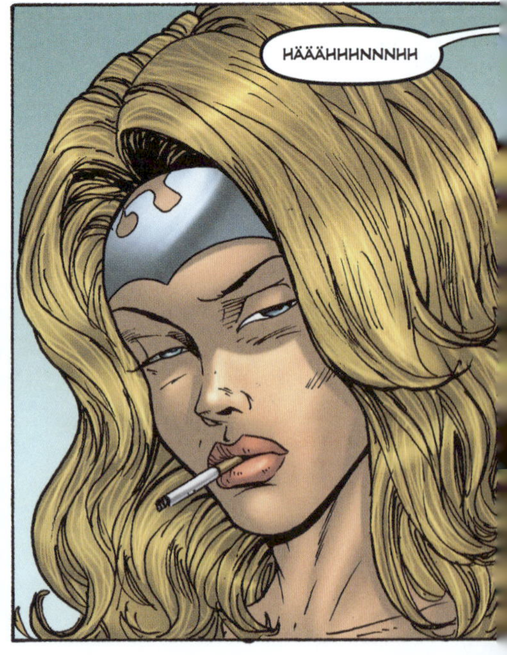

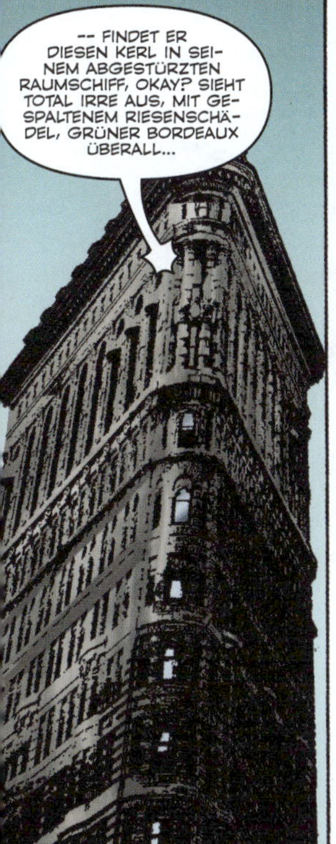
-- FINDET ER DIESEN KERL IN SEINEM ABGESTÜRZTEN RAUMSCHIFF, OKAY? SIEHT TOTAL IRRE AUS, MIT GESPALTENEM RIESENSCHÄDEL, GRÜNER BORDEAUX ÜBERALL...

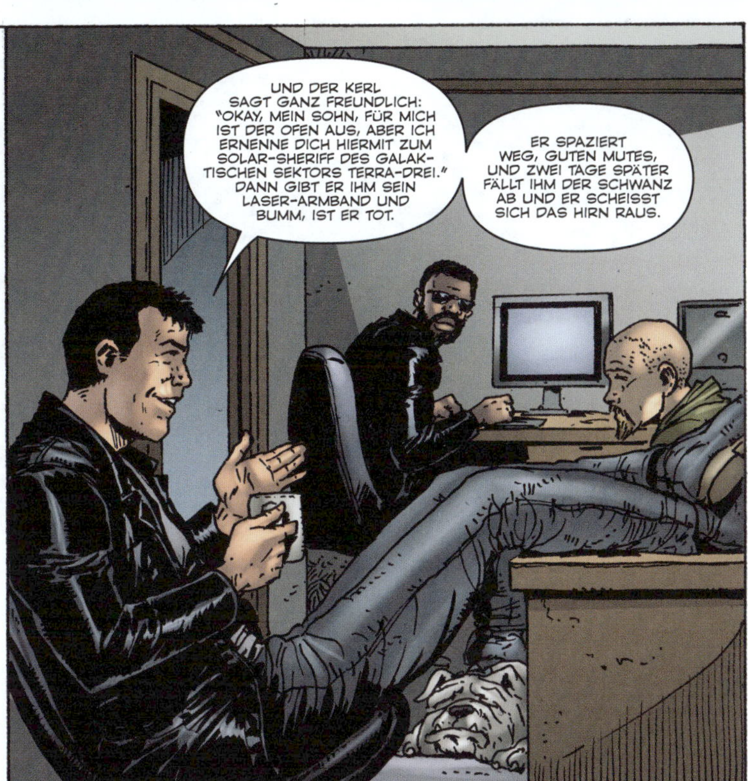
UND DER KERL SAGT GANZ FREUNDLICH: "OKAY, MEIN SOHN, FÜR MICH IST DER OFEN AUS, ABER ICH ERNENNE DICH HIERMIT ZUM SOLAR-SHERIFF DES GALAKTISCHEN SEKTORS TERRA-DREI." DANN GIBT ER IHM SEIN LASER-ARMBAND UND BUMM, IST ER TOT.
ER SPAZIERT WEG, GUTEN MUTES, UND ZWEI TAGE SPÄTER FÄLLT IHM DER SCHWANZ AB UND ER SCHEISST SICH DAS HIRN RAUS.

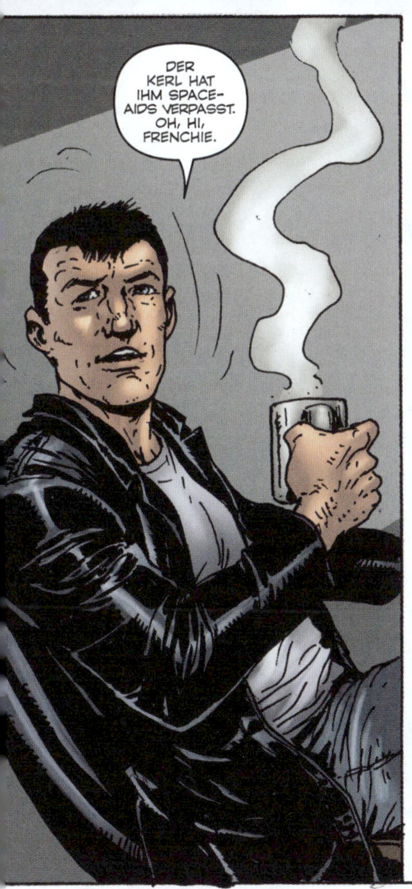
DER KERL HAT IHM SPACE-AIDS VERPASST. OH, HI, FRENCHIE.

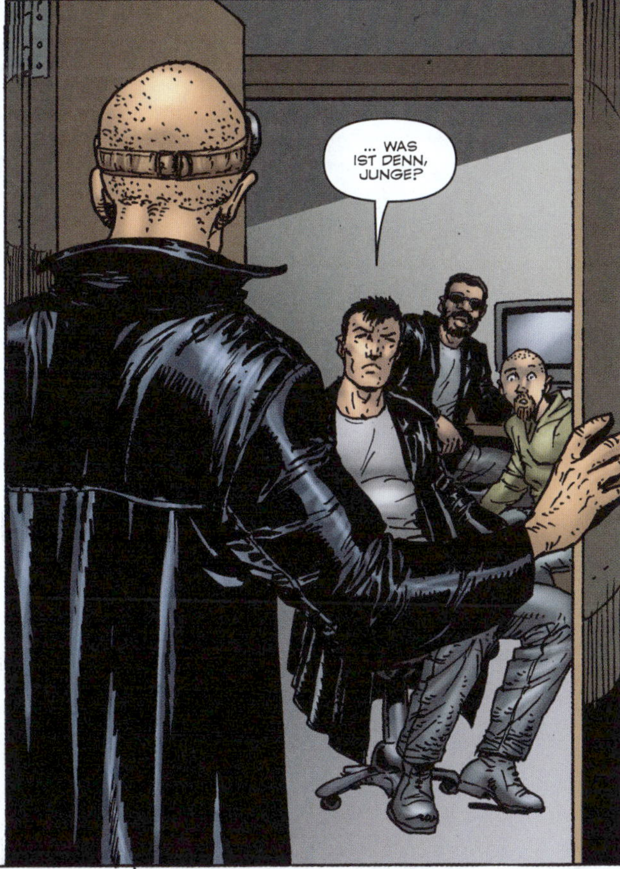
... WAS IST DENN, JUNGE?

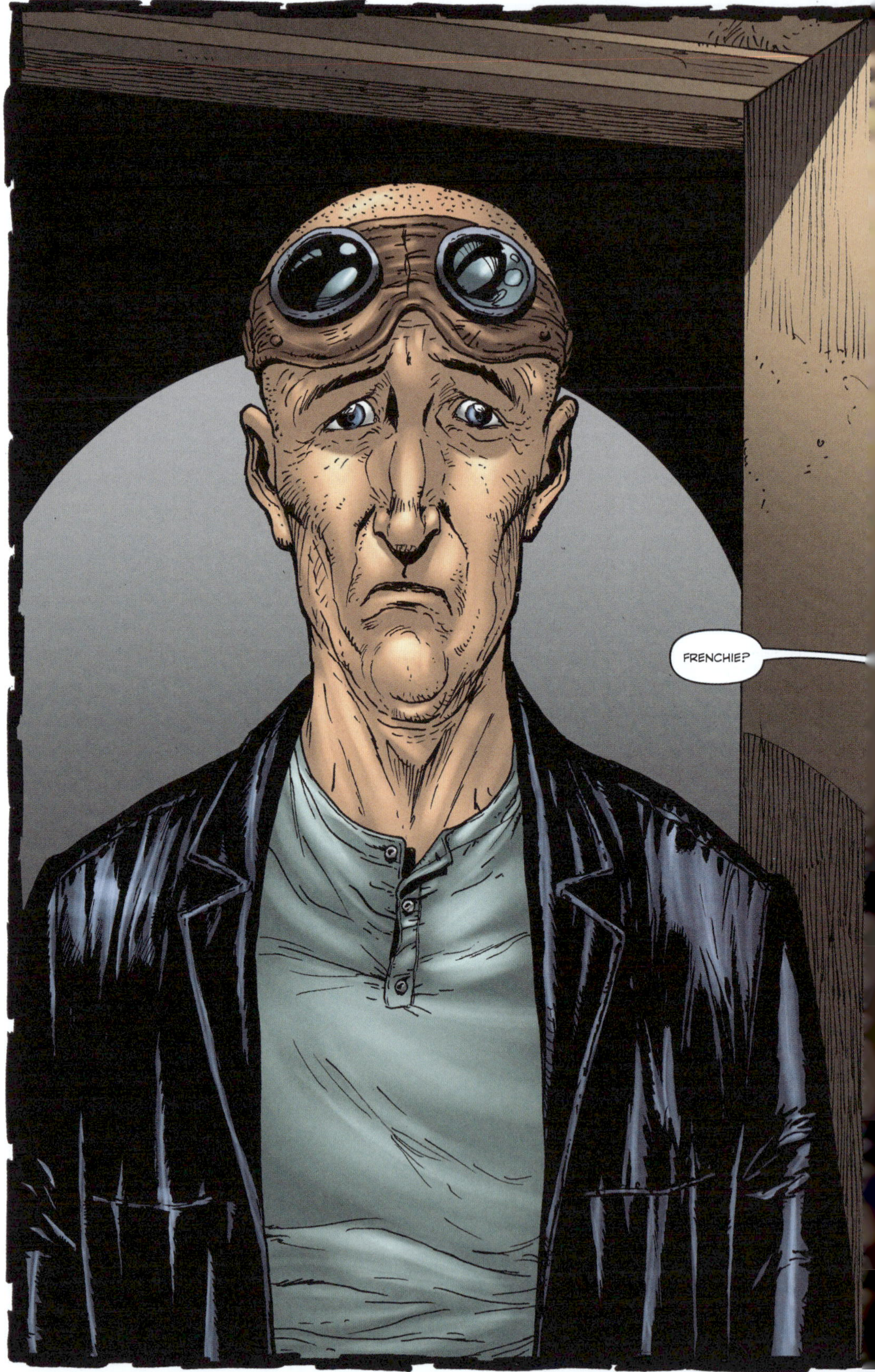
FRENCHIE?

DIE SELBSTERHALTUNGSLIGA, 2. TEIL

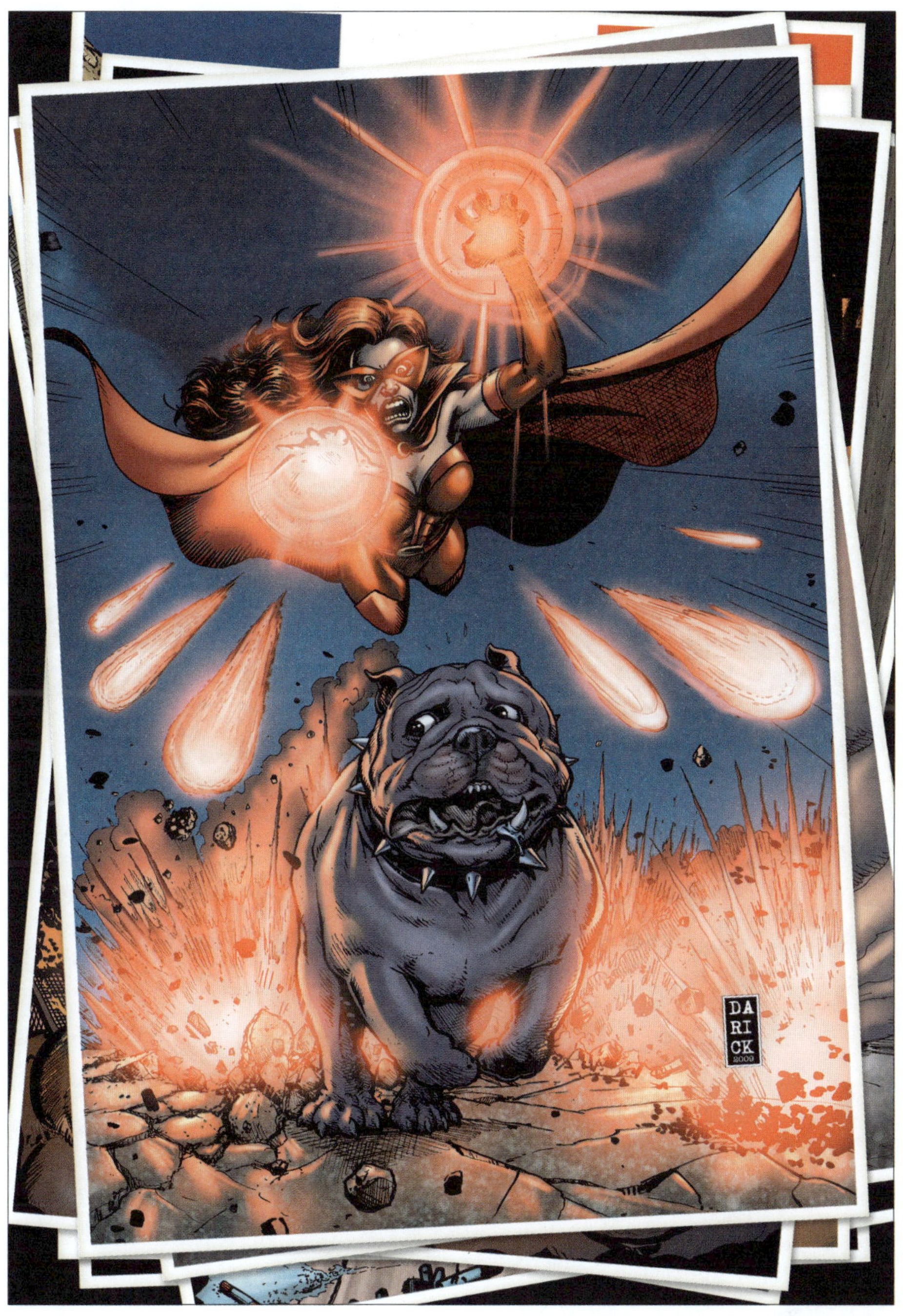

The Boys (2006) 32
Cover von **DARICK ROBERTSON**

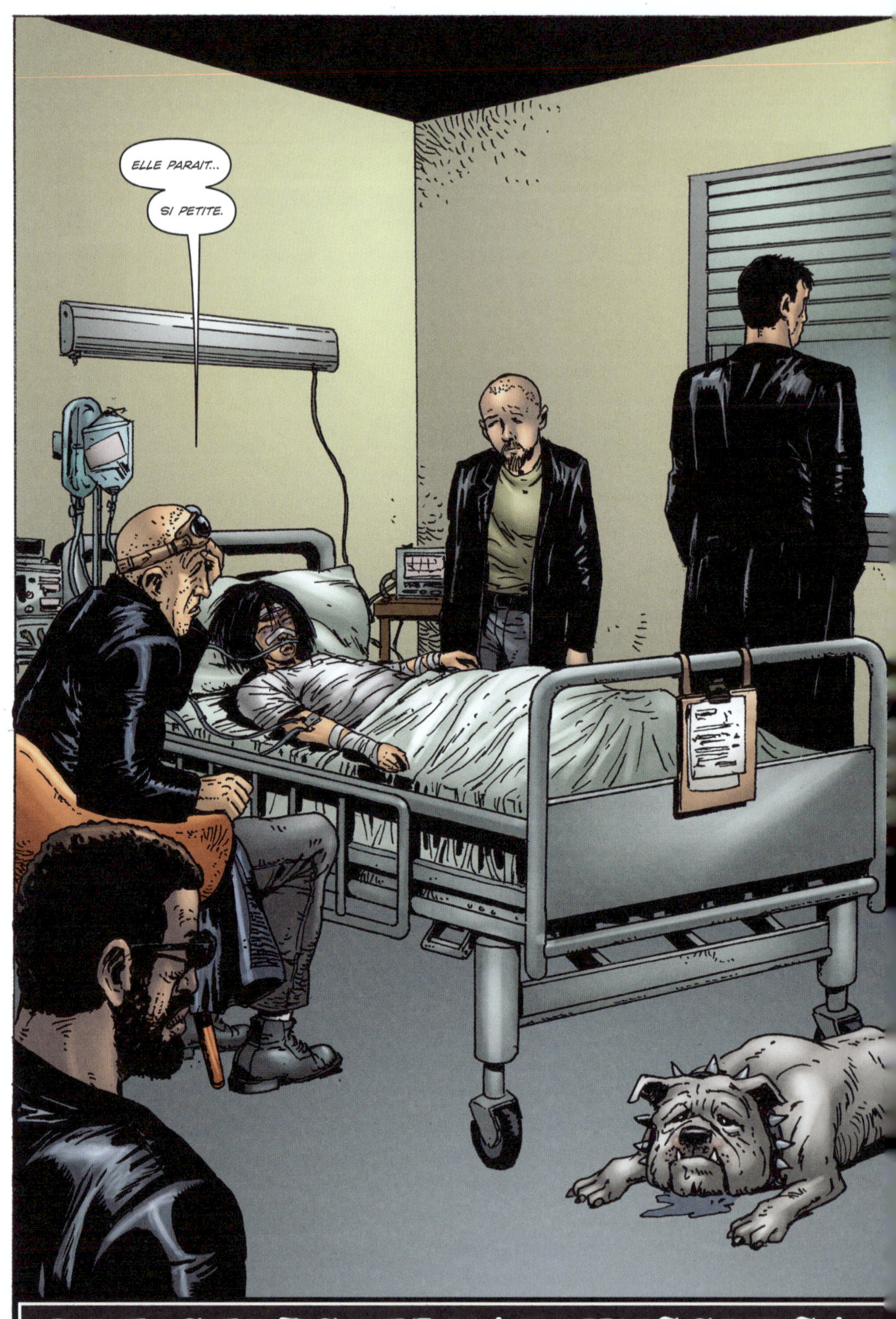

DIE SELBSTERHALTUNGSLIGA
2. Teil

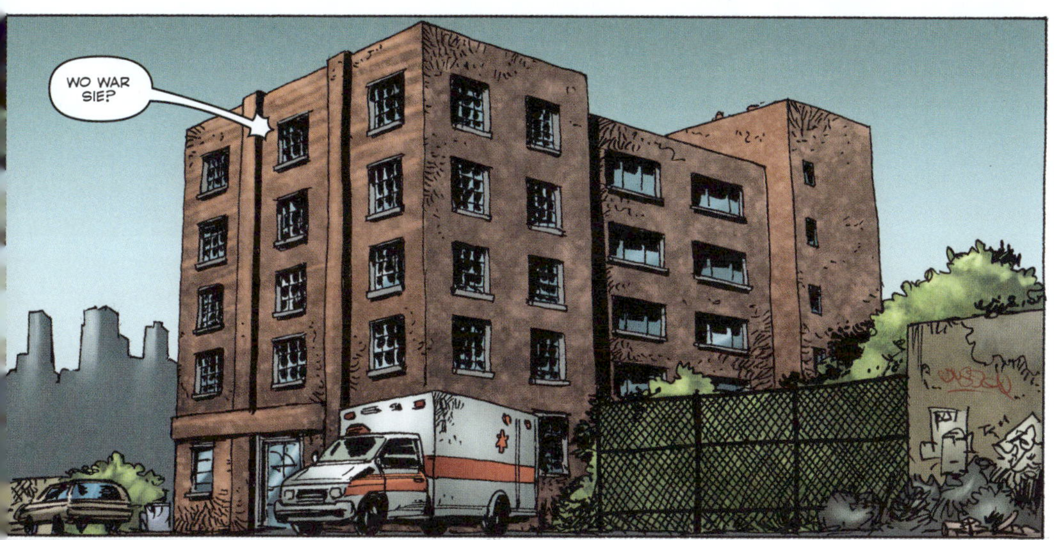
WO WAR SIE?

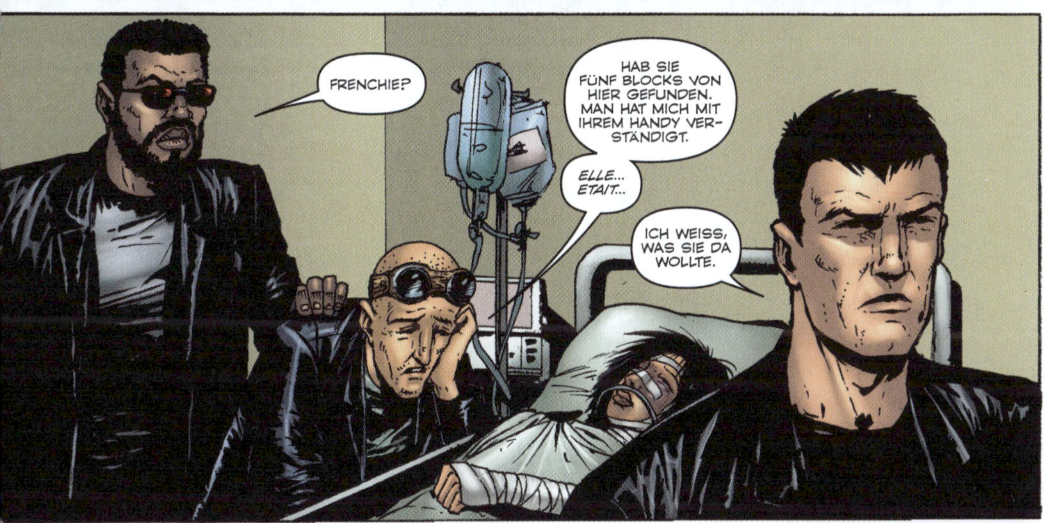
FRENCHIE?
HAB SIE FÜNF BLOCKS VON HIER GEFUNDEN. MAN HAT MICH MIT IHREM HANDY VERSTÄNDIGT.
ELLE... ETAIT...
ICH WEISS, WAS SIE DA WOLLTE.

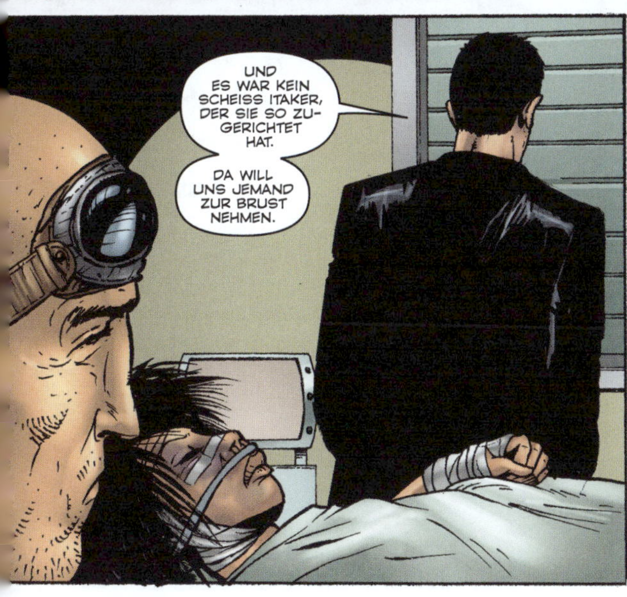
UND ES WAR KEIN SCHEISS ITAKER, DER SIE SO ZUGERICHTET HAT.
DA WILL UNS JEMAND ZUR BRUST NEHMEN.

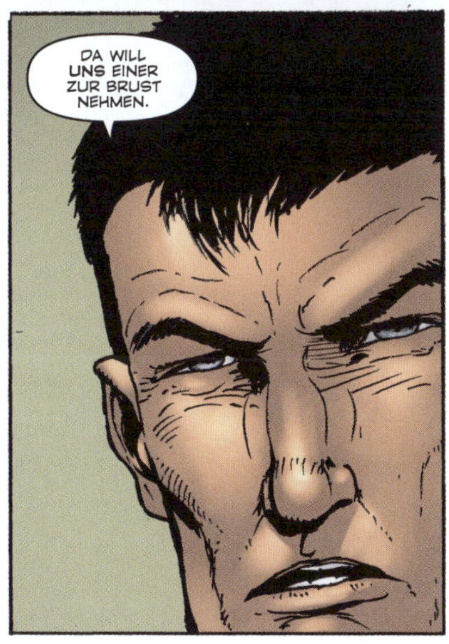
DA WILL **UNS** EINER ZUR BRUST NEHMEN.

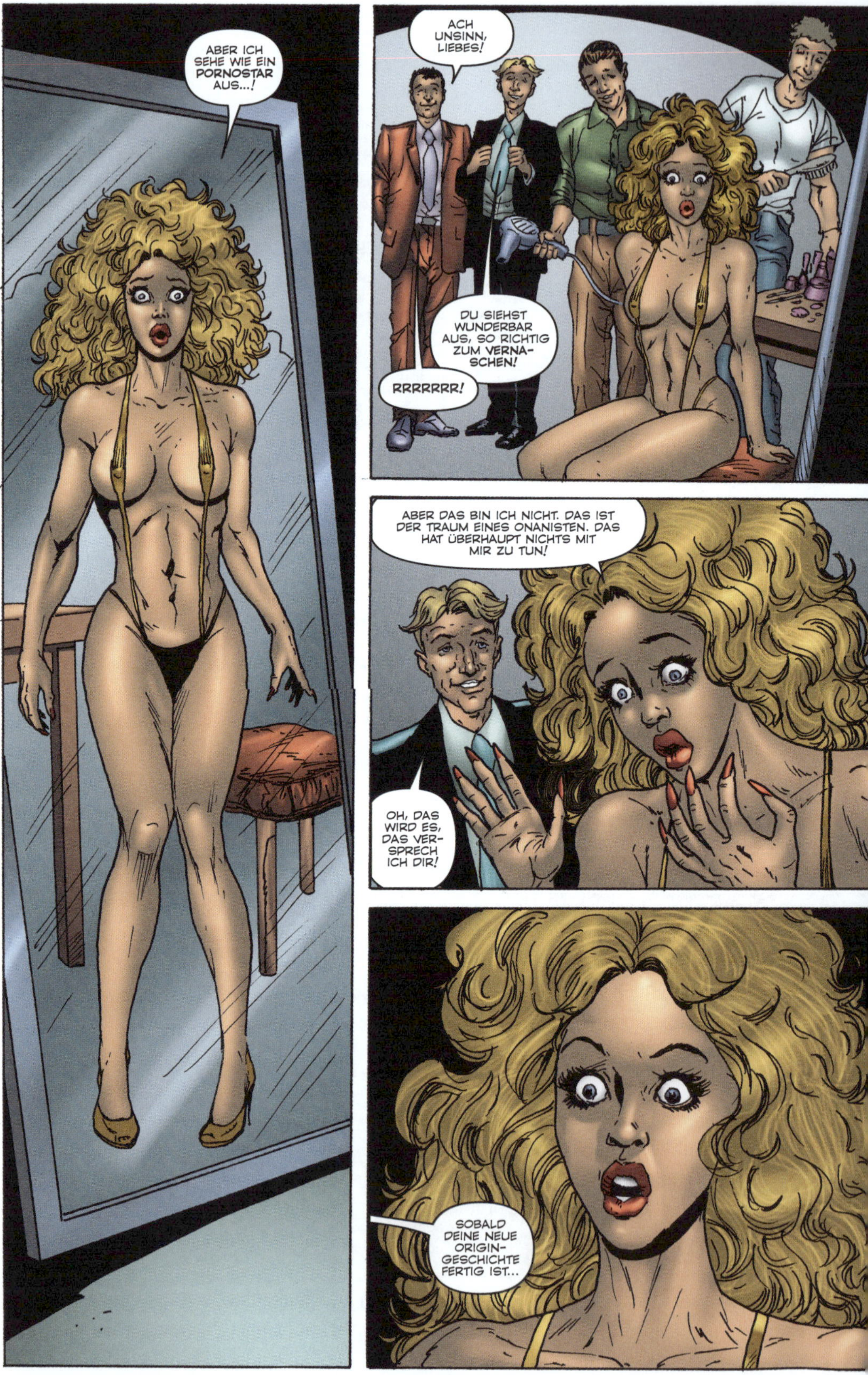

ABER ICH SEHE WIE EIN PORNOSTAR AUS...!

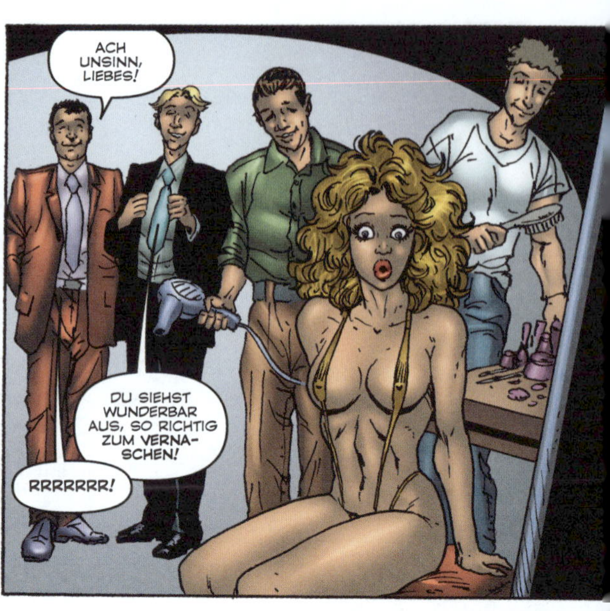

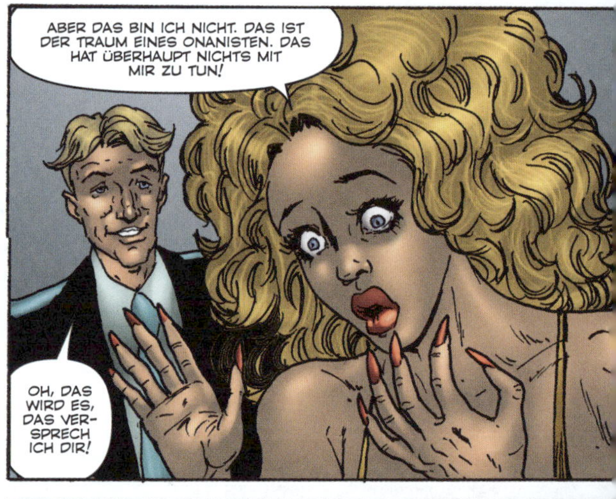

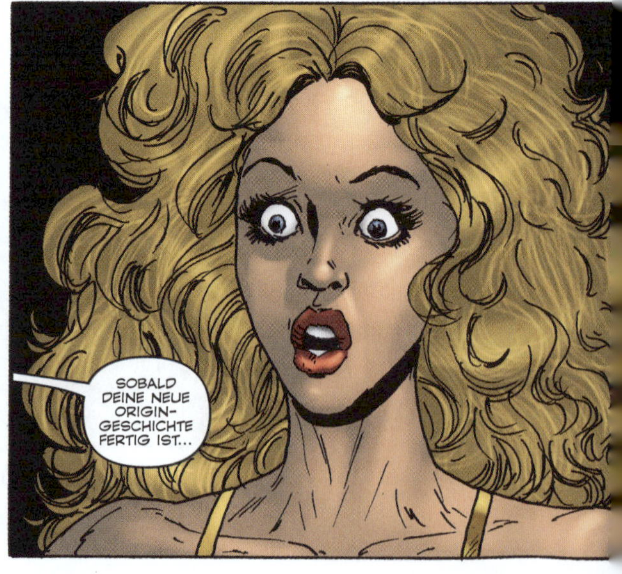

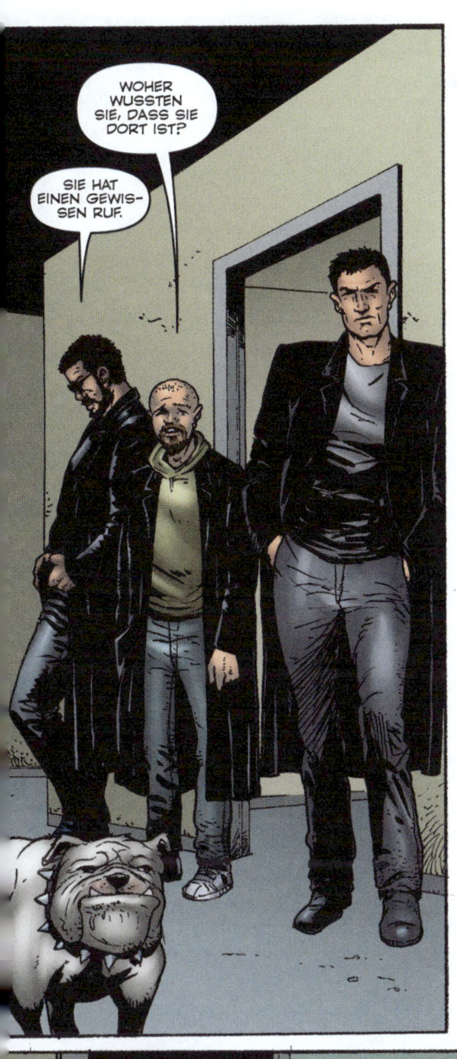
WOHER WUSSTEN SIE, DASS SIE DORT IST?
SIE HAT EINEN GEWISSEN RUF.

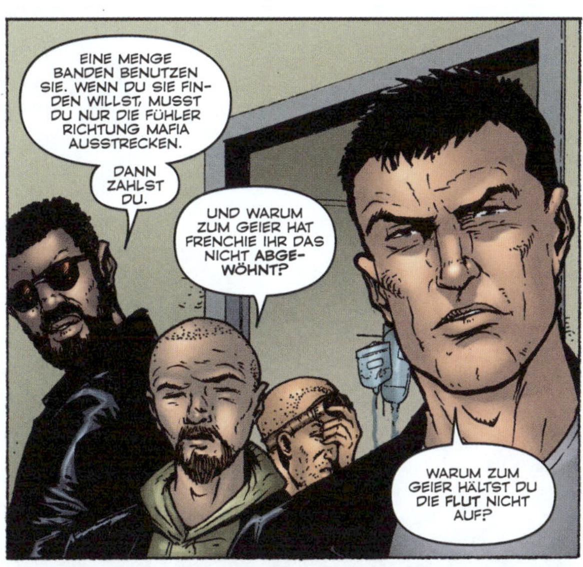
EINE MENGE BANDEN BENUTZEN SIE. WENN DU SIE FINDEN WILLST, MUSST DU NUR DIE FÜHLER RICHTUNG MAFIA AUSSTRECKEN.
DANN ZAHLST DU.
UND WARUM ZUM GEIER HAT FRENCHIE IHR DAS NICHT ABGEWÖHNT?
WARUM ZUM GEIER HÄLTST DU DIE FLUT NICHT AUF?

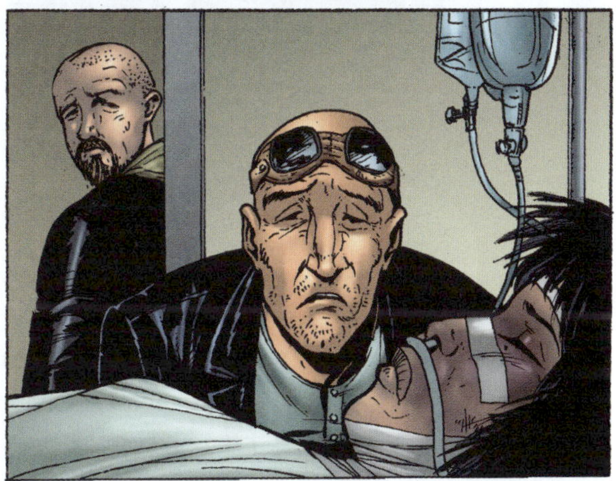

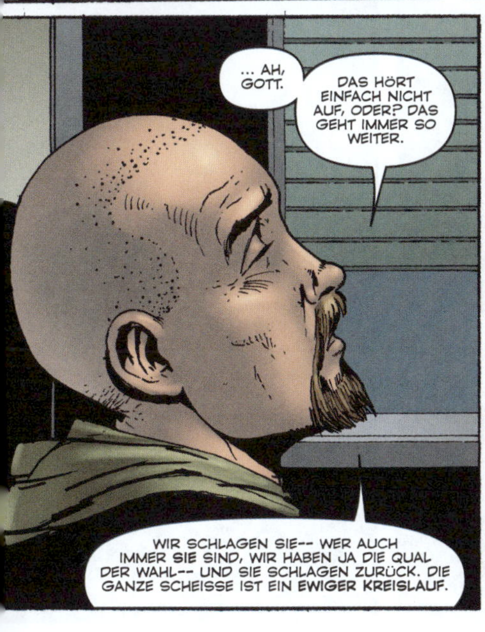
... AH, GOTT.
DAS HÖRT EINFACH NICHT AUF, ODER? DAS GEHT IMMER SO WEITER.
WIR SCHLAGEN SIE-- WER AUCH IMMER SIE SIND, WIR HABEN JA DIE QUAL DER WAHL-- UND SIE SCHLAGEN ZURÜCK. DIE GANZE SCHEISSE IST EIN EWIGER KREISLAUF.

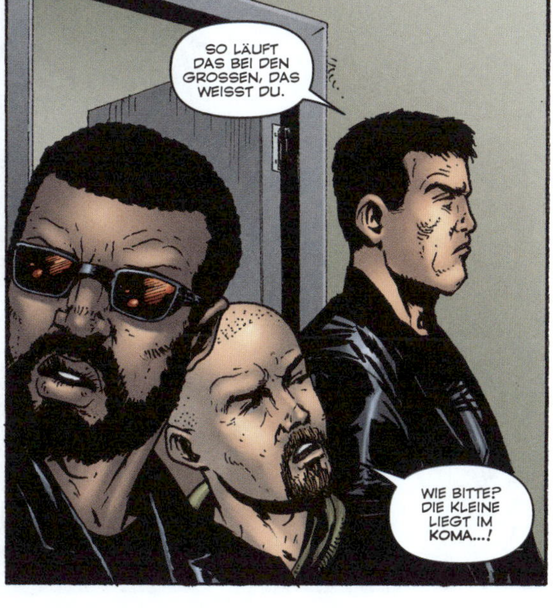
SO LÄUFT DAS BEI DEN GROSSEN, DAS WEISST DU.
WIE BITTE? DIE KLEINE LIEGT IM KOMA...!

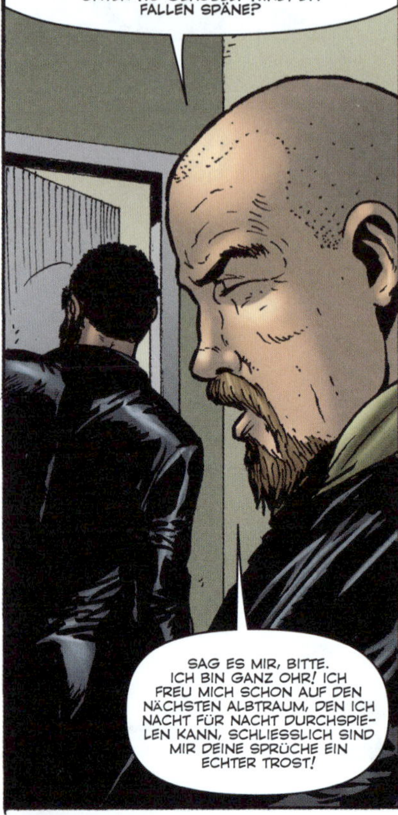
WAS WIRD DENN NOCH MIT SO EINEM BESCHISSENEN SPRUCH ABGESCHRIEBEN? HUNDERT MENSCHEN, DIE NIEDERGESCHOSSEN UND LEBENDIG VERBRANNT WERDEN? UND DIE JUNGS VON G-WIZ, FÄLLT DAS VIELLEICHT UNTER WO GEHOBELT WIRD, DA FALLEN SPÄNE?
SAG ES MIR, BITTE. ICH BIN GANZ OHR! ICH FREU MICH SCHON AUF DEN NÄCHSTEN ALBTRAUM, DEN ICH NACHT FÜR NACHT DURCHSPIELEN KANN, SCHLIESSLICH SIND MIR DEINE SPRÜCHE EIN ECHTER TROST!

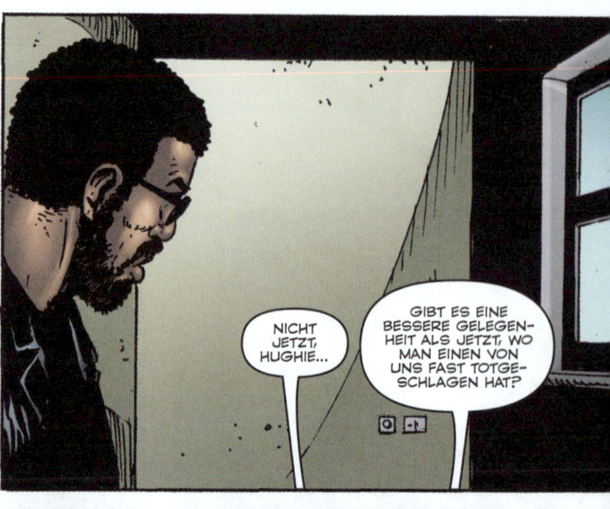
NICHT JETZT, HUGHIE...
GIBT ES EINE BESSERE GELEGENHEIT ALS JETZT, WO MAN EINEN VON UNS FAST TOTGESCHLAGEN HAT?

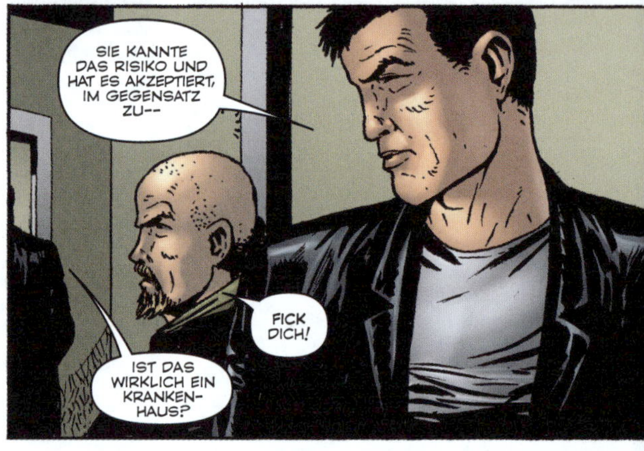
SIE KANNTE DAS RISIKO UND HAT ES AKZEPTIERT, IM GEGENSATZ ZU--
FICK DICH!
IST DAS WIRKLICH EIN KRANKENHAUS?

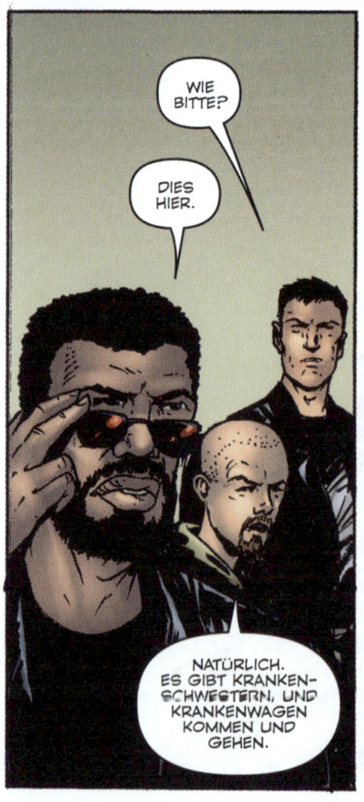
WIE BITTE?
DIES HIER.
NATÜRLICH. ES GIBT KRANKENSCHWESTERN, UND KRANKENWAGEN KOMMEN UND GEHEN.

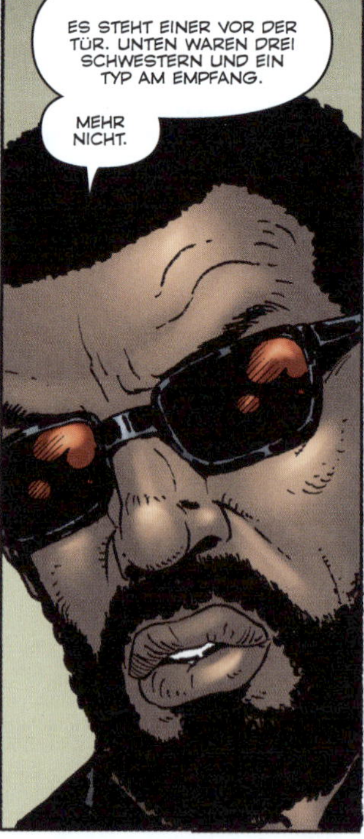
ES STEHT EINER VOR DER TÜR. UNTEN WAREN DREI SCHWESTERN UND EIN TYP AM EMPFANG.
MEHR NICHT.

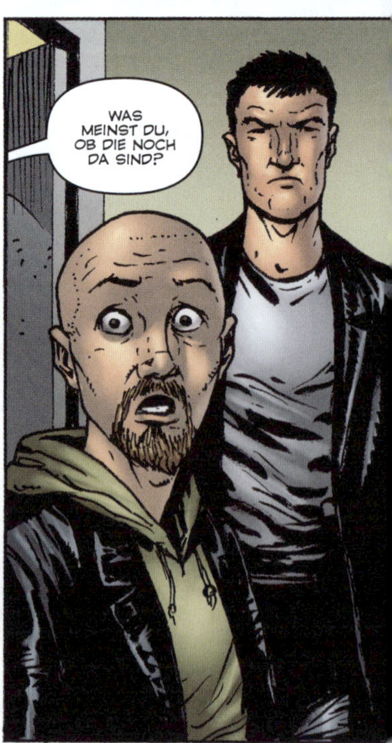
WAS MEINST DU, OB DIE NOCH DA SIND?

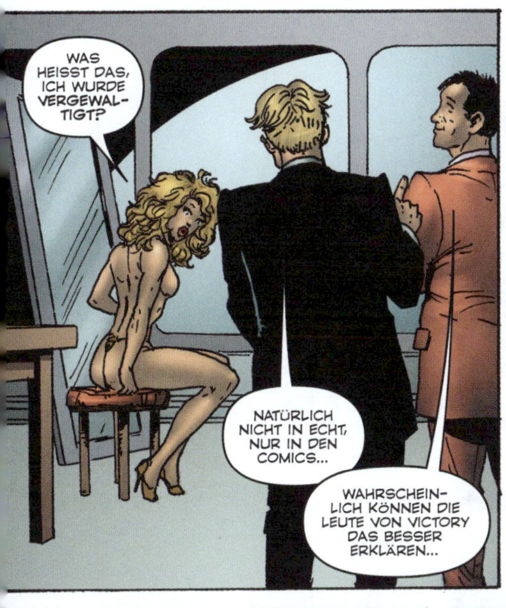
WAS HEISST DAS, ICH WURDE VERGEWALTIGT?
NATÜRLICH NICHT IN ECHT, NUR IN DEN COMICS...
WAHRSCHEINLICH KÖNNEN DIE LEUTE VON VICTORY DAS BESSER ERKLÄREN...

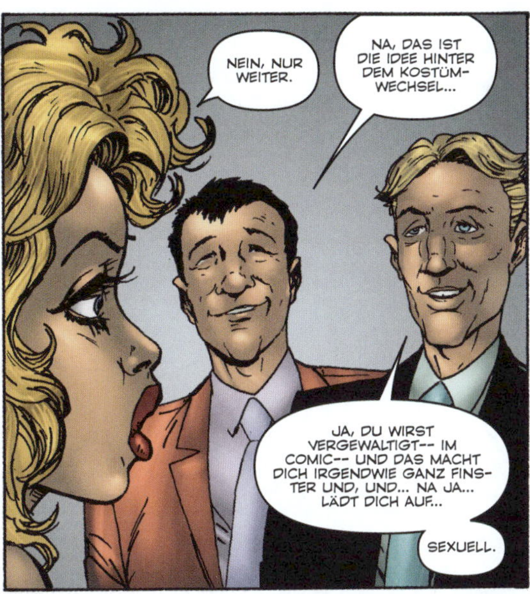
NEIN, NUR WEITER.
NA, DAS IST DIE IDEE HINTER DEM KOSTÜMWECHSEL...
JA, DU WIRST VERGEWALTIGT-- IM COMIC-- UND DAS MACHT DICH IRGENDWIE GANZ FINSTER UND, UND... NA JA... LÄDT DICH AUF...
SEXUELL.

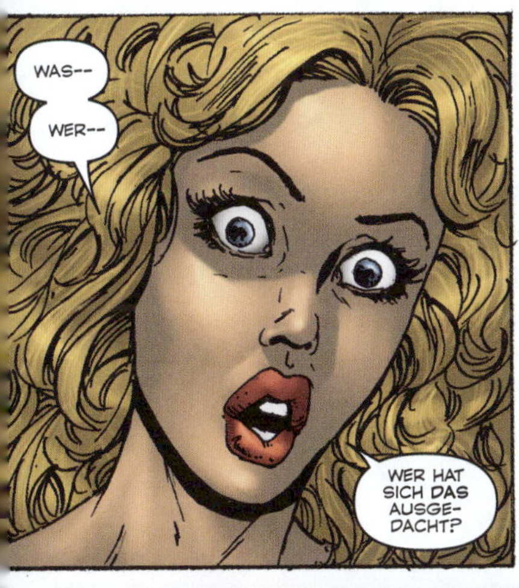
WAS--
WER--
WER HAT SICH DAS AUSGEDACHT?

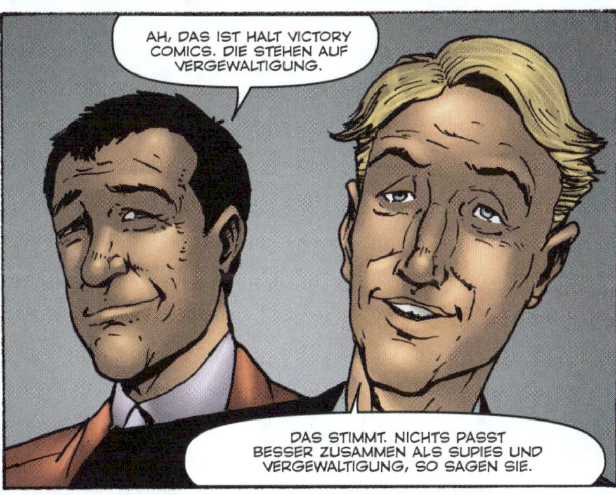
AH, DAS IST HALT VICTORY COMICS. DIE STEHEN AUF VERGEWALTIGUNG.
DAS STIMMT. NICHTS PASST BESSER ZUSAMMEN ALS SUPIES UND VERGEWALTIGUNG, SO SAGEN SIE.

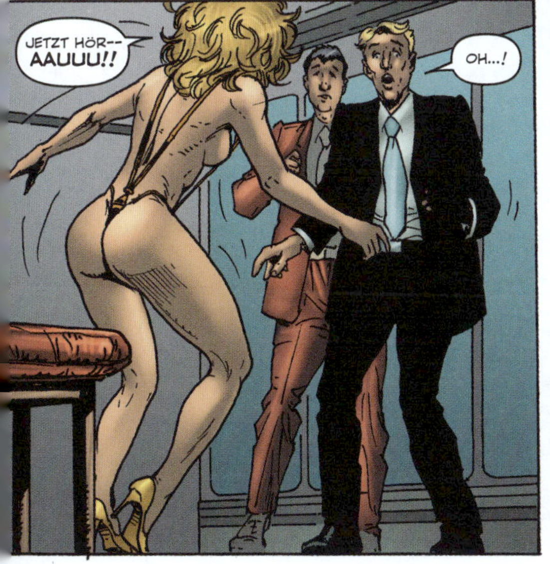
JETZT HÖR-- AAUUU!!
OH...!

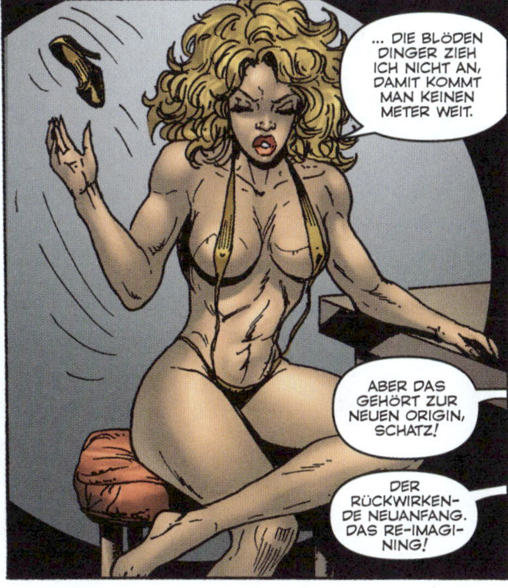
... DIE BLÖDEN DINGER ZIEH ICH NICHT AN, DAMIT KOMMT MAN KEINEN METER WEIT.
ABER DAS GEHÖRT ZUR NEUEN ORIGIN, SCHATZ!
DER RÜCKWIRKENDE NEUANFANG. DAS RE-IMAGINING!

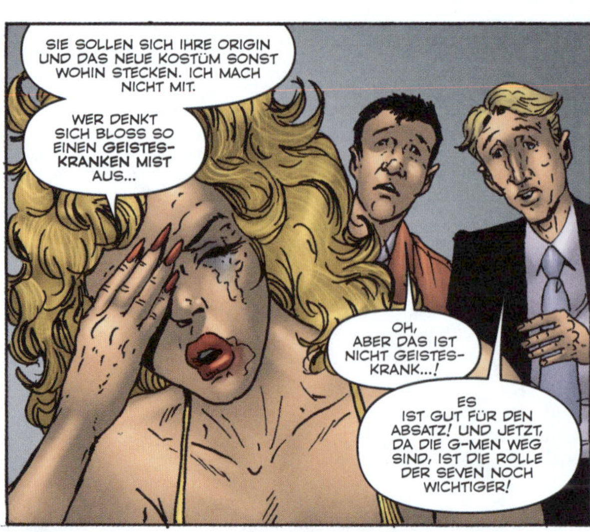
SIE SOLLEN SICH IHRE ORIGIN UND DAS NEUE KOSTÜM SONST WOHIN STECKEN. ICH MACH NICHT MIT.
WER DENKT SICH BLOSS SO EINEN GEISTESKRANKEN MIST AUS...
OH, ABER DAS IST NICHT GEISTESKRANK...!
ES IST GUT FÜR DEN ABSATZ! UND JETZT, DA DIE G-MEN WEG SIND, IST DIE ROLLE DER SEVEN NOCH WICHTIGER!

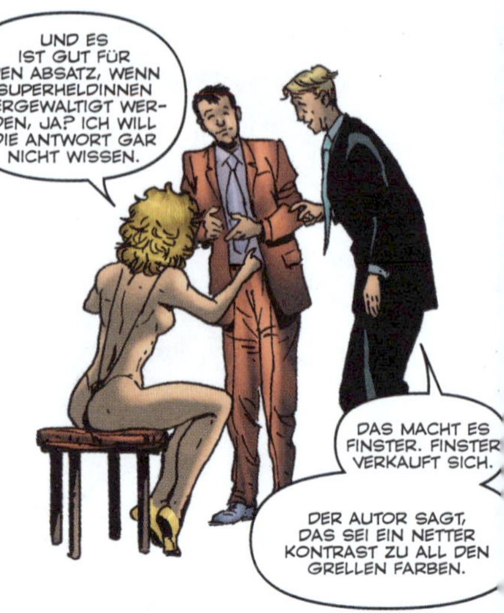
UND ES IST GUT FÜR DEN ABSATZ, WENN SUPERHELDINNEN VERGEWALTIGT WERDEN, JA? ICH WILL DIE ANTWORT GAR NICHT WISSEN.
DAS MACHT ES FINSTER. FINSTER VERKAUFT SICH.
DER AUTOR SAGT, DAS SEI EIN NETTER KONTRAST ZU ALL DEN GRELLEN FARBEN.

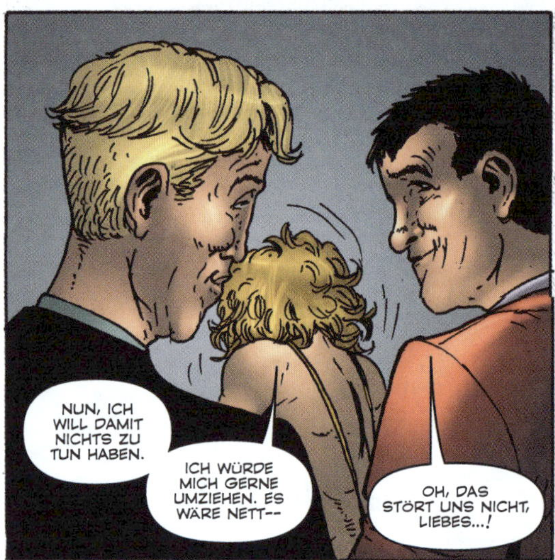
NUN, ICH WILL DAMIT NICHTS ZU TUN HABEN.
ICH WÜRDE MICH GERNE UMZIEHEN. ES WÄRE NETT--
OH, DAS STÖRT UNS NICHT, LIEBES...!

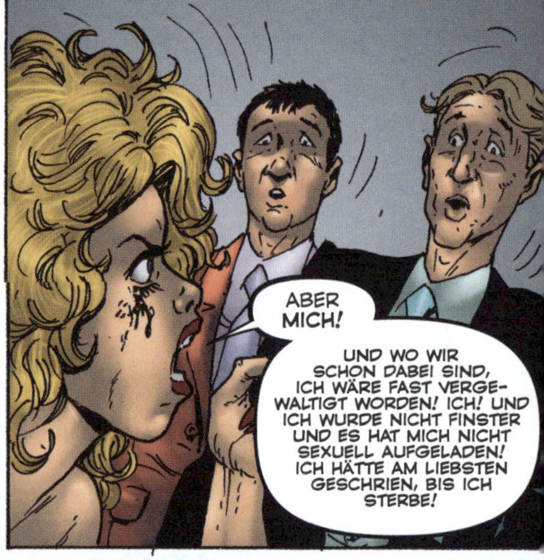
ABER MICH!
UND WO WIR SCHON DABEI SIND, ICH WÄRE FAST VERGEWALTIGT WORDEN! ICH! UND ICH WURDE NICHT FINSTER UND ES HAT MICH NICHT SEXUELL AUFGELADEN! ICH HÄTTE AM LIEBSTEN GESCHRIEN, BIS ICH STERBE!

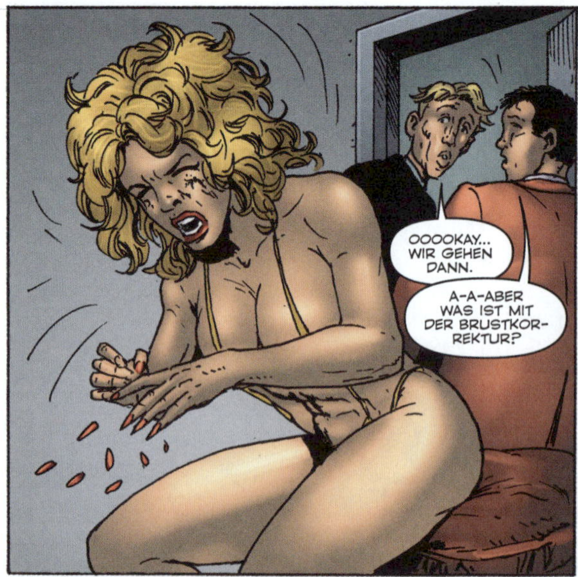
OOOOKAY... WIR GEHEN DANN.
A-A-ABER WAS IST MIT DER BRUSTKORREKTUR?

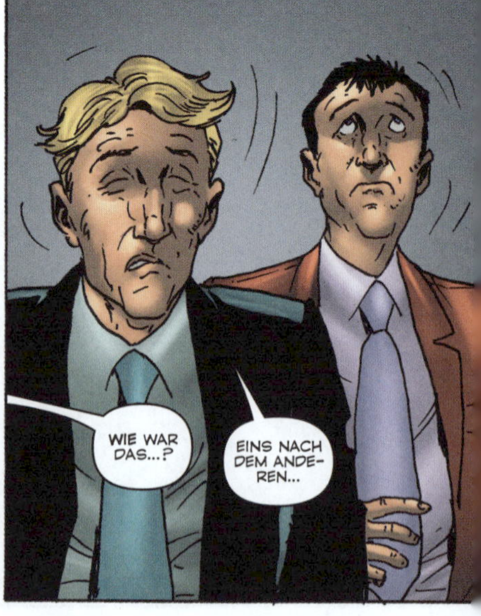
WIE WAR DAS...?
EINS NACH DEM ANDEREN...

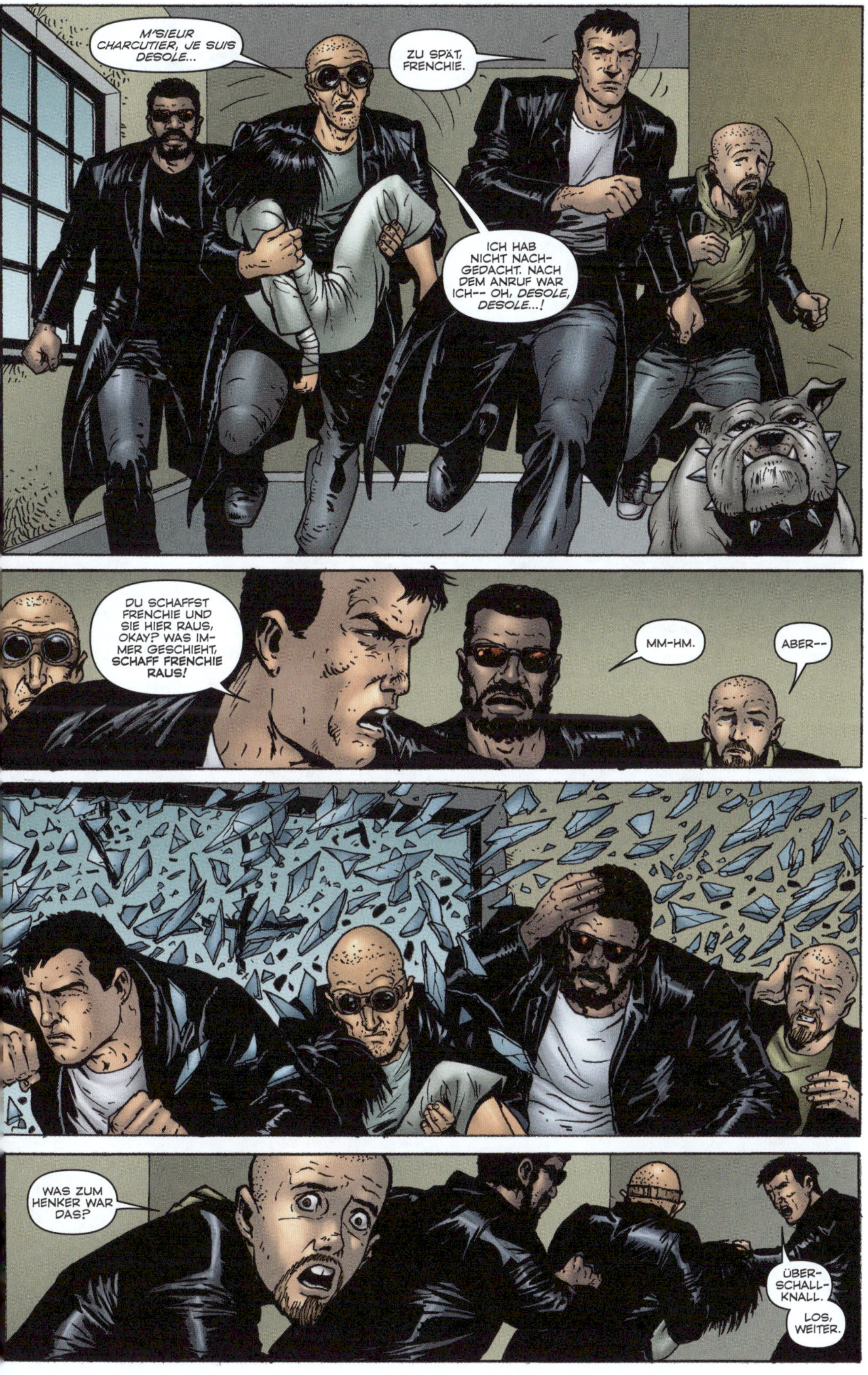

M'SIEUR CHARCUTIER, JE SUIS *DESOLE*...
ZU SPÄT, FRENCHIE.
ICH HAB NICHT NACHGEDACHT. NACH DEM ANRUF WAR ICH-- OH, *DESOLE, DESOLE*...!

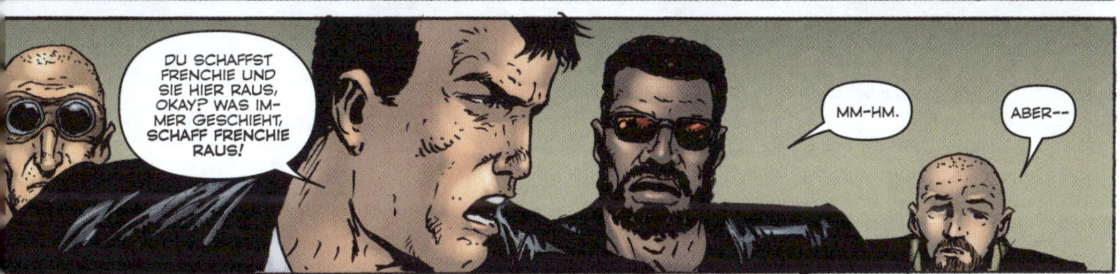
DU SCHAFFST FRENCHIE UND SIE HIER RAUS, OKAY? WAS IMMER GESCHIEHT, SCHAFF FRENCHIE RAUS!
MM-HM.
ABER--

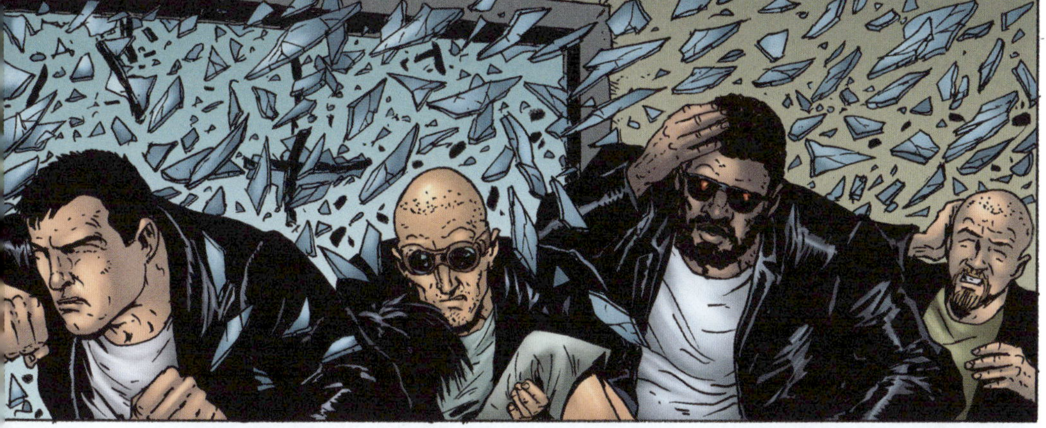

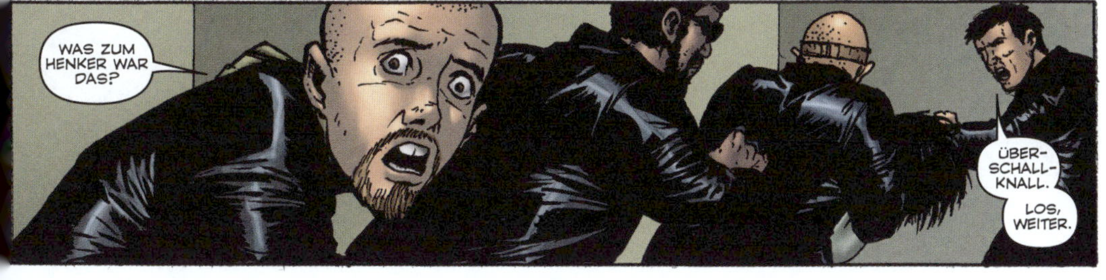
WAS ZUM HENKER WAR DAS?
ÜBERSCHALLKNALL.
LOS, WEITER.

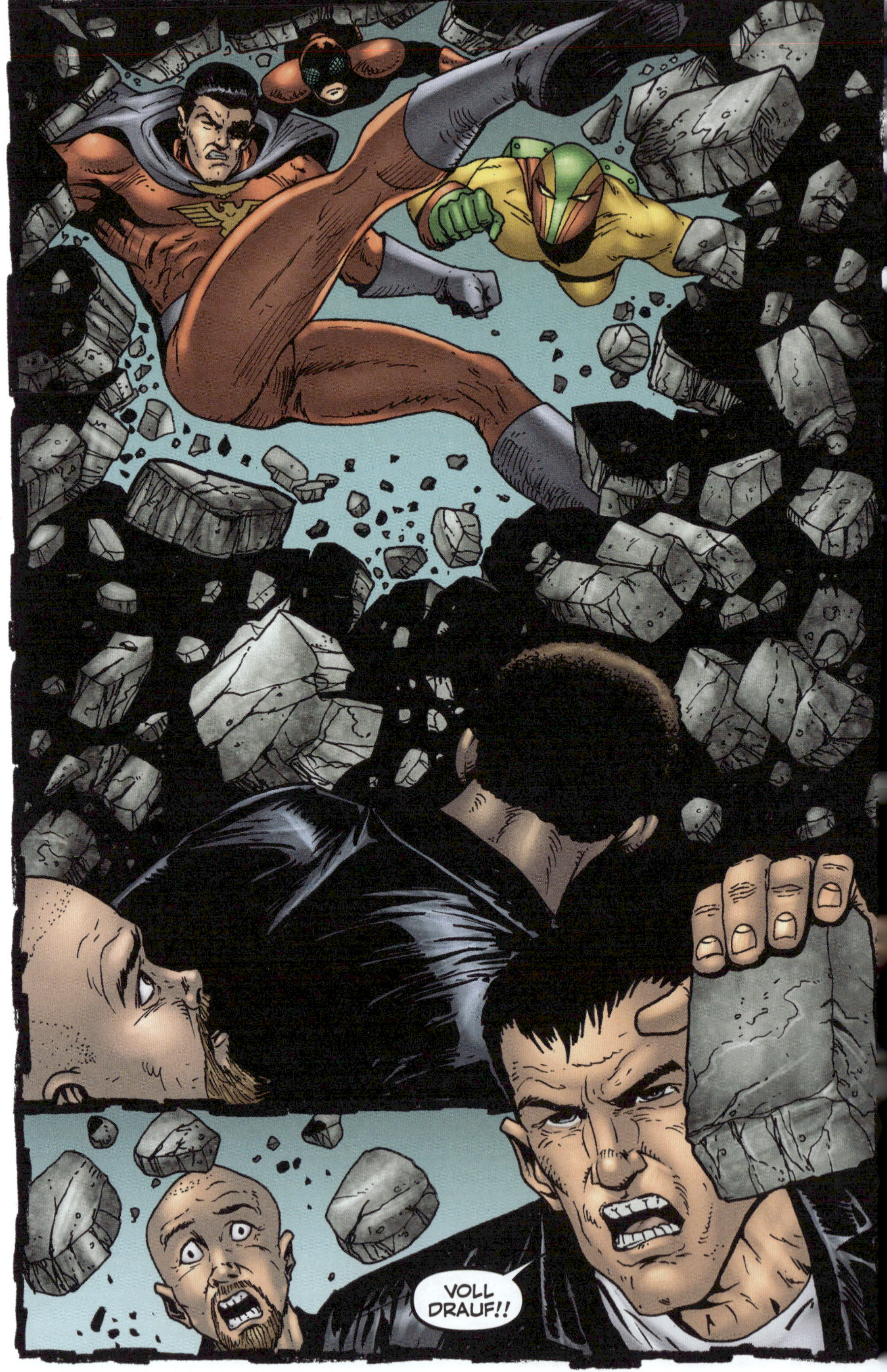
VOLL DRAUF!!

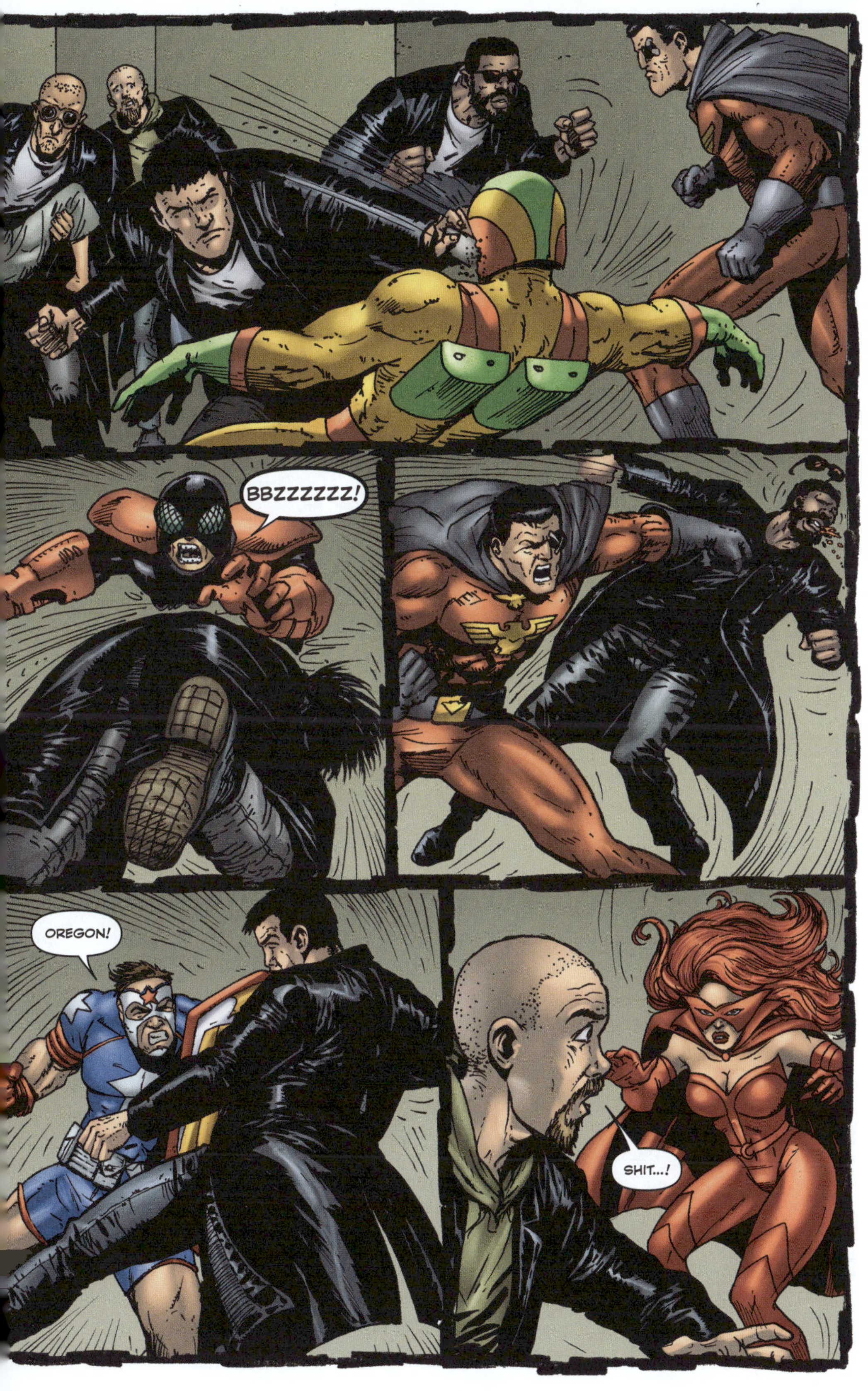
BBZZZZZZ!
OREGON!
SHIT...!

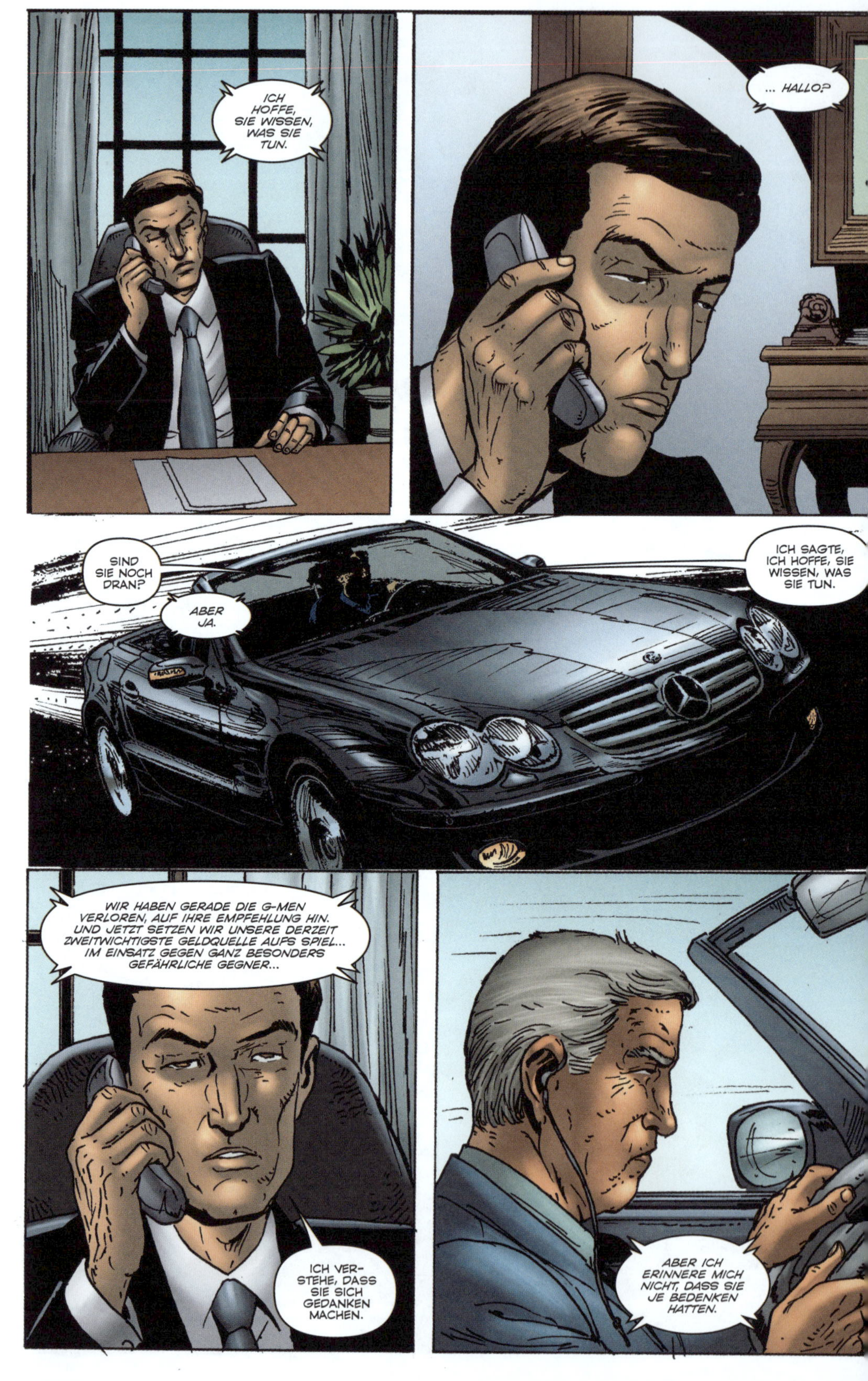
ICH HOFFE, SIE WISSEN, WAS SIE TUN.
... HALLO?
SIND SIE NOCH DRAN?
ABER JA.
ICH SAGTE, ICH HOFFE, SIE WISSEN, WAS SIE TUN.
WIR HABEN GERADE DIE G-MEN VERLOREN, AUF IHRE EMPFEHLUNG HIN. UND JETZT SETZEN WIR UNSERE DERZEIT ZWEITWICHTIGSTE GELDQUELLE AUFS SPIEL... IM EINSATZ GEGEN GANZ BESONDERS GEFÄHRLICHE GEGNER...
ICH VERSTEHE, DASS SIE SICH GEDANKEN MACHEN.
ABER ICH ERINNERE MICH NICHT, DASS SIE JE BEDENKEN HATTEN.

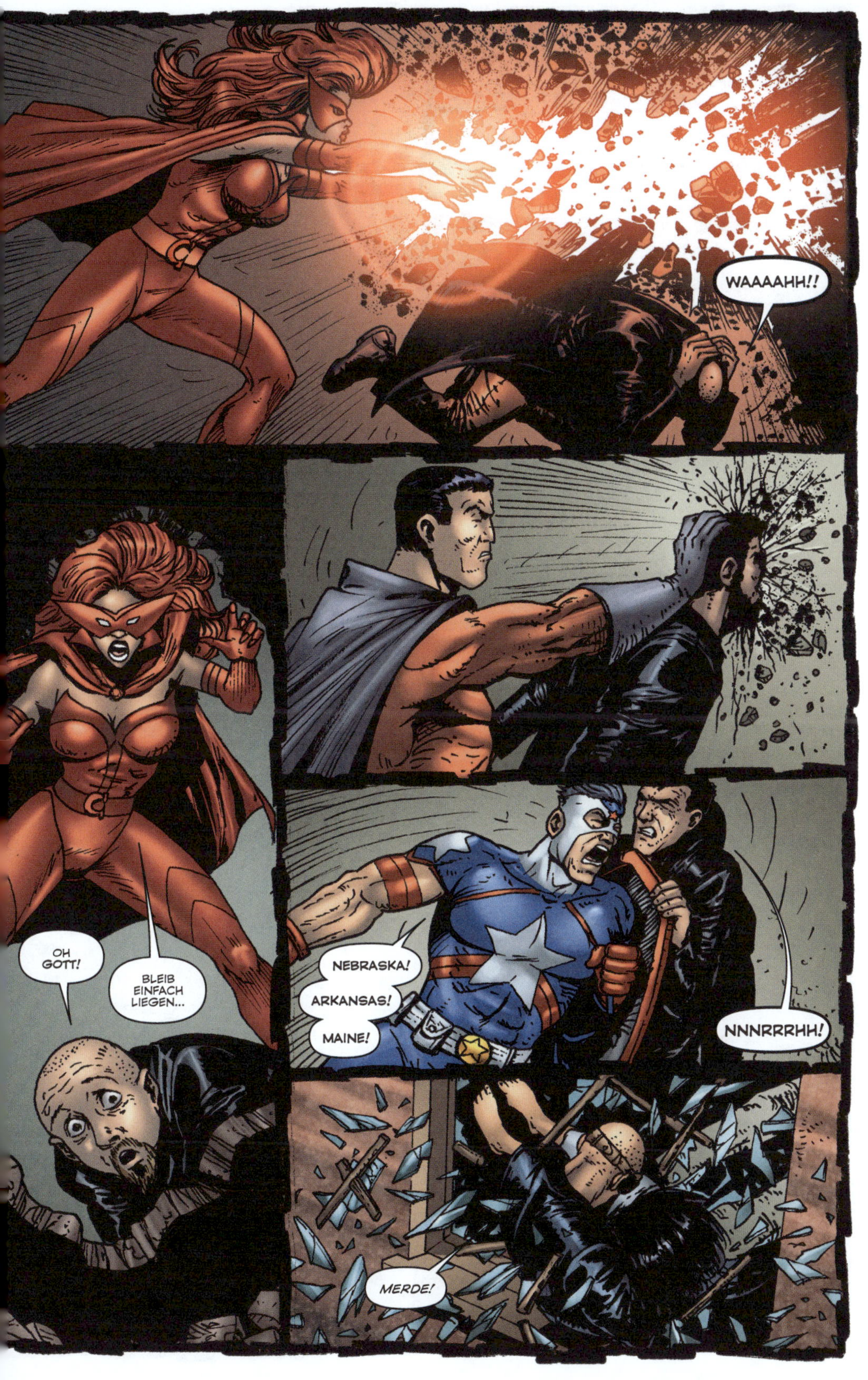

WAAAAHH!!
OH GOTT!
BLEIB EINFACH LIEGEN...
NEBRASKA!
ARKANSAS!
MAINE!
NNNRRRHH!
MERDE!

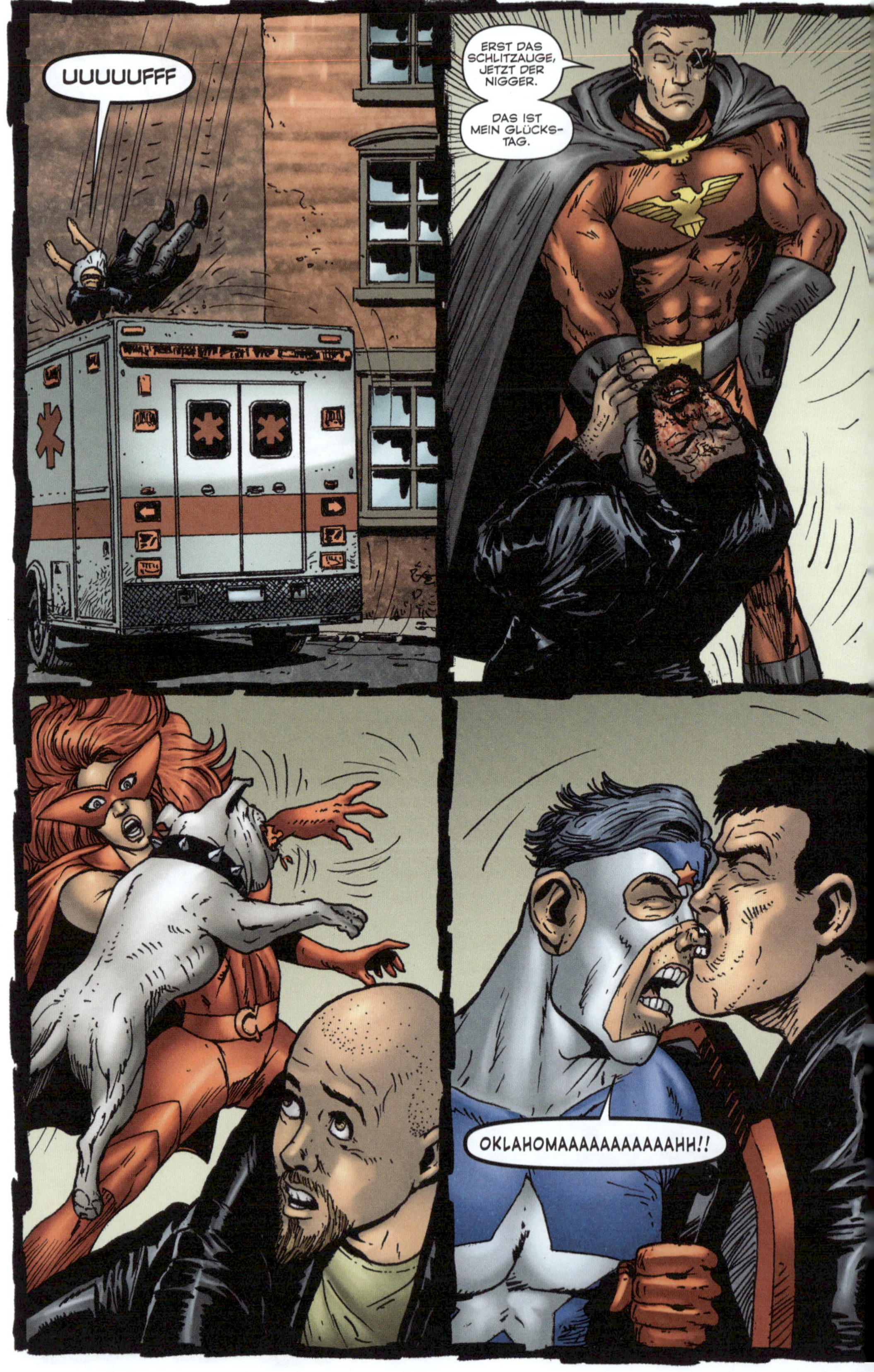
UUUUUFFF
ERST DAS SCHLITZAUGE, JETZT DER NIGGER.
DAS IST MEIN GLÜCKSTAG.
OKLAHOMAAAAAAAAAAAAHH!!

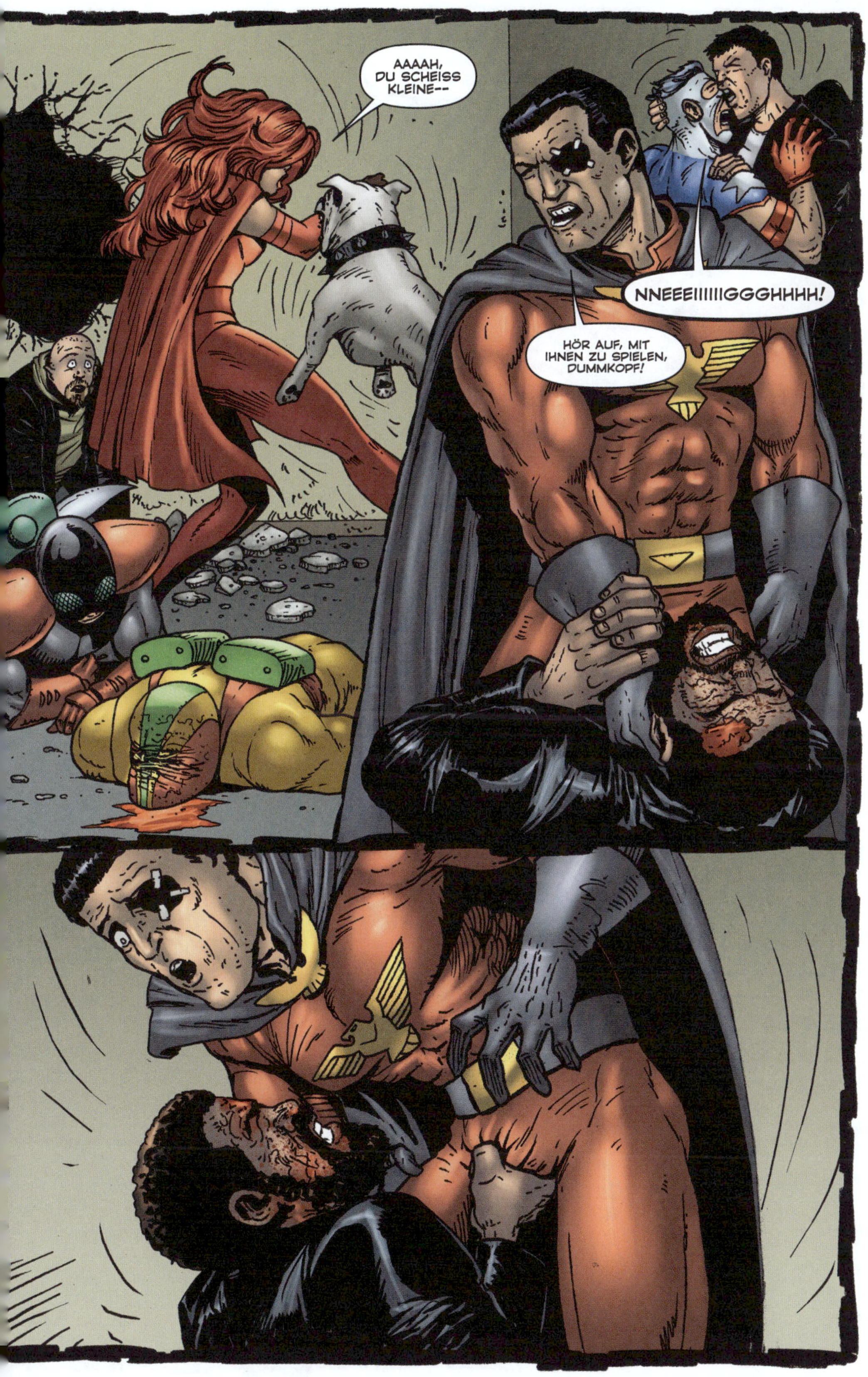
AAAAH, DU SCHEISS KLEINE--
NNEEEIIIIIIGGGHHHH!
HÖR AUF, MIT IHNEN ZU SPIELEN, DUMMKOPF!

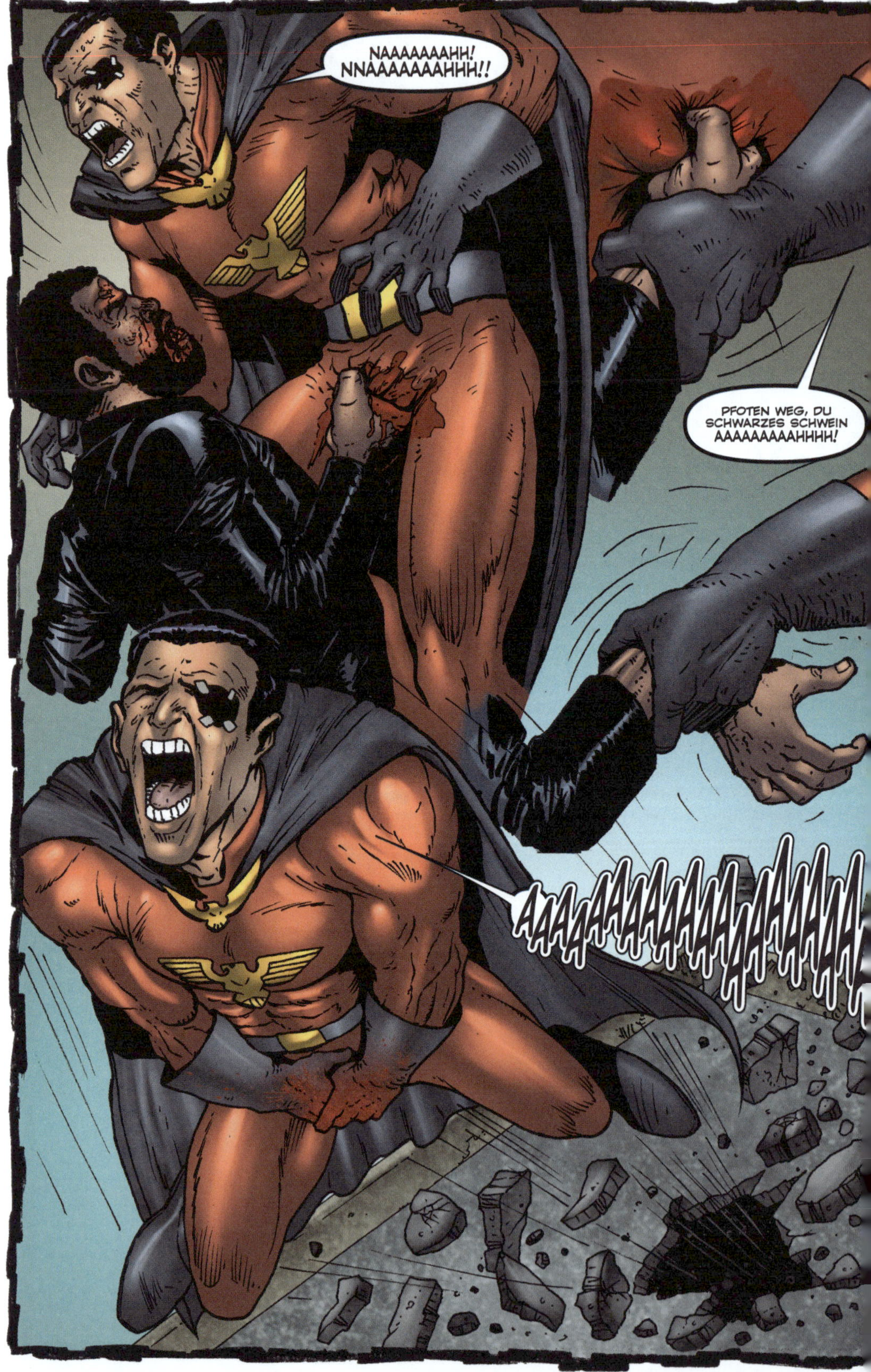
NAAAAAAAAHH!
NNAAAAAAAAHHH!!
PFOTEN WEG, DU SCHWARZES SCHWEIN AAAAAAAAAAHHHH!
AAAAAAAAAAAAAAAAAAAAA

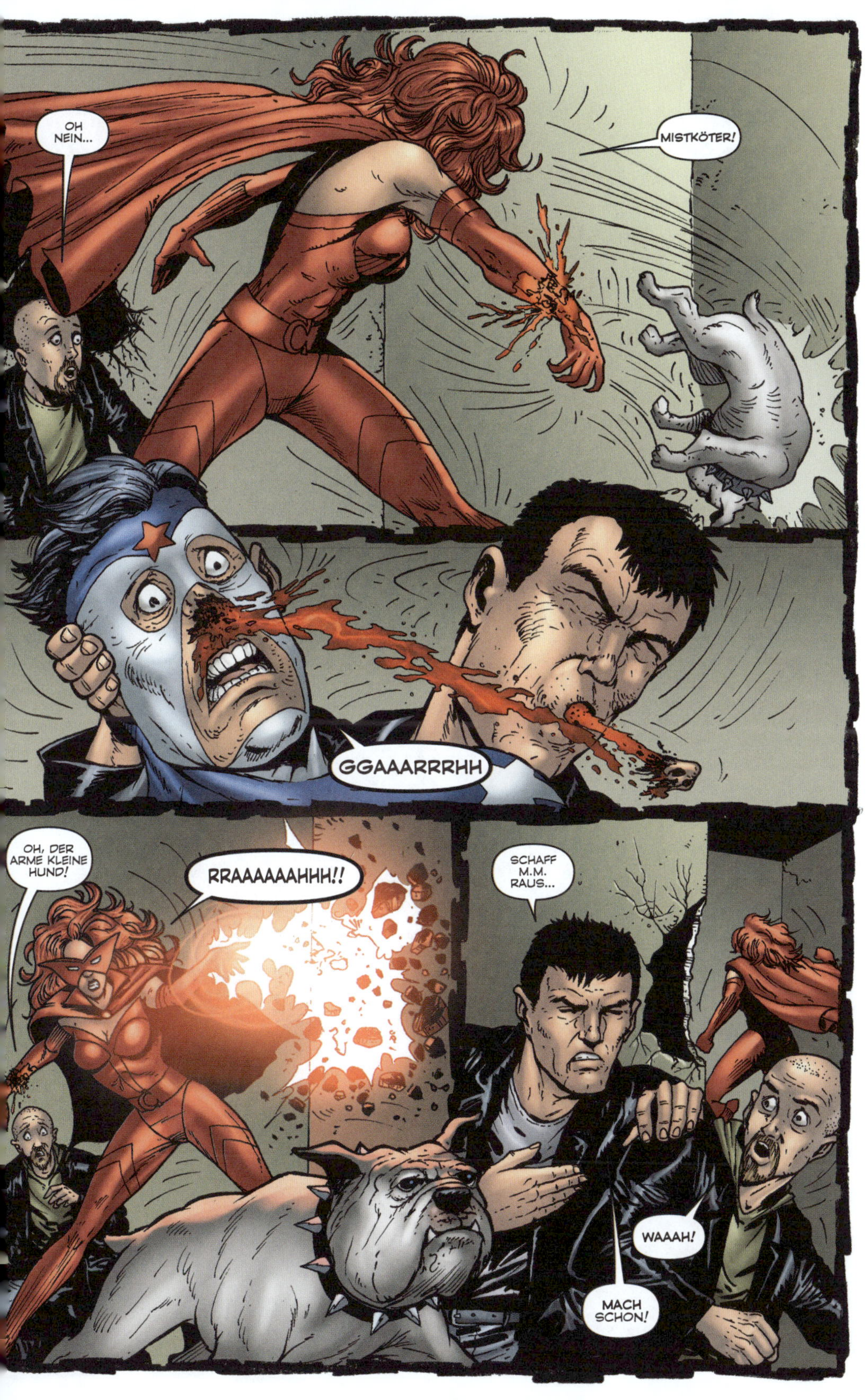
OH NEIN...
MISTKÖTER!
GGAAARRRHH
OH, DER ARME KLEINE HUND!
RRAAAAAAHHH!!
SCHAFF M.M. RAUS...
WAAAH!
MACH SCHON!

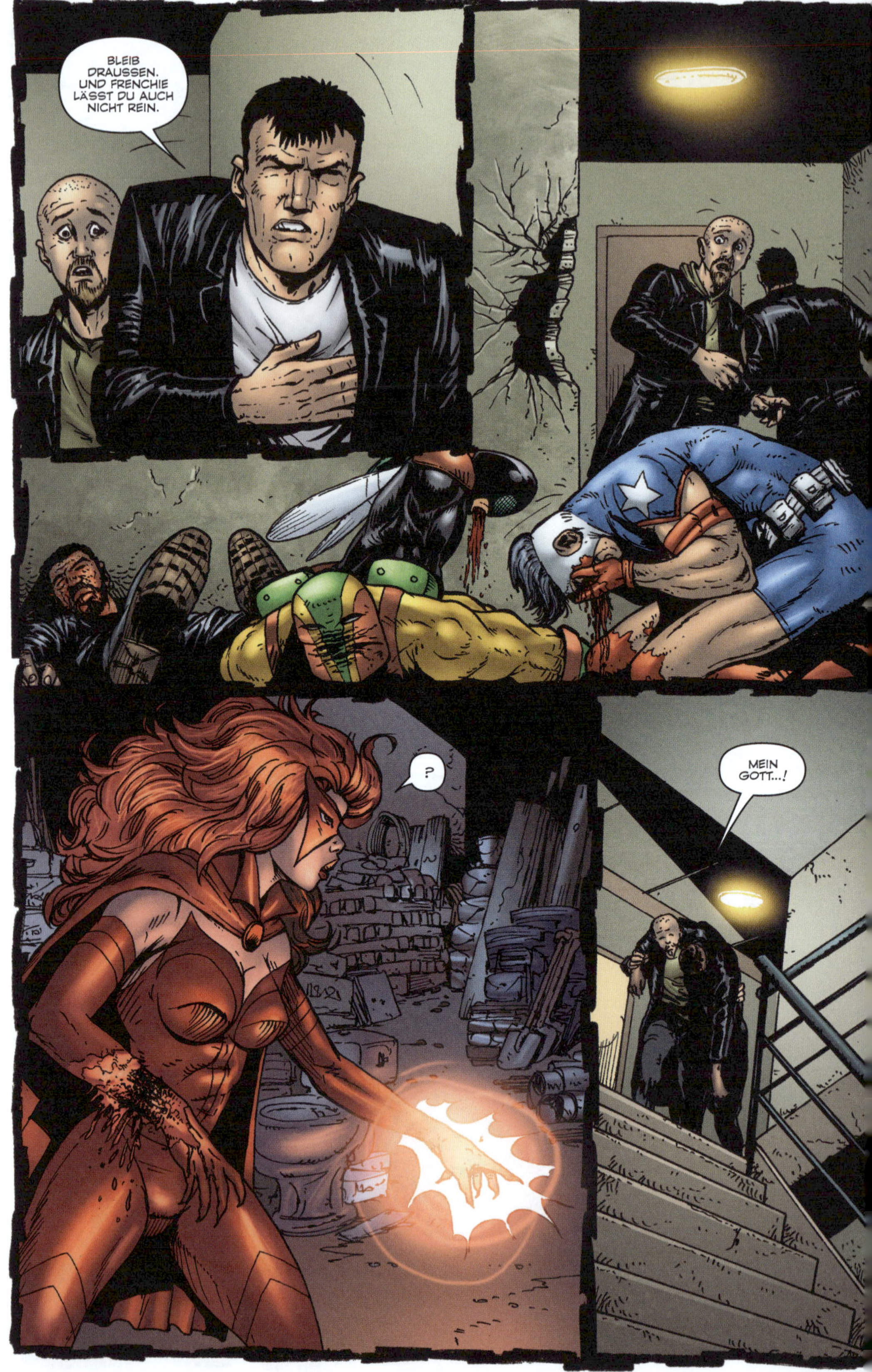
BLEIB DRAUSSEN. UND FRENCHIE LÄSST DU AUCH NICHT REIN.
?
MEIN GOTT...!

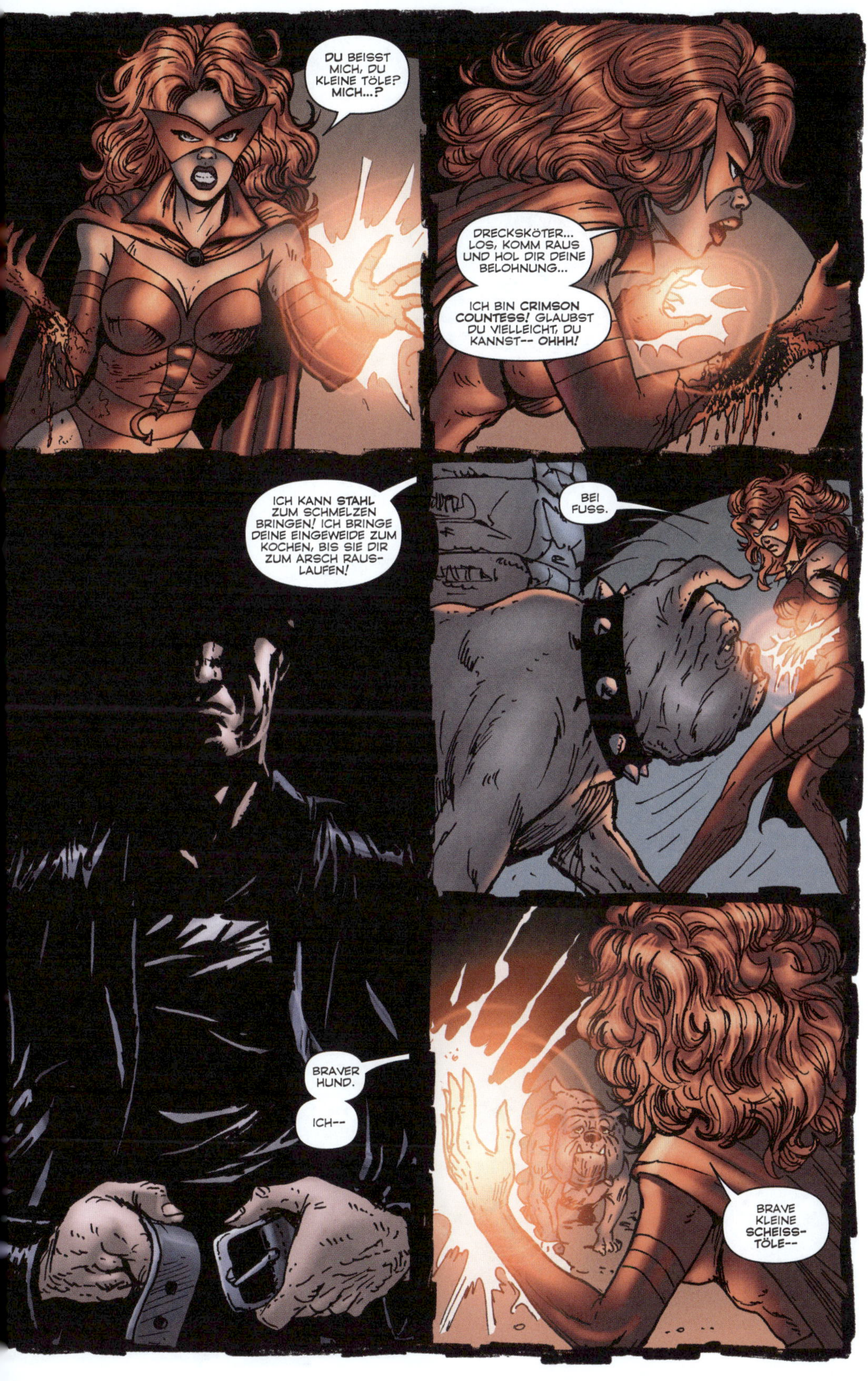
DU BEISST MICH, DU KLEINE TÖLE? MICH...?
DRECKSKÖTER... LOS, KOMM RAUS UND HOL DIR DEINE BELOHNUNG...
ICH BIN CRIMSON COUNTESS! GLAUBST DU VIELLEICHT, DU KANNST-- OHHH!
ICH KANN STAHL ZUM SCHMELZEN BRINGEN! ICH BRINGE DEINE EINGEWEIDE ZUM KOCHEN, BIS SIE DIR ZUM ARSCH RAUSLAUFEN!
BEI FUSS.
BRAVER HUND.
ICH--
BRAVE KLEINE SCHEISS-TÖLE--

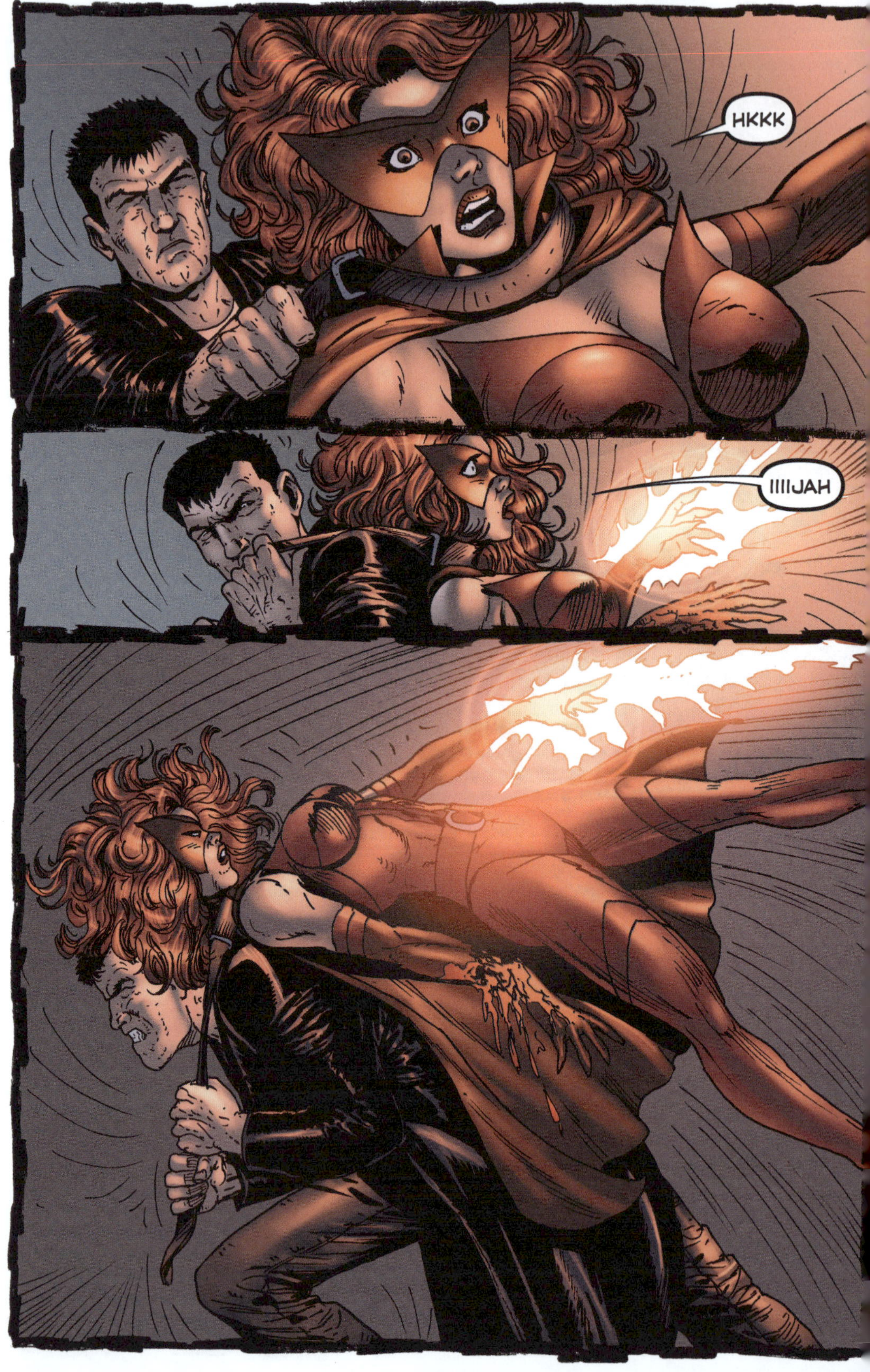
HKKK
IIIIJAH

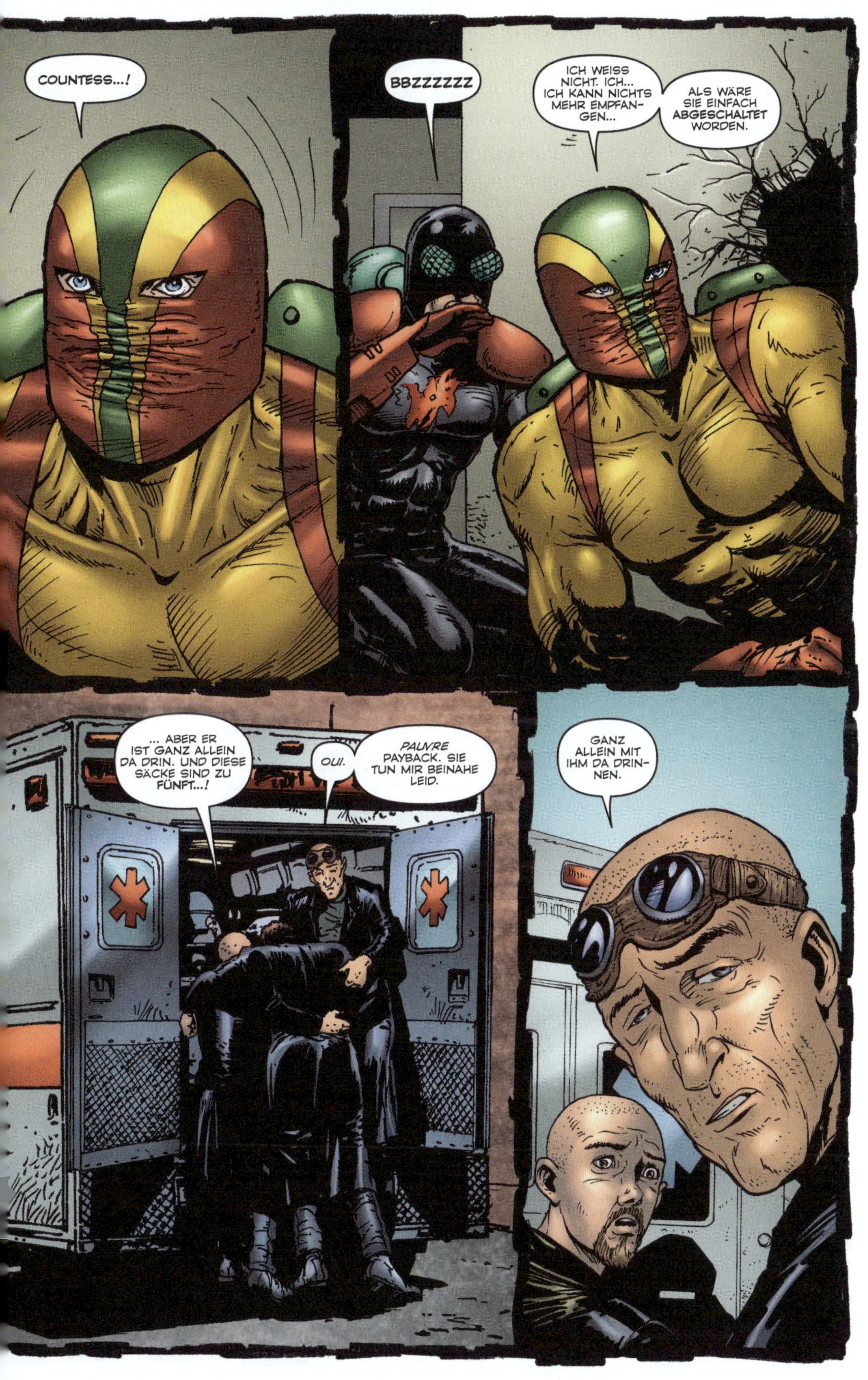
COUNTESS...!
BBZZZZZZ
ICH WEISS NICHT. ICH... ICH KANN NICHTS MEHR EMPFANGEN...
ALS WÄRE SIE EINFACH ABGESCHALTET WORDEN.
... ABER ER IST GANZ ALLEIN DA DRIN. UND DIESE SÄCKE SIND ZU FÜNFT...!
OUI.
PAUVRE PAYBACK. SIE TUN MIR BEINAHE LEID.
GANZ ALLEIN MIT IHM DA DRINNEN.

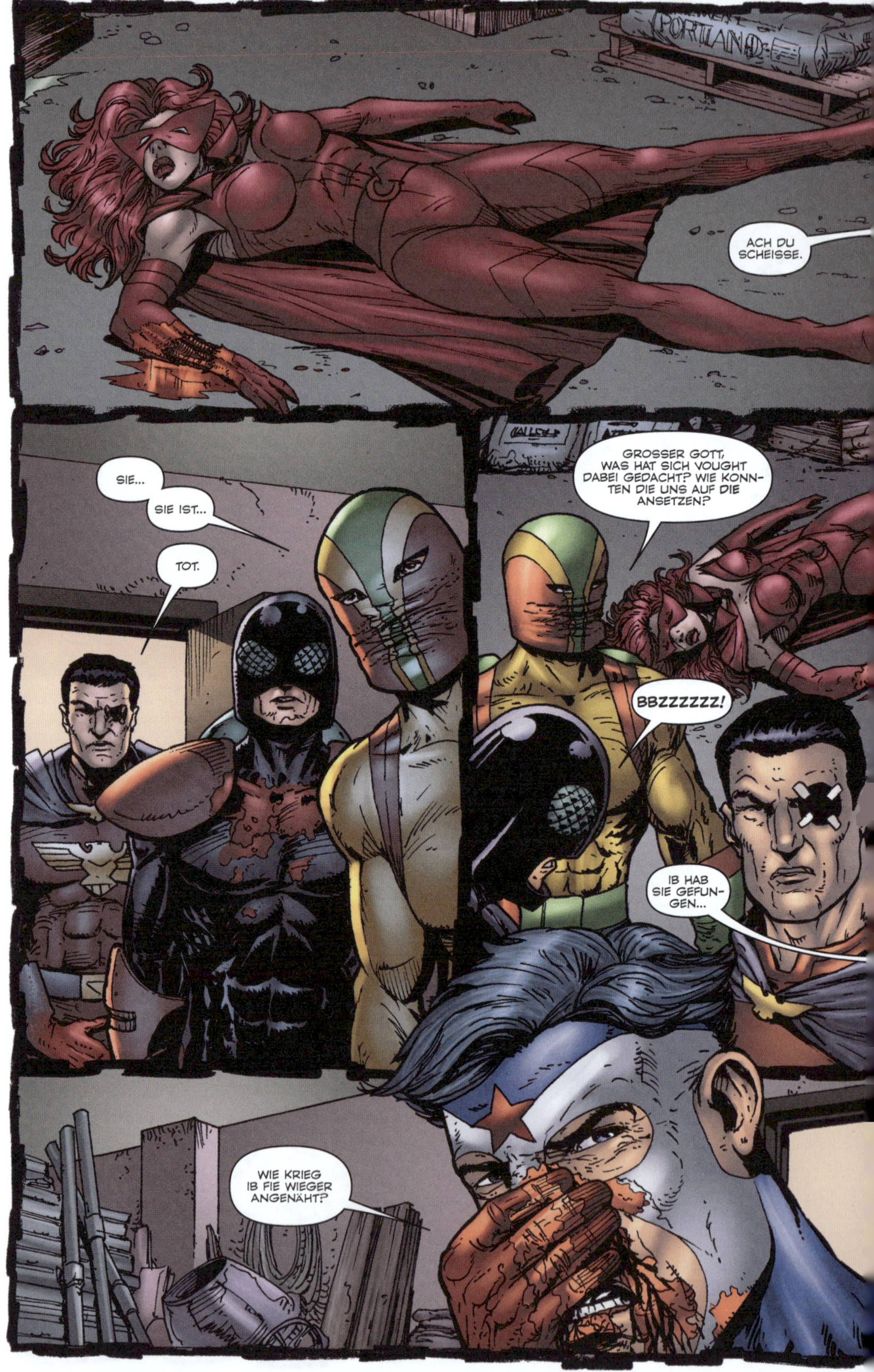
ACH DU SCHEISSE.
SIE...
SIE IST...
TOT.
GROSSER GOTT, WAS HAT SICH VOUGHT DABEI GEDACHT? WIE KONNTEN DIE UNS AUF DIE ANSETZEN?
BBZZZZZZ!
IB HAB SIE GEFUNGEN...
WIE KRIEG IB FIE WIEGER ANGENÄHT?
PORTLAND

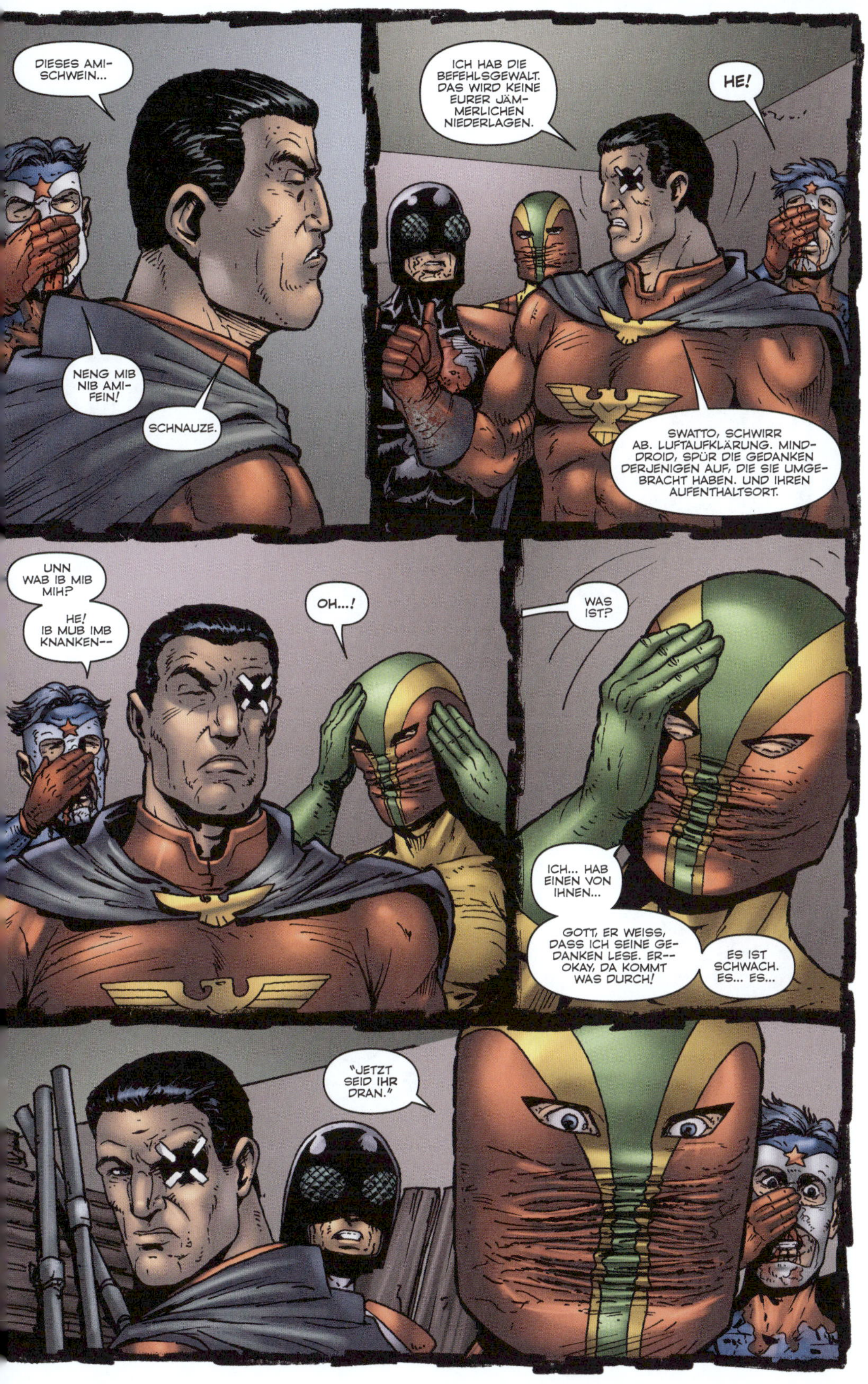
DIESES AMI-SCHWEIN...
NENG MIB NIB AMI-FEIN!
SCHNAUZE.
ICH HAB DIE BEFEHLSGEWALT. DAS WIRD KEINE EURER JÄMMERLICHEN NIEDERLAGEN.
HE!
SWATTO, SCHWIRR AB. LUFTAUFKLÄRUNG. MINDDROID, SPÜR DIE GEDANKEN DERJENIGEN AUF, DIE SIE UMGEBRACHT HABEN. UND IHREN AUFENTHALTSORT.
UNN WAB IB MIB MIH?
HE! IB MUB IMB KNANKEN--
OH...!
WAS IST?
ICH... HAB EINEN VON IHNEN...
GOTT, ER WEISS, DASS ICH SEINE GEDANKEN LESE. ER-- OKAY, DA KOMMT WAS DURCH!
ES IST SCHWACH. ES... ES...
"JETZT SEID IHR DRAN."

DIE SELBSTERHALTUNGSLIGA, 3. TEIL

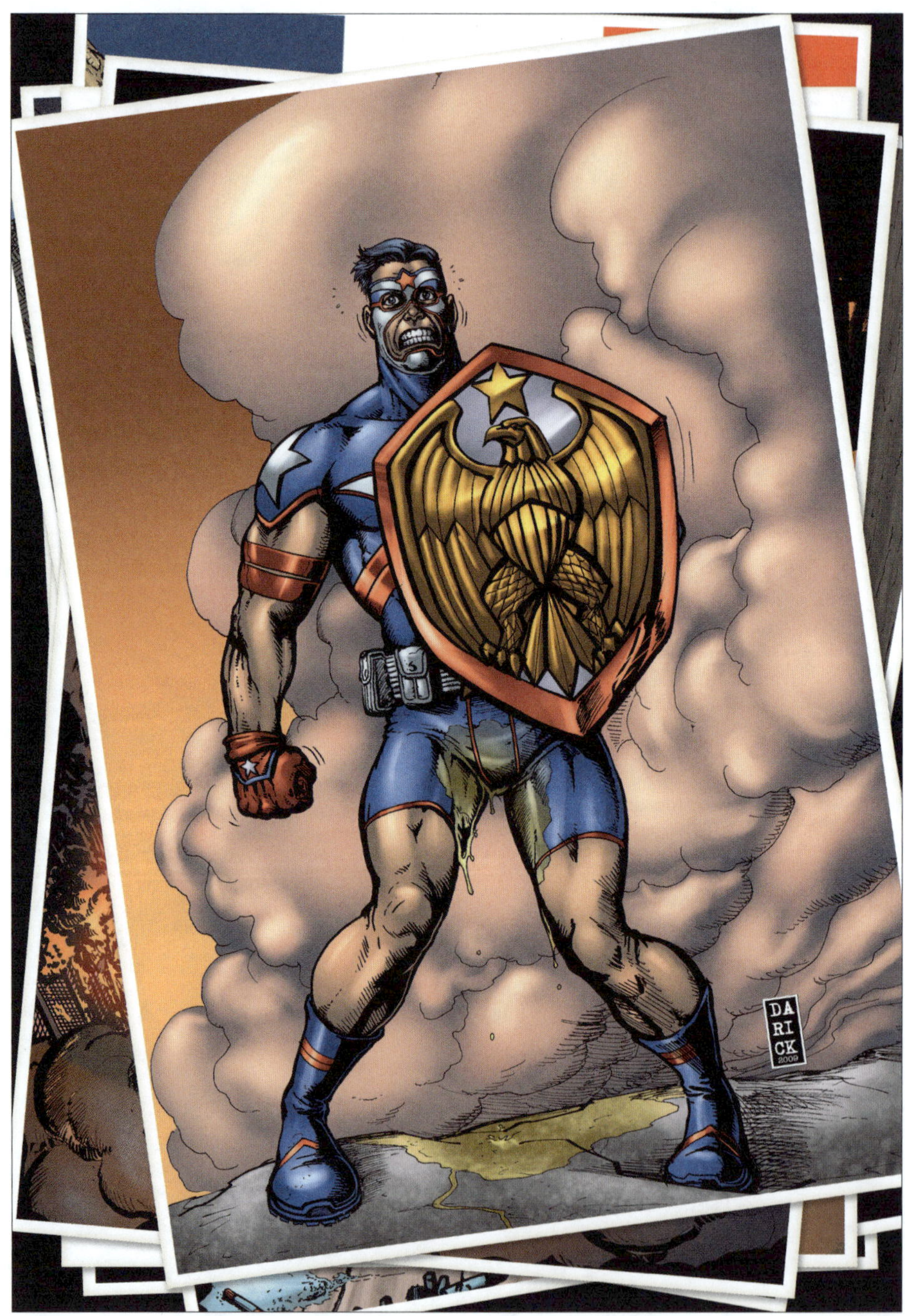

The Boys (2006) 33
Cover von **DARICK ROBERTSON**

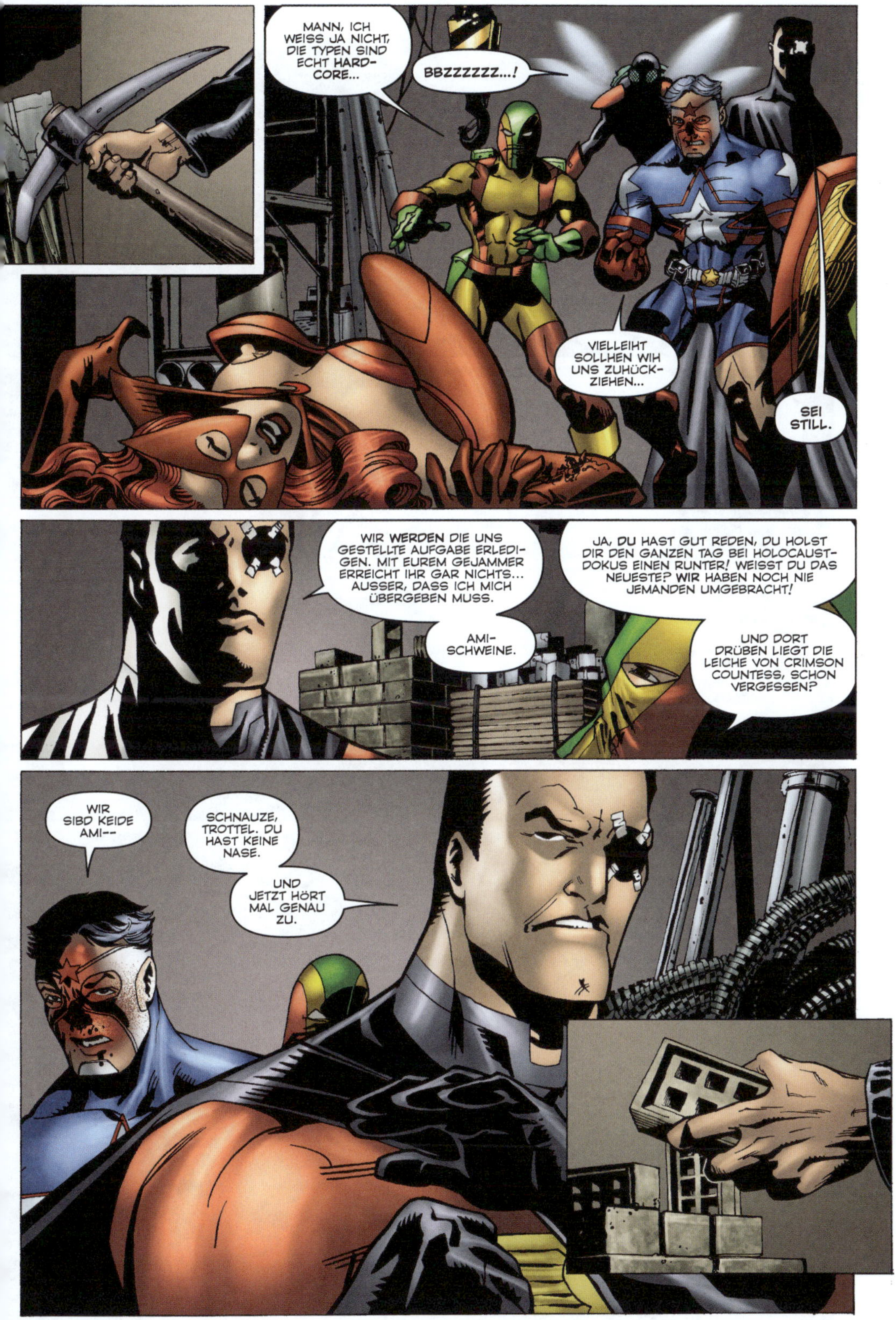

MANN, ICH WEISS JA NICHT, DIE TYPEN SIND ECHT **HARD-CORE**...
BBZZZZZZ...!
VIELLEIHT SOLLHEN WIH UNS ZUHÜCK-ZIEHEN...
SEI STILL.

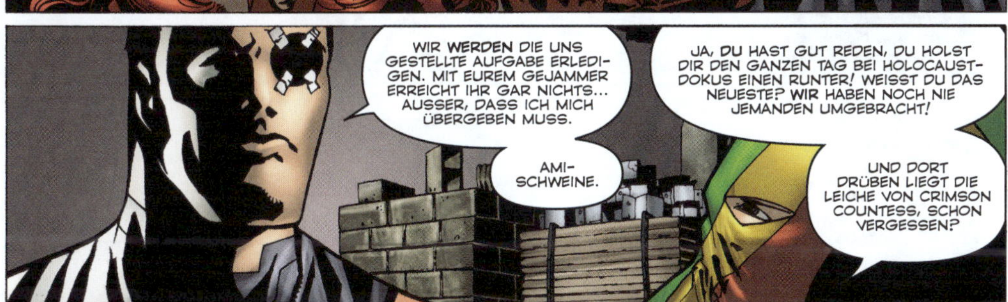

WIR SIBD KEIDE AMI--
SCHNAUZE, TROTTEL. DU HAST KEINE NASE.
UND JETZT HÖRT MAL GENAU ZU.

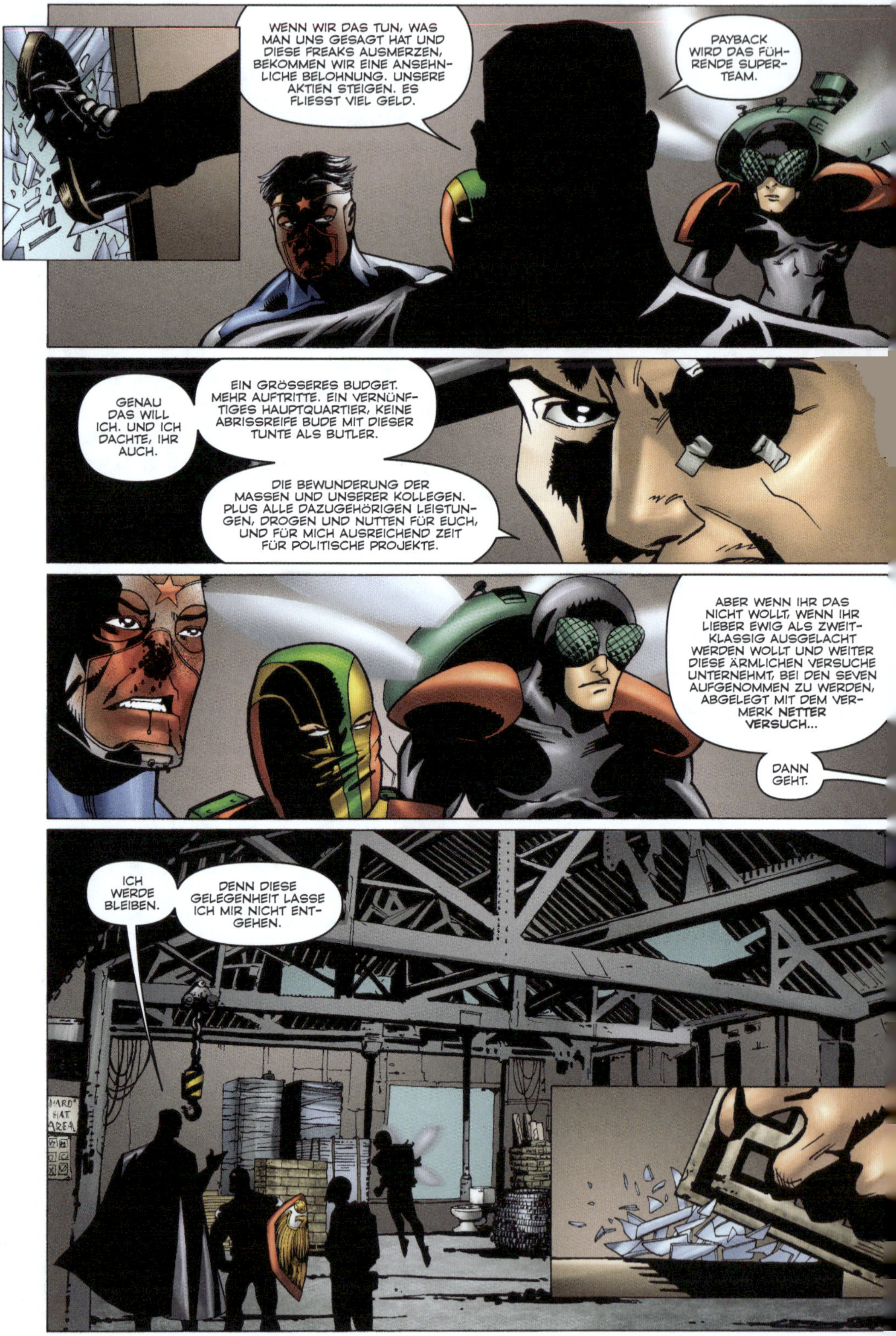

WENN WIR DAS TUN, WAS MAN UNS GESAGT HAT UND DIESE FREAKS AUSMERZEN, BEKOMMEN WIR EINE ANSEHNLICHE BELOHNUNG. UNSERE AKTIEN STEIGEN. ES FLIESST VIEL GELD.

PAYBACK WIRD DAS FÜHRENDE SUPERTEAM.

GENAU DAS WILL ICH. UND ICH DACHTE, IHR AUCH.

EIN GRÖSSERES BUDGET. MEHR AUFTRITTE. EIN VERNÜNFTIGES HAUPTQUARTIER, KEINE ABRISSREIFE BUDE MIT DIESER TUNTE ALS BUTLER.

DIE BEWUNDERUNG DER MASSEN UND UNSERER KOLLEGEN. PLUS ALLE DAZUGEHÖRIGEN LEISTUNGEN, DROGEN UND NUTTEN FÜR EUCH, UND FÜR MICH AUSREICHEND ZEIT FÜR POLITISCHE PROJEKTE.

ABER WENN IHR DAS NICHT WOLLT, WENN IHR LIEBER EWIG ALS ZWEITKLASSIG AUSGELACHT WERDEN WOLLT UND WEITER DIESE ÄRMLICHEN VERSUCHE UNTERNEHMT, BEI DEN SEVEN AUFGENOMMEN ZU WERDEN, ABGELEGT MIT DEM VERMERK **NETTER VERSUCH**...

DANN GEHT.

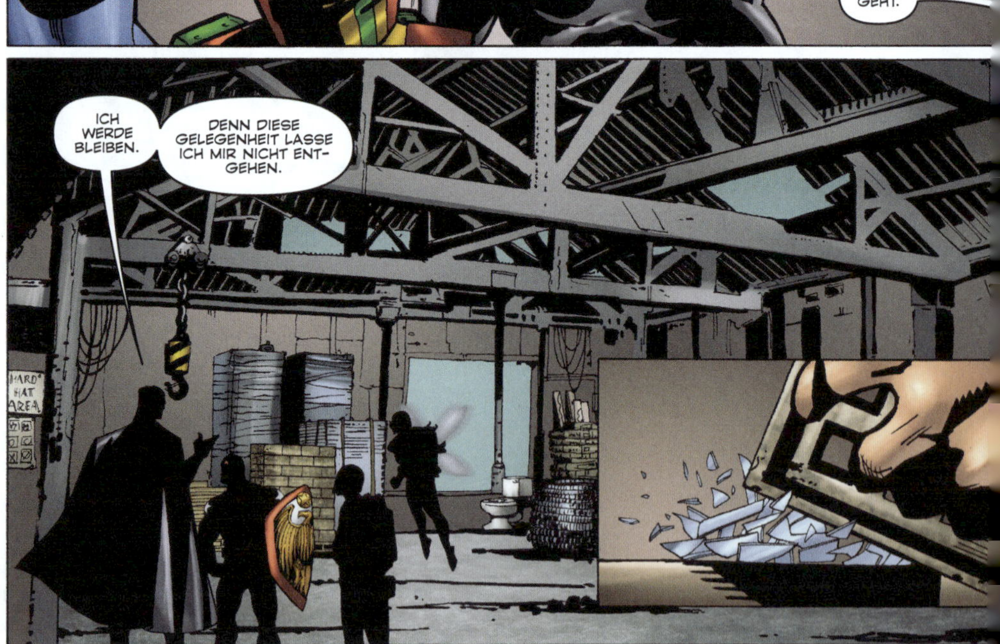

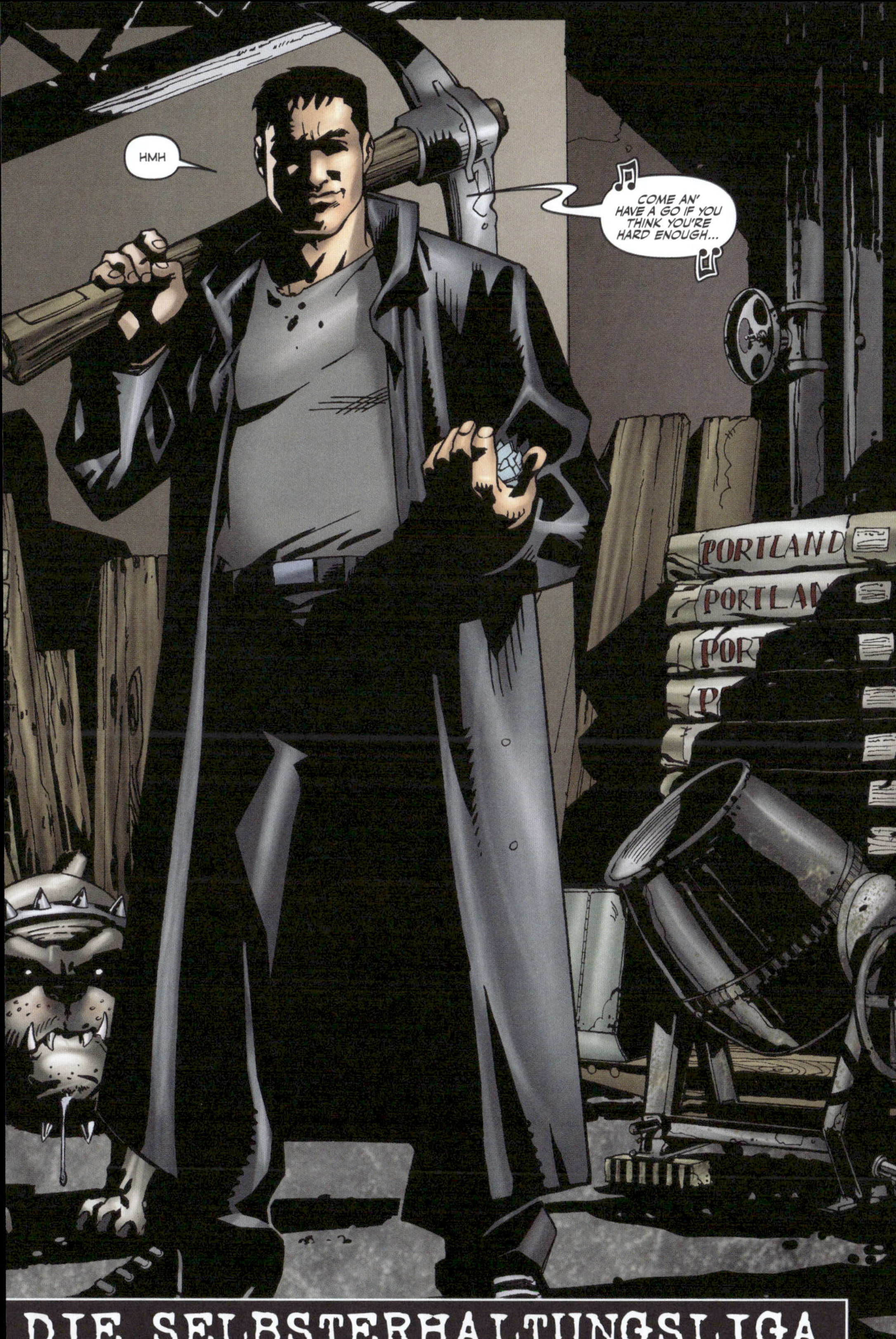

DIE SELBSTERHALTUNGSLIGA
3. Teil

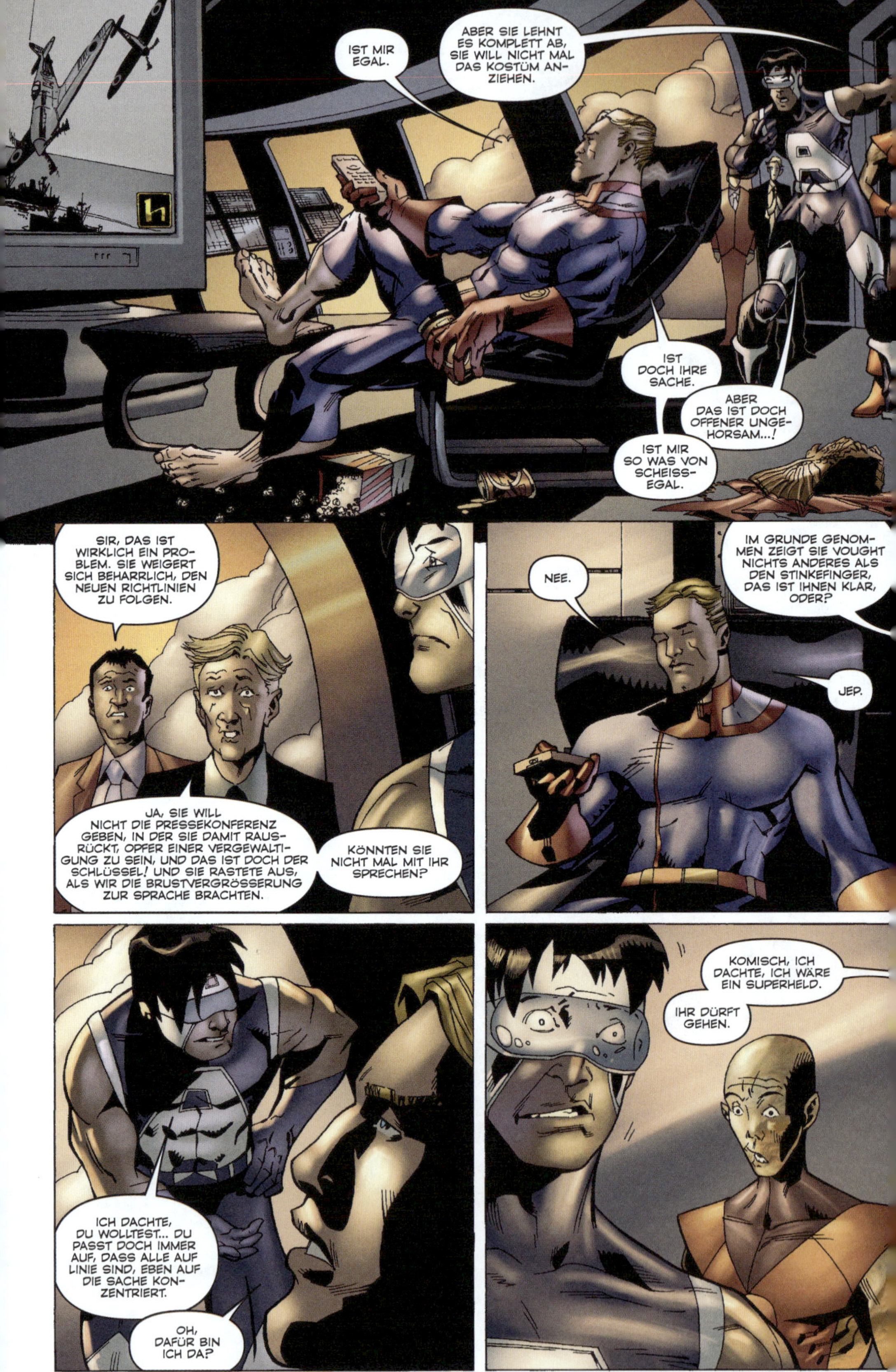
IST MIR EGAL.
ABER SIE LEHNT ES KOMPLETT AB, SIE WILL NICHT MAL DAS KOSTÜM ANZIEHEN.
IST DOCH IHRE SACHE.
ABER DAS IST DOCH OFFENER UNGEHORSAM...!
IST MIR SO WAS VON SCHEISSEGAL.
SIR, DAS IST WIRKLICH EIN PROBLEM. SIE WEIGERT SICH BEHARRLICH, DEN NEUEN RICHTLINIEN ZU FOLGEN.
JA, SIE WILL NICHT DIE PRESSEKONFERENZ GEBEN, IN DER SIE DAMIT RAUSRÜCKT, OPFER EINER VERGEWALTIGUNG ZU SEIN, UND DAS IST DOCH DER SCHLÜSSEL! UND SIE RASTETE AUS, ALS WIR DIE BRUSTVERGRÖSSERUNG ZUR SPRACHE BRACHTEN.
KÖNNTEN SIE NICHT MAL MIT IHR SPRECHEN?
NEE.
IM GRUNDE GENOMMEN ZEIGT SIE VOUGHT NICHTS ANDERES ALS DEN STINKEFINGER, DAS IST IHNEN KLAR, ODER?
JEP.
ICH DACHTE, DU WOLLTEST... DU PASST DOCH IMMER AUF, DASS ALLE AUF LINIE SIND, EBEN AUF DIE SACHE KONZENTRIERT.
OH, DAFÜR BIN ICH DA?
KOMISCH, ICH DACHTE, ICH WÄRE EIN SUPERHELD.
IHR DÜRFT GEHEN.

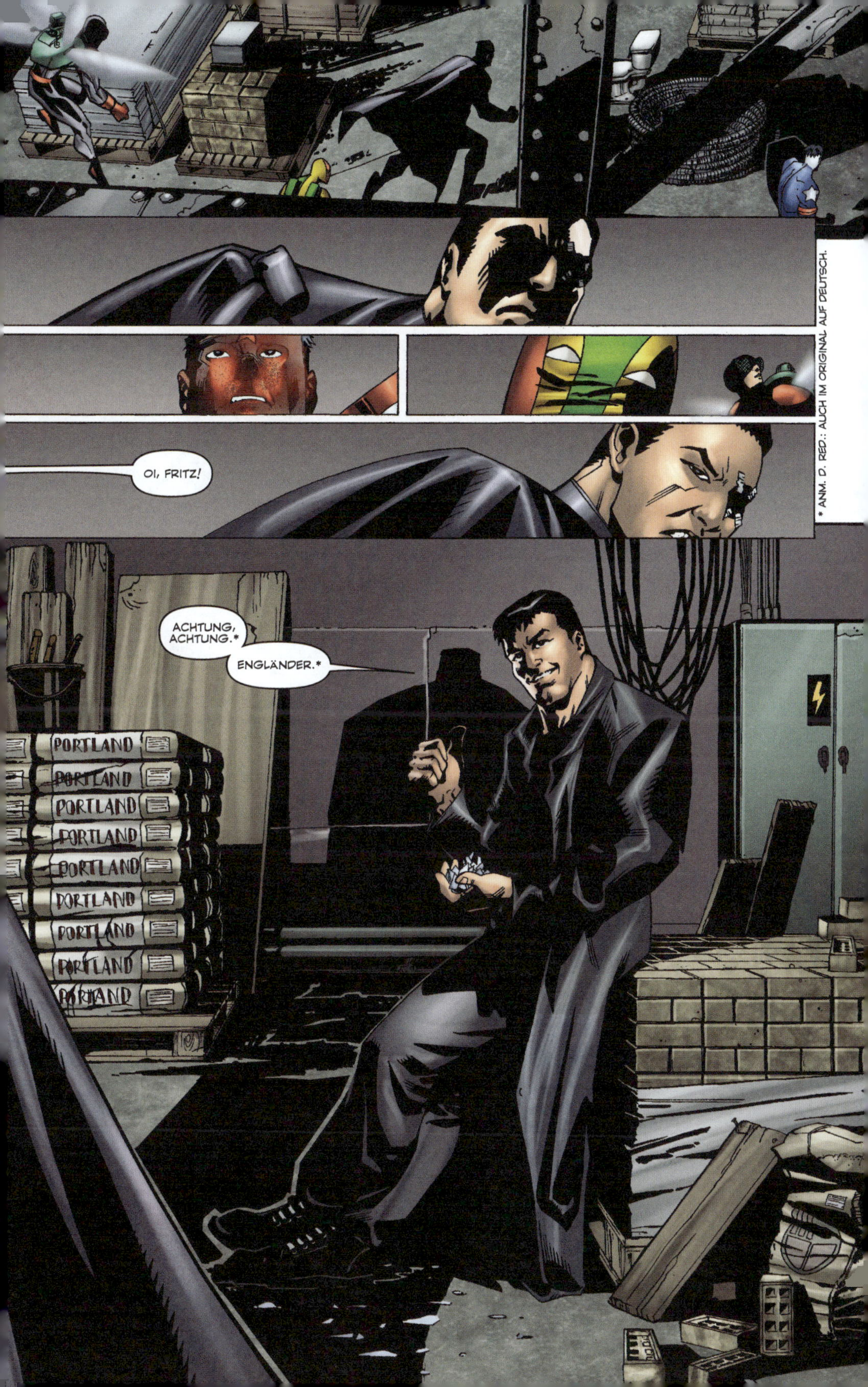
OI, FRITZ!
ACHTUNG, ACHTUNG.*
ENGLÄNDER.*
PORTLAND
PORTLAND
PORTLAND
PORTLAND
PORTLAND
PORTLAND
PORTLAND
PORTLAND
PORTLAND
* ANM. D. RED.: AUCH IM ORIGINAL AUF DEUTSCH.

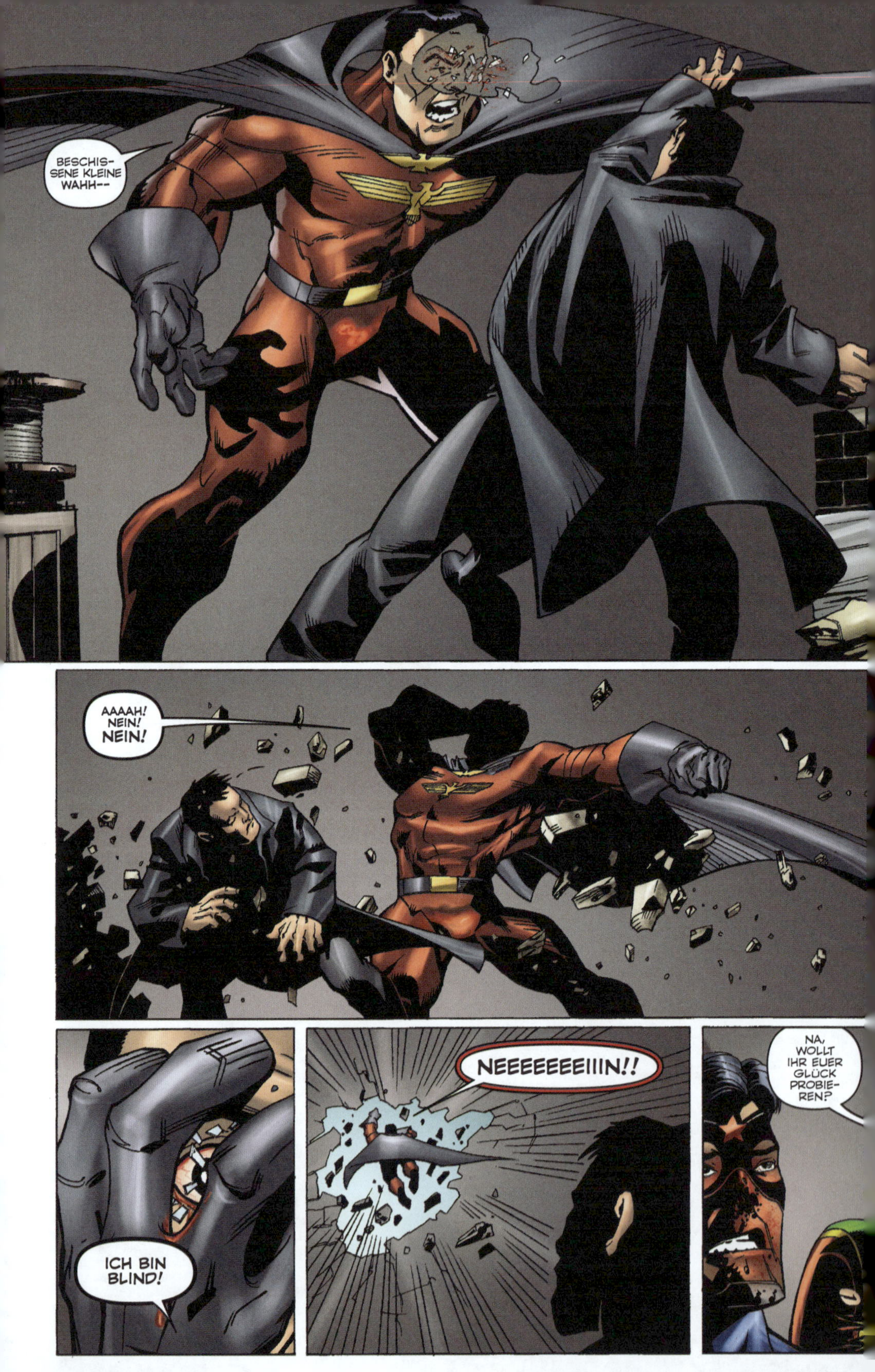

BESCHIS-
SENE KLEINE
WAHH--

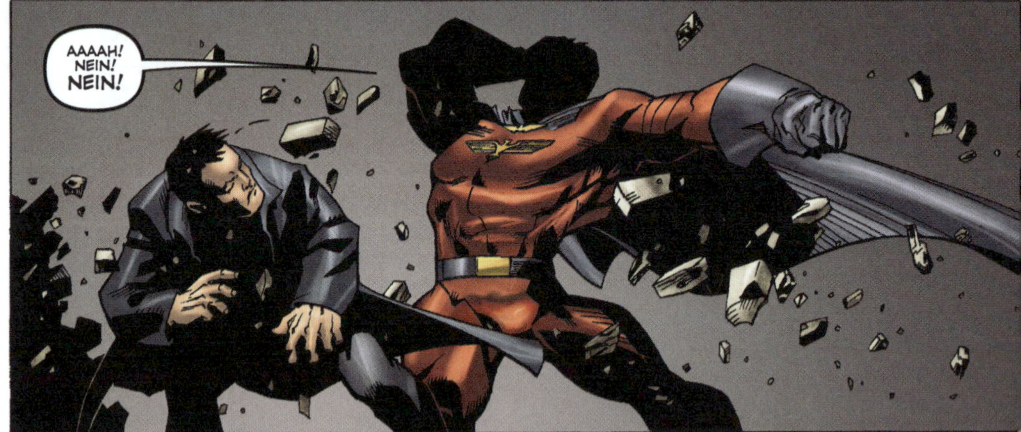
AAAAH!
NEIN!
NEIN!

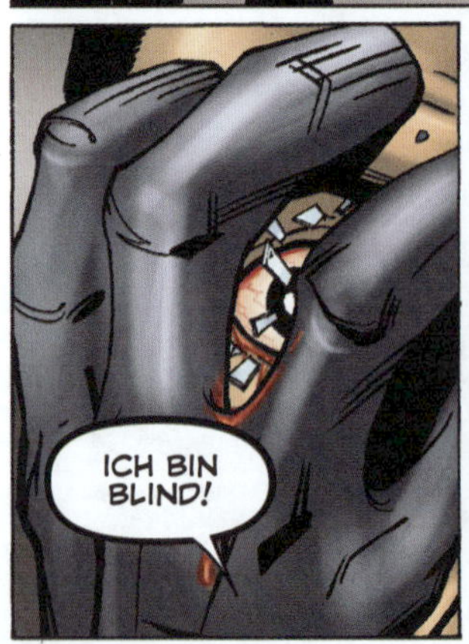
ICH BIN
BLIND!

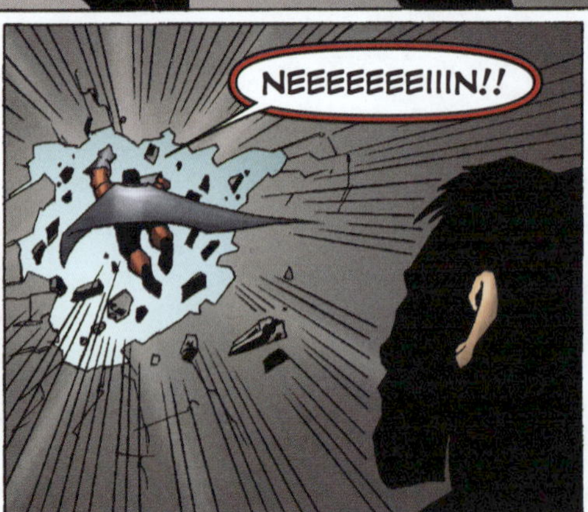
NEEEEEEEIIIN!!

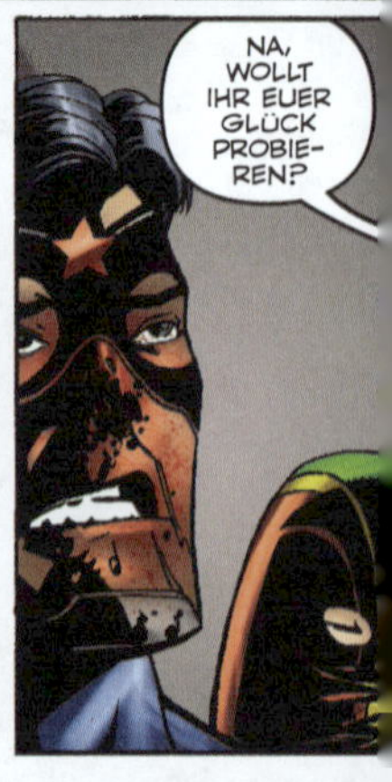
NA,
WOLLT
IHR EUER
GLÜCK
PROBIE-
REN?

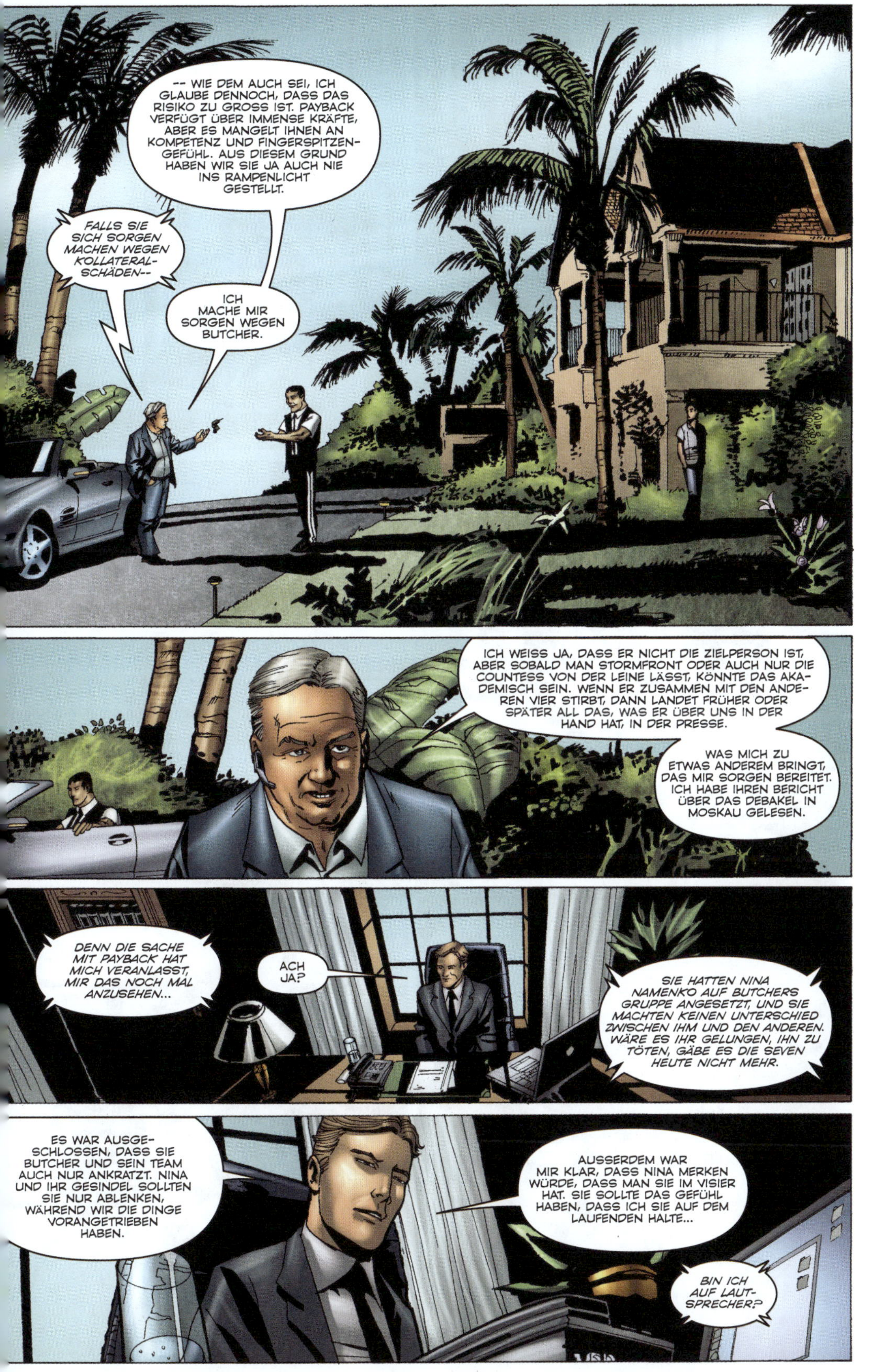
-- WIE DEM AUCH SEI, ICH GLAUBE DENNOCH, DASS DAS RISIKO ZU GROSS IST. PAYBACK VERFÜGT ÜBER IMMENSE KRÄFTE, ABER ES MANGELT IHNEN AN KOMPETENZ UND FINGERSPITZEN-GEFÜHL. AUS DIESEM GRUND HABEN WIR SIE JA AUCH NIE INS RAMPENLICHT GESTELLT.
FALLS SIE SICH SORGEN MACHEN WEGEN KOLLATERAL-SCHÄDEN--
ICH MACHE MIR SORGEN WEGEN BUTCHER.
ICH WEISS JA, DASS ER NICHT DIE ZIELPERSON IST, ABER SOBALD MAN STORMFRONT ODER AUCH NUR DIE COUNTESS VON DER LEINE LÄSST, KÖNNTE DAS AKA-DEMISCH SEIN. WENN ER ZUSAMMEN MIT DEN ANDE-REN VIER STIRBT, DANN LANDET FRÜHER ODER SPÄTER ALL DAS, WAS ER ÜBER UNS IN DER HAND HAT, IN DER PRESSE.
WAS MICH ZU ETWAS ANDEREM BRINGT, DAS MIR SORGEN BEREITET. ICH HABE IHREN BERICHT ÜBER DAS DEBAKEL IN MOSKAU GELESEN.
DENN DIE SACHE MIT PAYBACK HAT MICH VERANLASST, MIR DAS NOCH MAL ANZUSEHEN...
ACH JA?
SIE HATTEN NINA NAMENKO AUF BUTCHERS GRUPPE ANGESETZT, UND SIE MACHTEN KEINEN UNTERSCHIED ZWISCHEN IHM UND DEN ANDEREN. WÄRE ES IHR GELUNGEN, IHN ZU TÖTEN, GÄBE ES DIE SEVEN HEUTE NICHT MEHR.
ES WAR AUSGE-SCHLOSSEN, DASS SIE BUTCHER UND SEIN TEAM AUCH NUR ANKRATZT. NINA UND IHR GESINDEL SOLLTEN SIE NUR ABLENKEN, WÄHREND WIR DIE DINGE VORANGETRIEBEN HABEN.
AUSSERDEM WAR MIR KLAR, DASS NINA MERKEN WÜRDE, DASS MAN SIE IM VISIER HAT. SIE SOLLTE DAS GEFÜHL HABEN, DASS ICH SIE AUF DEM LAUFENDEN HALTE...
BIN ICH AUF LAUT-SPRECHER?

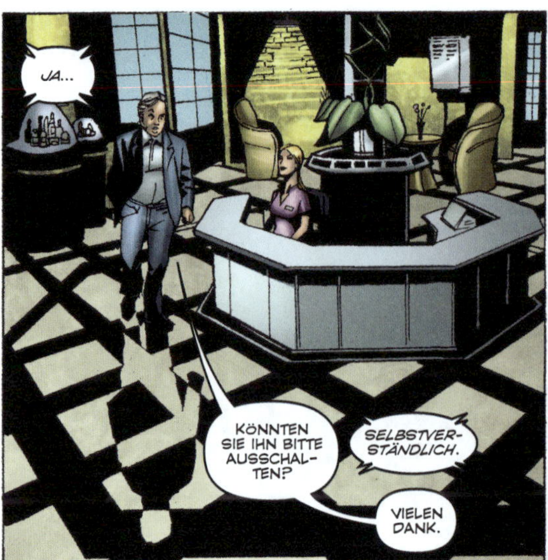
JA...
KÖNNTEN SIE IHN BITTE AUSSCHALTEN?
SELBSTVERSTÄNDLICH.
VIELEN DANK.

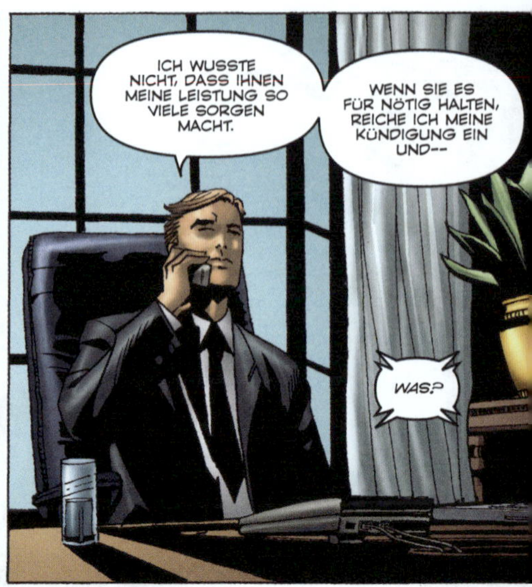
ICH WUSSTE NICHT, DASS IHNEN MEINE LEISTUNG SO VIELE SORGEN MACHT.
WENN SIE ES FÜR NÖTIG HALTEN, REICHE ICH MEINE KÜNDIGUNG EIN UND--
WAS?

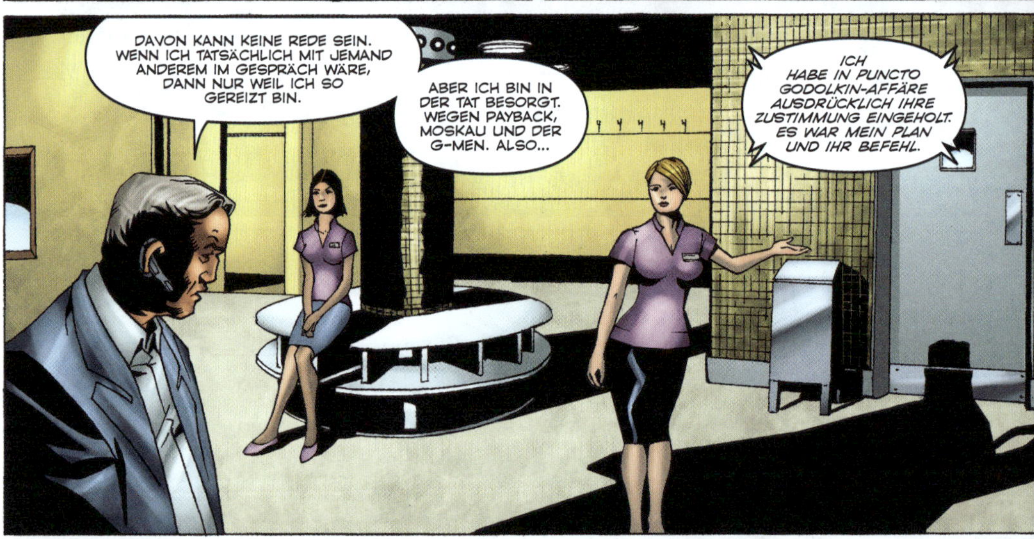
DAVON KANN KEINE REDE SEIN. WENN ICH TATSÄCHLICH MIT JEMAND ANDEREM IM GESPRÄCH WÄRE, DANN NUR WEIL ICH SO GEREIZT BIN.
ABER ICH BIN IN DER TAT BESORGT. WEGEN PAYBACK, MOSKAU UND DER G-MEN. ALSO...
ICH HABE IN PUNCTO GODOLKIN-AFFÄRE AUSDRÜCKLICH IHRE ZUSTIMMUNG EINGEHOLT. ES WAR MEIN PLAN UND IHR BEFEHL.

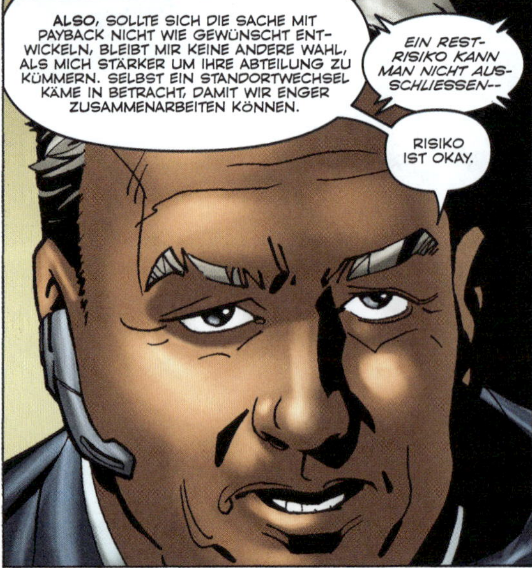
ALSO, SOLLTE SICH DIE SACHE MIT PAYBACK NICHT WIE GEWÜNSCHT ENTWICKELN, BLEIBT MIR KEINE ANDERE WAHL, ALS MICH STÄRKER UM IHRE ABTEILUNG ZU KÜMMERN. SELBST EIN STANDORTWECHSEL KÄME IN BETRACHT, DAMIT WIR ENGER ZUSAMMENARBEITEN KÖNNEN.
EIN RESTRISIKO KANN MAN NICHT AUSSCHLIESSEN--
RISIKO IST OKAY.

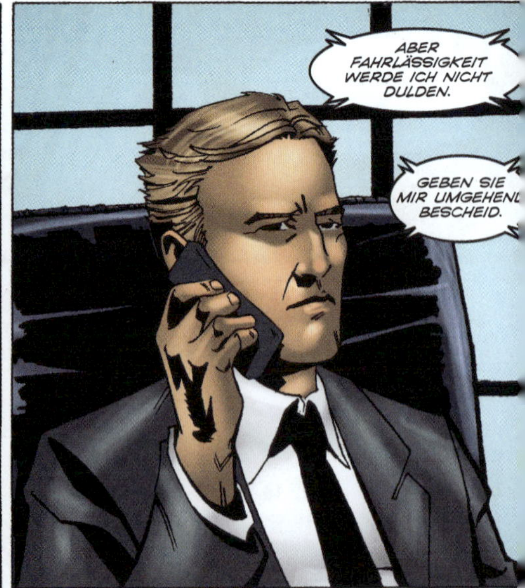
ABER FAHRLÄSSIGKEIT WERDE ICH NICHT DULDEN.
GEBEN SIE MIR UMGEHEND BESCHEID.

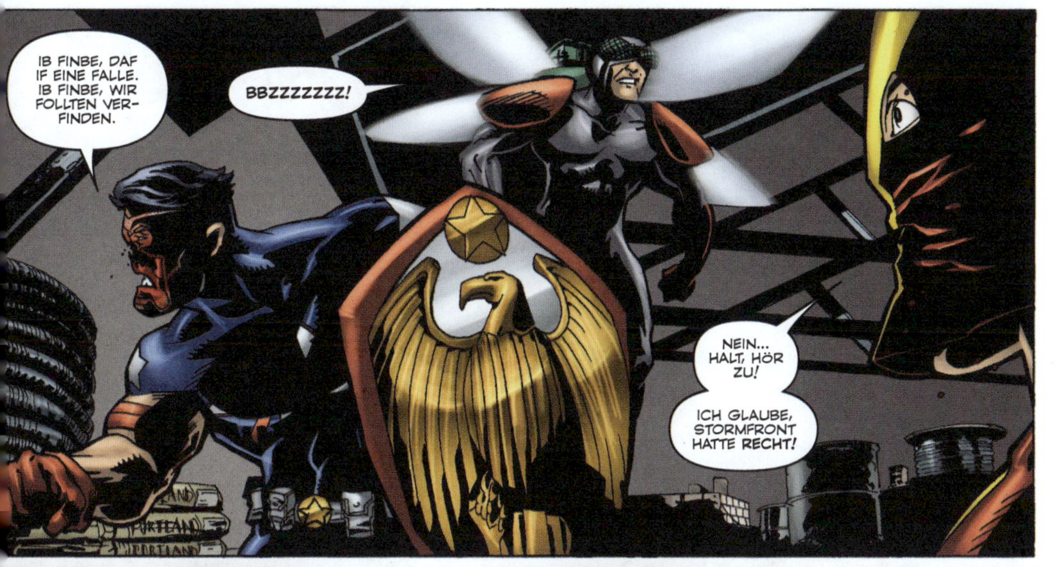
IB FINBE, DAF IF EINE FALLE. IB FINBE, WIR FOLLTEN VER-FINDEN.
BBZZZZZZZ!
NEIN... HALT, HÖR ZU!
ICH GLAUBE, STORMFRONT HATTE RECHT!
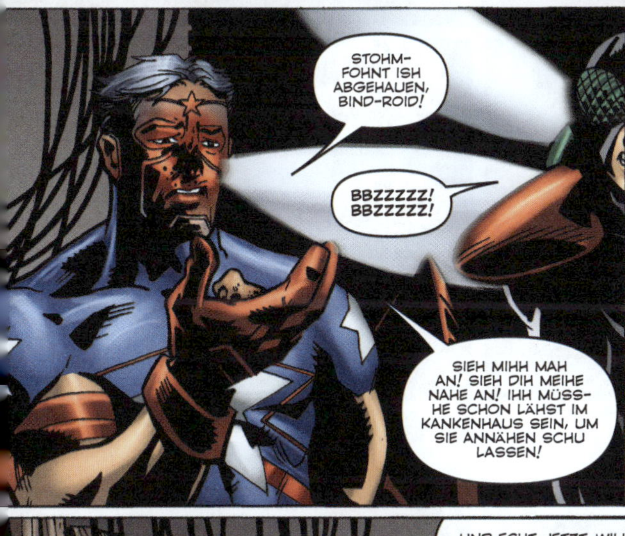
STOHM-FOHNT ISH ABGEHAUEN, BIND-ROID!
BBZZZZZ! BBZZZZZ!
SIEH MIHH MAH AN! SIEH DIH MEIHE NAHE AN! IHH MÜSS-HE SCHON LÄHST IM KANKENHAUS SEIN, UM SIE ANNÄHEN SCHU LASSEN!
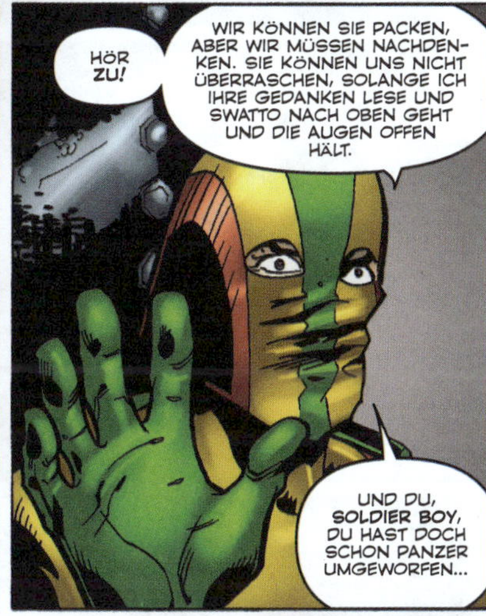
HÖR ZU!
WIR KÖNNEN SIE PACKEN, ABER WIR MÜSSEN NACHDEN-KEN. SIE KÖNNEN UNS NICHT ÜBERRASCHEN, SOLANGE ICH IHRE GEDANKEN LESE UND SWATTO NACH OBEN GEHT UND DIE AUGEN OFFEN HÄLT.
UND DU, SOLDIER BOY, DU HAST DOCH SCHON PANZER UMGEWORFEN...
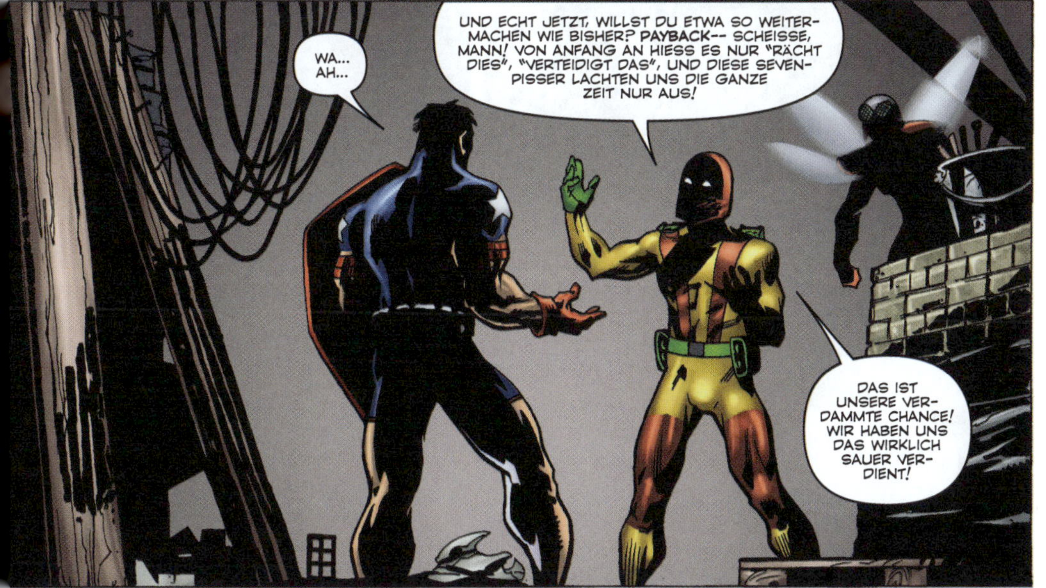
WA... AH...
UND ECHT JETZT, WILLST DU ETWA SO WEITER-MACHEN WIE BISHER? PAYBACK-- SCHEISSE, MANN! VON ANFANG AN HIESS ES NUR "RÄCHT DIES", "VERTEIDIGT DAS", UND DIESE SEVEN-PISSER LACHTEN UNS DIE GANZE ZEIT NUR AUS!
DAS IST UNSERE VER-DAMMTE CHANCE! WIR HABEN UNS DAS WIRKLICH SAUER VER-DIENT!

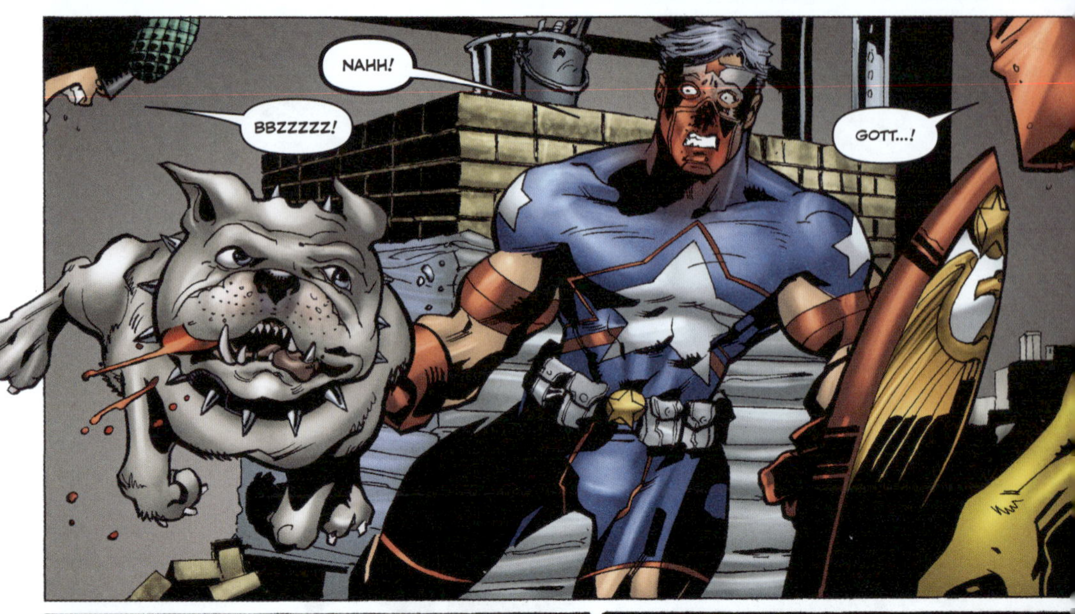
NAHH!
BBZZZZZ!
GOTT...!

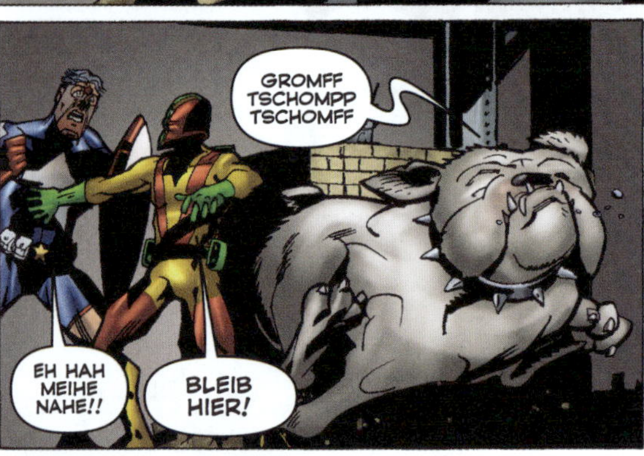
GROMFF TSCHOMPP TSCHOMFF
EH HAH MEIHE NAHE!!
BLEIB HIER!

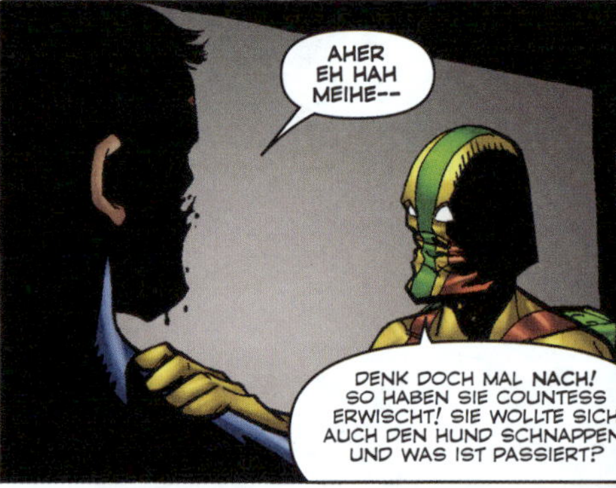
AHER EH HAH MEIHE--
DENK DOCH MAL NACH! SO HABEN SIE COUNTESS ERWISCHT! SIE WOLLTE SICH AUCH DEN HUND SCHNAPPEN UND WAS IST PASSIERT?

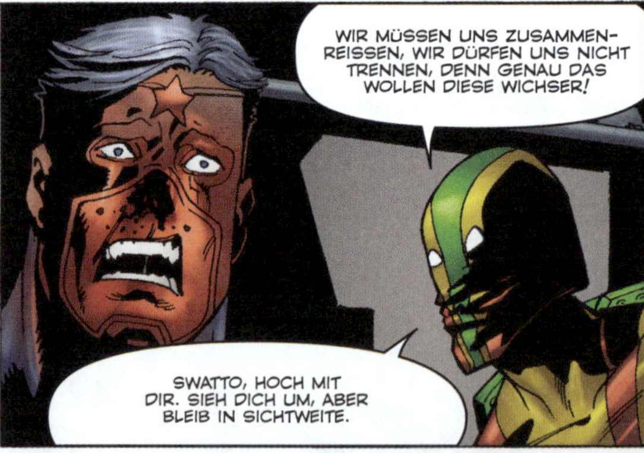
WIR MÜSSEN UNS ZUSAMMEN-REISSEN, WIR DÜRFEN UNS NICHT TRENNEN, DENN GENAU DAS WOLLEN DIESE WICHSER!
SWATTO, HOCH MIT DIR. SIEH DICH UM, ABER BLEIB IN SICHTWEITE.

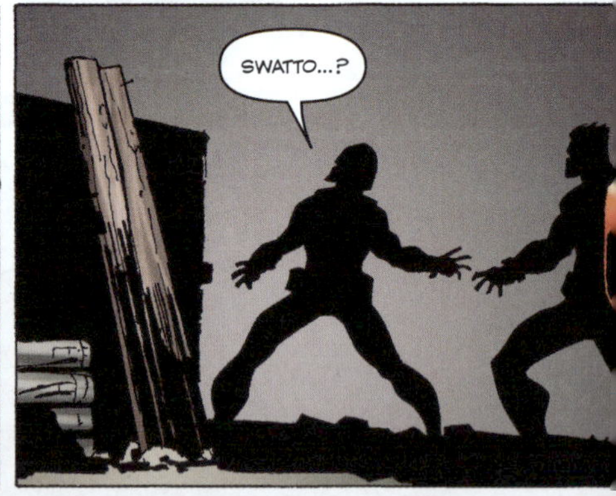
SWATTO...?

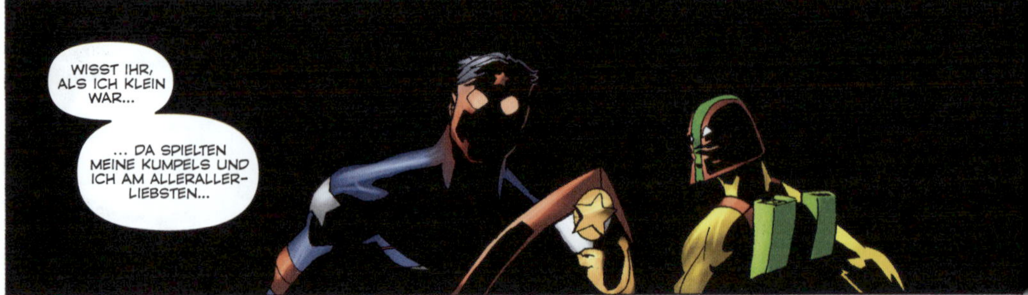
WISST IHR, ALS ICH KLEIN WAR...
... DA SPIELTEN MEINE KUMPELS UND ICH AM ALLERALLER-LIEBSTEN...

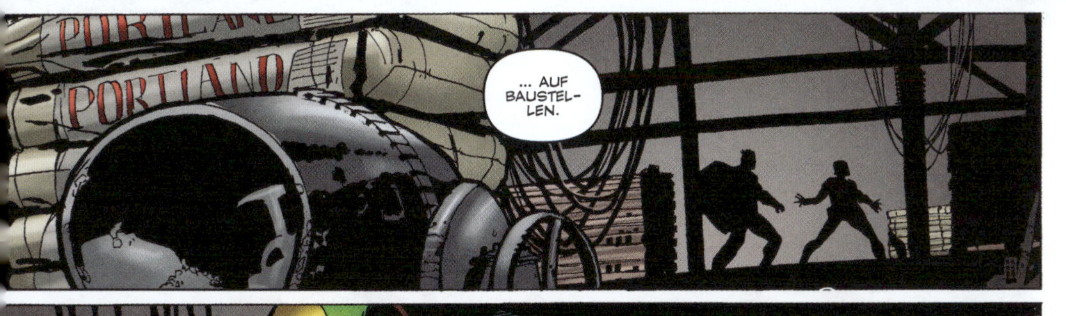
PORTLAND
PORTLAND
... AUF BAUSTEL-LEN.

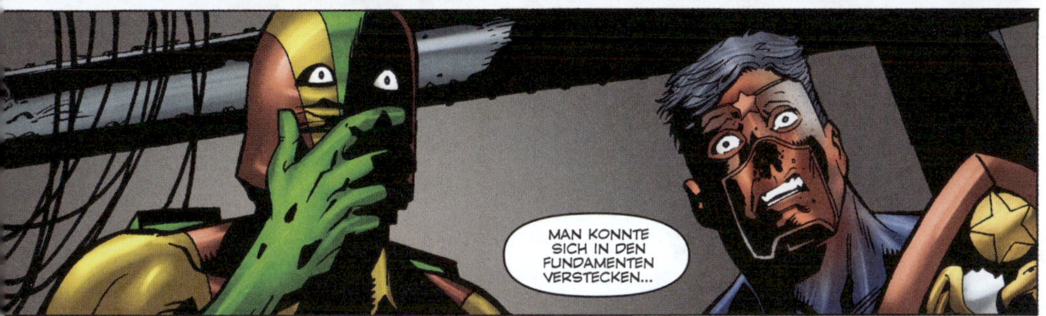
MAN KONNTE SICH IN DEN FUNDAMENTEN VERSTECKEN...

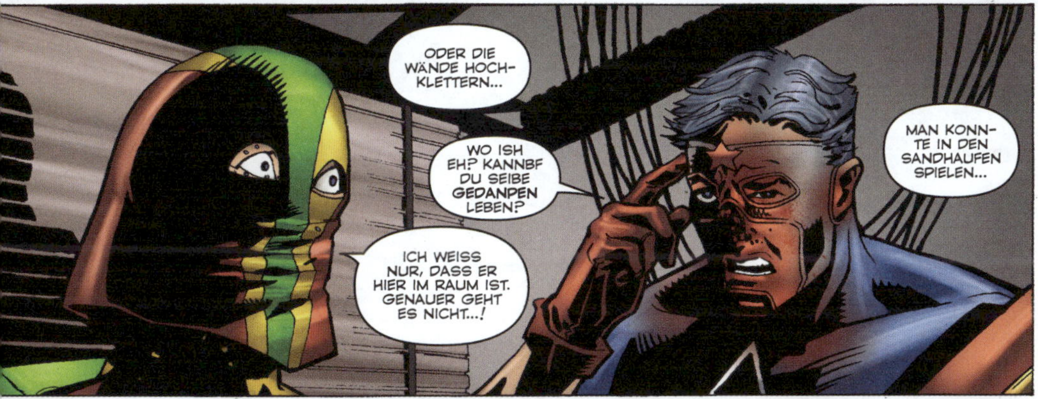
ODER DIE WÄNDE HOCH-KLETTERN...
MAN KONN-TE IN DEN SANDHAUFEN SPIELEN...
WO ISH EH? KANNBF DU SEIBE GEDANPEN LEBEN?
ICH WEISS NUR, DASS ER HIER IM RAUM IST. GENAUER GEHT ES NICHT...!

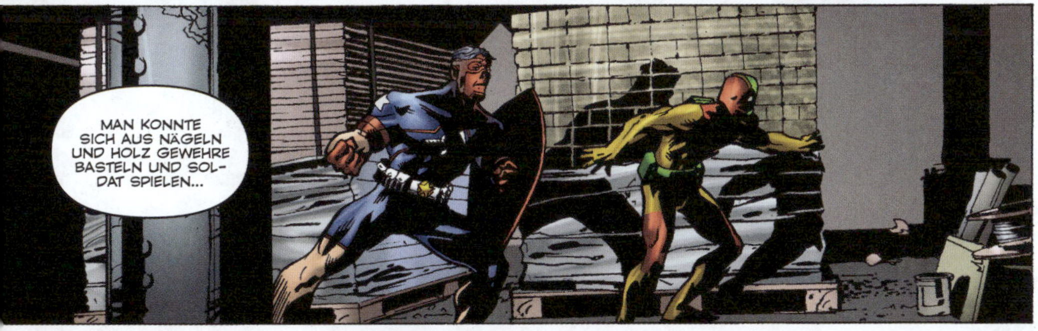
MAN KONNTE SICH AUS NÄGELN UND HOLZ GEWEHRE BASTELN UND SOL-DAT SPIELEN...

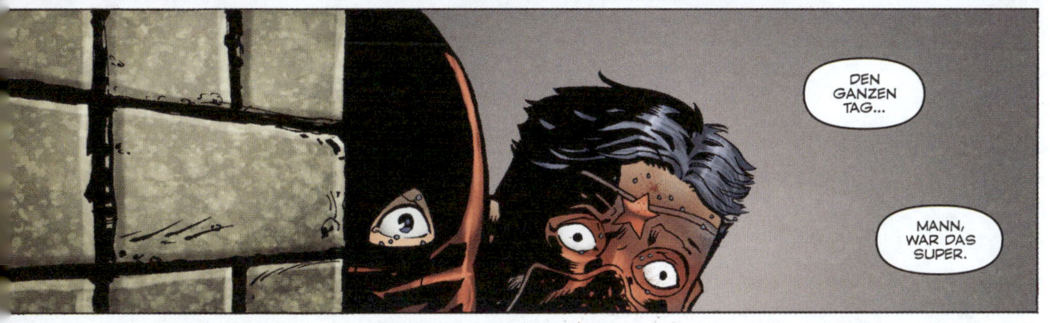
DEN GANZEN TAG...
MANN, WAR DAS SUPER.

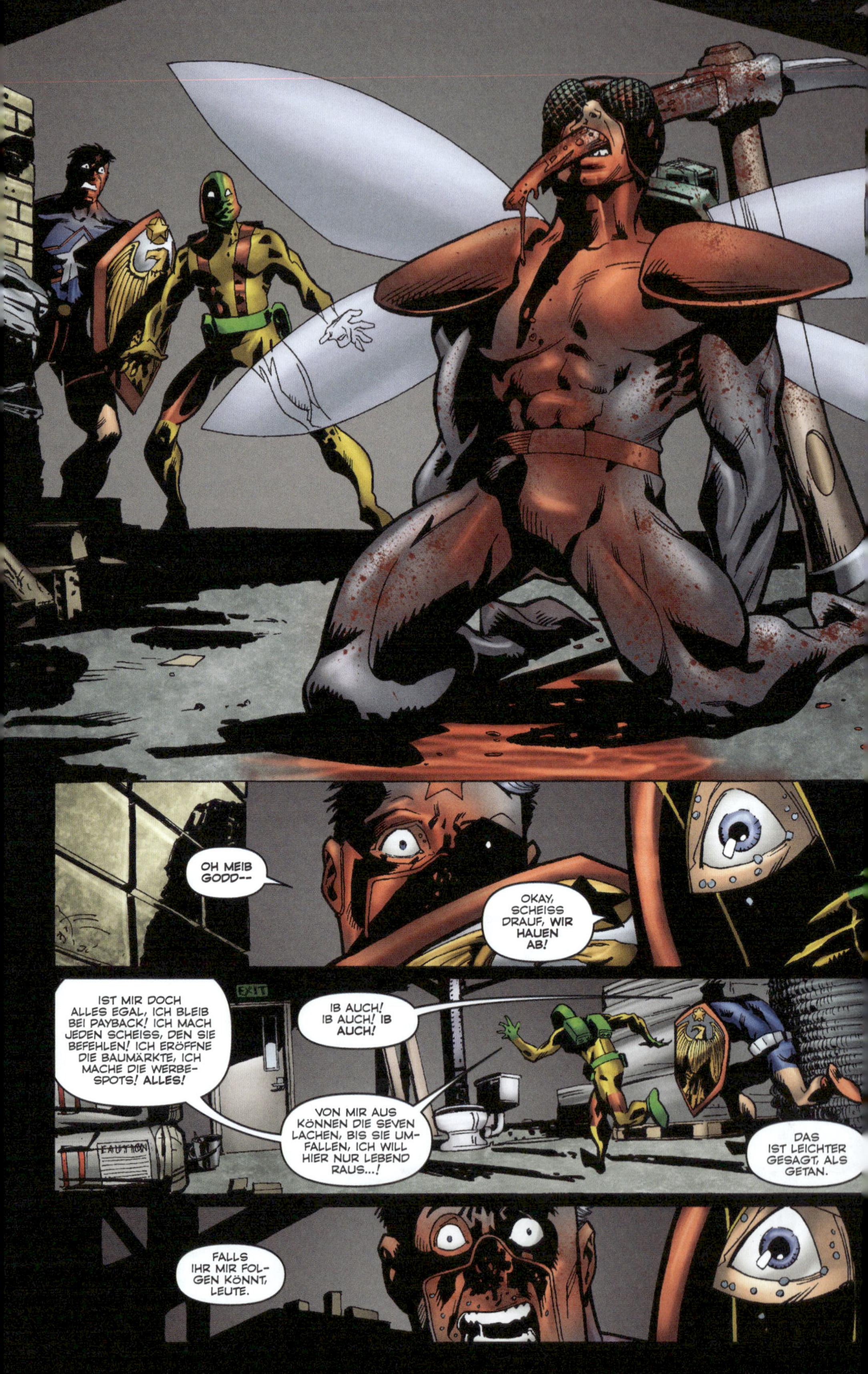
OH MEIB GODD--
OKAY, SCHEISS DRAUF, WIR HAUEN AB!
IST MIR DOCH ALLES EGAL, ICH BLEIB BEI PAYBACK! ICH MACH JEDEN SCHEISS, DEN SIE BEFEHLEN! ICH ERÖFFNE DIE BAUMÄRKTE, ICH MACHE DIE WERBESPOTS! ALLES!
IB AUCH! IB AUCH! IB AUCH!
VON MIR AUS KÖNNEN DIE SEVEN LACHEN, BIS SIE UMFALLEN, ICH WILL HIER NUR LEBEND RAUS...!
DAS IST LEICHTER GESAGT, ALS GETAN.
FALLS IHR MIR FOLGEN KÖNNT, LEUTE.

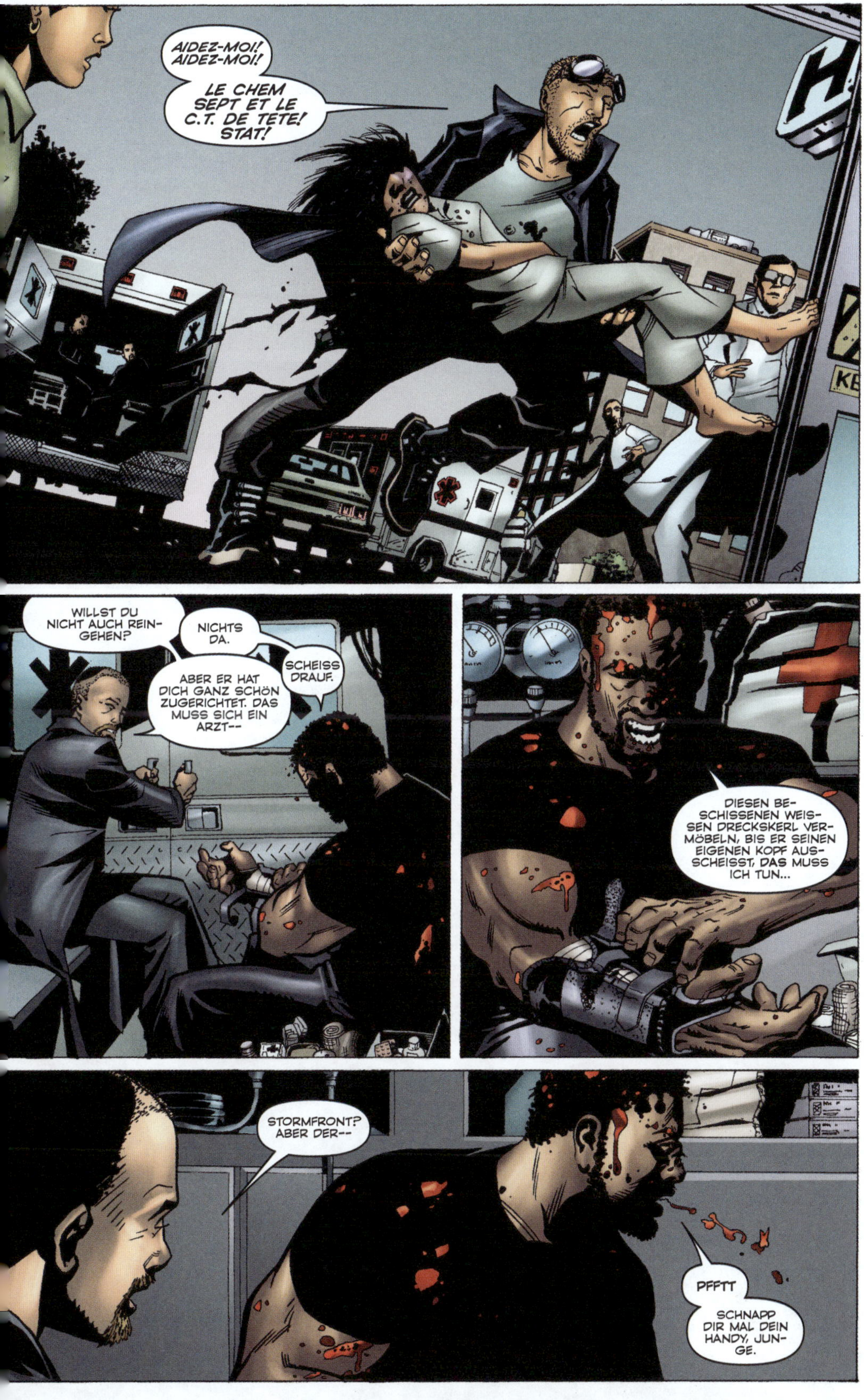

AIDEZ-MOI! AIDEZ-MOI!
LE CHEM SEPT ET LE C.T. DE TETE! STAT!

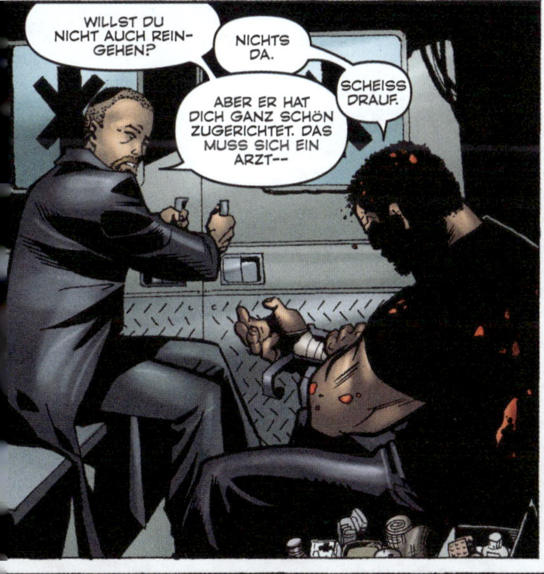
WILLST DU NICHT AUCH REIN-GEHEN?
NICHTS DA.
ABER ER HAT DICH GANZ SCHÖN ZUGERICHTET. DAS MUSS SICH EIN ARZT--
SCHEISS DRAUF.

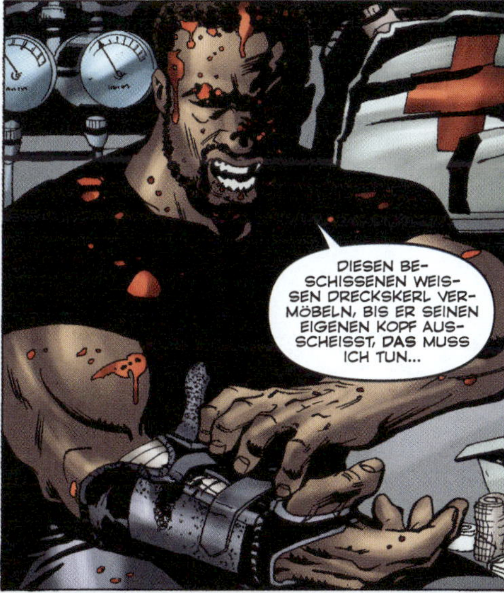
DIESEN BE-SCHISSENEN WEIS-SEN DRECKSKERL VER-MÖBELN, BIS ER SEINEN EIGENEN KOPF AUS-SCHEISST, DAS MUSS ICH TUN...

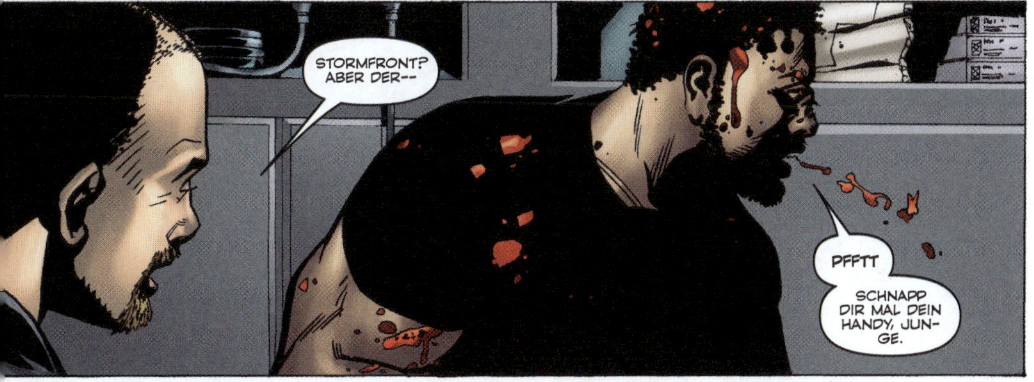
STORMFRONT? ABER DER--
PFFTT
SCHNAPP DIR MAL DEIN HANDY, JUN-GE.

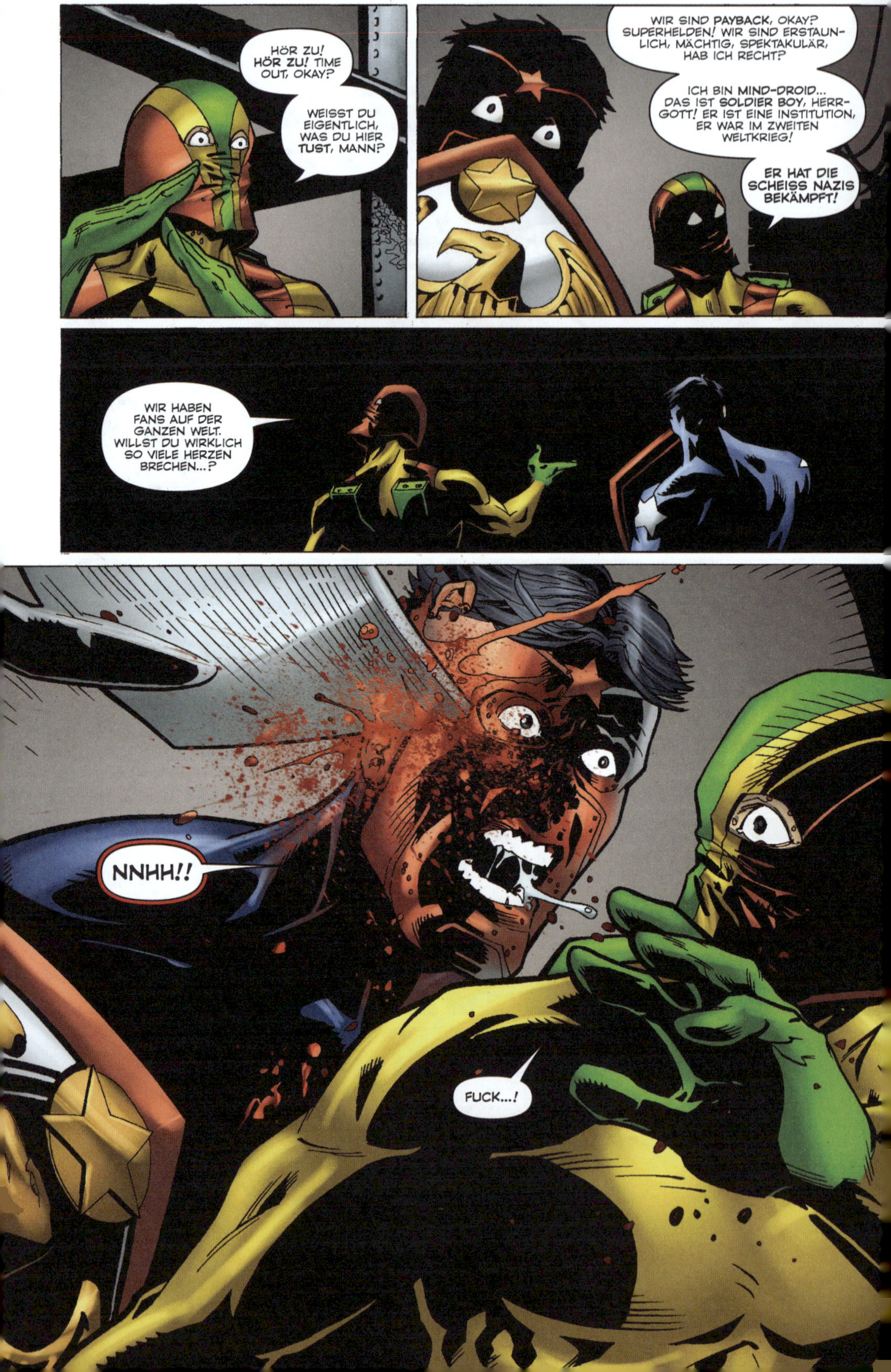

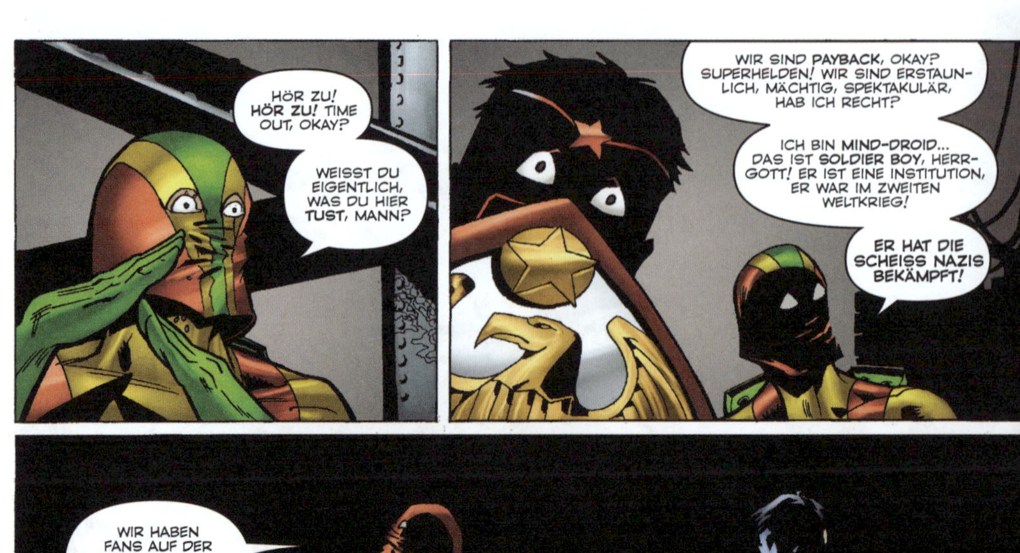
HÖR ZU! HÖR ZU! TIME OUT, OKAY?
WEISST DU EIGENTLICH, WAS DU HIER TUST, MANN?
WIR SIND PAYBACK, OKAY? SUPERHELDEN! WIR SIND ERSTAUNLICH, MÄCHTIG, SPEKTAKULÄR, HAB ICH RECHT?
ICH BIN MIND-DROID... DAS IST SOLDIER BOY, HERRGOTT! ER IST EINE INSTITUTION, ER WAR IM ZWEITEN WELTKRIEG!
ER HAT DIE SCHEISS NAZIS BEKÄMPFT!
WIR HABEN FANS AUF DER GANZEN WELT. WILLST DU WIRKLICH SO VIELE HERZEN BRECHEN...?
NNHH!!
FUCK...!

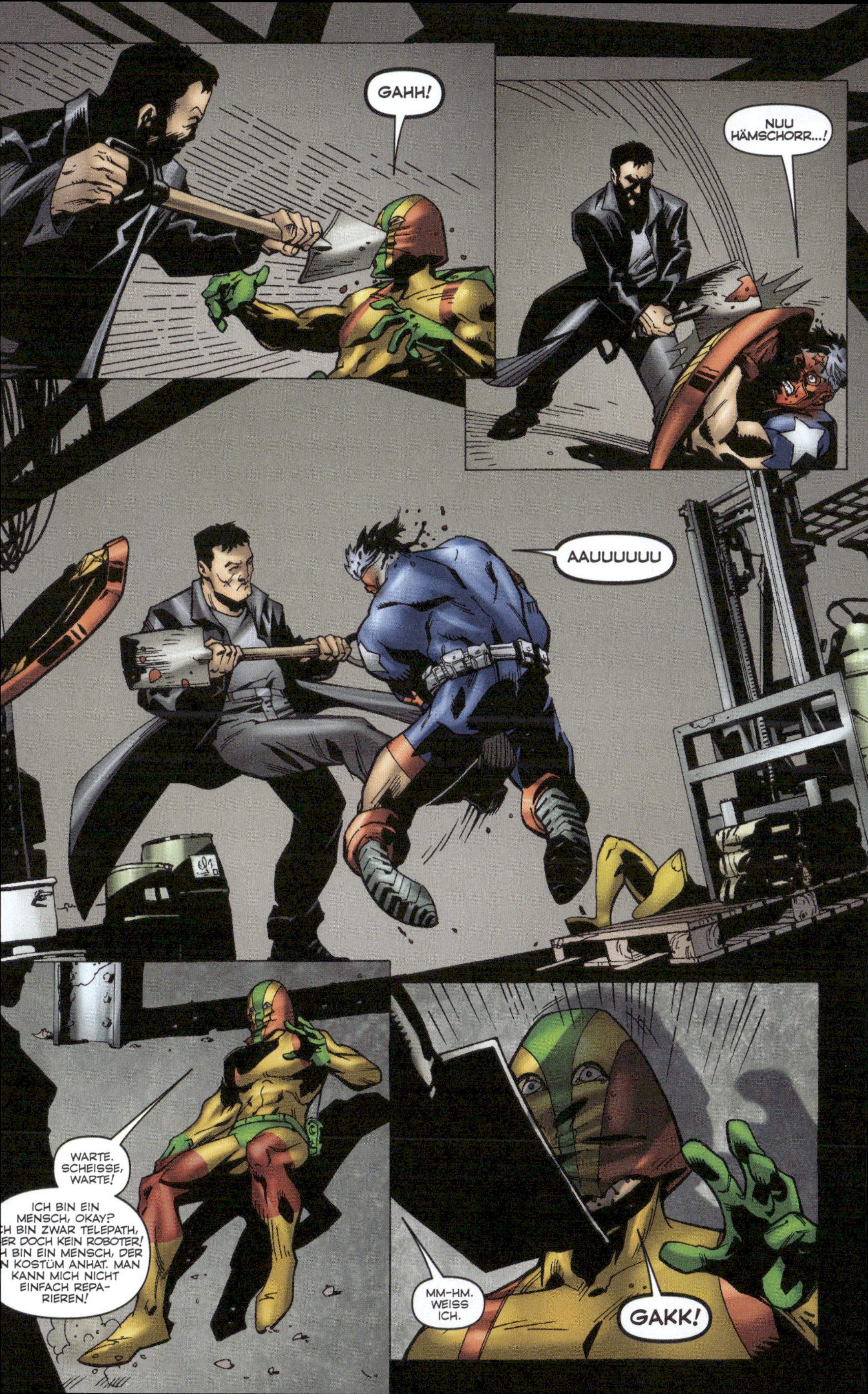
GAHH!
NUU HÄMSCHORR...!
AAUUUUUU
WARTE. SCHEISSE, WARTE!
ICH BIN EIN MENSCH, OKAY? CH BIN ZWAR TELEPATH, ER DOCH KEIN ROBOTER! H BIN EIN MENSCH, DER N KOSTÜM ANHAT. MAN KANN MICH NICHT EINFACH REPARIEREN!
MM-HM. WEISS ICH.
GAKK!

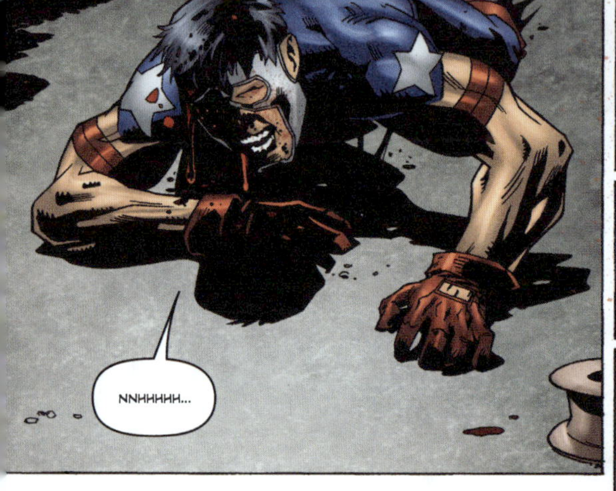

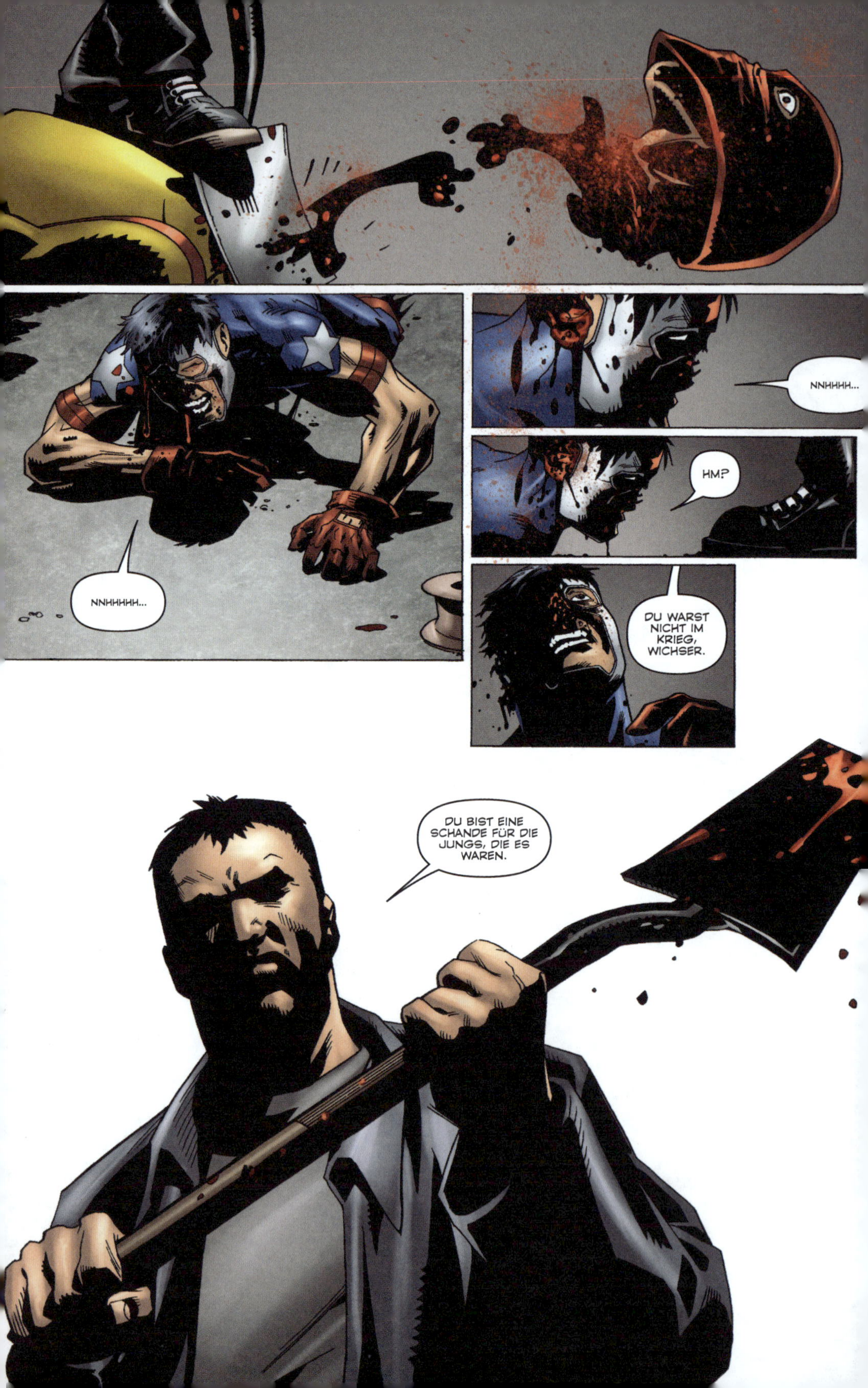

NNHHHH...

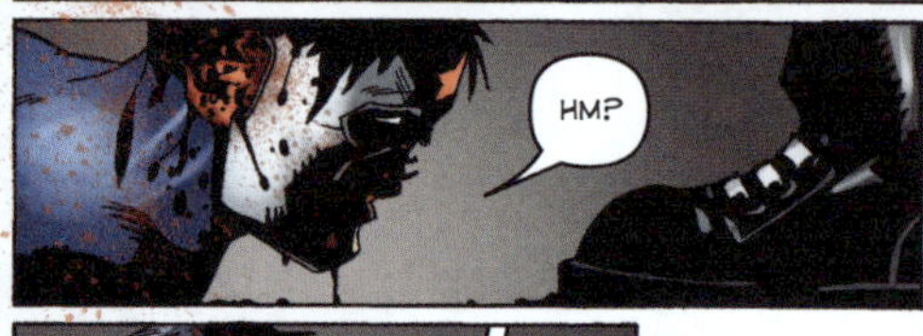

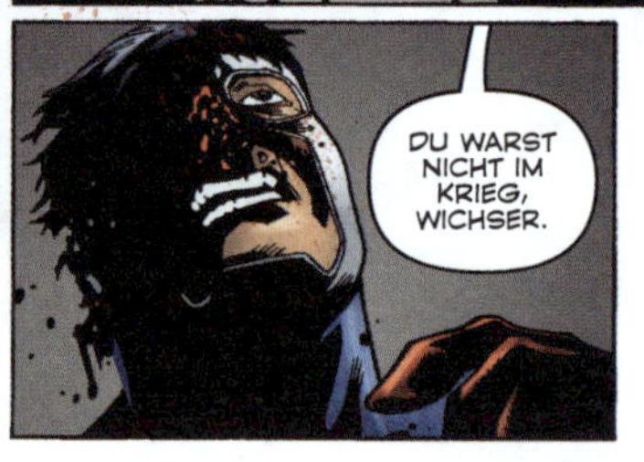

DU BIST EINE SCHANDE FÜR DIE JUNGS, DIE ES WAREN.

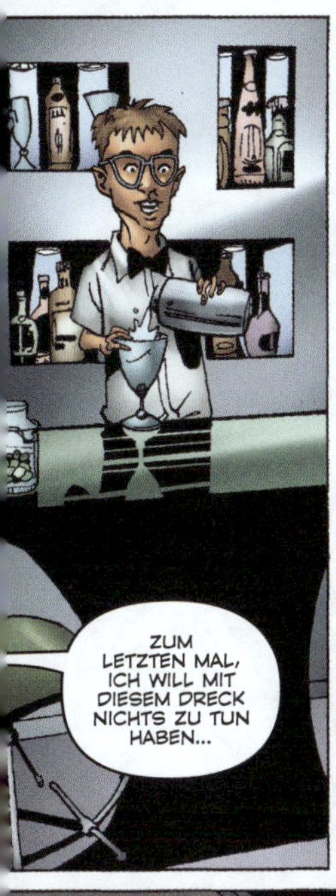
ZUM LETZTEN MAL, ICH WILL MIT DIESEM DRECK NICHTS ZU TUN HABEN...
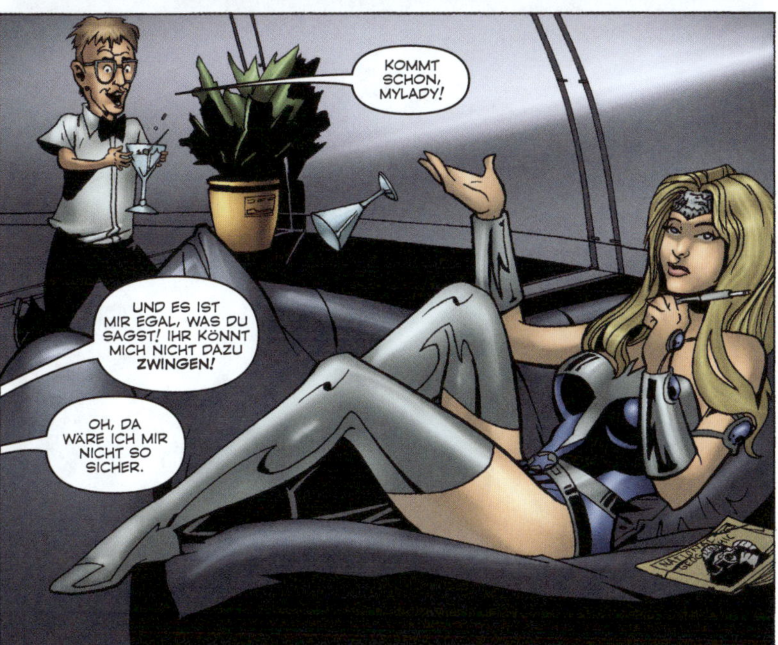
KOMMT SCHON, MYLADY!
UND ES IST MIR EGAL, WAS DU SAGST! IHR KÖNNT MICH NICHT DAZU ZWINGEN!
OH, DA WÄRE ICH MIR NICHT SO SICHER.
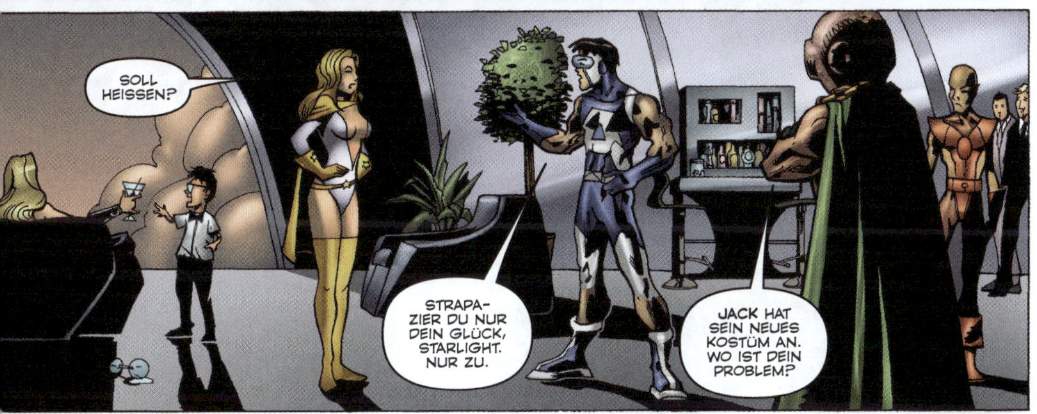
SOLL HEISSEN?
STRAPAZIER DU NUR DEIN GLÜCK, STARLIGHT. NUR ZU.
JACK HAT SEIN NEUES KOSTÜM AN. WO IST DEIN PROBLEM?
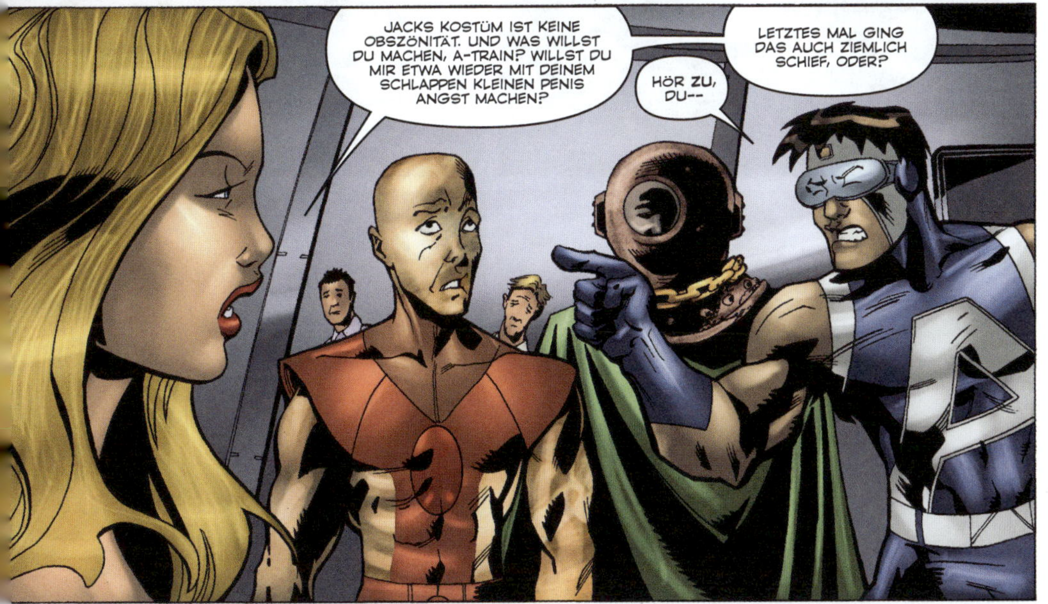
JACKS KOSTÜM IST KEINE OBSZÖNITÄT. UND WAS WILLST DU MACHEN, A-TRAIN? WILLST DU MIR ETWA WIEDER MIT DEINEM SCHLAPPEN KLEINEN PENIS ANGST MACHEN?
LETZTES MAL GING DAS AUCH ZIEMLICH SCHIEF, ODER?
HÖR ZU, DU--

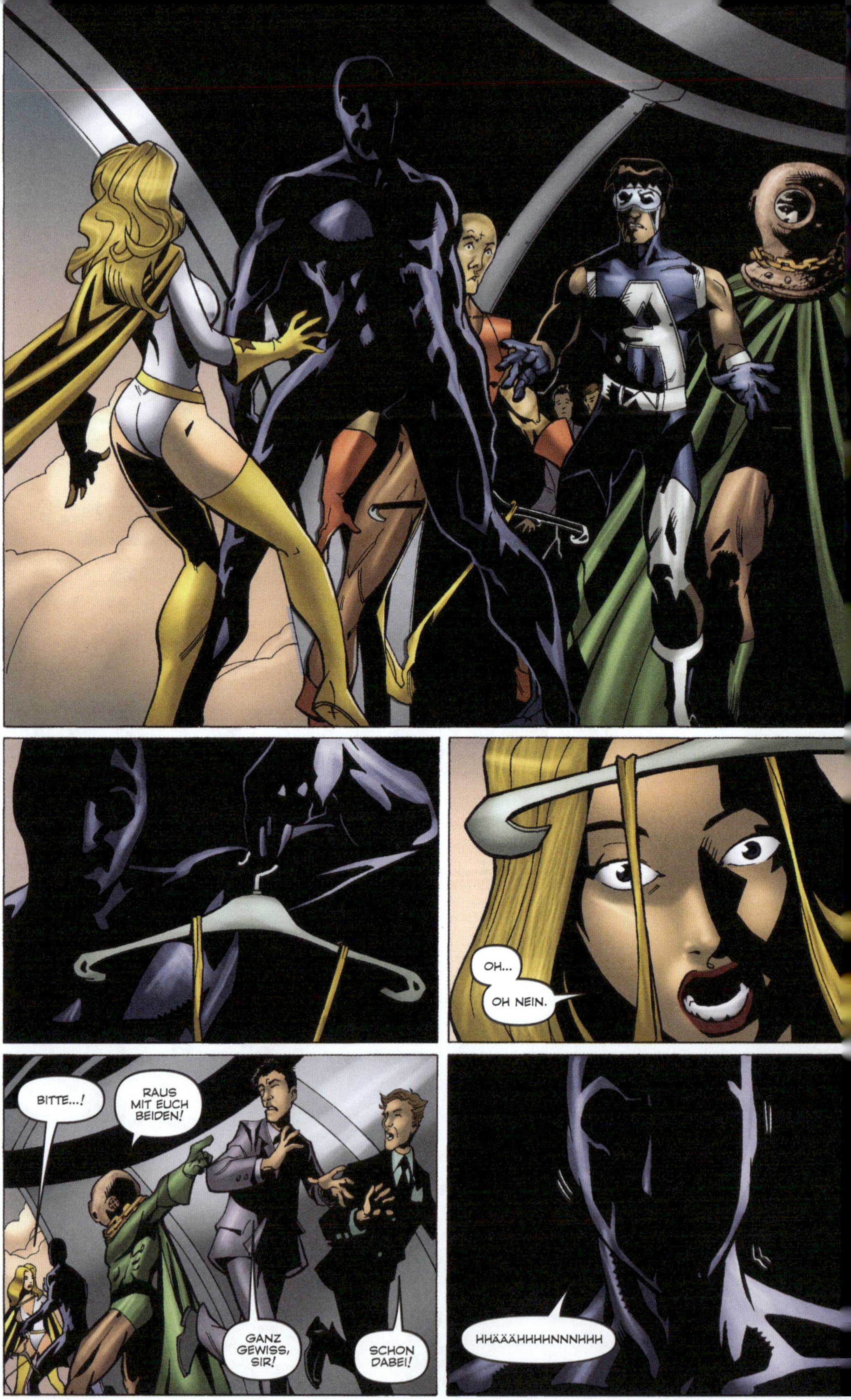

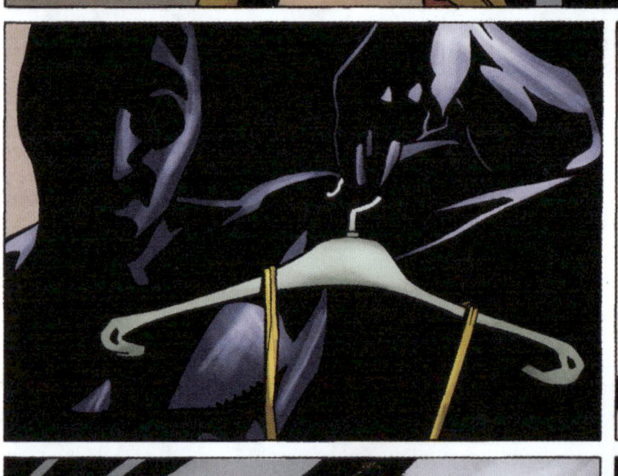

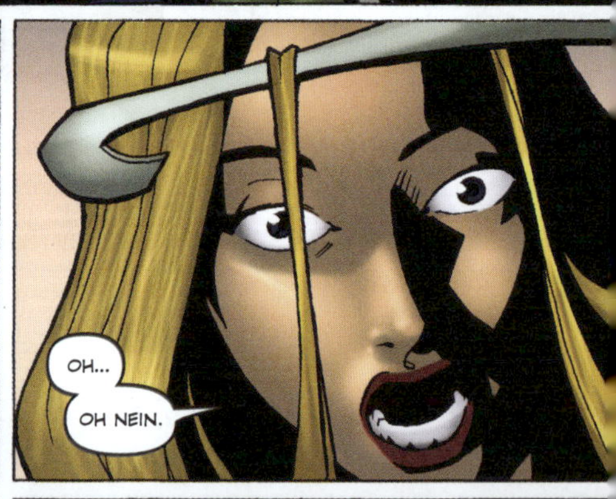
OH...
OH NEIN.

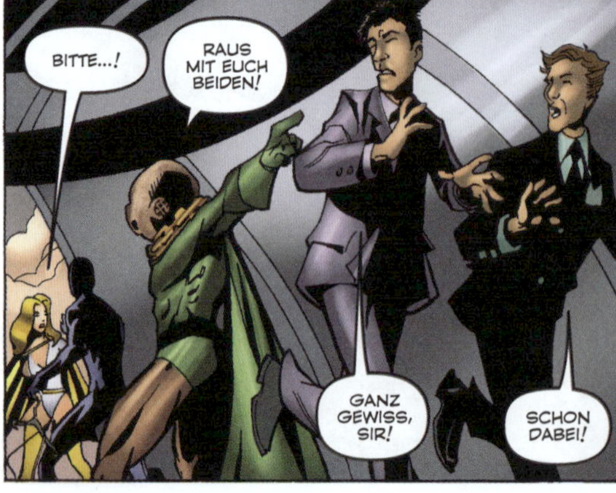
BITTE...!
RAUS MIT EUCH BEIDEN!
GANZ GEWISS, SIR!
SCHON DABEI!

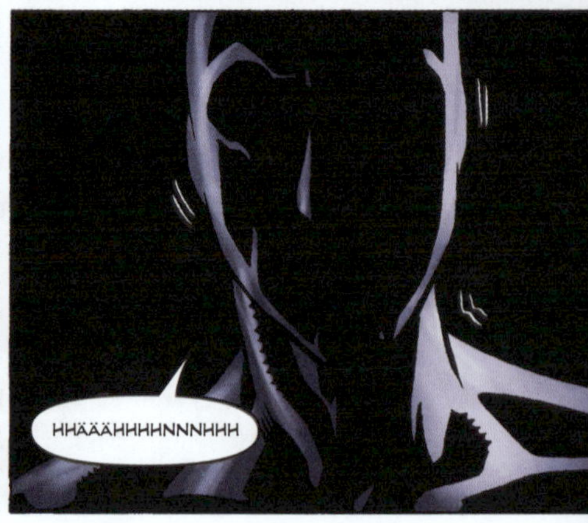
HHÄÄÄHHHHNNNHHH

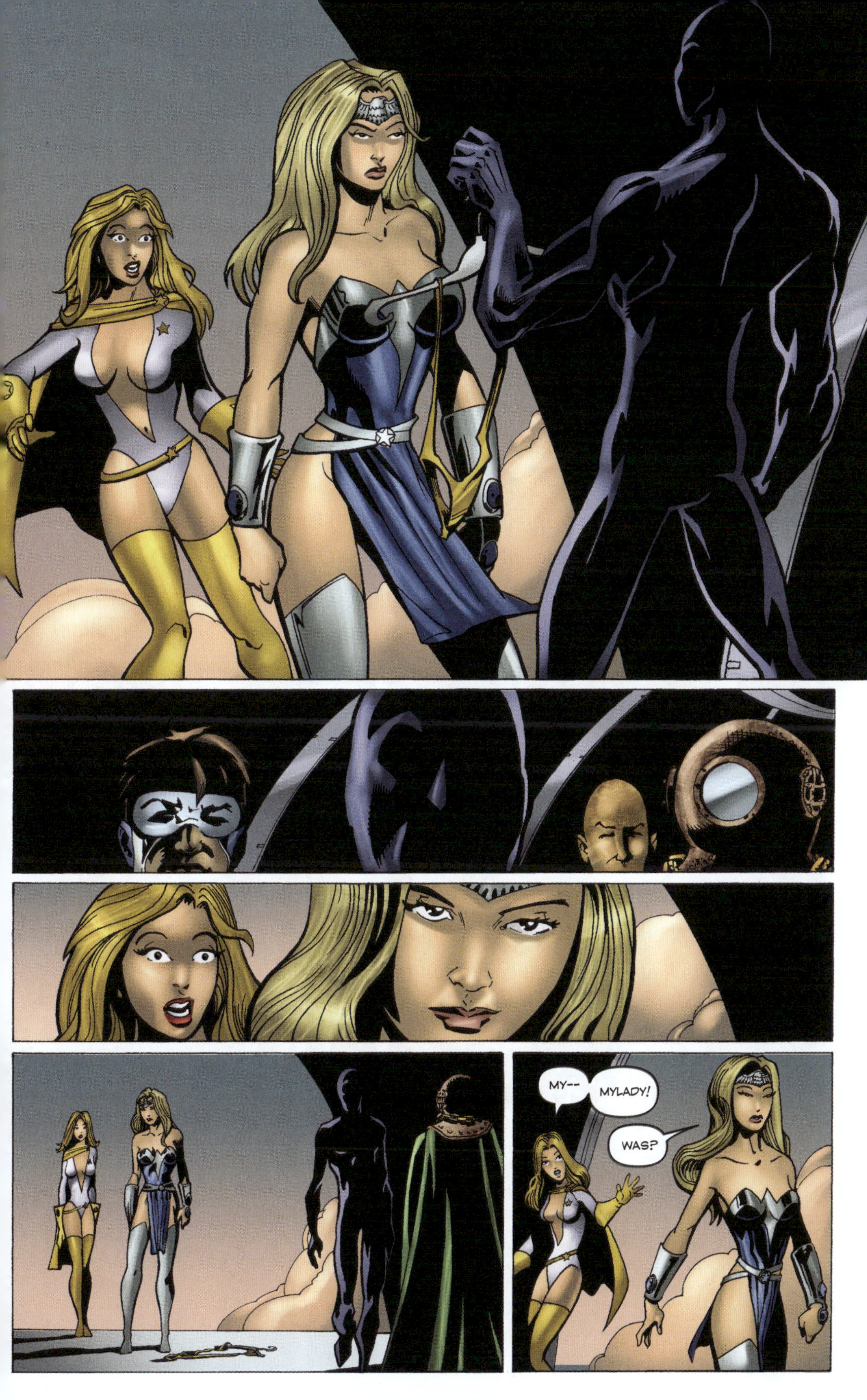
MY--
MYLADY!
WAS?

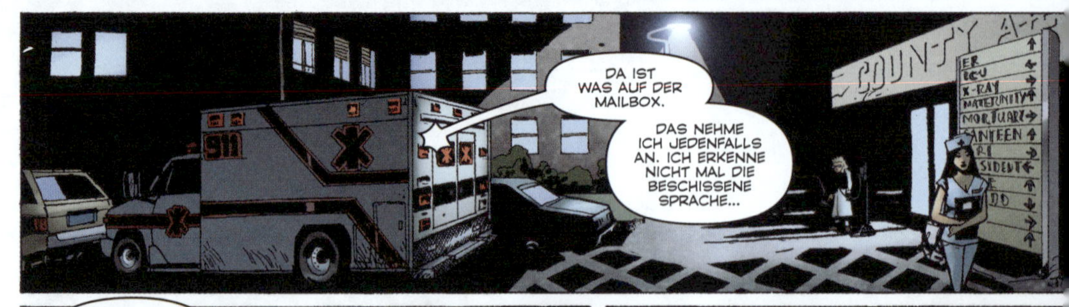
DA IST WAS AUF DER MAILBOX.
DAS NEHME ICH JEDENFALLS AN. ICH ERKENNE NICHT MAL DIE BESCHISSENE SPRACHE...

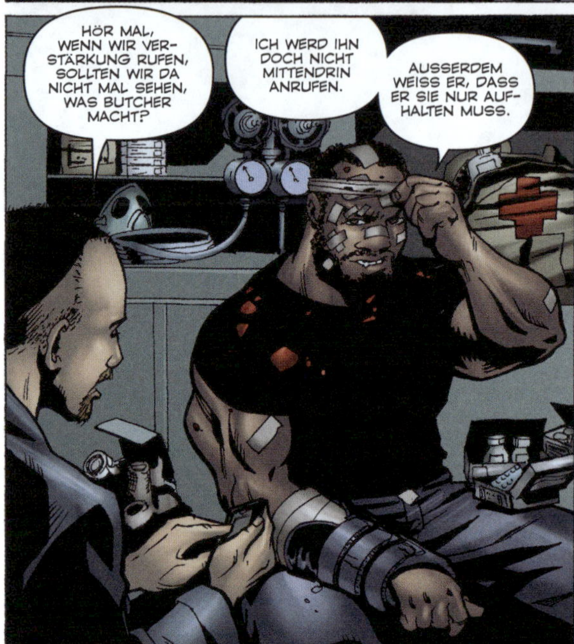
HÖR MAL, WENN WIR VERSTÄRKUNG RUFEN, SOLLTEN WIR DA NICHT MAL SEHEN, WAS BUTCHER MACHT?
ICH WERD IHN DOCH NICHT MITTENDRIN ANRUFEN.
AUSSERDEM WEISS ER, DASS ER SIE NUR AUFHALTEN MUSS.

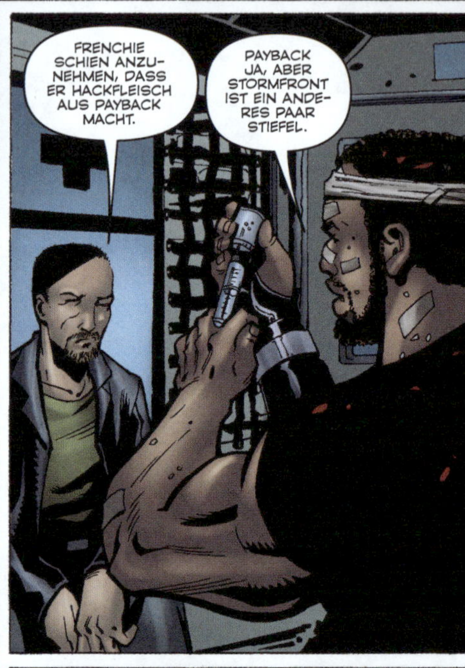
FRENCHIE SCHIEN ANZUNEHMEN, DASS ER HACKFLEISCH AUS PAYBACK MACHT.
PAYBACK JA, ABER STORMFRONT IST EIN ANDERES PAAR STIEFEL.

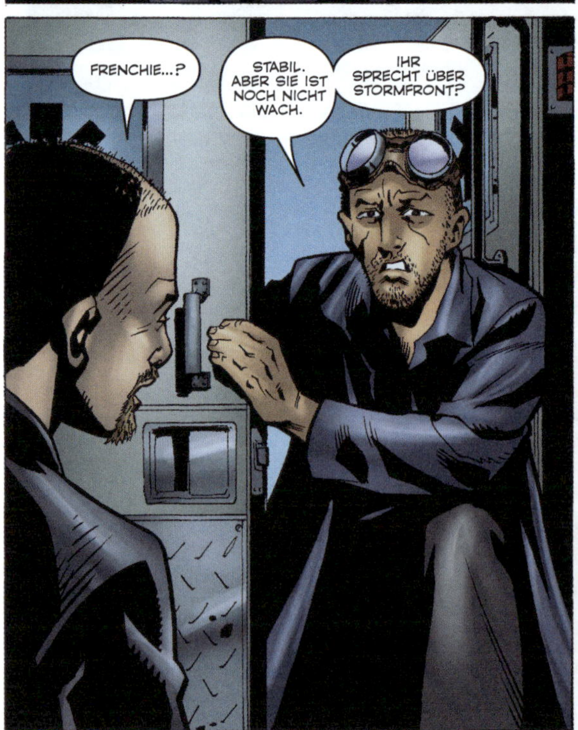
FRENCHIE...?
STABIL. ABER SIE IST NOCH NICHT WACH.
IHR SPRECHT ÜBER STORMFRONT?

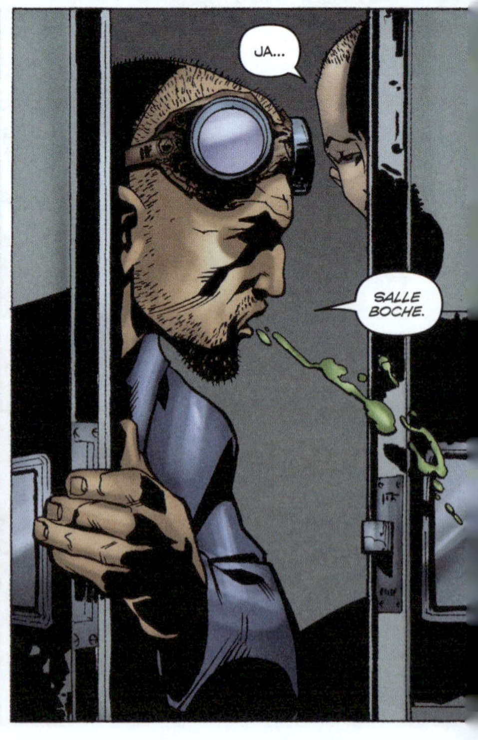
JA...
SALLE BOCHE.

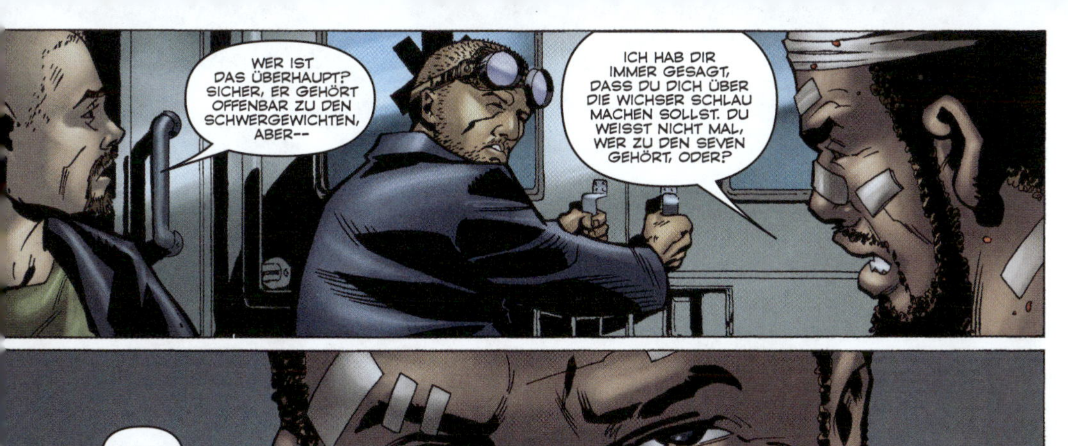
WER IST DAS ÜBERHAUPT? SICHER, ER GEHÖRT OFFENBAR ZU DEN SCHWERGEWICHTEN, ABER--
ICH HAB DIR IMMER GESAGT, DASS DU DICH ÜBER DIE WICHSER SCHLAU MACHEN SOLLST. DU WEISST NICHT MAL, WER ZU DEN SEVEN GEHÖRT, ODER?

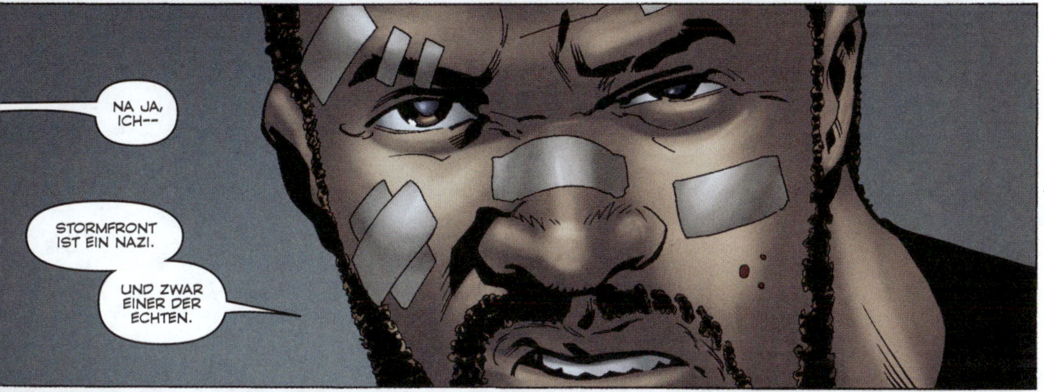
NA JA, ICH--
STORMFRONT IST EIN NAZI.
UND ZWAR EINER DER ECHTEN.

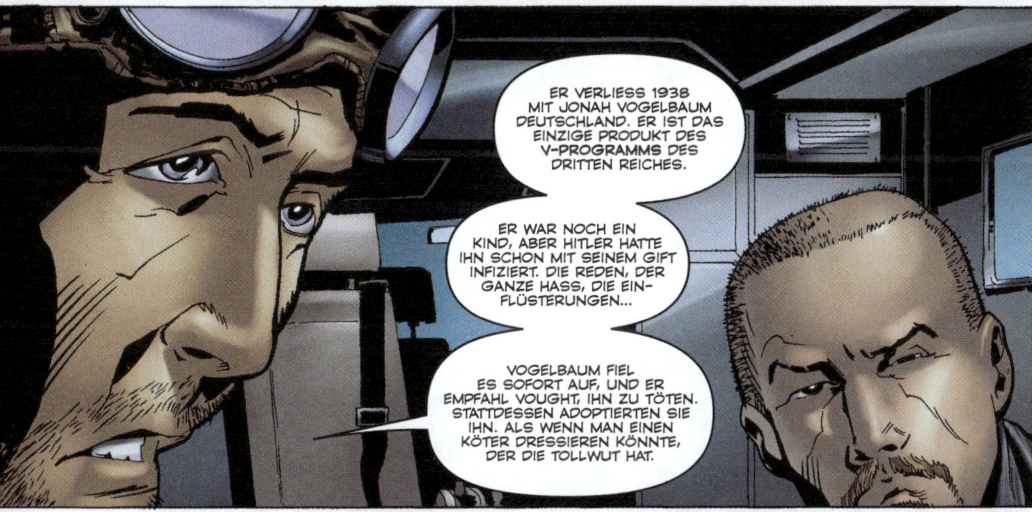
ER VERLIESS 1938 MIT JONAH VOGELBAUM DEUTSCHLAND. ER IST DAS EINZIGE PRODUKT DES V-PROGRAMMS DES DRITTEN REICHES.
ER WAR NOCH EIN KIND, ABER HITLER HATTE IHN SCHON MIT SEINEM GIFT INFIZIERT. DIE REDEN, DER GANZE HASS, DIE EIN-FLÜSTERUNGEN...
VOGELBAUM FIEL ES SOFORT AUF, UND ER EMPFAHL VOUGHT, IHN ZU TÖTEN. STATTDESSEN ADOPTIERTEN SIE IHN. ALS WENN MAN EINEN KÖTER DRESSIEREN KÖNNTE, DER DIE TOLLWUT HAT.

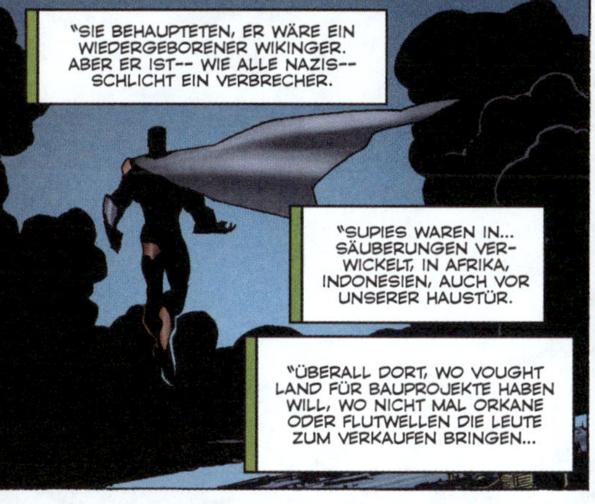
"SIE BEHAUPTETEN, ER WÄRE EIN WIEDERGEBORENER WIKINGER. ABER ER IST-- WIE ALLE NAZIS-- SCHLICHT EIN VERBRECHER.
"SUPIES WAREN IN... SÄUBERUNGEN VERWICKELT, IN AFRIKA, INDONESIEN, AUCH VOR UNSERER HAUSTÜR.
"ÜBERALL DORT, WO VOUGHT LAND FÜR BAUPROJEKTE HABEN WILL, WO NICHT MAL ORKANE ODER FLUTWELLEN DIE LEUTE ZUM VERKAUFEN BRINGEN...

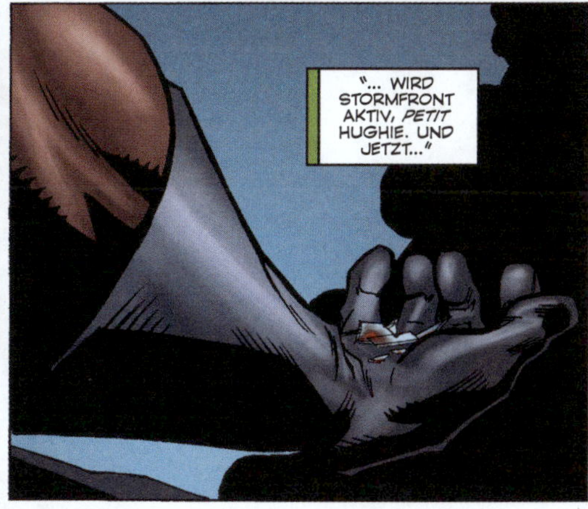
"... WIRD STORMFRONT AKTIV, *PETIT* HUGHIE. UND JETZT..."

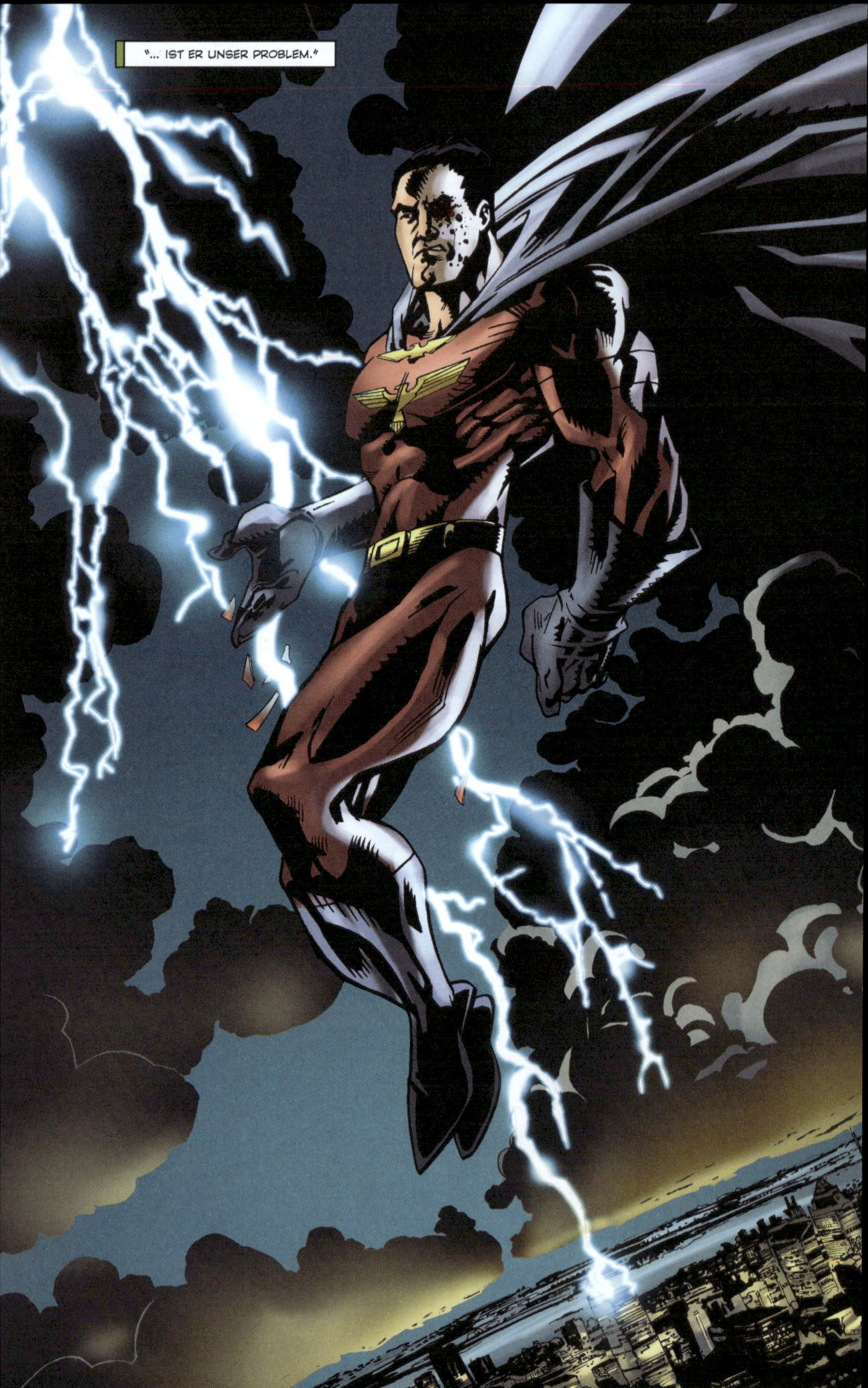
"...' IST ER UNSER PROBLEM."

DIE SELBSTERHALTUNGSLIGA, 4. TEIL

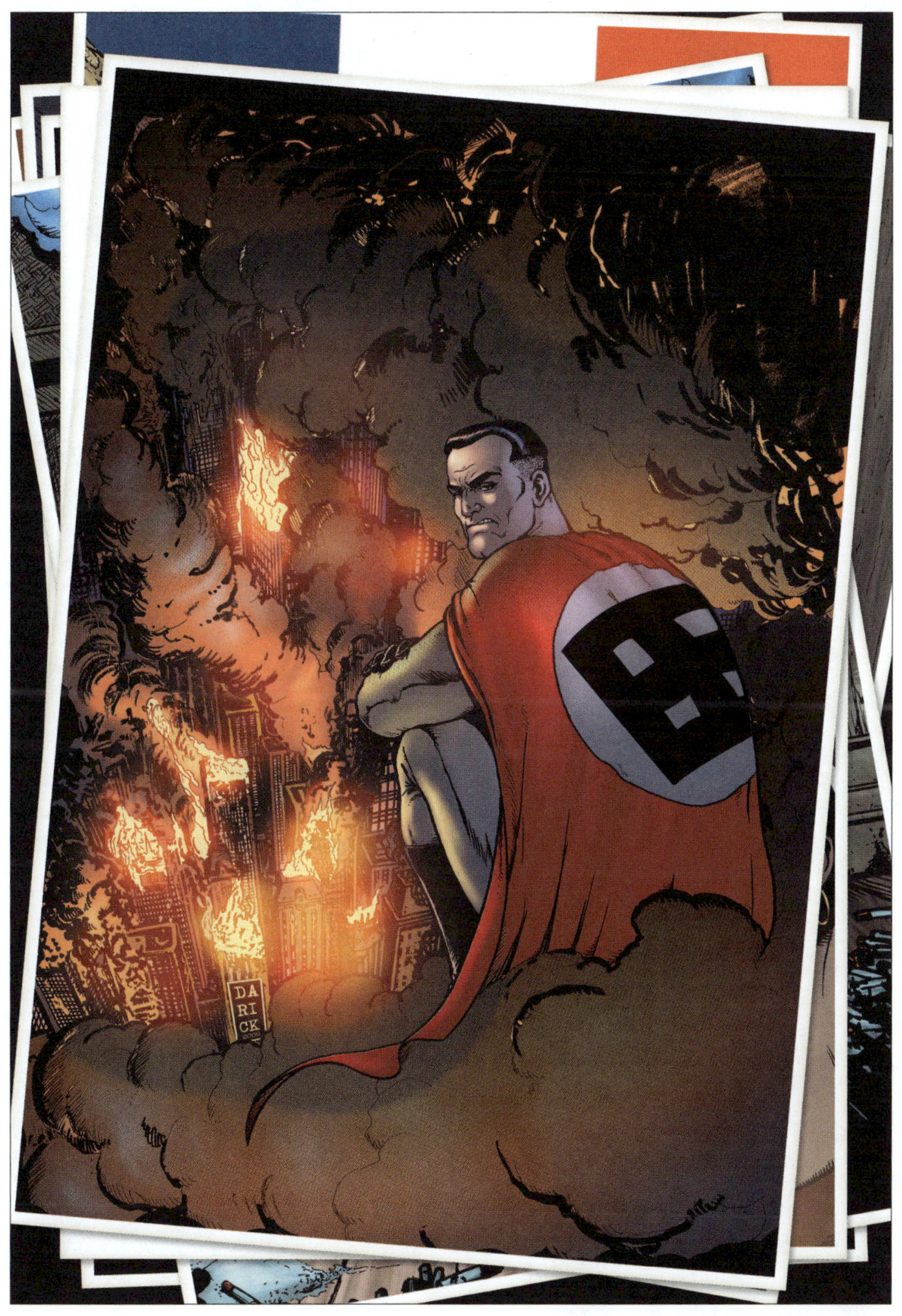

The Boys (2006) 34
Cover von **DARICK ROBERTSON**

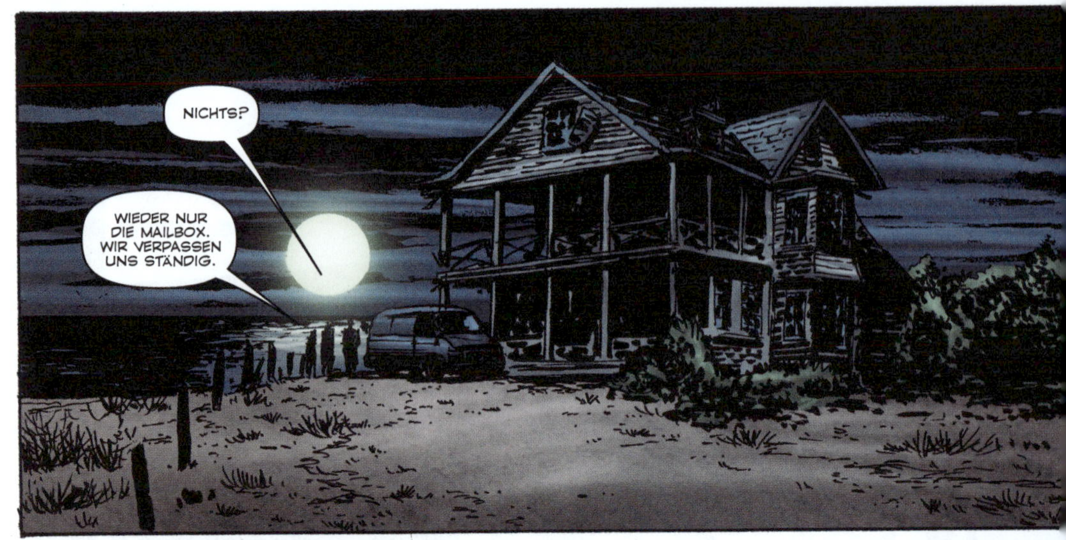
NICHTS?
WIEDER NUR DIE MAILBOX. WIR VERPASSEN UNS STÄNDIG.

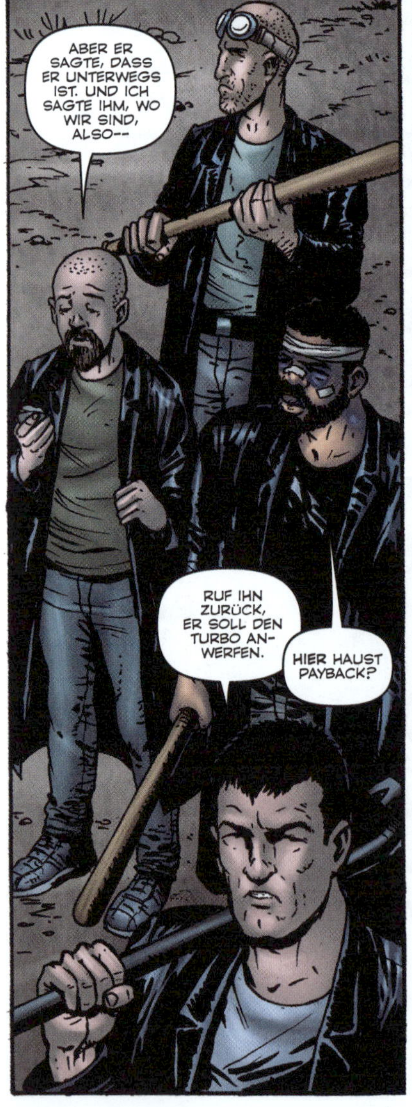
ABER ER SAGTE, DASS ER UNTERWEGS IST. UND ICH SAGTE IHM, WO WIR SIND, ALSO--
HIER HAUST PAYBACK?
RUF IHN ZURÜCK, ER SOLL DEN TURBO ANWERFEN.

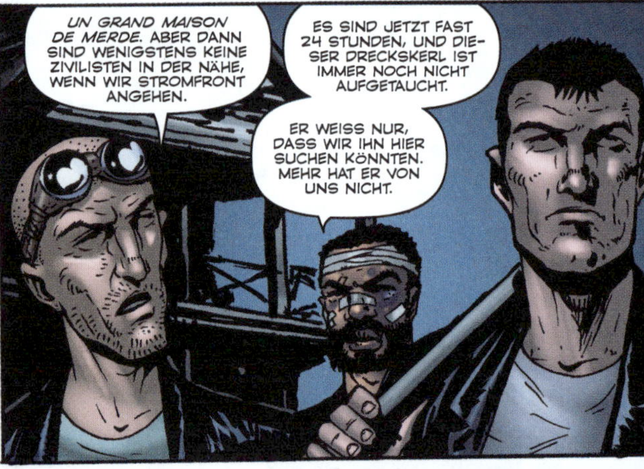
UN GRAND MAISON DE MERDE. ABER DANN SIND WENIGSTENS KEINE ZIVILISTEN IN DER NÄHE, WENN WIR STROMFRONT ANGEHEN.
ES SIND JETZT FAST 24 STUNDEN, UND DIESER DRECKSKERL IST IMMER NOCH NICHT AUFGETAUCHT.
ER WEISS NUR, DASS WIR IHN HIER SUCHEN KÖNNTEN. MEHR HAT ER VON UNS NICHT.

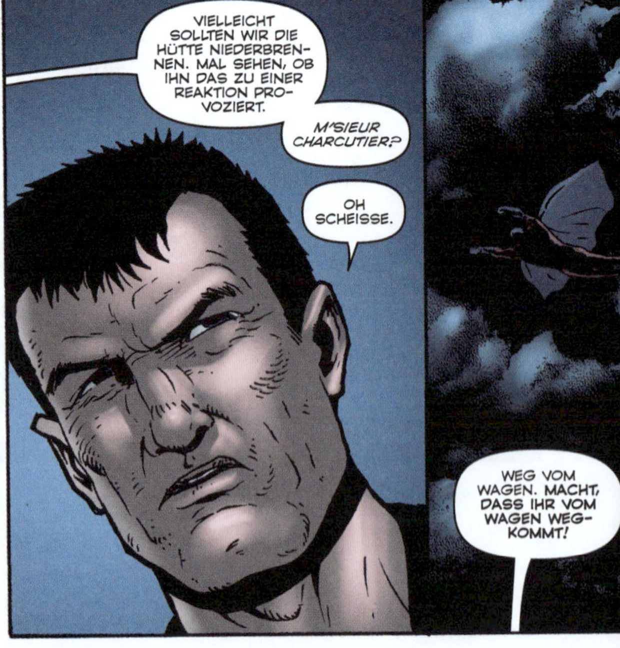
VIELLEICHT SOLLTEN WIR DIE HÜTTE NIEDERBRENNEN. MAL SEHEN, OB IHN DAS ZU EINER REAKTION PROVOZIERT.
M'SIEUR CHARCUTIER?
OH SCHEISSE.
WEG VOM WAGEN. MACHT, DASS IHR VOM WAGEN WEGKOMMT!

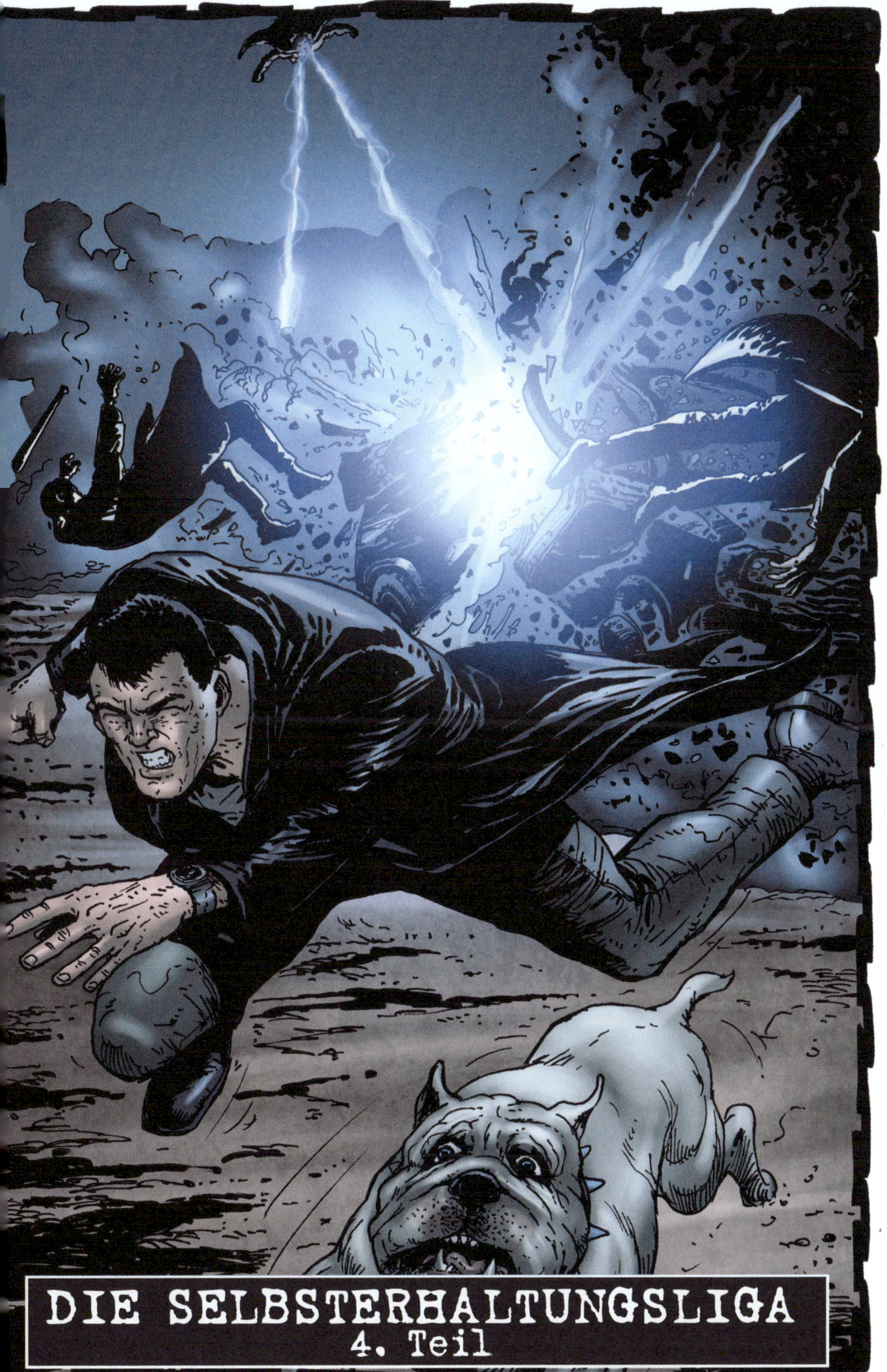
DIE SELBSTERHALTUNGSLIGA
4. Teil

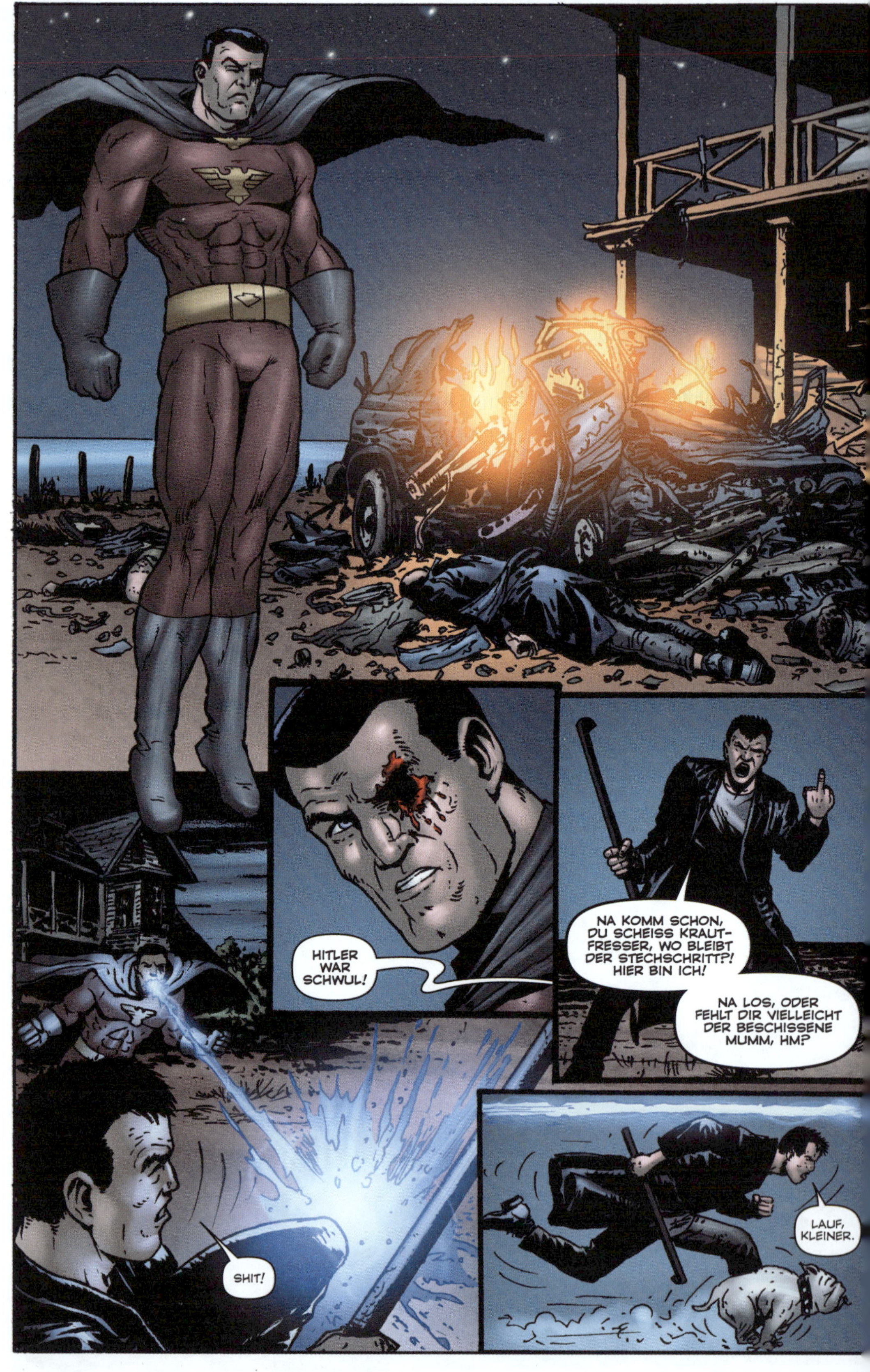
HITLER WAR SCHWUL!
NA KOMM SCHON, DU SCHEISS KRAUT-FRESSER, WO BLEIBT DER STECHSCHRITT?! HIER BIN ICH!
NA LOS, ODER FEHLT DIR VIELLEICHT DER BESCHISSENE MUMM, HM?
SHIT!
LAUF, KLEINER.

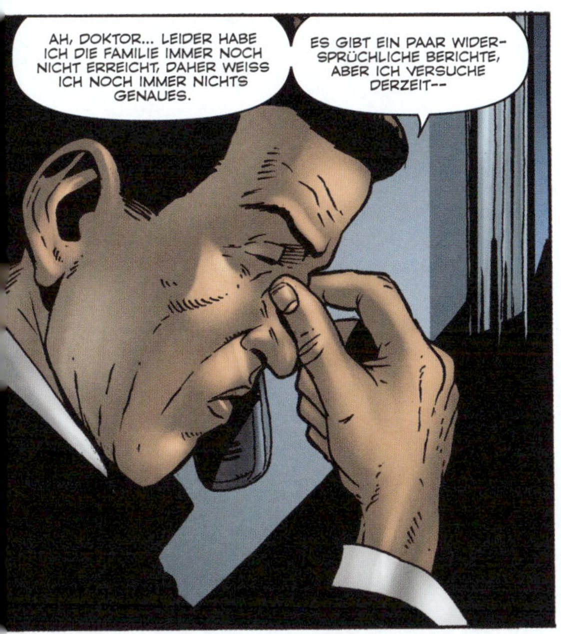
AH, DOKTOR... LEIDER HABE ICH DIE FAMILIE IMMER NOCH NICHT ERREICHT, DAHER WEISS ICH NOCH IMMER NICHTS GENAUES.
ES GIBT EIN PAAR WIDER-SPRÜCHLICHE BERICHTE, ABER ICH VERSUCHE DERZEIT--

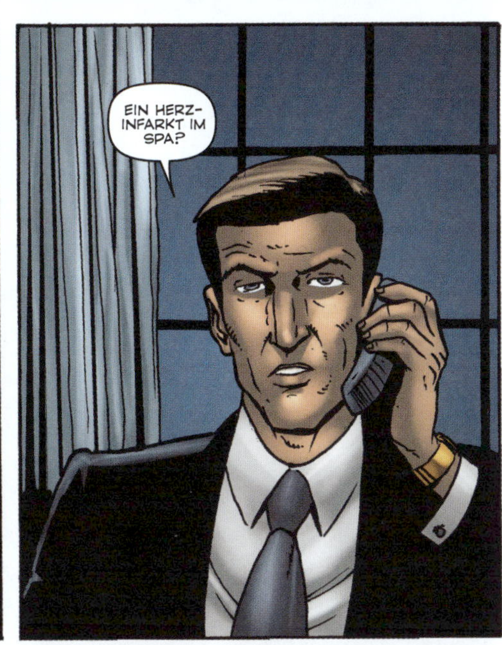
EIN HERZ-INFARKT IM SPA?

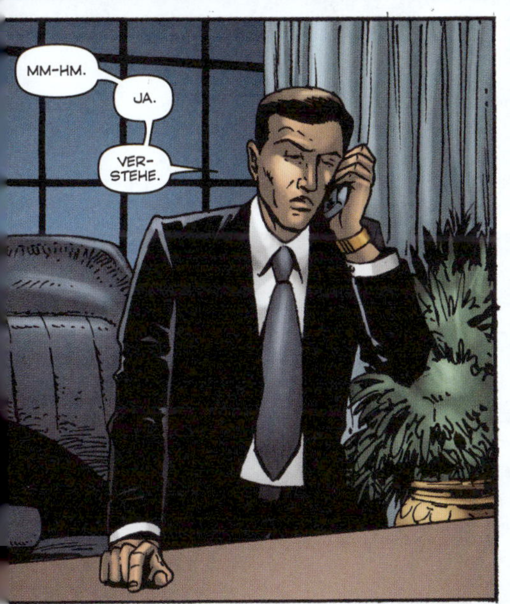
MM-HM.
JA.
VER-STEHE.

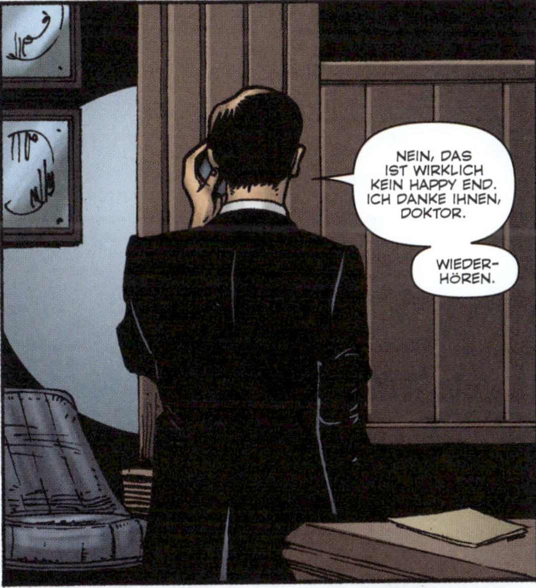
NEIN, DAS IST WIRKLICH KEIN HAPPY END. ICH DANKE IHNEN, DOKTOR.
WIEDER-HÖREN.

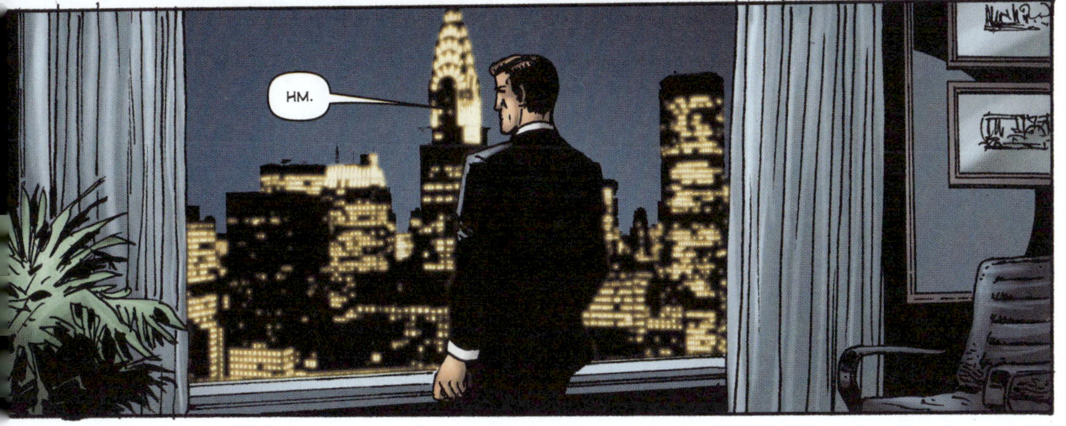
HM.

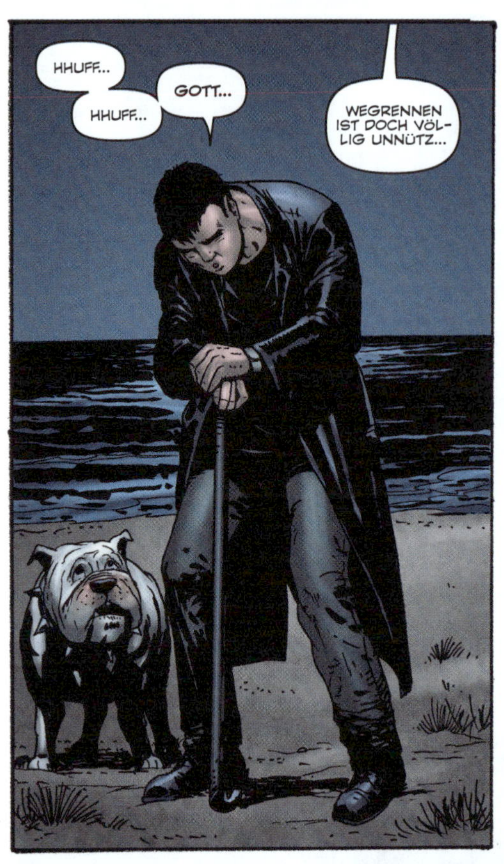
HHUFF...
HHUFF...
GOTT...
WEGRENNEN IST DOCH VÖL-LIG UNNÜTZ...

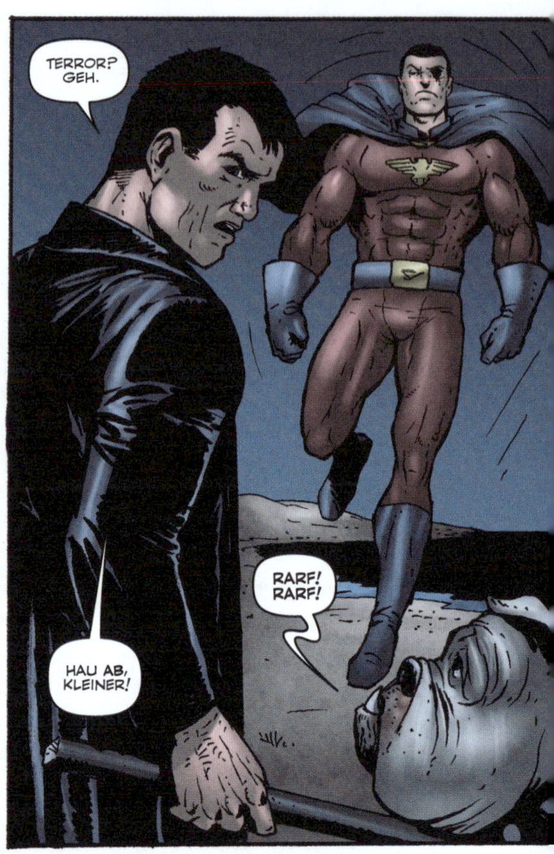
TERROR? GEH.
RARF! RARF!
HAU AB, KLEINER!

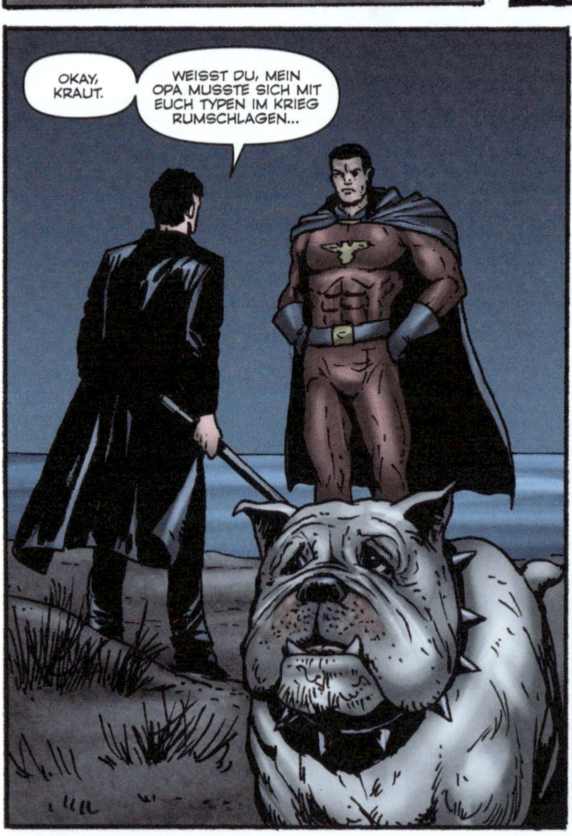
OKAY, KRAUT.
WEISST DU, MEIN OPA MUSSTE SICH MIT EUCH TYPEN IM KRIEG RUMSCHLAGEN...

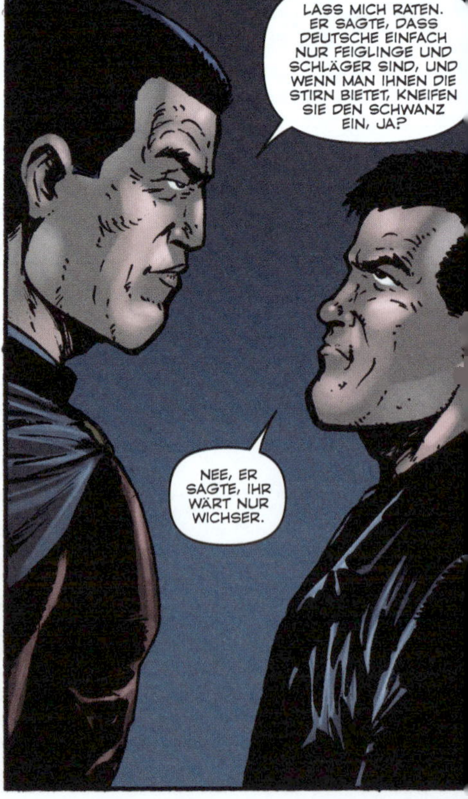
LASS MICH RATEN. ER SAGTE, DASS DEUTSCHE EINFACH NUR FEIGLINGE UND SCHLÄGER SIND, UND WENN MAN IHNEN DIE STIRN BIETET, KNEIFEN SIE DEN SCHWANZ EIN, JA?
NEE, ER SAGTE, IHR WÄRT NUR WICHSER.

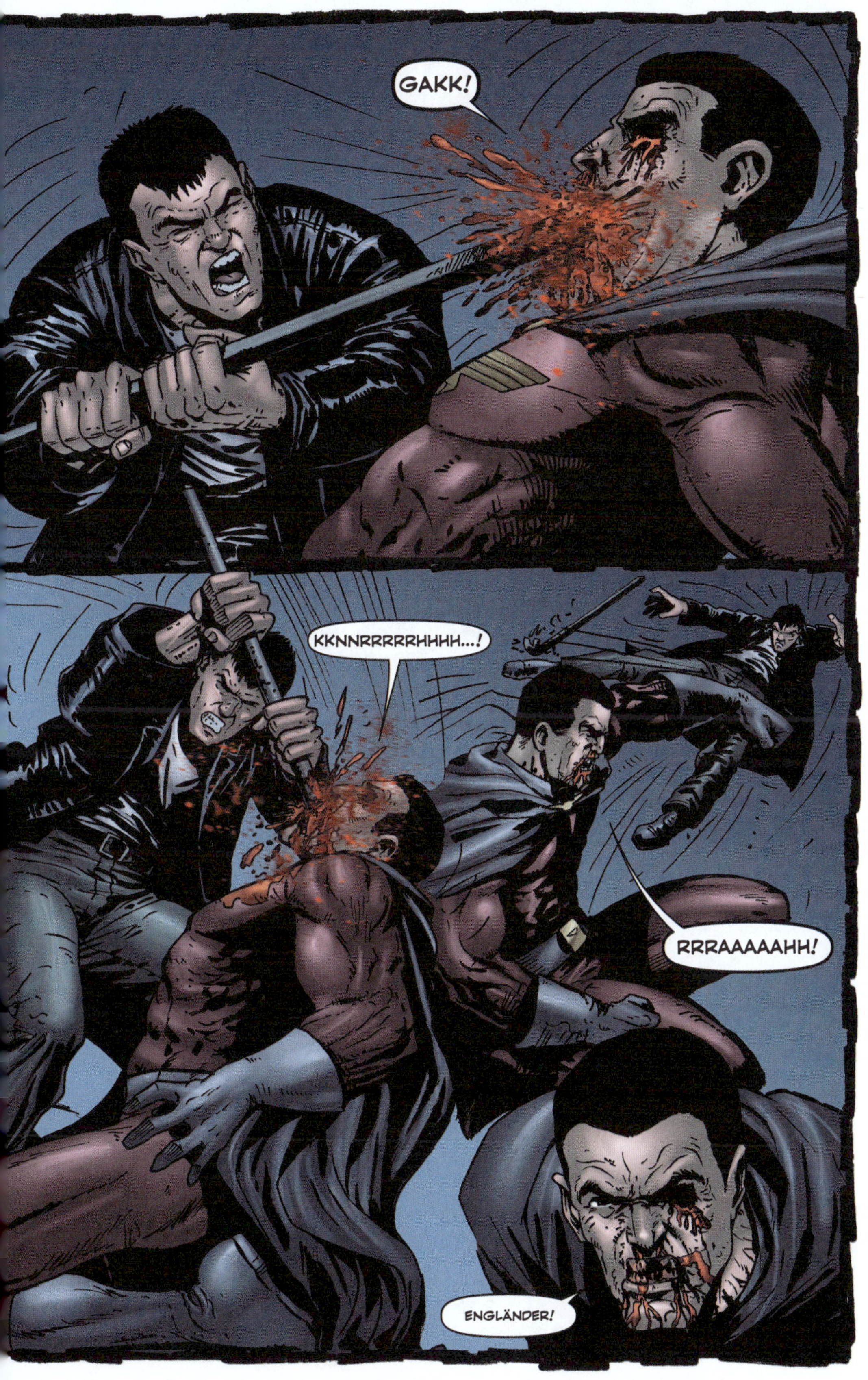
GAKK!
KKNNRRRRRHHHH...!
RRRAAAAAHH!
ENGLÄNDER!

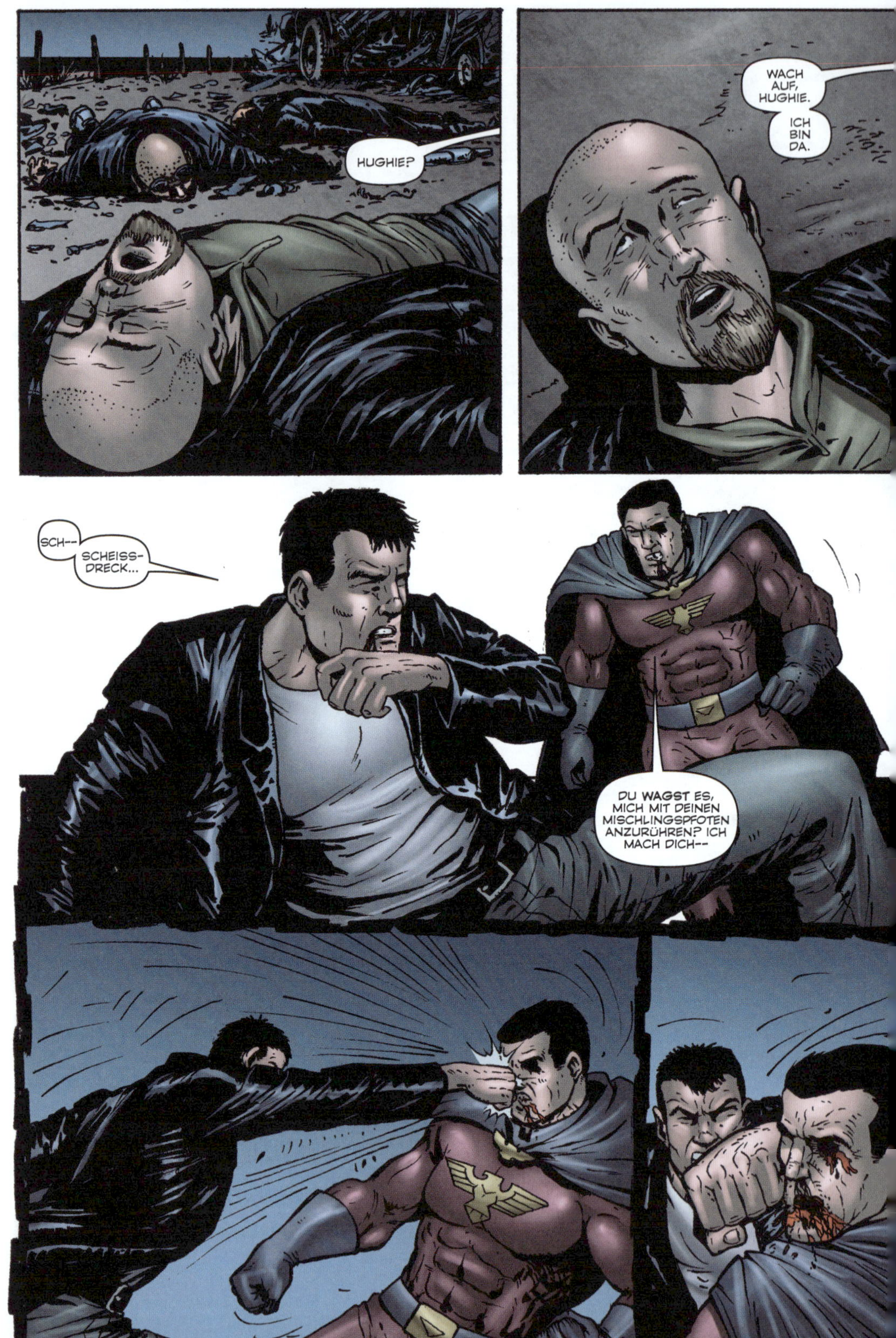
HUGHIE?
WACH AUF, HUGHIE.
ICH BIN DA.
SCH--
SCHEISS-DRECK...
DU WAGST ES, MICH MIT DEINEN MISCHLINGSPFOTEN ANZURÜHREN? ICH MACH DICH--

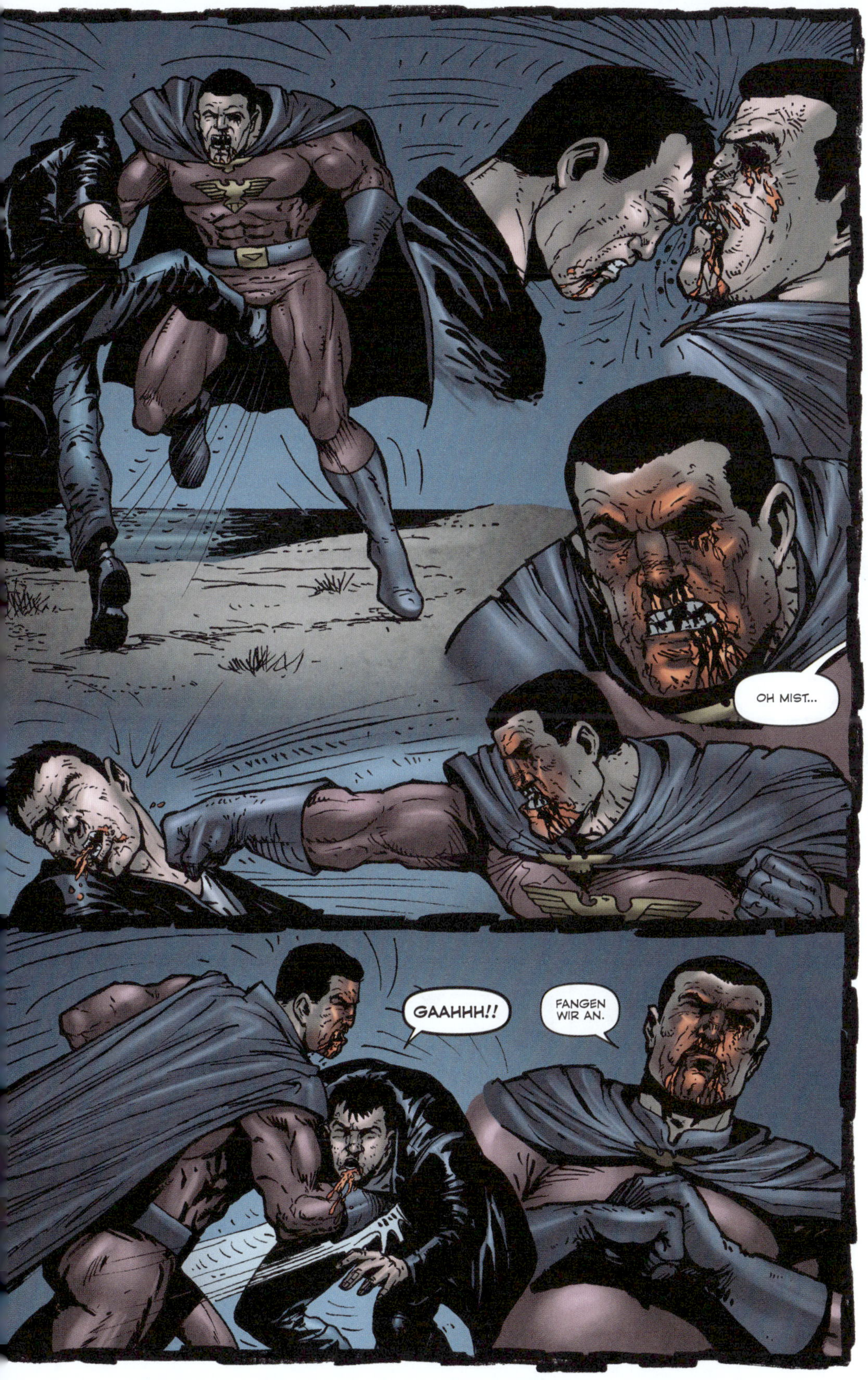
OH MIST...
GAAHHH!!
FANGEN WIR AN.

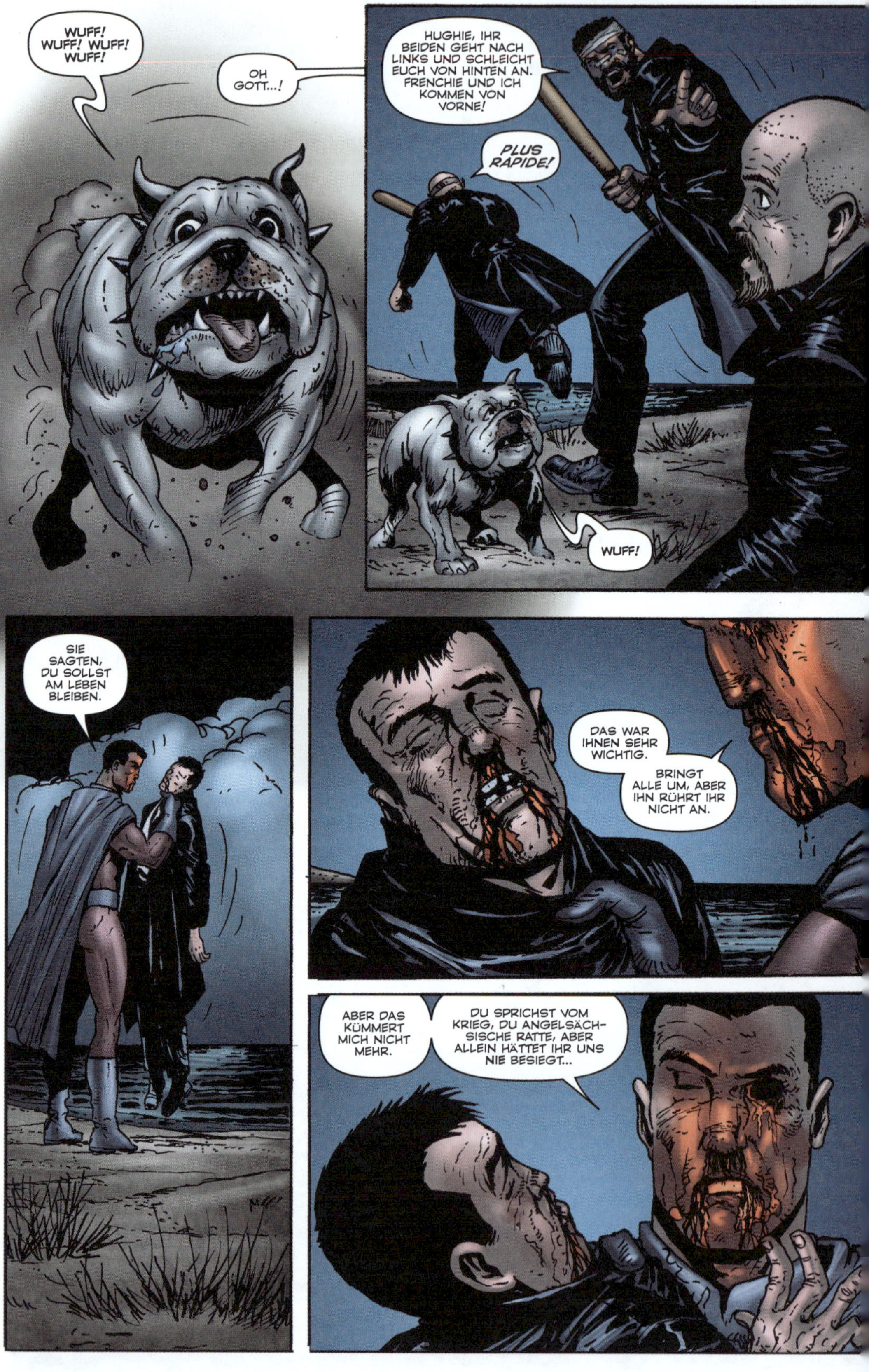

WUFF! WUFF! WUFF! WUFF!
OH GOTT...!
HUGHIE, IHR BEIDEN GEHT NACH LINKS UND SCHLEICHT EUCH VON HINTEN AN. FRENCHIE UND ICH KOMMEN VON VORNE!
PLUS RAPIDE!
WUFF!

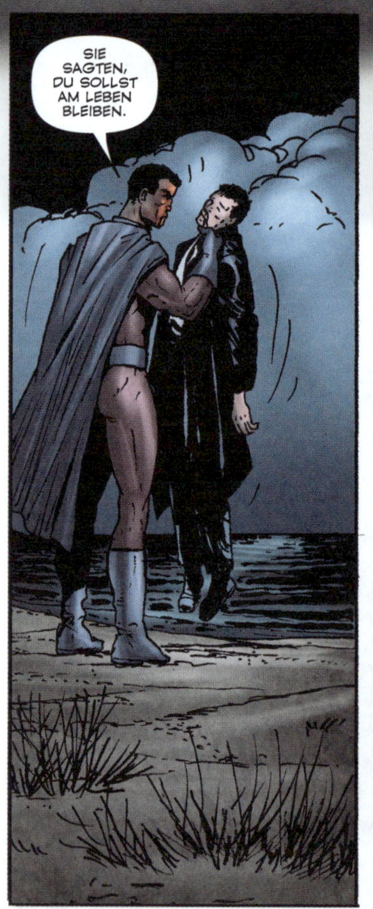

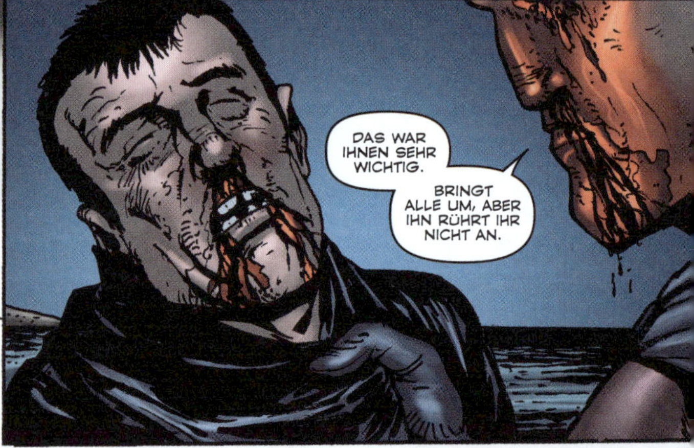

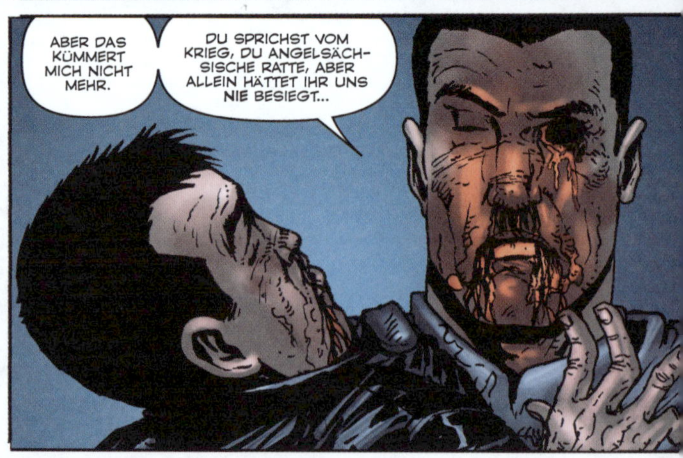

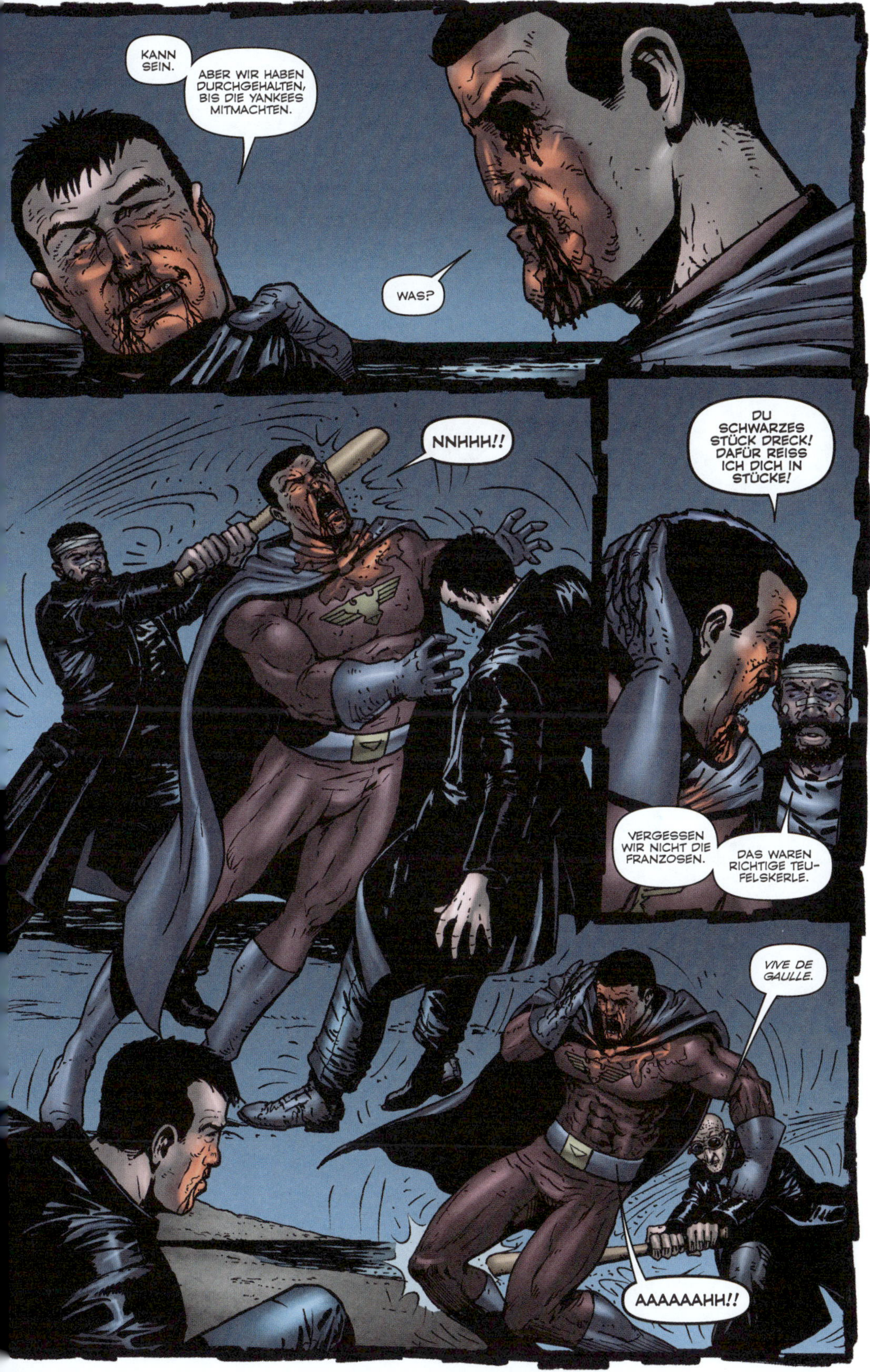
KANN SEIN.
ABER WIR HABEN DURCHGEHALTEN, BIS DIE YANKEES MITMACHTEN.
WAS?
NNHHH!!
DU SCHWARZES STÜCK DRECK! DAFÜR REISS ICH DICH IN STÜCKE!
VERGESSEN WIR NICHT DIE FRANZOSEN.
DAS WAREN RICHTIGE TEU-FELSKERLE.
VIVE DE GAULLE.
AAAAAAHH!!

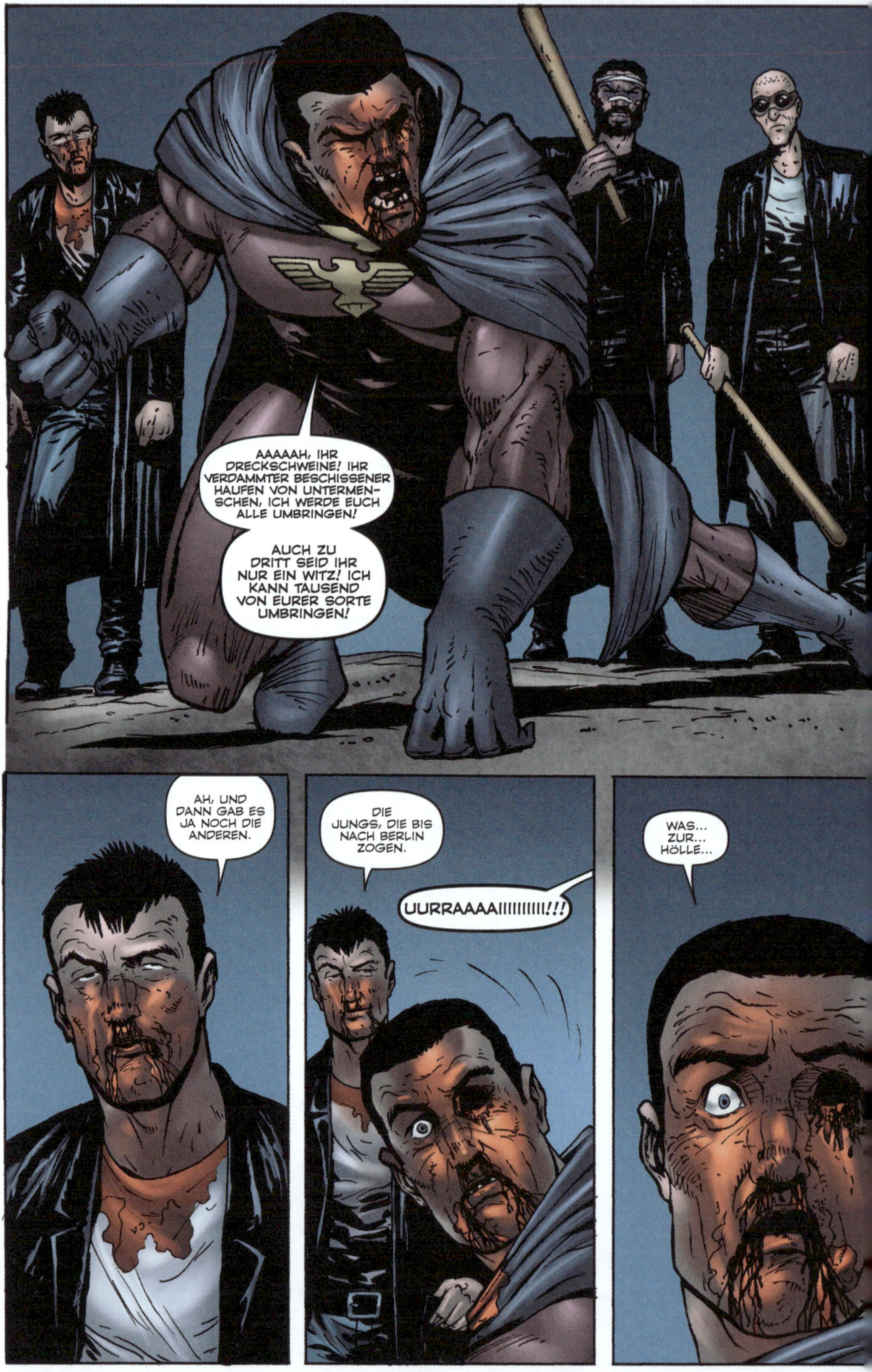

AAAAAH, IHR DRECKSCHWEINE! IHR VERDAMMTER BESCHISSENER HAUFEN VON UNTERMENSCHEN, ICH WERDE EUCH ALLE UMBRINGEN!
AUCH ZU DRITT SEID IHR NUR EIN WITZ! ICH KANN TAUSEND VON EURER SORTE UMBRINGEN!

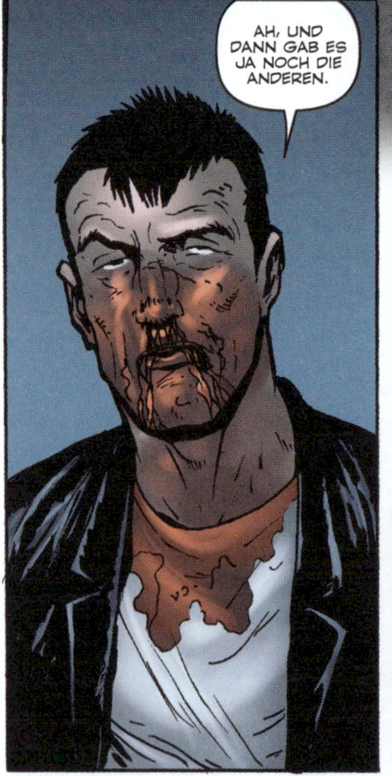
AH, UND DANN GAB ES JA NOCH DIE ANDEREN.

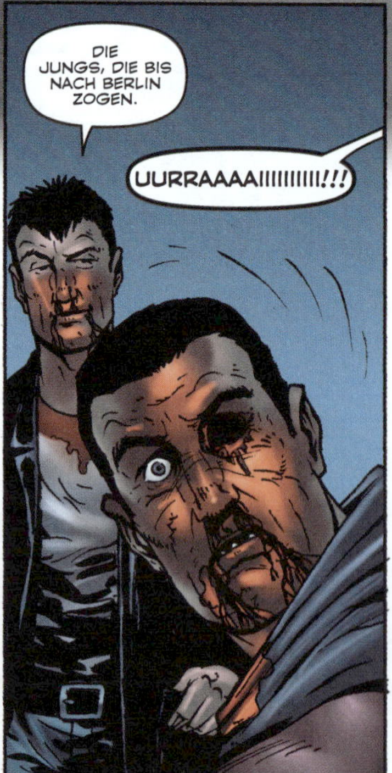
DIE JUNGS, DIE BIS NACH BERLIN ZOGEN.
UURRAAAAIIIIIIIIIIII!!!

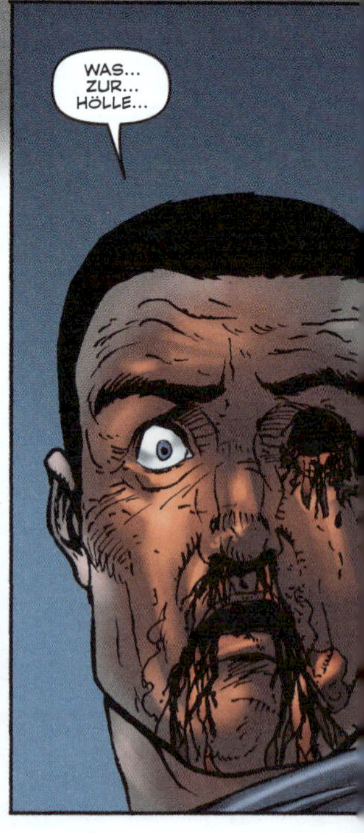
WAS... ZUR... HÖLLE...

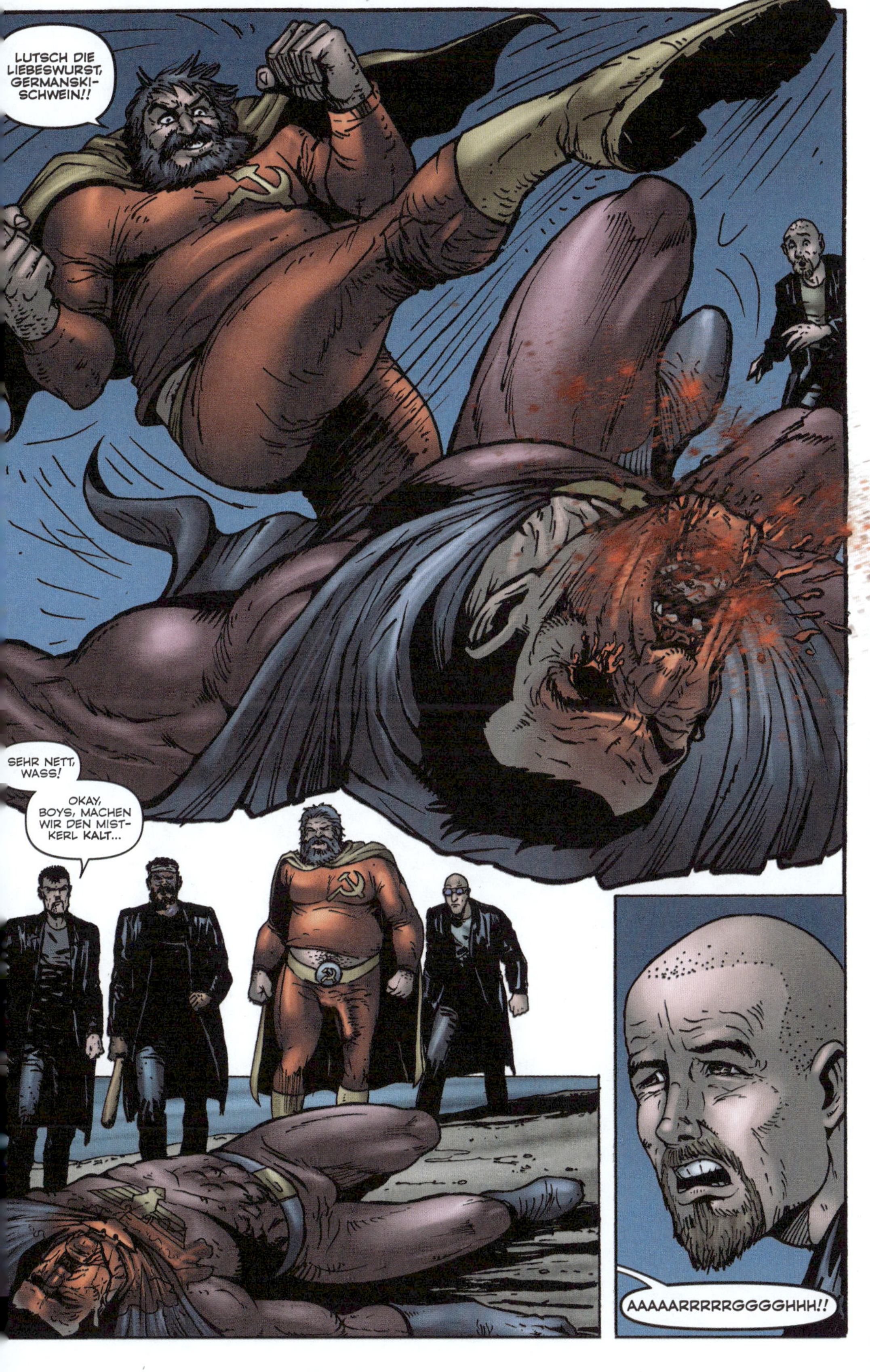
LUTSCH DIE LIEBESWURST, GERMANSKI-SCHWEIN!!
SEHR NETT, WASS!
OKAY, BOYS, MACHEN WIR DEN MIST-KERL KALT...
AAAAARRRRRGGGGHHH!!

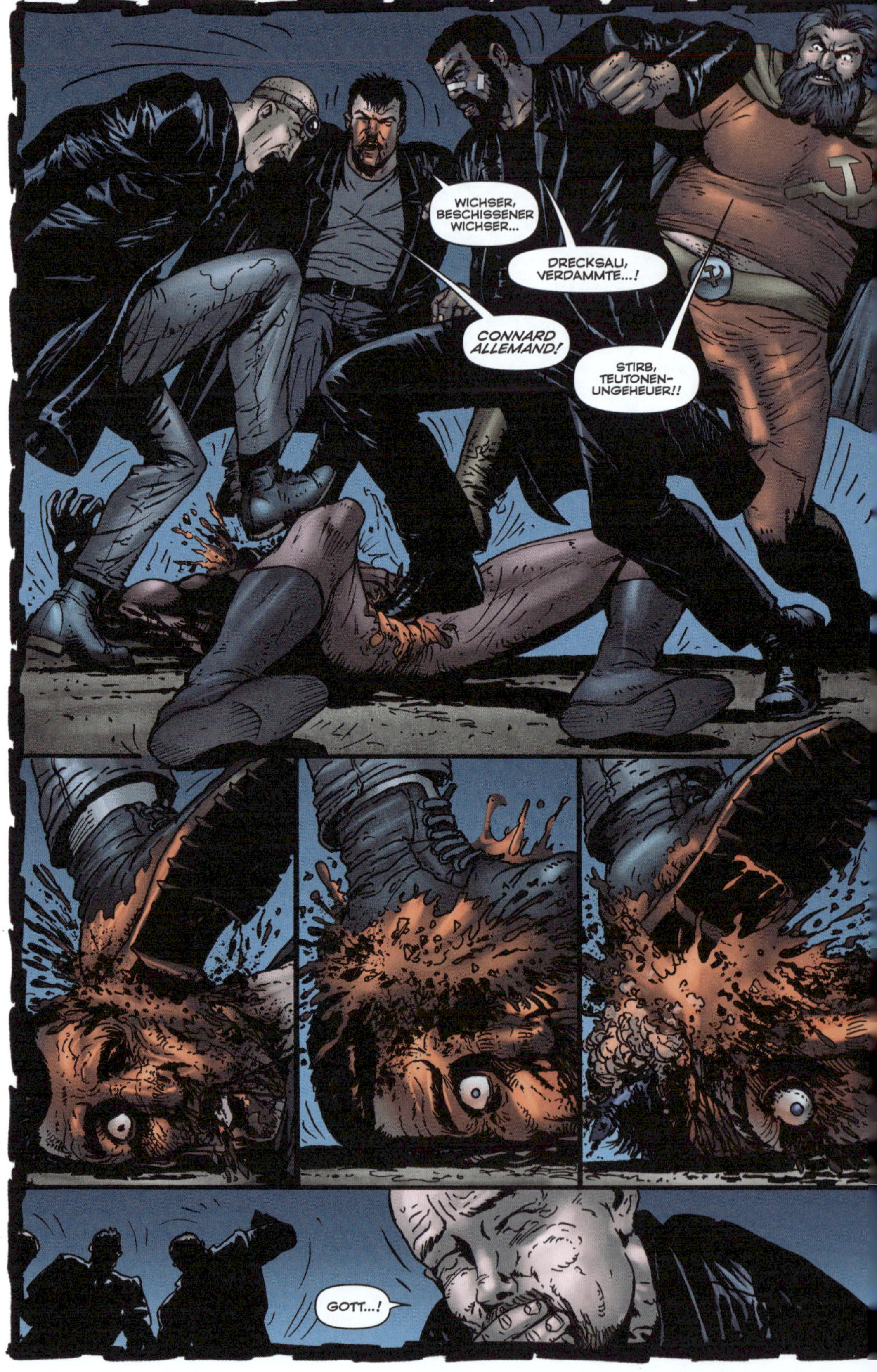
WICHSER, BESCHISSENER WICHSER...
DRECKSAU, VERDAMMTE...!
CONNARD ALLEMAND!
STIRB, TEUTONEN-UNGEHEUER!!
GOTT...!

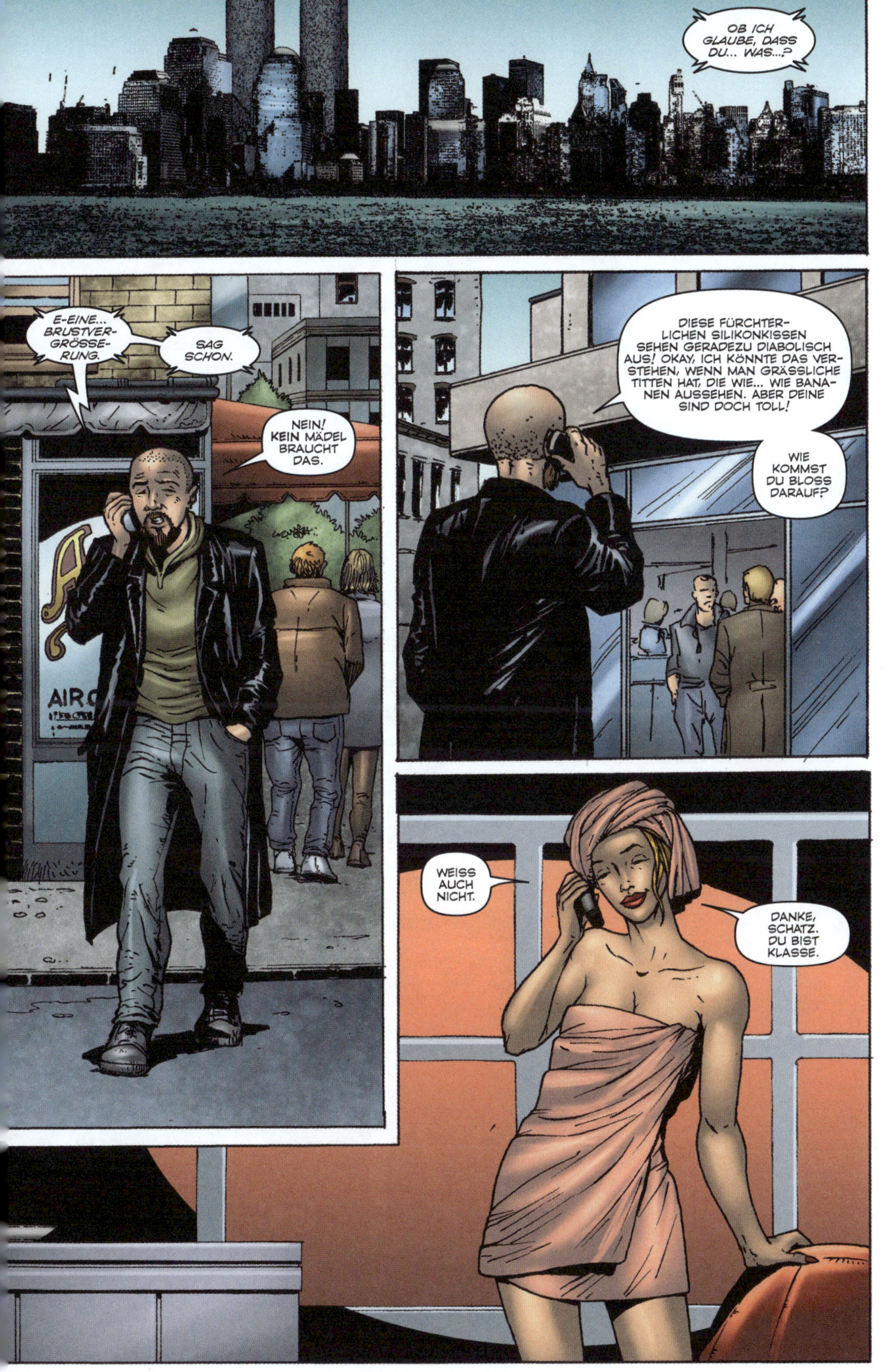
OB ICH GLAUBE, DASS DU... WAS...?
E-EINE... BRUSTVERGRÖSSERUNG.
SAG SCHON.
NEIN! KEIN MÄDEL BRAUCHT DAS.
DIESE FÜRCHTERLICHEN SILIKONKISSEN SEHEN GERADEZU DIABOLISCH AUS! OKAY, ICH KÖNNTE DAS VERSTEHEN, WENN MAN GRÄSSLICHE TITTEN HAT, DIE WIE... WIE BANANEN AUSSEHEN. ABER DEINE SIND DOCH TOLL!
WIE KOMMST DU BLOSS DARAUF?
WEISS AUCH NICHT.
DANKE, SCHATZ. DU BIST KLASSE.

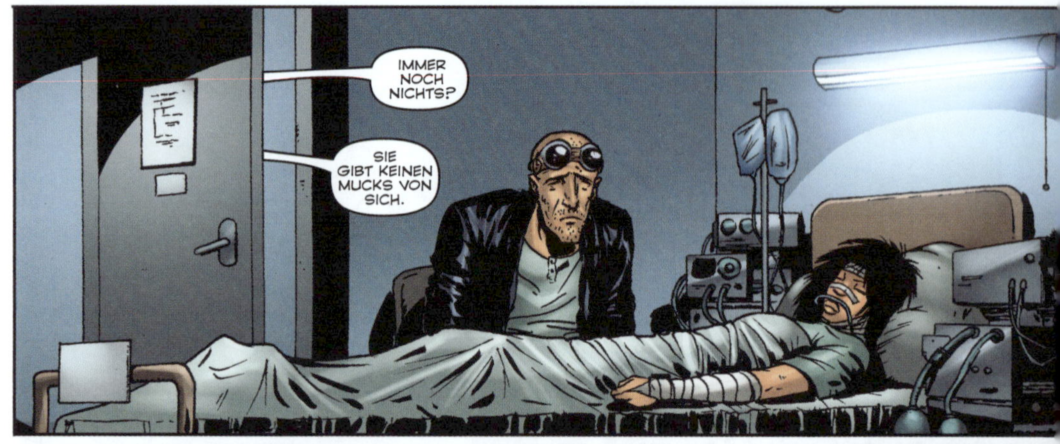
IMMER NOCH NICHTS?
SIE GIBT KEINEN MUCKS VON SICH.

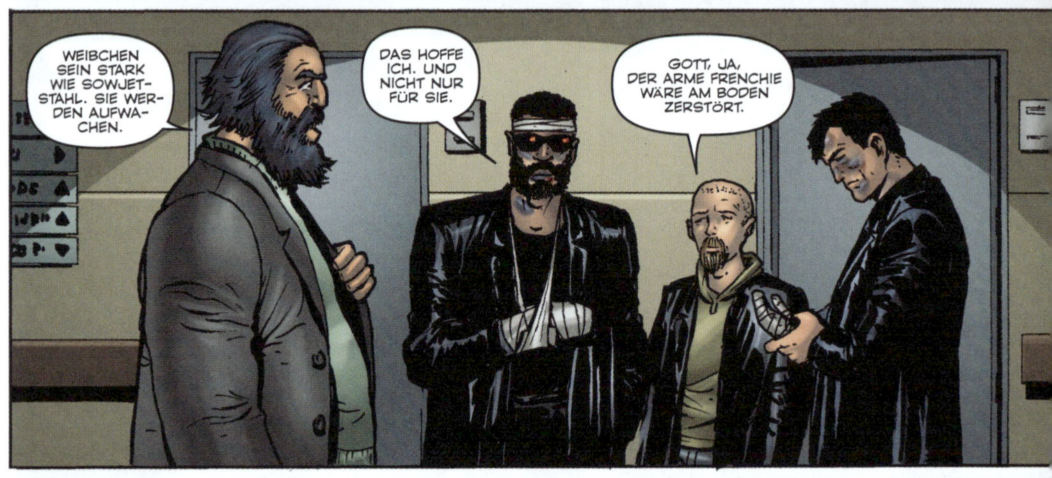
WEIBCHEN SEIN STARK WIE SOWJET-STAHL. SIE WERDEN AUFWACHEN.
DAS HOFFE ICH. UND NICHT NUR FÜR SIE.
GOTT, JA, DER ARME FRENCHIE WÄRE AM BODEN ZERSTÖRT.

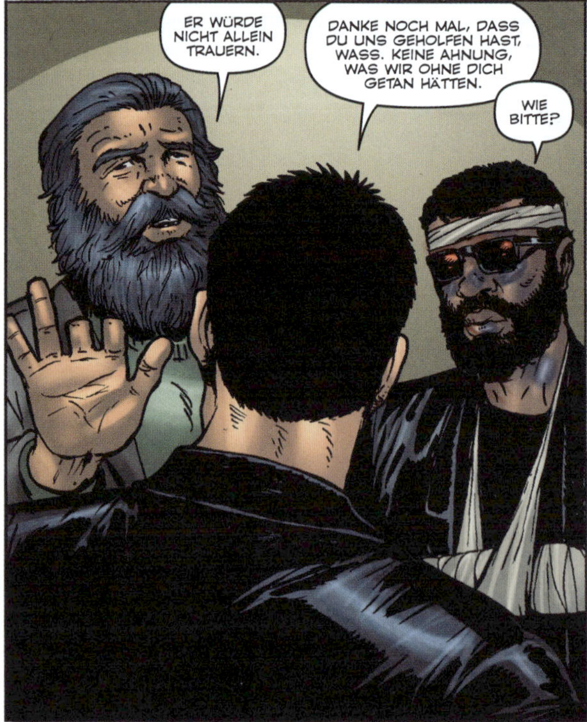
ER WÜRDE NICHT ALLEIN TRAUERN.
DANKE NOCH MAL, DASS DU UNS GEHOLFEN HAST, WASS. KEINE AHNUNG, WAS WIR OHNE DICH GETAN HÄTTEN.
WIE BITTE?

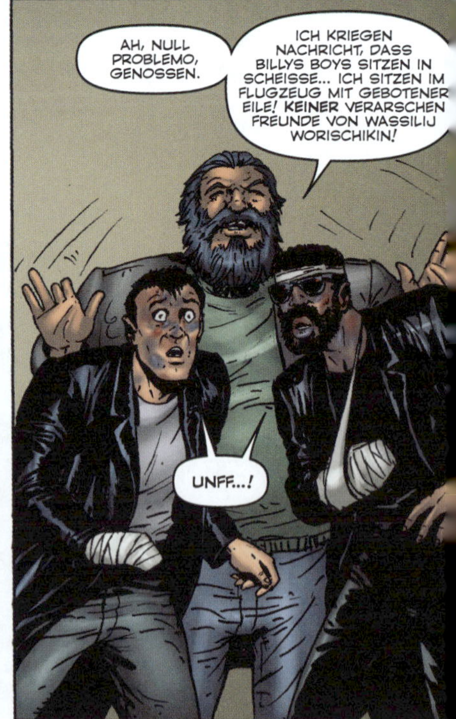
AH, NULL PROBLEMO, GENOSSEN.
ICH KRIEGEN NACHRICHT, DASS BILLYS BOYS SITZEN IN SCHEISSE... ICH SITZEN IM FLUGZEUG MIT GEBOTENER EILE! KEINER VERARSCHEN FREUNDE VON WASSILIJ WORISCHIKIN!
UNFF...!

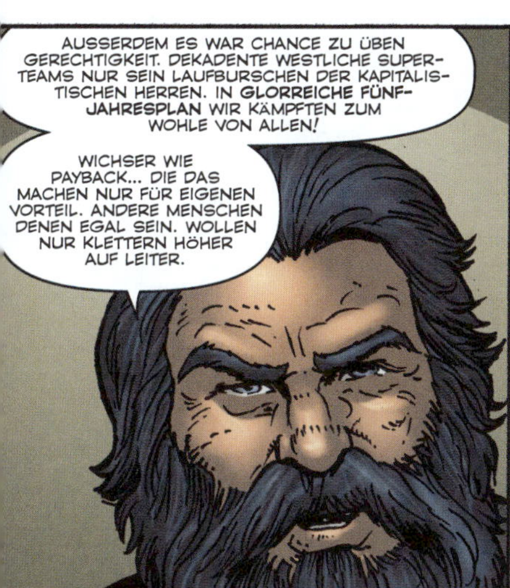
AUSSERDEM ES WAR CHANCE ZU ÜBEN GERECHTIGKEIT. DEKADENTE WESTLICHE SUPER-TEAMS NUR SEIN LAUFBURSCHEN DER KAPITALIS-TISCHEN HERREN. IN **GLORREICHE FÜNF-JAHRESPLAN** WIR KÄMPFTEN ZUM WOHLE VON ALLEN!
WICHSER WIE PAYBACK... DIE DAS MACHEN NUR FÜR EIGENEN VORTEIL. ANDERE MENSCHEN DENEN EGAL SEIN. WOLLEN NUR KLETTERN HÖHER AUF LEITER.

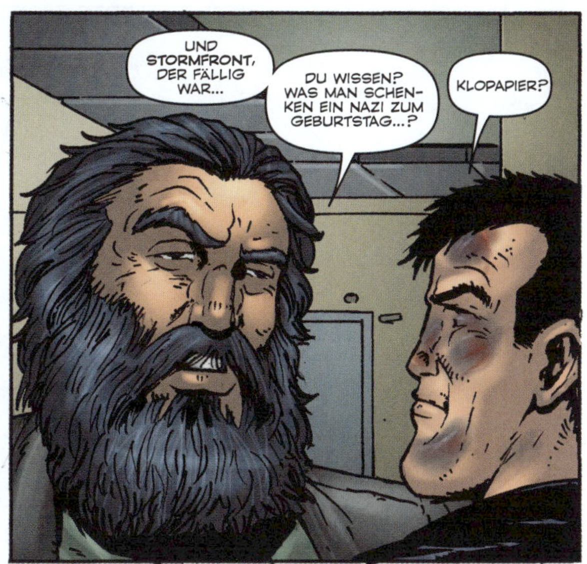
UND STORMFRONT, DER FÄLLIG WAR...
DU WISSEN? WAS MAN SCHEN-KEN EIN NAZI ZUM GEBURTSTAG...?
KLOPAPIER?

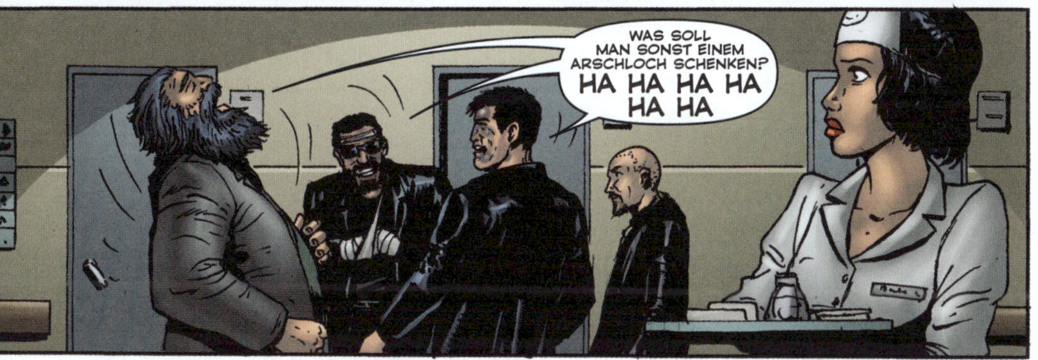
WAS SOLL MAN SONST EINEM ARSCHLOCH SCHENKEN?
HA HA HA HA HA HA

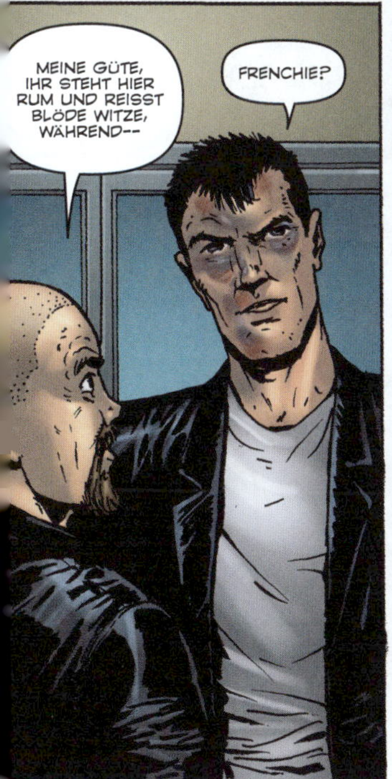
MEINE GÜTE, IHR STEHT HIER RUM UND REISST BLÖDE WITZE, WÄHREND--
FRENCHIE?

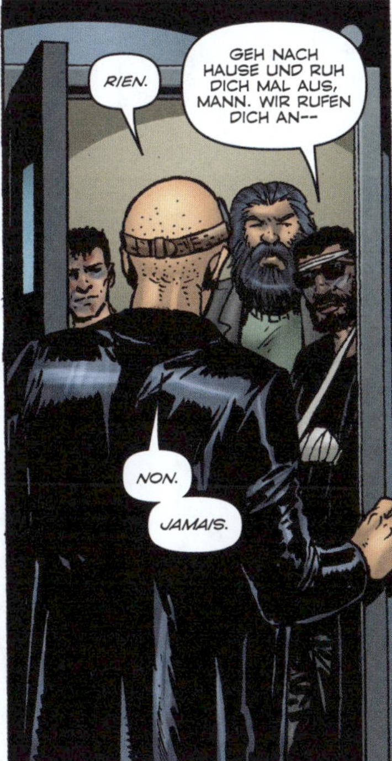
RIEN.
GEH NACH HAUSE UND RUH DICH MAL AUS, MANN. WIR RUFEN DICH AN--
NON.
JAMAIS.

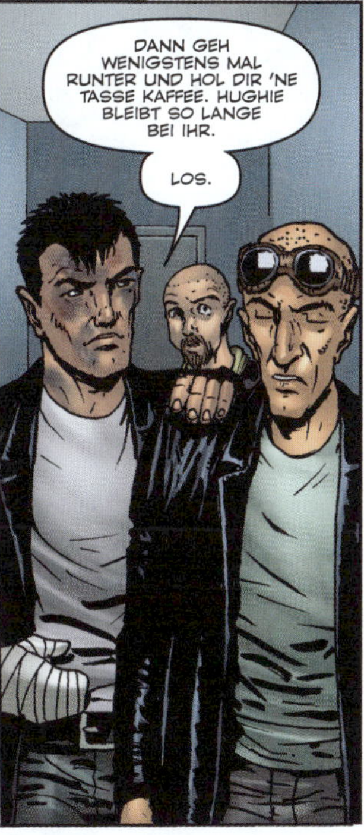
DANN GEH WENIGSTENS MAL RUNTER UND HOL DIR 'NE TASSE KAFFEE. HUGHIE BLEIBT SO LANGE BEI IHR.
LOS.

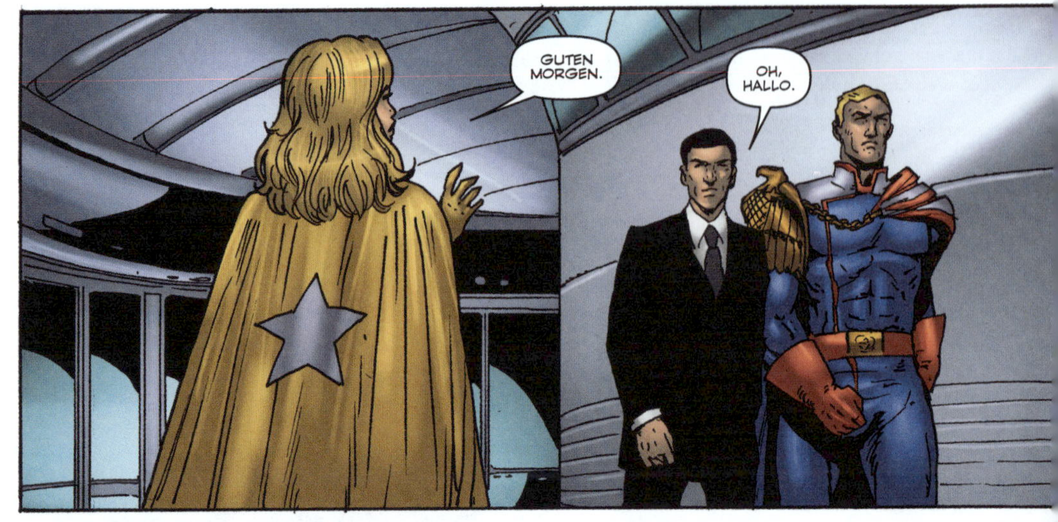
GUTEN MORGEN.
OH, HALLO.
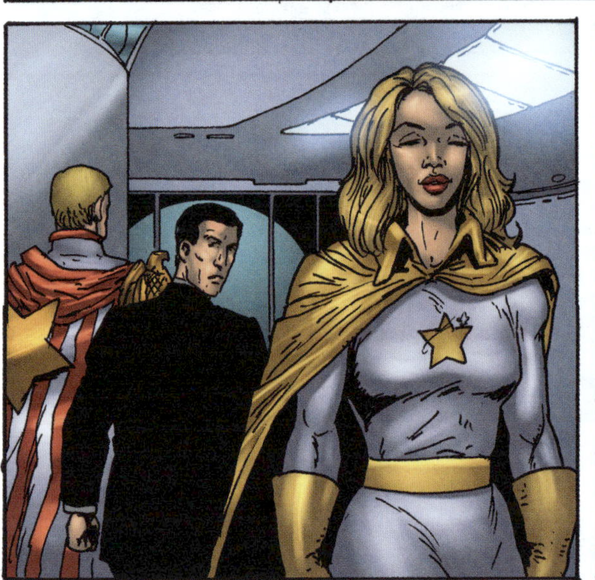
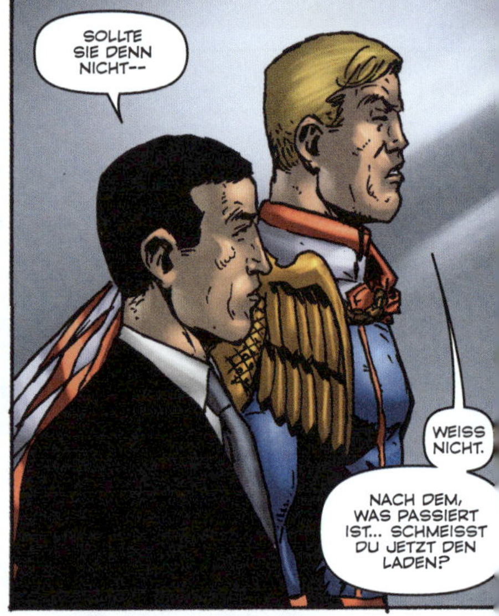
SOLLTE SIE DENN NICHT--
WEISS NICHT.
NACH DEM, WAS PASSIERT IST... SCHMEISST DU JETZT DEN LADEN?
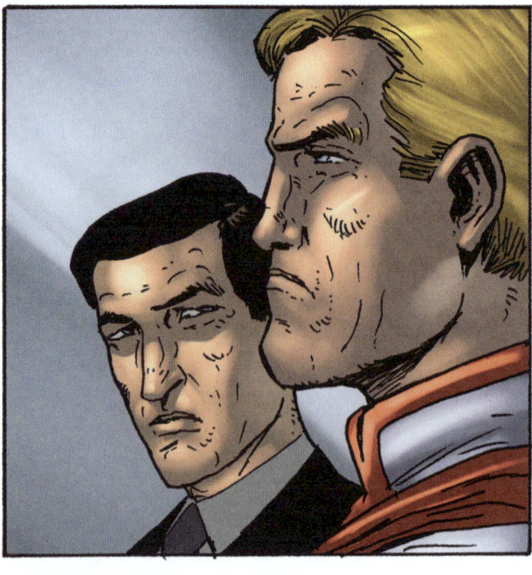
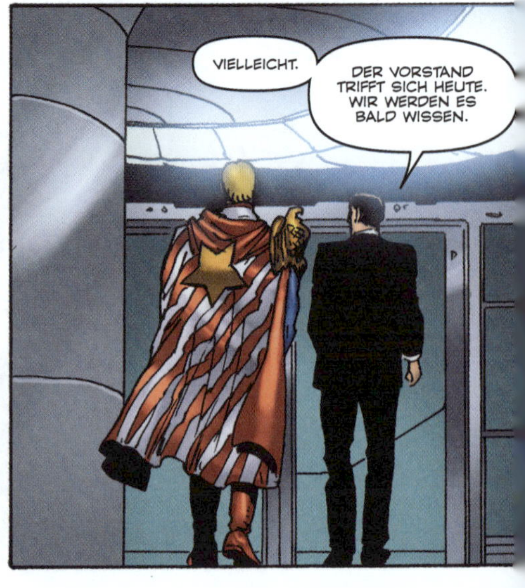
VIELLEICHT.
DER VORSTAND TRIFFT SICH HEUTE. WIR WERDEN ES BALD WISSEN.

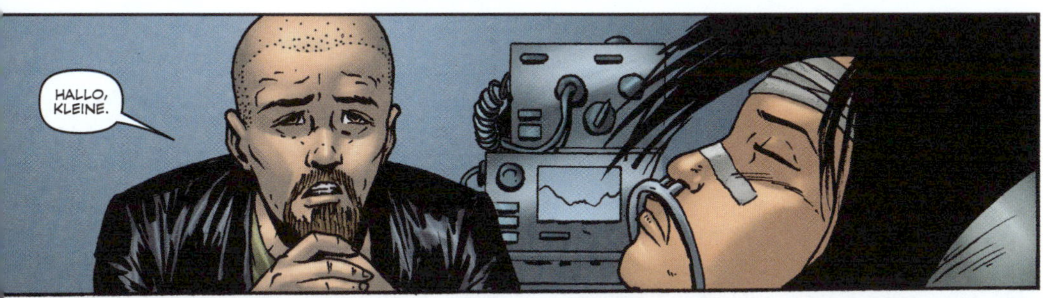

HALLO, KLEINE.

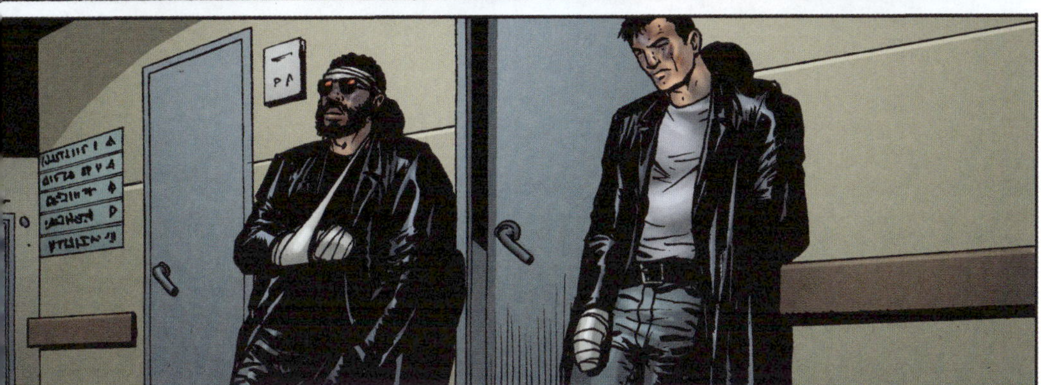
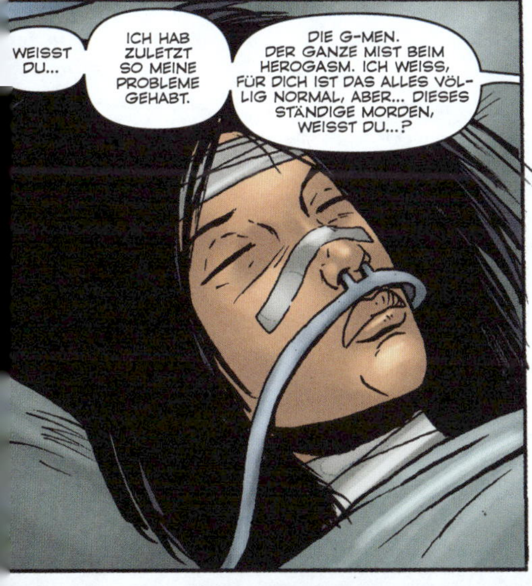

WEISST DU...
ICH HAB ZULETZT SO MEINE PROBLEME GEHABT.
DIE G-MEN. DER GANZE MIST BEIM HEROGASM. ICH WEISS, FÜR DICH IST DAS ALLES VÖL-LIG NORMAL, ABER... DIESES STÄNDIGE MORDEN, WEISST DU...?

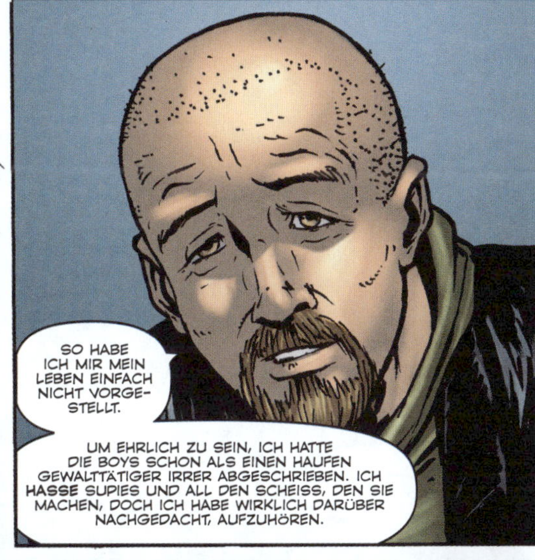

SO HABE ICH MIR MEIN LEBEN EINFACH NICHT VORGE-STELLT.
UM EHRLICH ZU SEIN, ICH HATTE DIE BOYS SCHON ALS EINEN HAUFEN GEWALTTÄTIGER IRRER ABGESCHRIEBEN. ICH **HASSE** SUPIES UND ALL DEN SCHEISS, DEN SIE MACHEN, DOCH ICH HABE WIRKLICH DARÜBER NACHGEDACHT, AUFZUHÖREN.

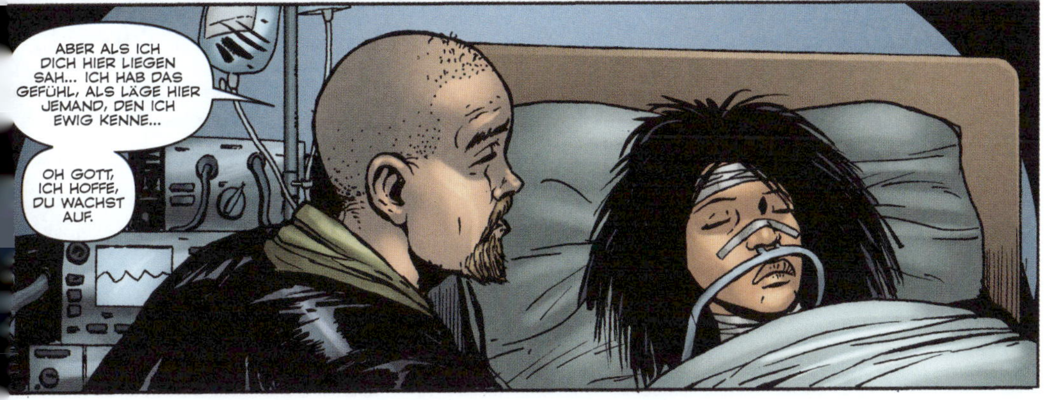

ABER ALS ICH DICH HIER LIEGEN SAH... ICH HAB DAS GEFÜHL, ALS LÄGE HIER JEMAND, DEN ICH EWIG KENNE...
OH GOTT, ICH HOFFE, DU WACHST AUF.

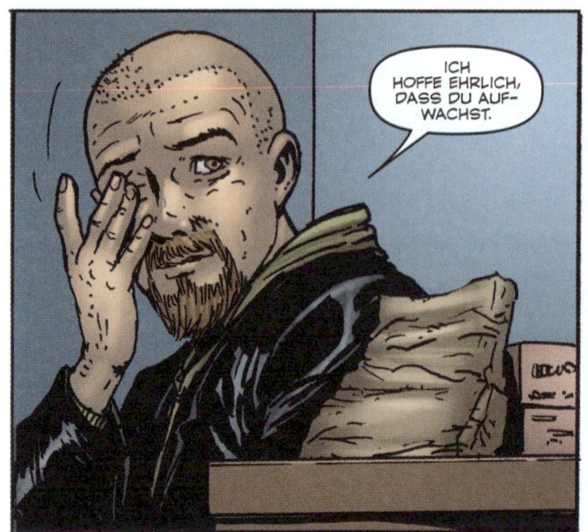
ICH HOFFE EHRLICH, DASS DU AUF-WACHST.
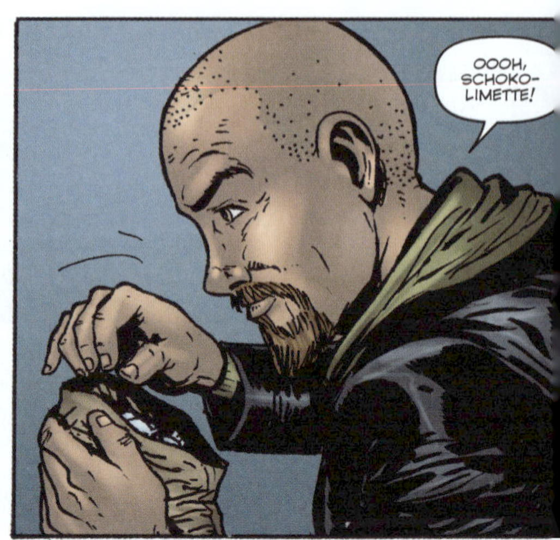
OOOH, SCHOKO-LIMETTE!
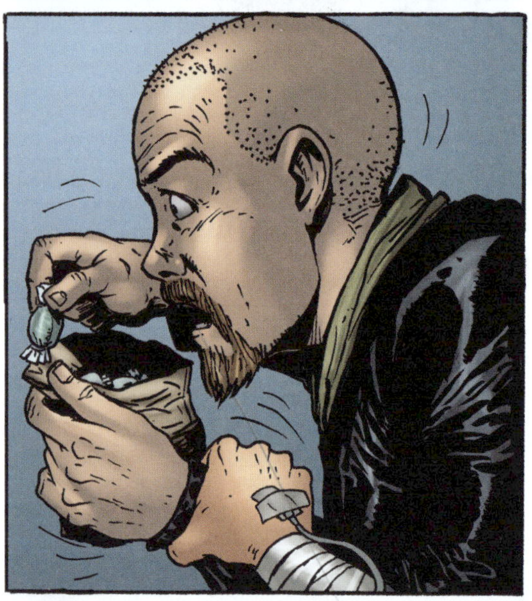
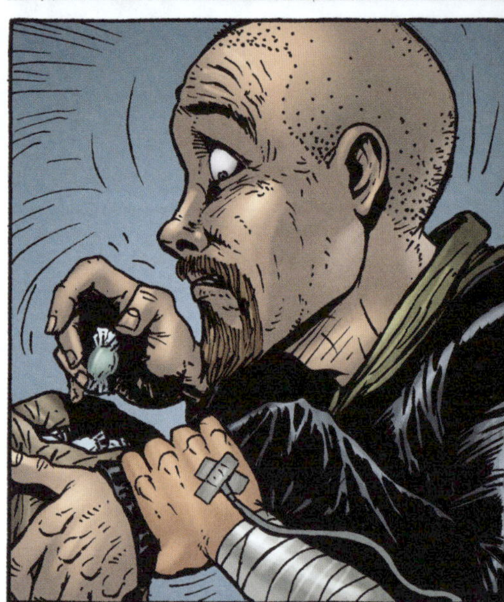
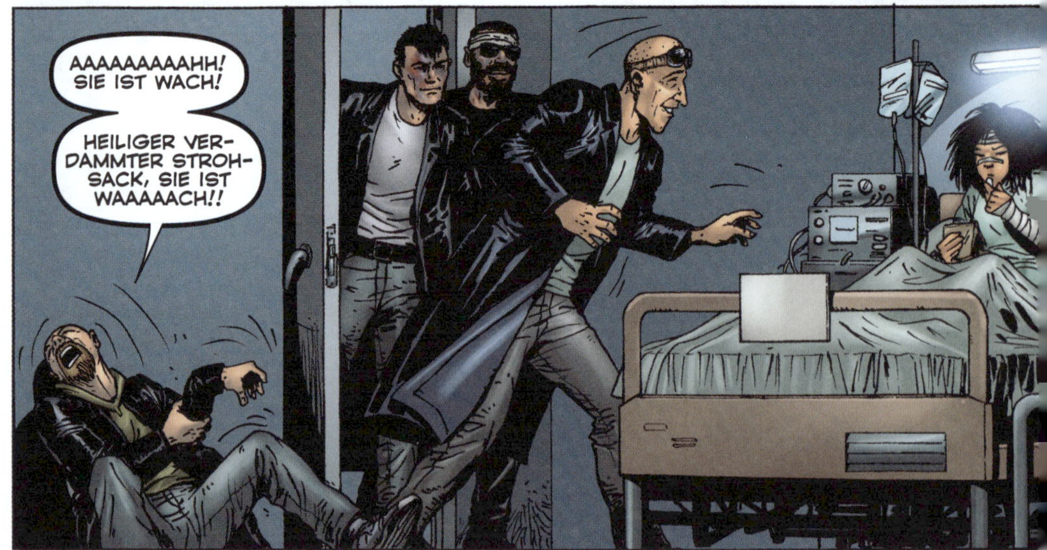
AAAAAAAAAHH! SIE IST WACH!
HEILIGER VER-DAMMTER STROH-SACK, SIE IST WAAAAACH!!

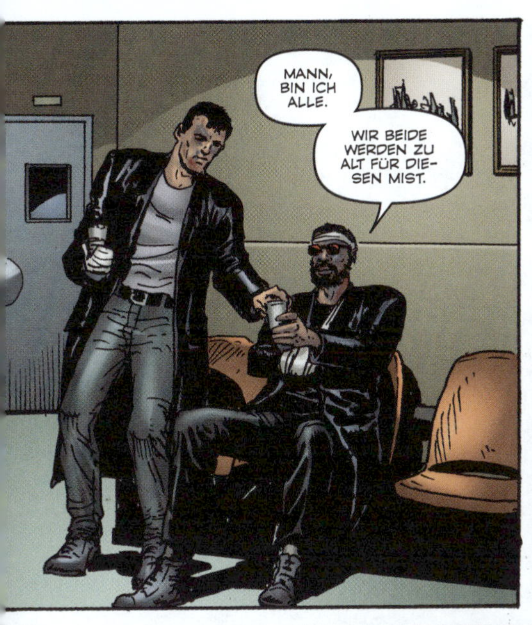
MANN, BIN ICH ALLE.
WIR BEIDE WERDEN ZU ALT FÜR DIESEN MIST.

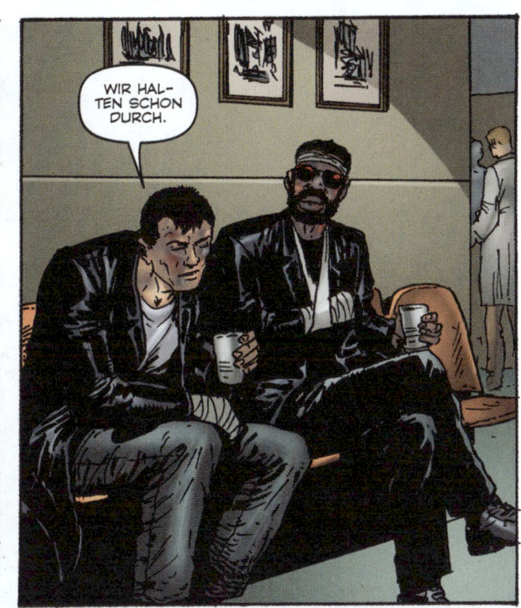
WIR HALTEN SCHON DURCH.

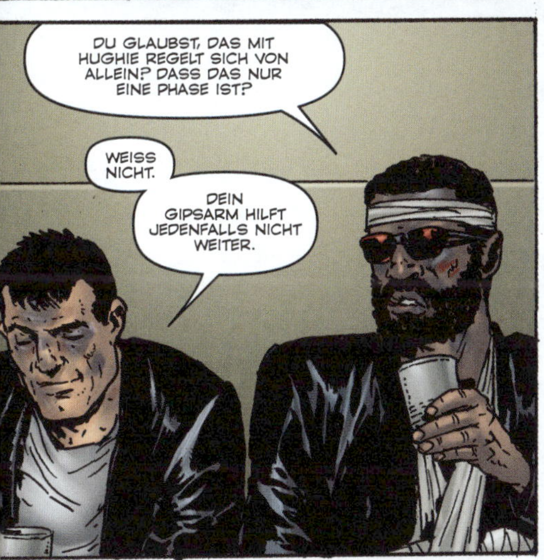
DU GLAUBST, DAS MIT HUGHIE REGELT SICH VON ALLEIN? DASS DAS NUR EINE PHASE IST?
WEISS NICHT.
DEIN GIPSARM HILFT JEDENFALLS NICHT WEITER.

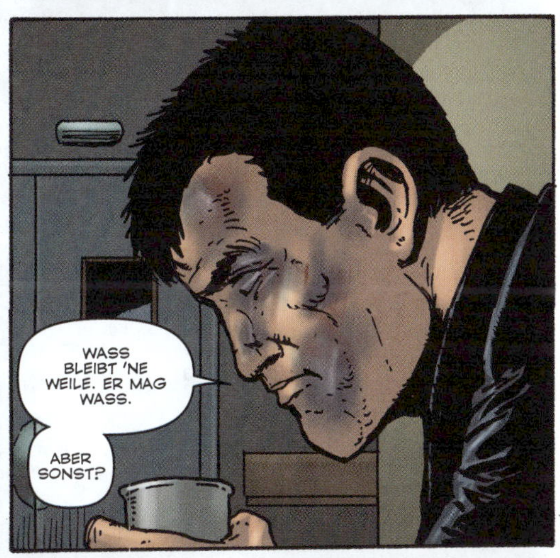
WASS BLEIBT 'NE WEILE. ER MAG WASS.
ABER SONST?

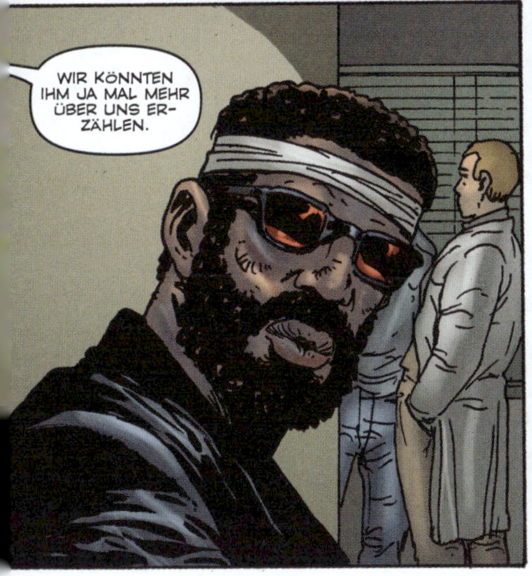
WIR KÖNNTEN IHM JA MAL MEHR ÜBER UNS ERZÄHLEN.

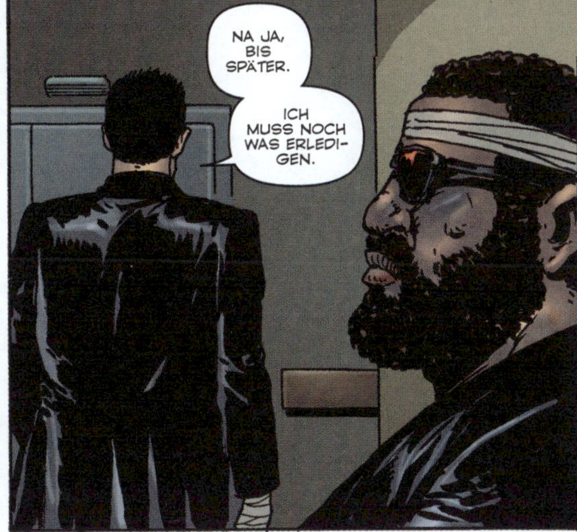
NA JA, BIS SPÄTER.
ICH MUSS NOCH WAS ERLEDIGEN.

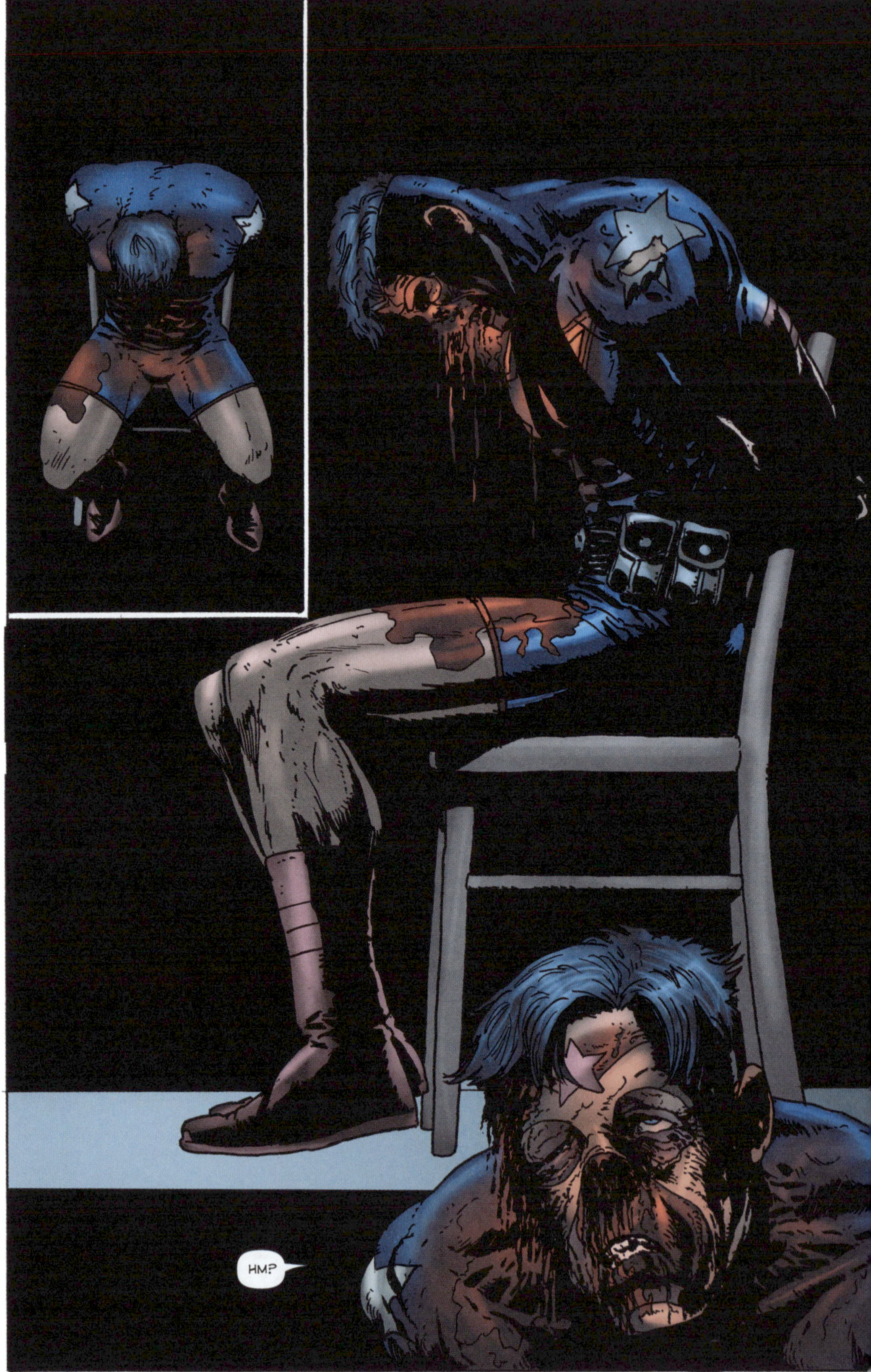
HM?

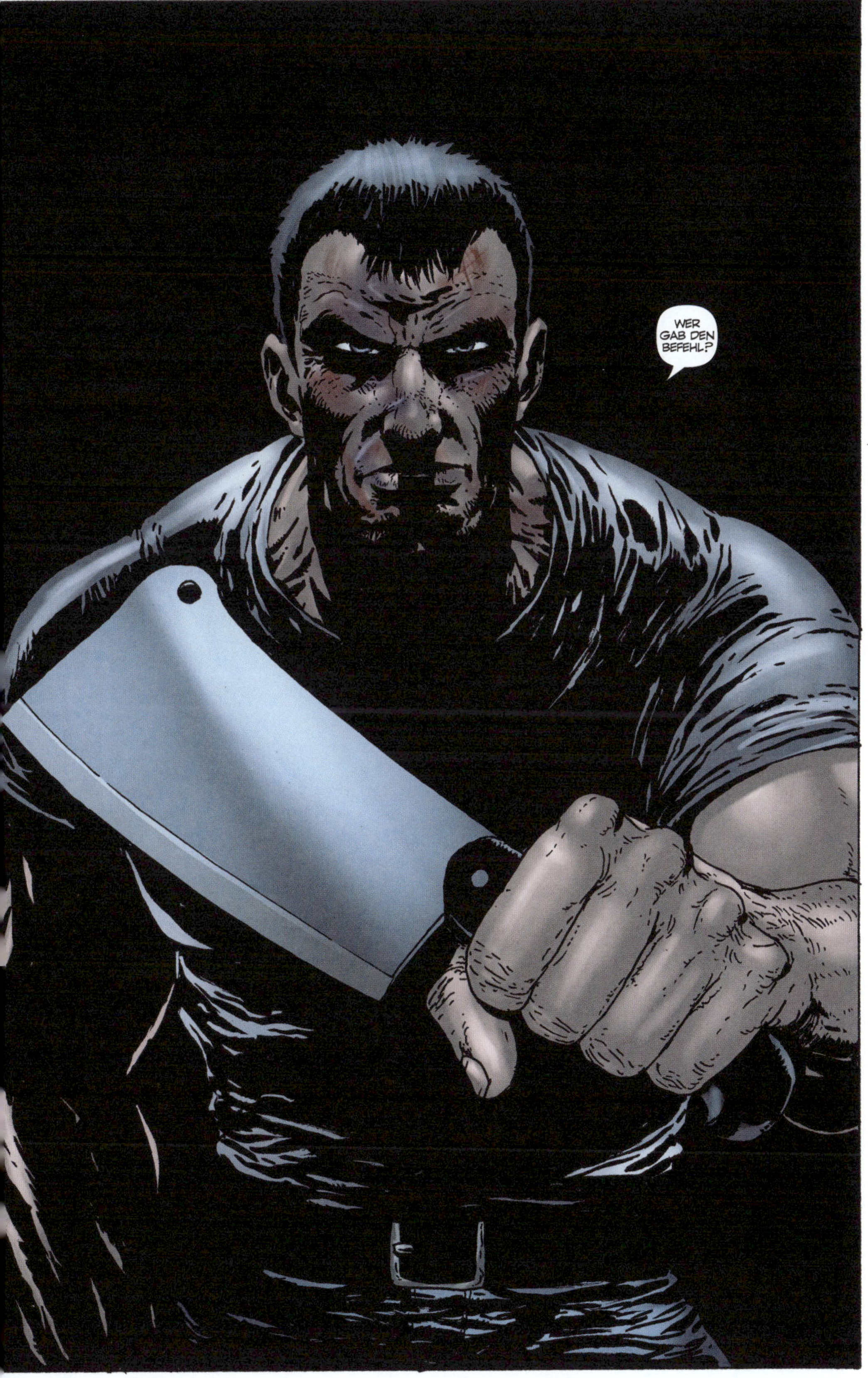
WER GAB DEN BEFEHL?

EINZIGARTIG IN DER WELT, 1. TEIL

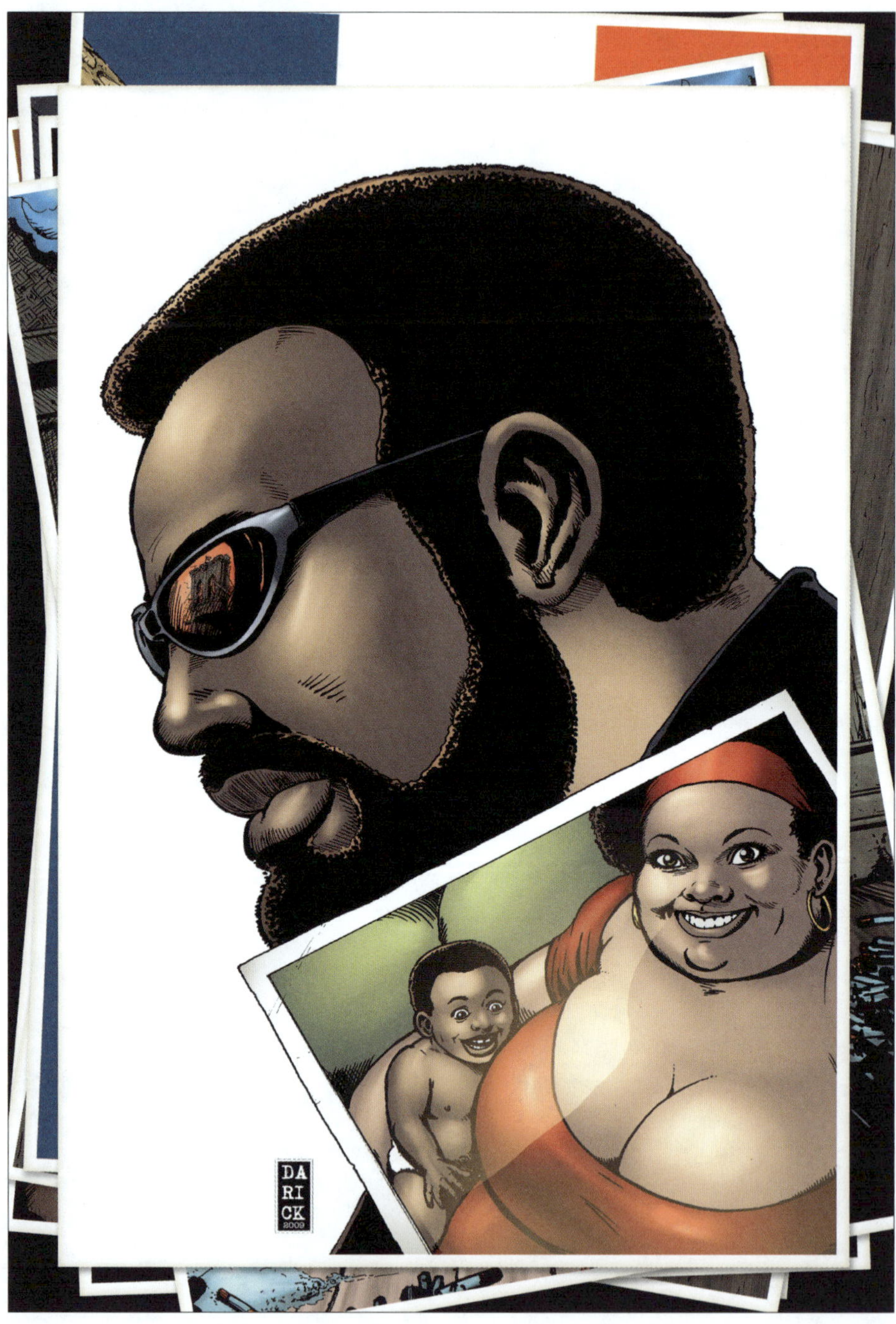

The Boys (2006) 35
Cover von **DARICK ROBERTSON**

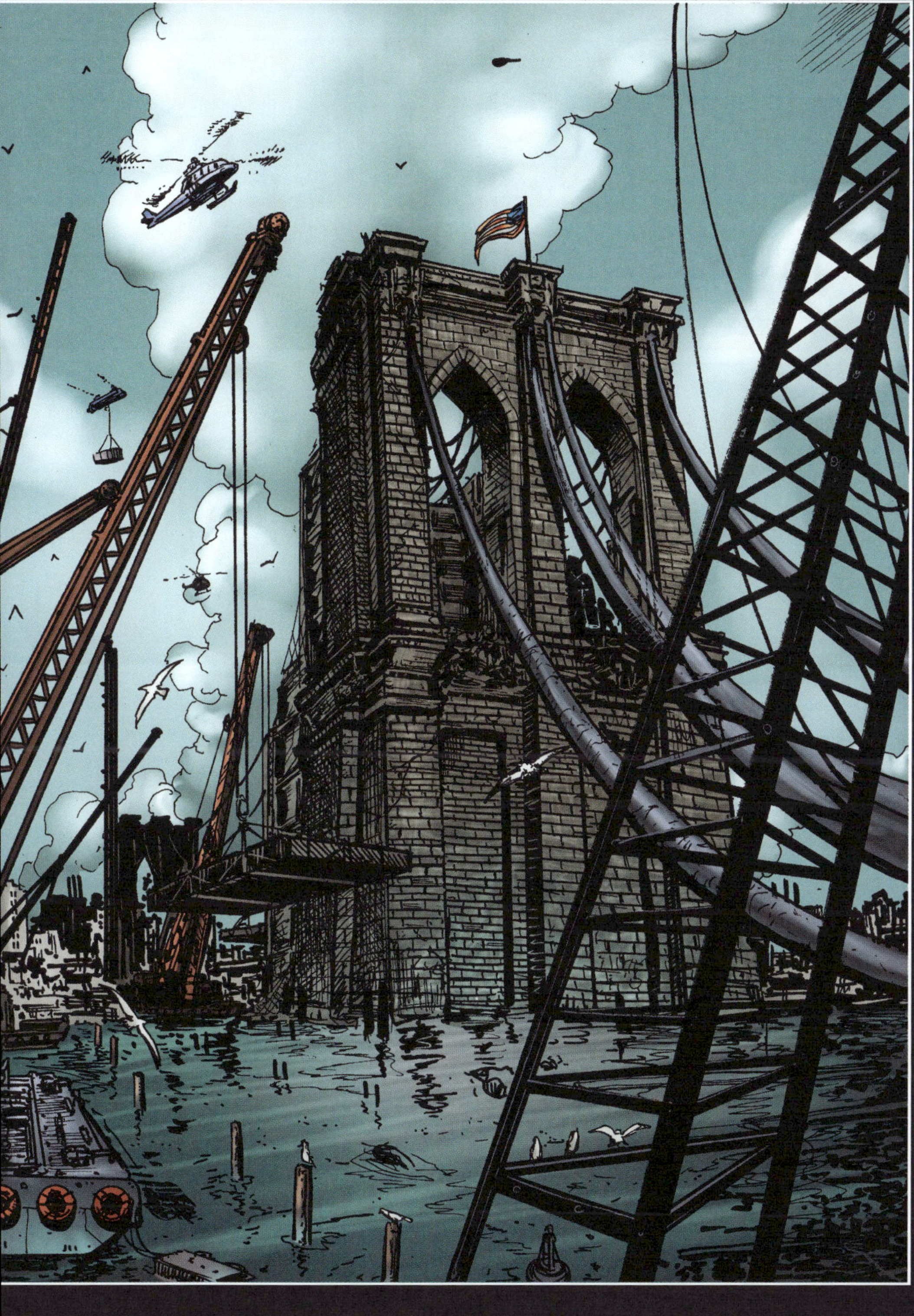

EINZIGARTIG IN DER WELT

1. Teil

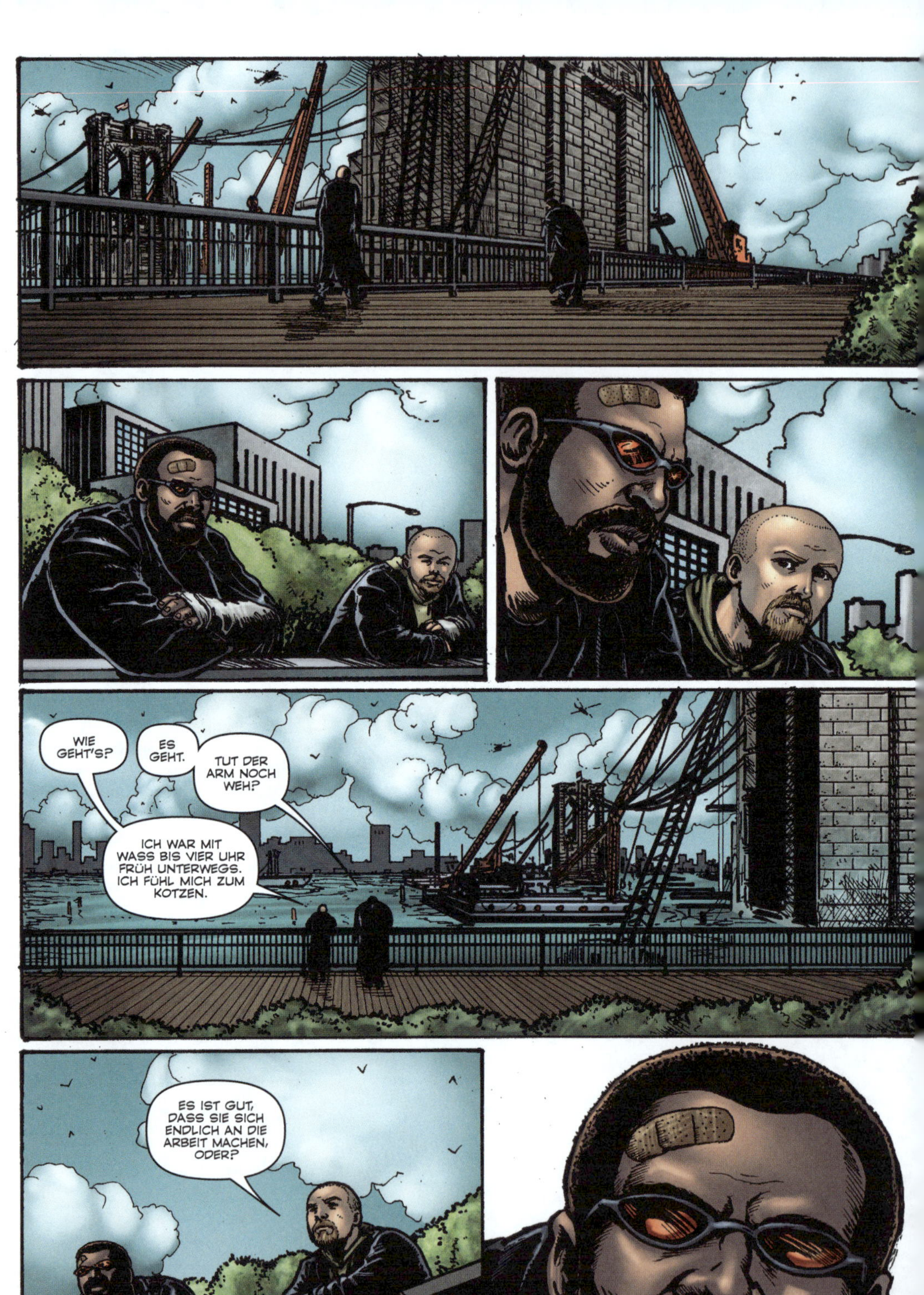
WIE GEHT'S?
ES GEHT.
TUT DER ARM NOCH WEH?
ICH WAR MIT WASS BIS VIER UHR FRÜH UNTERWEGS. ICH FÜHL MICH ZUM KOTZEN.
ES IST GUT, DASS SIE SICH ENDLICH AN DIE ARBEIT MACHEN, ODER?
JEP.

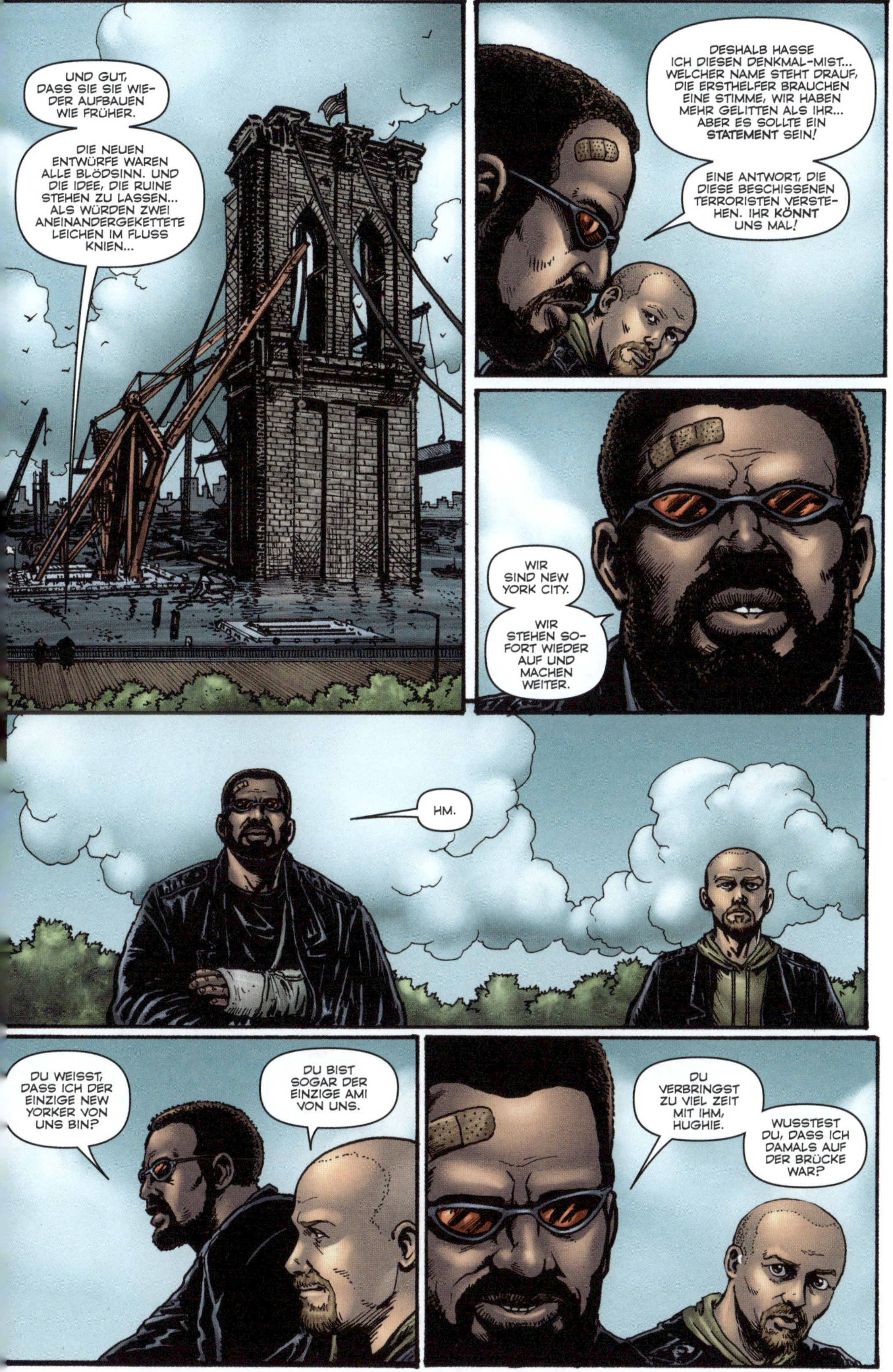
UND GUT, DASS SIE SIE WIEDER AUFBAUEN WIE FRÜHER.
DIE NEUEN ENTWÜRFE WAREN ALLE BLÖDSINN. UND DIE IDEE, DIE RUINE STEHEN ZU LASSEN... ALS WÜRDEN ZWEI ANEINANDERGEKETTETE LEICHEN IM FLUSS KNIEN...
DESHALB HASSE ICH DIESEN DENKMAL-MIST... WELCHER NAME STEHT DRAUF, DIE ERSTHELFER BRAUCHEN EINE STIMME, WIR HABEN MEHR GELITTEN ALS IHR... ABER ES SOLLTE EIN **STATEMENT** SEIN!
EINE ANTWORT, DIE DIESE BESCHISSENEN TERRORISTEN VERSTEHEN. IHR **KÖNNT** UNS MAL!
WIR SIND NEW YORK CITY.
WIR STEHEN SOFORT WIEDER AUF UND MACHEN WEITER.
HM.
DU WEISST, DASS ICH DER EINZIGE NEW YORKER VON UNS BIN?
DU BIST SOGAR DER EINZIGE AMI VON UNS.
DU VERBRINGST ZU VIEL ZEIT MIT IHM, HUGHIE.
WUSSTEST DU, DASS ICH DAMALS AUF DER BRÜCKE WAR?

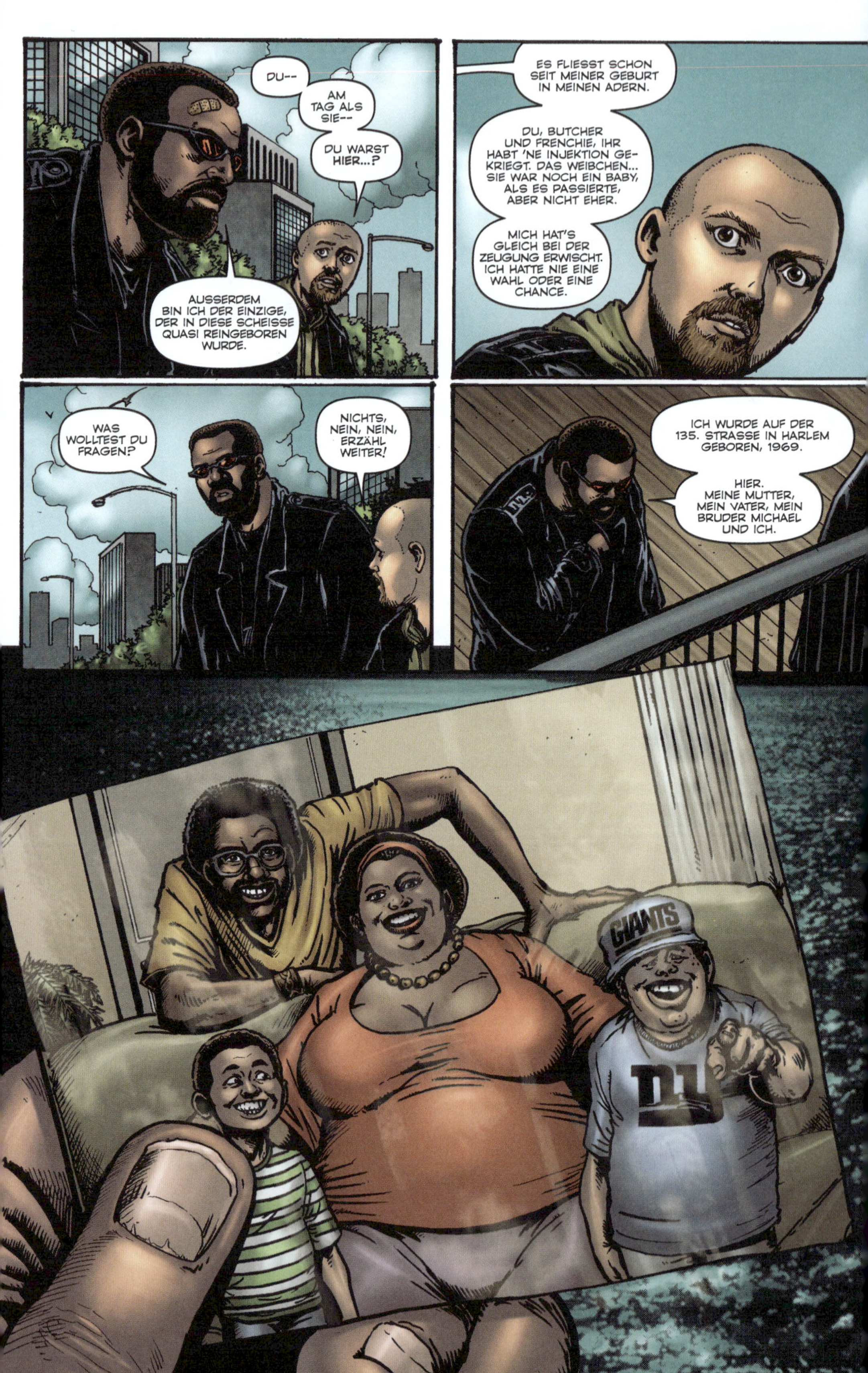
DU--
AM TAG ALS SIE--
DU WARST HIER...?
AUSSERDEM BIN ICH DER EINZIGE, DER IN DIESE SCHEISSE QUASI REINGEBOREN WURDE.
ES FLIESST SCHON SEIT MEINER GEBURT IN MEINEN ADERN.
DU, BUTCHER UND FRENCHIE, IHR HABT 'NE INJEKTION GEKRIEGT. DAS WEIBCHEN... SIE WAR NOCH EIN BABY, ALS ES PASSIERTE, ABER NICHT EHER.
MICH HAT'S GLEICH BEI DER ZEUGUNG ERWISCHT. ICH HATTE NIE EINE WAHL ODER EINE CHANCE.
WAS WOLLTEST DU FRAGEN?
NICHTS, NEIN, NEIN, ERZÄHL WEITER!
ICH WURDE AUF DER 135. STRASSE IN HARLEM GEBOREN, 1969.
HIER. MEINE MUTTER, MEIN VATER, MEIN BRUDER MICHAEL UND ICH.
GIANTS
NY

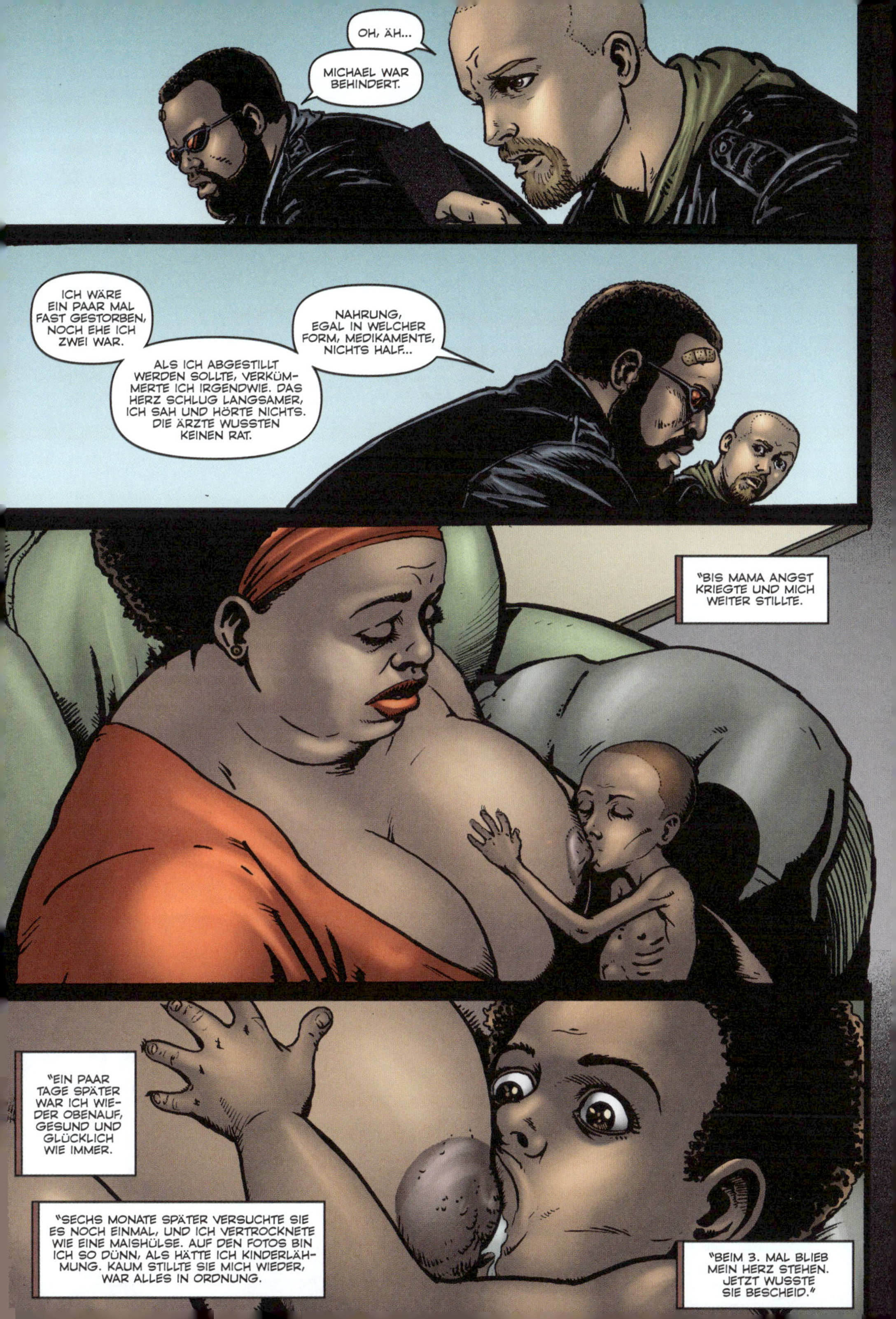

OH, ÄH...

MICHAEL WAR BEHINDERT.

ICH WÄRE EIN PAAR MAL FAST GESTORBEN, NOCH EHE ICH ZWEI WAR.

ALS ICH ABGESTILLT WERDEN SOLLTE, VERKÜMMERTE ICH IRGENDWIE. DAS HERZ SCHLUG LANGSAMER, ICH SAH UND HÖRTE NICHTS. DIE ÄRZTE WUSSTEN KEINEN RAT.

NAHRUNG, EGAL IN WELCHER FORM, MEDIKAMENTE, NICHTS HALF...

"BIS MAMA ANGST KRIEGTE UND MICH WEITER STILLTE.

"EIN PAAR TAGE SPÄTER WAR ICH WIEDER OBENAUF, GESUND UND GLÜCKLICH WIE IMMER.

"SECHS MONATE SPÄTER VERSUCHTE SIE ES NOCH EINMAL, UND ICH VERTROCKNETE WIE EINE MAISHÜLSE. AUF DEN FOTOS BIN ICH SO DÜNN, ALS HÄTTE ICH KINDERLÄHMUNG. KAUM STILLTE SIE MICH WIEDER, WAR ALLES IN ORDNUNG.

"BEIM 3. MAL BLIEB MEIN HERZ STEHEN. JETZT WUSSTE SIE BESCHEID."

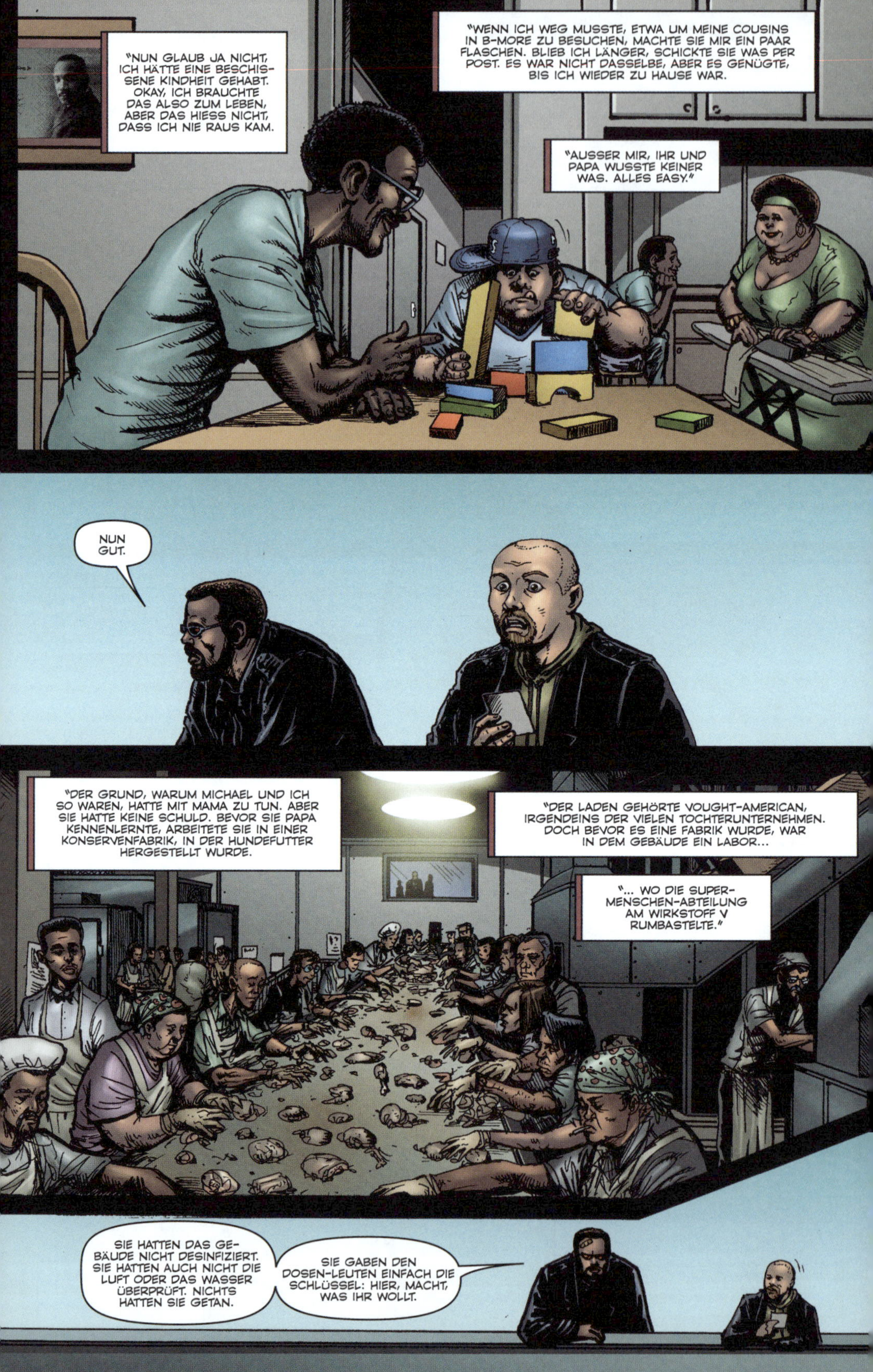
"NUN GLAUB JA NICHT, ICH HÄTTE EINE BESCHIS-SENE KINDHEIT GEHABT. OKAY, ICH BRAUCHTE DAS ALSO ZUM LEBEN, ABER DAS HIESS NICHT, DASS ICH NIE RAUS KAM.
"WENN ICH WEG MUSSTE, ETWA UM MEINE COUSINS IN B-MORE ZU BESUCHEN, MACHTE SIE MIR EIN PAAR FLASCHEN. BLIEB ICH LÄNGER, SCHICKTE SIE WAS PER POST. ES WAR NICHT DASSELBE, ABER ES GENÜGTE, BIS ICH WIEDER ZU HAUSE WAR.
"AUSSER MIR, IHR UND PAPA WUSSTE KEINER WAS. ALLES EASY."
NUN GUT.
"DER GRUND, WARUM MICHAEL UND ICH SO WAREN, HATTE MIT MAMA ZU TUN. ABER SIE HATTE KEINE SCHULD. BEVOR SIE PAPA KENNENLERNTE, ARBEITETE SIE IN EINER KONSERVENFABRIK, IN DER HUNDEFUTTER HERGESTELLT WURDE.
"DER LADEN GEHÖRTE VOUGHT-AMERICAN, IRGENDEINS DER VIELEN TOCHTERUNTERNEHMEN. DOCH BEVOR ES EINE FABRIK WURDE, WAR IN DEM GEBÄUDE EIN LABOR...
"... WO DIE SUPER-MENSCHEN-ABTEILUNG AM WIRKSTOFF V RUMBASTELTE."
SIE HATTEN DAS GE-BÄUDE NICHT DESINFIZIERT. SIE HATTEN AUCH NICHT DIE LUFT ODER DAS WASSER ÜBERPRÜFT. NICHTS HATTEN SIE GETAN.
SIE GABEN DEN DOSEN-LEUTEN EINFACH DIE SCHLÜSSEL: HIER, MACHT, WAS IHR WOLLT.

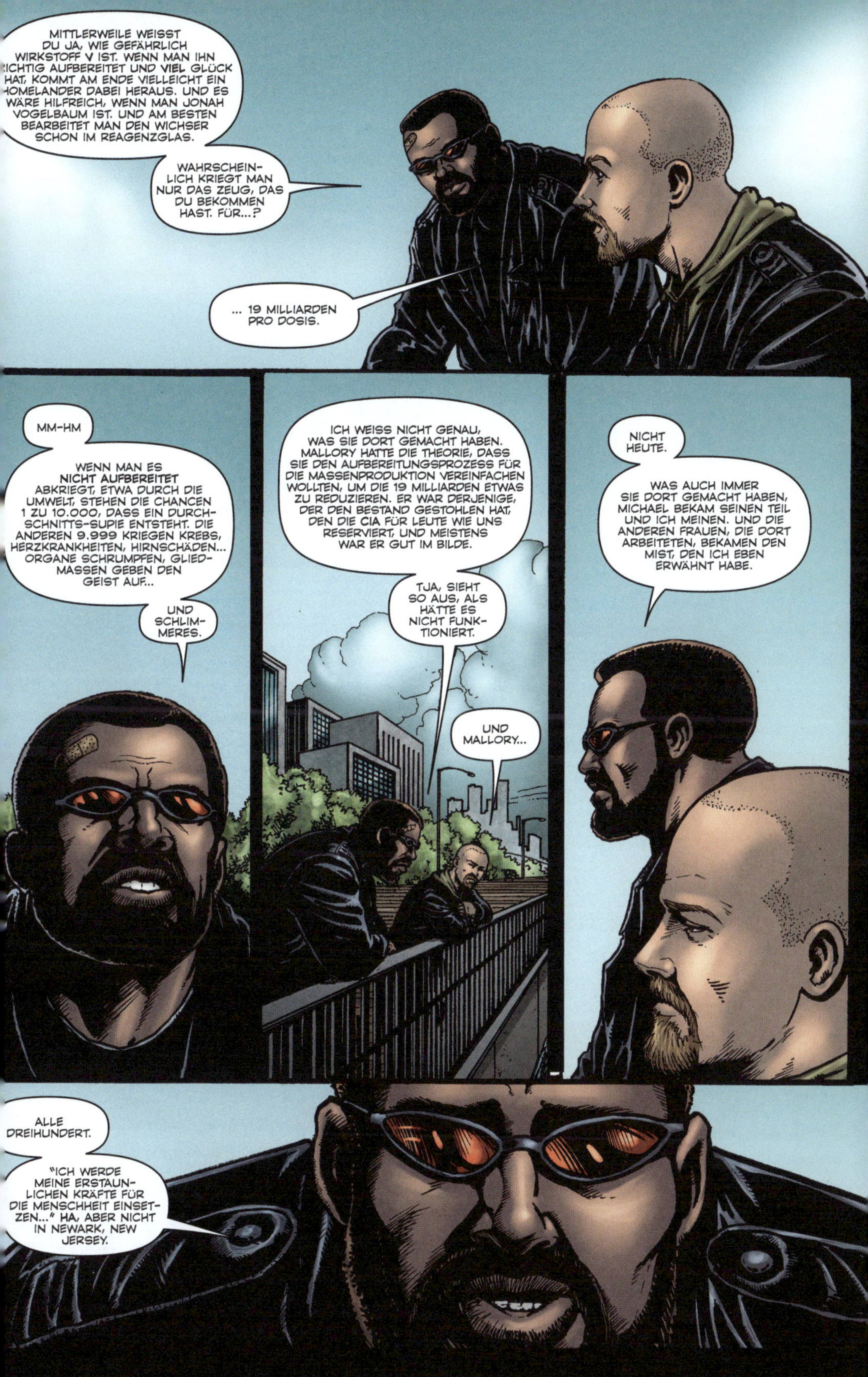
MITTLERWEILE WEISST DU JA, WIE GEFÄHRLICH WIRKSTOFF V IST. WENN MAN IHN RICHTIG AUFBEREITET UND VIEL GLÜCK HAT, KOMMT AM ENDE VIELLEICHT EIN HOMELANDER DABEI HERAUS. UND ES WÄRE HILFREICH, WENN MAN JONAH VOGELBAUM IST. UND AM BESTEN BEARBEITET MAN DEN WICHSER SCHON IM REAGENZGLAS.
WAHRSCHEIN-LICH KRIEGT MAN NUR DAS ZEUG, DAS DU BEKOMMEN HAST. FÜR...?
... 19 MILLIARDEN PRO DOSIS.
MM-HM
WENN MAN ES NICHT AUFBEREITET ABKRIEGT, ETWA DURCH DIE UMWELT, STEHEN DIE CHANCEN 1 ZU 10.000, DASS EIN DURCH-SCHNITTS-SUPIE ENTSTEHT. DIE ANDEREN 9.999 KRIEGEN KREBS, HERZKRANKHEITEN, HIRNSCHÄDEN... ORGANE SCHRUMPFEN, GLIED-MASSEN GEBEN DEN GEIST AUF...
UND SCHLIM-MERES.
ICH WEISS NICHT GENAU, WAS SIE DORT GEMACHT HABEN. MALLORY HATTE DIE THEORIE, DASS SIE DEN AUFBEREITUNGSPROZESS FÜR DIE MASSENPRODUKTION VEREINFACHEN WOLLTEN, UM DIE 19 MILLIARDEN ETWAS ZU REDUZIEREN. ER WAR DERJENIGE, DER DEN BESTAND GESTOHLEN HAT, DEN DIE CIA FÜR LEUTE WIE UNS RESERVIERT, UND MEISTENS WAR ER GUT IM BILDE.
TJA, SIEHT SO AUS, ALS HÄTTE ES NICHT FUNK-TIONIERT.
UND MALLORY...
NICHT HEUTE.
WAS AUCH IMMER SIE DORT GEMACHT HABEN, MICHAEL BEKAM SEINEN TEIL UND ICH MEINEN. UND DIE ANDEREN FRAUEN, DIE DORT ARBEITETEN, BEKAMEN DEN MIST, DEN ICH EBEN ERWÄHNT HABE.
ALLE DREIHUNDERT.
"ICH WERDE MEINE ERSTAUN-LICHEN KRÄFTE FÜR DIE MENSCHHEIT EINSET-ZEN..." HA, ABER NICHT IN NEWARK, NEW JERSEY.

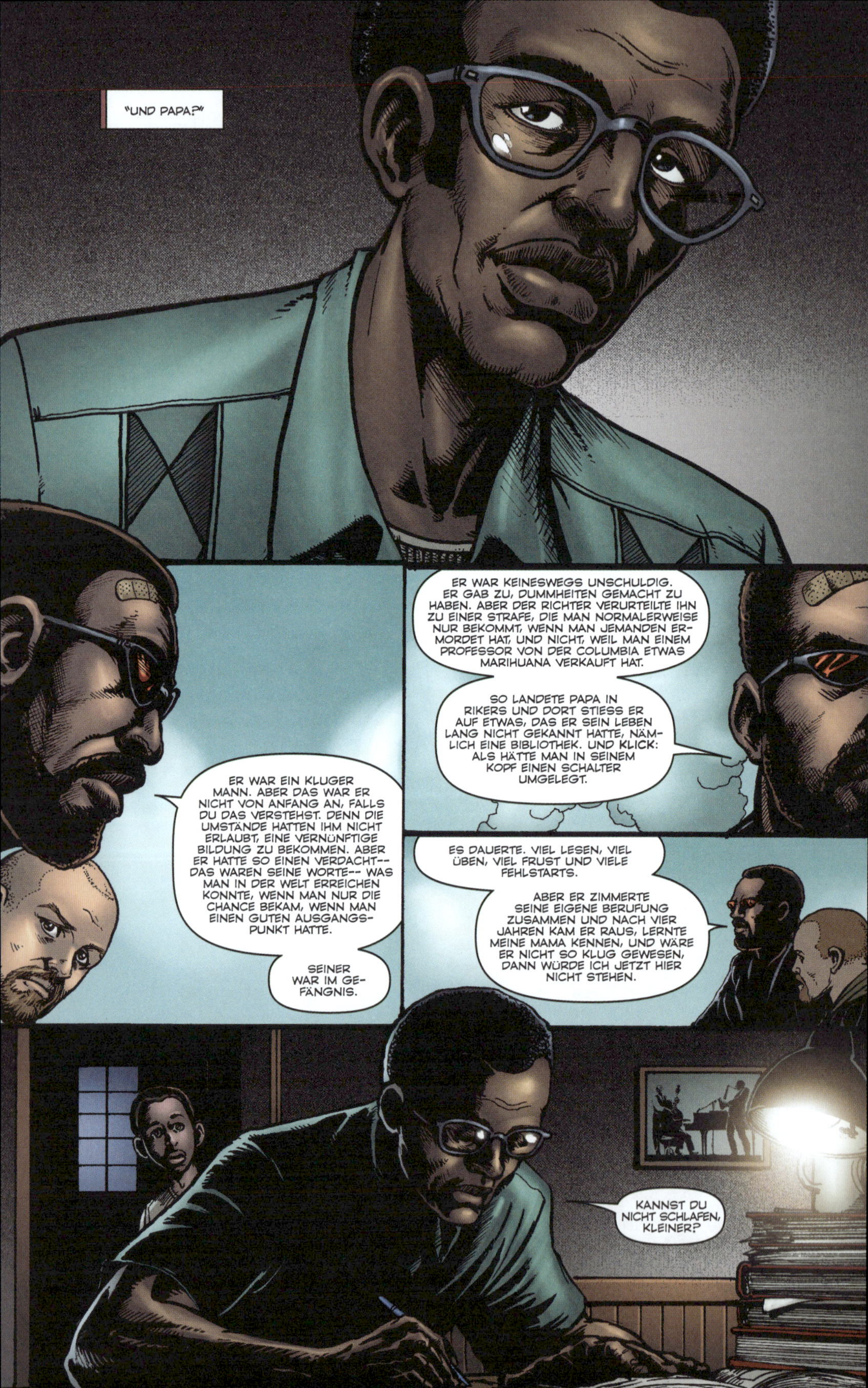
"UND PAPA?"
ER WAR EIN KLUGER MANN. ABER DAS WAR ER NICHT VON ANFANG AN, FALLS DU DAS VERSTEHST. DENN DIE UMSTÄNDE HATTEN IHM NICHT ERLAUBT, EINE VERNÜNFTIGE BILDUNG ZU BEKOMMEN. ABER ER HATTE SO EINEN VERDACHT-- DAS WAREN SEINE WORTE-- WAS MAN IN DER WELT ERREICHEN KONNTE, WENN MAN NUR DIE CHANCE BEKAM, WENN MAN EINEN GUTEN AUSGANGSPUNKT HATTE.
SEINER WAR IM GEFÄNGNIS.
ER WAR KEINESWEGS UNSCHULDIG. ER GAB ZU, DUMMHEITEN GEMACHT ZU HABEN. ABER DER RICHTER VERURTEILTE IHN ZU EINER STRAFE, DIE MAN NORMALERWEISE NUR BEKOMMT, WENN MAN JEMANDEN ERMORDET HAT, UND NICHT, WEIL MAN EINEM PROFESSOR VON DER COLUMBIA ETWAS MARIHUANA VERKAUFT HAT.
SO LANDETE PAPA IN RIKERS UND DORT STIESS ER AUF ETWAS, DAS ER SEIN LEBEN LANG NICHT GEKANNT HATTE, NÄMLICH EINE BIBLIOTHEK. UND KLICK: ALS HÄTTE MAN IN SEINEM KOPF EINEN SCHALTER UMGELEGT.
ES DAUERTE. VIEL LESEN, VIEL ÜBEN, VIEL FRUST UND VIELE FEHLSTARTS.
ABER ER ZIMMERTE SEINE EIGENE BERUFUNG ZUSAMMEN UND NACH VIER JAHREN KAM ER RAUS, LERNTE MEINE MAMA KENNEN, UND WÄRE ER NICHT SO KLUG GEWESEN, DANN WÜRDE ICH JETZT HIER NICHT STEHEN.
KANNST DU NICHT SCHLAFEN, KLEINER?

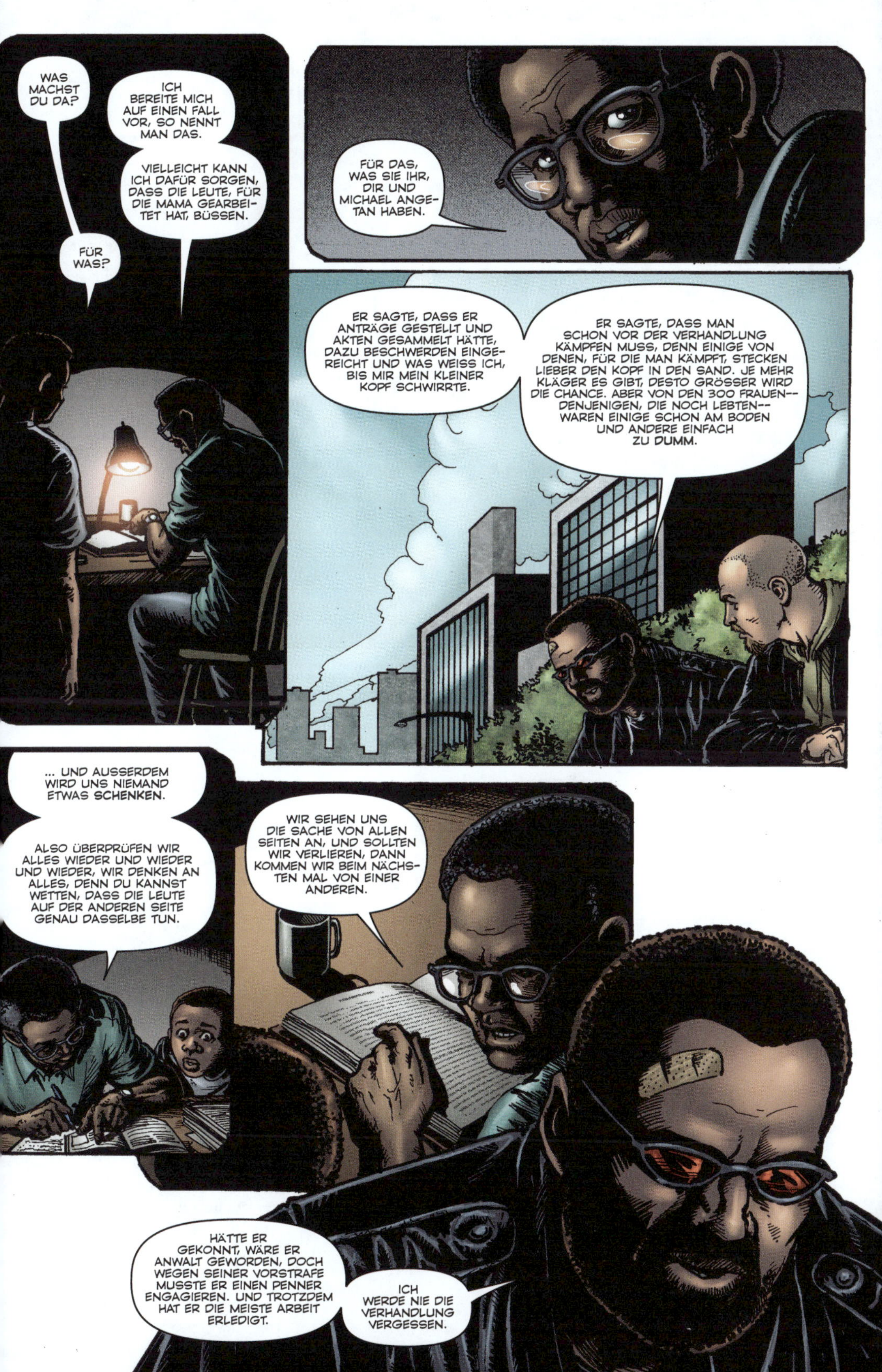
WAS MACHST DU DA?
ICH BEREITE MICH AUF EINEN FALL VOR, SO NENNT MAN DAS.
VIELLEICHT KANN ICH DAFÜR SORGEN, DASS DIE LEUTE, FÜR DIE MAMA GEARBEITET HAT, BÜSSEN.
FÜR WAS?
FÜR DAS, WAS SIE IHR, DIR UND MICHAEL ANGETAN HABEN.
ER SAGTE, DASS ER ANTRÄGE GESTELLT UND AKTEN GESAMMELT HÄTTE, DAZU BESCHWERDEN EINGEREICHT UND WAS WEISS ICH, BIS MIR MEIN KLEINER KOPF SCHWIRRTE.
ER SAGTE, DASS MAN SCHON VOR DER VERHANDLUNG KÄMPFEN MUSS, DENN EINIGE VON DENEN, FÜR DIE MAN KÄMPFT, STECKEN LIEBER DEN KOPF IN DEN SAND. JE MEHR KLÄGER ES GIBT, DESTO GRÖSSER WIRD DIE CHANCE. ABER VON DEN 300 FRAUEN-- DENJENIGEN, DIE NOCH LEBTEN-- WAREN EINIGE SCHON AM BODEN UND ANDERE EINFACH ZU DUMM.
... UND AUSSERDEM WIRD UNS NIEMAND ETWAS SCHENKEN.
ALSO ÜBERPRÜFEN WIR ALLES WIEDER UND WIEDER UND WIEDER, WIR DENKEN AN ALLES, DENN DU KANNST WETTEN, DASS DIE LEUTE AUF DER ANDEREN SEITE GENAU DASSELBE TUN.
WIR SEHEN UNS DIE SACHE VON ALLEN SEITEN AN, UND SOLLTEN WIR VERLIEREN, DANN KOMMEN WIR BEIM NÄCHSTEN MAL VON EINER ANDEREN.
HÄTTE ER GEKONNT, WÄRE ER ANWALT GEWORDEN, DOCH WEGEN SEINER VORSTRAFE MUSSTE ER EINEN PENNER ENGAGIEREN. UND TROTZDEM HAT ER DIE MEISTE ARBEIT ERLEDIGT.
ICH WERDE NIE DIE VERHANDLUNG VERGESSEN.

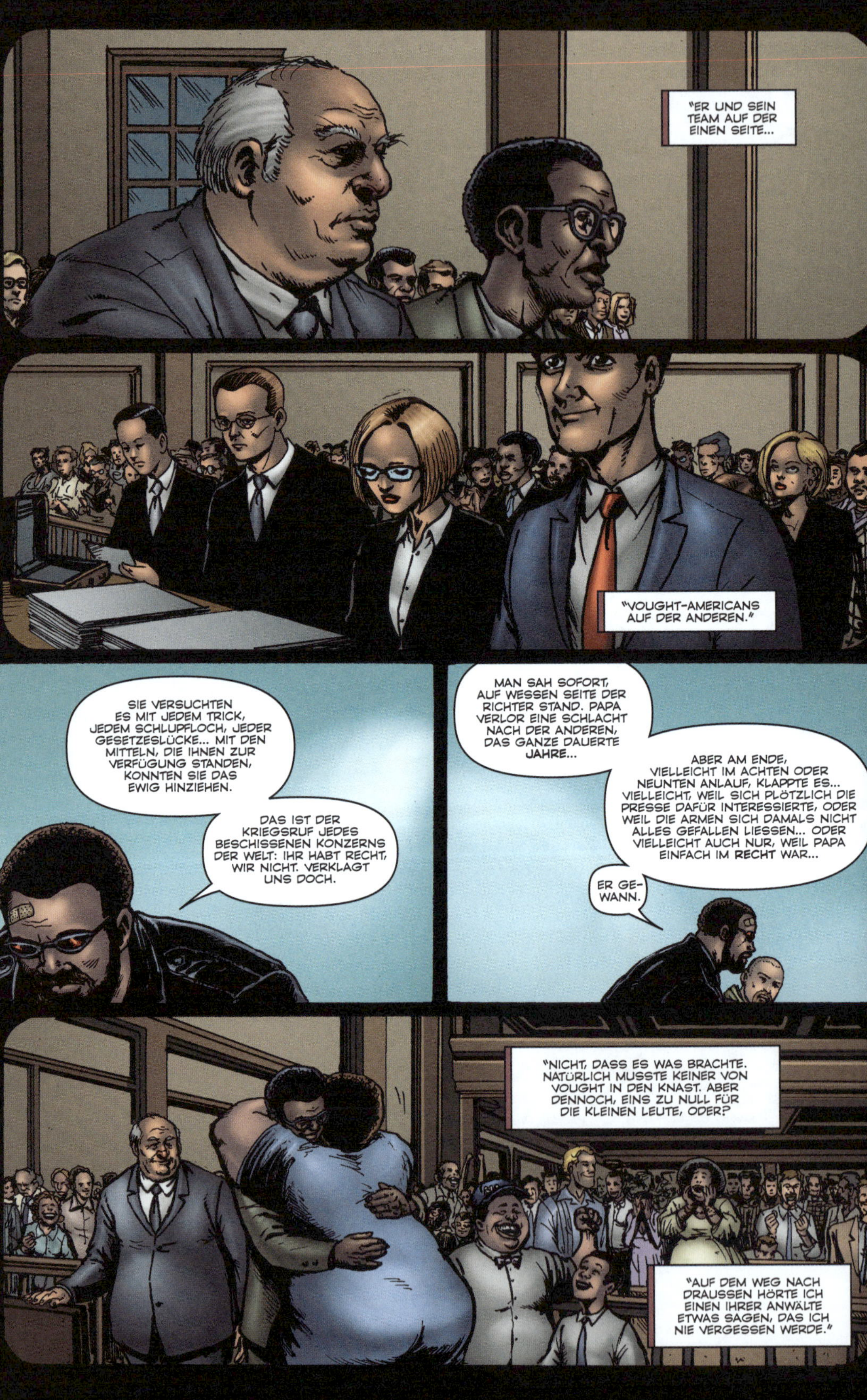
"ER UND SEIN TEAM AUF DER EINEN SEITE...
"VOUGHT-AMERICANS AUF DER ANDEREN."
SIE VERSUCHTEN ES MIT JEDEM TRICK, JEDEM SCHLUPFLOCH, JEDER GESETZESLÜCKE... MIT DEN MITTELN, DIE IHNEN ZUR VERFÜGUNG STANDEN, KONNTEN SIE DAS EWIG HINZIEHEN.
DAS IST DER KRIEGSRUF JEDES BESCHISSENEN KONZERNS DER WELT: IHR HABT RECHT, WIR NICHT. VERKLAGT UNS DOCH.
MAN SAH SOFORT, AUF WESSEN SEITE DER RICHTER STAND. PAPA VERLOR EINE SCHLACHT NACH DER ANDEREN, DAS GANZE DAUERTE **JAHRE**...
ABER AM ENDE, VIELLEICHT IM ACHTEN ODER NEUNTEN ANLAUF, KLAPPTE ES... VIELLEICHT, WEIL SICH PLÖTZLICH DIE PRESSE DAFÜR INTERESSIERTE, ODER WEIL DIE ARMEN SICH DAMALS NICHT ALLES GEFALLEN LIESSEN... ODER VIELLEICHT AUCH NUR, WEIL PAPA EINFACH IM **RECHT** WAR...
ER GEWANN.
"NICHT, DASS ES WAS BRACHTE. NATÜRLICH MUSSTE KEINER VON VOUGHT IN DEN KNAST. ABER DENNOCH, EINS ZU NULL FÜR DIE KLEINEN LEUTE, ODER?
"AUF DEM WEG NACH DRAUSSEN HÖRTE ICH EINEN IHRER ANWÄLTE ETWAS SAGEN, DAS ICH NIE VERGESSEN WERDE."

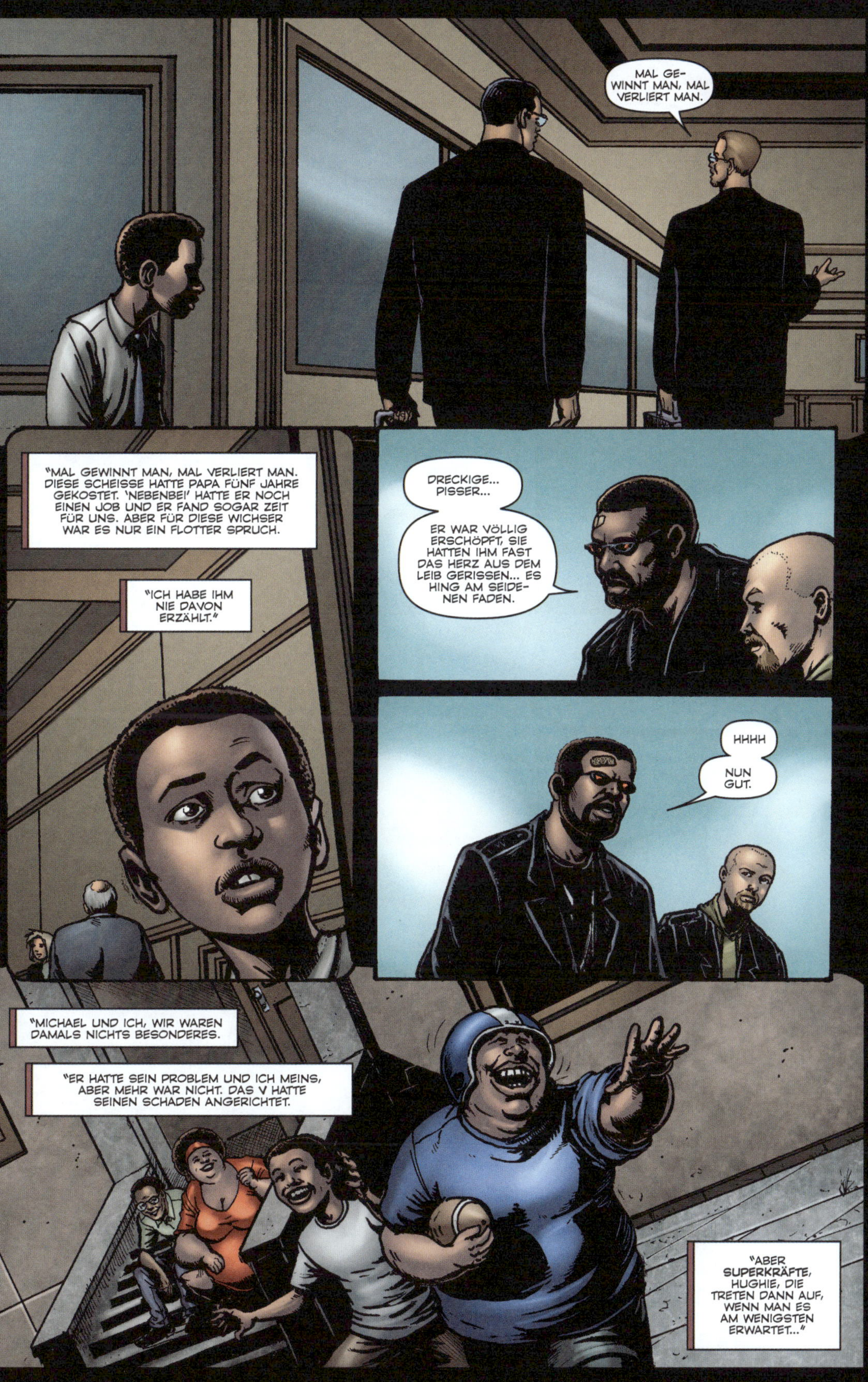
MAL GEWINNT MAN, MAL VERLIERT MAN.
"MAL GEWINNT MAN, MAL VERLIERT MAN. DIESE SCHEISSE HATTE PAPA FÜNF JAHRE GEKOSTET. 'NEBENBEI' HATTE ER NOCH EINEN JOB UND ER FAND SOGAR ZEIT FÜR UNS. ABER FÜR DIESE WICHSER WAR ES NUR EIN FLOTTER SPRUCH.
"ICH HABE IHM NIE DAVON ERZÄHLT."
DRECKIGE... PISSER...
ER WAR VÖLLIG ERSCHÖPFT, SIE HATTEN IHM FAST DAS HERZ AUS DEM LEIB GERISSEN... ES HING AM SEIDENEN FADEN.
HHHH
NUN GUT.
"MICHAEL UND ICH, WIR WAREN DAMALS NICHTS BESONDERES.
"ER HATTE SEIN PROBLEM UND ICH MEINS, ABER MEHR WAR NICHT. DAS V HATTE SEINEN SCHADEN ANGERICHTET.
"ABER SUPERKRÄFTE, HUGHIE, DIE TRETEN DANN AUF, WENN MAN ES AM WENIGSTEN ERWARTET..."

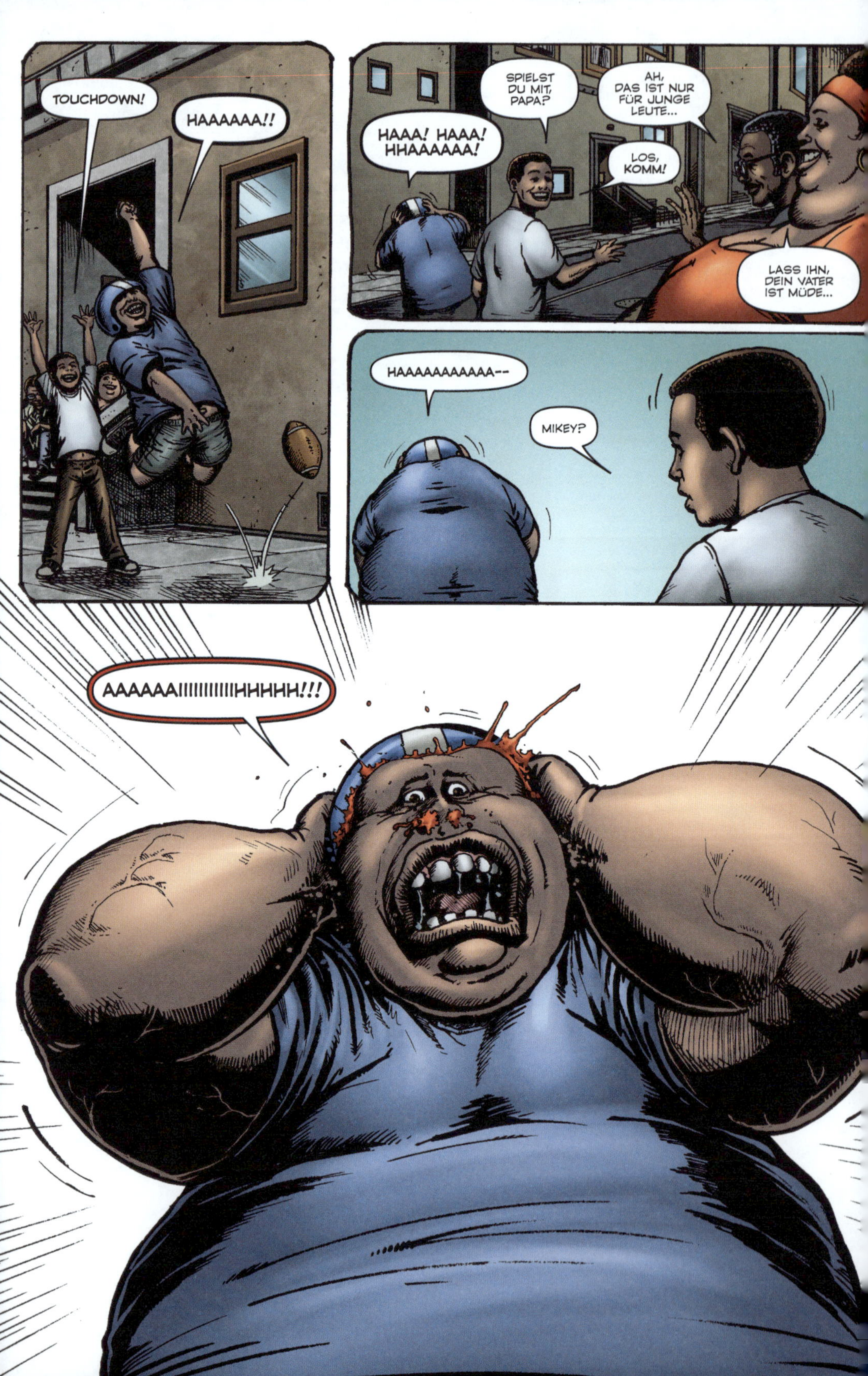
TOUCHDOWN!
HAAAAAA!!
SPIELST DU MIT, PAPA?
HAAA! HAAA! HHAAAAAA!
AH, DAS IST NUR FÜR JUNGE LEUTE...
LOS, KOMM!
LASS IHN, DEIN VATER IST MÜDE...
HAAAAAAAAAAA--
MIKEY?
AAAAAAIIIIIIIIIIIHHHHH!!!

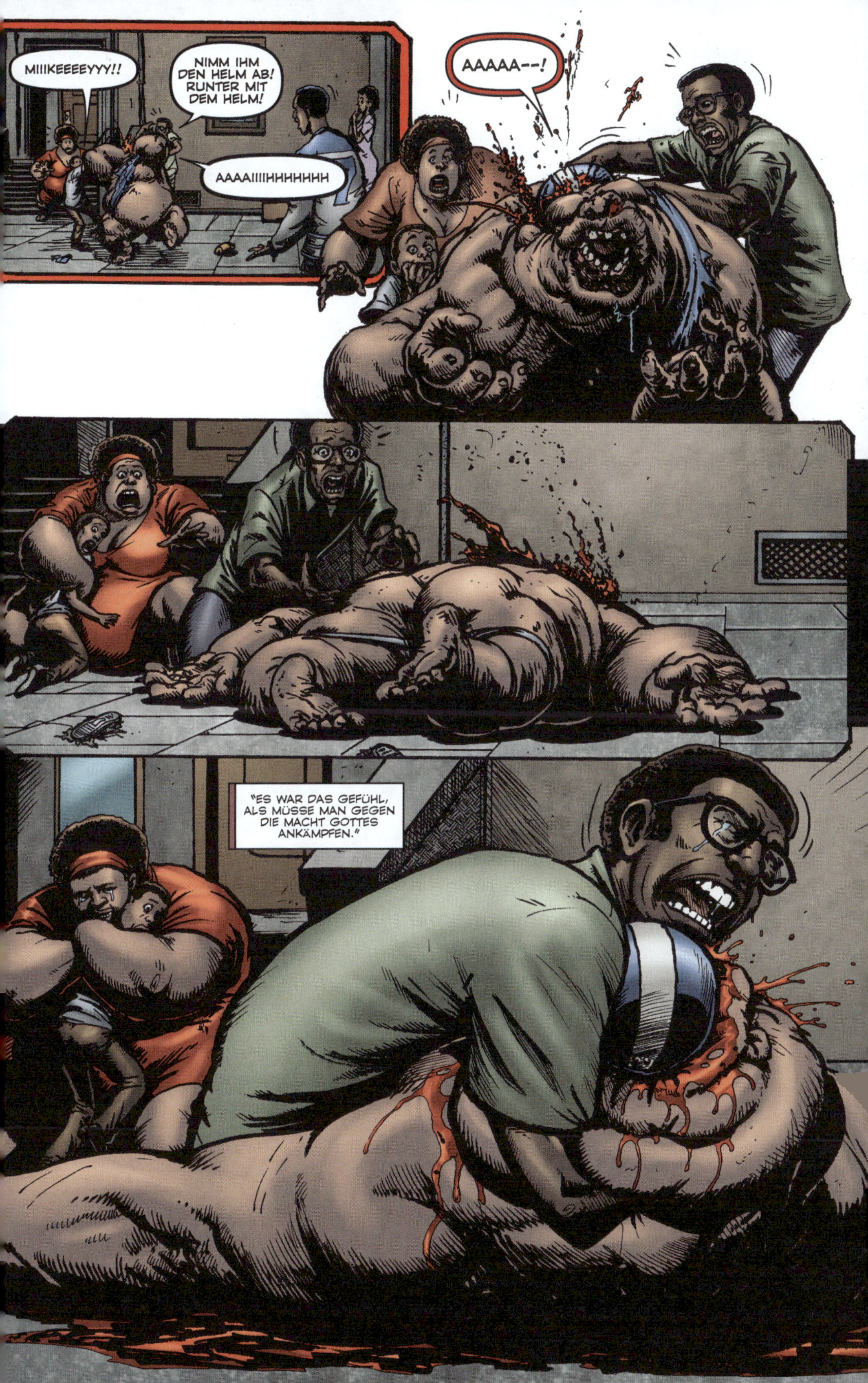
MIIIKEEEEYYY!!
NIMM IHM DEN HELM AB! RUNTER MIT DEM HELM!
AAAAIIIIHHHHHHH
AAAAA--!
"ES WAR DAS GEFÜHL, ALS MÜSSE MAN GEGEN DIE MACHT GOTTES ANKÄMPFEN."

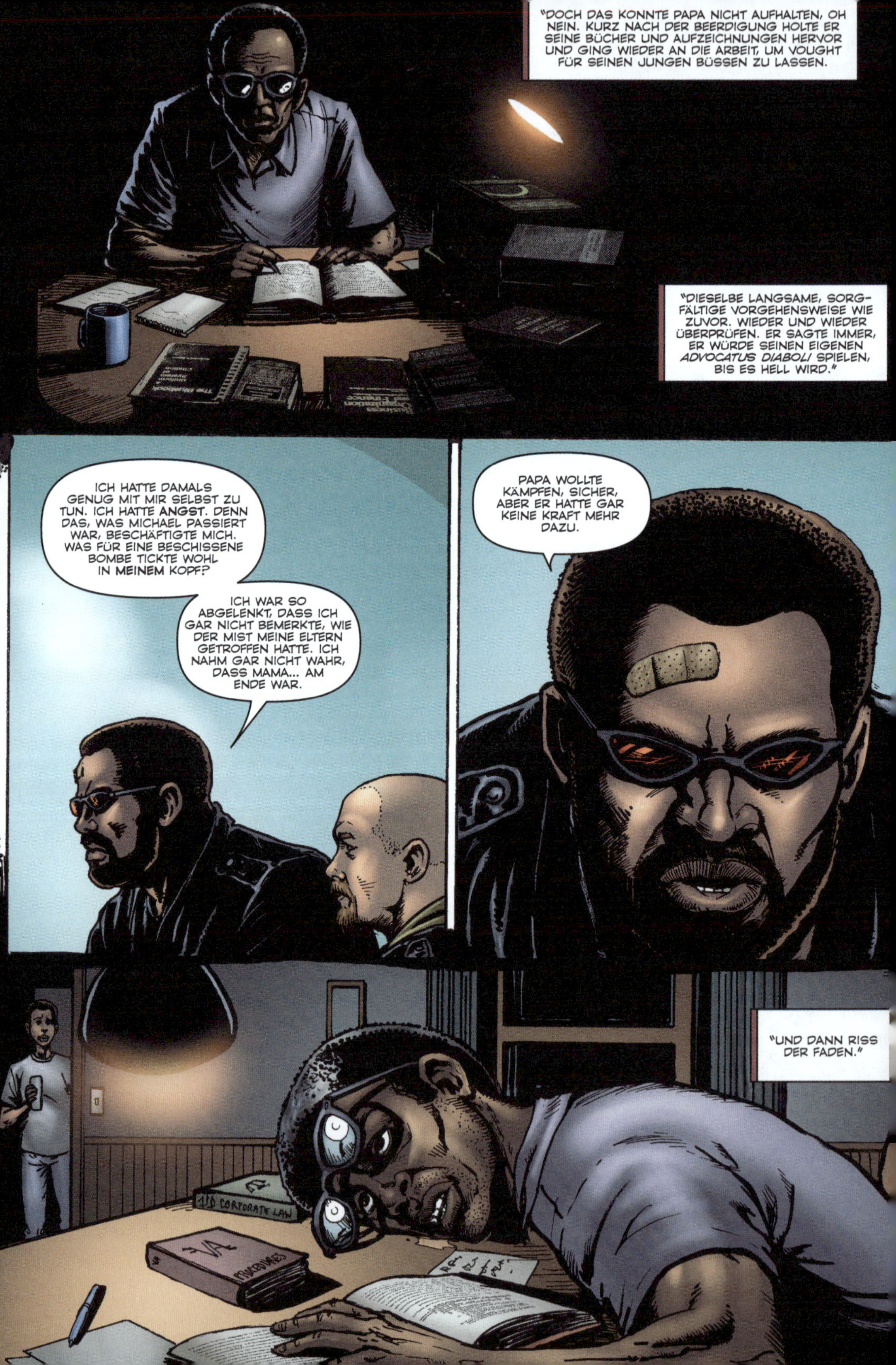
"DOCH DAS KONNTE PAPA NICHT AUFHALTEN, OH NEIN. KURZ NACH DER BEERDIGUNG HOLTE ER SEINE BÜCHER UND AUFZEICHNUNGEN HERVOR UND GING WIEDER AN DIE ARBEIT, UM VOUGHT FÜR SEINEN JUNGEN BÜSSEN ZU LASSEN.
"DIESELBE LANGSAME, SORGFÄLTIGE VORGEHENSWEISE WIE ZUVOR. WIEDER UND WIEDER ÜBERPRÜFEN. ER SAGTE IMMER, ER WÜRDE SEINEN EIGENEN *ADVOCATUS DIABOLI* SPIELEN, BIS ES HELL WIRD."
ICH HATTE DAMALS GENUG MIT MIR SELBST ZU TUN. ICH HATTE **ANGST**. DENN DAS, WAS MICHAEL PASSIERT WAR, BESCHÄFTIGTE MICH. WAS FÜR EINE BESCHISSENE BOMBE TICKTE WOHL IN **MEINEM** KOPF?
ICH WAR SO ABGELENKT, DASS ICH GAR NICHT BEMERKTE, WIE DER MIST MEINE ELTERN GETROFFEN HATTE. ICH NAHM GAR NICHT WAHR, DASS MAMA... AM ENDE WAR.
PAPA WOLLTE KÄMPFEN, SICHER, ABER ER HATTE GAR KEINE KRAFT MEHR DAZU.
"UND DANN RISS DER FADEN."

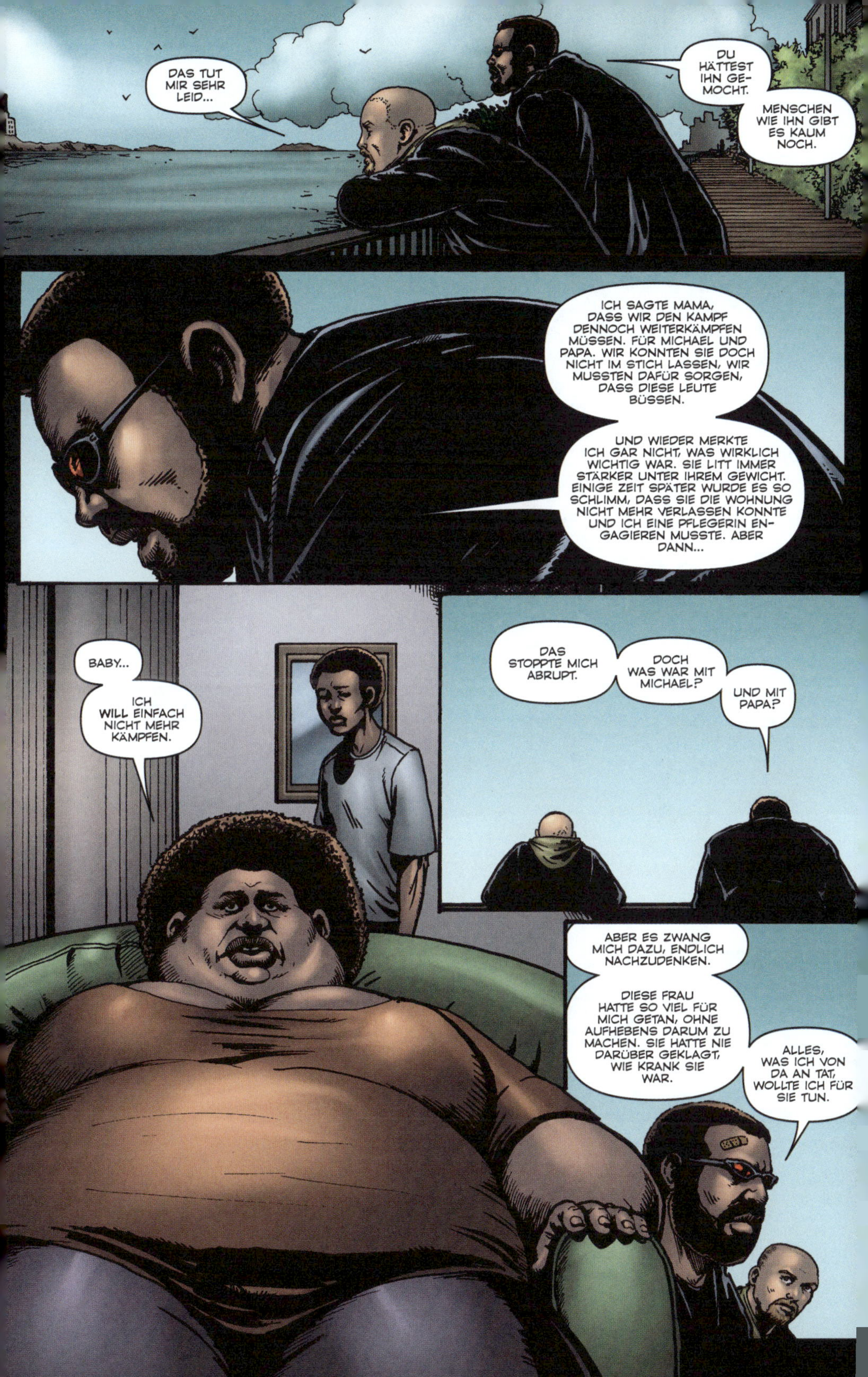
DAS TUT MIR SEHR LEID...
DU HÄTTEST IHN GE-MOCHT.
MENSCHEN WIE IHN GIBT ES KAUM NOCH.
ICH SAGTE MAMA, DASS WIR DEN KAMPF DENNOCH WEITERKÄMPFEN MÜSSEN. FÜR MICHAEL UND PAPA. WIR KONNTEN SIE DOCH NICHT IM STICH LASSEN, WIR MUSSTEN DAFÜR SORGEN, DASS DIESE LEUTE BÜSSEN.
UND WIEDER MERKTE ICH GAR NICHT, WAS WIRKLICH WICHTIG WAR. SIE LITT IMMER STÄRKER UNTER IHREM GEWICHT. EINIGE ZEIT SPÄTER WURDE ES SO SCHLIMM, DASS SIE DIE WOHNUNG NICHT MEHR VERLASSEN KONNTE UND ICH EINE PFLEGERIN EN-GAGIEREN MUSSTE. ABER DANN...
BABY...
ICH WILL EINFACH NICHT MEHR KÄMPFEN.
DAS STOPPTE MICH ABRUPT.
DOCH WAS WAR MIT MICHAEL?
UND MIT PAPA?
ABER ES ZWANG MICH DAZU, ENDLICH NACHZUDENKEN.
DIESE FRAU HATTE SO VIEL FÜR MICH GETAN, OHNE AUFHEBENS DARUM ZU MACHEN. SIE HATTE NIE DARÜBER GEKLAGT, WIE KRANK SIE WAR.
ALLES, WAS ICH VON DA AN TAT, WOLLTE ICH FÜR SIE TUN.

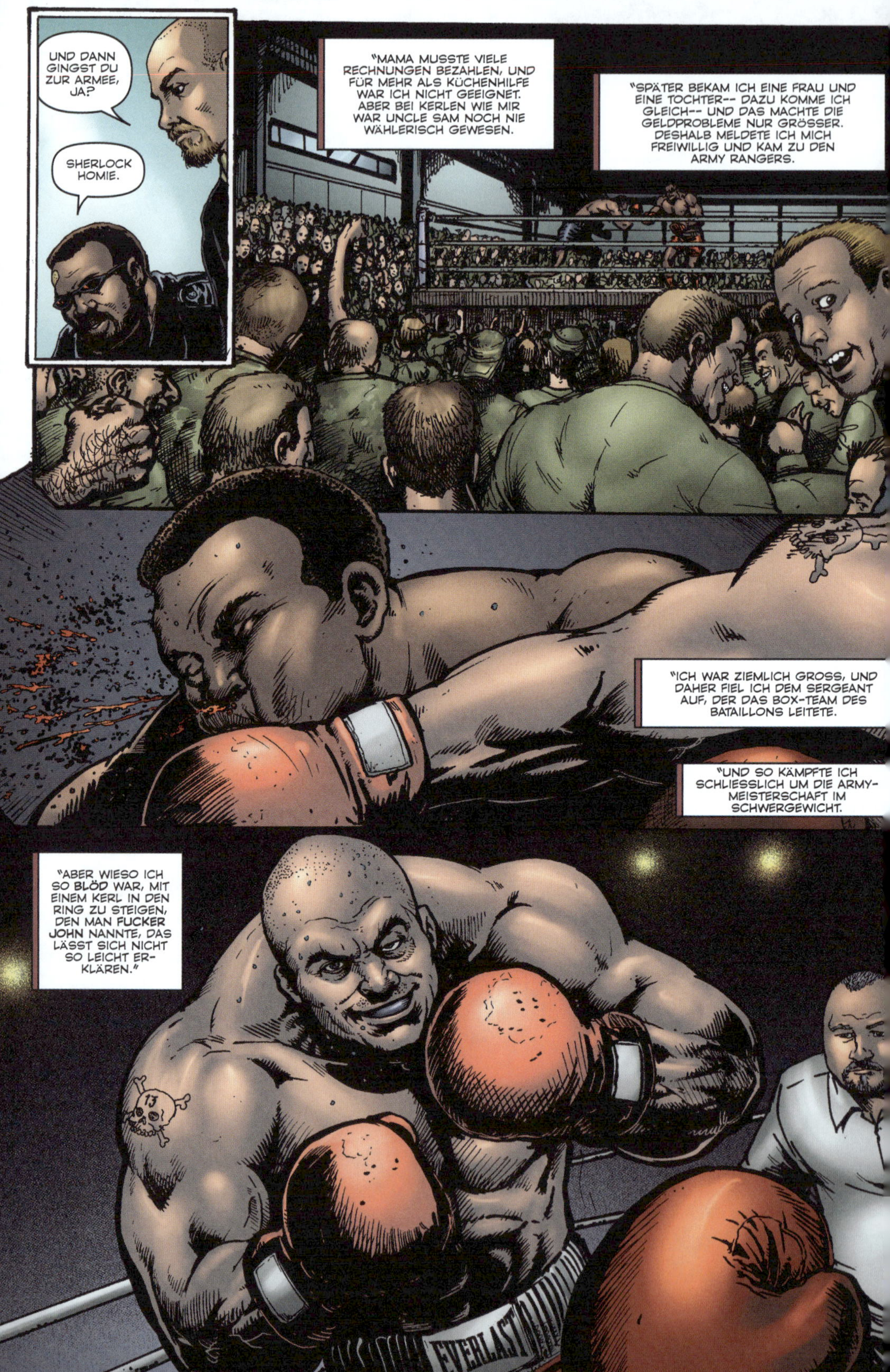
UND DANN GINGST DU ZUR ARMEE, JA?
SHERLOCK HOMIE.
"MAMA MUSSTE VIELE RECHNUNGEN BEZAHLEN, UND FÜR MEHR ALS KÜCHENHILFE WAR ICH NICHT GEEIGNET. ABER BEI KERLEN WIE MIR WAR UNCLE SAM NOCH NIE WÄHLERISCH GEWESEN.
"SPÄTER BEKAM ICH EINE FRAU UND EINE TOCHTER-- DAZU KOMME ICH GLEICH-- UND DAS MACHTE DIE GELDPROBLEME NUR GRÖSSER. DESHALB MELDETE ICH MICH FREIWILLIG UND KAM ZU DEN ARMY RANGERS.
"ICH WAR ZIEMLICH GROSS, UND DAHER FIEL ICH DEM SERGEANT AUF, DER DAS BOX-TEAM DES BATAILLONS LEITETE.
"UND SO KÄMPFTE ICH SCHLIESSLICH UM DIE ARMY-MEISTERSCHAFT IM SCHWERGEWICHT.
"ABER WIESO ICH SO BLÖD WAR, MIT EINEM KERL IN DEN RING ZU STEIGEN, DEN MAN FUCKER JOHN NANNTE, DAS LÄSST SICH NICHT SO LEICHT ERKLÄREN."
13
EVERLAST

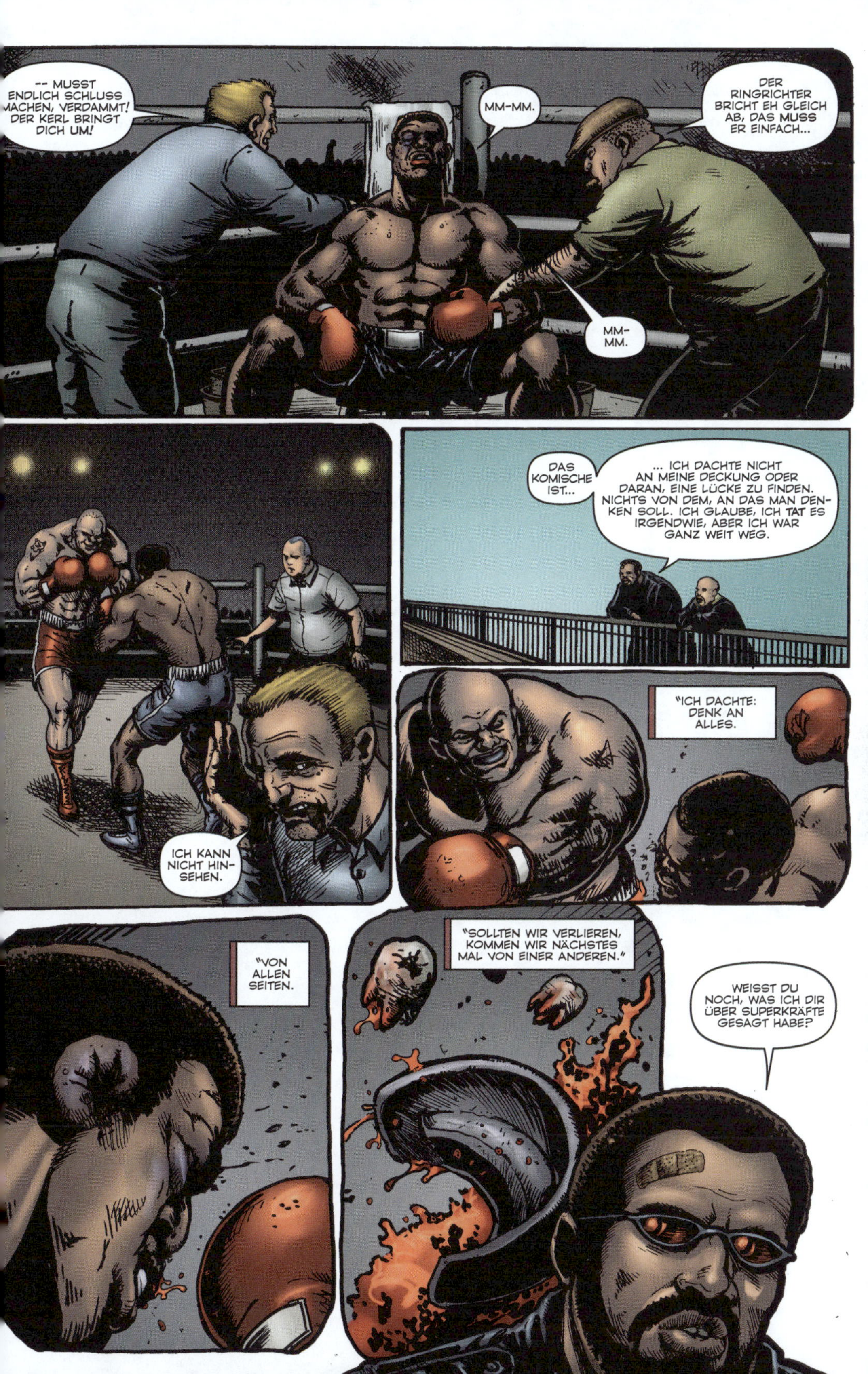
-- MUSST ENDLICH SCHLUSS MACHEN, VERDAMMT! DER KERL BRINGT DICH UM!
MM-MM.
DER RINGRICHTER BRICHT EH GLEICH AB, DAS MUSS ER EINFACH...
MM-MM.
ICH KANN NICHT HINSEHEN.
DAS KOMISCHE IST...
... ICH DACHTE NICHT AN MEINE DECKUNG ODER DARAN, EINE LÜCKE ZU FINDEN. NICHTS VON DEM, AN DAS MAN DENKEN SOLL. ICH GLAUBE, ICH TAT ES IRGENDWIE, ABER ICH WAR GANZ WEIT WEG.
"ICH DACHTE: DENK AN ALLES.
"VON ALLEN SEITEN.
"SOLLTEN WIR VERLIEREN, KOMMEN WIR NÄCHSTES MAL VON EINER ANDEREN."
WEISST DU NOCH, WAS ICH DIR ÜBER SUPERKRÄFTE GESAGT HABE?

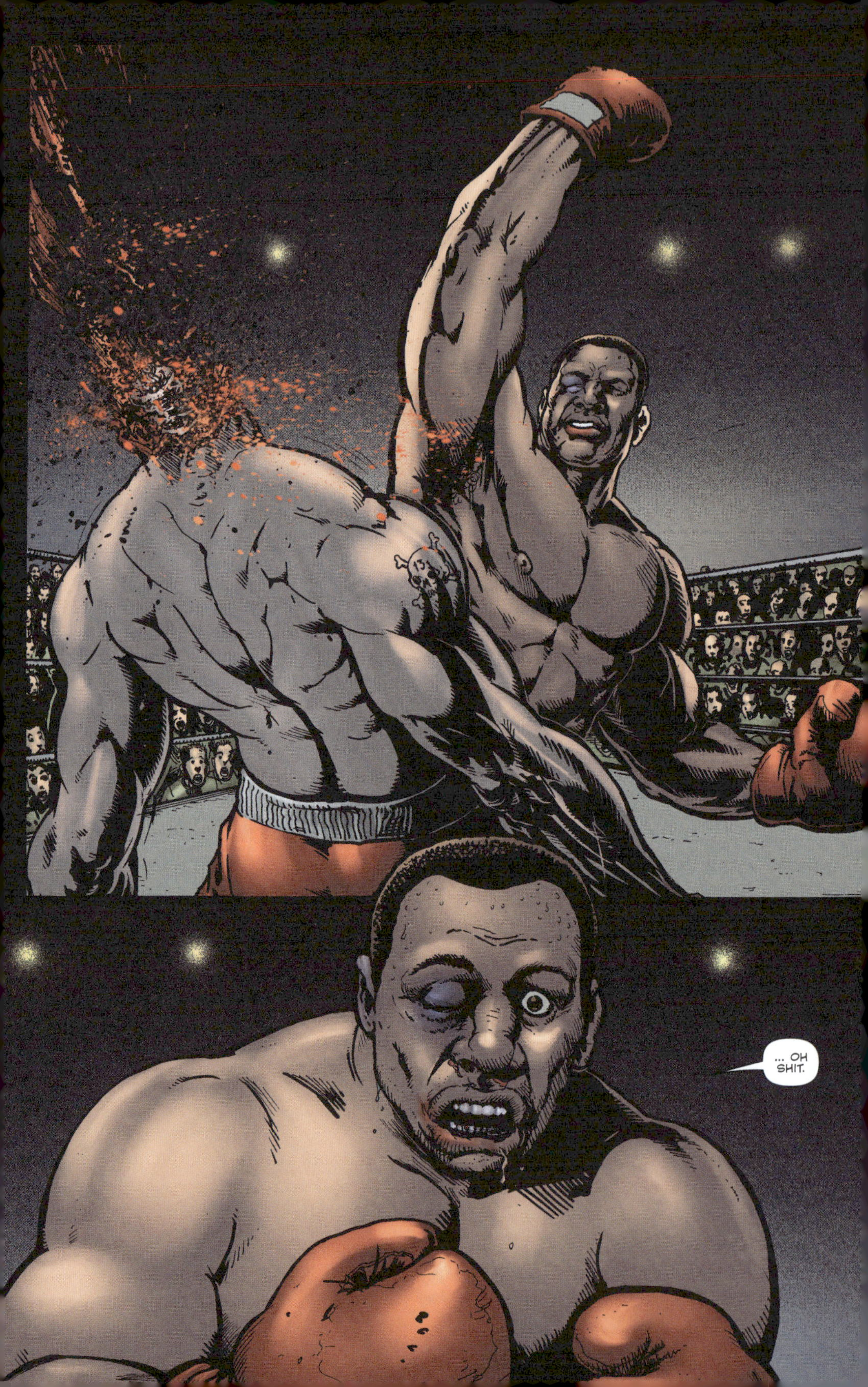
... OH SHIT.

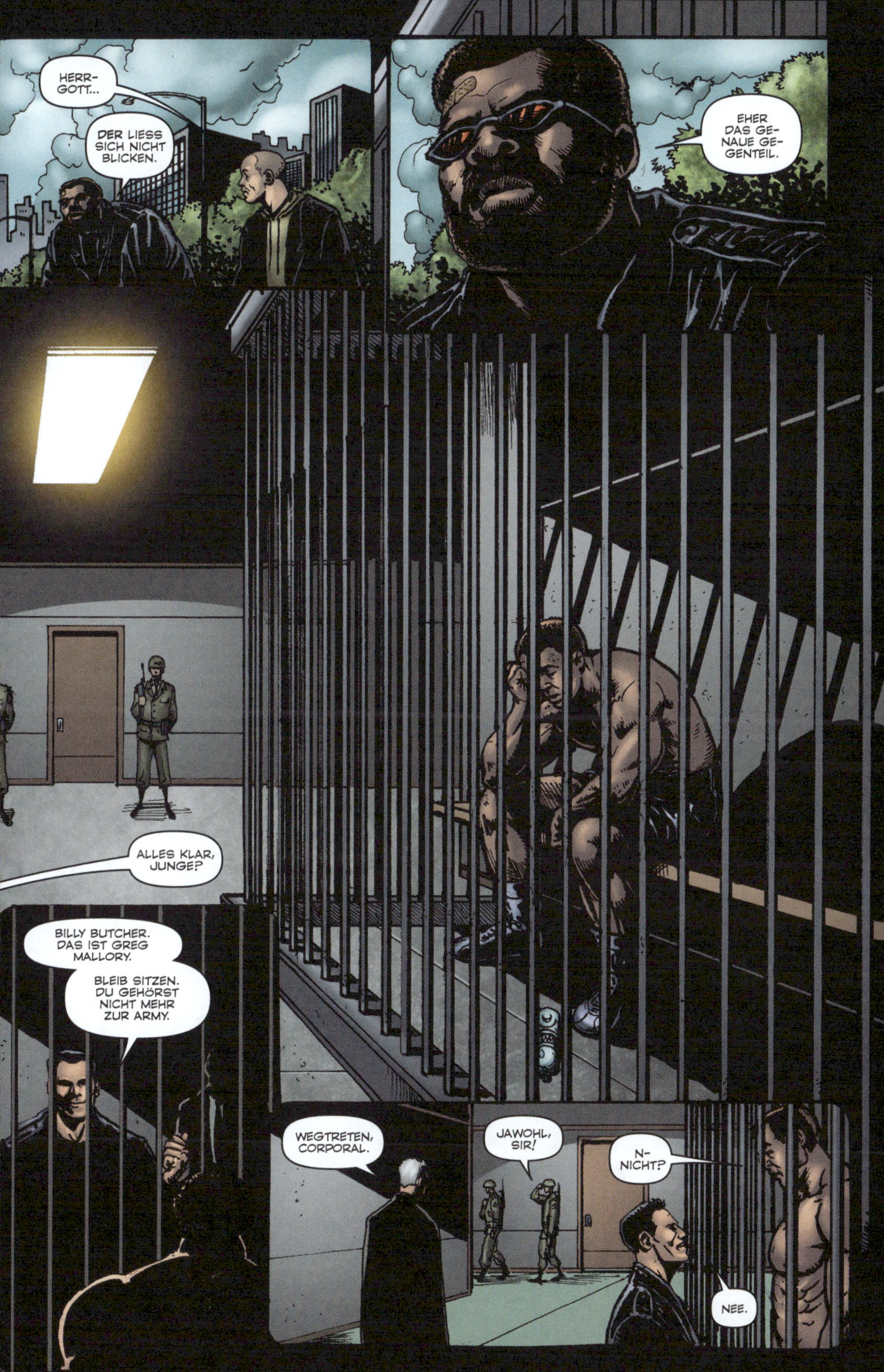
HERR-
GOTT...
DER LIESS
SICH NICHT
BLICKEN.
EHER
DAS GE-
NAUE GE-
GENTEIL.
ALLES KLAR,
JUNGE?
BILLY BUTCHER.
DAS IST GREG
MALLORY.
BLEIB SITZEN.
DU GEHÖRST
NICHT MEHR
ZUR ARMY.
WEGTRETEN,
CORPORAL.
JAWOHL,
SIR!
N-
NICHT?
NEE.

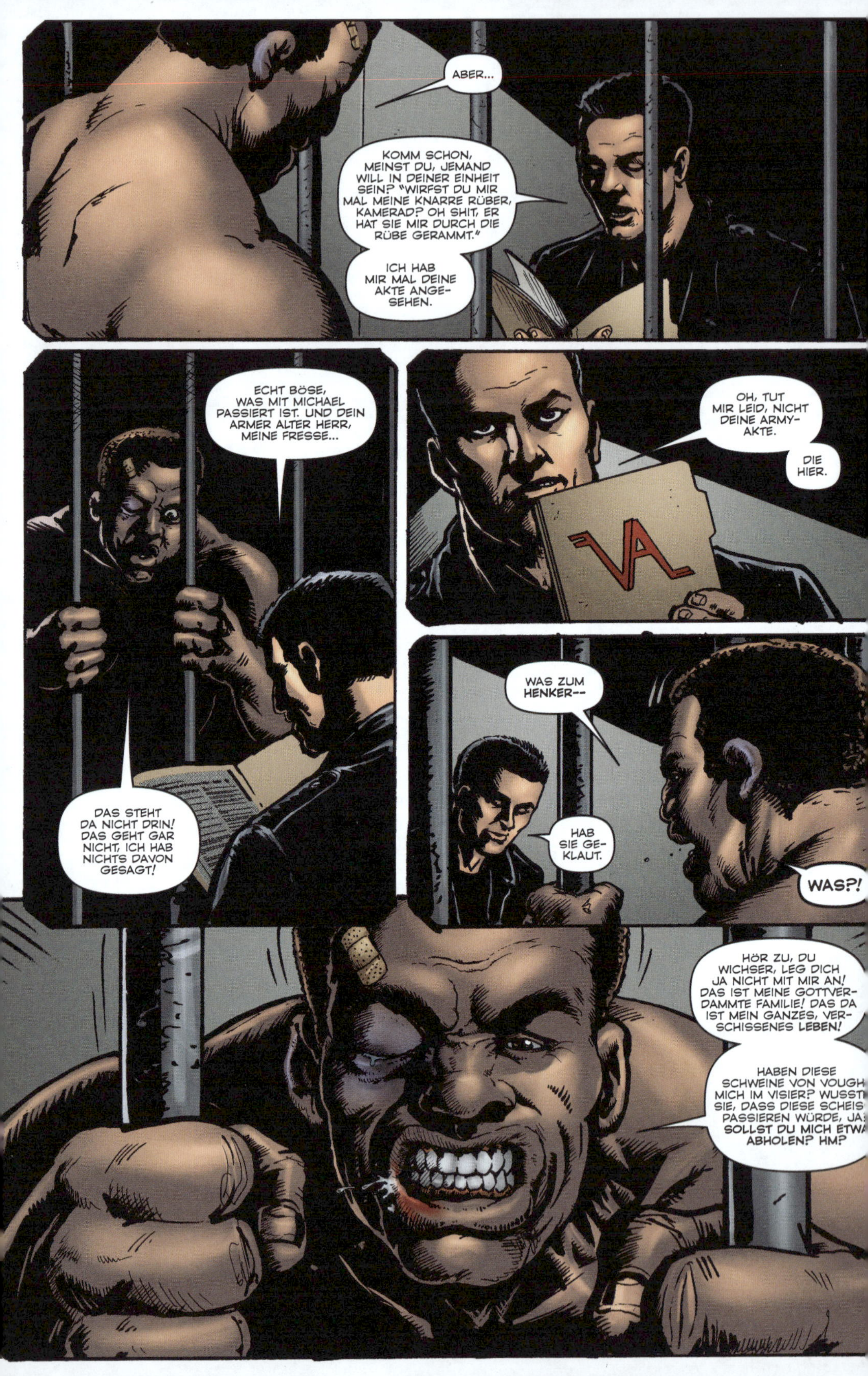
ABER...
KOMM SCHON, MEINST DU, JEMAND WILL IN DEINER EINHEIT SEIN? "WIRFST DU MIR MAL MEINE KNARRE RÜBER, KAMERAD? OH SHIT, ER HAT SIE MIR DURCH DIE RÜBE GERAMMT."
ICH HAB MIR MAL DEINE AKTE ANGE-SEHEN.
ECHT BÖSE, WAS MIT MICHAEL PASSIERT IST. UND DEIN ARMER ALTER HERR, MEINE FRESSE...
DAS STEHT DA NICHT DRIN! DAS GEHT GAR NICHT, ICH HAB NICHTS DAVON GESAGT!
OH, TUT MIR LEID, NICHT DEINE ARMY-AKTE.
DIE HIER.
VA
WAS ZUM HENKER--
HAB SIE GE-KLAUT.
WAS?!
HÖR ZU, DU WICHSER, LEG DICH JA NICHT MIT MIR AN! DAS IST MEINE GOTTVER-DAMMTE FAMILIE! DAS DA IST MEIN GANZES, VER-SCHISSENES LEBEN!
HABEN DIESE SCHWEINE VON VOUGH MICH IM VISIER? WUSST SIE, DASS DIESE SCHEIS PASSIEREN WÜRDE, JA SOLLST DU MICH ETW ABHOLEN? HM?

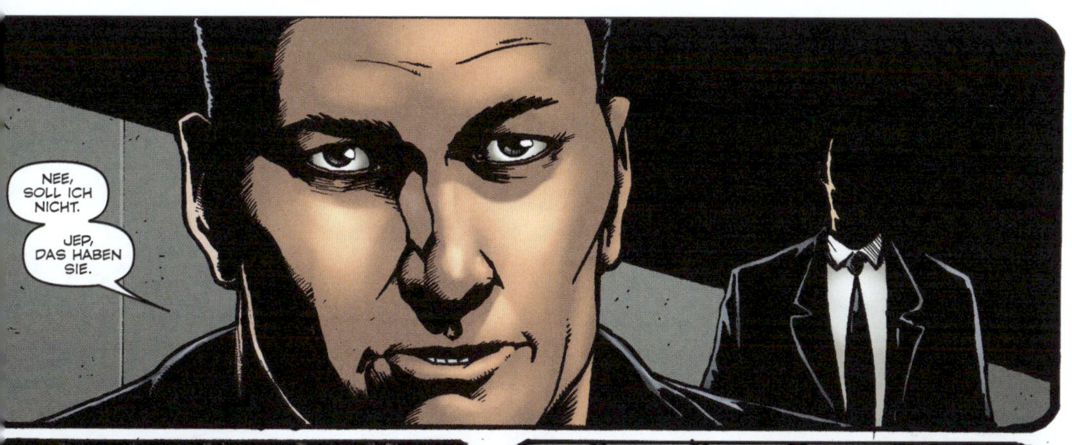
NEE, SOLL ICH NICHT.
JEP, DAS HABEN SIE.

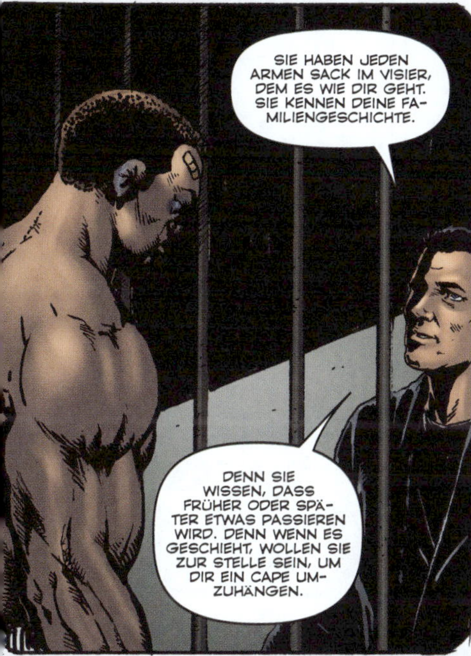
SIE HABEN JEDEN ARMEN SACK IM VISIER, DEM ES WIE DIR GEHT. SIE KENNEN DEINE FAMILIENGESCHICHTE.
DENN SIE WISSEN, DASS FRÜHER ODER SPÄTER ETWAS PASSIEREN WIRD. DENN WENN ES GESCHIEHT, WOLLEN SIE ZUR STELLE SEIN, UM DIR EIN CAPE UMZUHÄNGEN.

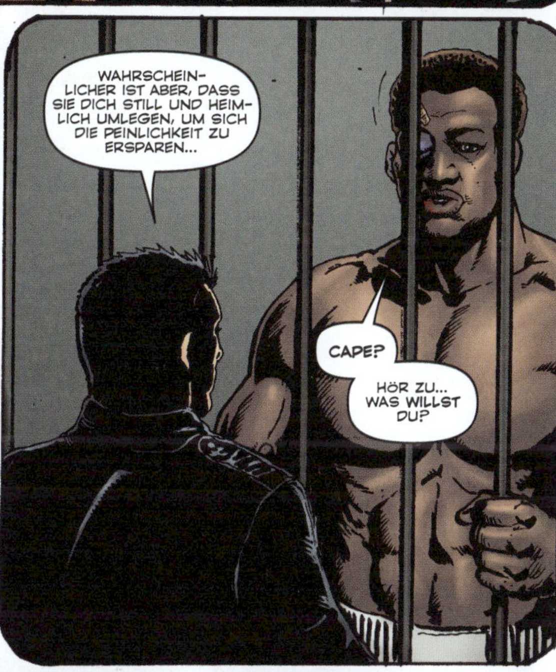
WAHRSCHEINLICHER IST ABER, DASS SIE DICH STILL UND HEIMLICH UMLEGEN, UM SICH DIE PEINLICHKEIT ZU ERSPAREN...
CAPE?
HÖR ZU... WAS WILLST DU?

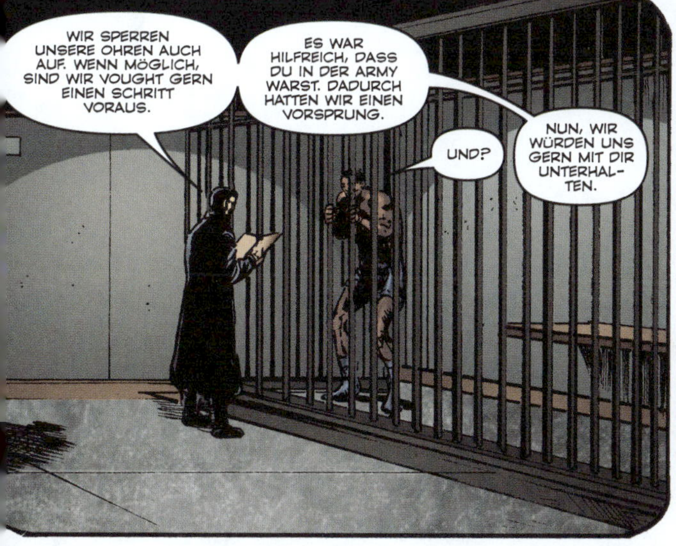
WIR SPERREN UNSERE OHREN AUCH AUF. WENN MÖGLICH, SIND WIR VOUGHT GERN EINEN SCHRITT VORAUS.
ES WAR HILFREICH, DASS DU IN DER ARMY WARST. DADURCH HATTEN WIR EINEN VORSPRUNG.
UND?
NUN, WIR WÜRDEN UNS GERN MIT DIR UNTERHALTEN.

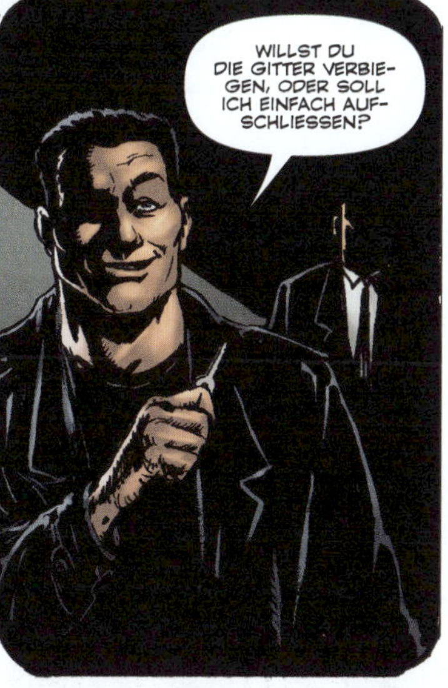
WILLST DU DIE GITTER VERBIEGEN, ODER SOLL ICH EINFACH AUFSCHLIESSEN?

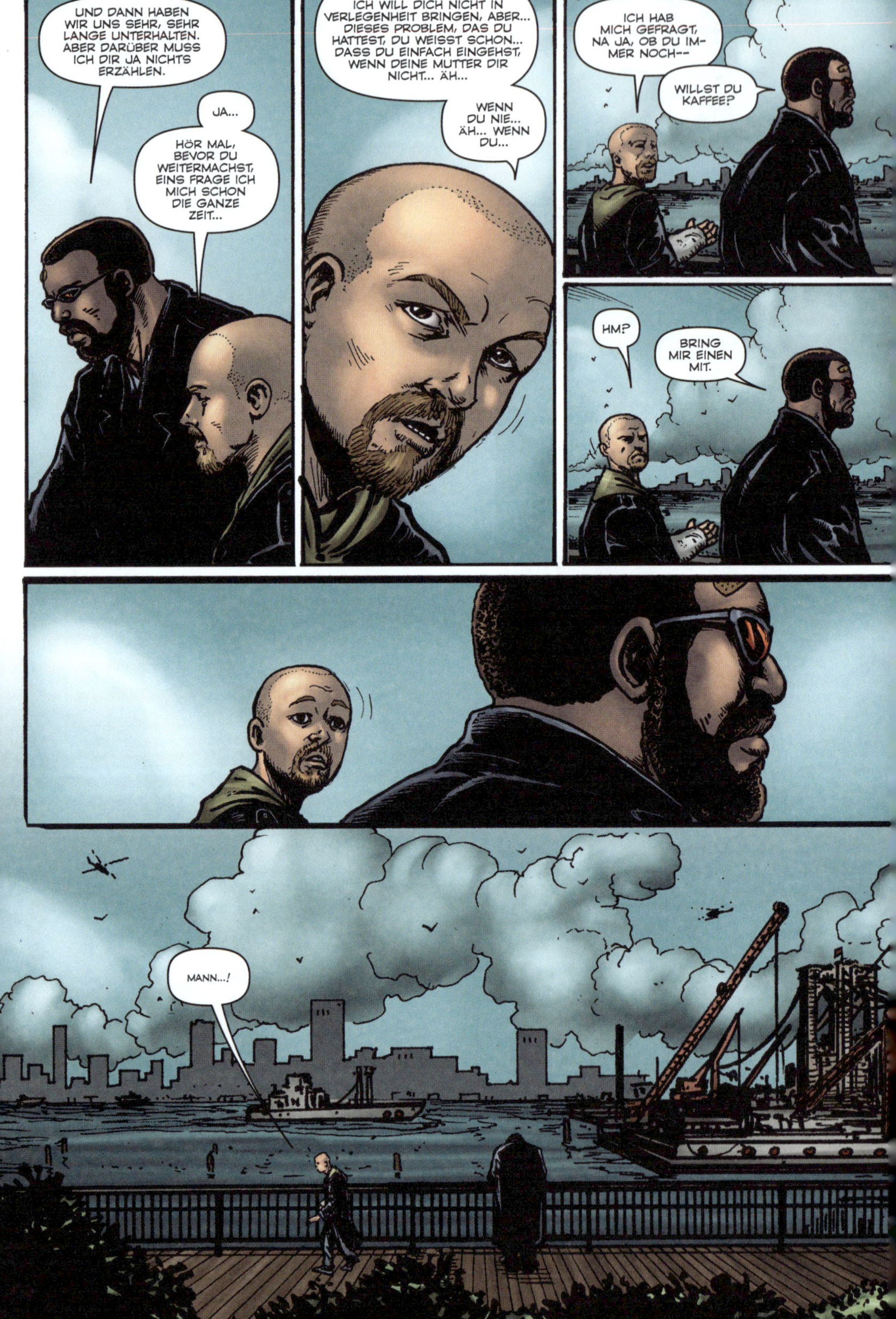
UND DANN HABEN WIR UNS SEHR, SEHR LANGE UNTERHALTEN. ABER DARÜBER MUSS ICH DIR JA NICHTS ERZÄHLEN.
JA...
HÖR MAL, BEVOR DU WEITERMACHST, EINS FRAGE ICH MICH SCHON DIE GANZE ZEIT...
ICH WILL DICH NICHT IN VERLEGENHEIT BRINGEN, ABER... DIESES PROBLEM, DAS DU HATTEST, DU WEISST SCHON... DASS DU EINFACH EINGEHST, WENN DEINE MUTTER DIR NICHT... ÄH...
WENN DU NIE... ÄH... WENN DU...
ICH HAB MICH GEFRAGT, NA JA, OB DU IMMER NOCH--
WILLST DU KAFFEE?
HM?
BRING MIR EINEN MIT.
MANN...!

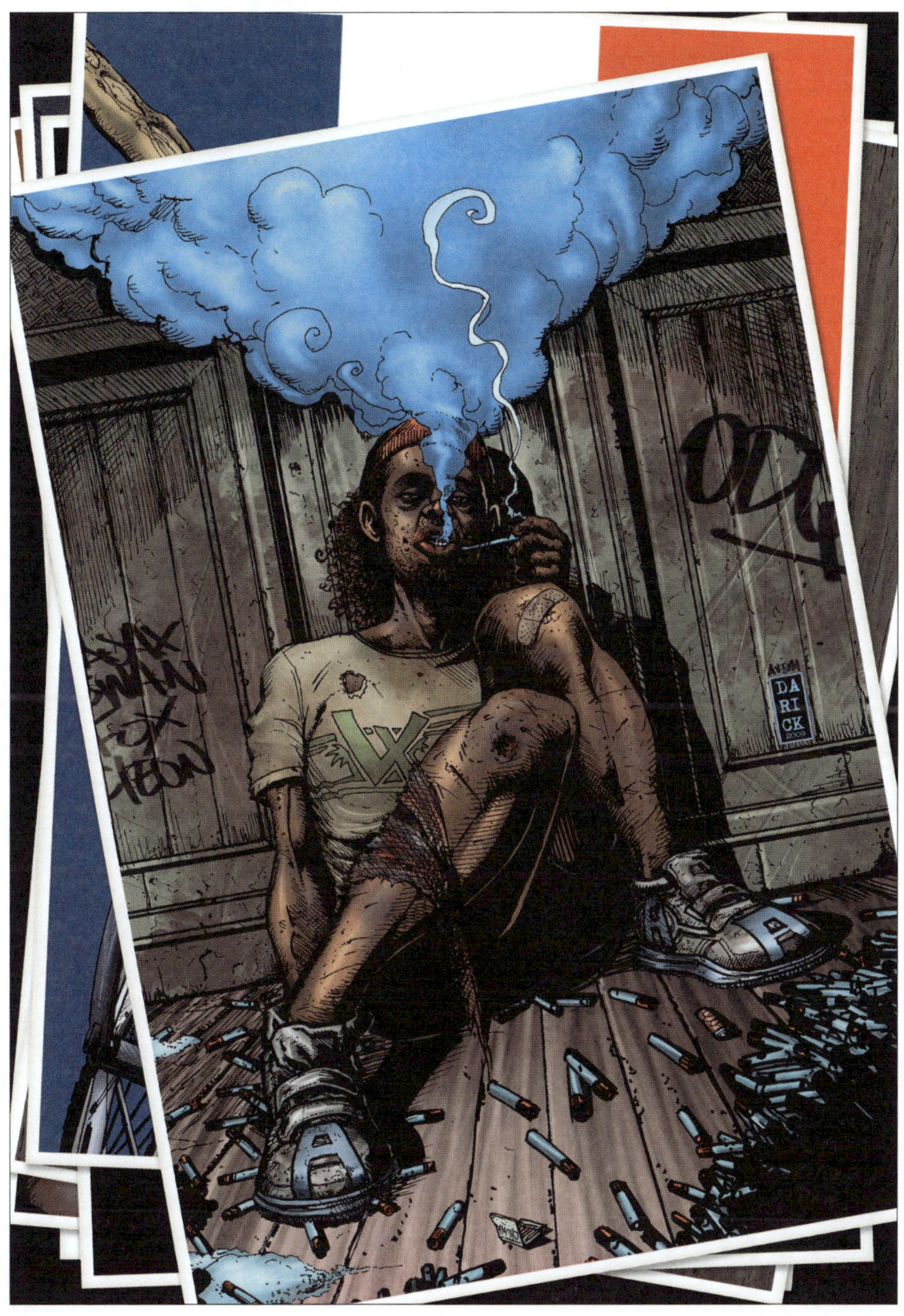

The Boys (2006) 36
Cover von **DARICK ROBERTSON**

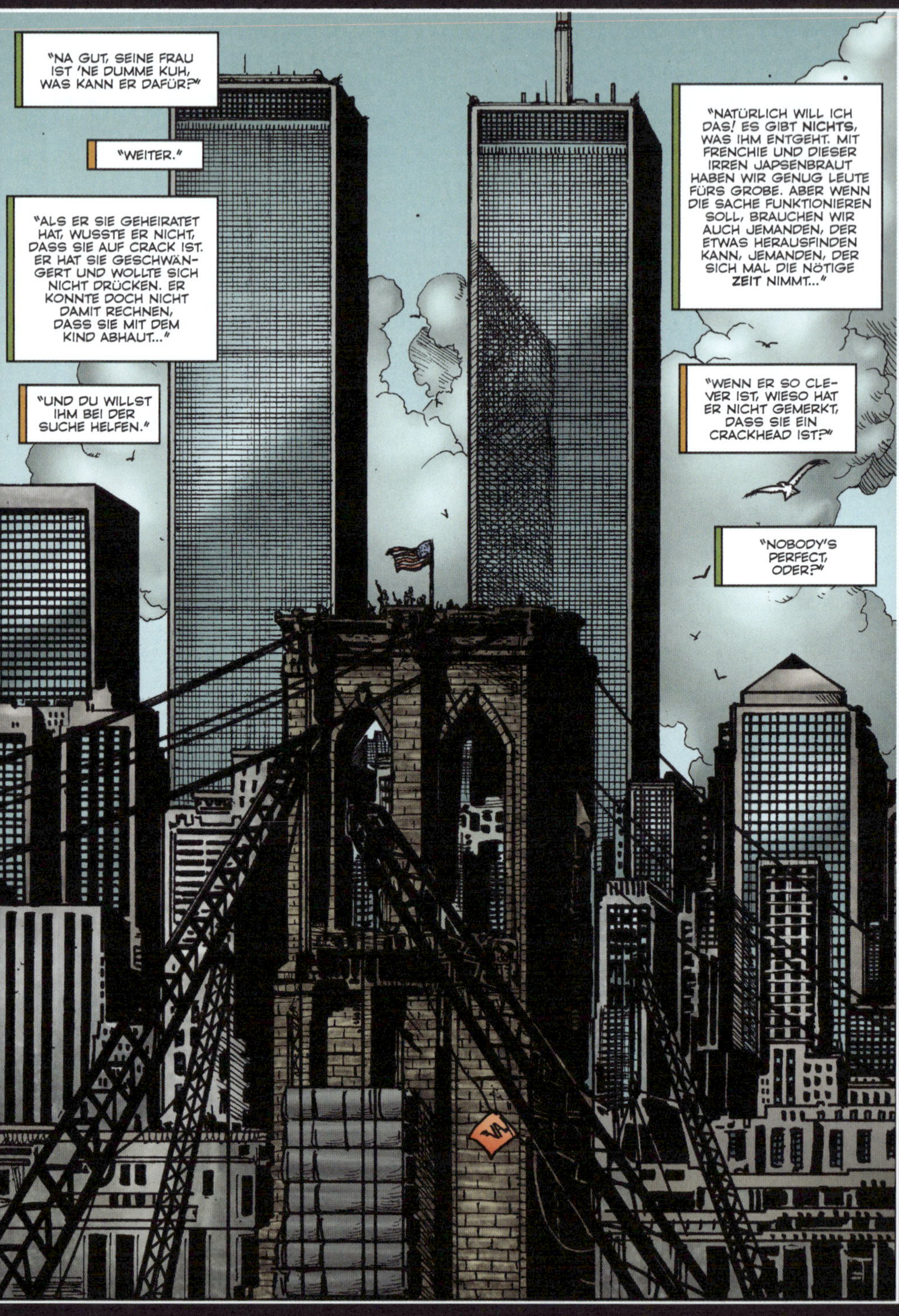

EINZIGARTIG IN DER WELT
2. Teil

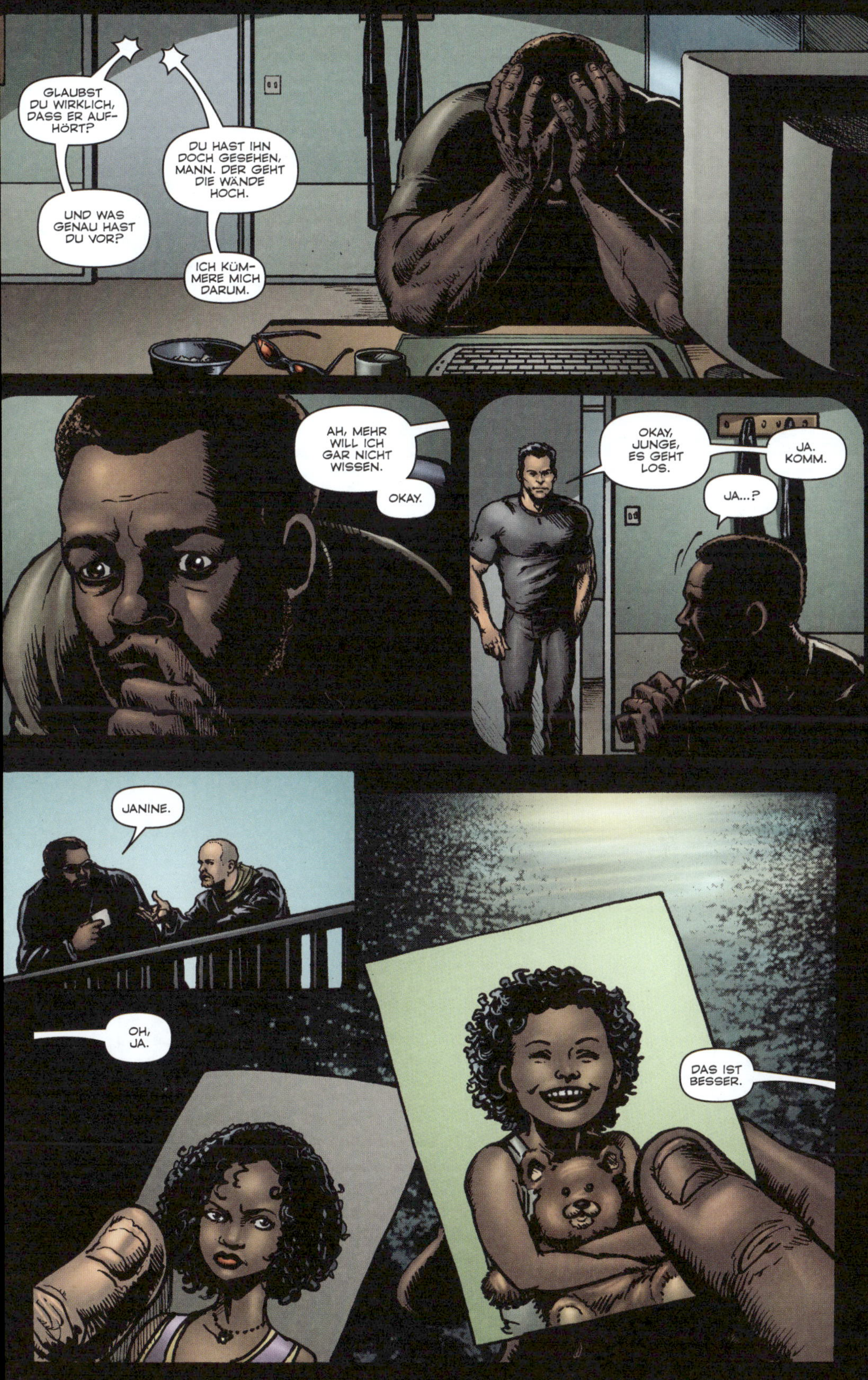
GLAUBST DU WIRKLICH, DASS ER AUFHÖRT?
DU HAST IHN DOCH GESEHEN, MANN. DER GEHT DIE WÄNDE HOCH.
UND WAS GENAU HAST DU VOR?
ICH KÜMMERE MICH DARUM.
AH, MEHR WILL ICH GAR NICHT WISSEN.
OKAY.
OKAY, JUNGE, ES GEHT LOS.
JA. KOMM.
JA...?
JANINE.
OH, JA.
DAS IST BESSER.

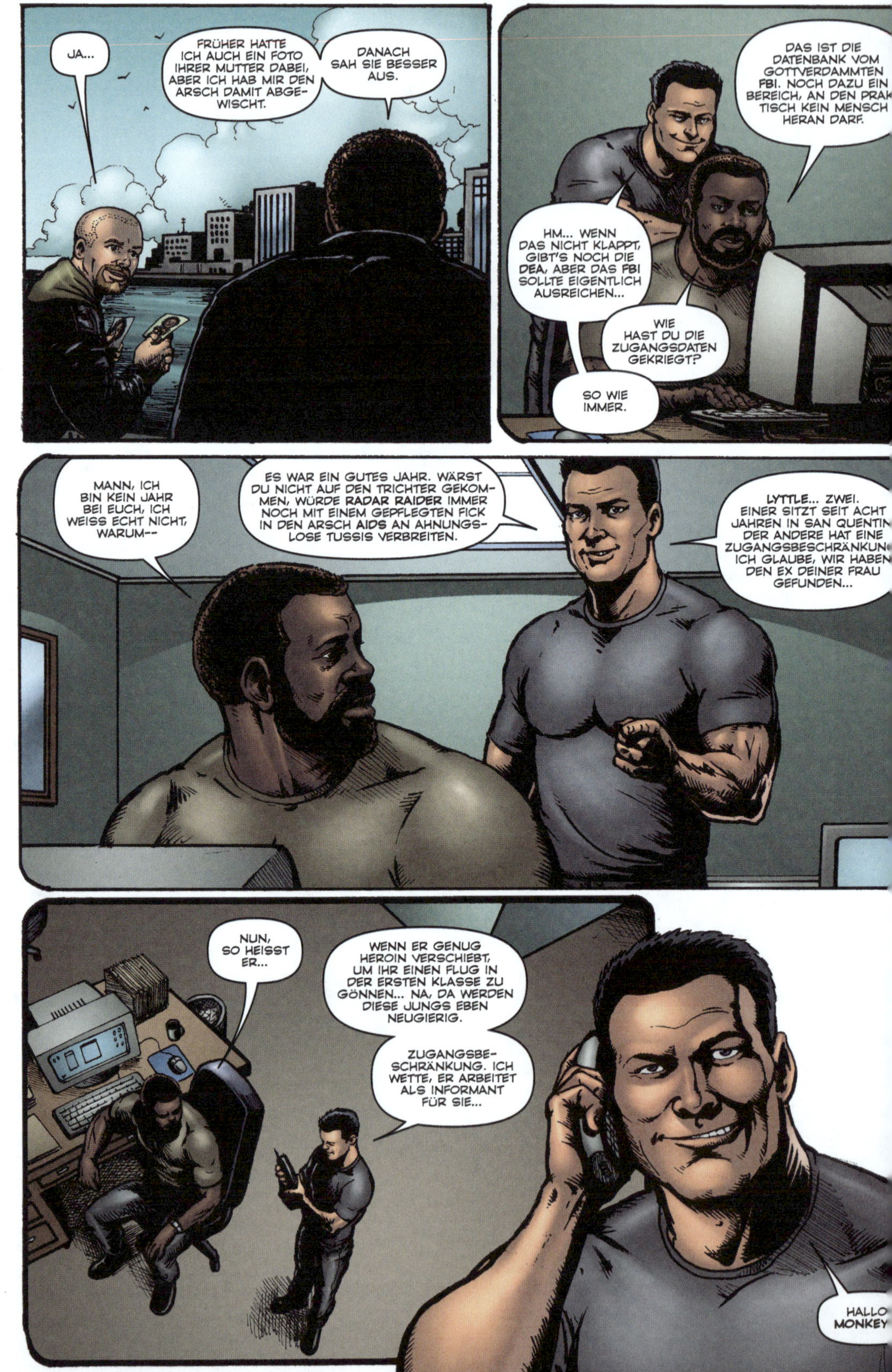

JA...
FRÜHER HATTE ICH AUCH EIN FOTO IHRER MUTTER DABEI, ABER ICH HAB MIR DEN ARSCH DAMIT ABGE-WISCHT.
DANACH SAH SIE BESSER AUS.
DAS IST DIE DATENBANK VOM GOTTVERDAMMTEN FBI. NOCH DAZU EIN BEREICH, AN DEN PRAK TISCH KEIN MENSCH HERAN DARF.
HM... WENN DAS NICHT KLAPPT, GIBT'S NOCH DIE DEA, ABER DAS FBI SOLLTE EIGENTLICH AUSREICHEN...
WIE HAST DU DIE ZUGANGSDATEN GEKRIEGT?
SO WIE IMMER.
MANN, ICH BIN KEIN JAHR BEI EUCH, ICH WEISS ECHT NICHT, WARUM--
ES WAR EIN GUTES JAHR. WÄRST DU NICHT AUF DEN TRICHTER GEKOM-MEN, WÜRDE RADAR RAIDER IMMER NOCH MIT EINEM GEPFLEGTEN FICK IN DEN ARSCH AIDS AN AHNUNGS-LOSE TUSSIS VERBREITEN.
LYTTLE... ZWEI. EINER SITZT SEIT ACHT JAHREN IN SAN QUENTIN DER ANDERE HAT EINE ZUGANGSBESCHRÄNKUNG ICH GLAUBE, WIR HABEN DEN EX DEINER FRAU GEFUNDEN...
NUN, SO HEISST ER...
WENN ER GENUG HEROIN VERSCHIEBT, UM IHR EINEN FLUG IN DER ERSTEN KLASSE ZU GÖNNEN... NA, DA WERDEN DIESE JUNGS EBEN NEUGIERIG.
ZUGANGSBE-SCHRÄNKUNG. ICH WETTE, ER ARBEITET ALS INFORMANT FÜR SIE...
HALLO MONKEY

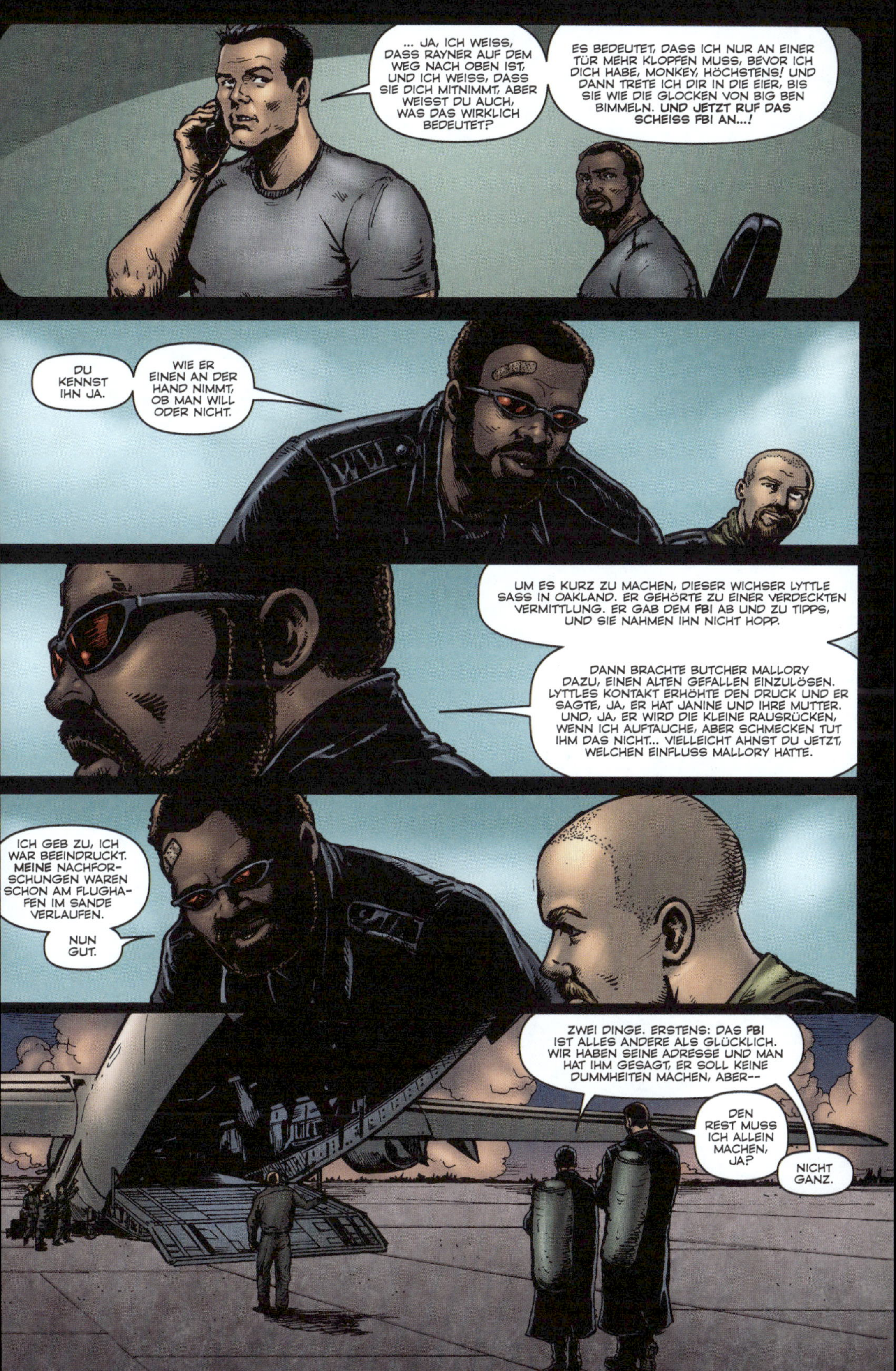
... JA, ICH WEISS, DASS RAYNER AUF DEM WEG NACH OBEN IST, UND ICH WEISS, DASS SIE DICH MITNIMMT, ABER WEISST DU AUCH, WAS DAS WIRKLICH BEDEUTET?
ES BEDEUTET, DASS ICH NUR AN EINER TÜR MEHR KLOPFEN MUSS, BEVOR ICH DICH HABE, MONKEY, HÖCHSTENS! UND DANN TRETE ICH DIR IN DIE EIER, BIS SIE WIE DIE GLOCKEN VON BIG BEN BIMMELN. UND JETZT RUF DAS SCHEISS FBI AN...!
DU KENNST IHN JA.
WIE ER EINEN AN DER HAND NIMMT, OB MAN WILL ODER NICHT.
UM ES KURZ ZU MACHEN, DIESER WICHSER LYTTLE SASS IN OAKLAND. ER GEHÖRTE ZU EINER VERDECKTEN VERMITTLUNG. ER GAB DEM FBI AB UND ZU TIPPS, UND SIE NAHMEN IHN NICHT HOPP.
DANN BRACHTE BUTCHER MALLORY DAZU, EINEN ALTEN GEFALLEN EINZULÖSEN. LYTTLES KONTAKT ERHÖHTE DEN DRUCK UND ER SAGTE, JA, ER HAT JANINE UND IHRE MUTTER. UND, JA, ER WIRD DIE KLEINE RAUSRÜCKEN, WENN ICH AUFTAUCHE, ABER SCHMECKEN TUT IHM DAS NICHT... VIELLEICHT AHNST DU JETZT, WELCHEN EINFLUSS MALLORY HATTE.
ICH GEB ZU, ICH WAR BEEINDRUCKT. MEINE NACHFORSCHUNGEN WAREN SCHON AM FLUGHAFEN IM SANDE VERLAUFEN.
NUN GUT.
ZWEI DINGE. ERSTENS: DAS FBI IST ALLES ANDERE ALS GLÜCKLICH. WIR HABEN SEINE ADRESSE UND MAN HAT IHM GESAGT, ER SOLL KEINE DUMMHEITEN MACHEN, ABER--
DEN REST MUSS ICH ALLEIN MACHEN, JA?
NICHT GANZ.

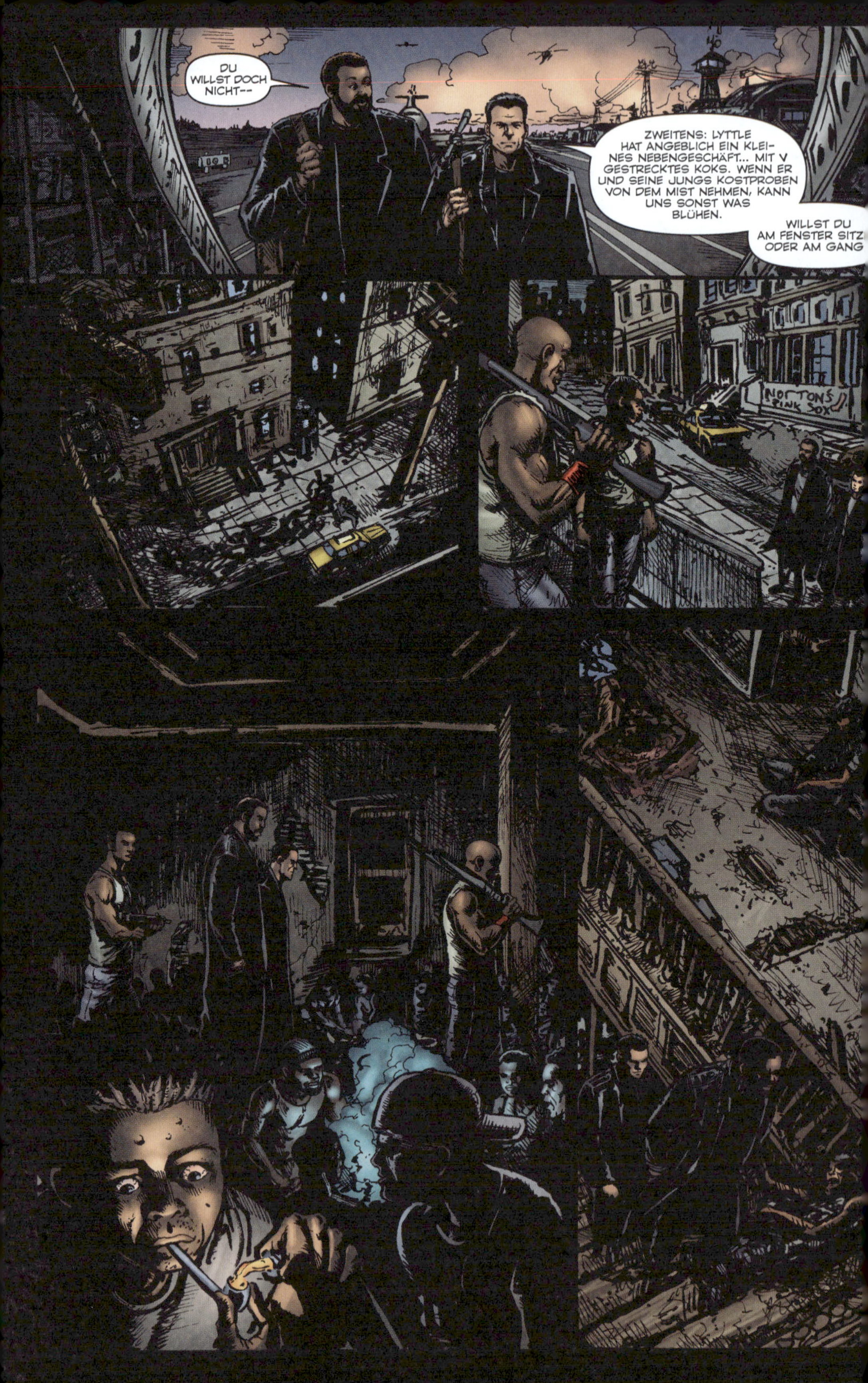
DU WILLST DOCH NICHT--
ZWEITENS: LYTTLE HAT ANGEBLICH EIN KLEINES NEBENGESCHÄFT... MIT V GESTRECKTES KOKS. WENN ER UND SEINE JUNGS KOSTPROBEN VON DEM MIST NEHMEN, KANN UNS SONST WAS BLÜHEN.
WILLST DU AM FENSTER SITZ ODER AM GANG
NORTON'S PINK SOX

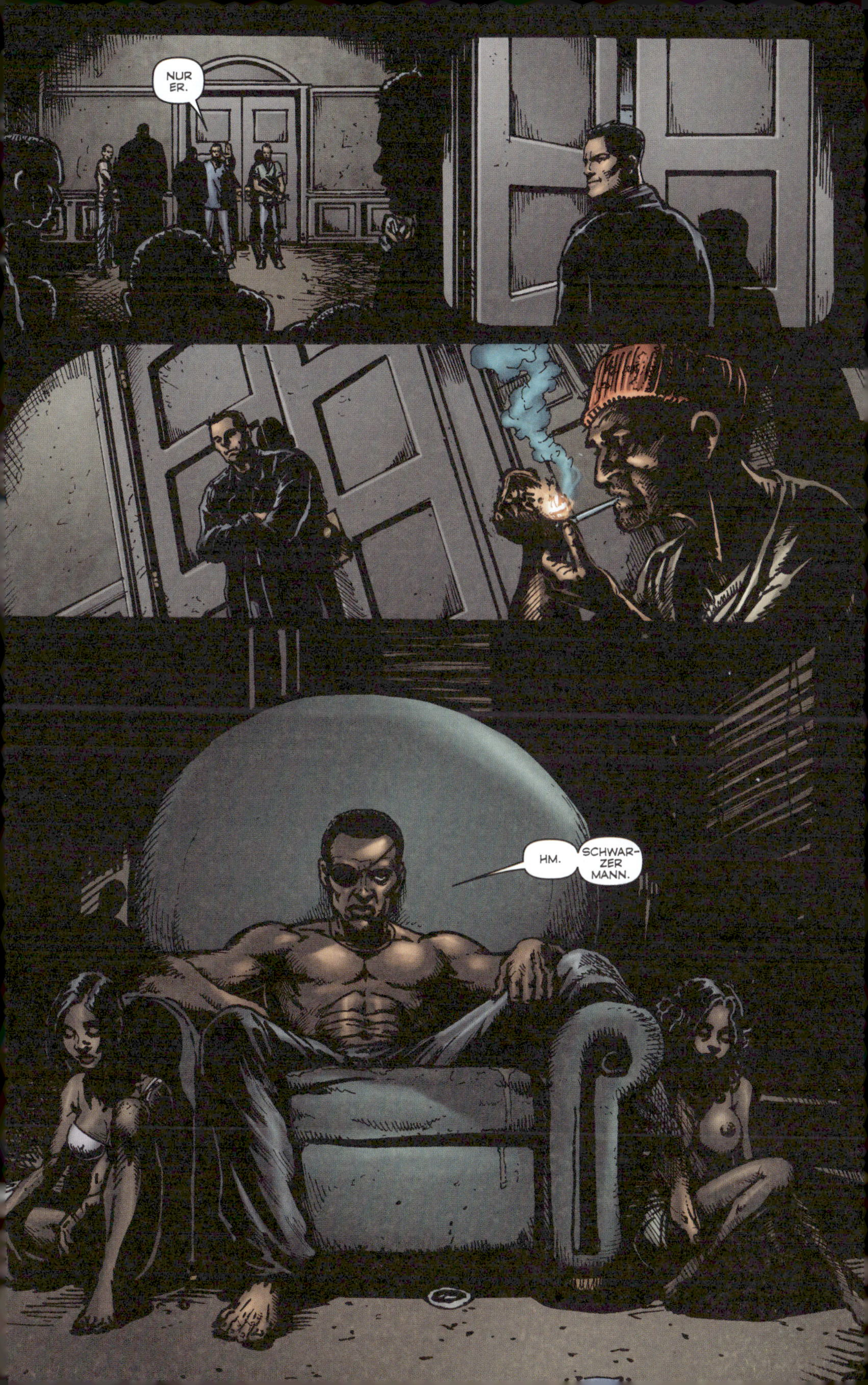
NUR ER.
HM.
SCHWAR-ZER MANN.

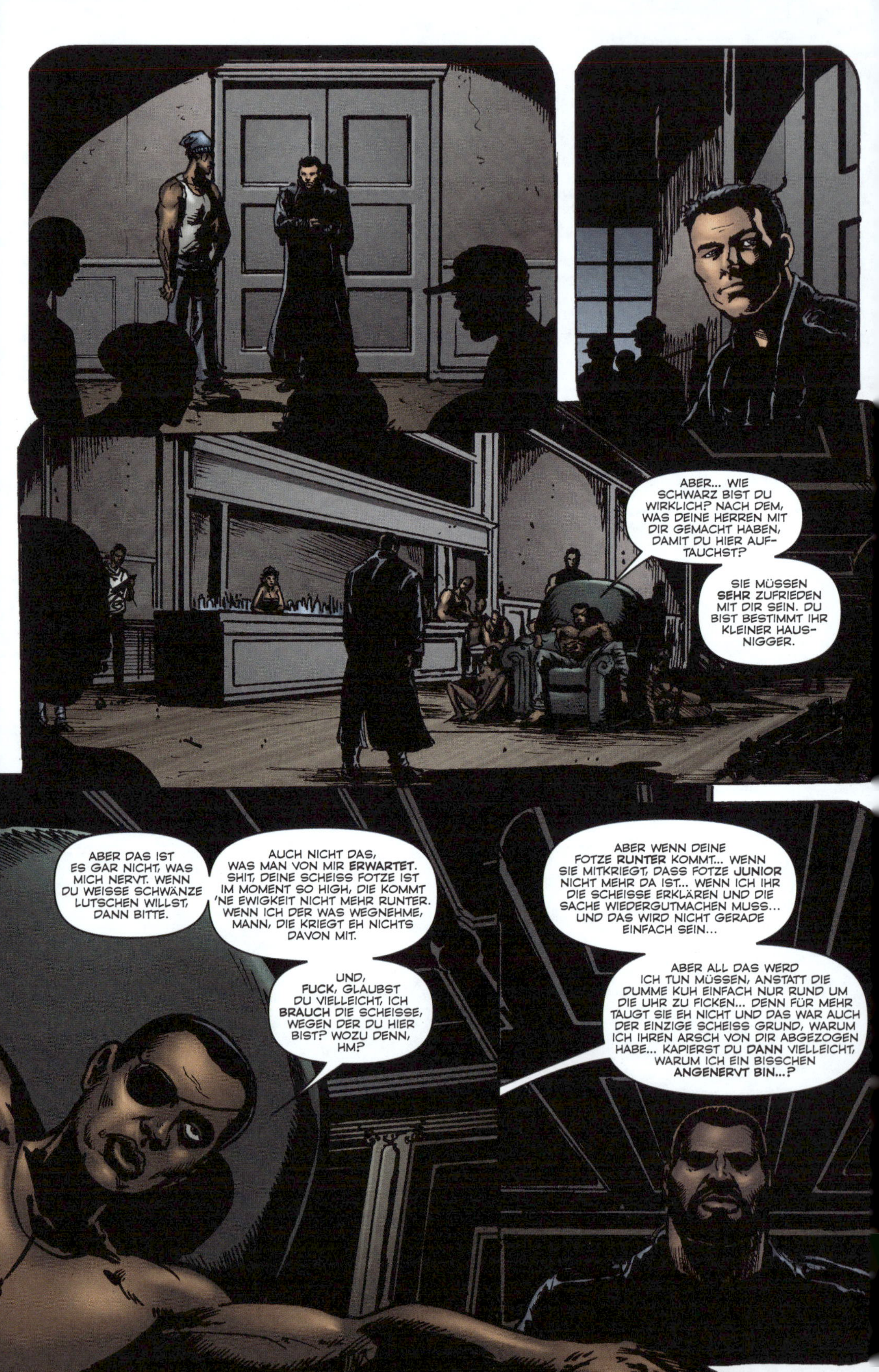
ABER... WIE SCHWARZ BIST DU WIRKLICH? NACH DEM, WAS DEINE HERREN MIT DIR GEMACHT HABEN, DAMIT DU HIER AUFTAUCHST?
SIE MÜSSEN SEHR ZUFRIEDEN MIT DIR SEIN. DU BIST BESTIMMT IHR KLEINER HAUSNIGGER.
ABER DAS IST ES GAR NICHT, WAS MICH NERVT. WENN DU WEISSE SCHWÄNZE LUTSCHEN WILLST, DANN BITTE.
AUCH NICHT DAS, WAS MAN VON MIR ERWARTET. SHIT, DEINE SCHEISS FOTZE IST IM MOMENT SO HIGH, DIE KOMMT 'NE EWIGKEIT NICHT MEHR RUNTER. WENN ICH DER WAS WEGNEHME, MANN, DIE KRIEGT EH NICHTS DAVON MIT.
UND, FUCK, GLAUBST DU VIELLEICHT, ICH BRAUCH DIE SCHEISSE, WEGEN DER DU HIER BIST? WOZU DENN, HM?
ABER WENN DEINE FOTZE RUNTER KOMMT... WENN SIE MITKRIEGT, DASS FOTZE JUNIOR NICHT MEHR DA IST... WENN ICH IHR DIE SCHEISSE ERKLÄREN UND DIE SACHE WIEDERGUTMACHEN MUSS... UND DAS WIRD NICHT GERADE EINFACH SEIN...
ABER ALL DAS WERD ICH TUN MÜSSEN, ANSTATT DIE DUMME KUH EINFACH NUR RUND UM DIE UHR ZU FICKEN... DENN FÜR MEHR TAUGT SIE EH NICHT UND DAS WAR AUCH DER EINZIGE SCHEISS GRUND, WARUM ICH IHREN ARSCH VON DIR ABGEZOGEN HABE... KAPIERST DU DANN VIELLEICHT, WARUM ICH EIN BISSCHEN ANGENERVT BIN...?

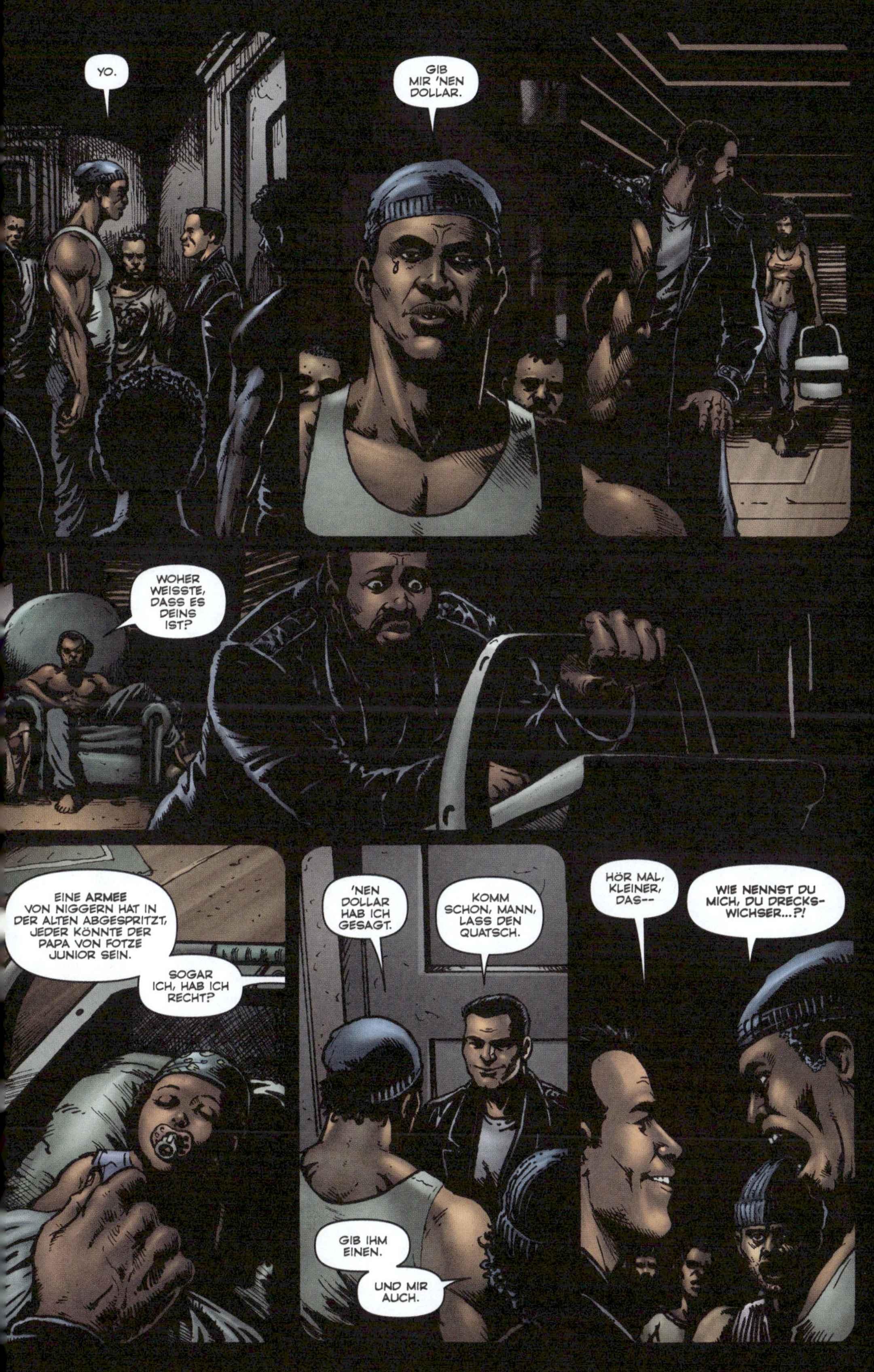
YO.
GIB MIR 'NEN DOLLAR.
WOHER WEISSTE, DASS ES DEINS IST?
EINE ARMEE VON NIGGERN HAT IN DER ALTEN ABGESPRITZT, JEDER KÖNNTE DER PAPA VON FOTZE JUNIOR SEIN.
SOGAR ICH, HAB ICH RECHT?
'NEN DOLLAR HAB ICH GESAGT.
KOMM SCHON, MANN, LASS DEN QUATSCH.
GIB IHM EINEN.
UND MIR AUCH.
HÖR MAL, KLEINER, DAS--
WIE NENNST DU MICH, DU DRECKS-WICHSER...?!

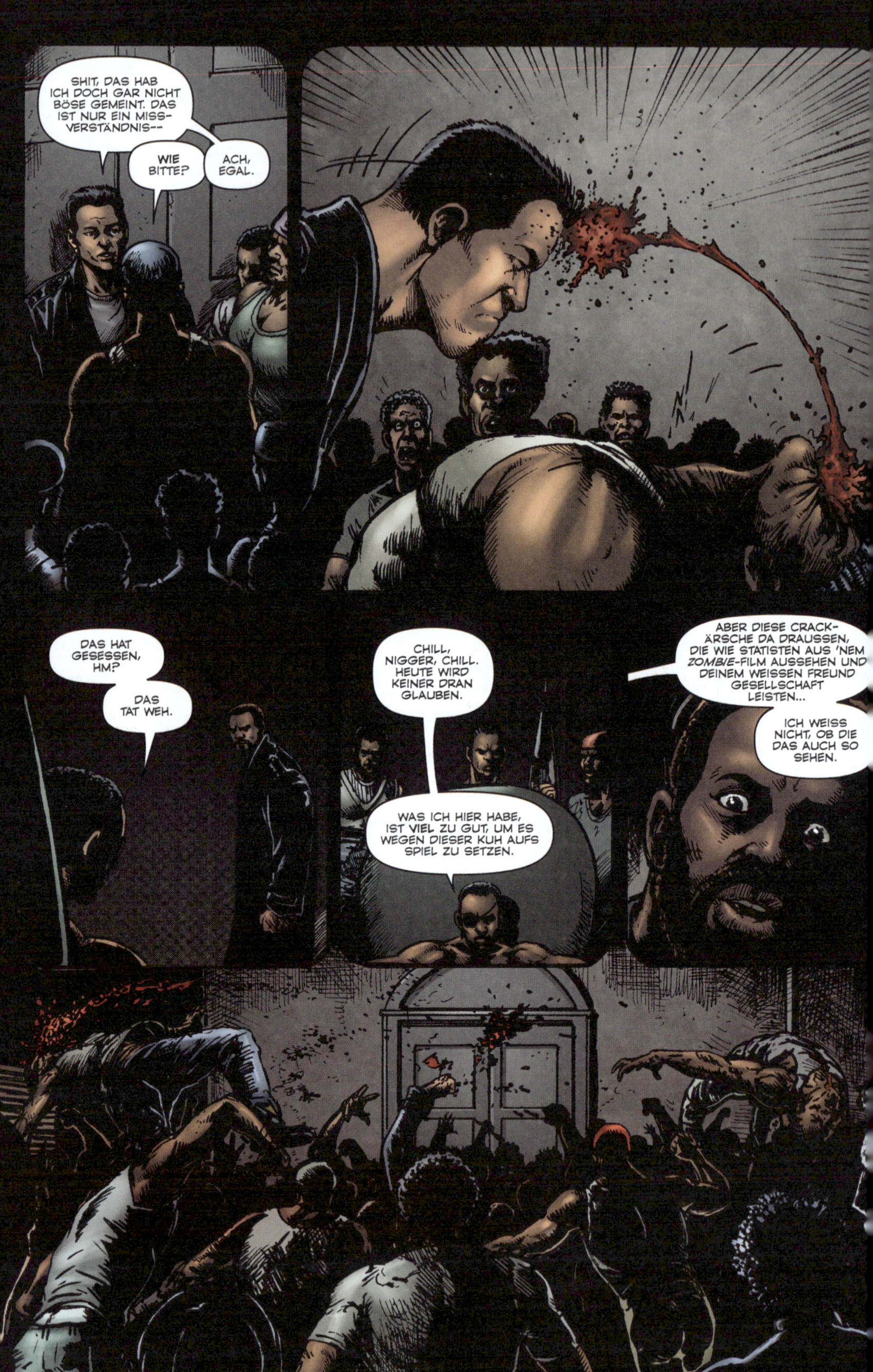
SHIT, DAS HAB ICH DOCH GAR NICHT BÖSE GEMEINT. DAS IST NUR EIN MISS-VERSTÄNDNIS--
WIE BITTE?
ACH, EGAL.
DAS HAT GESESSEN, HM?
DAS TAT WEH.
CHILL, NIGGER, CHILL. HEUTE WIRD KEINER DRAN GLAUBEN.
WAS ICH HIER HABE, IST VIEL ZU GUT, UM ES WEGEN DIESER KUH AUFS SPIEL ZU SETZEN.
ABER DIESE CRACK-ÄRSCHE DA DRAUSSEN, DIE WIE STATISTEN AUS 'NEM ZOMBIE-FILM AUSSEHEN UND DEINEM WEISSEN FREUND GESELLSCHAFT LEISTEN...
ICH WEISS NICHT, OB DIE DAS AUCH SO SEHEN.

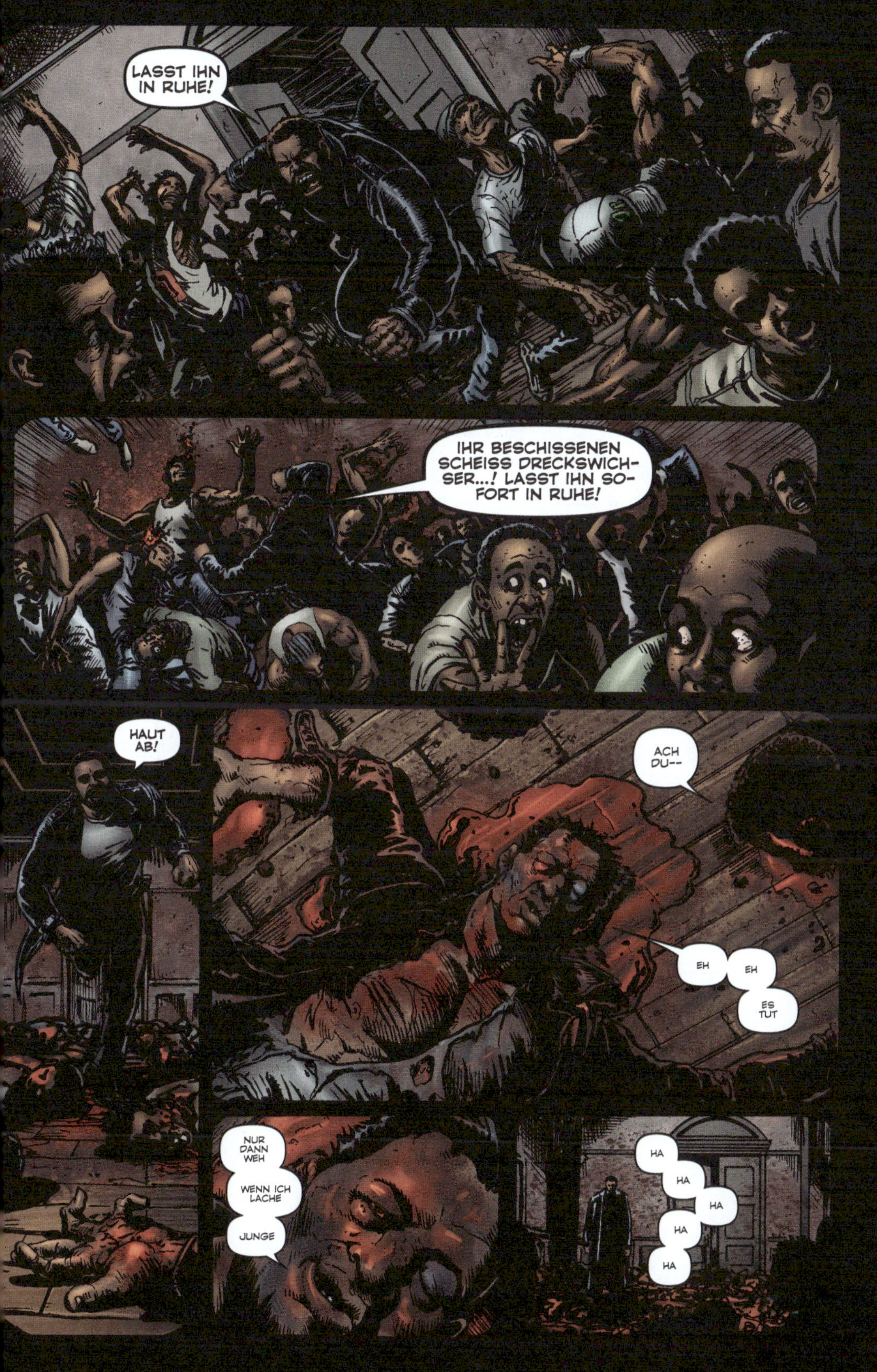
LASST IHN IN RUHE!
IHR BESCHISSENEN SCHEISS DRECKSWICHSER...! LASST IHN SOFORT IN RUHE!
HAUT AB!
ACH DU--
EH
EH
ES TUT
NUR DANN WEH
WENN ICH LACHE
JUNGE
HA
HA
HA
HA
HA

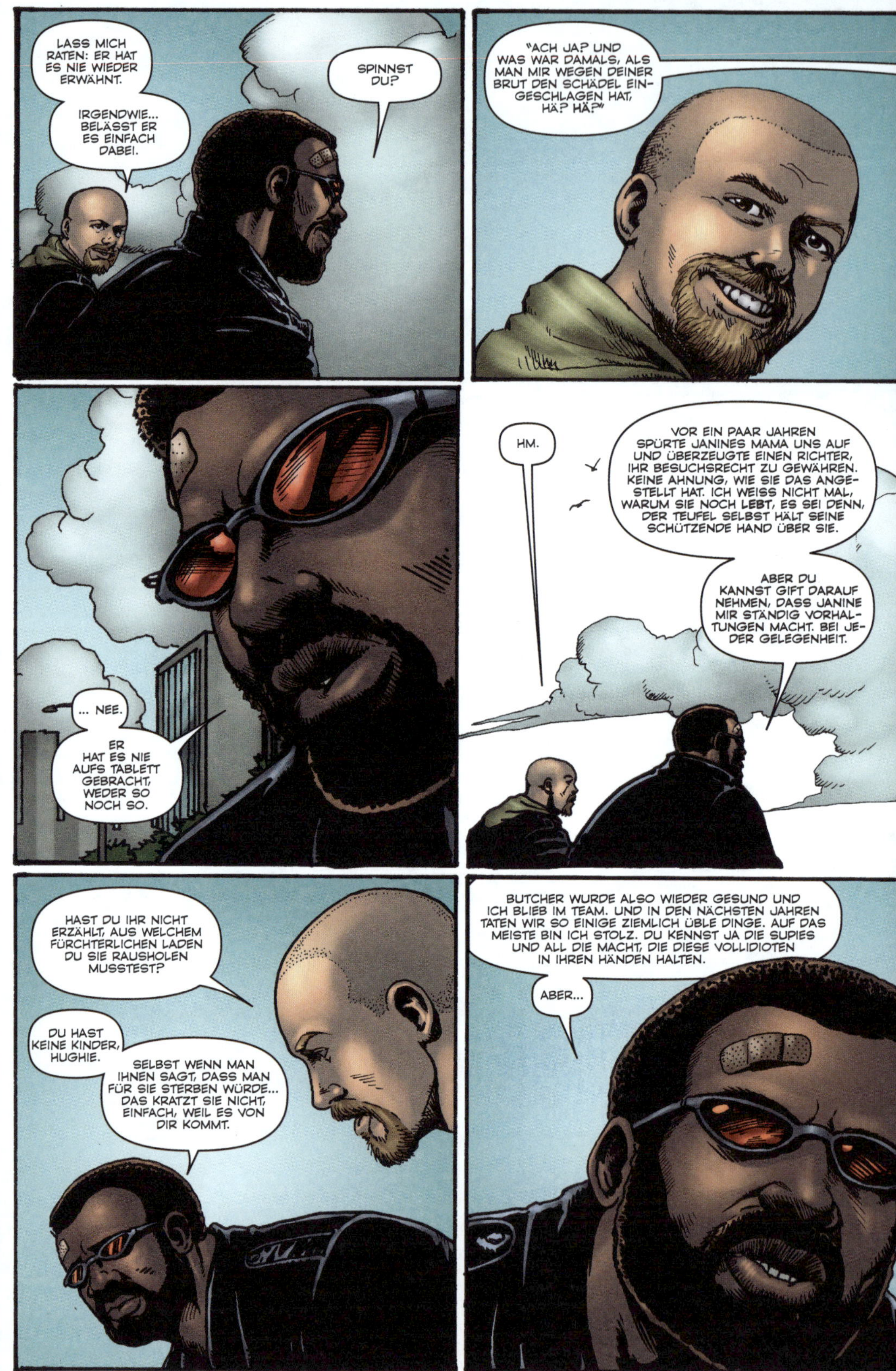
LASS MICH RATEN: ER HAT ES NIE WIEDER ERWÄHNT.
IRGENDWIE... BELÄSST ER ES EINFACH DABEI.
SPINNST DU?
"ACH JA? UND WAS WAR DAMALS, ALS MAN MIR WEGEN DEINER BRUT DEN SCHÄDEL EINGESCHLAGEN HAT, HÄ? HÄ?"
... NEE.
ER HAT ES NIE AUFS TABLETT GEBRACHT, WEDER SO NOCH SO.
HM.
VOR EIN PAAR JAHREN SPÜRTE JANINES MAMA UNS AUF UND ÜBERZEUGTE EINEN RICHTER, IHR BESUCHSRECHT ZU GEWÄHREN. KEINE AHNUNG, WIE SIE DAS ANGESTELLT HAT. ICH WEISS NICHT MAL, WARUM SIE NOCH LEBT, ES SEI DENN, DER TEUFEL SELBST HÄLT SEINE SCHÜTZENDE HAND ÜBER SIE.
ABER DU KANNST GIFT DARAUF NEHMEN, DASS JANINE MIR STÄNDIG VORHALTUNGEN MACHT. BEI JEDER GELEGENHEIT.
HAST DU IHR NICHT ERZÄHLT, AUS WELCHEM FÜRCHTERLICHEN LADEN DU SIE RAUSHOLEN MUSSTEST?
DU HAST KEINE KINDER, HUGHIE.
SELBST WENN MAN IHNEN SAGT, DASS MAN FÜR SIE STERBEN WÜRDE... DAS KRATZT SIE NICHT, EINFACH, WEIL ES VON DIR KOMMT.
BUTCHER WURDE ALSO WIEDER GESUND UND ICH BLIEB IM TEAM. UND IN DEN NÄCHSTEN JAHREN TATEN WIR SO EINIGE ZIEMLICH ÜBLE DINGE. AUF DAS MEISTE BIN ICH STOLZ. DU KENNST JA DIE SUPIES UND ALL DIE MACHT, DIE DIESE VOLLIDIOTEN IN IHREN HÄNDEN HALTEN.
ABER...

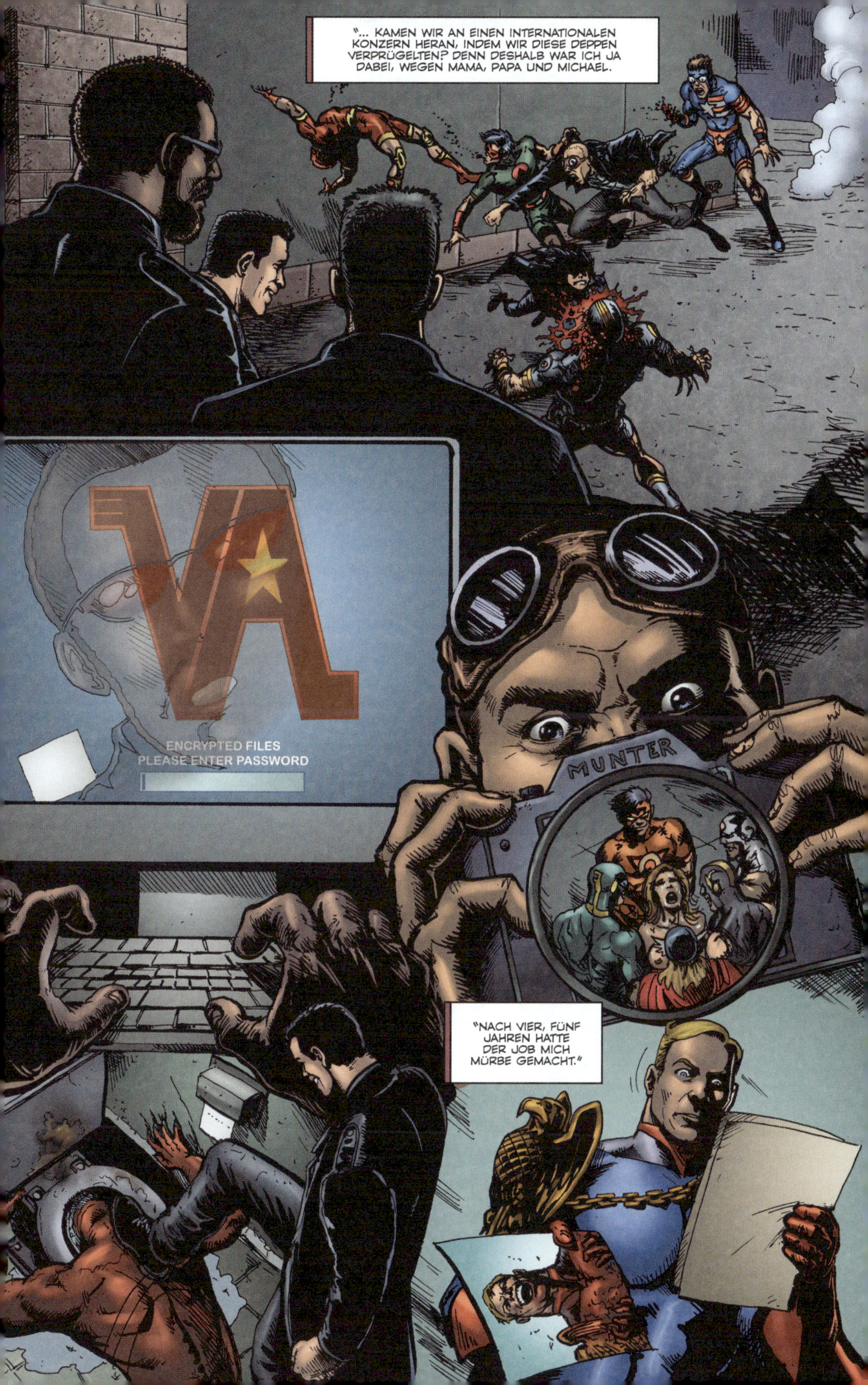
"... KAMEN WIR AN EINEN INTERNATIONALEN KONZERN HERAN, INDEM WIR DIESE DEPPEN VERPRÜGELTEN? DENN DESHALB WAR ICH JA DABEI, WEGEN MAMA, PAPA UND MICHAEL.
ENCRYPTED FILES
PLEASE ENTER PASSWORD
MUNTER
"NACH VIER, FÜNF JAHREN HATTE DER JOB MICH MÜRBE GEMACHT."

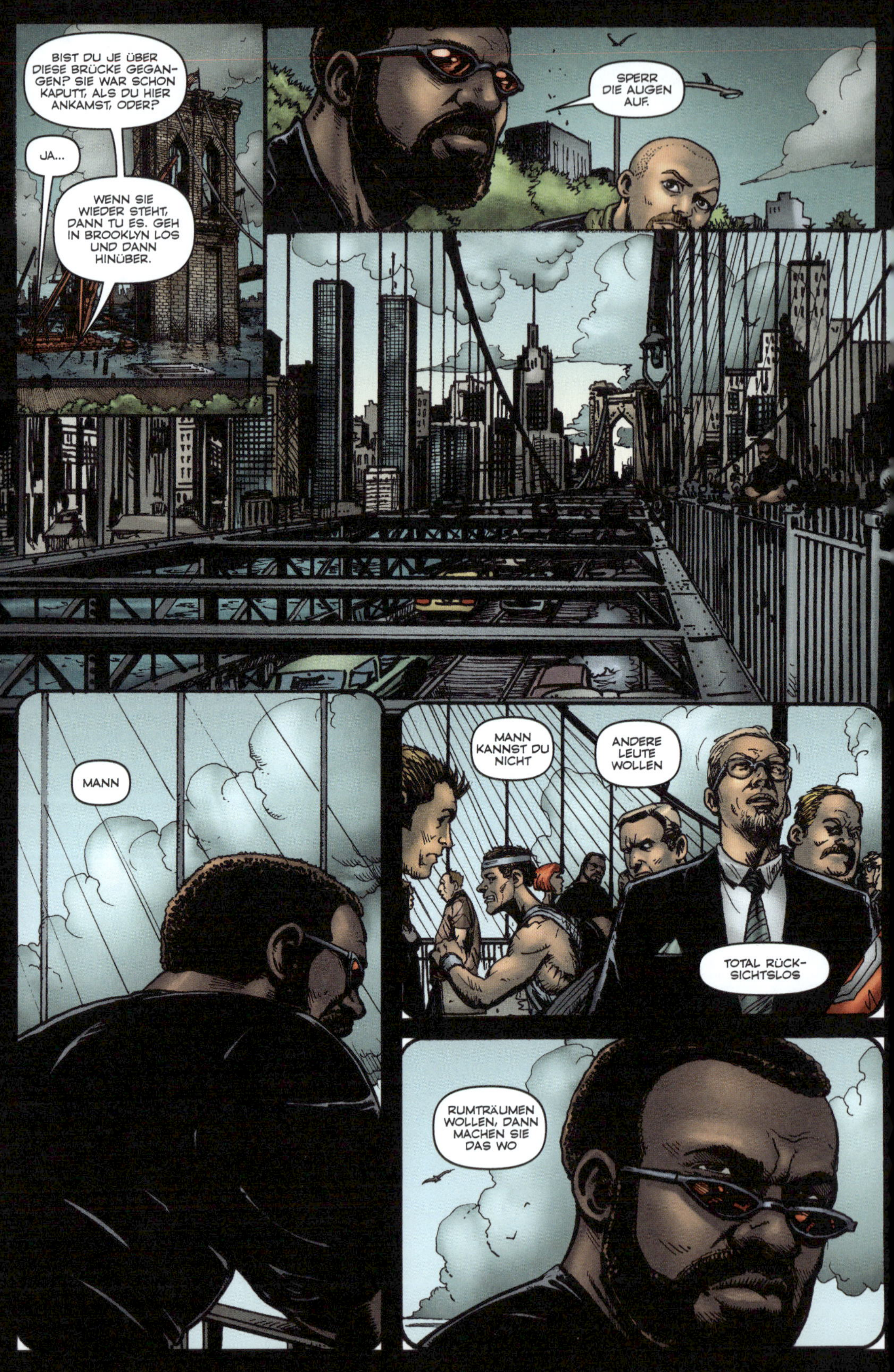
BIST DU JE ÜBER DIESE BRÜCKE GEGANGEN? SIE WAR SCHON KAPUTT, ALS DU HIER ANKAMST, ODER?
JA...
WENN SIE WIEDER STEHT, DANN TU ES. GEH IN BROOKLYN LOS UND DANN HINÜBER.
SPERR DIE AUGEN AUF.
MANN
MANN KANNST DU NICHT
ANDERE LEUTE WOLLEN
TOTAL RÜCKSICHTSLOS
RUMTRÄUMEN WOLLEN, DANN MACHEN SIE DAS WO

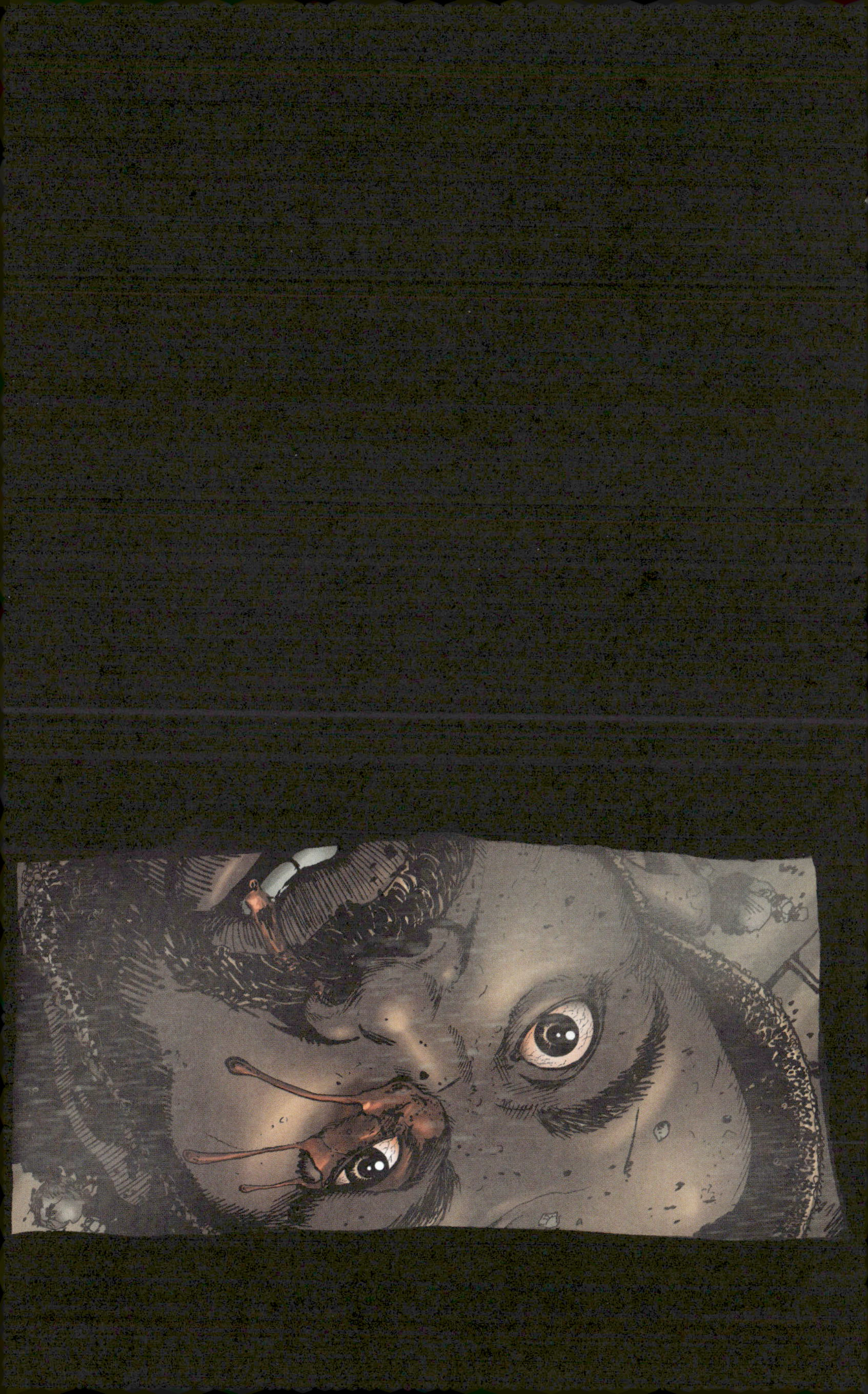

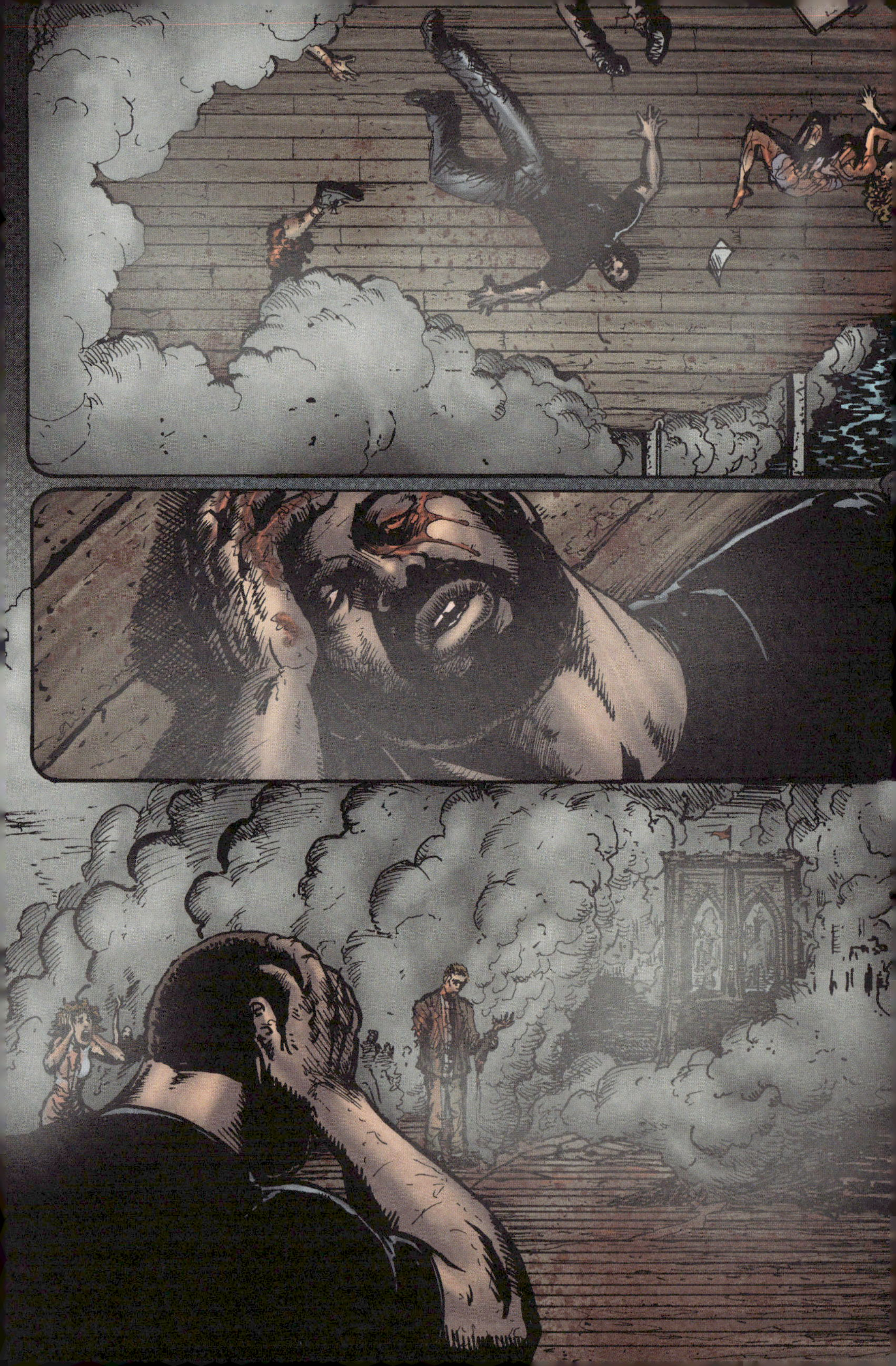

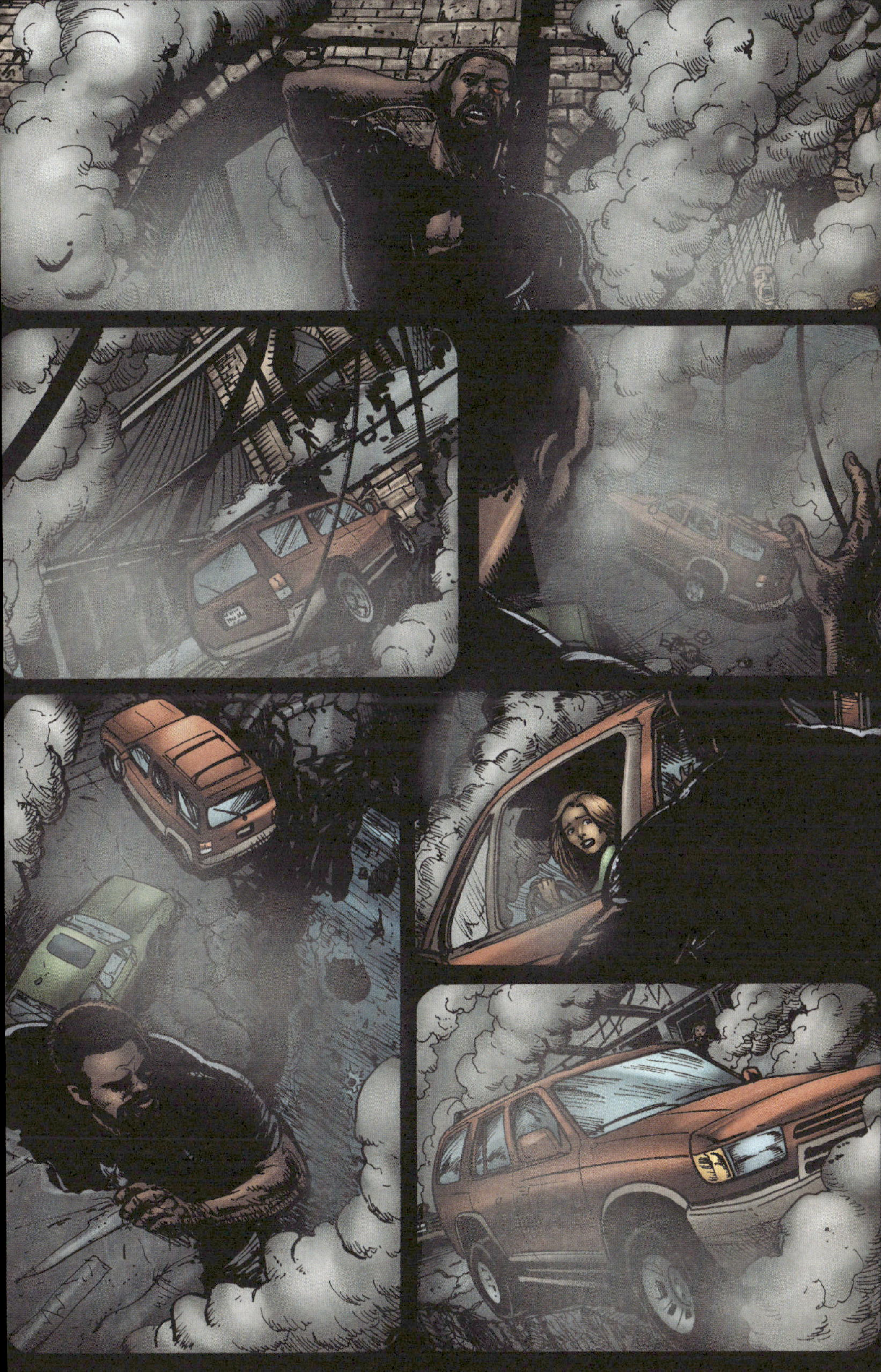

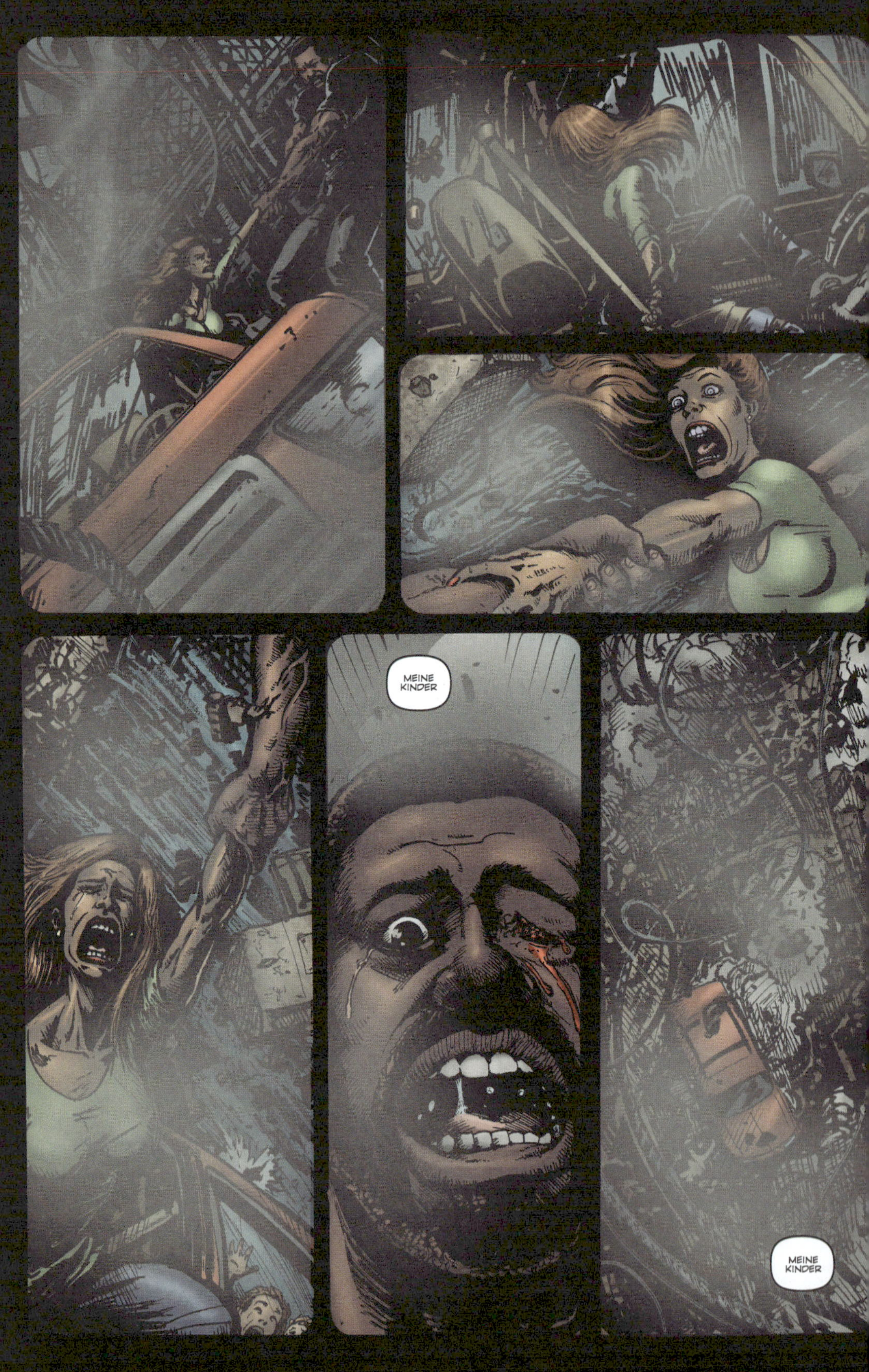
MEINE
KINDER
MEINE
KINDER

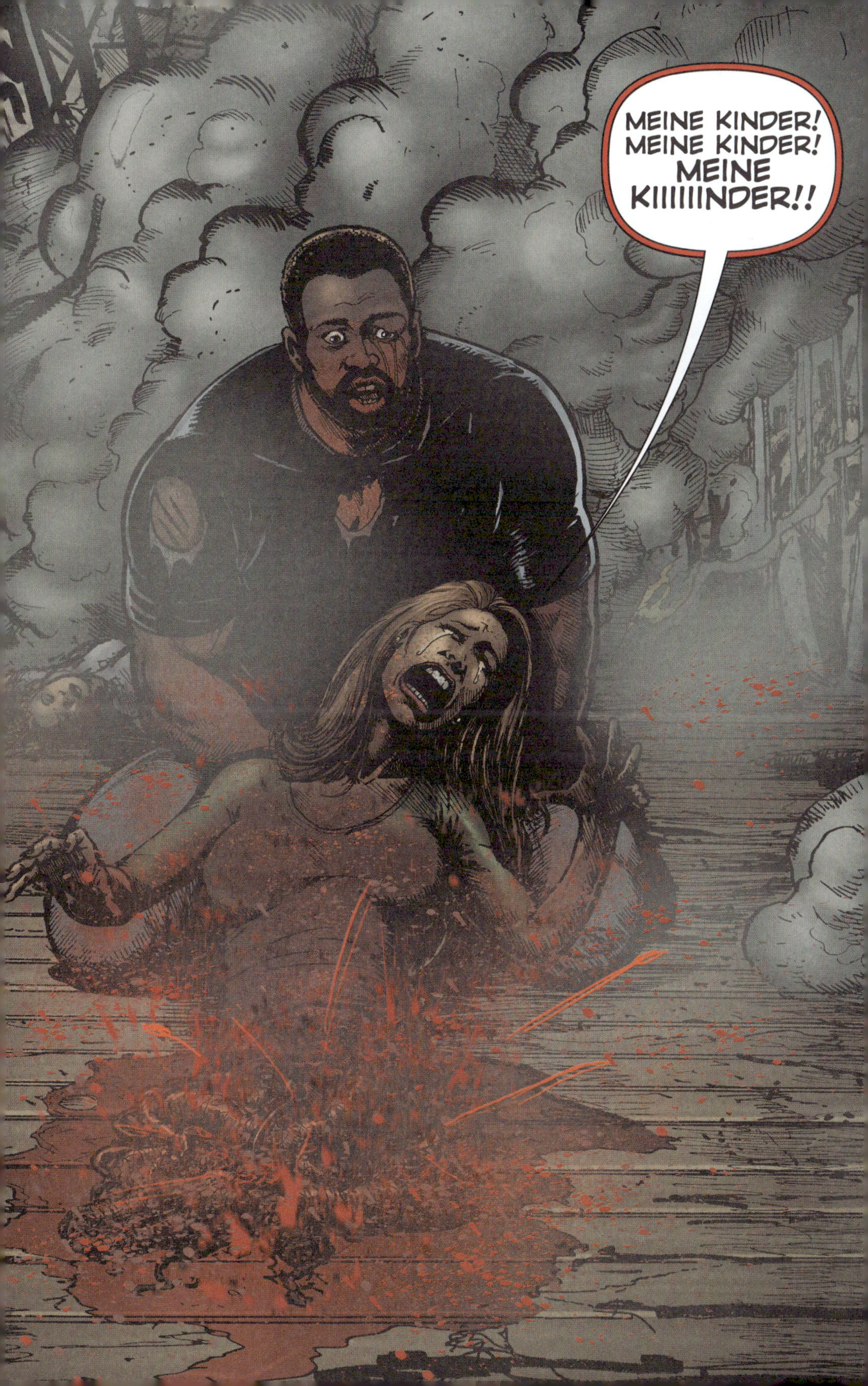
MEINE KINDER!
MEINE KINDER!
MEINE
KIIIIIINDER!!

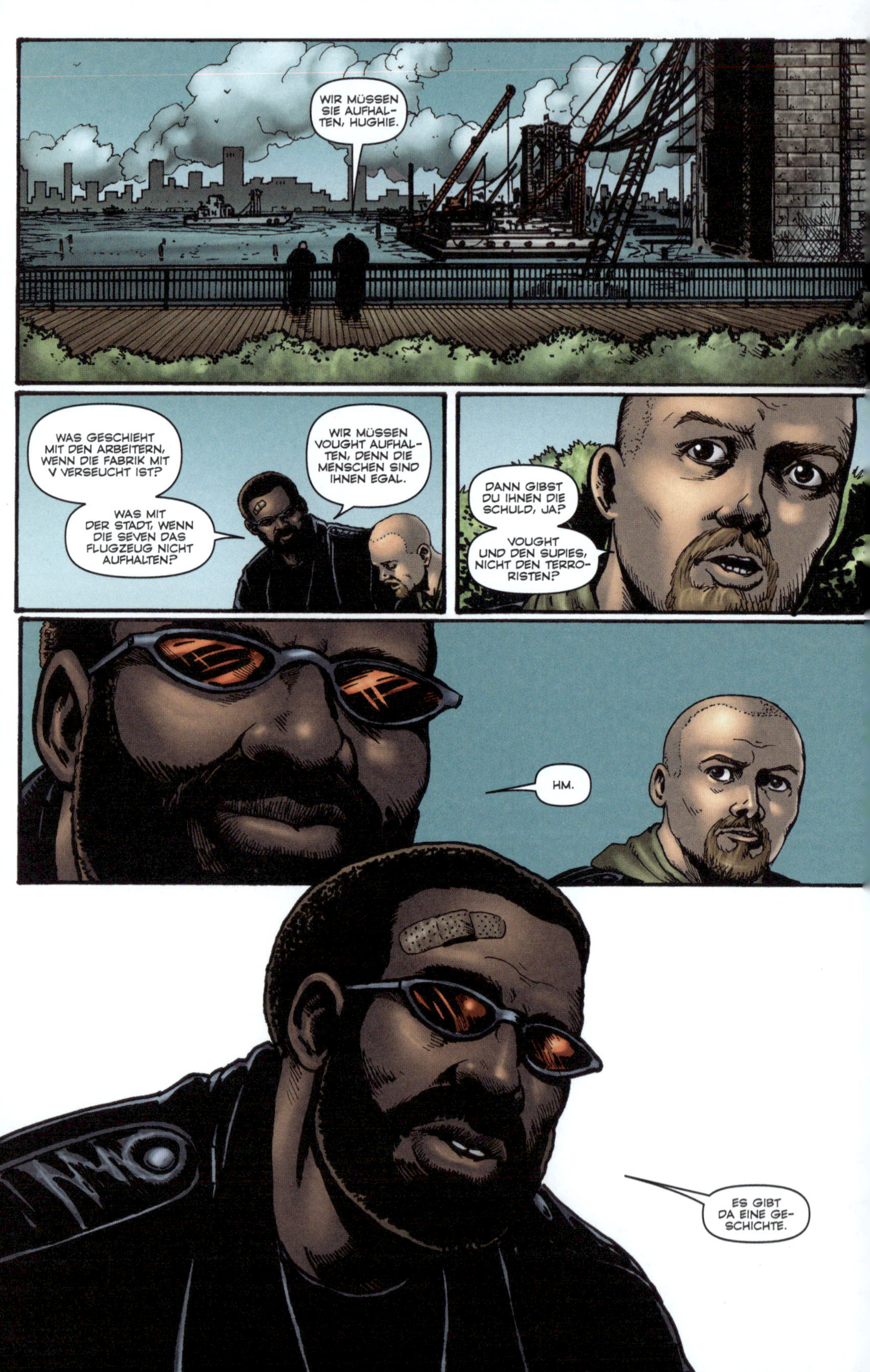
WIR MÜSSEN SIE AUFHALTEN, HUGHIE.
WAS GESCHIEHT MIT DEN ARBEITERN, WENN DIE FABRIK MIT V VERSEUCHT IST?
WAS MIT DER STADT, WENN DIE SEVEN DAS FLUGZEUG NICHT AUFHALTEN?
WIR MÜSSEN VOUGHT AUFHALTEN, DENN DIE MENSCHEN SIND IHNEN EGAL.
DANN GIBST DU IHNEN DIE SCHULD, JA?
VOUGHT UND DEN SUPIES, NICHT DEN TERRORISTEN?
HM.
ES GIBT DA EINE GESCHICHTE.

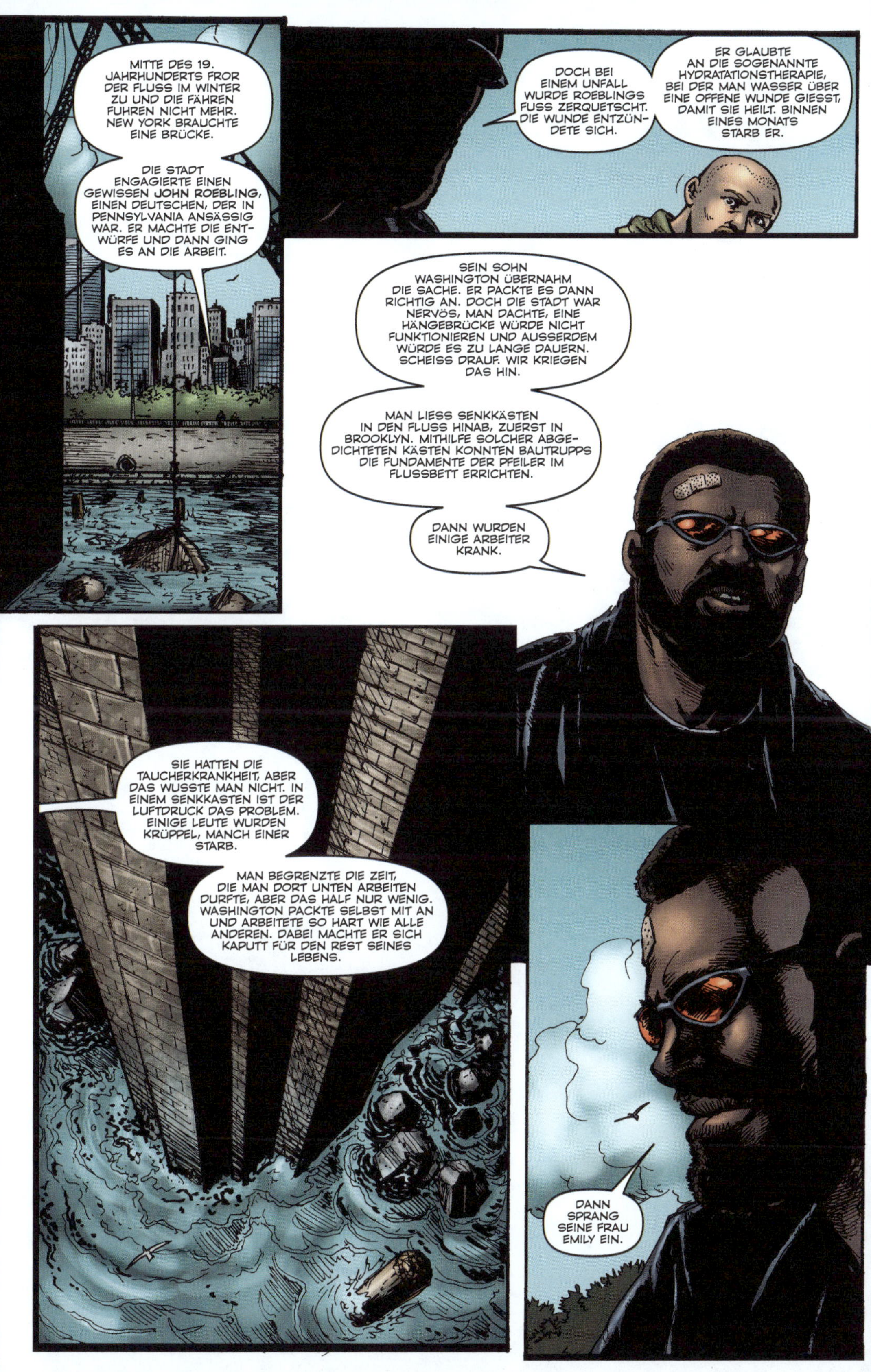
MITTE DES 19. JAHRHUNDERTS FROR DER FLUSS IM WINTER ZU UND DIE FÄHREN FUHREN NICHT MEHR. NEW YORK BRAUCHTE EINE BRÜCKE.
DIE STADT ENGAGIERTE EINEN GEWISSEN **JOHN ROEBLING**, EINEN DEUTSCHEN, DER IN PENNSYLVANIA ANSÄSSIG WAR. ER MACHTE DIE ENTWÜRFE UND DANN GING ES AN DIE ARBEIT.
DOCH BEI EINEM UNFALL WURDE ROEBLINGS FUSS ZERQUETSCHT. DIE WUNDE ENTZÜNDETE SICH.
ER GLAUBTE AN DIE SOGENANNTE HYDRATATIONSTHERAPIE, BEI DER MAN WASSER ÜBER EINE OFFENE WUNDE GIESST, DAMIT SIE HEILT. BINNEN EINES MONATS STARB ER.
SEIN SOHN WASHINGTON ÜBERNAHM DIE SACHE. ER PACKTE ES DANN RICHTIG AN. DOCH DIE STADT WAR NERVÖS, MAN DACHTE, EINE HÄNGEBRÜCKE WÜRDE NICHT FUNKTIONIEREN UND AUSSERDEM WÜRDE ES ZU LANGE DAUERN. SCHEISS DRAUF. WIR KRIEGEN DAS HIN.
MAN LIESS SENKKÄSTEN IN DEN FLUSS HINAB, ZUERST IN BROOKLYN. MITHILFE SOLCHER ABGEDICHTETEN KÄSTEN KONNTEN BAUTRUPPS DIE FUNDAMENTE DER PFEILER IM FLUSSBETT ERRICHTEN.
DANN WURDEN EINIGE ARBEITER KRANK.
SIE HATTEN DIE TAUCHERKRANKHEIT, ABER DAS WUSSTE MAN NICHT. IN EINEM SENKKASTEN IST DER LUFTDRUCK DAS PROBLEM. EINIGE LEUTE WURDEN KRÜPPEL, MANCH EINER STARB.
MAN BEGRENZTE DIE ZEIT, DIE MAN DORT UNTEN ARBEITEN DURFTE, ABER DAS HALF NUR WENIG. WASHINGTON PACKTE SELBST MIT AN UND ARBEITETE SO HART WIE ALLE ANDEREN. DABEI MACHTE ER SICH KAPUTT FÜR DEN REST SEINES LEBENS.
DANN SPRANG SEINE FRAU EMILY EIN.

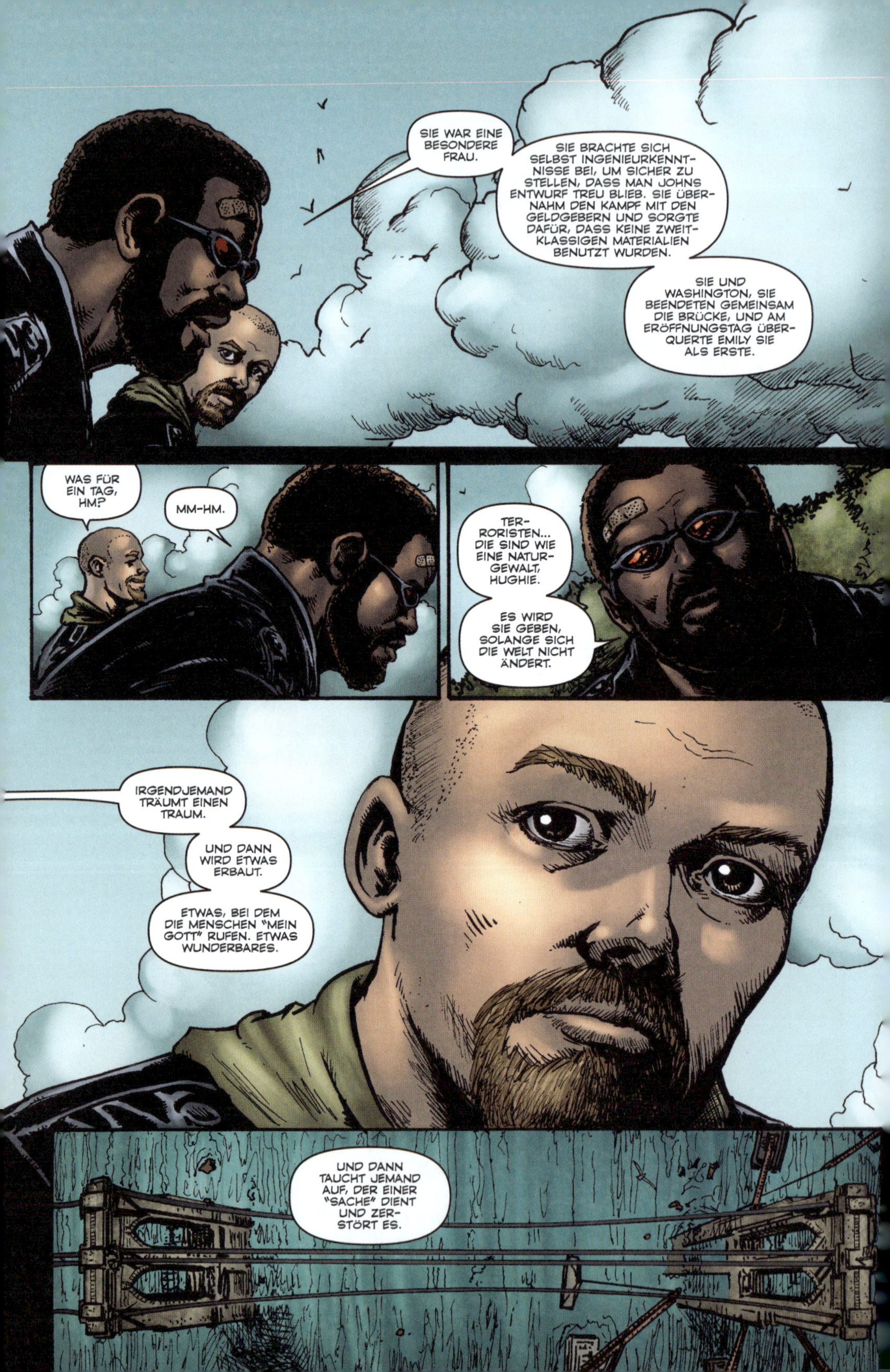
SIE WAR EINE BESONDERE FRAU.
SIE BRACHTE SICH SELBST INGENIEURKENNT-NISSE BEI, UM SICHER ZU STELLEN, DASS MAN JOHNS ENTWURF TREU BLIEB. SIE ÜBER-NAHM DEN KAMPF MIT DEN GELDGEBERN UND SORGTE DAFÜR, DASS KEINE ZWEIT-KLASSIGEN MATERIALIEN BENUTZT WURDEN.
SIE UND WASHINGTON, SIE BEENDETEN GEMEINSAM DIE BRÜCKE, UND AM ERÖFFNUNGSTAG ÜBER-QUERTE EMILY SIE ALS ERSTE.
WAS FÜR EIN TAG, HM?
MM-HM.
TER-RORISTEN... DIE SIND WIE EINE NATUR-GEWALT, HUGHIE.
ES WIRD SIE GEBEN, SOLANGE SICH DIE WELT NICHT ÄNDERT.
IRGENDJEMAND TRÄUMT EINEN TRAUM.
UND DANN WIRD ETWAS ERBAUT.
ETWAS, BEI DEM DIE MENSCHEN "MEIN GOTT" RUFEN. ETWAS WUNDERBARES.
UND DANN TAUCHT JEMAND AUF, DER EINER "SACHE" DIENT UND ZER-STÖRT ES.

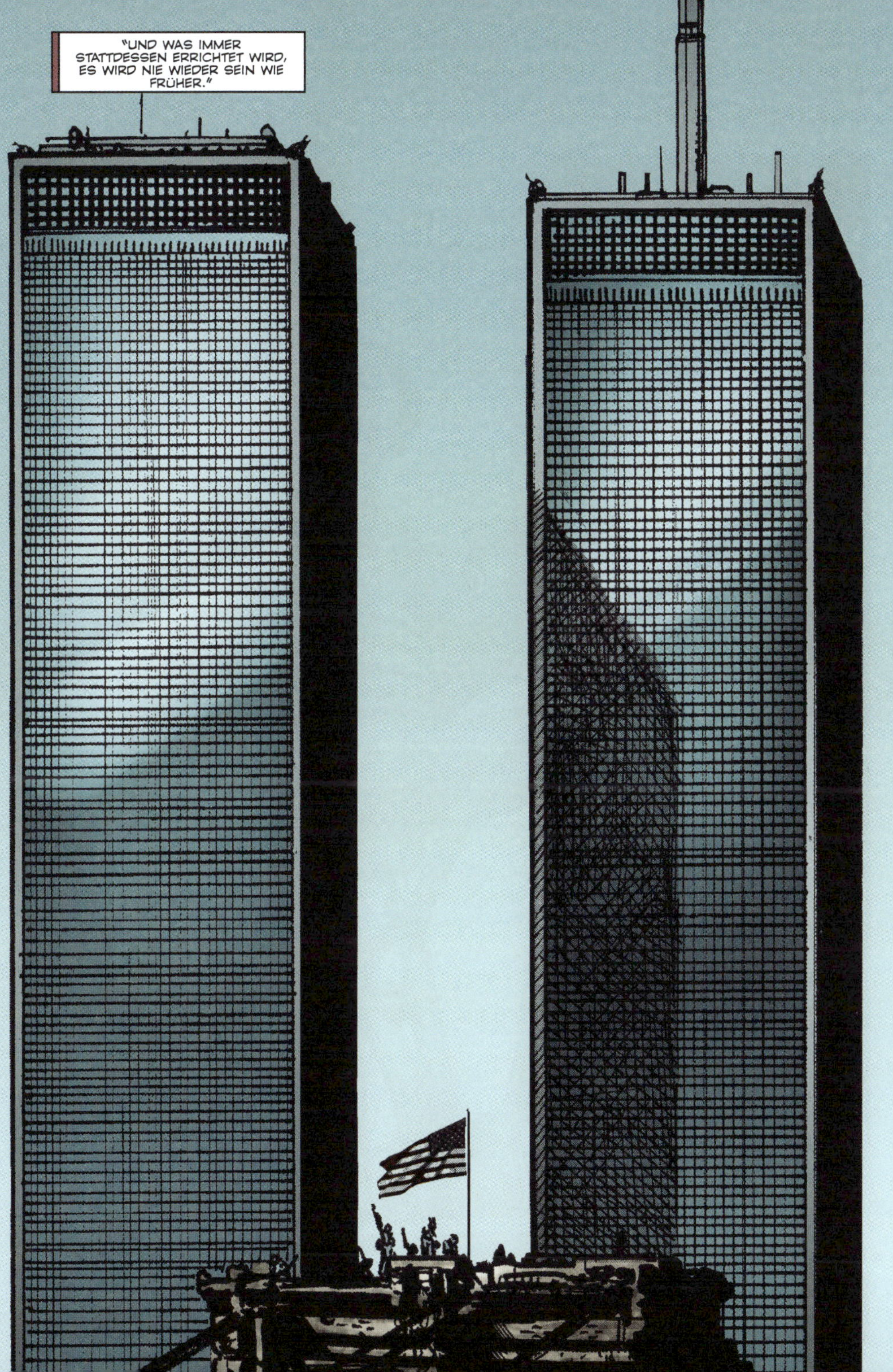
"UND WAS IMMER STATTDESSEN ERRICHTET WIRD, ES WIRD NIE WIEDER SEIN WIE FRÜHER."

LA PLUME DE MA TANTE EST SUR LA TABLE

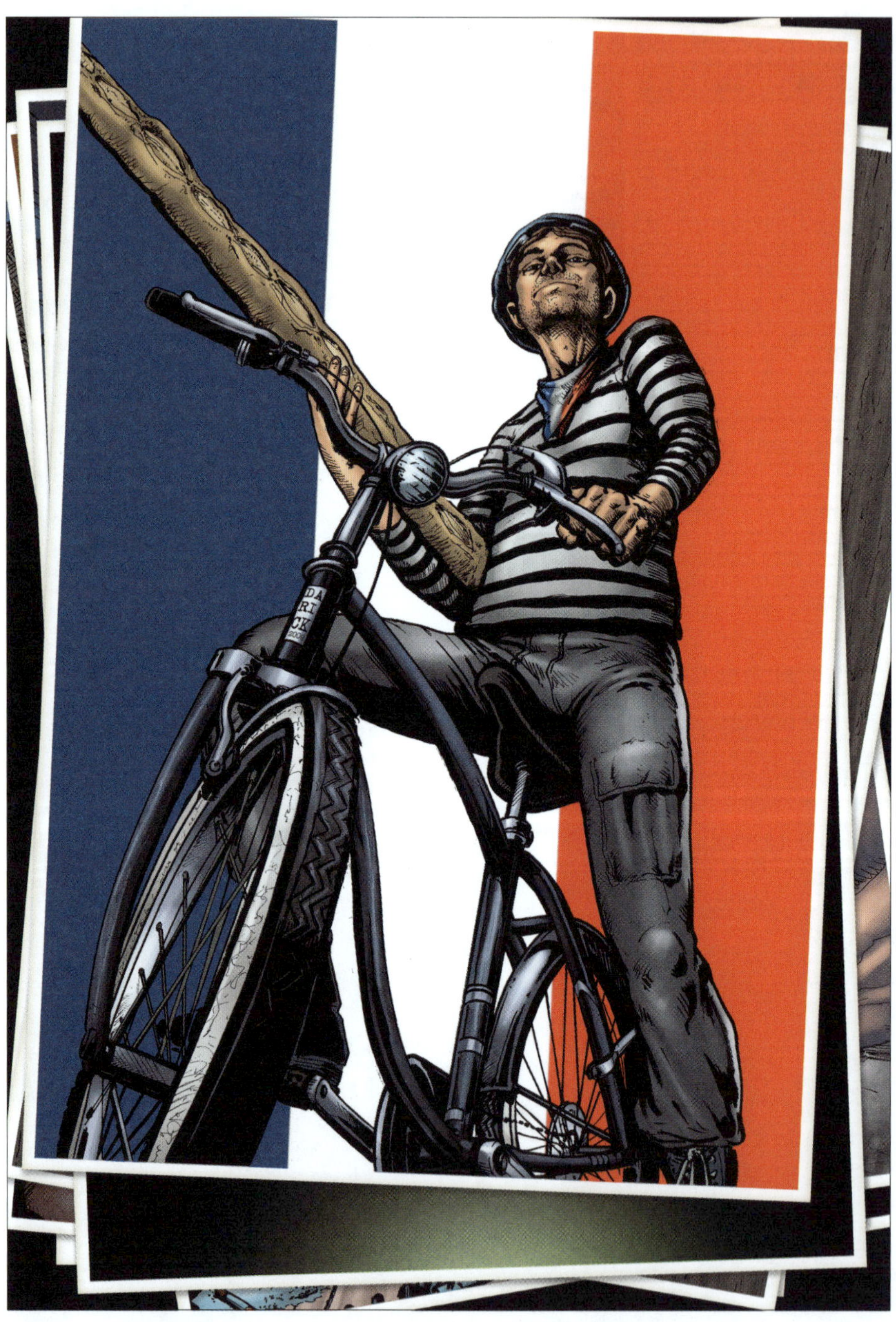

The Boys (2006) 37
Cover von **DARICK ROBERTSON**

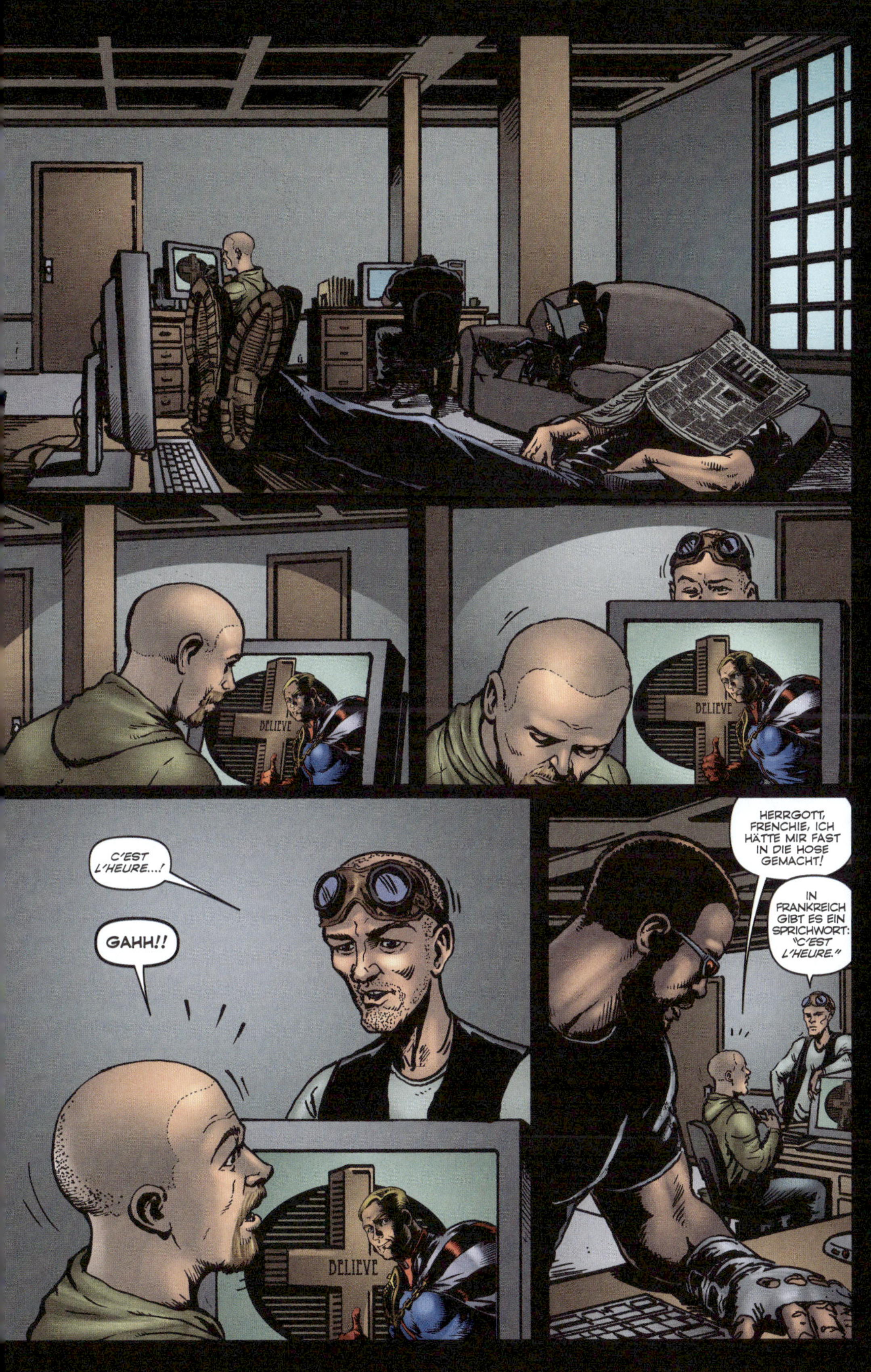
C'EST L'HEURE...!
GAHH!!
HERRGOTT, FRENCHIE, ICH HÄTTE MIR FAST IN DIE HOSE GEMACHT!
IN FRANKREICH GIBT ES EIN SPRICHWORT: "C'EST L'HEURE."

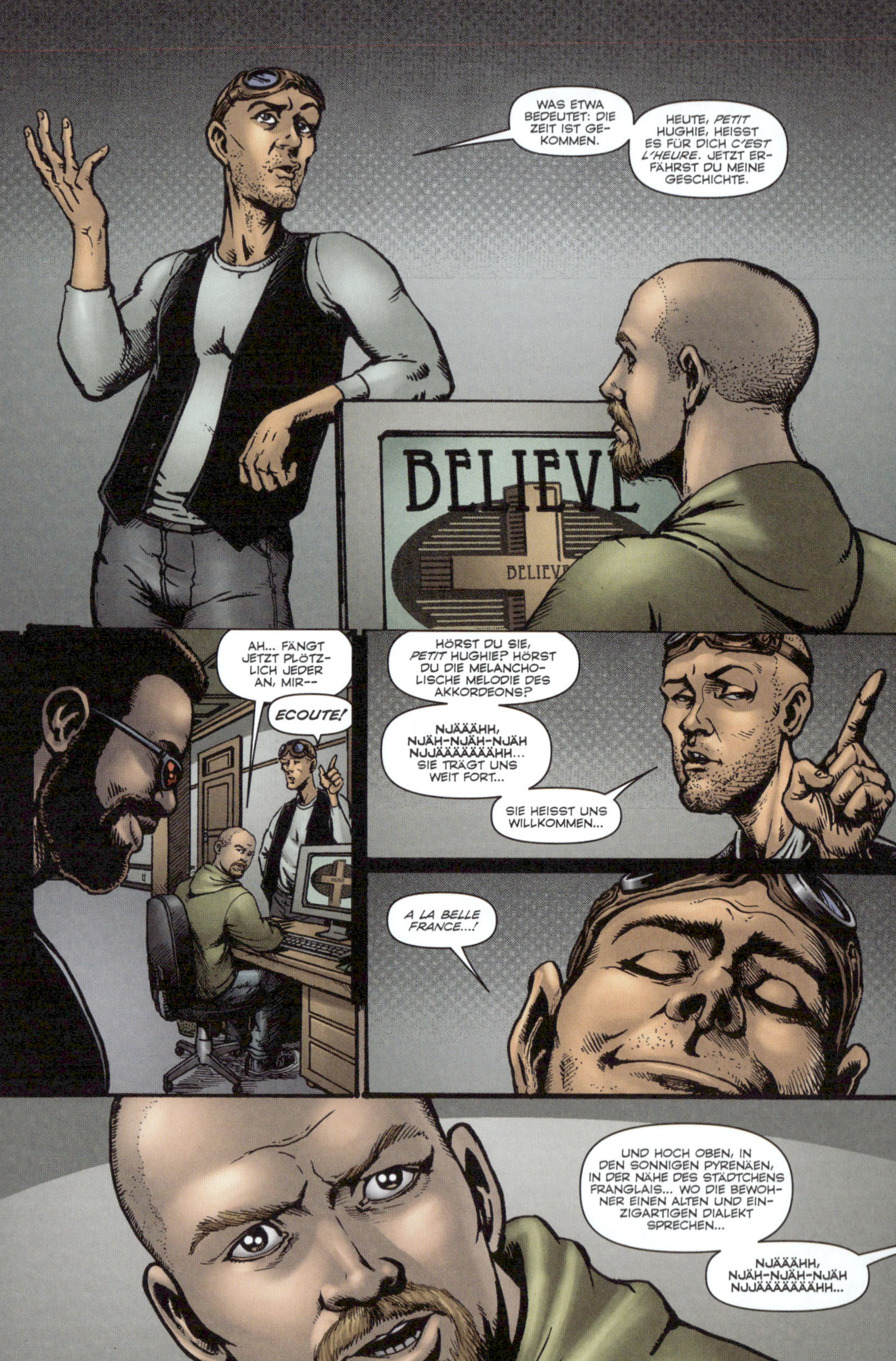

WAS ETWA BEDEUTET: DIE ZEIT IST GEKOMMEN.
HEUTE, *PETIT* HUGHIE, HEISST ES FÜR DICH *C'EST L'HEURE*. JETZT ERFÄHRST DU MEINE GESCHICHTE.
BELIEVE
BELIEVE
AH... FÄNGT JETZT PLÖTZLICH JEDER AN, MIR--
ECOUTE!
HÖRST DU SIE, *PETIT* HUGHIE? HÖRST DU DIE MELANCHOLISCHE MELODIE DES AKKORDEONS?
NJÄÄÄHH, NJÄH-NJÄH-NJÄH NJJÄÄÄÄÄÄHH... SIE TRÄGT UNS WEIT FORT...
SIE HEISST UNS WILLKOMMEN...
A LA BELLE FRANCE...!
UND HOCH OBEN, IN DEN SONNIGEN PYRENÄEN, IN DER NÄHE DES STÄDTCHENS FRANGLAIS... WO DIE BEWOHNER EINEN ALTEN UND EINZIGARTIGEN DIALEKT SPRECHEN...
NJÄÄÄHH, NJÄH-NJÄH-NJÄH NJJÄÄÄÄÄÄHH...

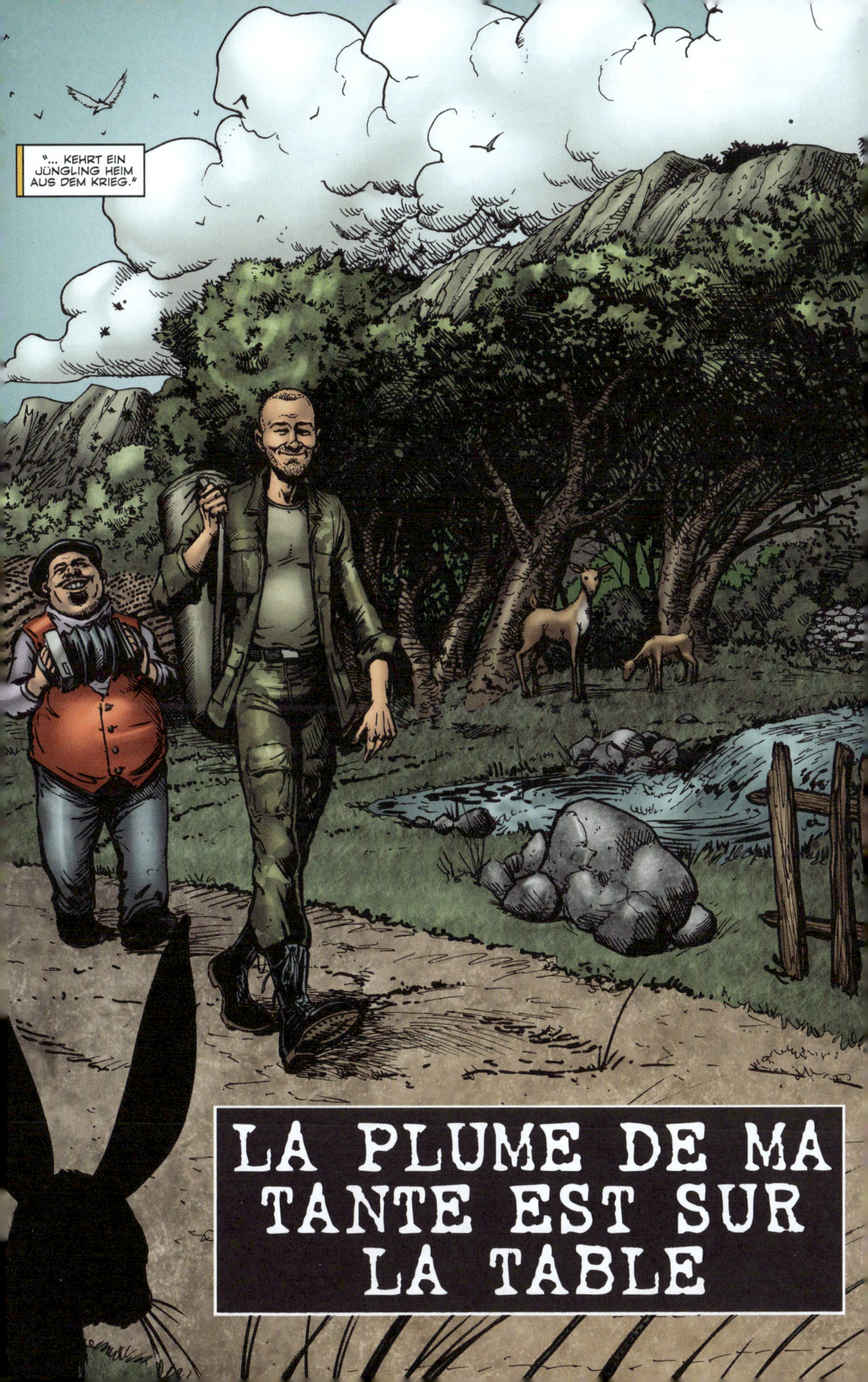
"... KEHRT EIN JÜNGLING HEIM AUS DEM KRIEG."
LA PLUME DE MA TANTE EST SUR LA TABLE

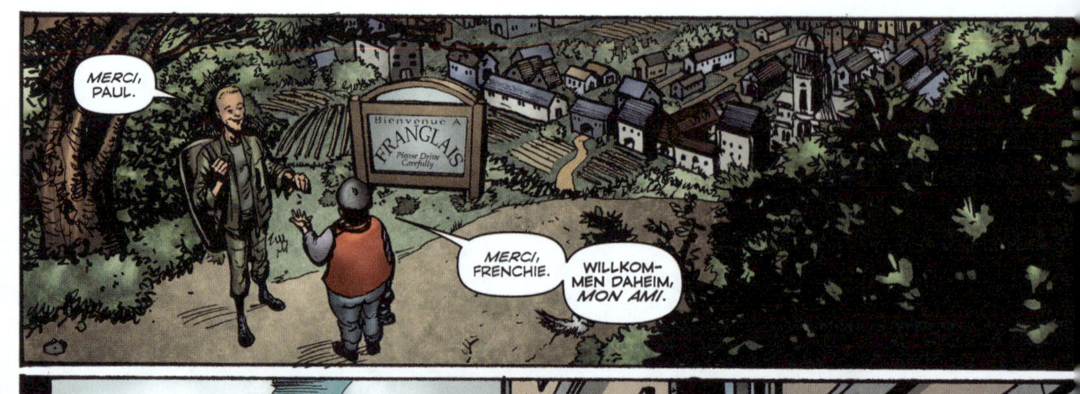

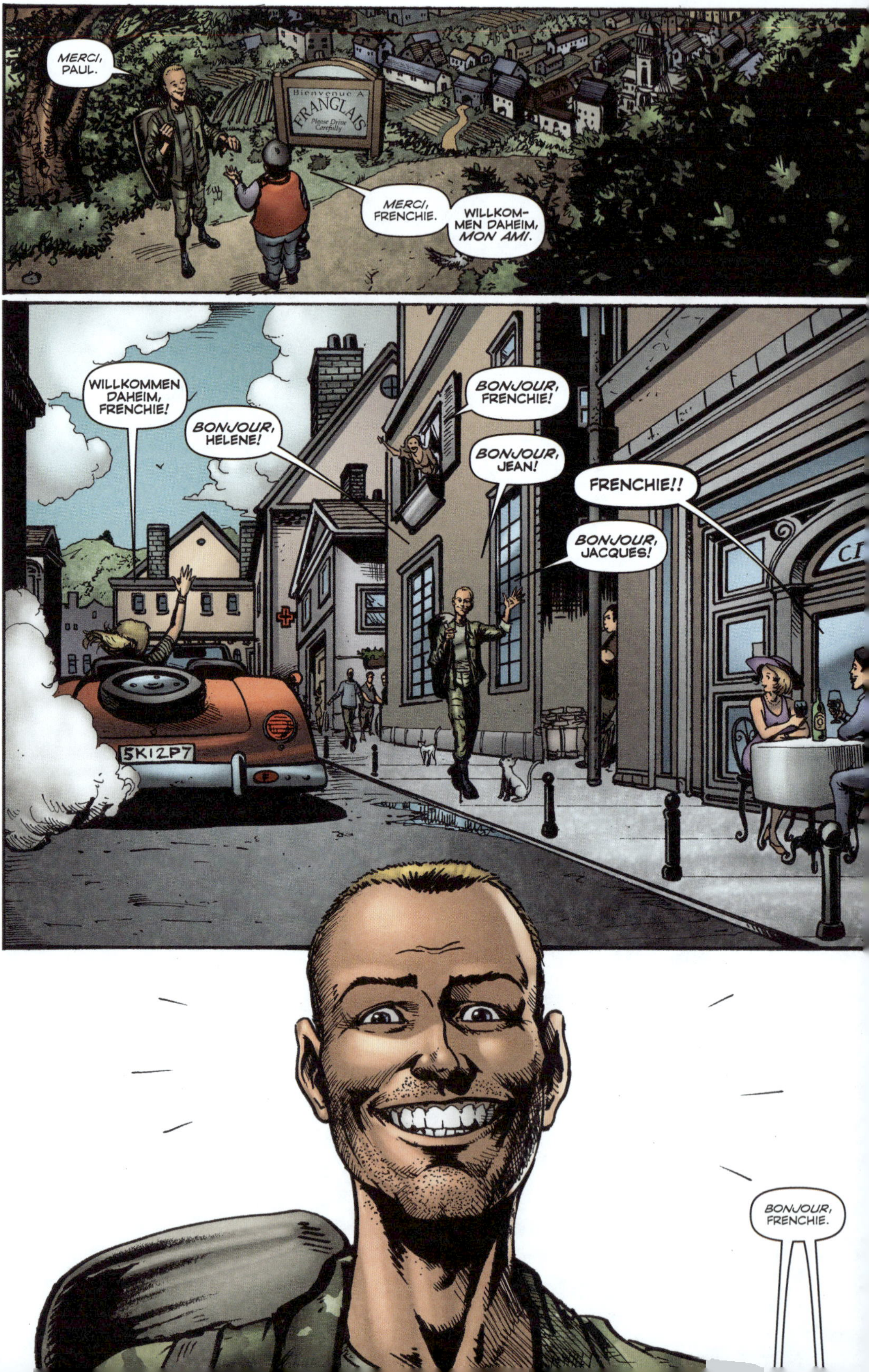

WILLKOMMEN DAHEIM, FRENCHIE!
BONJOUR, HELENE!
BONJOUR, FRENCHIE!
BONJOUR, JEAN!
FRENCHIE!!
BONJOUR, JACQUES!
5KI2P7

BONJOUR, FRENCHIE.

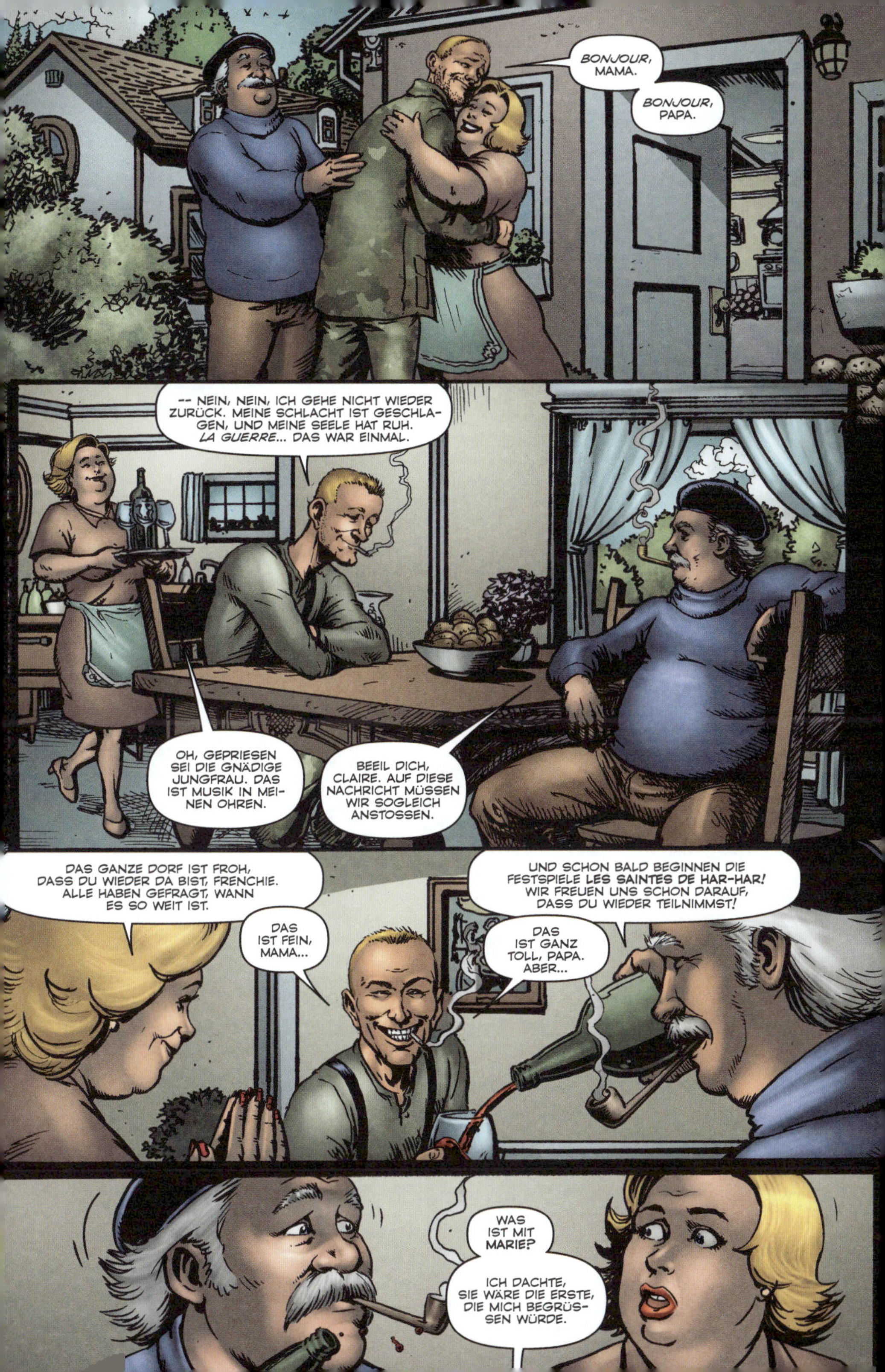
BONJOUR, MAMA.
BONJOUR, PAPA.
-- NEIN, NEIN, ICH GEHE NICHT WIEDER ZURÜCK. MEINE SCHLACHT IST GESCHLAGEN, UND MEINE SEELE HAT RUH. LA GUERRE... DAS WAR EINMAL.
OH, GEPRIESEN SEI DIE GNÄDIGE JUNGFRAU. DAS IST MUSIK IN MEINEN OHREN.
BEEIL DICH, CLAIRE. AUF DIESE NACHRICHT MÜSSEN WIR SOGLEICH ANSTOSSEN.
DAS GANZE DORF IST FROH, DASS DU WIEDER DA BIST, FRENCHIE. ALLE HABEN GEFRAGT, WANN ES SO WEIT IST.
DAS IST FEIN, MAMA...
UND SCHON BALD BEGINNEN DIE FESTSPIELE LES SAINTES DE HAR-HAR! WIR FREUEN UNS SCHON DARAUF, DASS DU WIEDER TEILNIMMST!
DAS IST GANZ TOLL, PAPA. ABER...
WAS IST MIT MARIE?
ICH DACHTE, SIE WÄRE DIE ERSTE, DIE MICH BEGRÜSSEN WÜRDE.

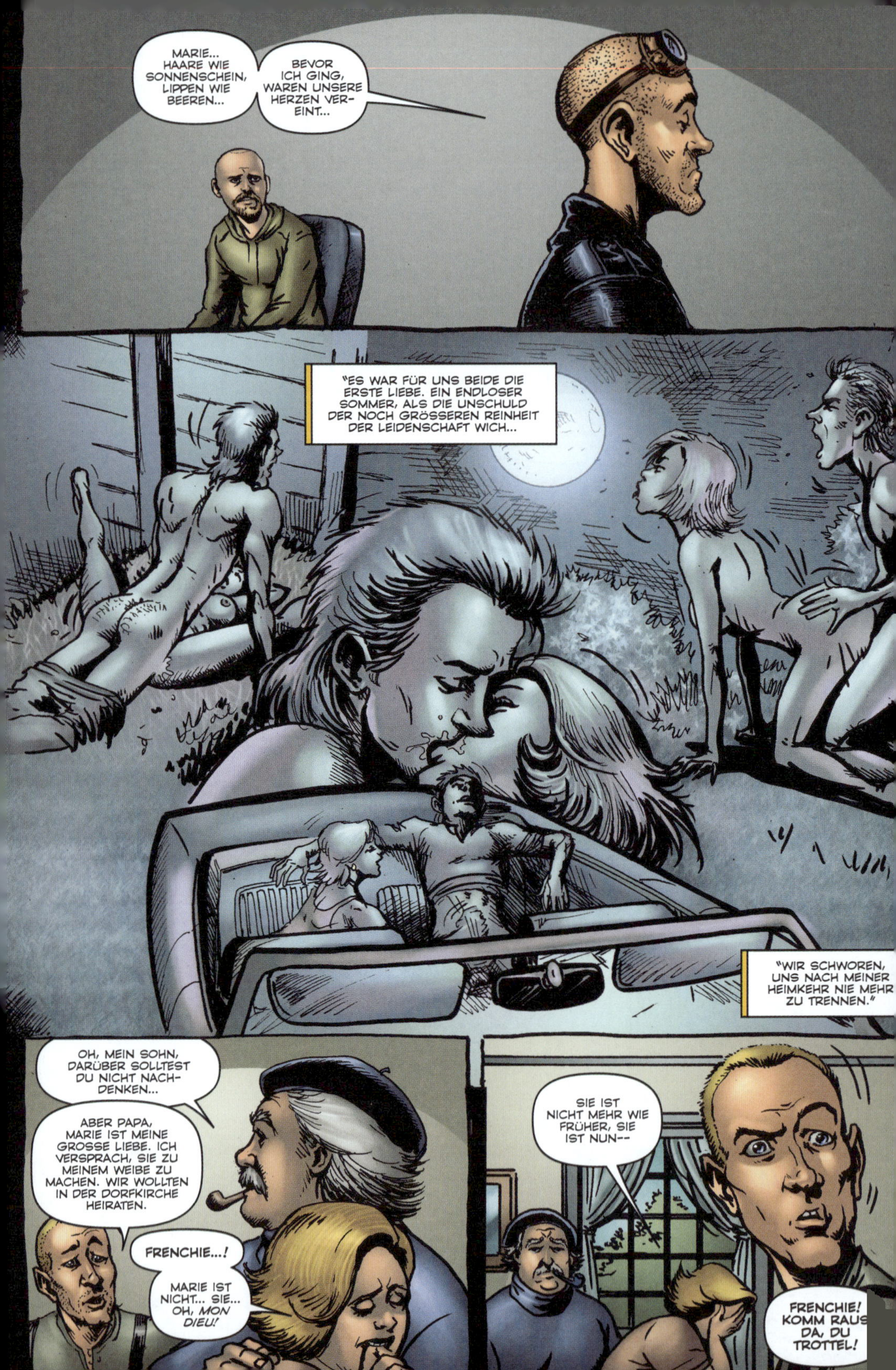
MARIE... HAARE WIE SONNENSCHEIN, LIPPEN WIE BEEREN...
BEVOR ICH GING, WAREN UNSERE HERZEN VER-EINT...
"ES WAR FÜR UNS BEIDE DIE ERSTE LIEBE. EIN ENDLOSER SOMMER, ALS DIE UNSCHULD DER NOCH GRÖSSEREN REINHEIT DER LEIDENSCHAFT WICH...
"WIR SCHWOREN, UNS NACH MEINER HEIMKEHR NIE MEHR ZU TRENNEN."
OH, MEIN SOHN, DARÜBER SOLLTEST DU NICHT NACH-DENKEN...
ABER PAPA, MARIE IST MEINE GROSSE LIEBE. ICH VERSPRACH, SIE ZU MEINEM WEIBE ZU MACHEN. WIR WOLLTEN IN DER DORFKIRCHE HEIRATEN.
FRENCHIE...!
MARIE IST NICHT... SIE... OH, MON DIEU!
SIE IST NICHT MEHR WIE FRÜHER, SIE IST NUN--
FRENCHIE! KOMM RAUS DA, DU TROTTEL!

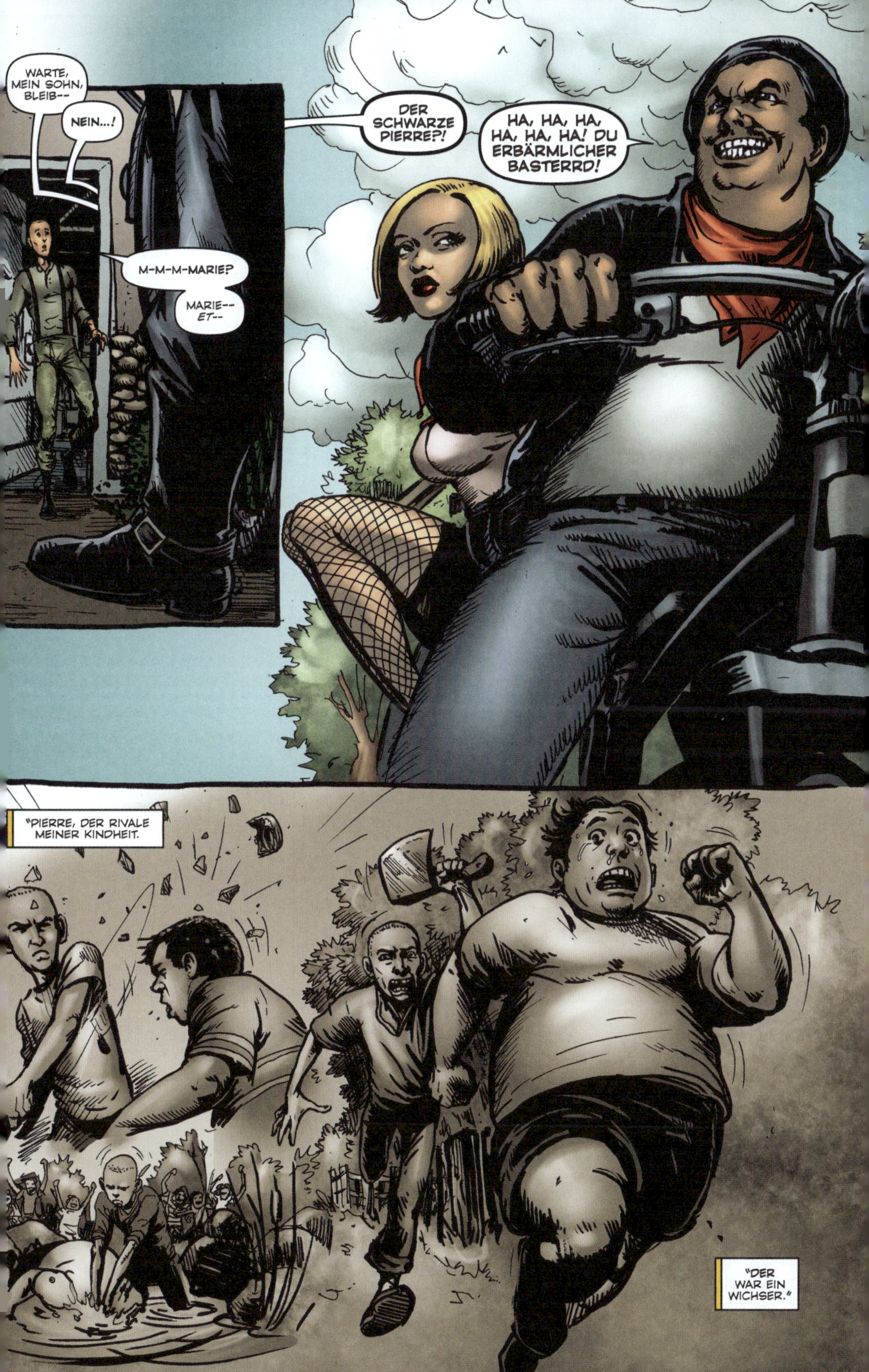

WARTE, MEIN SOHN, BLEIB--
NEIN...!
DER SCHWARZE PIERRE?!
HA, HA, HA, HA, HA, HA! DU ERBÄRMLICHER BASTERRD!
M-M-M-MARIE?
MARIE-- ET--
"PIERRE, DER RIVALE MEINER KINDHEIT.
"DER WAR EIN WICHSER."

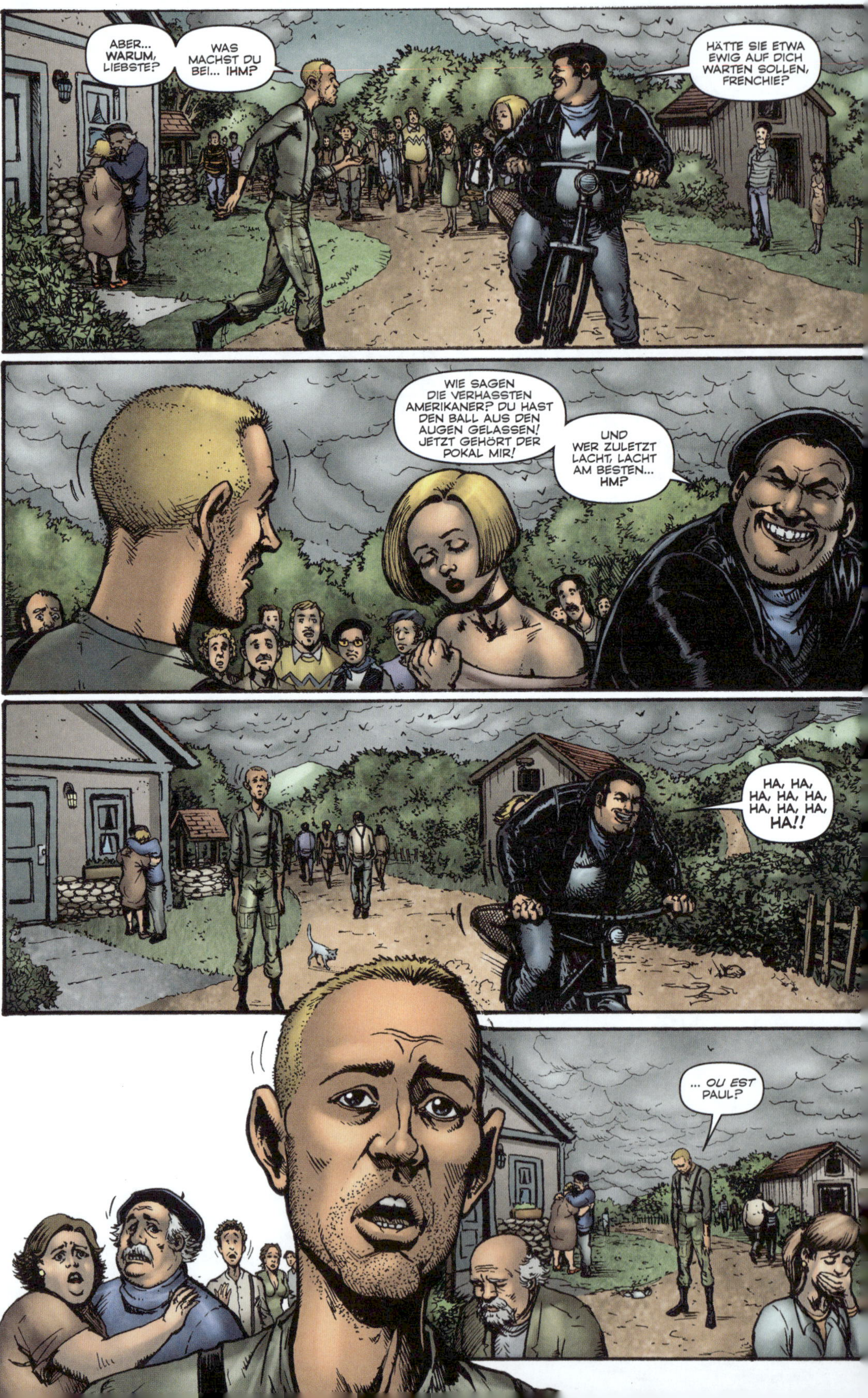

ABER... **WARUM,** LIEBSTE?
WAS MACHST DU BEI... IHM?
HÄTTE SIE ETWA EWIG AUF DICH WARTEN SOLLEN, FRENCHIE?
WIE SAGEN DIE VERHASSTEN AMERIKANER? DU HAST DEN BALL AUS DEN AUGEN GELASSEN! JETZT GEHÖRT DER POKAL MIR!
UND WER ZULETZT LACHT, LACHT AM BESTEN... HM?
HA, HA, HA, HA, HA, HA, HA, HA, **HA!!**
... OU EST PAUL?

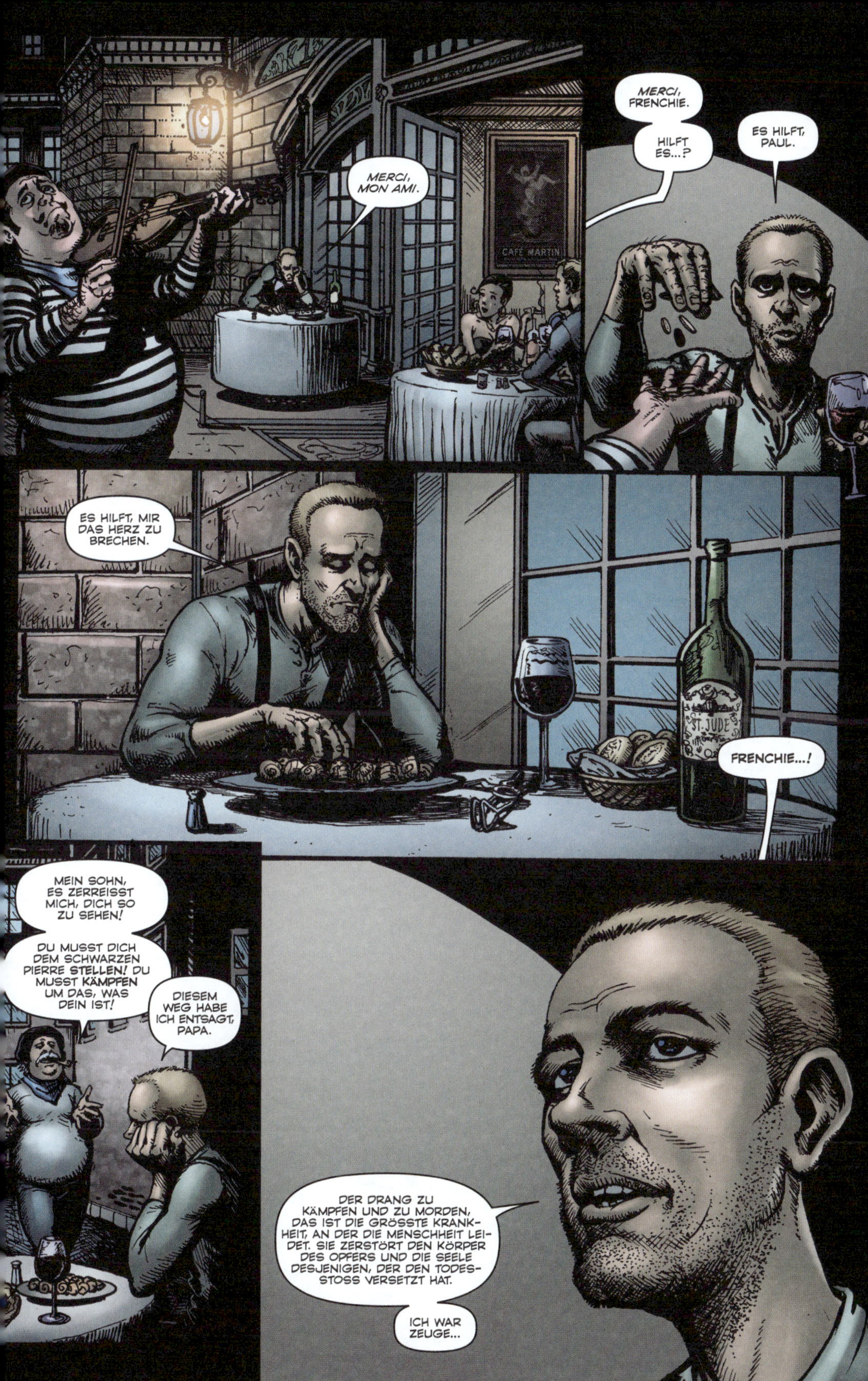
MERCI, MON AMI.
MERCI, FRENCHIE.
HILFT ES...?
ES HILFT, PAUL.
CAFÉ MARTIN
ES HILFT, MIR DAS HERZ ZU BRECHEN.
ST. JUDE
FRENCHIE...!
MEIN SOHN, ES ZERREISST MICH, DICH SO ZU SEHEN!
DU MUSST DICH DEM SCHWARZEN PIERRE STELLEN! DU MUSST KÄMPFEN UM DAS, WAS DEIN IST!
DIESEM WEG HABE ICH ENTSAGT, PAPA.
DER DRANG ZU KÄMPFEN UND ZU MORDEN, DAS IST DIE GRÖSSTE KRANKHEIT, AN DER DIE MENSCHHEIT LEIDET. SIE ZERSTÖRT DEN KÖRPER DES OPFERS UND DIE SEELE DESJENIGEN, DER DEN TODESSTOSS VERSETZT HAT.
ICH WAR ZEUGE...

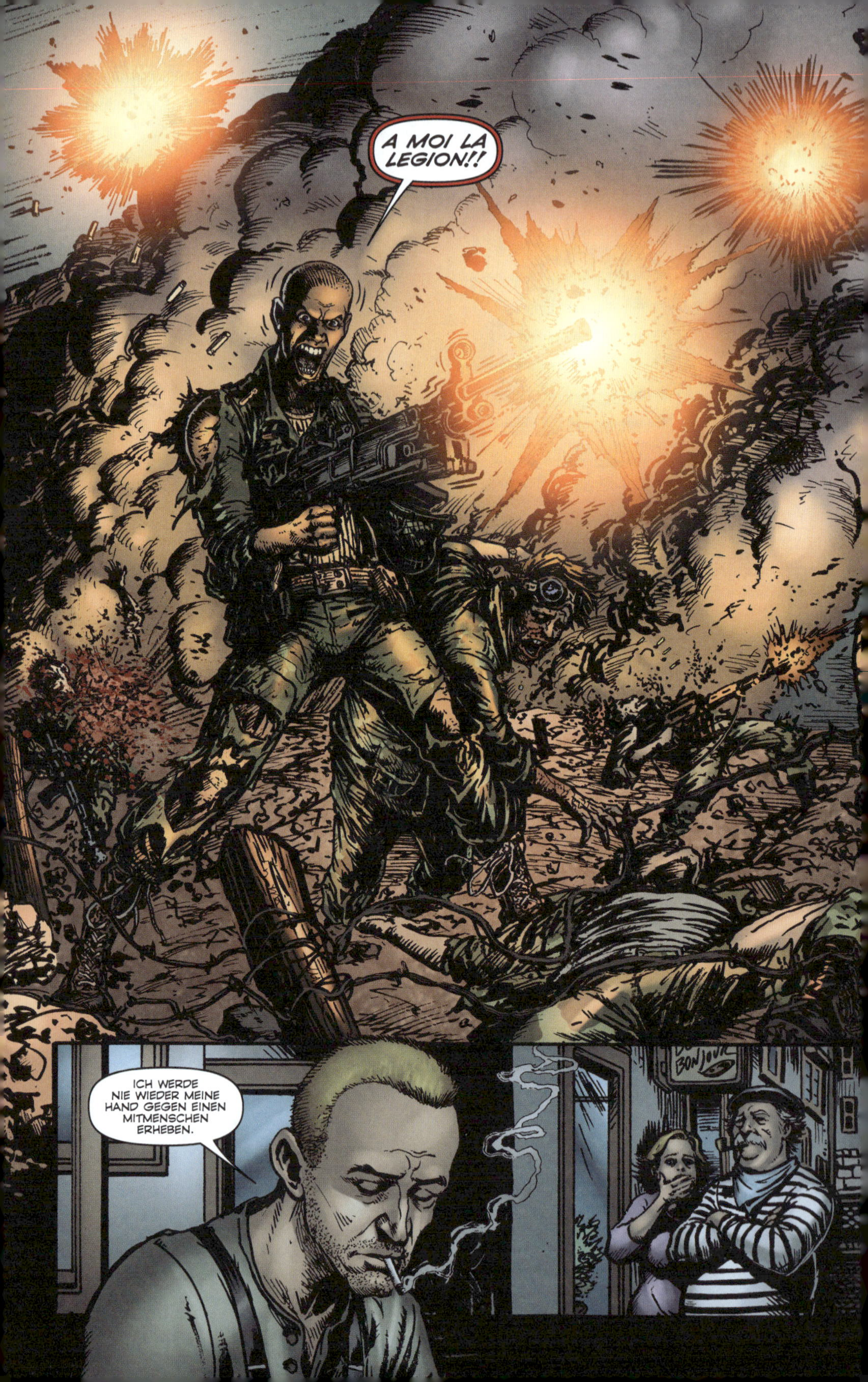

A MOI LA LEGION!!
ICH WERDE NIE WIEDER MEINE HAND GEGEN EINEN MITMENSCHEN ERHEBEN.
BONJOUR

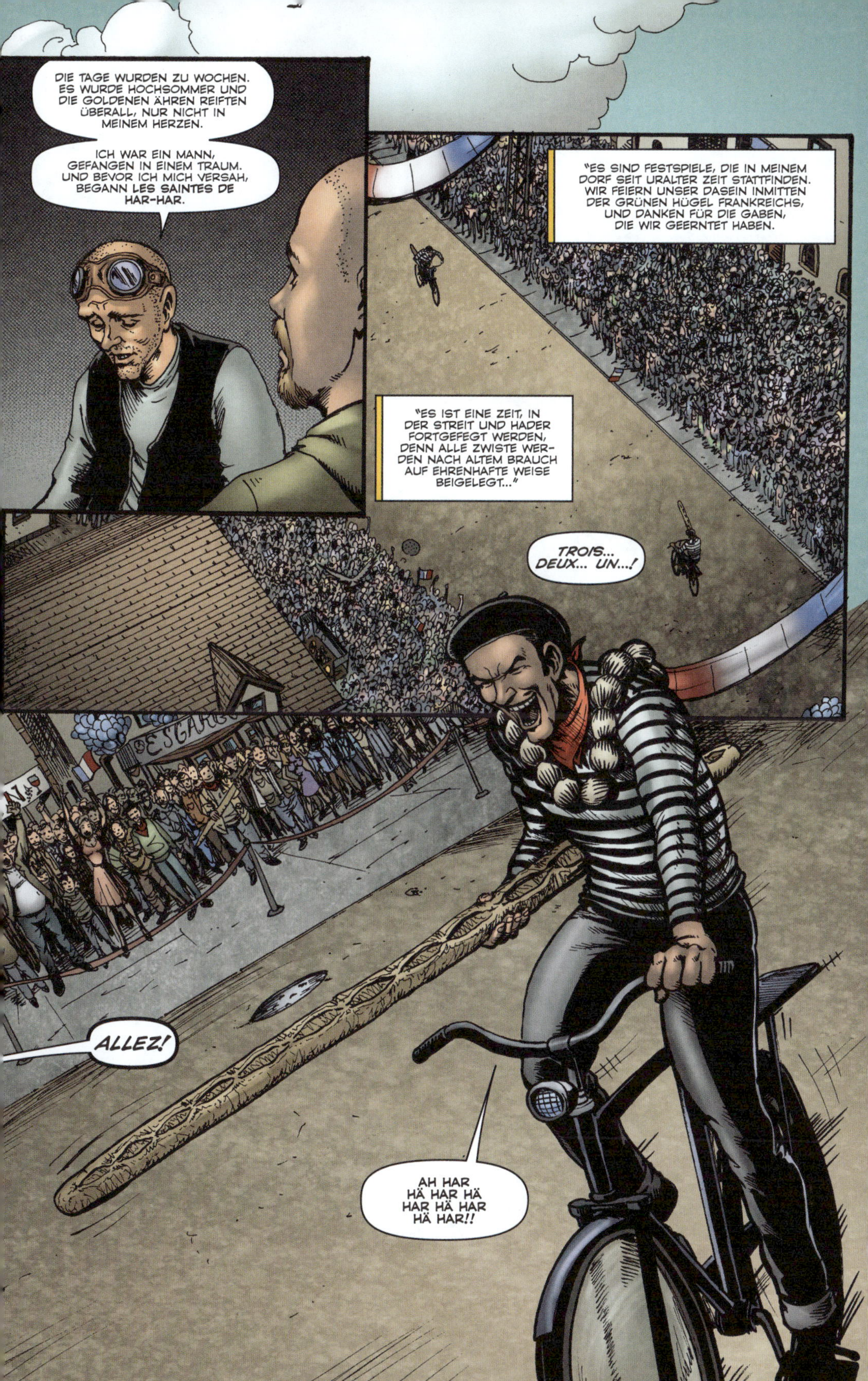
DIE TAGE WURDEN ZU WOCHEN. ES WURDE HOCHSOMMER UND DIE GOLDENEN ÄHREN REIFTEN ÜBERALL, NUR NICHT IN MEINEM HERZEN.
ICH WAR EIN MANN, GEFANGEN IN EINEM TRAUM. UND BEVOR ICH MICH VERSAH, BEGANN LES SAINTES DE HAR-HAR.
"ES SIND FESTSPIELE, DIE IN MEINEM DORF SEIT URALTER ZEIT STATTFINDEN. WIR FEIERN UNSER DASEIN INMITTEN DER GRÜNEN HÜGEL FRANKREICHS, UND DANKEN FÜR DIE GABEN, DIE WIR GEERNTET HABEN.
"ES IST EINE ZEIT, IN DER STREIT UND HADER FORTGEFEGT WERDEN, DENN ALLE ZWISTE WERDEN NACH ALTEM BRAUCH AUF EHRENHAFTE WEISE BEIGELEGT..."
TROIS... DEUX... UN...!
ALLEZ!
AH HAR HÄ HAR HÄ HAR HÄ HAR HÄ HAR!!

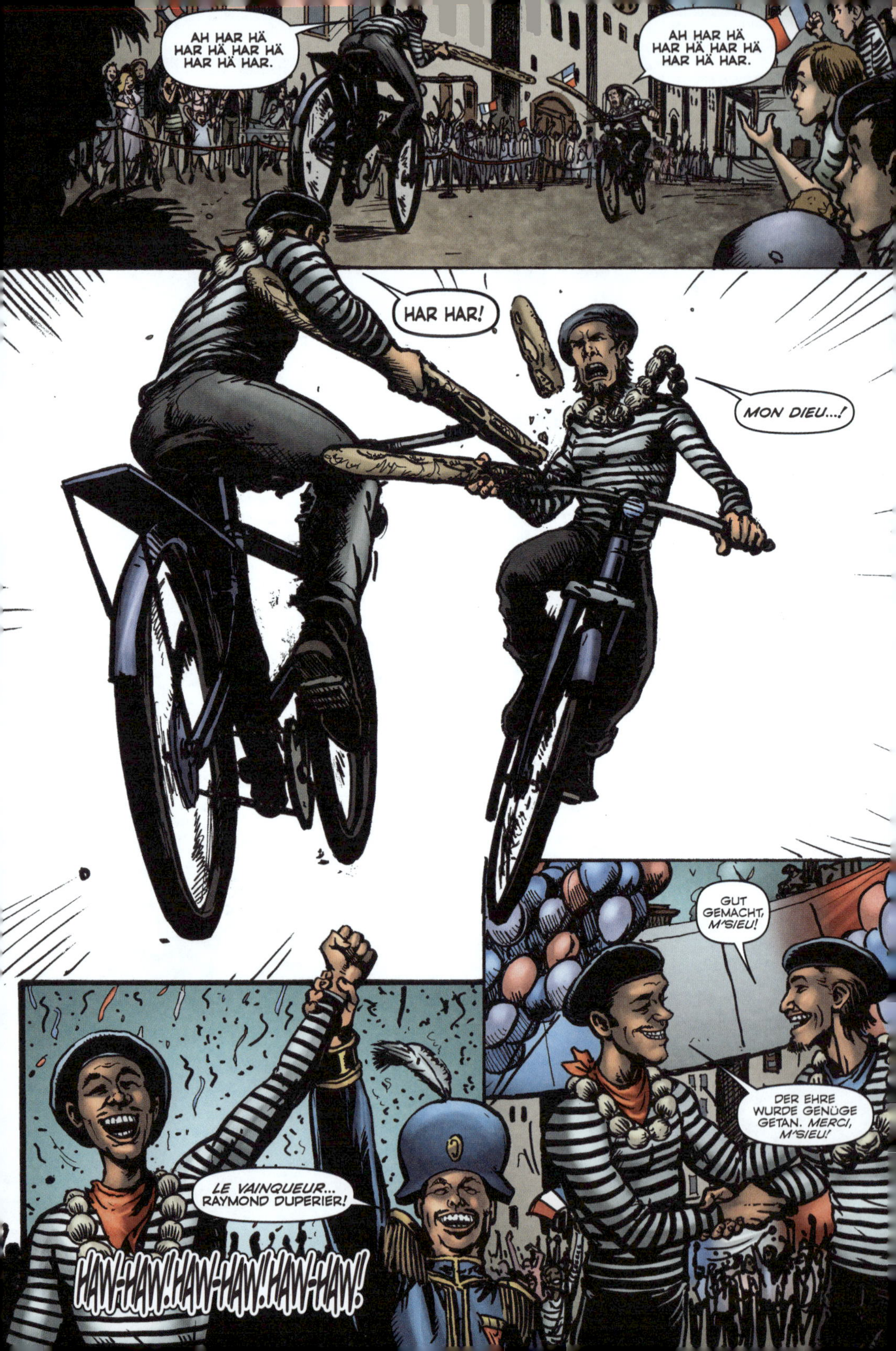
AH HAR HÄ HAR HÄ HAR HÄ HAR HÄ HAR.
AH HAR HÄ HAR HÄ HAR HÄ HAR HÄ HAR.
HAR HAR!
MON DIEU...!
GUT GEMACHT, M'SIEU!
DER EHRE WURDE GENÜGE GETAN. MERCI, M'SIEU!
LE VAINQUEUR... RAYMOND DUPERIER!
HAW-HAW! HAW-HAW! HAW-HAW!

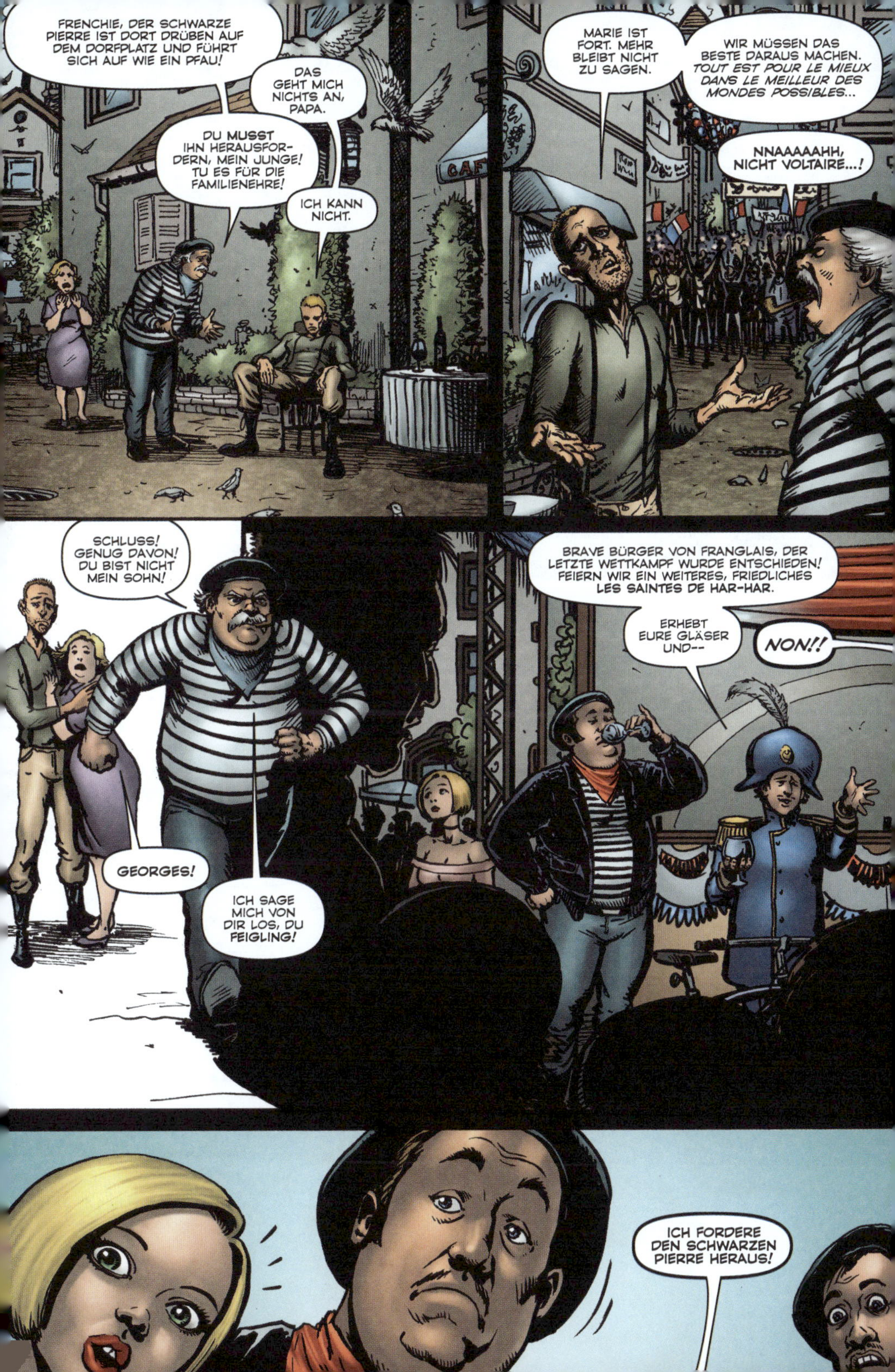
FRENCHIE, DER SCHWARZE PIERRE IST DORT DRÜBEN AUF DEM DORFPLATZ UND FÜHRT SICH AUF WIE EIN PFAU!
DAS GEHT MICH NICHTS AN, PAPA.
DU MUSST IHN HERAUSFORDERN, MEIN JUNGE! TU ES FÜR DIE FAMILIENEHRE!
ICH KANN NICHT.
MARIE IST FORT. MEHR BLEIBT NICHT ZU SAGEN.
WIR MÜSSEN DAS BESTE DARAUS MACHEN. TOUT EST POUR LE MIEUX DANS LE MEILLEUR DES MONDES POSSIBLES...
NNAAAAAAHH, NICHT VOLTAIRE...!
SCHLUSS! GENUG DAVON! DU BIST NICHT MEIN SOHN!
GEORGES!
ICH SAGE MICH VON DIR LOS, DU FEIGLING!
BRAVE BÜRGER VON FRANGLAIS, DER LETZTE WETTKAMPF WURDE ENTSCHIEDEN! FEIERN WIR EIN WEITERES, FRIEDLICHES LES SAINTES DE HAR-HAR.
ERHEBT EURE GLÄSER UND--
NON!!
ICH FORDERE DEN SCHWARZEN PIERRE HERAUS!

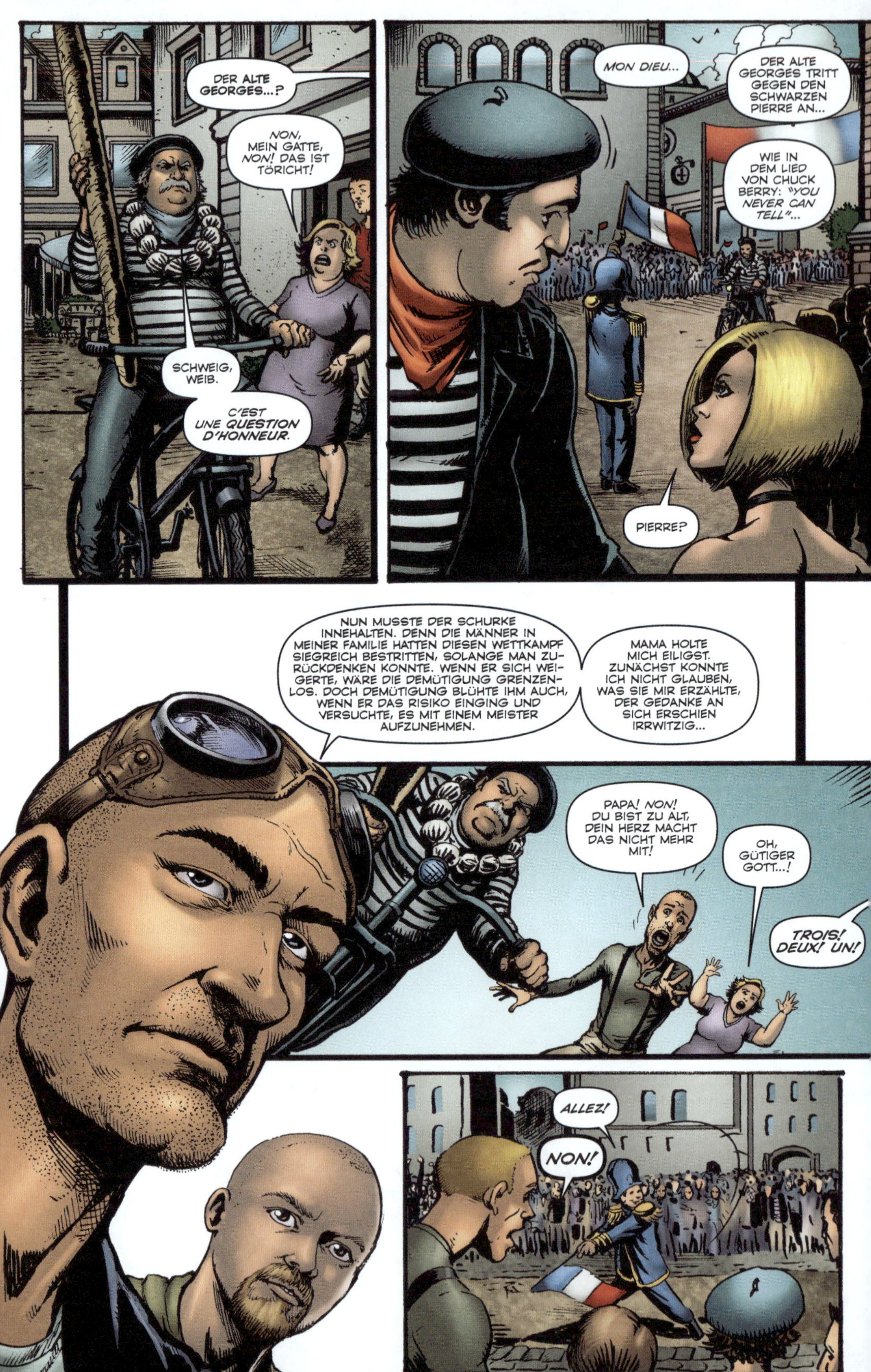
DER ALTE GEORGES...?
NON, MEIN GATTE, NON! DAS IST TÖRICHT!
SCHWEIG, WEIB.
C'EST UNE QUESTION D'HONNEUR.
MON DIEU...
DER ALTE GEORGES TRITT GEGEN DEN SCHWARZEN PIERRE AN...
WIE IN DEM LIED VON CHUCK BERRY: "YOU NEVER CAN TELL"...
PIERRE?
NUN MUSSTE DER SCHURKE INNEHALTEN. DENN DIE MÄNNER IN MEINER FAMILIE HATTEN DIESEN WETTKAMPF SIEGREICH BESTRITTEN, SOLANGE MAN ZURÜCKDENKEN KONNTE. WENN ER SICH WEIGERTE, WÄRE DIE DEMÜTIGUNG GRENZENLOS. DOCH DEMÜTIGUNG BLÜHTE IHM AUCH, WENN ER DAS RISIKO EINGING UND VERSUCHTE, ES MIT EINEM MEISTER AUFZUNEHMEN.
MAMA HOLTE MICH EILIGST. ZUNÄCHST KONNTE ICH NICHT GLAUBEN, WAS SIE MIR ERZÄHLTE, DER GEDANKE AN SICH ERSCHIEN IRRWITZIG...
PAPA! NON! DU BIST ZU ALT, DEIN HERZ MACHT DAS NICHT MEHR MIT!
OH, GÜTIGER GOTT...!
TROIS! DEUX! UN!
ALLEZ!
NON!

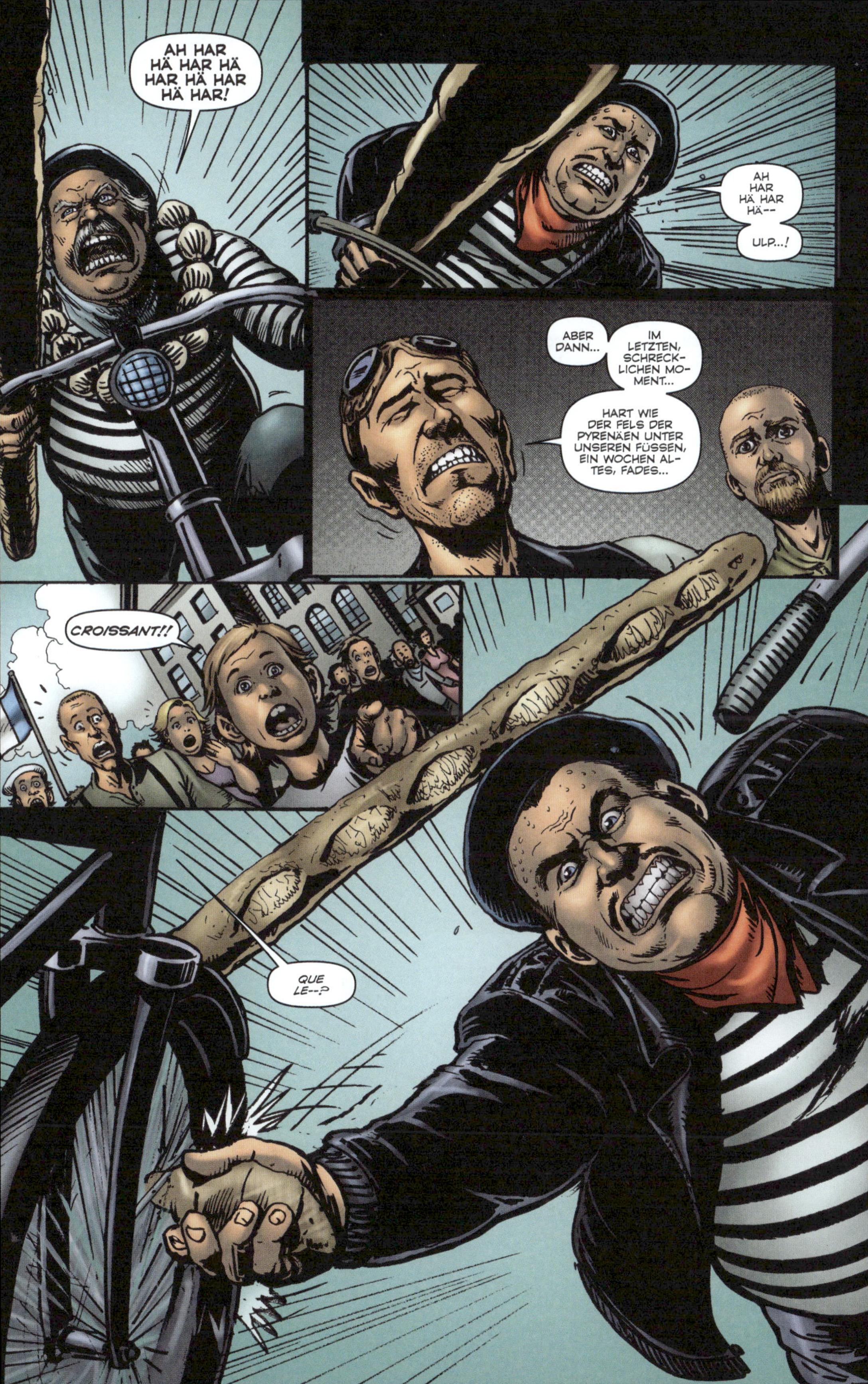
AH HAR HÄ HAR HÄ HAR HÄ HAR HÄ HAR!
AH HAR HÄ HAR HÄ--
ULP...!
ABER DANN...
IM LETZTEN, SCHRECKLICHEN MOMENT...
HART WIE DER FELS DER PYRENÄEN UNTER UNSEREN FÜSSEN, EIN WOCHEN ALTES, FADES...
CROISSANT!!
QUE LE--?

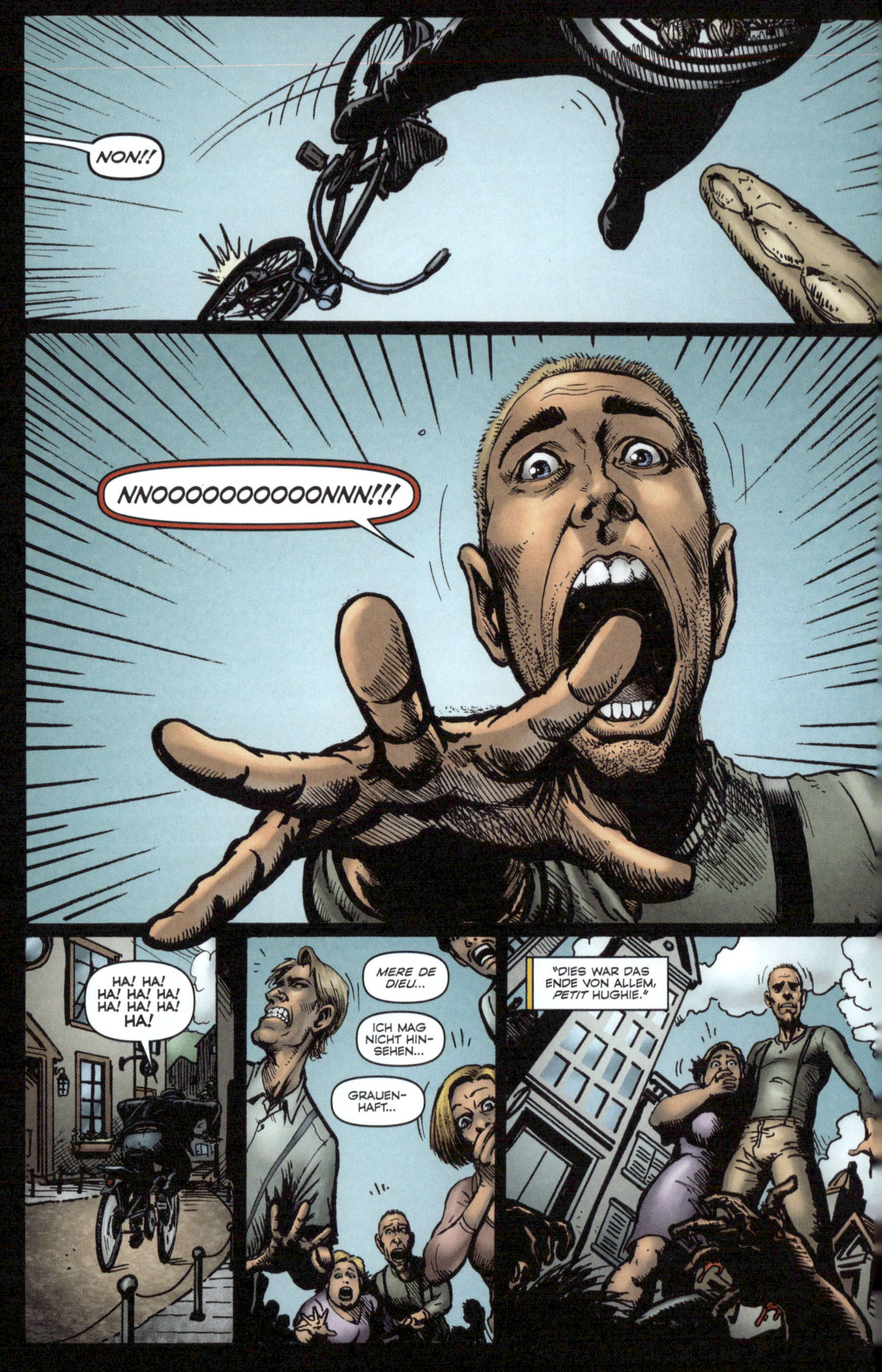
NON!!
NNOOOOOOOOOOONNN!!!
HA! HA! HA! HA! HA! HA! HA! HA! HA!
MERE DE DIEU...
ICH MAG NICHT HIN-SEHEN...
GRAUEN-HAFT...
"DIES WAR DAS ENDE VON ALLEM, PETIT HUGHIE."

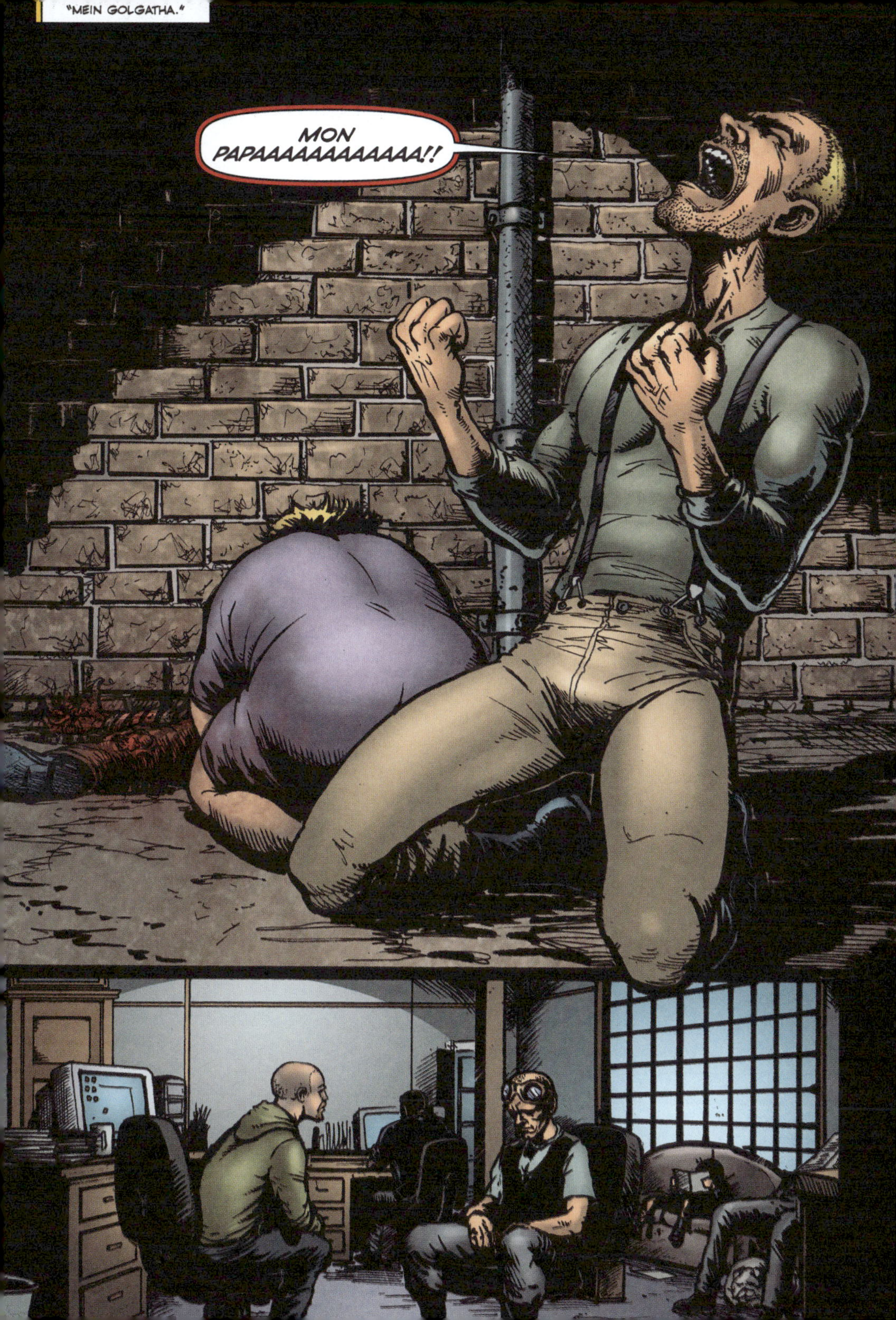
"MEIN GOLGATHA."
MON PAPAAAAAAAAAAAAA!!

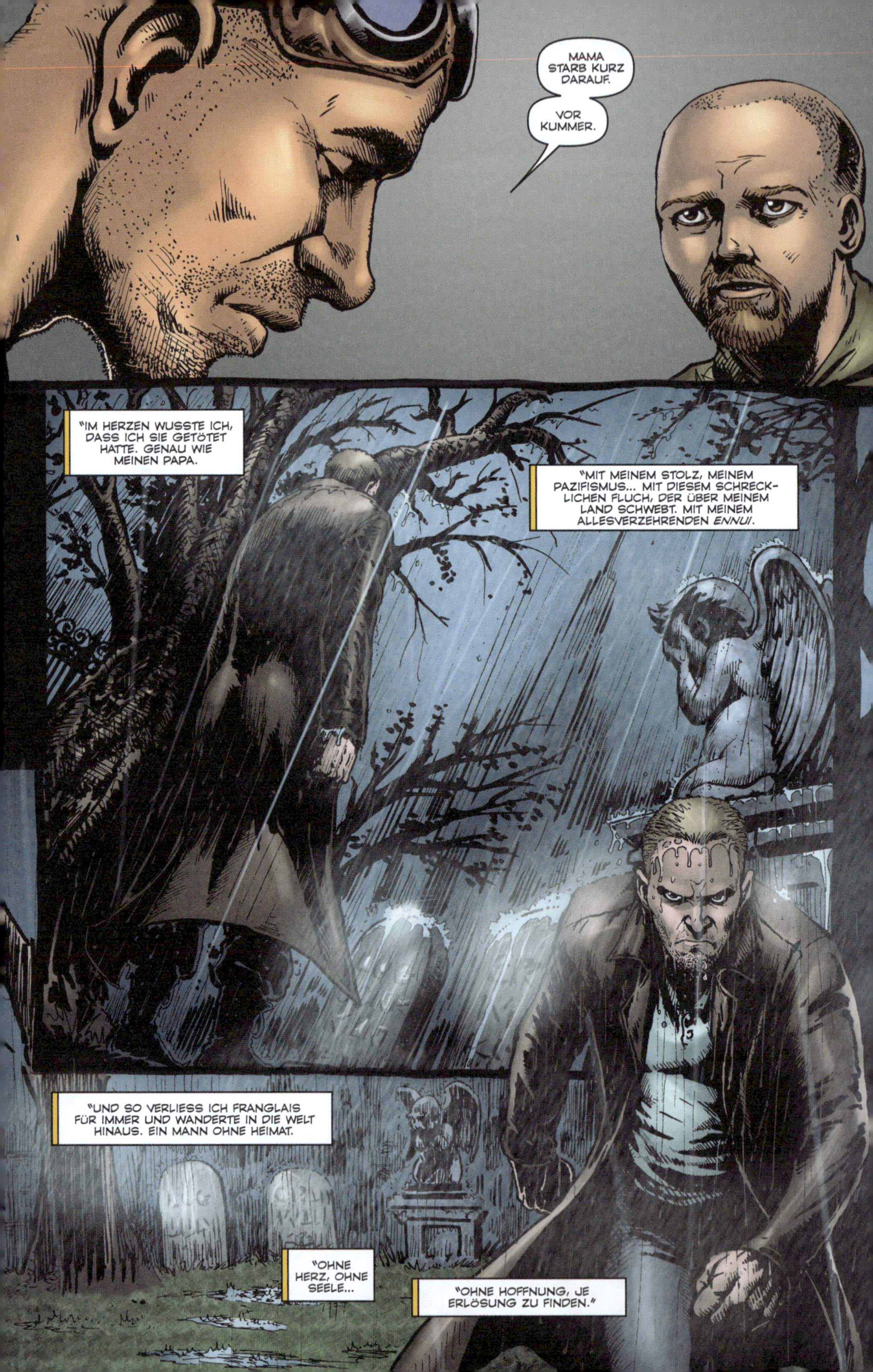
MAMA STARB KURZ DARAUF.
VOR KUMMER.
"IM HERZEN WUSSTE ICH, DASS ICH SIE GETÖTET HATTE. GENAU WIE MEINEN PAPA.
"MIT MEINEM STOLZ, MEINEM PAZIFISMUS... MIT DIESEM SCHRECKLICHEN FLUCH, DER ÜBER MEINEM LAND SCHWEBT. MIT MEINEM ALLESVERZEHRENDEN *ENNUI*.
"UND SO VERLIESS ICH FRANGLAIS FÜR IMMER UND WANDERTE IN DIE WELT HINAUS. EIN MANN OHNE HEIMAT.
"OHNE HERZ, OHNE SEELE...
"OHNE HOFFNUNG, JE ERLÖSUNG ZU FINDEN."

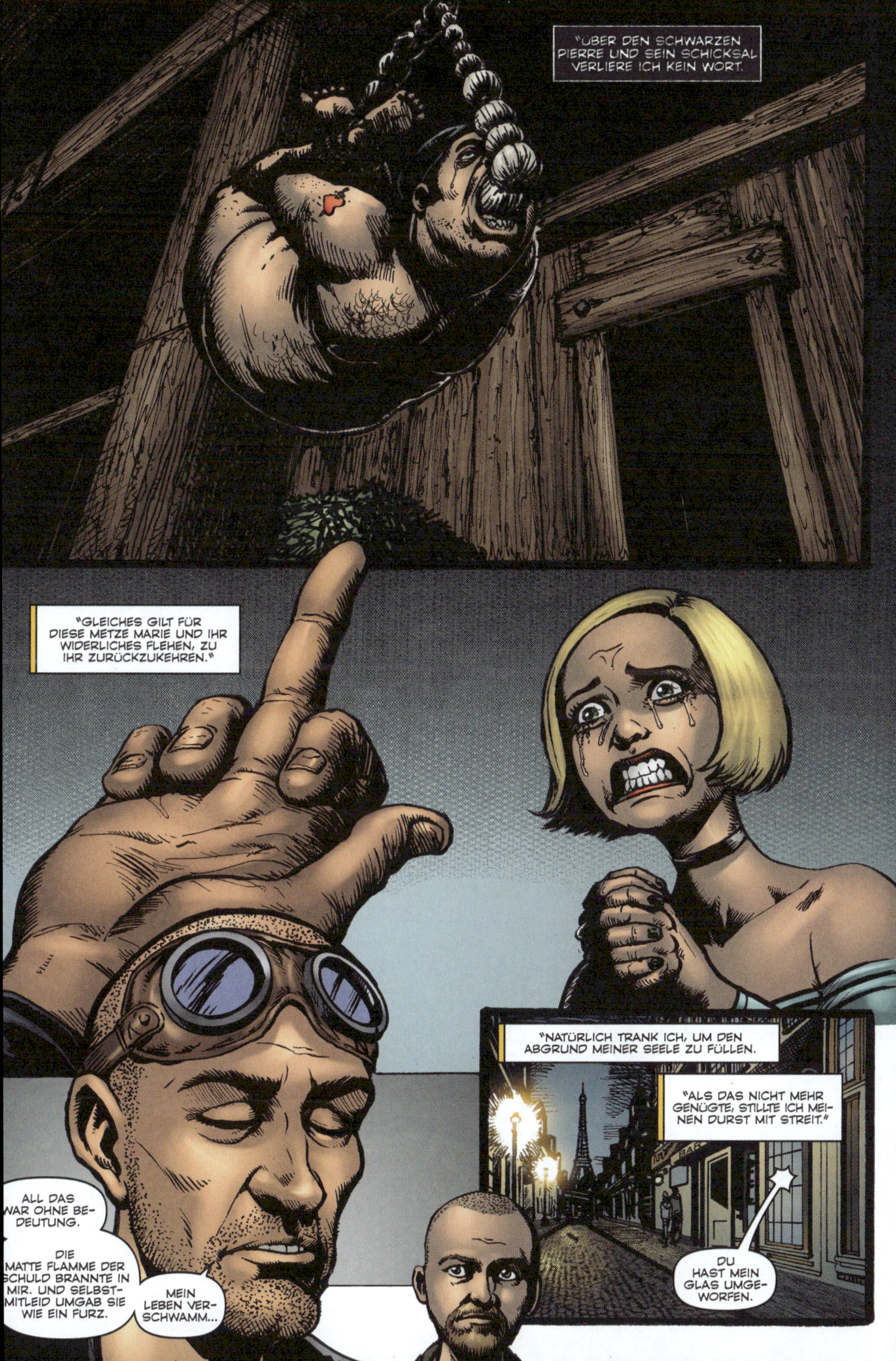
"ÜBER DEN SCHWARZEN PIERRE UND SEIN SCHICKSAL VERLIERE ICH KEIN WORT.
"GLEICHES GILT FÜR DIESE METZE MARIE UND IHR WIDERLICHES FLEHEN, ZU IHR ZURÜCKZUKEHREN."
"NATÜRLICH TRANK ICH, UM DEN ABGRUND MEINER SEELE ZU FÜLLEN.
"ALS DAS NICHT MEHR GENÜGTE, STILLTE ICH MEINEN DURST MIT STREIT."
BAR
ALL DAS WAR OHNE BEDEUTUNG.
DIE MATTE FLAMME DER SCHULD BRANNTE IN MIR. UND SELBSTMITLEID UMGAB SIE WIE EIN FURZ.
MEIN LEBEN VERSCHWAMM...
DU HAST MEIN GLAS UMGEWORFEN.

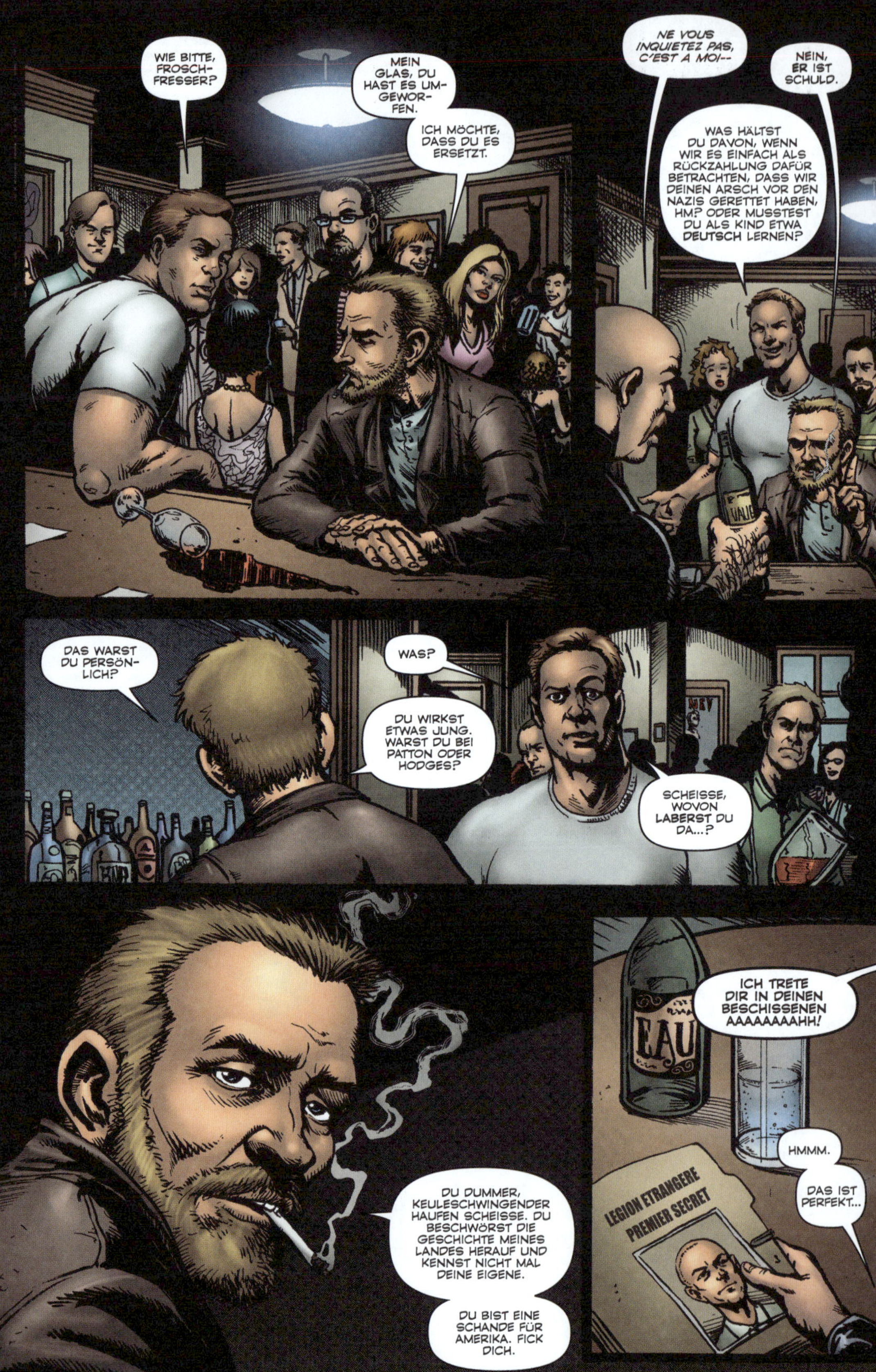
WIE BITTE, FROSCH-FRESSER?
MEIN GLAS, DU HAST ES UM-GEWOR-FEN.
ICH MÖCHTE, DASS DU ES ERSETZT.
NE VOUS INQUIETEZ PAS, C'EST A MOI--
NEIN, ER IST SCHULD.
WAS HÄLTST DU DAVON, WENN WIR ES EINFACH ALS RÜCKZAHLUNG DAFÜR BETRACHTEN, DASS WIR DEINEN ARSCH VOR DEN NAZIS GERETTET HABEN, HM? ODER MUSSTEST DU ALS KIND ETWA DEUTSCH LERNEN?
DAS WARST DU PERSÖN-LICH?
WAS?
DU WIRKST ETWAS JUNG. WARST DU BEI PATTON ODER HODGES?
SCHEISSE, WOVON LABERST DU DA...?
DU DUMMER, KEULESCHWINGENDER HAUFEN SCHEISSE. DU BESCHWÖRST DIE GESCHICHTE MEINES LANDES HERAUF UND KENNST NICHT MAL DEINE EIGENE.
DU BIST EINE SCHANDE FÜR AMERIKA. FICK DICH.
ICH TRETE DIR IN DEINEN BESCHISSENEN AAAAAAAAAH!
EAU
HMMM.
DAS IST PERFEKT...
LEGION ETRANGERE
PREMIER SECRET

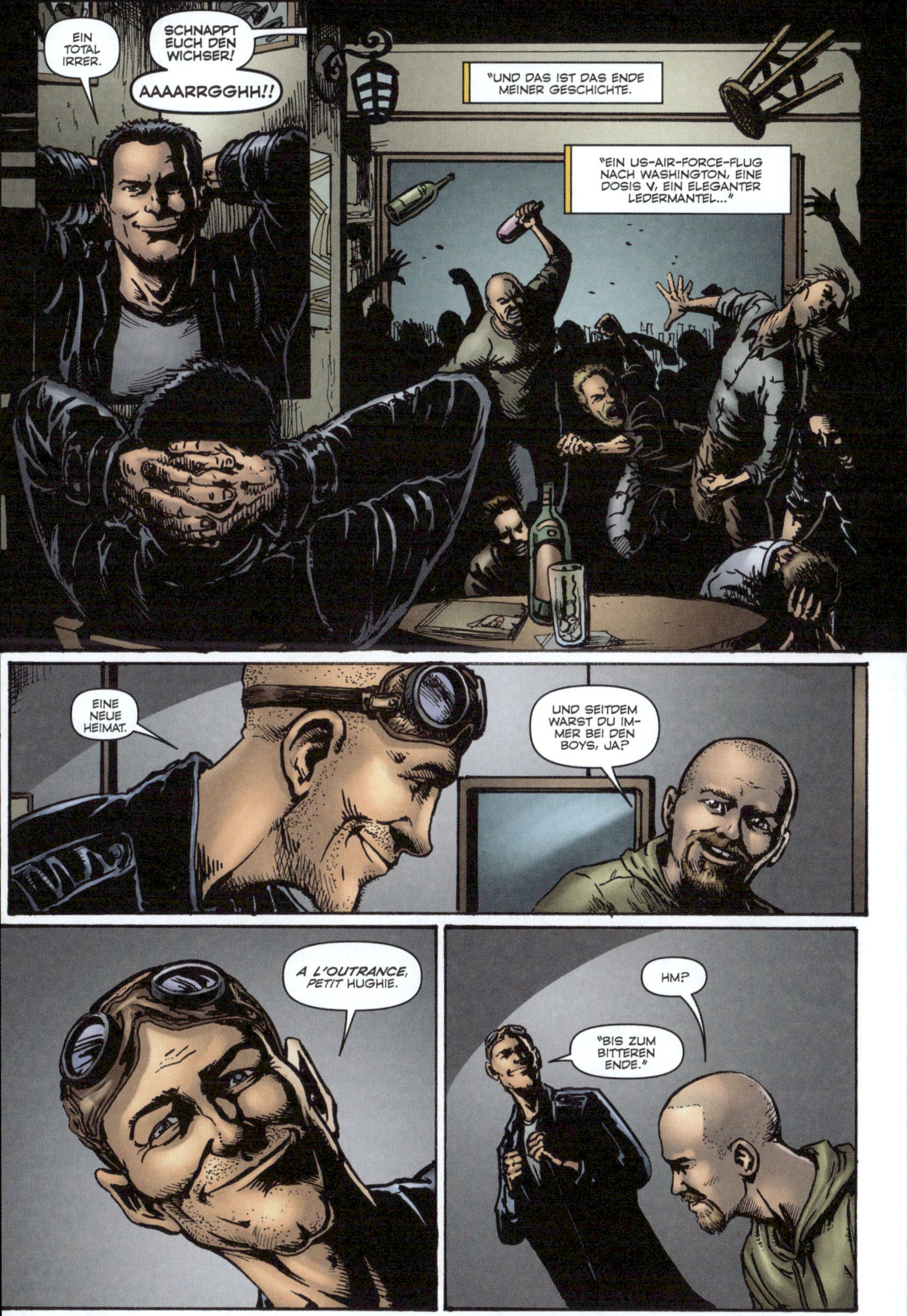

EIN TOTAL IRRER.
SCHNAPPT EUCH DEN WICHSER!
AAAARRGGHH!!
"UND DAS IST DAS ENDE MEINER GESCHICHTE.
"EIN US-AIR-FORCE-FLUG NACH WASHINGTON, EINE DOSIS V, EIN ELEGANTER LEDERMANTEL..."

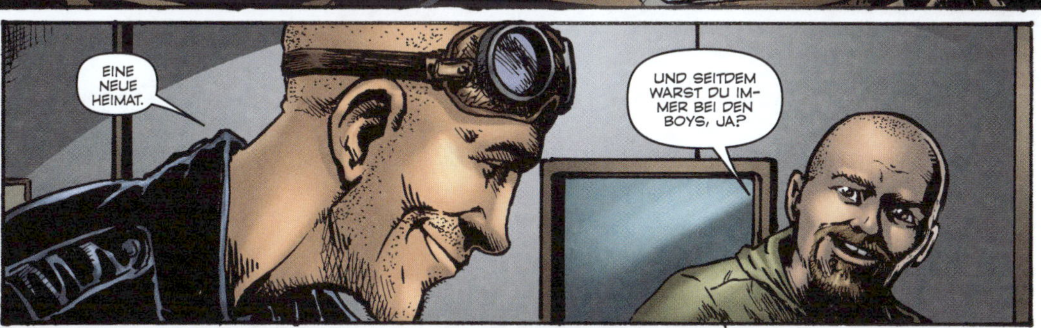

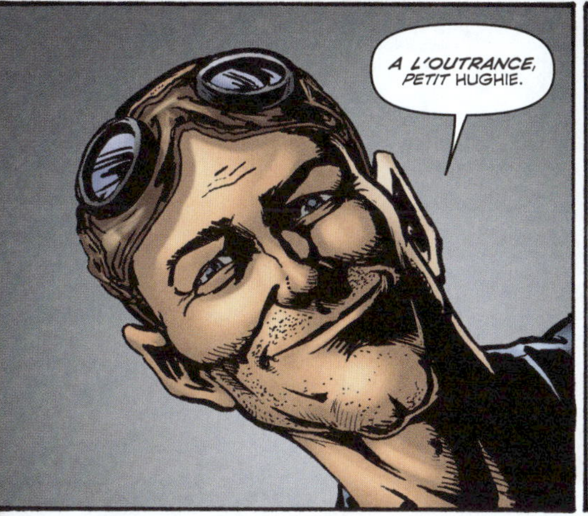

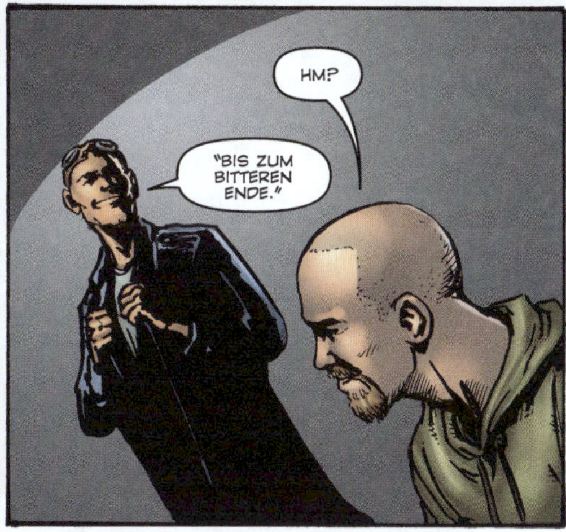

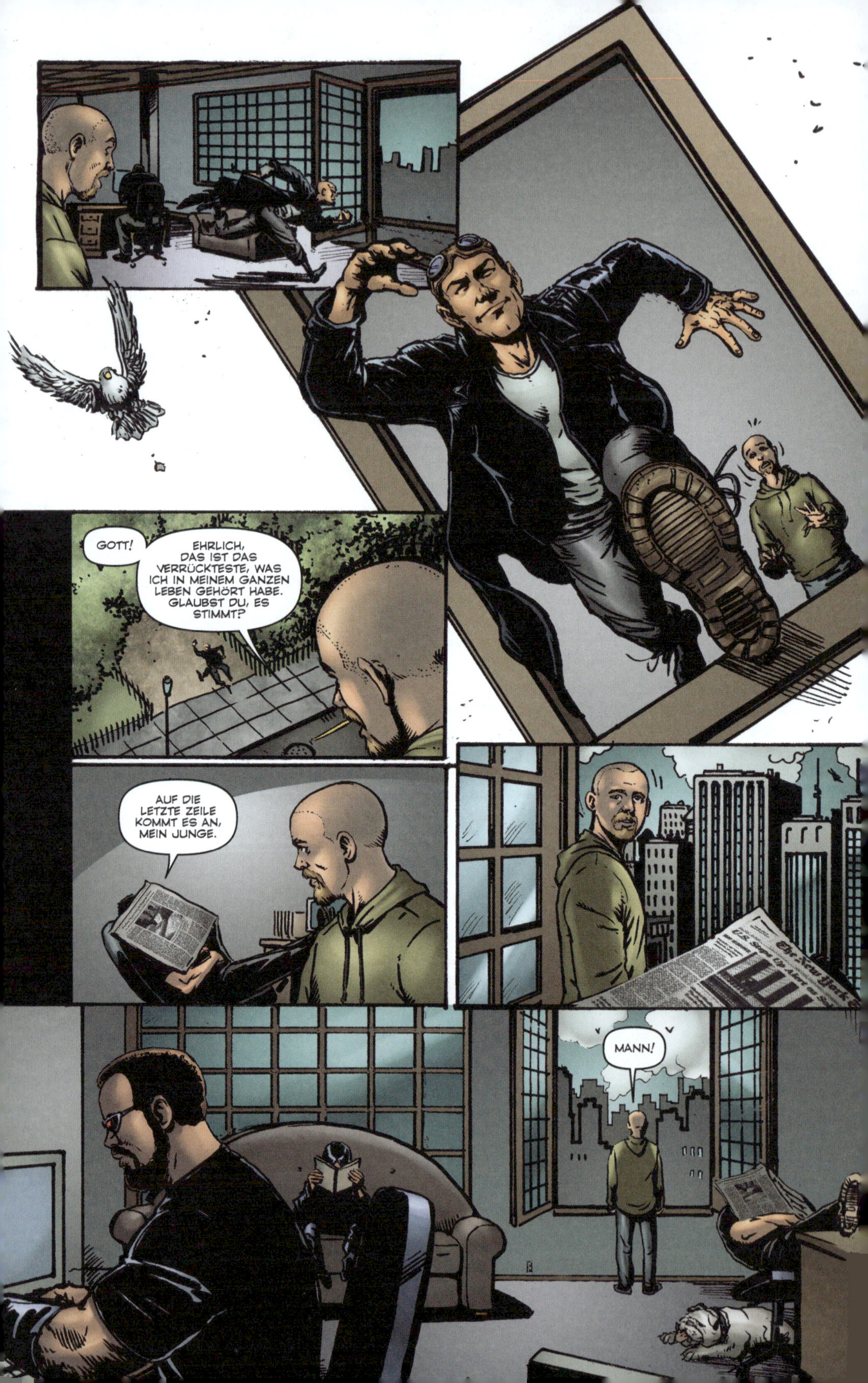
GOTT!
EHRLICH, DAS IST DAS VERRÜCKTESTE, WAS ICH IN MEINEM GANZEN LEBEN GEHÖRT HABE. GLAUBST DU, ES STIMMT?
AUF DIE LETZTE ZEILE KOMMT ES AN, MEIN JUNGE.
MANN!

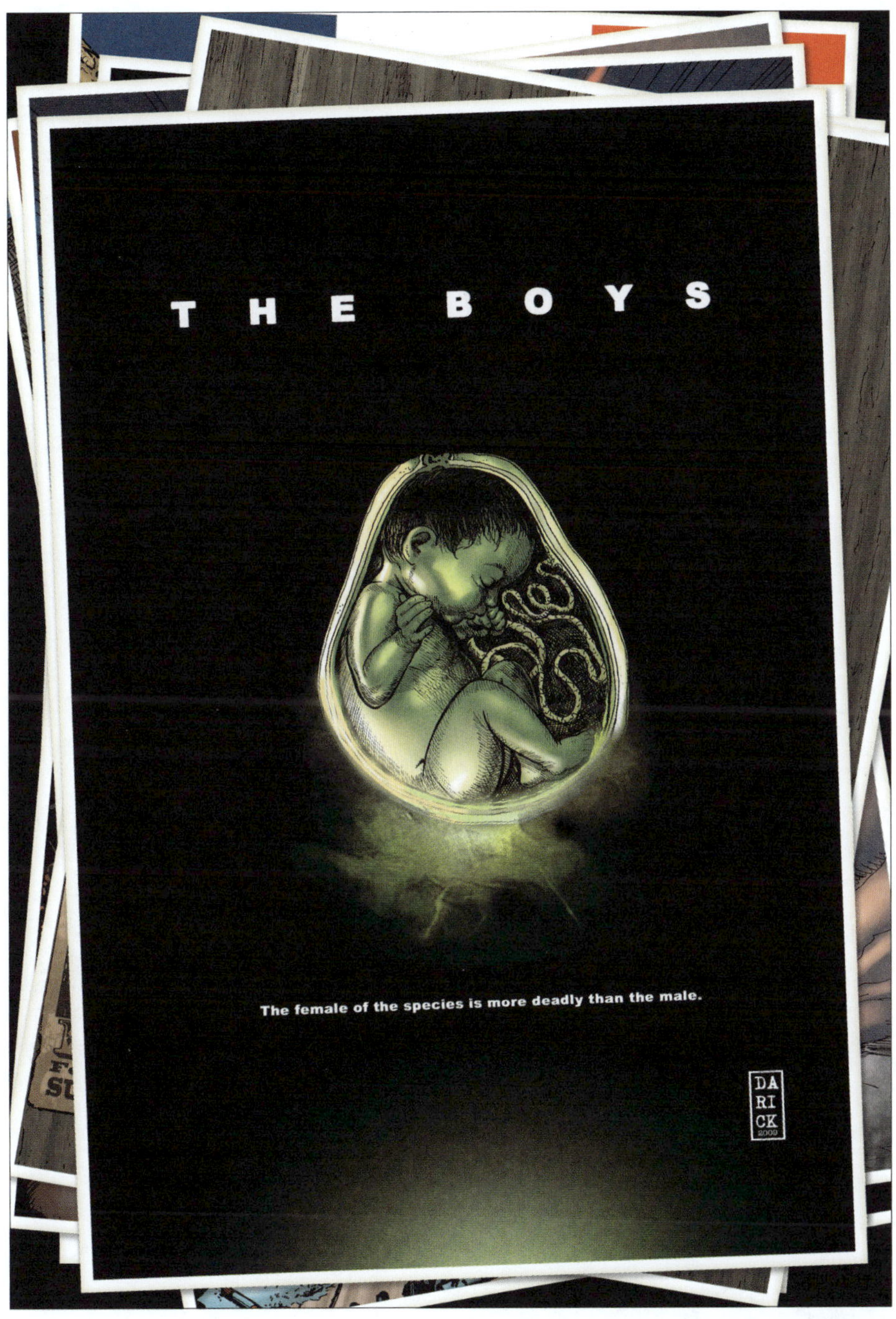

The Boys (2006) 38
Cover von **DARICK ROBERTSON**

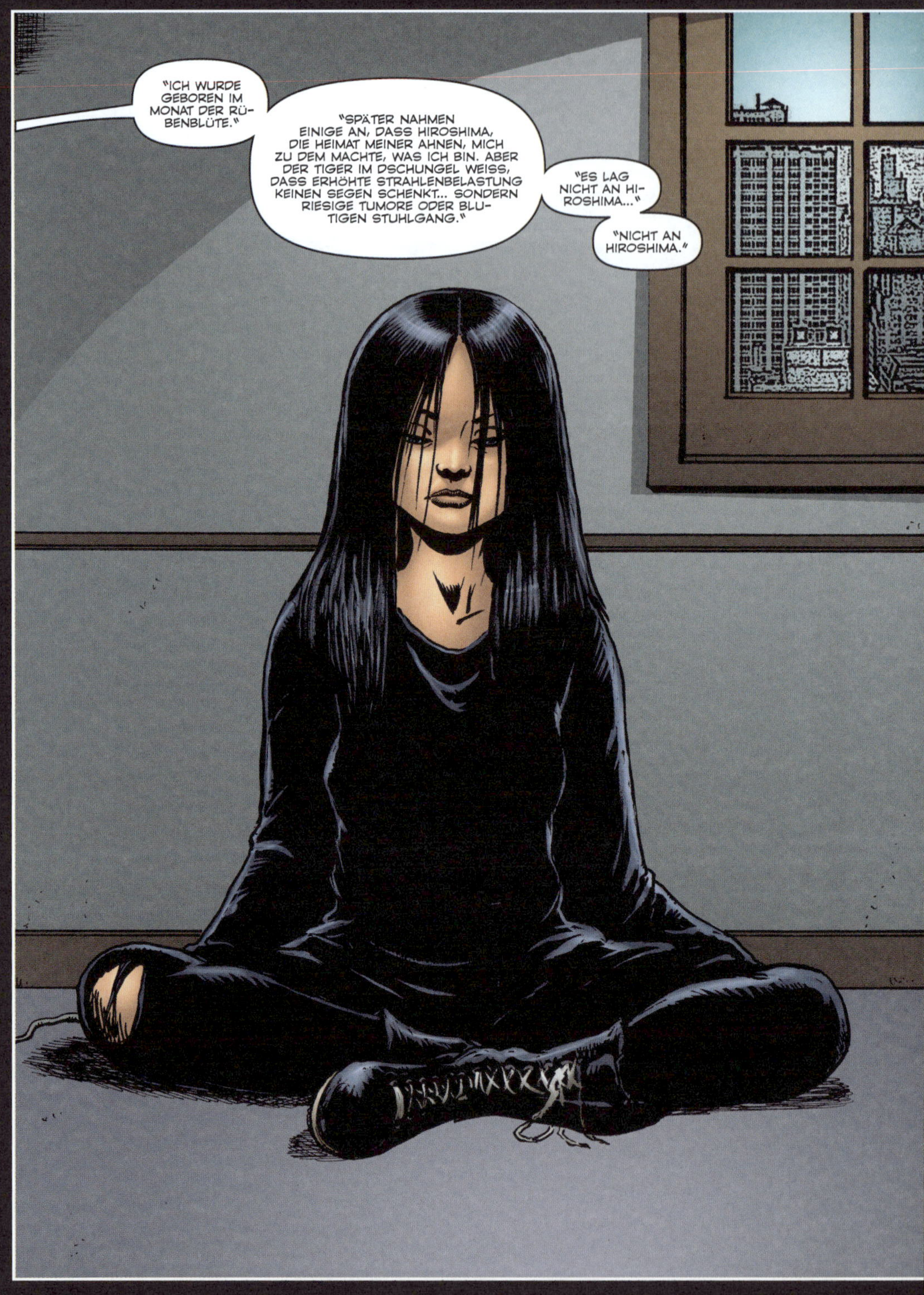

ETWAS GRAUSAMES UND WILDES

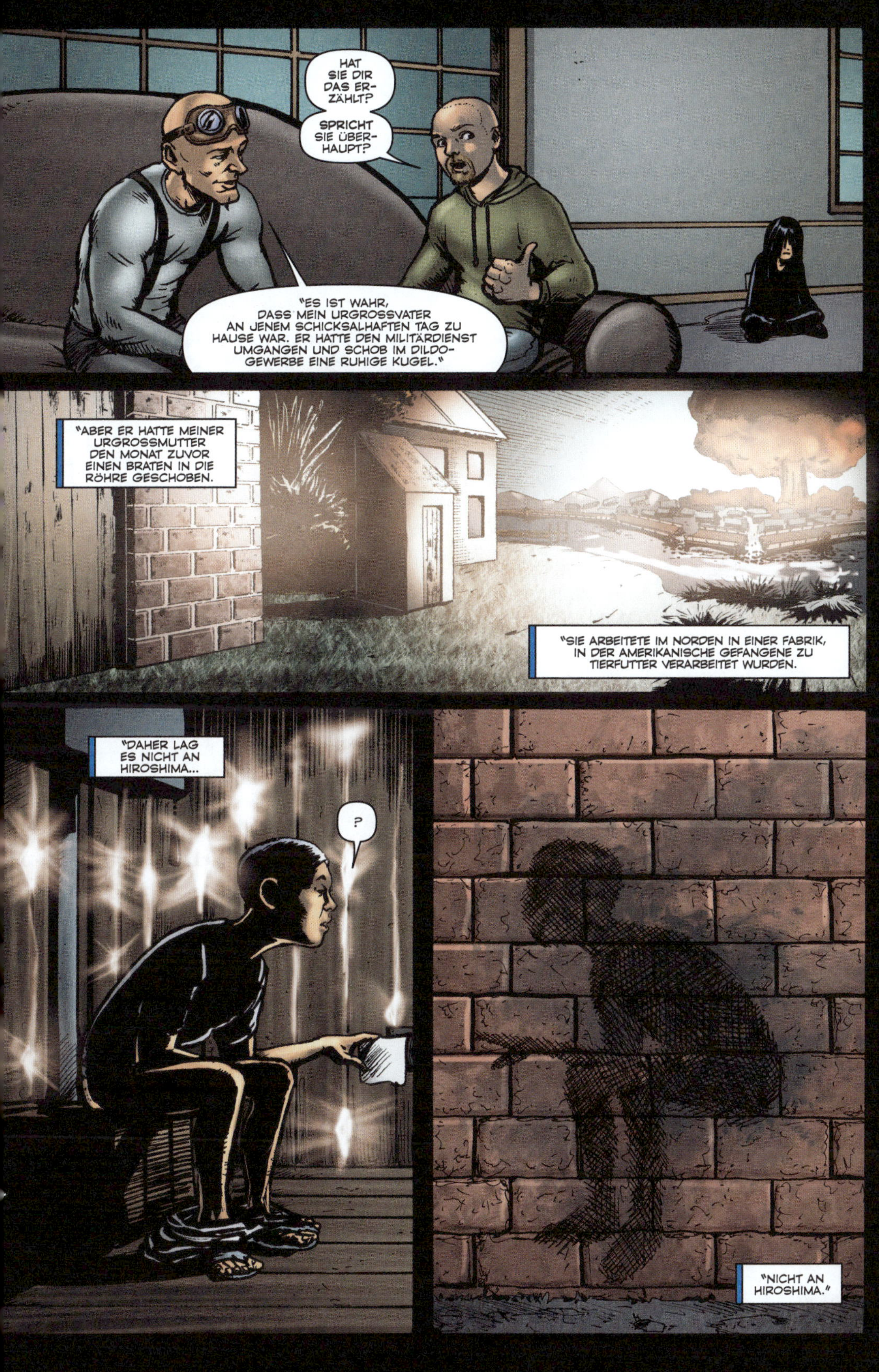
HAT SIE DIR DAS ERZÄHLT?
SPRICHT SIE ÜBERHAUPT?
"ES IST WAHR, DASS MEIN URGROSSVATER AN JENEM SCHICKSALHAFTEN TAG ZU HAUSE WAR. ER HATTE DEN MILITÄRDIENST UMGANGEN UND SCHOB IM DILDOGEWERBE EINE RUHIGE KUGEL."
"ABER ER HATTE MEINER URGROSSMUTTER DEN MONAT ZUVOR EINEN BRATEN IN DIE RÖHRE GESCHOBEN.
"SIE ARBEITETE IM NORDEN IN EINER FABRIK, IN DER AMERIKANISCHE GEFANGENE ZU TIERFUTTER VERARBEITET WURDEN.
"DAHER LAG ES NICHT AN HIROSHIMA...
?
"NICHT AN HIROSHIMA."

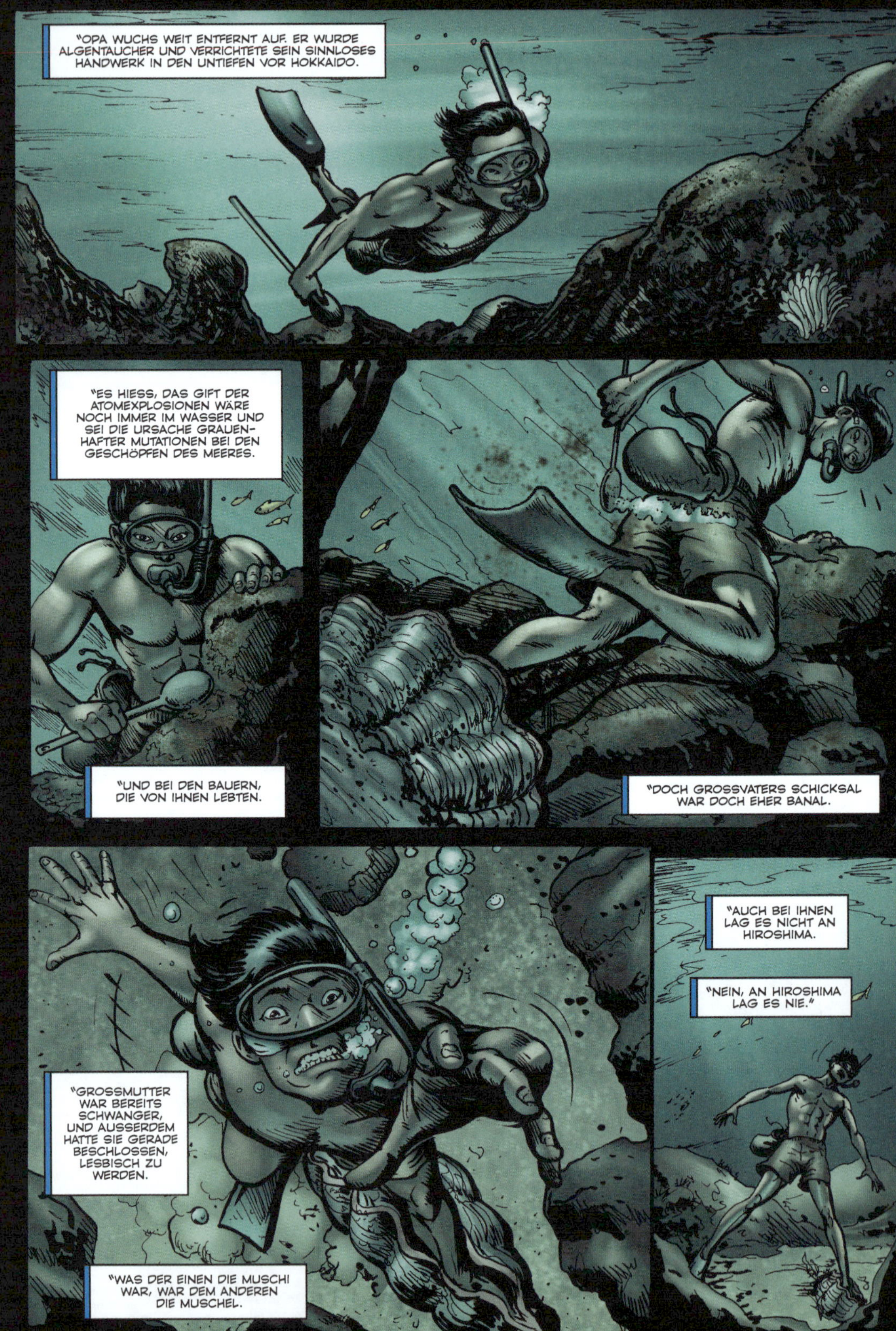
"OPA WUCHS WEIT ENTFERNT AUF. ER WURDE ALGENTAUCHER UND VERRICHTETE SEIN SINNLOSES HANDWERK IN DEN UNTIEFEN VOR HOKKAIDO.
"ES HIESS, DAS GIFT DER ATOMEXPLOSIONEN WÄRE NOCH IMMER IM WASSER UND SEI DIE URSACHE GRAUENHAFTER MUTATIONEN BEI DEN GESCHÖPFEN DES MEERES.
"UND BEI DEN BAUERN, DIE VON IHNEN LEBTEN.
"DOCH GROSSVATERS SCHICKSAL WAR DOCH EHER BANAL.
"GROSSMUTTER WAR BEREITS SCHWANGER, UND AUSSERDEM HATTE SIE GERADE BESCHLOSSEN, LESBISCH ZU WERDEN.
"WAS DER EINEN DIE MUSCHI WAR, WAR DEM ANDEREN DIE MUSCHEL.
"AUCH BEI IHNEN LAG ES NICHT AN HIROSHIMA.
"NEIN, AN HIROSHIMA LAG ES NIE."

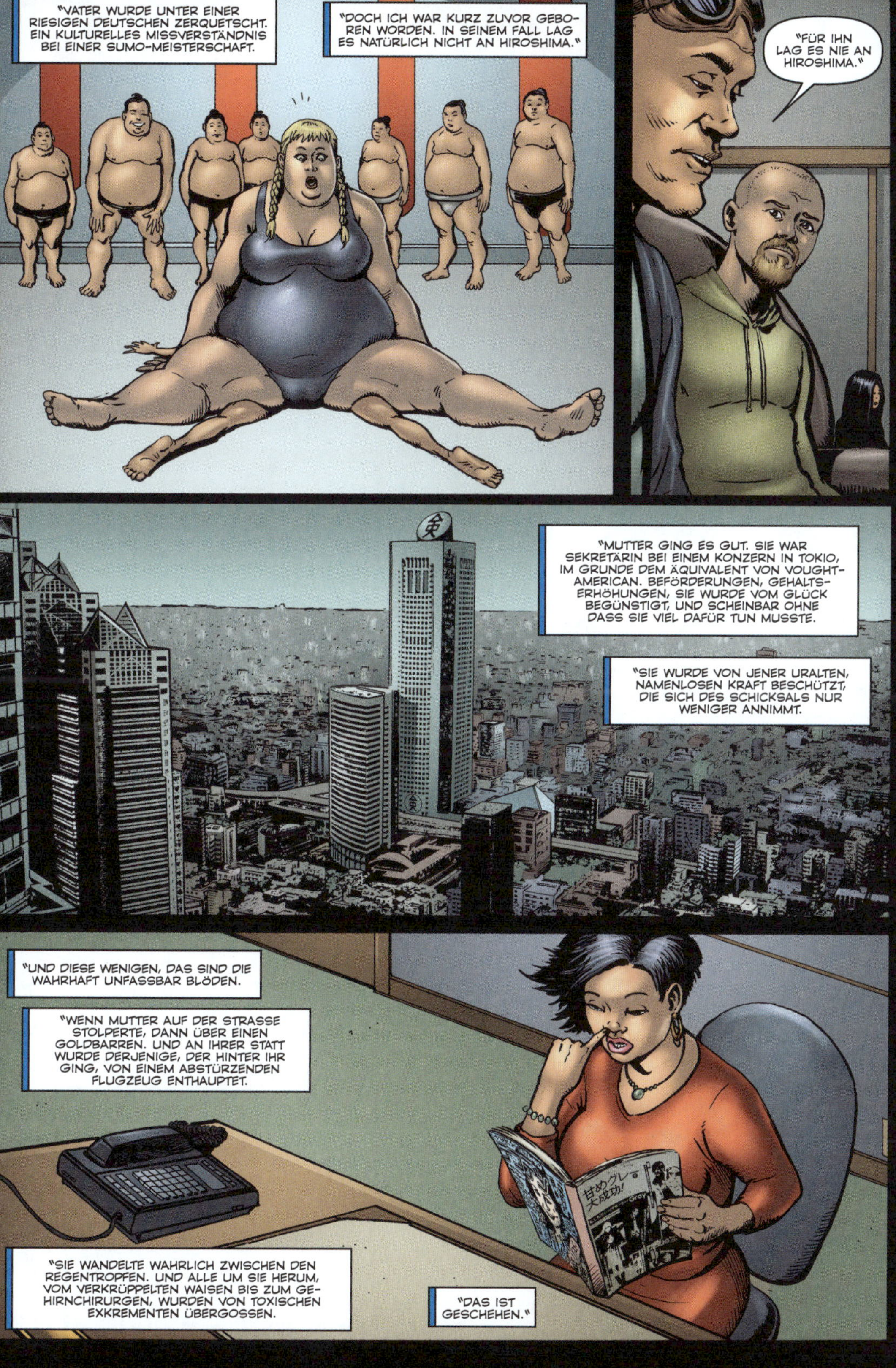

"VATER WURDE UNTER EINER RIESIGEN DEUTSCHEN ZERQUETSCHT. EIN KULTURELLES MISSVERSTÄNDNIS BEI EINER SUMO-MEISTERSCHAFT.
"DOCH ICH WAR KURZ ZUVOR GEBOREN WORDEN. IN SEINEM FALL LAG ES NATÜRLICH NICHT AN HIROSHIMA."
"FÜR IHN LAG ES NIE AN HIROSHIMA."
"MUTTER GING ES GUT. SIE WAR SEKRETÄRIN BEI EINEM KONZERN IN TOKIO, IM GRUNDE DEM ÄQUIVALENT VON VOUGHT-AMERICAN. BEFÖRDERUNGEN, GEHALTSERHÖHUNGEN, SIE WURDE VOM GLÜCK BEGÜNSTIGT, UND SCHEINBAR OHNE DASS SIE VIEL DAFÜR TUN MUSSTE.
"SIE WURDE VON JENER URALTEN, NAMENLOSEN KRAFT BESCHÜTZT, DIE SICH DES SCHICKSALS NUR WENIGER ANNIMMT.
"UND DIESE WENIGEN, DAS SIND DIE WAHRHAFT UNFASSBAR BLÖDEN.
"WENN MUTTER AUF DER STRASSE STOLPERTE, DANN ÜBER EINEN GOLDBARREN. UND AN IHRER STATT WURDE DERJENIGE, DER HINTER IHR GING, VON EINEM ABSTÜRZENDEN FLUGZEUG ENTHAUPTET.
甘めグレー大成功!
"SIE WANDELTE WAHRLICH ZWISCHEN DEN REGENTROPFEN. UND ALLE UM SIE HERUM, VOM VERKRÜPPELTEN WAISEN BIS ZUM GEHIRNCHIRURGEN, WURDEN VON TOXISCHEN EXKREMENTEN ÜBERGOSSEN.
"DAS IST GESCHEHEN."

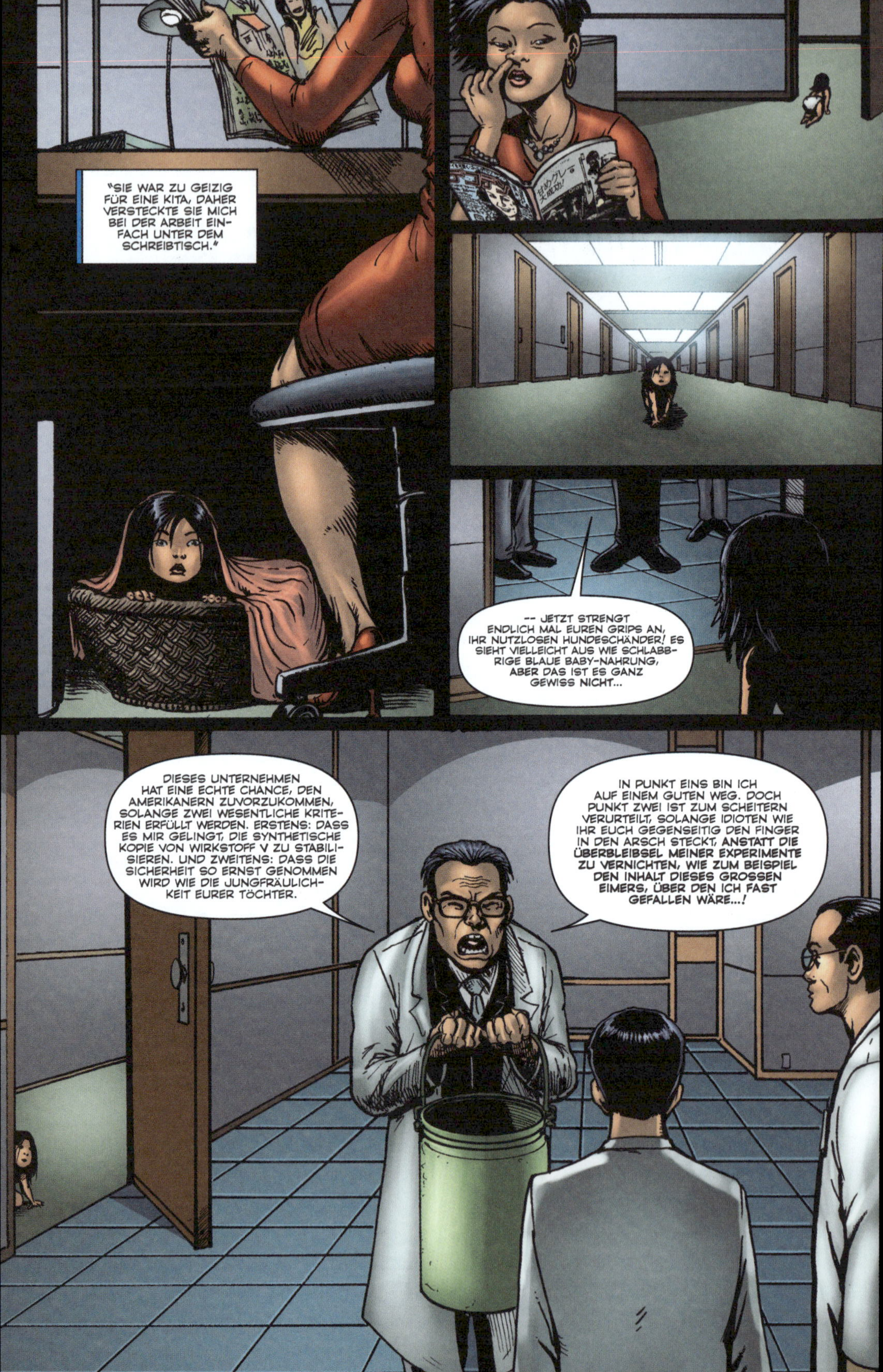
"SIE WAR ZU GEIZIG FÜR EINE KITA, DAHER VERSTECKTE SIE MICH BEI DER ARBEIT EIN-FACH UNTER DEM SCHREIBTISCH."
-- JETZT STRENGT ENDLICH MAL EUREN GRIPS AN, IHR NUTZLOSEN HUNDESCHÄNDER! ES SIEHT VIELLEICHT AUS WIE SCHLABB-RIGE BLAUE BABY-NAHRUNG, ABER DAS IST ES GANZ GEWISS NICHT...
DIESES UNTERNEHMEN HAT EINE ECHTE CHANCE, DEN AMERIKANERN ZUVORZUKOMMEN, SOLANGE ZWEI WESENTLICHE KRITE-RIEN ERFÜLLT WERDEN. ERSTENS: DASS ES MIR GELINGT, DIE SYNTHETISCHE KOPIE VON WIRKSTOFF V ZU STABILI-SIEREN. UND ZWEITENS: DASS DIE SICHERHEIT SO ERNST GENOMMEN WIRD WIE DIE JUNGFRÄULICH-KEIT EURER TÖCHTER.
IN PUNKT EINS BIN ICH AUF EINEM GUTEN WEG. DOCH PUNKT ZWEI IST ZUM SCHEITERN VERURTEILT, SOLANGE IDIOTEN WIE IHR EUCH GEGENSEITIG DEN FINGER IN DEN ARSCH STECKT, ANSTATT DIE ÜBERBLEIBSEL MEINER EXPERIMENTE ZU VERNICHTEN, WIE ZUM BEISPIEL DEN INHALT DIESES GROSSEN EIMERS, ÜBER DEN ICH FAST GEFALLEN WÄRE...!

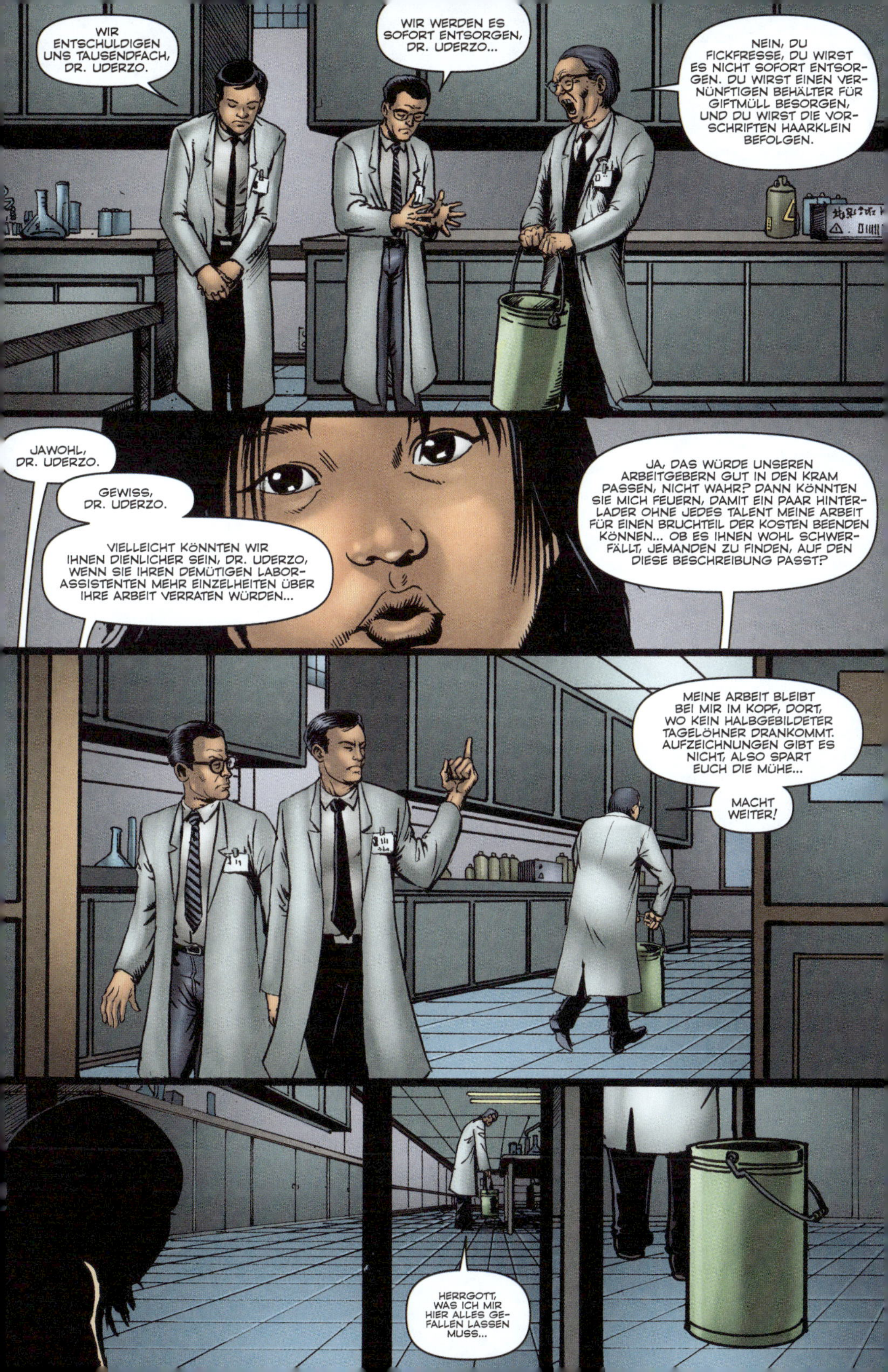
WIR ENTSCHULDIGEN UNS TAUSENDFACH, DR. UDERZO.
WIR WERDEN ES SOFORT ENTSORGEN, DR. UDERZO...
NEIN, DU FICKFRESSE, DU WIRST ES NICHT SOFORT ENTSORGEN. DU WIRST EINEN VERNÜNFTIGEN BEHÄLTER FÜR GIFTMÜLL BESORGEN, UND DU WIRST DIE VORSCHRIFTEN HAARKLEIN BEFOLGEN.
JAWOHL, DR. UDERZO.
GEWISS, DR. UDERZO.
VIELLEICHT KÖNNTEN WIR IHNEN DIENLICHER SEIN, DR. UDERZO, WENN SIE IHREN DEMÜTIGEN LABORASSISTENTEN MEHR EINZELHEITEN ÜBER IHRE ARBEIT VERRATEN WÜRDEN...
JA, DAS WÜRDE UNSEREN ARBEITGEBERN GUT IN DEN KRAM PASSEN, NICHT WAHR? DANN KÖNNTEN SIE MICH FEUERN, DAMIT EIN PAAR HINTERLADER OHNE JEDES TALENT MEINE ARBEIT FÜR EINEN BRUCHTEIL DER KOSTEN BEENDEN KÖNNEN... OB ES IHNEN WOHL SCHWERFÄLLT, JEMANDEN ZU FINDEN, AUF DEN DIESE BESCHREIBUNG PASST?
MEINE ARBEIT BLEIBT BEI MIR IM KOPF, DORT, WO KEIN HALBGEBILDETER TAGELÖHNER DRANKOMMT. AUFZEICHNUNGEN GIBT ES NICHT, ALSO SPART EUCH DIE MÜHE...
MACHT WEITER!
HERRGOTT, WAS ICH MIR HIER ALLES GEFALLEN LASSEN MUSS...

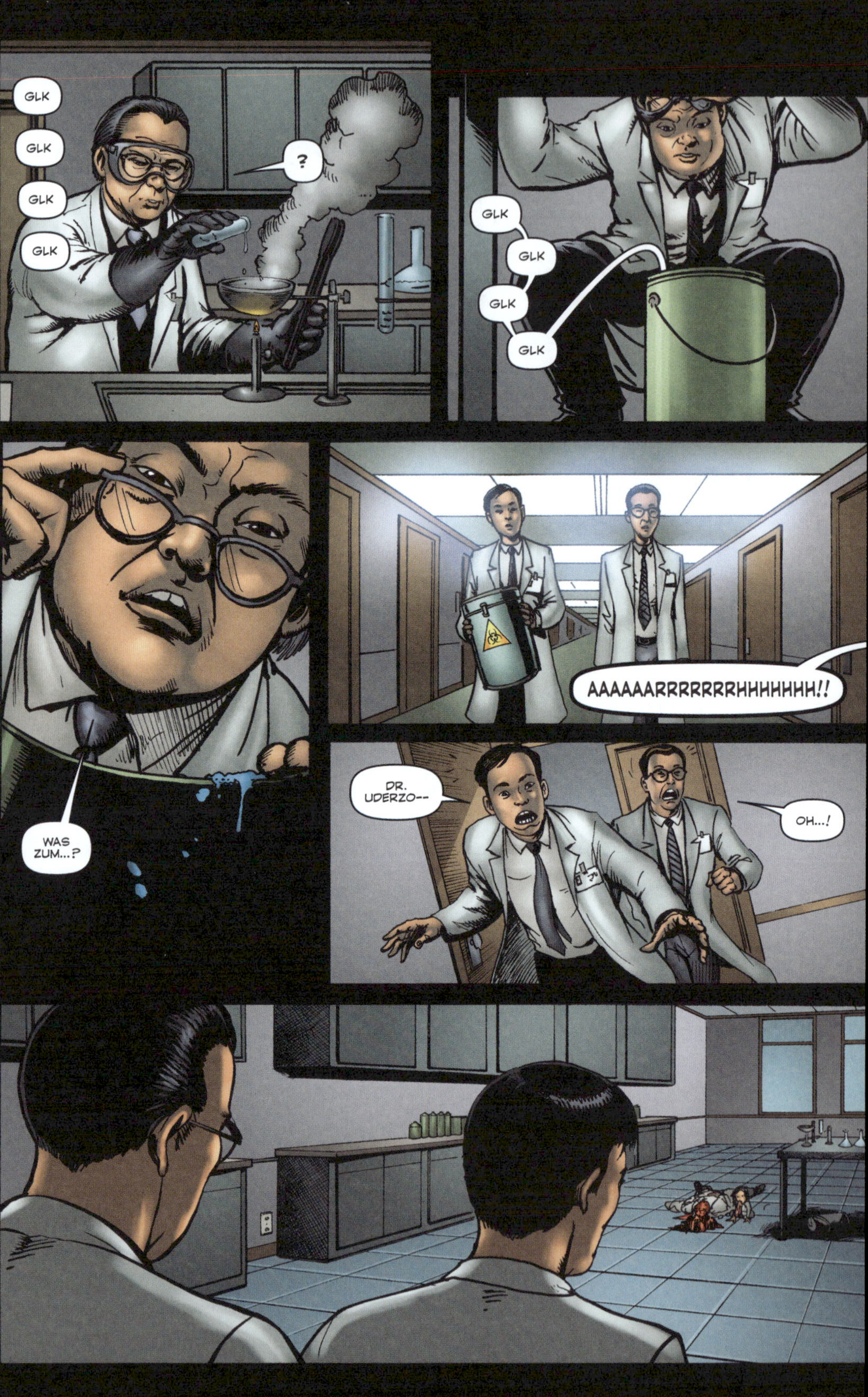
GLK
GLK
GLK
GLK
?
GLK
GLK
GLK
GLK
WAS ZUM...?
AAAAAARRRRRRHHHHHHH!!
DR. UDERZO--
OH...!

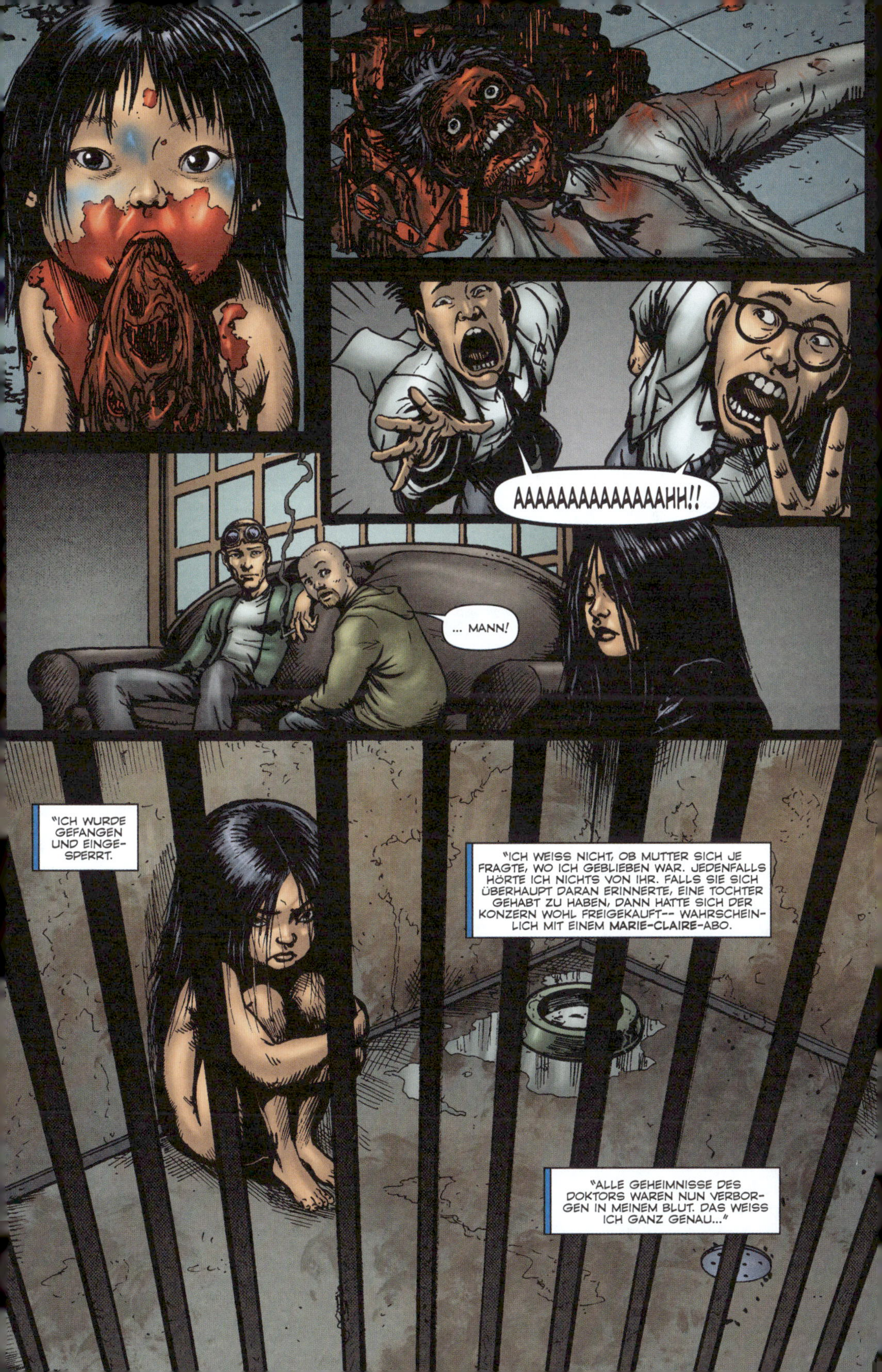
AAAAAAAAAAAAAAAHH!!
... MANN!
"ICH WURDE GEFANGEN UND EINGE-SPERRT.
"ICH WEISS NICHT, OB MUTTER SICH JE FRAGTE, WO ICH GEBLIEBEN WAR. JEDENFALLS HÖRTE ICH NICHTS VON IHR. FALLS SIE SICH ÜBERHAUPT DARAN ERINNERTE, EINE TOCHTER GEHABT ZU HABEN, DANN HATTE SICH DER KONZERN WOHL FREIGEKAUFT-- WAHRSCHEIN-LICH MIT EINEM MARIE-CLAIRE-ABO.
"ALLE GEHEIMNISSE DES DOKTORS WAREN NUN VERBOR-GEN IN MEINEM BLUT. DAS WEISS ICH GANZ GENAU..."

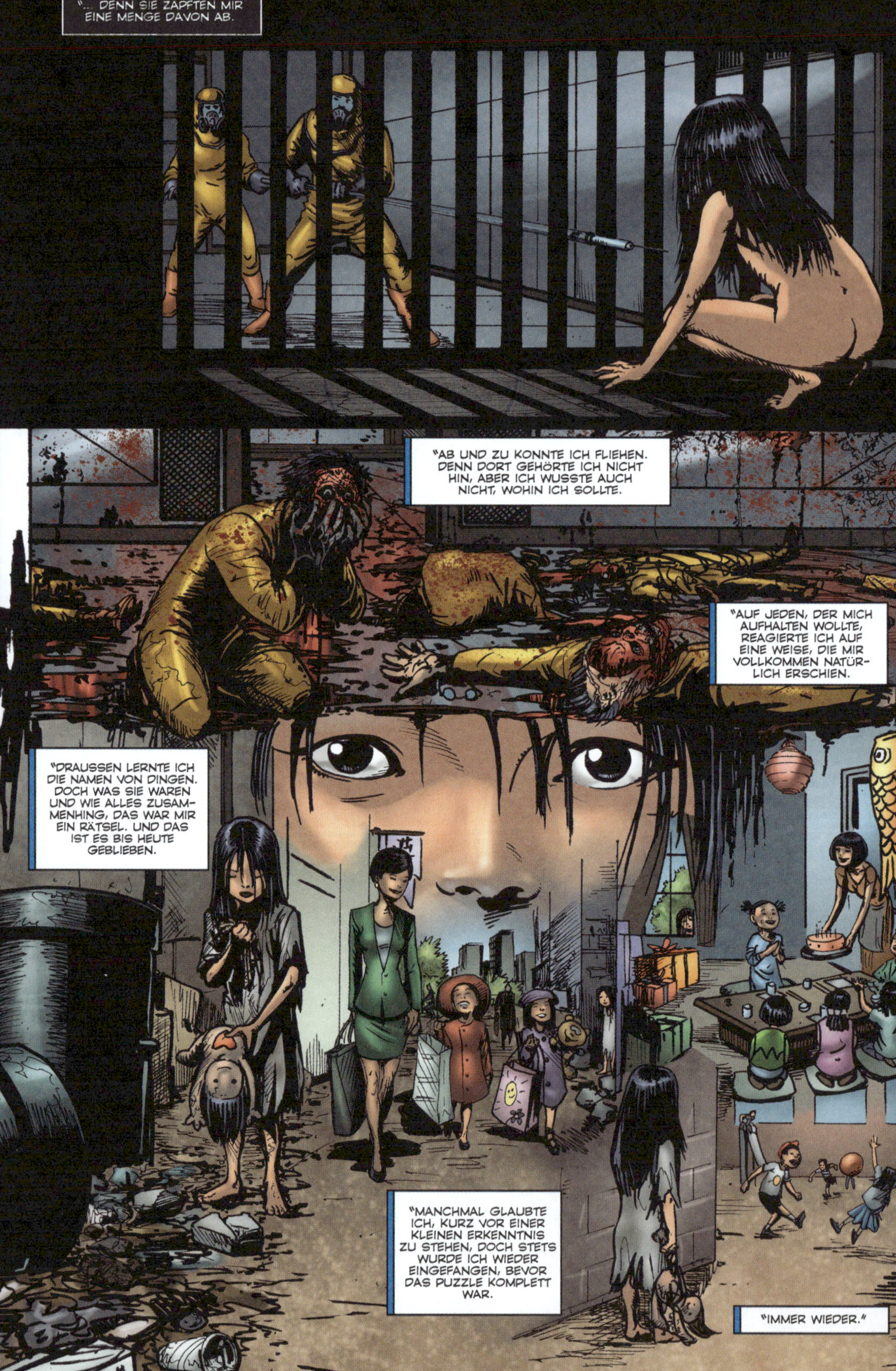
"... DENN SIE ZAPFTEN MIR EINE MENGE DAVON AB.
"AB UND ZU KONNTE ICH FLIEHEN. DENN DORT GEHÖRTE ICH NICHT HIN, ABER ICH WUSSTE AUCH NICHT, WOHIN ICH SOLLTE.
"AUF JEDEN, DER MICH AUFHALTEN WOLLTE, REAGIERTE ICH AUF EINE WEISE, DIE MIR VOLLKOMMEN NATÜRLICH ERSCHIEN.
"DRAUSSEN LERNTE ICH DIE NAMEN VON DINGEN. DOCH WAS SIE WAREN UND WIE ALLES ZUSAMMENHING, DAS WAR MIR EIN RÄTSEL. UND DAS IST ES BIS HEUTE GEBLIEBEN.
"MANCHMAL GLAUBTE ICH, KURZ VOR EINER KLEINEN ERKENNTNIS ZU STEHEN, DOCH STETS WURDE ICH WIEDER EINGEFANGEN, BEVOR DAS PUZZLE KOMPLETT WAR.
"IMMER WIEDER."

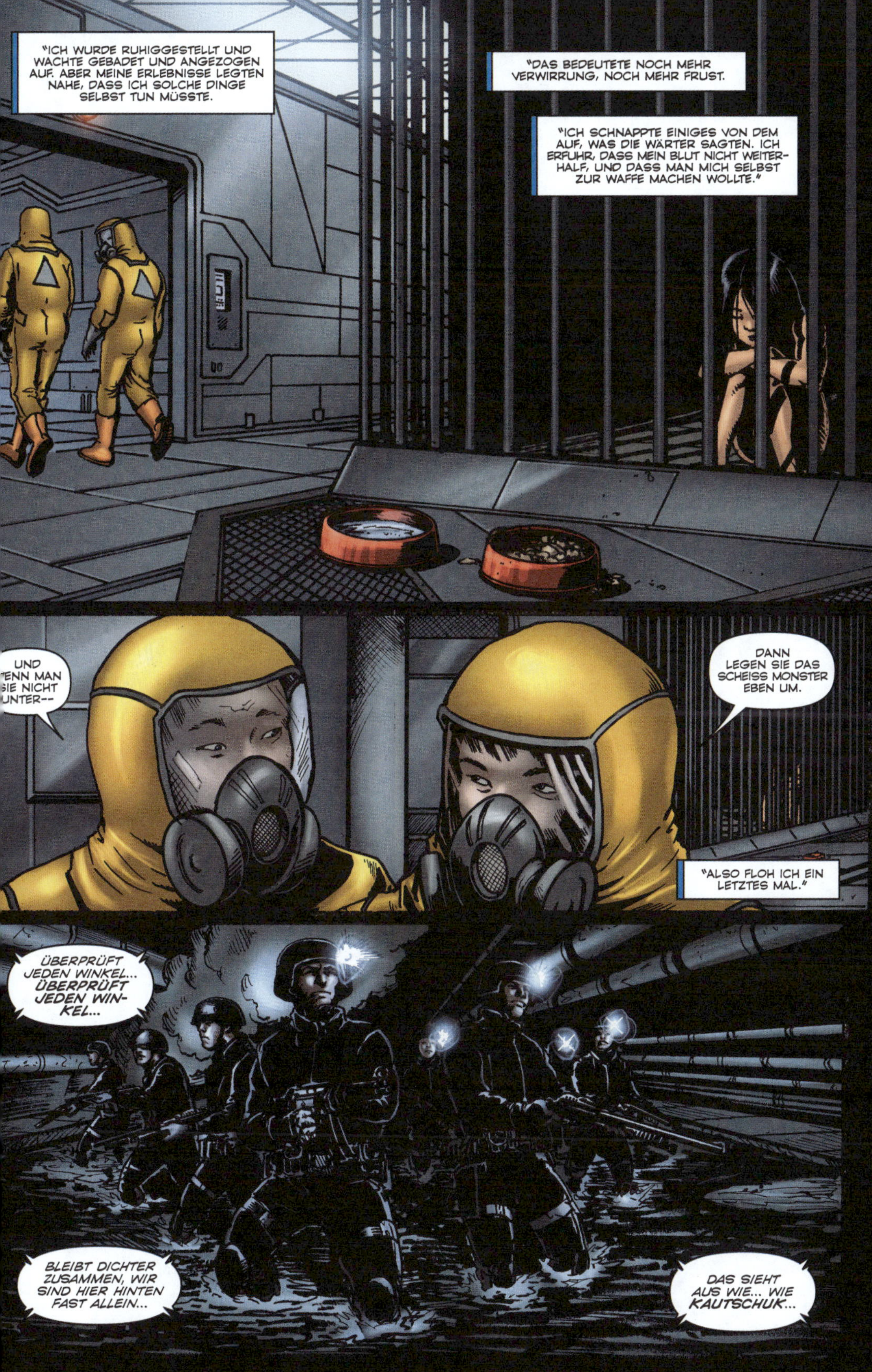
"ICH WURDE RUHIGGESTELLT UND WACHTE GEBADET UND ANGEZOGEN AUF. ABER MEINE ERLEBNISSE LEGTEN NAHE, DASS ICH SOLCHE DINGE SELBST TUN MÜSSTE.
"DAS BEDEUTETE NOCH MEHR VERWIRRUNG, NOCH MEHR FRUST.
"ICH SCHNAPPTE EINIGES VON DEM AUF, WAS DIE WÄRTER SAGTEN. ICH ERFUHR, DASS MEIN BLUT NICHT WEITERHALF, UND DASS MAN MICH SELBST ZUR WAFFE MACHEN WOLLTE."
UND ...ENN MAN ...IE NICHT ...UNTER--
DANN LEGEN SIE DAS SCHEISS MONSTER EBEN UM.
"ALSO FLOH ICH EIN LETZTES MAL."
ÜBERPRÜFT JEDEN WINKEL... **ÜBERPRÜFT JEDEN WINKEL...**
BLEIBT DICHTER ZUSAMMEN, WIR SIND HIER HINTEN FAST ALLEIN...
DAS SIEHT AUS WIE... WIE **KAUTSCHUK...**

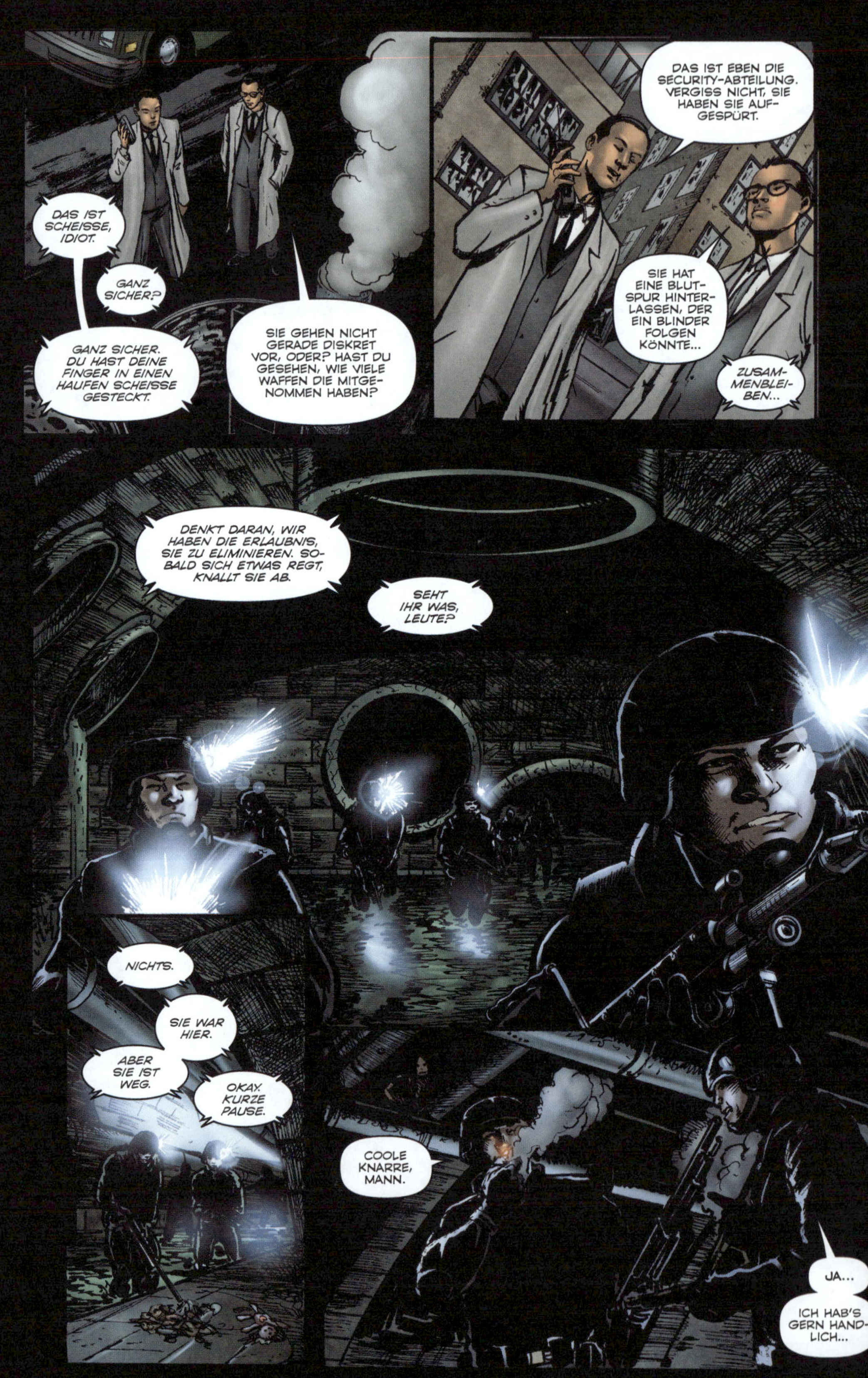
DAS IST SCHEISSE, IDIOT.
GANZ SICHER?
GANZ SICHER. DU HAST DEINE FINGER IN EINEN HAUFEN SCHEISSE GESTECKT.
SIE GEHEN NICHT GERADE DISKRET VOR, ODER? HAST DU GESEHEN, WIE VIELE WAFFEN DIE MITGENOMMEN HABEN?
DAS IST EBEN DIE SECURITY-ABTEILUNG. VERGISS NICHT, SIE HABEN SIE AUFGESPÜRT.
SIE HAT EINE BLUTSPUR HINTERLASSEN, DER EIN BLINDER FOLGEN KÖNNTE...
ZUSAMMENBLEIBEN...
DENKT DARAN, WIR HABEN DIE ERLAUBNIS, SIE ZU ELIMINIEREN. SOBALD SICH ETWAS REGT, KNALLT SIE AB.
SEHT IHR WAS, LEUTE?
NICHTS.
SIE WAR HIER.
ABER SIE IST WEG.
OKAY. KURZE PAUSE.
COOLE KNARRE, MANN.
JA...
ICH HAB'S GERN HANDLICH...

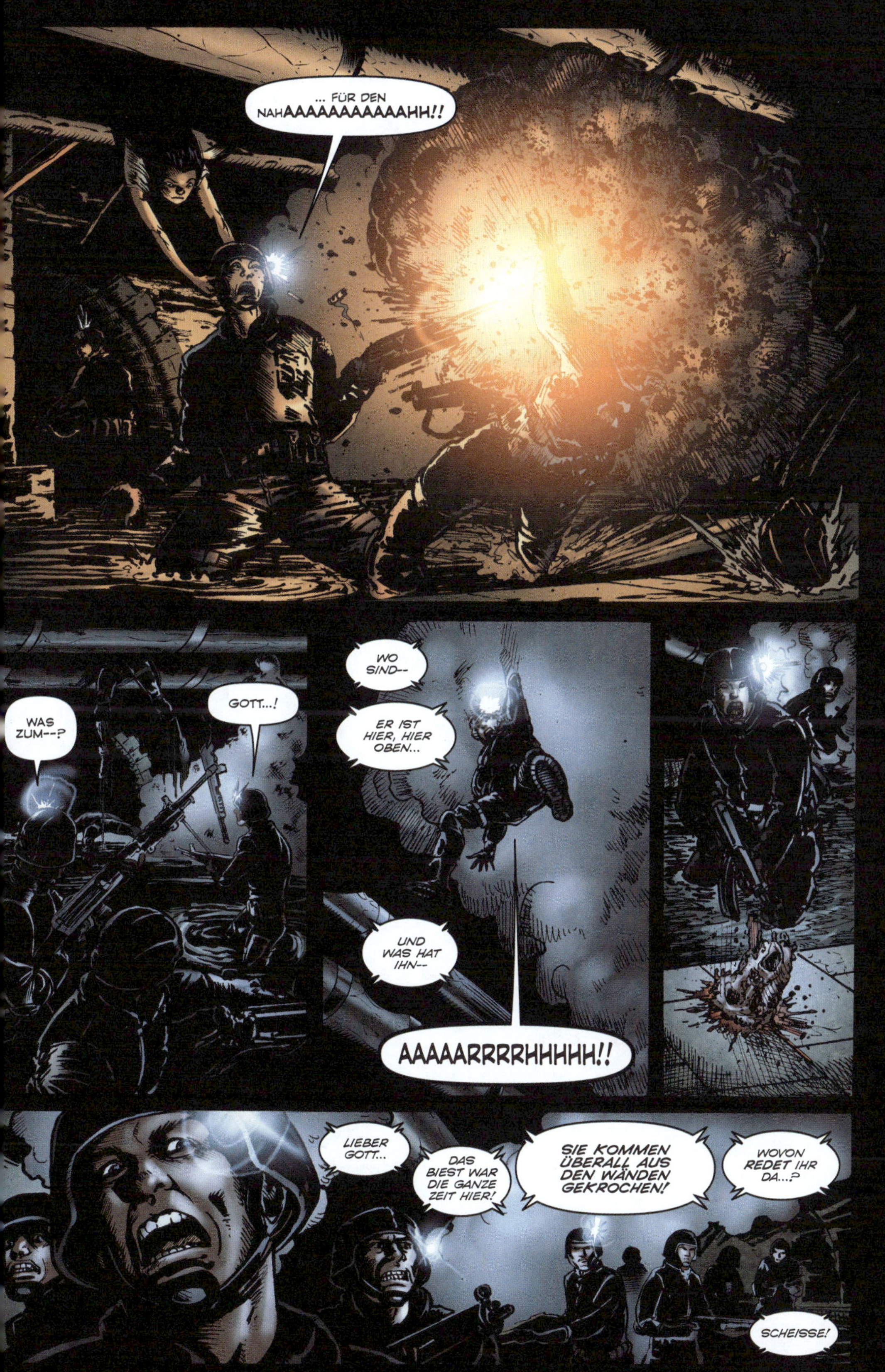
... FÜR DEN NAHAAAAAAAAAAAAHH!!
WAS ZUM--?
GOTT...!
WO SIND--
ER IST HIER, HIER OBEN...
UND WAS HAT IHN--
AAAAARRRRHHHHH!!
LIEBER GOTT...
DAS BIEST WAR DIE GANZE ZEIT HIER!
SIE KOMMEN ÜBERALL AUS DEN WÄNDEN GEKROCHEN!
WOVON REDET IHR DA...?
SCHEISSE!

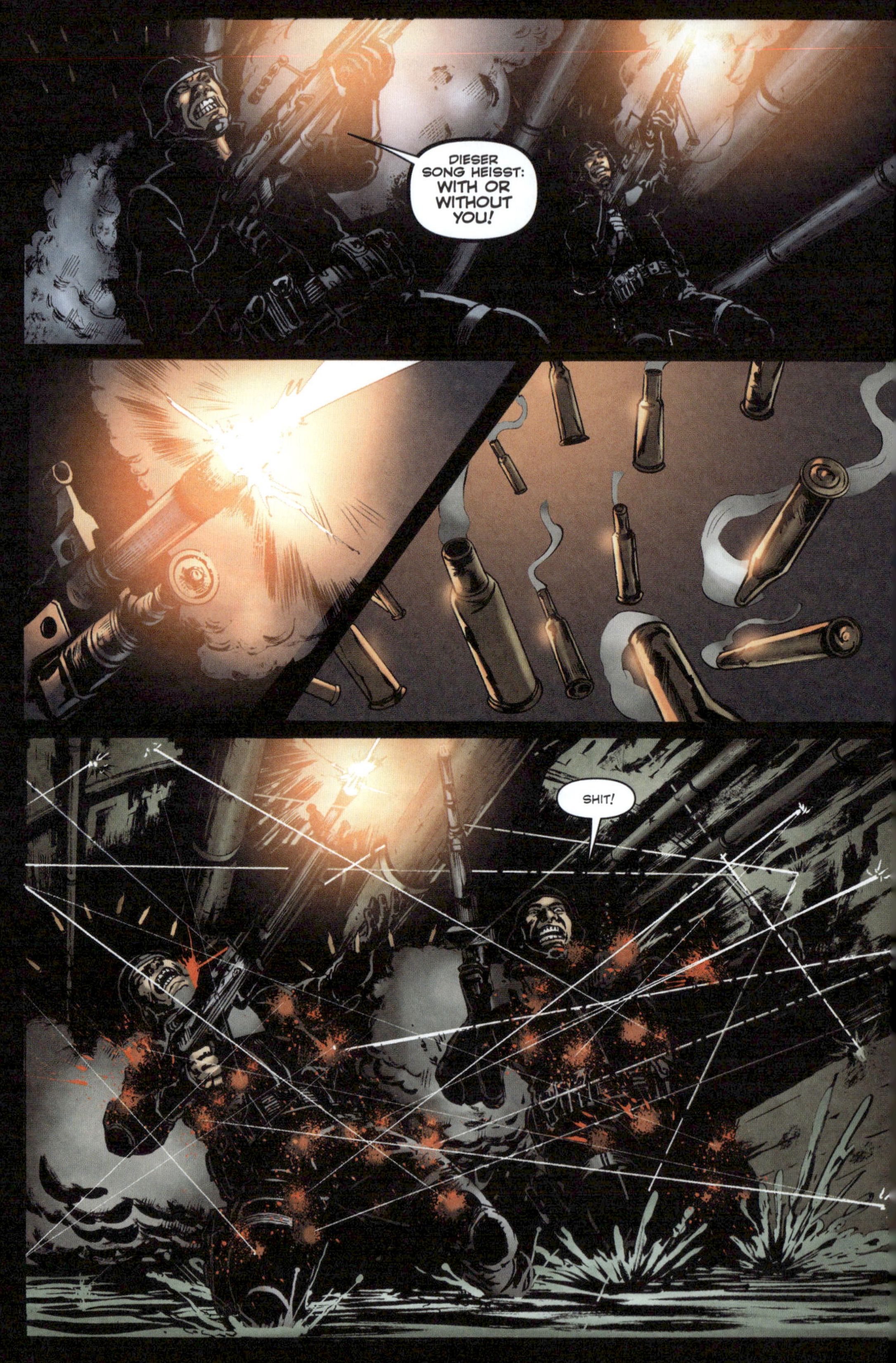
DIESER SONG HEISST: WITH OR WITHOUT YOU!
SHIT!

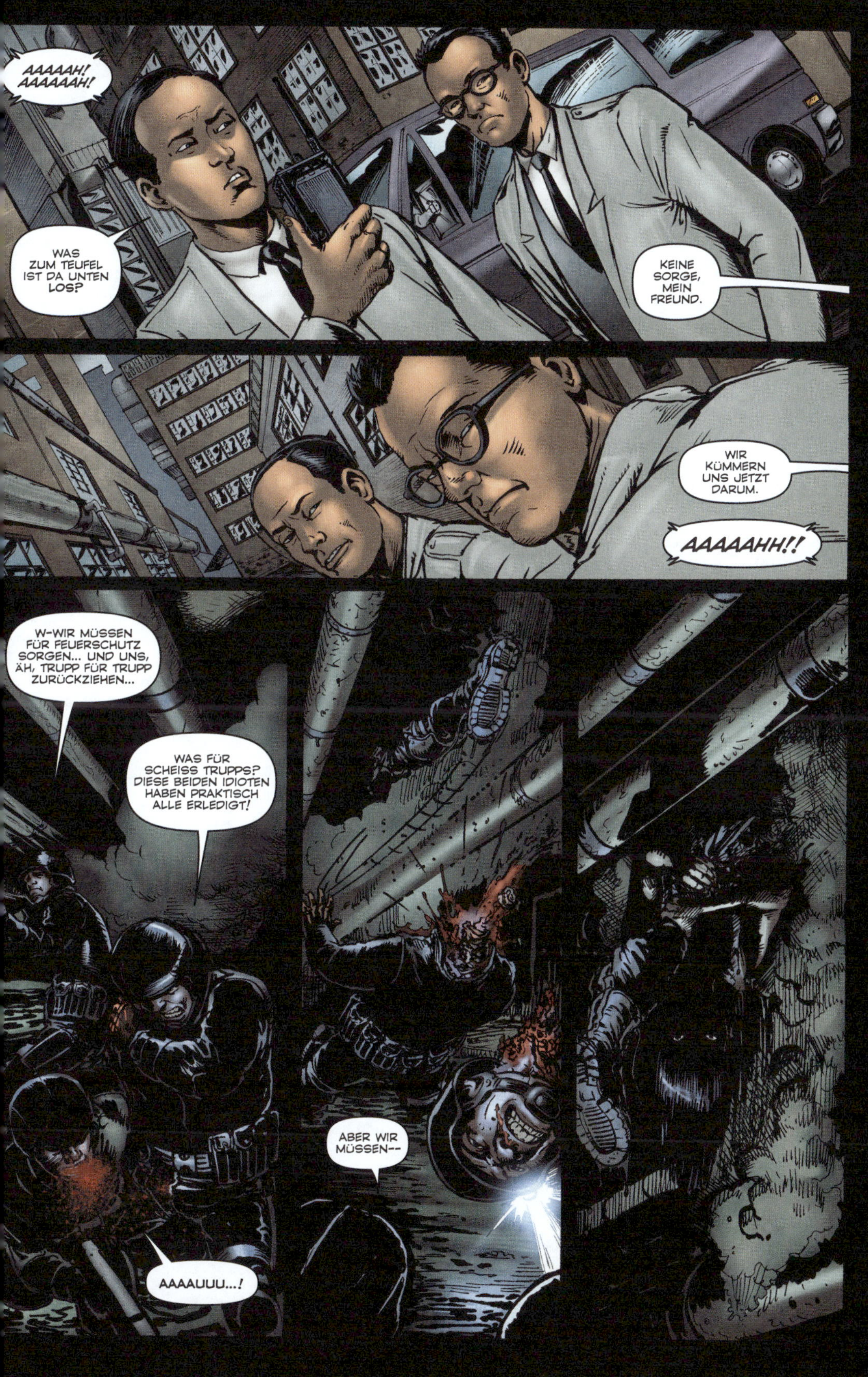
AAAAAH! AAAAAAH!
WAS ZUM TEUFEL IST DA UNTEN LOS?
KEINE SORGE, MEIN FREUND.
WIR KÜMMERN UNS JETZT DARUM.
AAAAAHH!!
W-WIR MÜSSEN FÜR FEUERSCHUTZ SORGEN... UND UNS, ÄH, TRUPP FÜR TRUPP ZURÜCKZIEHEN...
WAS FÜR SCHEISS TRUPPS? DIESE BEIDEN IDIOTEN HABEN PRAKTISCH ALLE ERLEDIGT!
AAAAUUU...!
ABER WIR MÜSSEN--

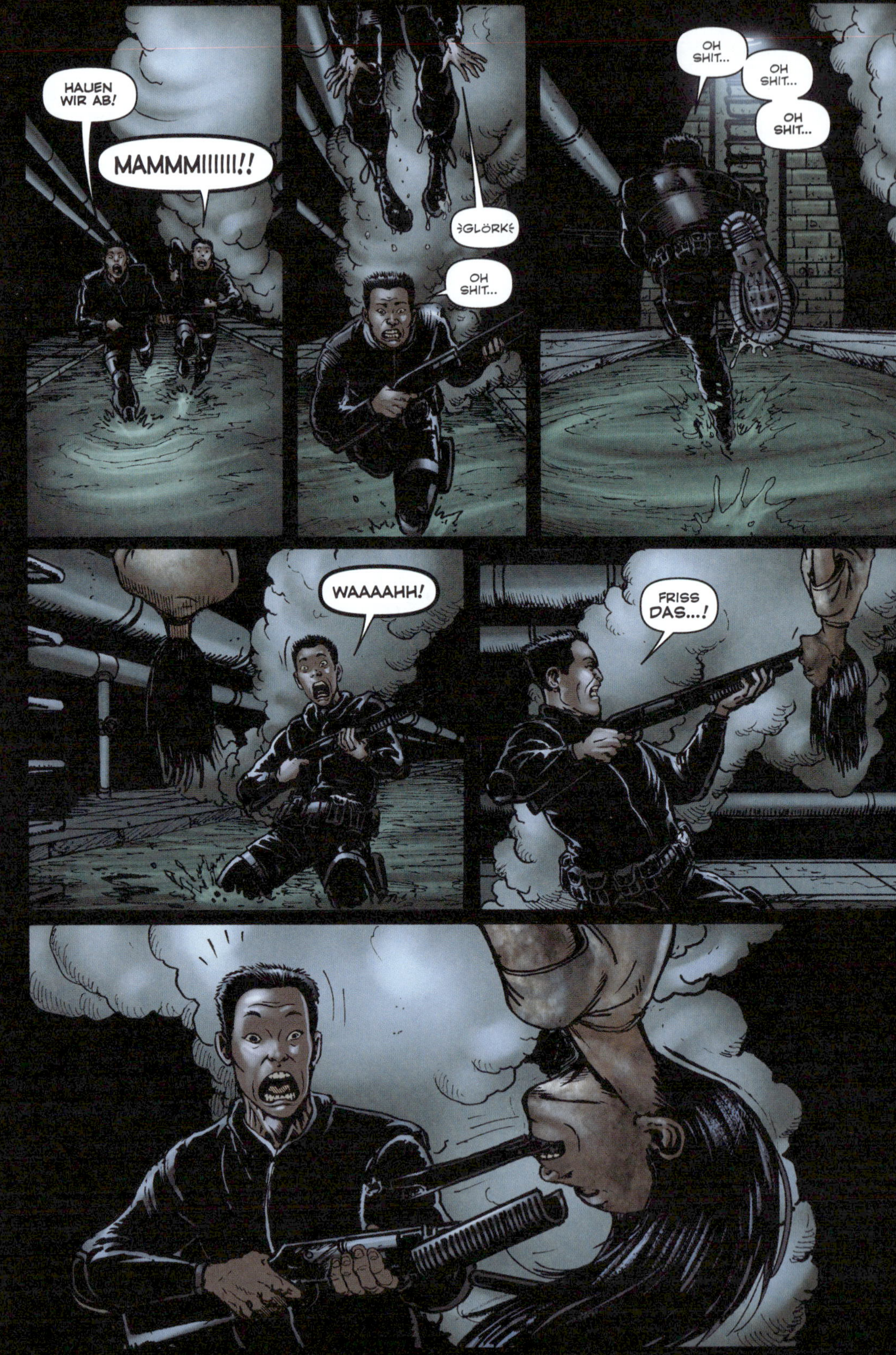
HAUEN WIR AB!
MAMMMIIIIII!!
GLÖRK
OH SHIT...
OH SHIT...
OH SHIT...
OH SHIT...
WAAAAHH!
FRISS DAS...!

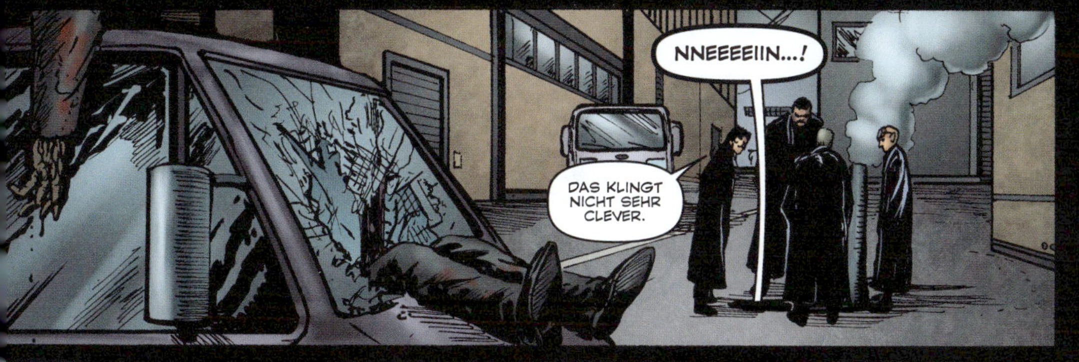
NNEEEEIIN...!
DAS KLINGT NICHT SEHR CLEVER.

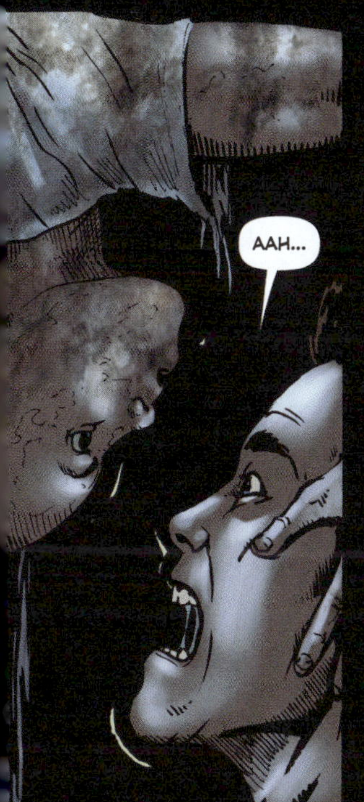
AAH...

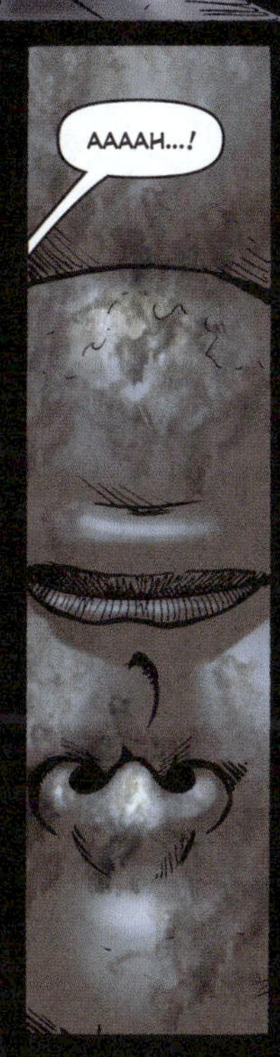
AAAAH...!

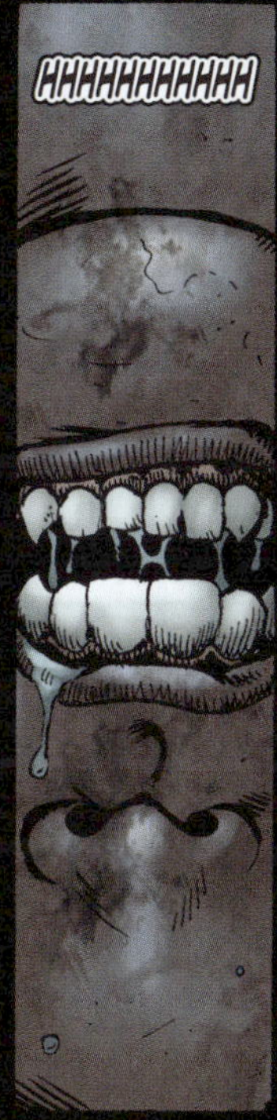
HHHHHHHHHHH

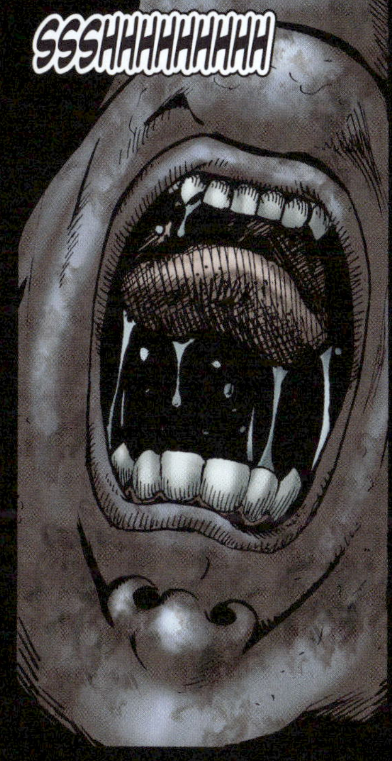
SSSHHHHHHHHH

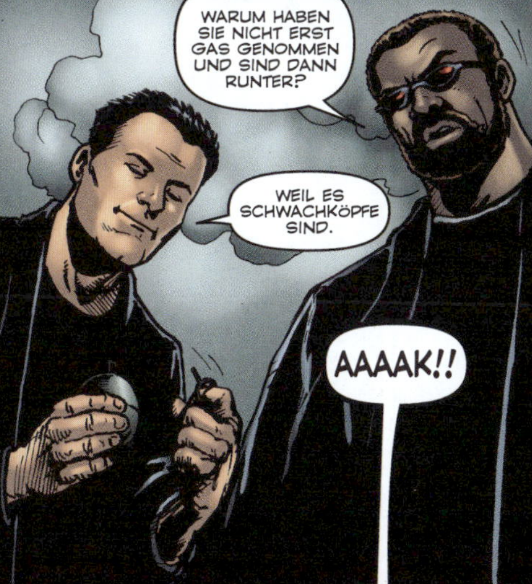
WARUM HABEN SIE NICHT ERST GAS GENOMMEN UND SIND DANN RUNTER?
WEIL ES SCHWACHKÖPFE SIND.
AAAAK!!

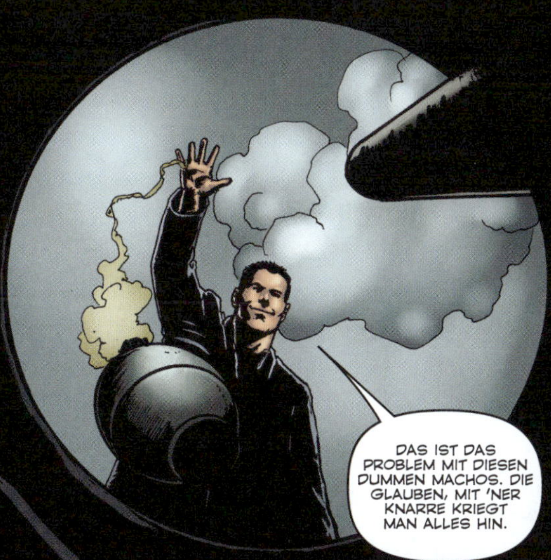
DAS IST DAS PROBLEM MIT DIESEN DUMMEN MACHOS. DIE GLAUBEN, MIT 'NER KNARRE KRIEGT MAN ALLES HIN.

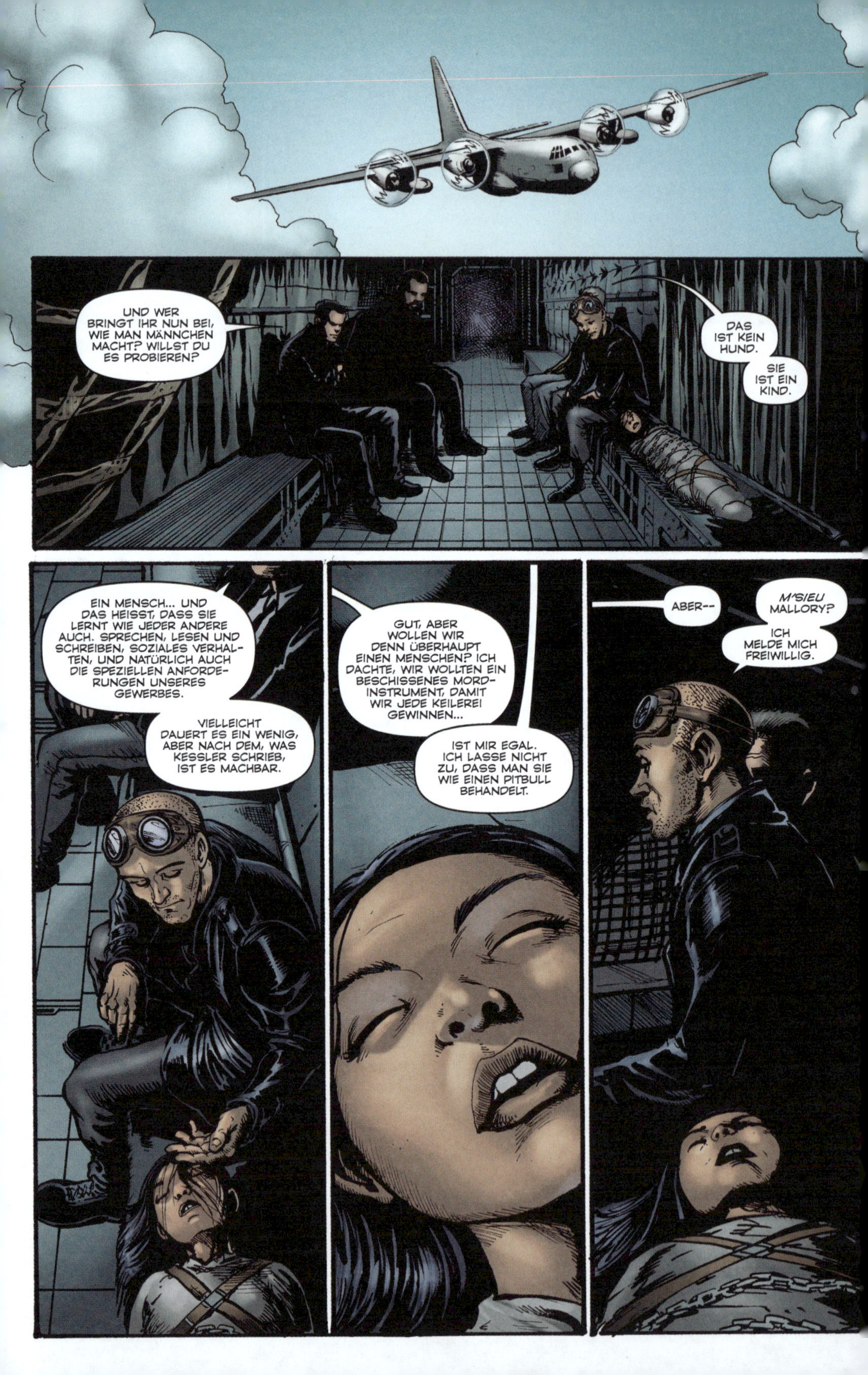

UND WER BRINGT IHR NUN BEI, WIE MAN MÄNNCHEN MACHT? WILLST DU ES PROBIEREN?
DAS IST KEIN HUND.
SIE IST EIN KIND.
EIN MENSCH... UND DAS HEISST, DASS SIE LERNT WIE JEDER ANDERE AUCH. SPRECHEN, LESEN UND SCHREIBEN, SOZIALES VERHALTEN, UND NATÜRLICH AUCH DIE SPEZIELLEN ANFORDERUNGEN UNSERES GEWERBES.
VIELLEICHT DAUERT ES EIN WENIG, ABER NACH DEM, WAS KESSLER SCHRIEB, IST ES MACHBAR.
GUT, ABER WOLLEN WIR DENN ÜBERHAUPT EINEN MENSCHEN? ICH DACHTE, WIR WOLLTEN EIN BESCHISSENES MORDINSTRUMENT, DAMIT WIR JEDE KEILEREI GEWINNEN...
IST MIR EGAL. ICH LASSE NICHT ZU, DASS MAN SIE WIE EINEN PITBULL BEHANDELT.
ABER--
M'SIEU MALLORY?
ICH MELDE MICH FREIWILLIG.

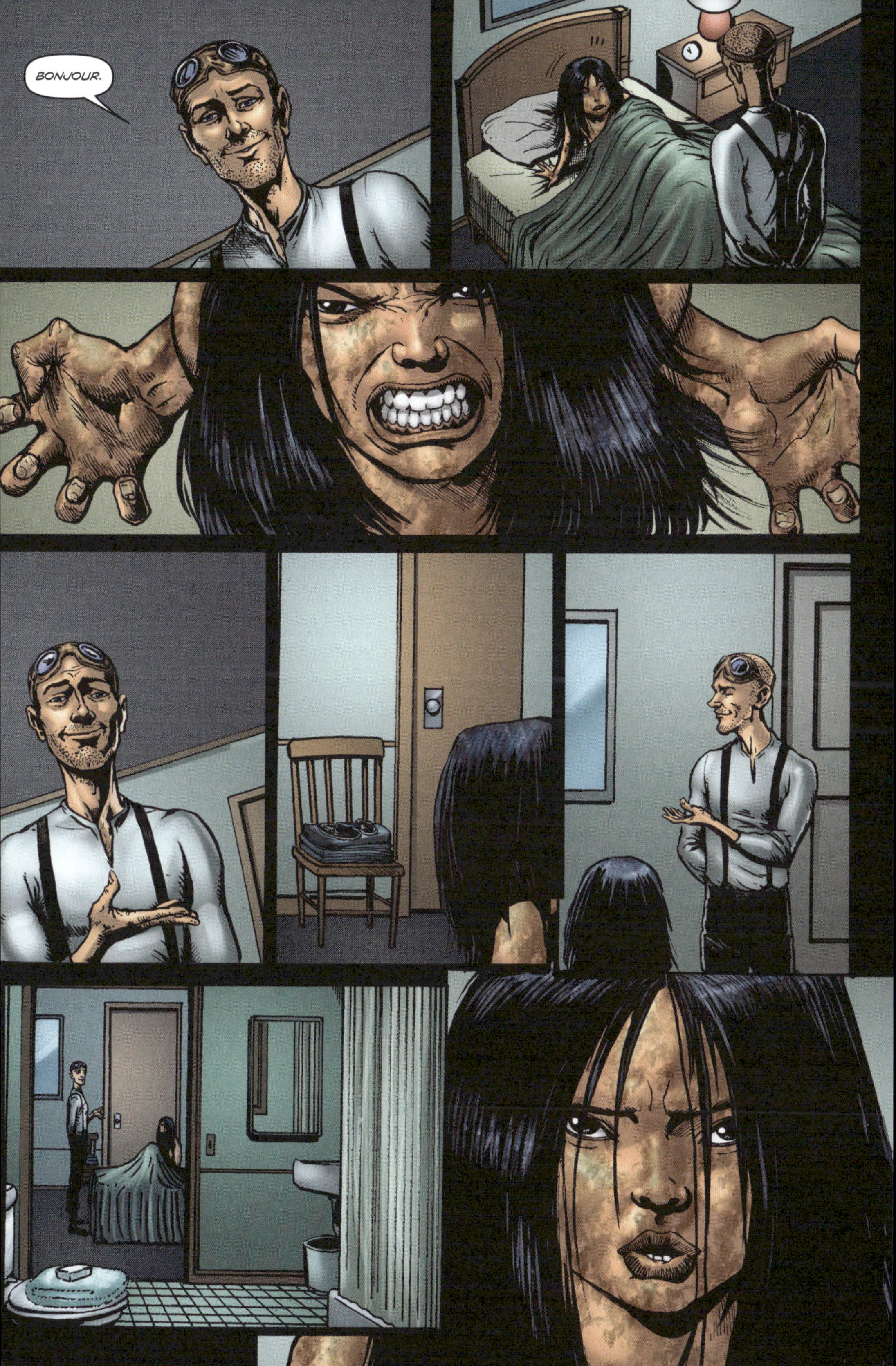
BONJOUR.

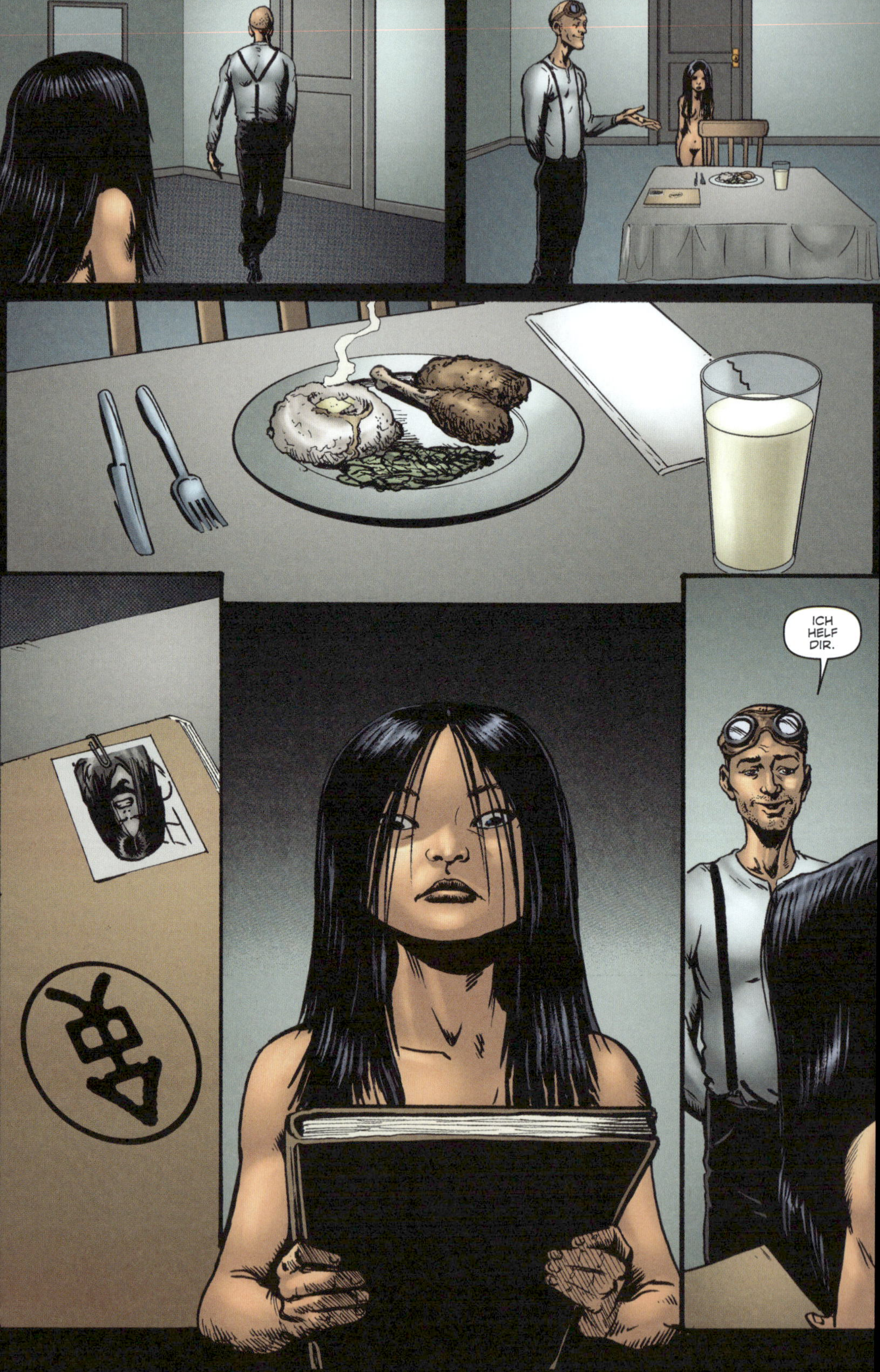
ICH HELF DIR.

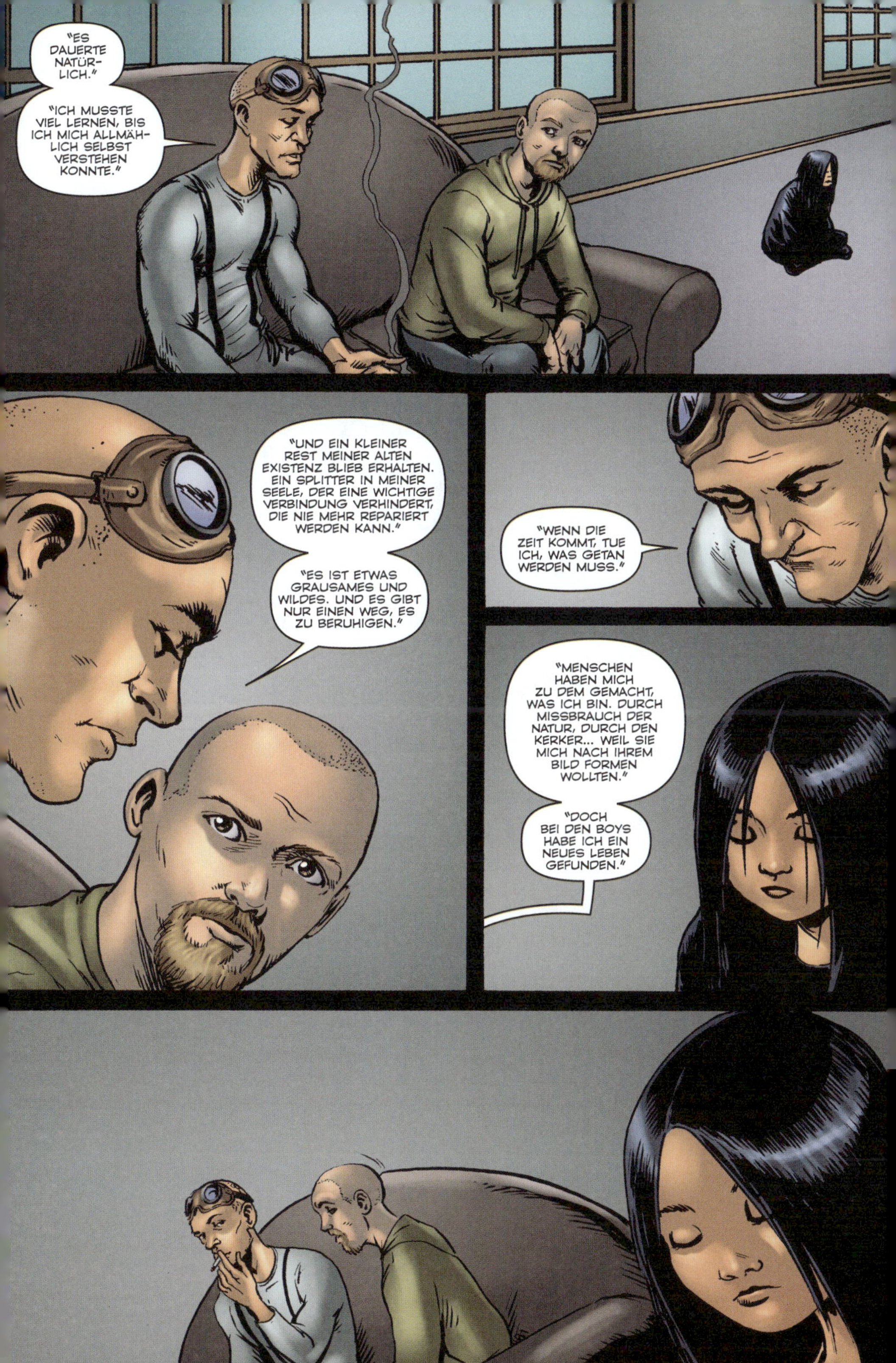
"ES DAUERTE NATÜR-LICH."
"ICH MUSSTE VIEL LERNEN, BIS ICH MICH ALLMÄH-LICH SELBST VERSTEHEN KONNTE."
"UND EIN KLEINER REST MEINER ALTEN EXISTENZ BLIEB ERHALTEN. EIN SPLITTER IN MEINER SEELE, DER EINE WICHTIGE VERBINDUNG VERHINDERT, DIE NIE MEHR REPARIERT WERDEN KANN."
"ES IST ETWAS GRAUSAMES UND WILDES. UND ES GIBT NUR EINEN WEG, ES ZU BERUHIGEN."
"WENN DIE ZEIT KOMMT, TUE ICH, WAS GETAN WERDEN MUSS."
"MENSCHEN HABEN MICH ZU DEM GEMACHT, WAS ICH BIN. DURCH MISSBRAUCH DER NATUR, DURCH DEN KERKER... WEIL SIE MICH NACH IHREM BILD FORMEN WOLLTEN."
"DOCH BEI DEN BOYS HABE ICH EIN NEUES LEBEN GEFUNDEN."

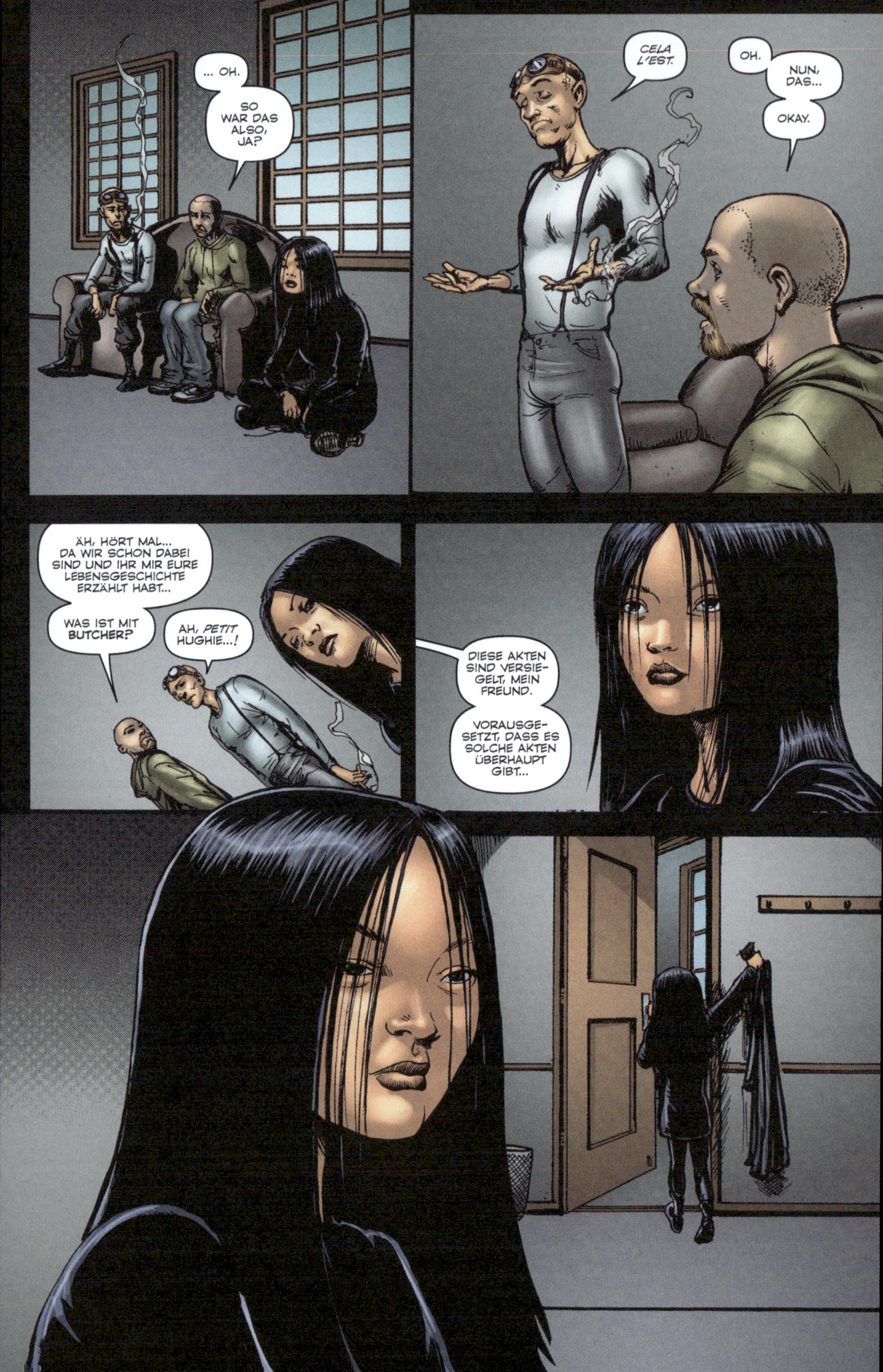
... OH.
SO WAR DAS ALSO, JA?
CELA L'EST.
OH.
NUN, DAS...
OKAY.
ÄH, HÖRT MAL... DA WIR SCHON DABEI SIND UND IHR MIR EURE LEBENSGESCHICHTE ERZÄHLT HABT...
WAS IST MIT BUTCHER?
AH, PETIT HUGHIE...!
DIESE AKTEN SIND VERSIEGELT, MEIN FREUND.
VORAUSGESETZT, DASS ES SOLCHE AKTEN ÜBERHAUPT GIBT...

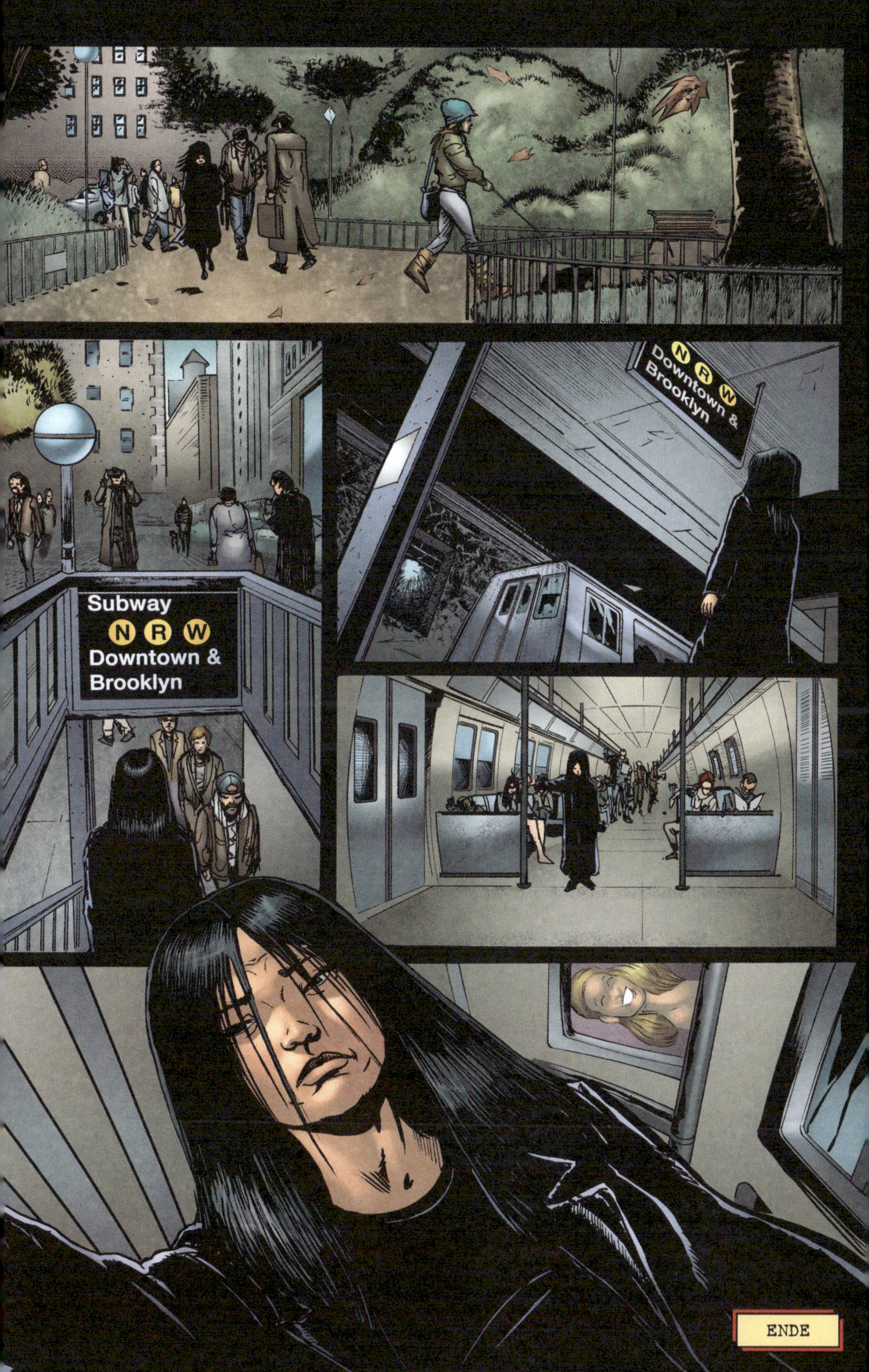
Subway
N R W
Downtown &
Brooklyn
N R W
Downtown &
Brooklyn
ENDE

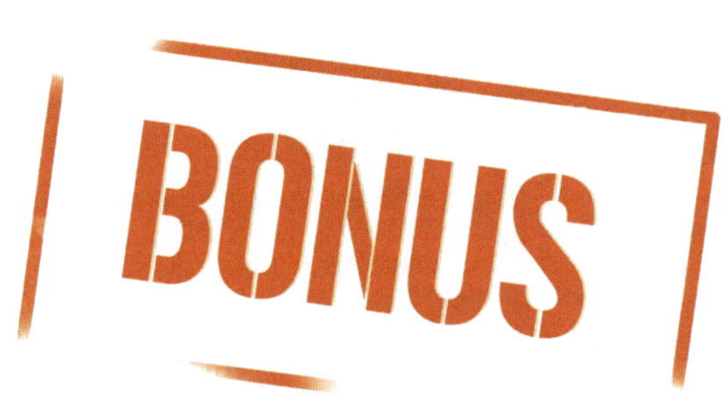
BONUS

Comic Book Legal Defense Fund

Liebe Leserinnen und Leser,

Die folgende Geschichte stammt aus der Ausgabe von 2010 des jährlich erscheinenden Magazins zugunsten des Comic Book Legal Defense Fund (Fonds zur rechtlichen Verteidigung von Comics, zum Schutz von Autoren und der Meinungsfreiheit in Comics).

Der Comic, wegen dem die Legende gefeuert wurde!
Story: Garth Ennis
Zeichnungen und Farben: Rob Steen
Übersetzung: Bernd Kronsbein

Mehr Informationen darüber findet ihr hier:
http://cbldf.org/

Mit freundlichen Grüßen,

Der Herausgeber

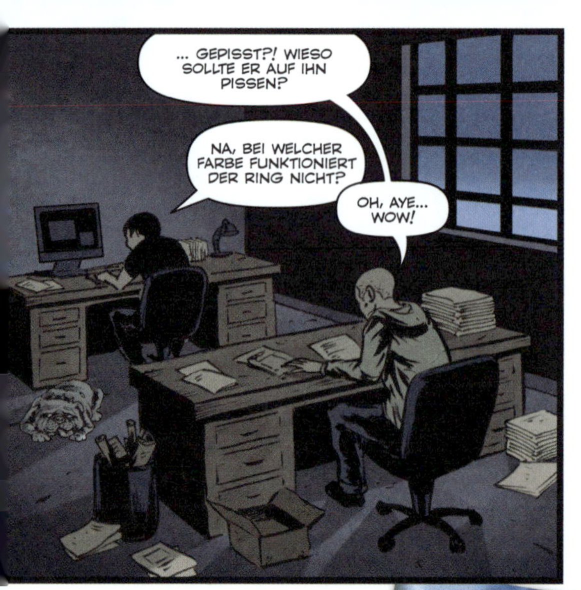

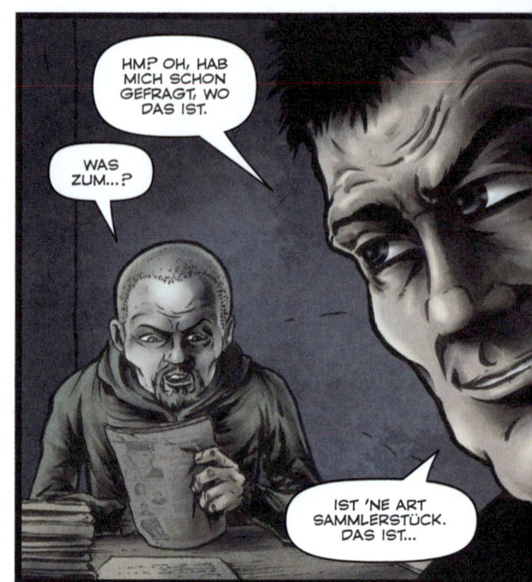

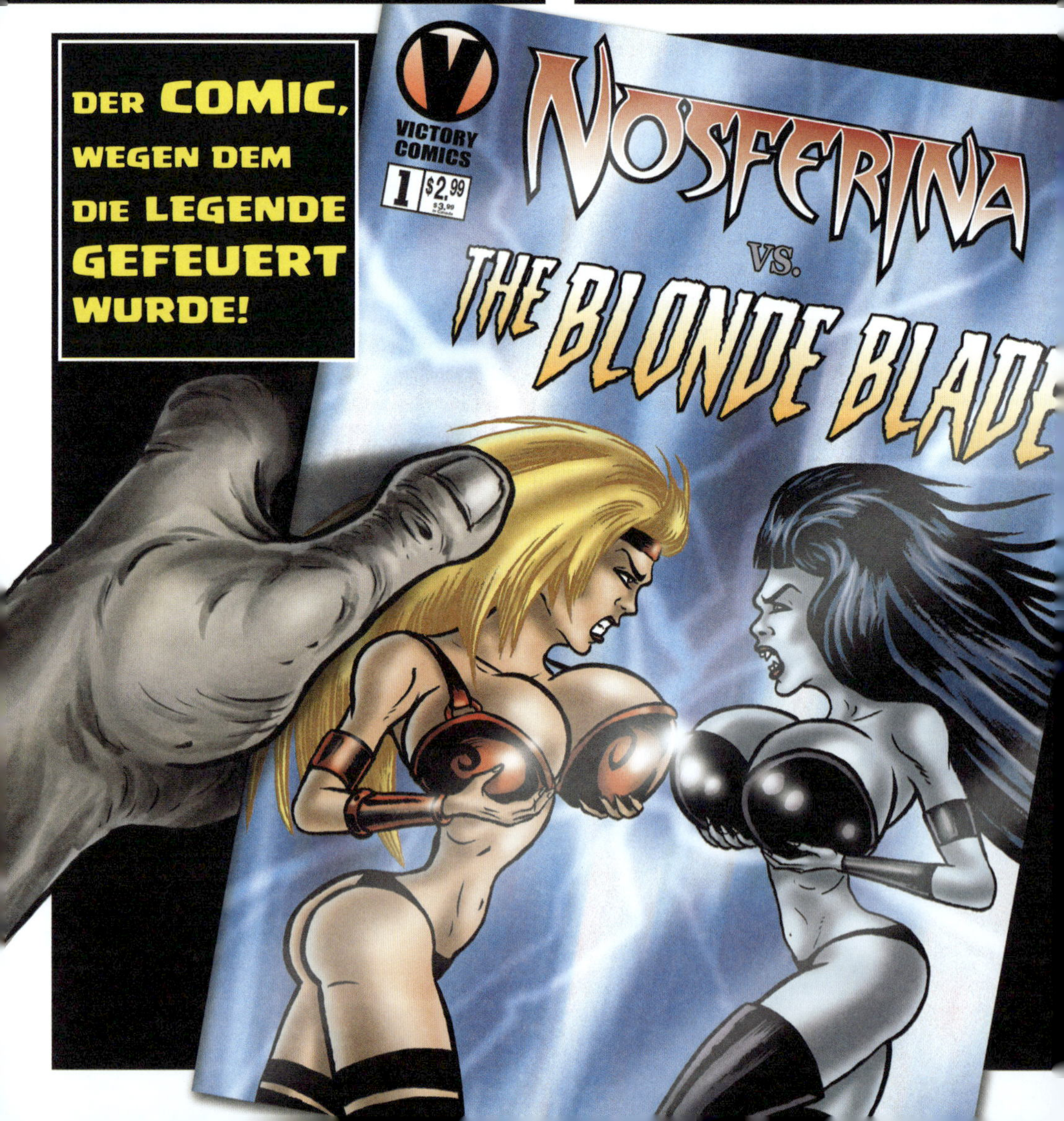

DER COMIC, WEGEN DEM DIE LEGENDE GEFEUERT WURDE!

VICTORY COMICS
1 $2.99 $3.99 in Canada
NOSFERINA VS. THE BLONDE BLADE

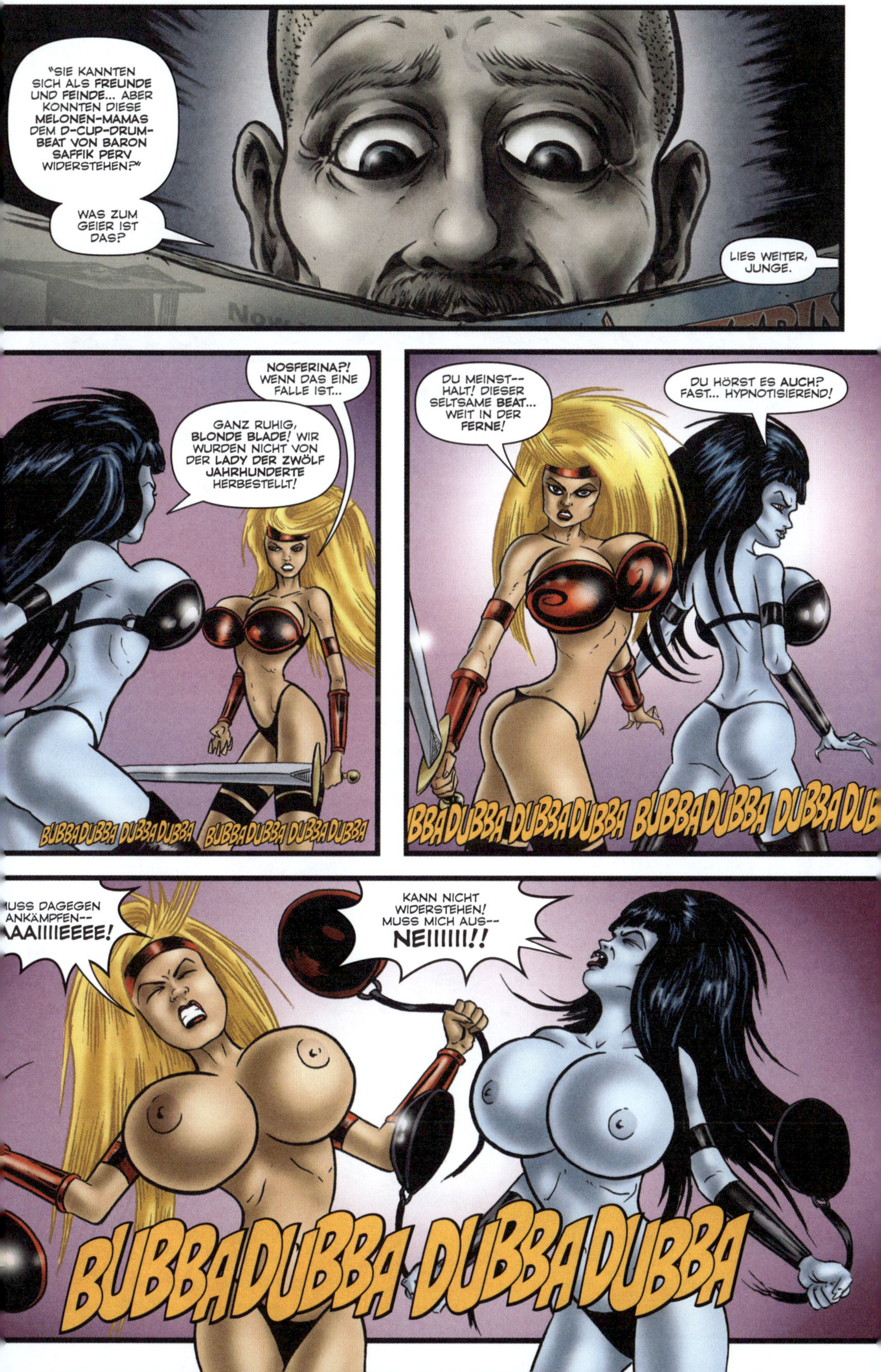

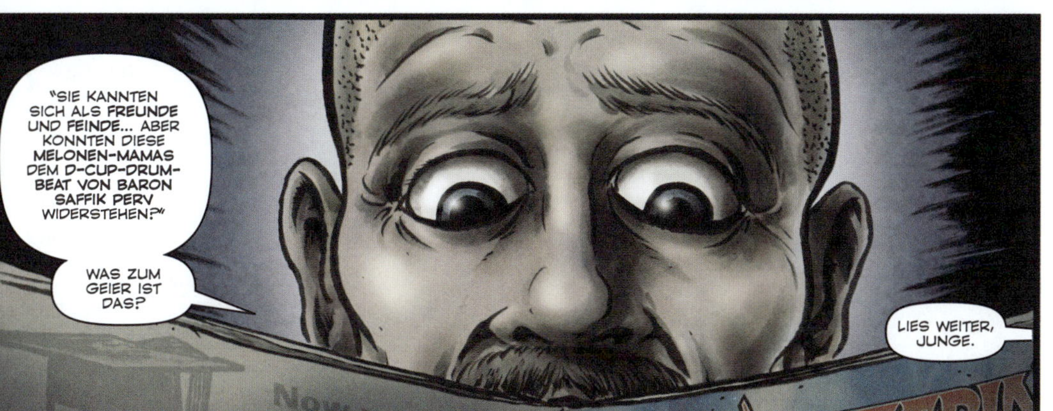
"SIE KANNTEN SICH ALS FREUNDE UND FEINDE... ABER KONNTEN DIESE MELONEN-MAMAS DEM D-CUP-DRUM-BEAT VON BARON SAFFIK PERV WIDERSTEHEN?"
WAS ZUM GEIER IST DAS?
LIES WEITER, JUNGE.

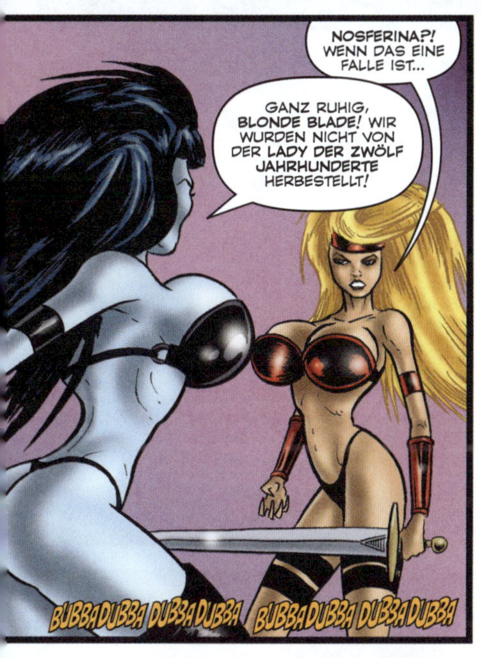
NOSFERINA?! WENN DAS EINE FALLE IST...
GANZ RUHIG, BLONDE BLADE! WIR WURDEN NICHT VON DER LADY DER ZWÖLF JAHRHUNDERTE HERBESTELLT!
BUBBADUBBA DUBBADUBBA
BUBBADUBBA DUBBADUBBA

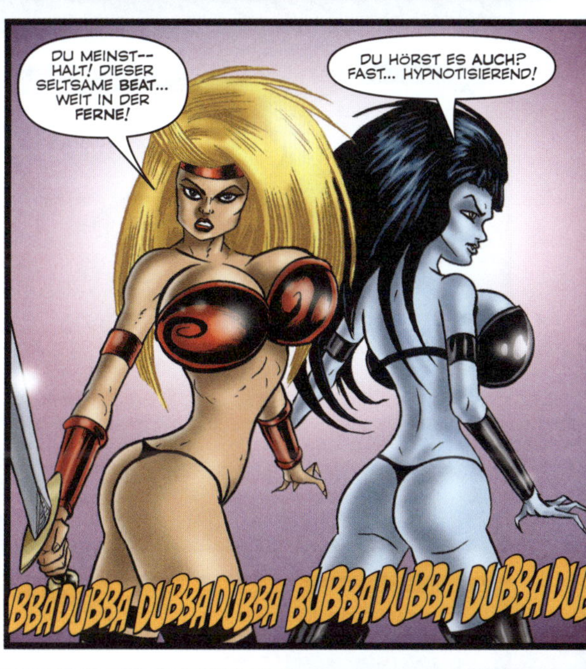
DU MEINST-- HALT! DIESER SELTSAME BEAT... WEIT IN DER FERNE!
DU HÖRST ES AUCH? FAST... HYPNOTISIEREND!
BBADUBBA DUBBADUBBA BUBBADUBBA DUBBADUB

MUSS DAGEGEN ANKÄMPFEN-- AAIIIIEEEE!
KANN NICHT WIDERSTEHEN! MUSS MICH AUS-- NEIIIIII!!
BUBBADUBBA DUBBADUBBA

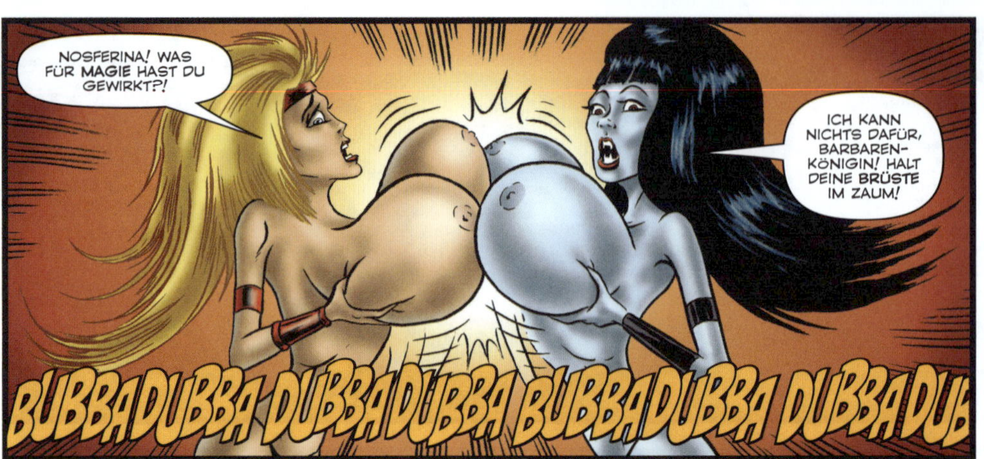
NOSFERINA! WAS FÜR MAGIE HAST DU GEWIRKT?!
ICH KANN NICHTS DAFÜR, BARBAREN-KÖNIGIN! HALT DEINE BRÜSTE IM ZAUM!
BUBBADUBBA DUBBADUBBA BUBBADUBBA DUBBADUB

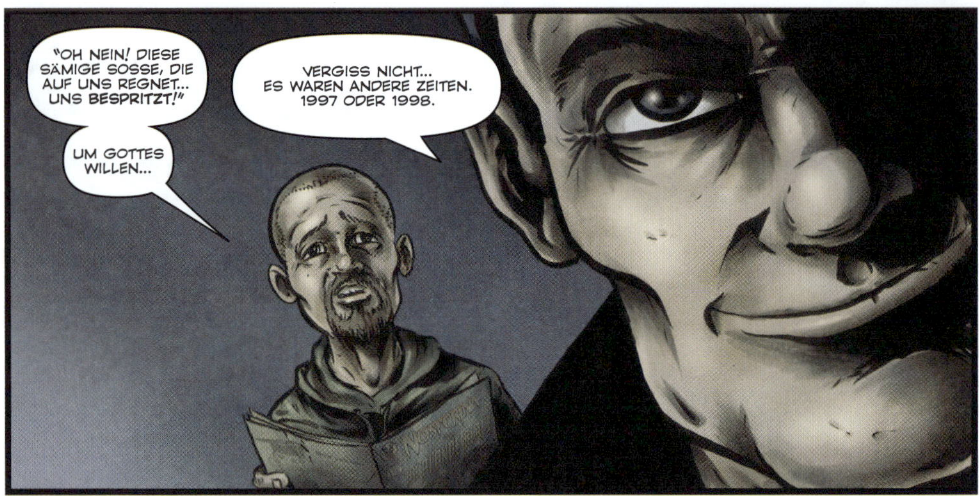
"OH NEIN! DIESE SÄMIGE SOSSE, DIE AUF UNS REGNET... UNS BESPRITZT!"
UM GOTTES WILLEN...
VERGISS NICHT... ES WAREN ANDERE ZEITEN. 1997 ODER 1998.

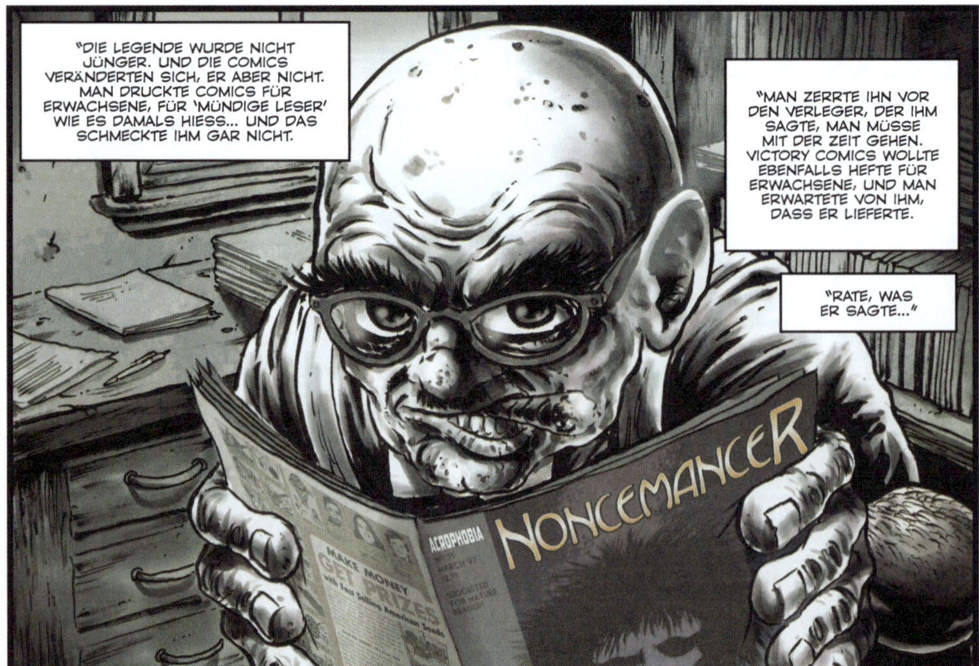
"DIE LEGENDE WURDE NICHT JÜNGER. UND DIE COMICS VERÄNDERTEN SICH, ER ABER NICHT. MAN DRUCKTE COMICS FÜR ERWACHSENE, FÜR 'MÜNDIGE LESER' WIE ES DAMALS HIESS... UND DAS SCHMECKTE IHM GAR NICHT.
"MAN ZERRTE IHN VOR DEN VERLEGER, DER IHM SAGTE, MAN MÜSSE MIT DER ZEIT GEHEN. VICTORY COMICS WOLLTE EBENFALLS HEFTE FÜR ERWACHSENE, UND MAN ERWARTETE VON IHM, DASS ER LIEFERTE.
"RATE, WAS ER SAGTE..."
NONCEMANCER
ACROPHOBIA
MAKE MONEY
GET PRIZES

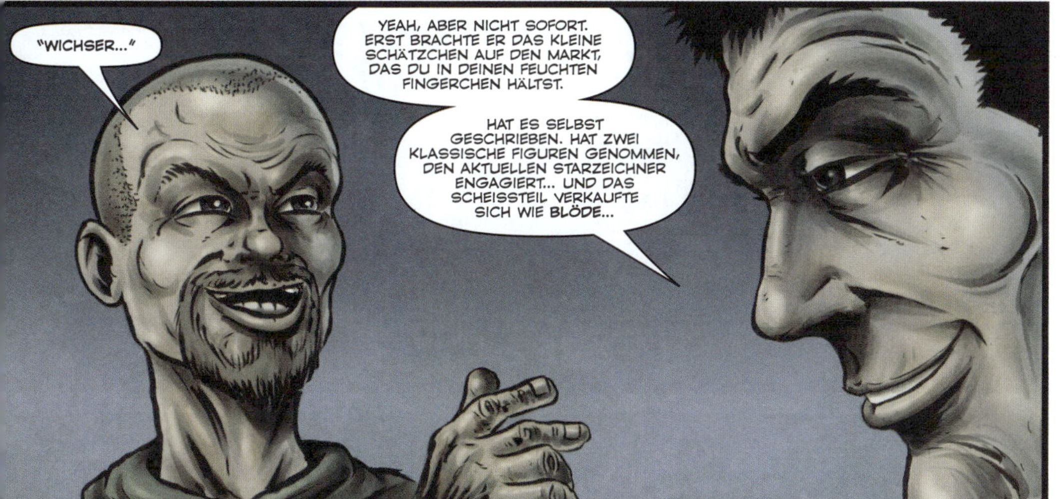
"WICHSER..."
YEAH, ABER NICHT SOFORT. ERST BRACHTE ER DAS KLEINE SCHÄTZCHEN AUF DEN MARKT, DAS DU IN DEINEN FEUCHTEN FINGERCHEN HÄLTST.
HAT ES SELBST GESCHRIEBEN. HAT ZWEI KLASSISCHE FIGUREN GENOMMEN, DEN AKTUELLEN STARZEICHNER ENGAGIERT... UND DAS SCHEISSTEIL VERKAUFTE SICH WIE BLÖDE...

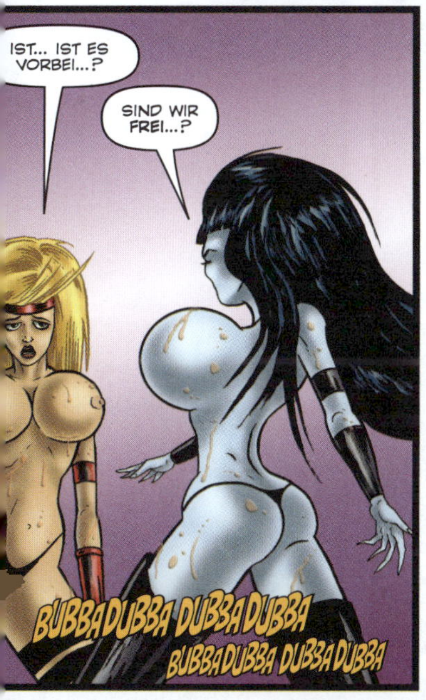
IST... IST ES VORBEI...?
SIND WIR FREI...?
BUBBADUBBA DUBBADUBBA
BUBBADUBBA DUBBADUBBA

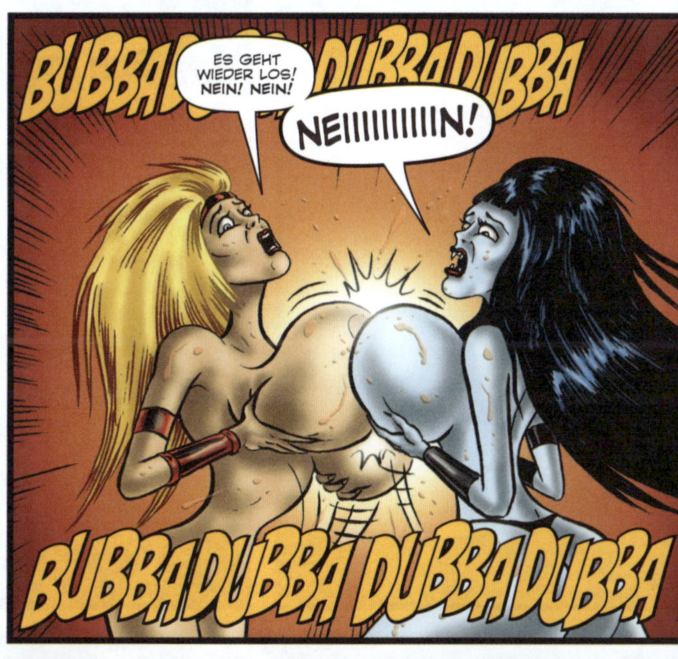
ES GEHT WIEDER LOS! NEIN! NEIN!
NEIIIIIIIIIIN!
BUBBADUBBA DUBBADUBBA

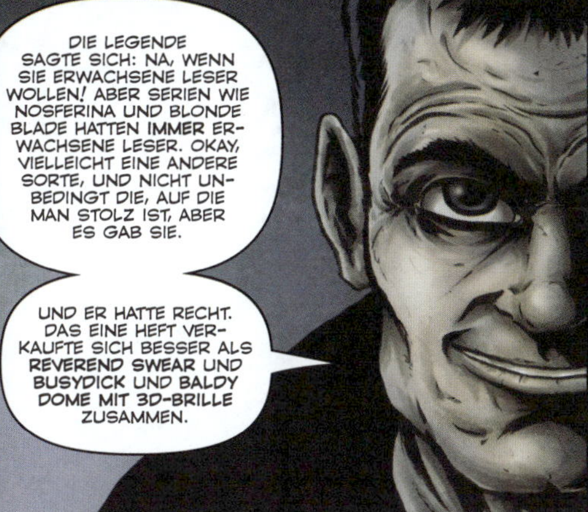
DIE LEGENDE SAGTE SICH: NA, WENN SIE ERWACHSENE LESER WOLLEN! ABER SERIEN WIE NOSFERINA UND BLONDE BLADE HATTEN IMMER ERWACHSENE LESER. OKAY, VIELLEICHT EINE ANDERE SORTE, UND NICHT UNBEDINGT DIE, AUF DIE MAN STOLZ IST, ABER ES GAB SIE.
UND ER HATTE RECHT. DAS EINE HEFT VERKAUFTE SICH BESSER ALS REVEREND SWEAR UND BUSYDICK UND BALDY DOME MIT 3D-BRILLE ZUSAMMEN.

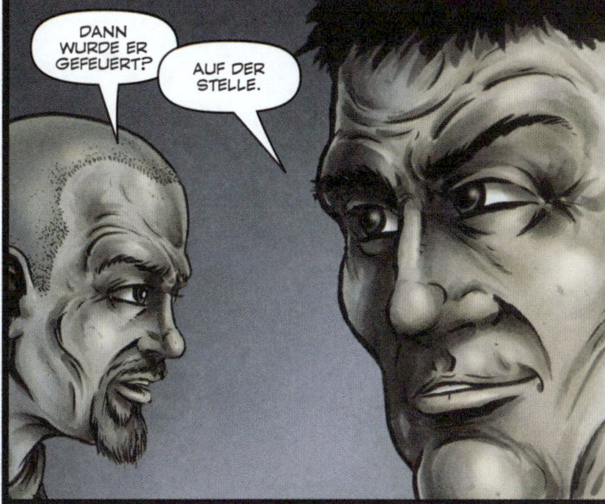
DANN WURDE ER GEFEUERT?
AUF DER STELLE.

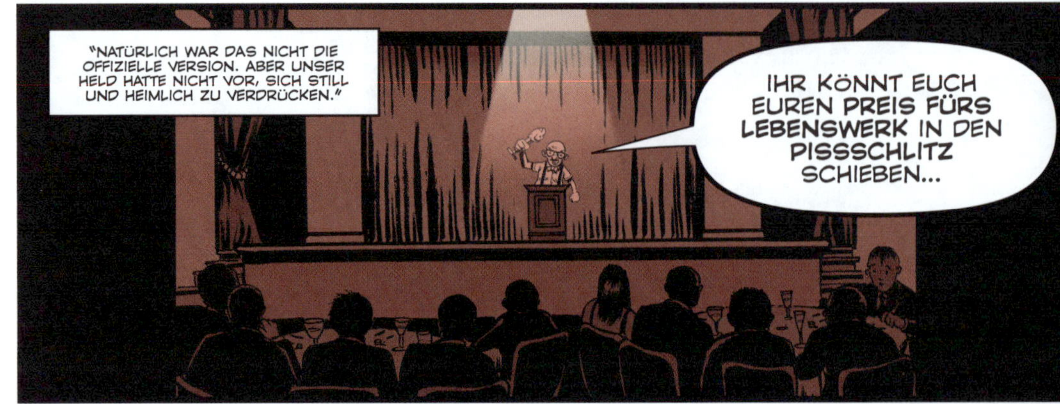
"NATÜRLICH WAR DAS NICHT DIE OFFIZIELLE VERSION. ABER UNSER HELD HATTE NICHT VOR, SICH STILL UND HEIMLICH ZU VERDRÜCKEN."
IHR KÖNNT EUCH EUREN PREIS FÜRS LEBENSWERK IN DEN PISSSCHLITZ SCHIEBEN...

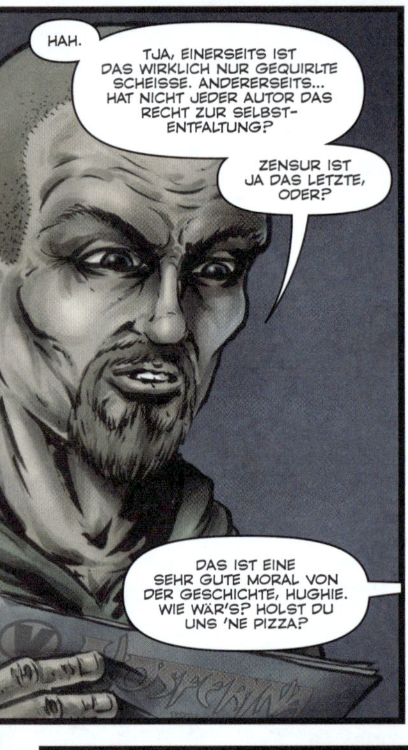
HAH.
TJA, EINERSEITS IST DAS WIRKLICH NUR GEQUIRLTE SCHEISSE. ANDERERSEITS... HAT NICHT JEDER AUTOR DAS RECHT ZUR SELBST-ENTFALTUNG?
ZENSUR IST JA DAS LETZTE, ODER?
DAS IST EINE SEHR GUTE MORAL VON DER GESCHICHTE, HUGHIE. WIE WÄR'S? HOLST DU UNS 'NE PIZZA?

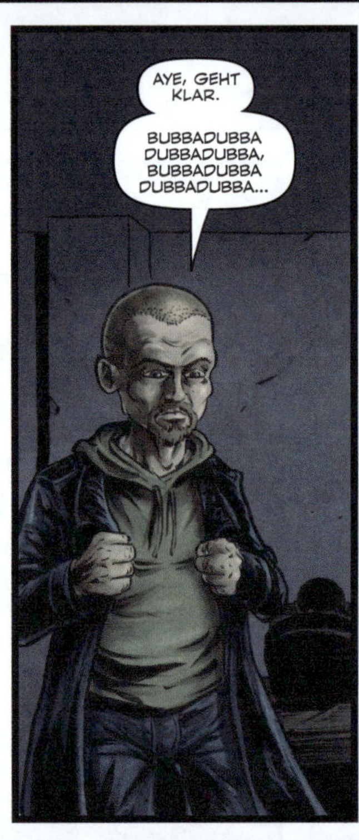
AYE, GEHT KLAR.
BUBBADUBBA DUBBADUBBA, BUBBADUBBA DUBBADUBBA...

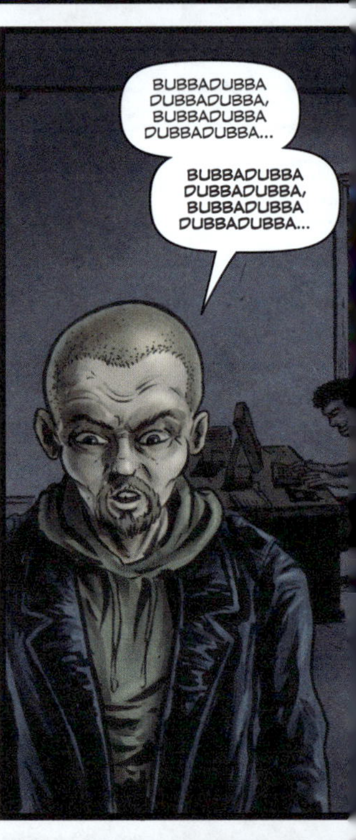
BUBBADUBBA DUBBADUBBA, BUBBADUBBA DUBBADUBBA...
BUBBADUBBA DUBBADUBBA, BUBBADUBBA DUBBADUBBA...

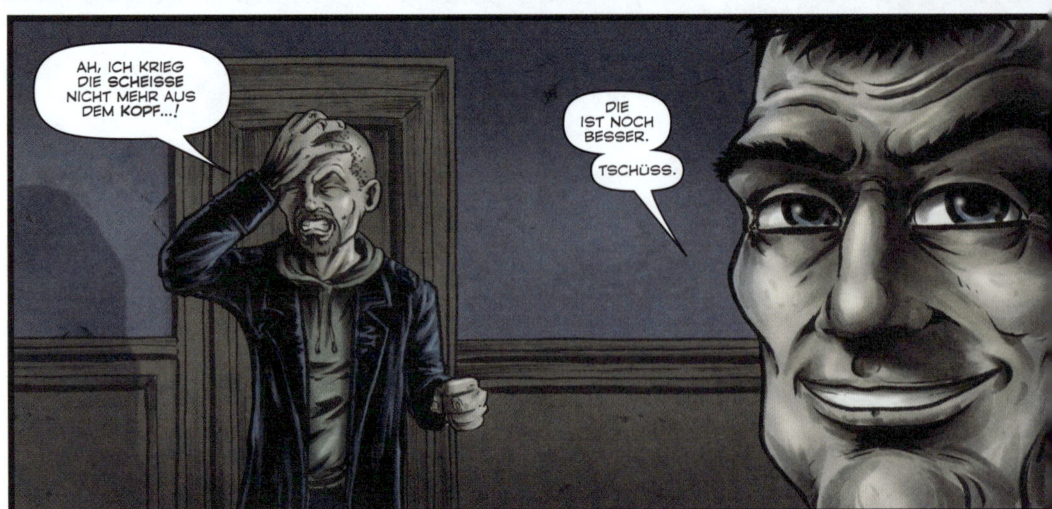
AH, ICH KRIEG DIE SCHEISSE NICHT MEHR AUS DEM KOPF...!
DIE IST NOCH BESSER.
TSCHÜSS.

BEREITS ERHÄLTLICH:

THE BOYS
BAND 1

DAS WIRD SEHR WEH TUN!

THE BOYS
BAND 2

ES WIRD BLUTIG

ES GEHT WEITER IN

THE BOYS
BAND 4

NIMM'S NICHT SO SCHWER

The BOYS™